ANALECTA BIBLICA

INVESTIGATIONES SCIENTIFICAE IN RES BIBLICAS

98

Moïse et le don de l'eau dans la tradition juive ancienne: targum et midrash

ROMAE
E PONTIFICIO INSTITUTO BIBLICO
1984

Germain BIENAIMÉ

Moïse et le don de l'eau dans la tradition juive ancienne: targum et midrash

ROME
BIBLICAL INSTITUTE PRESS
1984

Vidimus et approbamus ad normam Statutorum Pontificii Instituti Biblici de Urbe

Romae
die 17 mensis iunii anni 1981

ROGER LE DÉAUT, C.S.SP.
THOMAS FRANXMAN, S.I.

ISBN 88-7653-098-3

PRINTED IN ITALY

TYPIS P. U. G. — ROMAE

« Sed nihil aeque quam inopia aquae fatigabat ... »

TACITE, *Histoires* V, 3.

Avant-propos

La présente étude a fait l'objet d'une thèse de doctorat en Sciences Bibliques défendue le 15 juin 1981 à l'Institut Biblique Pontifical de Rome.

Au seuil de la publication, c'est de tout coeur que nous exprimons notre gratitude au Père Roger LE DÉAUT qui a guidé et animé notre recherche, et nous a toujours soutenu par ses encouragements. Qu'il veuille bien agréer la dédicace de cet ouvrage.

Il nous est agréable de remercier aussi le Père Thomas W. FRANXMAN qui s'est intéressé avec bienveillance à la progression de notre travail, le Père Reinhard NEUDECKER qui nous a fait bénéficier de ses observations sur des points particuliers, le Père Recteur Maurice GILBERT et le Père Stanislas LYONNET qui ont accepté cette dissertation dans les « Analecta Biblica ».

Notre souvenir reconnaissant se porte également vers tous ceux et celles qui ont permis ou désiré que ce livre voie le jour.

Séminaire de Tournai, décembre 1981.

Table des matières

Avant-propos VII

Table des matières VIII

Abréviations et sigles. Façons de citer XIV

I. Abréviations de termes communs XIV
II. Collections, ouvrages cités en abrégé, périodiques XIV
III. Abréviations et sigles des sources. Façons de citer la littérature rabbinique XVII
IV. Abréviations des traités de la Mishnah, de la Tosephta et des Talmuds cités XIX
V. Quelques remarques concernant la présentation XX

Introduction 1

Chapitre I. **L'eau de Marah** 8

I. *Présentation des traditions targumiques* 9
1. Les targums à Ex 15,22. Le symbolisme eau - Torah (Ps-J) . 9
2. Les targums à Ex 15,25. L'oléandre qui adoucit les eaux. Ou une parole de la Loi 11

II. *Situation des traditions targumiques dans l'ensemble de l'approche midrashique de l'épisode* 16
1. L'eau, symbole de la Torah 16
Retour au Ps-J Ex 15,22 21
2. Le manque d'eau à boire 22
3. De l'eau douce jaillie de la mer 25
4. Le bois de Marah: une espèce végétale 29
a) Du bois d'olivier ou d'oléandre: paradoxe de l'action divine . 29
Retour aux targums à Ex 15,25 31
b) Un morceau de bois quelconque, le travail des hommes et la faveur divine 32
c) Du bois de saule dans le cadre cultuel de la fête des Tentes . 34
5. Le bois de Marah: un fragment de l'arbre de vie ou une parole de la Loi 37
Retour aux targums à Ex 15,25 42
6. Les eaux de Marah: un puits qui allait accompagner les Israélites 44

Chapitre II. **Les douze sources d'Élim** 47

I. *Présentation des traditions targumiques* 47
Les targums à Ex 15,27 et Nb 33,9. Douze sources correspondant aux douze tribus et le campement au bord des eaux . . 47

II. *Diverses approches aggadiques de l'épisode d'Élim* 51
1. Douze sources correspondant aux douze tribus et le campement au bord des eaux 51
2. Un prodige du don de l'eau 53
3. Élim, un méchant lieu 54
4. Douze sources jaillissant d'un unique rocher 55

CHAPITRE III. **Le prodige de l'eau jaillissant du rocher** 58

Section I. **L'ÉPISODE DE REPHIDIM** 58

I. *Présentation des traditions targumiques* 58
1. Ps-J Ex 17,1 et Nb 33,14. Rephidim et le relâchement des mains . 58
2. Les targums à Ex 17,2-6. L'intercession de Moïse et les préparatifs du prodige 60

II. *Situation des traditions targumiques dans l'ensemble de l'approche midrashique de l'épisode* 63
1. Rephidim: un nom de lieu ou le signe d'un état d'âme? . . 63
Retour au targum Ps-J Ex 17,1 et Nb 33,14 67
2. L'intercession de Moïse 67
3. Le bâton des prodiges 71
4. Une trace de pas 75

Section II. **D'AUTRES EXPRESSIONS DU JAILLISSEMENT DE L'EAU** 76

I. *Dans la tradition biblique d'Ancien Testament* 77
1. Nb 20,11 et Dt 8,15 77
2. Les eaux du nouvel Exode (Is 48,21; 41,18; 43,20; 49,10) . . 77
3. Ps 78,15-16.20; 105,41; 114,8 78
4. Sg 11,1-14 81

II. *Dans la tradition juive intertestamentaire* 82
1. Le targum du Ps 78,15-16.20 82
2. Le targum du Ps 74,15a 83
3. Le targum de Ha 3,9c 84
4. L'aggadah sur Rephidim d'après JOSÈPHE 85
5. Les recueils midrashiques 86

CHAPITRE IV. **Miryam et le puits. L'aggadah sur les trois dons** 88

I. *Présentation des traditions targumiques* 88
1. Les targums à Nb 20,1-2. À la mort de Miryam, le puits fut caché 88
2. Miryam et le puits d'après les targums à Nb 21,1 91
3. Ps-J Nb 20,13. Le puits caché fut redonné 94

II. *Situation des énoncés targumiques dans le développement de l'aggadah* 95
1. L'aggadah sur les trois dons et sur leurs disparitions . . . 95
a) L'analyse 95
b) Trois stades dans le développement de la tradition . . . 100
2. L'argumentation scripturaire 101
a) La disparition du puits à la mort de Miryam 102
b) La disparition de la colonne de nuée à la mort d'Aaron . . 104

c) La disparition de la manne à la mort de Moïse 105
d) Les retours du puits et le retour des nuées 110
3. La réflexion sur l'histoire, principe de l'argumentation scripturaire 111
4. Retour aux targums à Nb 20,1-2.13 et 21,1 112

CHAPITRE V. **À Qadès, l'eau du rocher et la faute de Moïse** 114

I. *Présentation des traditions targumiques* 115
1. Les targums à Nb 20,7 et 8. Les ordres de YHWH 116
2. Les targums à Nb 20,9 et 10. Les paroles de Moïse . . . 118
3. Les targums à Nb 20,11. Moïse frappe deux fois. Un double écoulement (Ps-J) 120

II. *Situation des traditions targumiques dans la problématique midrashique* 122
A. Les paroles de Moïse 123
1. Une expression de doute à l'égard de la promesse divine . 123
2. Les diverses significations de *hammōrîm* 124
3. Les Israélites veulent en apprendre à leurs maîtres . . . 125
4. Moïse injurie les Israélites 127
5. Moïse devait se prêter aux exigences du peuple 130
6. Moïse ne connaissait pas le rocher 131
7. Le commentaire de RASHI à Nb 20,10 134
8. Résumé et retour aux targums à Nb 20,10 134

B. Un double écoulement issu du rocher 136
1. La formation littéraire de la tradition midrashique . . . 136
a) De l'eau goutte à goutte, puis de l'eau en abondance . . 136
b) Du sang, puis de l'eau 138
c) Le cheminement de la tradition 141
2. Les significations portées par la tradition 142
3. Résumé et retour aux targums à Nb 20,11 148

CHAPITRE VI. **Beër et le puits du désert** 151

I. *Présentation des traditions targumiques* 152
1. Les targums à Nb 21,16. Le puits fut redonné 152
2. Les targums à Nb 21,17. La montée du puits 154
3. Les targums à Nb 21,18. Les responsables du puits donné dans le désert 157
4. Les targums à Nb 21,19 et 20. Le puits se transforme en torrents. Il escalade les montagnes et descend dans les vallées. Il fut caché 164
5. Résumé 174

II. *L'aggadah considérée dans son évolution* 174
1. Divers épisodes du don de l'eau au désert: un seul puits . . 175
2. Le puits qui « accompagnait » les Israélites 178
3. Le puits montait pour eux 180
4. Les eaux du puits étaient attirées vers chaque tribu ou vers la tente de chacun 182
Retour au TP Nb 21,18 et Ps-J Nb 21,19 185

5. L'eau du puits inondait et entourait le camp 186
Retour au Ps-J Nb 21,19 188
6. Le puits fut caché et Moïse enseveli 189
Retour au TP Nb 21,20 et Nb 20,1-2; Nb 21,1 193
7. Le puits et la Torah 194

CHAPITRE VII. **La description paradisiaque du désert de l'Exode et l'attente du renouveau eschatologique** 200

I. *La libation de la fête des Tentes, la source eschatologique du Temple et le puits du désert* 200
1. La libation: un appel de la source eschatologique du Temple . 201
2. La libation: un mémorial du puits du désert 205
3. Le retour du puits et la venue des eaux jaillissant du Temple . 210

II. *Le paradis de l'Exode* 214
1. Une oasis autour du puits 215
2. Un jardin de plantes aromatiques 217
3. Les eaux vivifiantes du puits et la source du Temple 221
4. Un puits d'eau savoureuse 222

III. *Les caractéristiques eschatologiques du puits de l'Exode* . . . 225
1. Des eaux riches en poissons 225
2. Des eaux thermales 228

IV. *Résumé et appréciation* 229

CHAPITRE VIII. **Le puits de l'Exode et les puits des patriarches** . . . 230

Section I. **LE CYCLE D'ABRAHAM ET D'ISAAC** 230

I. *Le don de l'eau aux Israélites et le service d'Abraham* . . . 230

II. *Des présages du puits des Israélites* 232
1. Le puits de Beër-Shéba monte pour Abraham 232
2. Les eaux montent à la vue de Rébecca 234

III. *Pour Ishmaël le puits fut ouvert* 235
1. Les targums à Gn 21,19 235
2. Les récits midrashiques 236

IV. *Les puits d'Isaac* 239
1. Les targums à Gn 26,19 et Ps-J Gn 26,19-28 239
2. Les récits midrashiques 242

V. *Appréciation d'ensemble: targum et midrash* 244
Retour au TP Nb 21,18a 245

Section II. **LE CYCLE DE JACOB** 245

I. *Au puits de Harran: les prodiges de la pierre soulevée et du puits qui déborde* 245

A. Les traditions targumiques 245
1. La tosephta targumique à Gn 28,10 245

a) Le prodige de la pierre du puits 251
b) Le prodige du puits qui déborde pour Jacob . . . 254
2. L'aggadah targumique à Gn 31,22 256

B. Les récits midrashiques 261
1. La pierre du puits 261
2. Le puits qui déborde 263
3. Le puits de Harran et le puits des Israélites dans le désert 264

II. *La présence de Jacob assure aux gens de l'endroit une abondance d'eau* 264
1. L'aggadah targumique à Gn 29,22 264
2. Les récits midrashiques 269

III. *Appréciation d'ensemble: targum et midrash* 271
Annexe. Le puits de Madian 272

CHAPITRE IX. **Vue rétrospective de la fusion des traditions et quelques aperçus néotestamentaires** 273

I. *La fusion des traditions* 273
II. *Aperçus néotestamentaires* 276
1. 1 Co 10,4 276
2. Jn 4,5-15 278
3. Jn 7,37-39 281
4. Jn 19,34 287
5. Ap 7,16-17 288

BIBLIOGRAPHIE 290

I. **Éditions de textes et traductions** 290
1. *Targums* 290
a) Textes 290
b) Textes et traductions 290
c) Traductions 291
2. *Commentaires et récits midrashiques* 291
a) Textes 291
b) Textes et traductions 292
c) Traductions 292
3. *Mishnah, Tosephta, Talmud* 293
a) Textes 293
b) Textes et traductions 293
c) Traductions 293
4. *Pseudo-Philon, Josèphe* 293
5. *Pseudépigraphes et Siracide* 294
6. *Littérature essénienne* 294
7. *Écrits du judaïsme grec* 295
8. *Tradition samaritaine* 295
9. *Littérature chrétienne d'époque patristique* 295
10. *Coran* 295

II. **Études. Ouvrages et articles de référence** 296

Abréviations et sigles. Façons de citer

I. Abréviations de termes communs

a.l.	*ad locum*
ap.	après
art.	article
art. cit.	*articulo citato*
av.	avant
b.	*bar/ben,* « fils (de) »
bab.	babylonien
chap.	chapitre
ed.	*edidit / ediderunt*
éd.	édition
ed. pr.	*editio princeps*
et coll.	et collaborateurs
fasc.	fascicule
fig.	figure
fol. r./v.	folio recto/verso
hébr.	en hébreu
ibid.	*ibidem*
impr.	impression
litt.	littéralement
ms./mss	manuscrit(s)
n.	note
n°	numéro
op. cit.	*opere citato*
p.	page (fait référence aux pages de cette étude)
pal.	palestinien
par.	parallèle(s)
paragr.	paragraphe
part.	participe
R.	Rabbi
rééd.	réédition
réimpr.	réimpression
s./ss	et suivant(e) / et les suivant(e)s
s.d.	sans date
s.v.	*sub voce*
spéc.	spécialement
trad.	traduction
v./vv.	verset(s)
var.	variante

II. Collections, ouvrages cités en abrégé, périodiques

AB	The Anchor Bible.
AnBib	Analecta Biblica.

Ant. Bibl.	D. J. HARRINGTON et coll., *Pseudo-Philon. Les Antiquités Bibliques* (SC 229-230), 2 vol., Paris, 1976.
ArbGSpJudUrchr	Arbeiten zur Geschichte des späteren Judentums und des Urchristentums.
ArbLitGHelJud	Arbeiten zur Literatur und Geschichte des hellenistischen Judentums.
AssSeign	*Assemblées du Seigneur,* nouvelle série, Paris.
ATD	Das Alte Testament Deutsch.
Augustinianum	*Augustinianum,* Roma.
BHS	*Biblia Hebraica Stuttgartensia, ed.* K. ELLIGER, W. RUDOLPH et coll., Stuttgart, 1967-1977.
Bib	*Biblica,* Roma.
BibArch	*The Biblical Archaeologist,* Cambridge, Mass.; Missoula, Mont.
BiblETL	Bibliotheca Ephemeridum Theologicarum Lovaniensium.
BibTB	*Biblical Theology Bulletin,* Rome; à partir de 1977: Albany, New York.
BILLERBECK	H. L. STRACK, P. BILLERBECK, *Kommentar zum Neuen Testament aus Talmud und Midrasch,* 6 vol., München, 1922 (vol. I), 1924 (vol. II), 1926 (vol. III), 1928 (vol. IV/1-2), 1956 et 1961 (vol. V et VI = *Index* par J. JEREMIAS et K. ADOLPH).
BiTod	*The Bible Today,* Collegeville, Minn.
BiViChr	*Bible et Vie chrétienne,* Maredsous.
BK	Biblischer Kommentar: Altes Testament.
BNTC	Black's New Testament Commentaries.
BOT	De Boeken van het Oude Testament.
BS	*Bibliotheca Sacra,* Dallas, Texas.
BZAW	Beihefte zur Zeitschrift für die Alttestamentliche Wissenschaft.
CAT	Commentaire de l'Ancien Testament.
CBQ	*The Catholic Biblical Quarterly,* Washington.
CCSL	Corpus Christianorum. Series Latina.
ConBib NT	Coniectanea Biblica. New Testament Series.
CSCO	Corpus Scriptorum Christianorum Orientalium.
DSpir	*Dictionnaire de Spiritualité.*
EB	Études Bibliques.
EstBib	*Estudios Bíblicos,* Madrid.
EstE	*Estudios Eclesiásticos,* Madrid.
EstFranc	*Estudios Franciscanos,* Barcelona.
ETL	*Ephemerides Theologicae Lovanienses,* Leuven-Louvain.
ETRel	*Études Théologiques et Religieuses,* Montpellier.
EuntDoc	*Euntes Docete,* Roma.
FrankfTSt	Frankfurter Theologische Studien.
GCS	Die Griechischen Christlichen Schriftsteller der ersten drei Jahrhunderte.
GINZBERG	L. GINZBERG, *The Legends of the Jews,* 7 vol., Philadelphia, 1909 (vol. I), 1910 (vol. II), 1911 (vol. III), 1913 (vol. IV), 1925 (vol. V), 1928 (vol. VI), 1938 (vol. VII = *Index* par B. COHEN).
HAT	Handbuch zum Alten Testament.
HerdTKom	Herders Theologischer Kommentar zum Neuen Testament.

HKAT	Göttinger Handkommentar zum Alten Testament.
HNT	Handbuch zum Neuen Testament.
HTR	*The Harvard Theological Review*, Cambridge, Mass.
HUCA	*Hebrew Union College Annual*, Cincinnati.
ICC	The International Critical Commentary.
IrTQ	*The Irish Theological Quarterly*, Maynooth.
IZBG	*Internationale Zeitschriftenschau für Bibelwissenschaft und Grenzgebiete*, Düsseldorf.
JASTROW	M. JASTROW, *A Dictionary of the Targumim, the Talmud Babli and Yerushalmi, and the Midrashic Literature*, réimpr. New York, 1950.
JBL	*Journal of Biblical Literature*, Philadelphia.
JJS	*Journal of Jewish Studies*, Oxford.
JQR	*The Jewish Quarterly Review*, Philadelphia.
JSJ	*Journal for the Study of Judaism*, Leiden.
JSS	*Journal of Semitic Studies*, Manchester.
JTS	*Journal of Theological Studies*, Oxford.
JüdSchrHelRömZt	Jüdische Schriften aus hellenistischer und römischer Zeit.
Kair	*Kairos*, Salzburg.
LD	Lectio Divina.
MaisD	*La Maison-Dieu*, Paris.
MarbTSt	Marburger Theologische Studien.
MGWJ	*Monatsschrift für Geschichte und Wissenschaft des Judentums*, Breslau.
NCB	New Century Bible.
NRT	*Nouvelle Revue Théologique*, Louvain.
NT	*Novum Testamentum*, Leiden.
NTD	Das Neue Testament Deutsch.
NTS	*New Testament Studies*, Cambridge.
ÖkTBKom	Ökumenischer Taschenbuchkommentar zum Neuen Testament.
OPhUL	Les Oeuvres de Philon d'Alexandrie publiées sous le patronage de l'Université de Lyon.
OrBiLov	Orientalia et Biblica Lovaniensia.
OrChrPer	*Orientalia Christiana Periodica*, Roma.
OrSyr	*L'Orient Syrien*, Vernon.
OTL	The Old Testament Library.
RB	*Revue Biblique*, Paris.
RechSR	*Recherches de Science Religieuse*, Paris.
REJ	*Revue des Études Juives*, Paris.
RHPhilRel	*Revue d'Histoire et de Philosophie Religieuses*, Strasbourg.
RHR	*Revue de l'Histoire des Religions*, Paris.
RScRel	*Revue des Sciences Religieuses*, Strasbourg.
RTLouv	*Revue Théologique de Louvain*, Louvain-la-Neuve.
RTPhil	*Revue de Théologie et de Philosophie*, Épalinges.
SB	Sources Bibliques.
SBL, AramSt	Society of Biblical Literature, Aramaic Studies.
SBL, DissSer	—, Dissertation Series.
SBL, SeptCogSt	—, Septuagint and Cognate Studies.
SC	Sources Chrétiennes.
SDB	*Supplément au Dictionnaire de la Bible*.

Sef	*Sefarad,* Madrid.
SR	*Sciences Religieuses / Studies in Religion,* Waterloo, Ont.
StJudLatAnt	Studies in Judaism in Late Antiquity.
StPost-Bibl	Studia Post-Biblica.
StVtPseud	Studia in Veteris Testamenti Pseudepigrapha.
SupplNT	Supplements to Novum Testamentum.
SupplVT	Supplements to Vetus Testamentum.
Tarb	*Tarbiz,* Jérusalem.
TextEst	Textos y Estudios del Seminario Filológico « Cardenal Cisneros », Madrid.
TU	Texte und Untersuchungen zur Geschichte der altchristlichen Literatur.
TWAT	*Theologisches Wörterbuch zum Alten Testament.*
TWNT	*Theologisches Wörterbuch zum Neuen Testament.*
VT	*Vetus Testamentum,* Leiden.
WeltOr	*Die Welt des Orients,* Göttingen.
YJS	Yale Judaica Series.
ZAW	*Zeitschrift für die Alttestamentliche Wissenschaft,* Berlin.
ZNW	*Zeitschrift für die Neutestamentliche Wissenschaft,* Berlin.

III. **Abréviations et sigles des sources. Façons de citer la littérature rabbinique**

N.B. Les abréviations des livres bibliques sont celles de la *Bible de Jérusalem.* Les références au Talmud de Babylone sont données par l'abréviation du traité et l'indication du folio (éd. de Wilna). On trouvera (*infra* IV) la liste des abréviations des traités.

Ant.	*Antiquités juives* (FLAVIUS JOSÈPHE) citées d'après le livre et le paragr.
ARN	*Abôt de-Rabbi Nathan.* Version A ou B, éd. de S. SCHECHTER (rééd. New York, 1967) citée d'après le chap. et la page.
2 Bar	*Apocalypse syriaque de Baruch.*
C	Fragments de mss targumiques provenant de la Guénizah du Caire.
CD	*Document de Damas.*
Ct R.	*Midrash Rabbah* sur Ct. Le *Midrash Rabbah* (sauf *Gn R.*) est cité d'après la réimpr. de l'éd. de Wilna (Jérusalem, 1970), par chap. du commentaire et paragr.
Deter.	*Quod deterius potiori insidiari soleat* (PHILON).
Dt R.	*Midrash Rabbah* sur Dt; cf. *Ct R.*
Ebr.	*De ebrietate* (PHILON).
Ex R.	*Midrash Rabbah* sur Ex; cf. *Ct R.*
Fug.	*De fuga et inventione* (PHILON).
Gn R.	*Genèse Rabbah,* éd. de J. THEODOR, Ch. ALBECK (3 vol., 2e impr. Jérusalem, 1965) citée par chap. du commentaire et paragr.
1 Hen	*Hénoch éthiopien.*
2 Hen	*Hénoch slave.*
I	Glose targumique interlinéaire du *Codex Neofiti 1* (N).

J.	Talmud de Jérusalem cité d'après le traité, le chap. et le folio de l'éd. de Krotoschin, 1866.
L	Targum fragmentaire de la *Universitätsbibliothek* de Leipzig.
LAB	*Liber Antiquitatum Biblicarum* (Pseudo-PHILON).
Leg. All.	*Legum Allegoriae* (PHILON).
Leqaḥ Ṭ.	*Midrash Leqaḥ Ṭob,* éd. de S. BUBER (Gn, Ex), A. M. PADUA (Lv-Dt) (Wilna, 1880 et 1884) citée d'après le chap. et le v. bibliques commentés.
Lm R.	*Midrash Rabbah* sur Lm; cf. *Ct R.*
Lv R.	*Midrash Rabbah* sur Lv; cf. *Ct R.*
LXX	Version de la *Septante.*
M	Glose targumique dans la marge du *Codex Neofiti 1* (N).
M.	*Mishnah,* éd. de H. ALBECK, H. YALON (Jérusalem, 1958-1959) citée d'après le traité, le chap. et le paragr.
Mekh.	*Mekhilta de-Rabbi Ishmaël,* éd. de H. S. HOROVITZ, I. A. RABIN (2e éd. Jérusalem, 1970) citée d'après le chap. et le v. bibliques commentés. Sur indication expresse, nous mentionnons l'éd. de J. Z. LAUTERBACH (3 vol., Philadelphia, 1933-1935).
Mekh. R. Shim	*Mekhilta de-Rabbi Shimon,* éd. de J. N. EPSTEIN, E. Z. MELAMED (Jérusalem, 1955) citée d'après la page. Sur indication expresse, nous mentionnons l'éd. de D. HOFFMANN (Frankfurt a. M., 1905), d'après la page.
MHG	*Midrash Haggadol* cité d'après le chap. et le v. bibliques commentés. Éd. de M. MARGULIES pour Gn (Jérusalem, 1947) et Ex (2e éd. Jérusalem, 1967); éd. de Z. M. RABINOWITZ (Jérusalem, 1967) pour Nb.
Midr. Tan.	*Midrash Tannaïm* (Dt), éd. de D. HOFFMANN (Berlin, 1909) citée d'après le chap. et le v. bibliques commentés.
Midr. Teh.	*Midrash Tehillim,* éd. de S. BUBER (Wilna, 1891) citée d'après le Ps commenté et le paragr. du commentaire.
Midr. Wayyôshaᶜ	*Midrash Wayyôshaᶜ,* éd. de A. JELLINEK, *Bet ha-Midrasch,* I (3e éd. Jérusalem, 1967) citée d'après la page.
Migr.	*De migratione Abrahami* (PHILON).
Mos.	*De vita Mosis* (PHILON).
Mutat.	*De mutatione nominum* (PHILON).
N	Targum du *Codex Neofiti 1* de la Bibliothèque Vaticane.
Nb R.	*Midrash Rabbah* sur Nb; cf. *Ct R.*
Nur	Targum fragmentaire du ms. *Solg. 2,2*° de Nuremberg.
O	Targum dit de Onqelos.
ᶜOlam R.	*Sēder ᶜOlam Rabbah,* éd. de B. RATNER (Wilna, 1897) citée par chap.
Pesh.	*Peshitta.*
Peṭirat Aaron	*Midrash Peṭirat Aaron,* éd. de A. JELLINEK, *Bet ha-Midrasch,* I (3e éd. Jérusalem, 1967) citée d'après la page.
Plant.	*De plantatione* (PHILON).
Poster.	*De posteritate Caini* (PHILON).
PR	*Pesiqta Rabbati,* éd. de M. FRIEDMANN (Wien, 1880), citée par *pesiqta* (section) et folio.
PRE	*Pirqê de-Rabbi Éliézer,* éd. de Varsovie (1879) citée par chap.

PRK	*Pesiqta de-Rab Kahana,* éd. de B. MANDELBAUM (New York, 1962) citée par *pisqa* (section) et paragr.
Ps-J	Targum du Pseudo-Jonathan d'après le ms. *Add. 27031* du *British Museum*; sur indication expresse, d'après l'*ed. pr.* (Venise, 1591).
Ps Salomon	*Psaumes de Salomon.*
1 QH	*Hymnes* de Qumrân.
Qo R.	*Midrash Rabbah* sur Qo; cf. *Ct R.*
4 QPatr. Bless.	*Bénédictions Patriarcales* de Qumrân.
1 QpHa	*Pēsher de Habaquq* de Qumrân.
Sam.	Pentateuque samaritain.
Siphrê Dt	*Siphrê* sur Dt, éd. de L. FINKELSTEIN (réimpr. New York, 1969) citée d'après le paragr.
Siphrê Nb	*Siphrê* sur Nb, éd. de H. S. HOROVITZ (réimpr. Jérusalem, 1966) citée d'après le paragr.
Sobr.	*De sobrietate* (PHILON).
Somn.	*De somniis* (PHILON).
T	Targum.
Tanḥ.	*Midrash Tanḥuma,* recension commune (Jérusalem, 1970) citée d'après la *parashah* et le paragr.
Tanḥ. B.	*Midrash Tanḥuma,* éd. de S. BUBER (réimpr. Jérusalem, 1964) citée d'après le livre et la page.
TF	Targum fragmentaire.
TM	Texte massorétique.
Tos.	*Tosephta* citée par traité, chap. et paragr.; éd. de S. LIEBERMAN (New York, 1962 et 1973) pour les traités *Sukkah* et *Soṭah*; éd. de M. S. ZUCKERMANDEL (rééd. Jérusalem, 1970) pour le reste.
TP	Targum palestinien.
TS	Targum samaritain.
Vulg.	*Vulgate.*
Yalq. Makiri	*Yalquṭ Makiri;* pour Pr, éd. de L. GRÜNHUT (*Sēpher Halliqqûṭîm,* VI, réimpr. Jérusalem, 1967) citée par folio.
Yalq. Rub.	*Yalquṭ Rubeni,* éd. de Varsovie (s.d.) citée d'après le chap. et le v. bibliques commentés.
Yalq. Shim.	*Yalquṭ Shimoni,* 2 vol. (Jérusalem, 1967), cité d'après le volume et le paragr., avec éventuellement référence aux chap. et v. bibliques commentés.
110	Targum fragmentaire contenu dans le ms. *Hebr. 110* de la Bibliothèque Nationale de Paris.
440	Targum fragmentaire d'après le ms. *Ebr. 440* de la Bibliothèque Vaticane.

IV. Abréviations des traités de la Mishnah, de la Tosephta et des Talmuds cités

ᶜAr.	*ᶜArakin*	*Kil.*	*Kilaim*
Bek.	*Bekorot*	*Meg.*	*Megillah*
Ber.	*Berakot*	*Mid.*	*Middot*
B.M.	*Baba Meṣiᶜa*	*Ned.*	*Nedarim*
B.Q.	*Baba Qamma*	*Pes.*	*Pesaḥim*
ᶜEr.	*ᶜErubin*	*Qid.*	*Qiddushin*
Ḥul.	*Ḥullin*	*R.H.*	*Rosh Hashshanah*
Ket.	*Ketubot*	*Sanh.*	*Sanhedrin*

Shab.	*Shabbat*	*Suk.*	*Sukkah*
Shebu.	*Shebuᶜot*	*Taᶜan.*	*Taᶜanit*
Sheq.	*Sheqalim*	*Yeb.*	*Yebamot*
Soṭ.	*Soṭah*	*Yoma*	*Yoma*

V. Quelques remarques concernant la présentation

Dans les synopses targumiques, les crochets droits [ ] signalent les leçons qui font difficulté et pour lesquelles une correction est suggérée dans l'apparat critique; les crochets obliques 〈 〉 marquent les corrections éditoriales introduites dans le texte. En I et M, nous avons complété entre parenthèses les lettres omises, comme elles sont suggérées dans l'éd. d'A. Díez Macho (*Neophyti 1,* 6 vol., Madrid, 1968-1979). En C, nous avons placé entre parenthèses les lettres reconstituées par l'éd. de P. Kahle (*Masoreten des Westens,* II, Stuttgart, 1930). Pour des raisons synoptiques, certaines gloses targumiques, propres à telle ou telle recension, ont été ramassées entre des traits verticaux (cf. par ex. p. 11). Dans toutes les recensions, par souci d'uniformité, nous avons employé trois *yod* pour signifier le Tétragramme sacré.

Pour les traductions de l'A.T., nous nous sommes inspiré le plus souvent de la *Bible de la Pléiade* (*ed.* É. Dhorme et coll., 2 vol., Paris, 1956 et 1959); pour le N.T., de la *Bible de Jérusalem* (Paris, 1973). Mais nous avons modifié ces traductions, sur la base des textes originaux, quand nous l'avons cru nécessaire, et spécialement pour des raisons d'uniformisation.

Les traductions françaises des targums Ps-J, N, M (et en partie C et TF) à Gn, Ex, Lv, Nb sont d'ordinaire empruntées à R. Le Déaut (*Targum du Pentateuque,* vol. I-III, Paris, 1978-1979). Nous n'avons pas traduit O quand il ne s'écartait pas du texte biblique.

Dans les traductions de midrashim, les citations bibliques sont imprimées en italique, tandis que, dans les traductions de targums (la première fois que nous les présentons), l'italique marque les divergences par rapport au texte biblique.

Pour des raisons pratiques, nous avons allégé les exigences de la transcription dans les cas suivants: dans les termes les plus courants de la littérature juive, dans les titres de recueils, de sections ou de traités, et dans les noms de rabbins.

Enfin, sauf indication contraire, les dates proposées s'entendent de l'époque après Jésus-Christ.

Introduction

But et méthode

Nous nous proposons dans cette étude de présenter et de soumettre à l'analyse critique les diverses traditions de l'exégèse juive ancienne concernant les textes bibliques du don de l'eau que Dieu, par l'intermédiaire de Moïse, procura à son peuple dans le désert de l'Exode. L'examen de ces exégèses, pour être complet, nous amènera à élargir la perspective et à nous intéresser aussi, d'une part, aux espérances d'un renouvellement eschatologique du don de l'eau et, d'autre part, aux antécédents patriarcaux du prodige accompli lors de la marche au désert.

On le sait, l'activité exégétique juive ancienne, appelée midrash ou *derash*, scrutait l'Écriture, pour mettre en lumière toutes ses virtualités de signification et pour trouver dans la parole écrite une parole toujours actuelle [1]. Appliquée à un récit biblique, la recherche midrashique aboutit à la formation d'une aggadah, interprétation qui souvent prolonge le texte et lui ajoute des harmoniques nouvelles. L'approche midrashique de l'Écriture, bien que liée à des techniques herméneutiques déterminées, reste multiforme et pluraliste: on estimait qu'aucune interprétation ne pouvait épuiser la richesse du texte [2]. Mais dès l'époque intertestamentaire, certaines interprétations aggadiques devenues communes étaient transmises ensemble avec le texte sacré. Elles faisaient partie de la Tradition, une Torah orale dont les divers énoncés venaient envelopper l'Écriture et orienter sa compréhension [3]. Les chrétiens ayant « hérité d'une Bible *inter-*

---

[1] Cf. R. Bloch, « Midrash », *SDB*, V, Paris, 1957, 1263-1281; R. Le Déaut, « À propos d'une définition du midrash », *Bib* 50 (1969), 395-413.

[2] Pour un exposé des techniques herméneutiques, cf. notamment H. L. Strack, *Introduction to the Talmud and Midrash*, réimpr. New York, 1969, 93-98 et 284-297; J. Luzarraga, « Principios hermenéuticos de exégesis bíblica en el rabinismo primitivo », *EstBib* 30 (1971), 177-193. À propos de la variété des opinions midrashiques, cf. M. Kadushin, *The Rabbinic Mind*, 2e éd., New York, 1965, 71-74 et 121. Sur la richesse inépuisable du texte biblique, cf. A. Díez Macho, « Deraš y exégesis del Nuevo Testamento », *Sef* 35 (1975), 38.

[3] Concernant le lien très étroit entre l'Écriture et la Tradition orale, cf. R. Bloch, « Écriture et Tradition dans le Judaïsme. Aperçus sur l'origine du Midrash », *Cahiers Sioniens* 8 (1954), spéc. 12-17; R. Le Déaut, *Liturgie juive et Nouveau Testament*, Rome, 1965, 8-10 et 41-43; Id., « Tradition juive et exégèse chrétienne », dans *Jalones de la Historia de la Salvación en el Antiguo y Nuevo Testamento* (XXVI Semana Bíblica Española), II, Madrid, 1969, spéc. 7-16; Id., « La tradition juive ancienne et l'exégèse chrétienne primitive », *RHPhilRel* 51 (1971), spéc. 31-39.

prétée», il importe que les exégètes modernes du Nouveau Testament sachent comment le judaïsme entendait l'Ancien Testament à l'origine du christianisme[4]. Concernant le thème du don de l'eau, plusieurs auteurs ont déjà montré combien l'étude des traditions juives pouvait être fructueuse[5]; sur la lancée de ces travaux, nous essayerons de poursuivre l'enquête en nous attachant à démonter les mécanismes du midrash. Et tout spécialement, notre monographie voudrait être une contribution à l'étude du midrash dans le targum. Notre objectif sera donc une recherche de littérature intertestamentaire sur un thème susceptible d'éclairer l'arrière-fond juif du N.T.

L'union intime entre l'Écriture et son interprétation se réalise de façon privilégiée dans le cadre du targum. Version araméenne destinée à l'assemblée synagogale, le targum traduit le texte biblique et en suggère le sens[6]. Les interprétations proposées ont connu une large diffusion en raison même de leur destination synagogale[7]. Mais, appartenant à la Torah orale, le targum palestinien (TP) n'a jamais reçu une formulation unique. Nous possédons, en ce qui concerne le Pentateuque, diverses recensions ou fragments de recensions targumiques palestiniennes qui manifestent une certaine variété dans l'expression, et parfois des divergences de contenu, tout en conservant une indéniable unité substantielle. Ce que nous appellerons TP est cette ramification de traditions exégétiques longtemps transmises sous forme orale et mouvante, jusqu'à ce qu'elles se cristallisent par écrit dans les recensions que nous connaissons[8].

Pour ce qui est du Pentateuque, à propos de chaque verset biblique

---

[4] Nous citons R. Le Déaut, « À propos d'une définition du midrash », 409: « ... le N.T. a hérité d'une Bible *interprétée* où le midrash a joué un grand rôle; bien des exégèses aggadiques étaient devenues communes et traditionnelles, répétées sans cesse dans la liturgie des synagogues. Cela explique que nos auteurs peuvent faire appel à des textes, dont les harmoniques sont pour nous perdues, et à des traditions dont nous devons rechercher le moindre écho. » Cf. aussi A. Díez Macho, *El Targum. Introducción a las traducciones aramaicas de la Biblia*, Barcelona, 1972, 104-106.

[5] Nous ne citerons momentanément que P. Grelot, « La promesse de l'eau vive. Jn 7,37-39 », *AssSeign* n° 30, Paris, 1970, 23-28, où l'auteur reprend l'acquis de ses études précédentes que nous utiliserons dans la suite; R. Le Déaut, « Targumic Literature and New Testament Interpretation », *BibTB* 4 (1974), 274-277 (« Living Water »); A. Jaubert, *Approches de l'Évangile de Jean* (Parole de Dieu), Paris, 1976, 58-60 (« La Samaritaine ») et 140-146 (« Les images d'eau vive »).

[6] Les procédés targumiques d'interprétation et de paraphrase ont été inventoriés et illustrés de nombreux exemples par R. Le Déaut, « Un phénomène spontané de l'herméneutique juive ancienne: le ' targumisme ' », *Bib* 52 (1971), 505-525; Id. dans l'introduction de l'ouvrage: R. Le Déaut avec la collaboration de J. Robert, *Targum du Pentateuque. Traduction des deux recensions palestiniennes complètes avec introduction, parallèles, notes et index*, I: *Genèse* (SC 245), Paris, 1978, 43-62 (cet ouvrage étant souvent cité, nous emploierons dans la suite l'abréviation: Le Déaut, *Targum du Pent.*).

[7] Sur le caractère traditionnel de la paraphrase targumique, cf. R. Le Déaut, « Un phénomène spontané », 508 et 522s.; A. D. York, « The Targum in the Synagogue and in the School », *JSJ* 10 (1979), 82s.

[8] Cf. Le Déaut, *Targum du Pent.*, I, 22. 41 et n. 3.

étudié, nous alignerons en synopse les recensions conservées, afin d'observer leur relation avec le texte biblique et leurs rapports mutuels [9]. Il s'agira du targum du Pseudo-Jonathan (Ps-J) d'après le ms. *Add. 27031* (XVIe siècle) du *British Museum* [10], et du targum du *Codex Neofiti 1* (notre sigle N) copié en 1504, conservé à la Bibliothèque Vaticane. Le cas échéant, il s'agira également des gloses marginales (M) et interlinéaires (I) du même *Codex Neofiti 1* [11], des fragments de mss anciens retrouvés dans la Guénizah du Caire (C) [12], du targum dit fragmentaire (TF) selon les trois témoins suivants: le ms. *Hebr. 110* (XVe siècle) de la Bibliothèque Nationale de Paris (notre sigle 110) [13], le ms. *Ebr. 440* (XIIIe siècle) de la Bibliothèque Vaticane (notre sigle 440) et, très apparenté à ce dernier, le ms. *Solg. 2, 2o* (XIIIe siècle) de la *Stadtbibliothek* de Nuremberg (Nur) [14]. À côté des recensions du TP, nous joindrons à la synopse le targum dit de

---

9 Pour une description des divers targums, l'histoire de leur transmission et l'étude de leurs origines, cf. R. LE DÉAUT, *La nuit pascale. Essai sur la signification de la Pâque juive à partir du Targum d'Exode XII 42* (AnBib 22), Rome, 1963, 19-41; ID., *Introduction à la littérature targumique,* Rome, 1966, 73-148 (en abrégé dans la suite: *Introduction*); ID., « Les études targumiques. État de la recherche et perspectives pour l'exégèse de l'Ancien Testament », dans *De Mari à Qumrân. Hommage à Mgr J. Coppens,* I (BiblETL 24), Gembloux-Paris, 1969, spéc. 303-319; ID., « The Current State of Targumic Studies », *BibTB* 4 (1974), 3-18; M. MCNAMARA, *Targum and Testament. Aramaic Paraphrases of the Hebrew Bible: A Light on the New Testament,* Shannon, 1972, 171-189 et 206-210; E. SCHÜRER, *The History of the Jewish People in the Age of Jesus Christ. A New English Version Revised* and Edited by G. VERMES, F. MILLAR, M. BLACK, I, Edinburgh, 1973, 99-114; A. PAUL, *Intertestament* (Cahiers Évangile 14), Paris, 1975, 26-33.

On trouvera des résumés et comptes rendus des principaux travaux concernant la littérature targumique dans les introductions de l'éd. d'A. DÍEZ MACHO, *Neophyti 1. Targum palestinense Ms de la Biblioteca Vaticana* (TextEst 7-11. 20), Madrid-Barcelona, 1968 (vol. I: *Génesis*), 1970 (vol. II: *Éxodo*), 1971 (vol. III: *Levítico*); Madrid, 1974 (vol. IV: *Números*), 1978 (vol. V: *Deuteronomio*), 1979 (vol. VI: *Apéndices*); cf. aussi ID., *El Targum,* 74-112; M. P. MILLER, « Targum, Midrash and the Use of the Old Testament in the New Testament », *JSJ* 2 (1971), 29-82.

10 Nous utilisons des photos du ms. qui nous furent aimablement prêtées par le Père R. LE DÉAUT. Dans l'apparat critique et l'analyse, nous tenons compte aussi des variantes de l'autre témoin du Ps-J: l'*ed. pr.* publiée à Venise en 1591.

11 Nous nous référons pour N, M et I au texte publié par A. DÍEZ MACHO, *Neophyti 1,* 6 vol., Madrid, 1968-1979 (cf. *supra* n. 9).

12 Dans notre chapitre VIII, à propos de Gn 29 et 31, nous emploierons le ms. E (VIIIe siècle) du targum C, d'après l'éd. de P. KAHLE, *Masoreten des Westens,* II, Stuttgart, 1930.

13 Nous citons le texte d'après l'éd. de M. L. KLEIN, *The Fragment-Targums of the Pentateuch According to their Extant Sources* (AnBib 76), I, Rome, 1980.

14 Pour 440 et Nur, nous utilisons des photos de ces mss; nous tenons à remercier la Bibliothèque Vaticane et la *Stadtbibliothek* de Nuremberg qui nous en ont procuré les microfilms.

Dans l'apparat critique, nous faisons référence aussi aux variantes du Codex de la *Universitätsbibliothek* de Leipzig (XIIIe ou XIVe siècle; notre signe L), d'après les notes de l'éd. de M. L. KLEIN, *The Fragment-Targums,* I. L est de même famille que 440 et Nur, mais n'a pas conservé Ex et Lv. Notre choix de ces mss du TF fut motivé par l'étude de M. L. KLEIN, « The Extant Sources of the Fragmentary Targum to the Pentateuch », *HUCA* 46 (1975), 115-137.

Onqelos (O)[15]; sa rédaction définitive fut réalisée en milieu babylonien, au IVe ou Ve siècle, mais elle inclut un fonds de traditions palestiniennes anciennes[16]. Outre les targums du Pentateuque, nous recourrons au targum Jonathan des Prophètes, provenant également de Babylonie où il fut rédigé à la même époque que O et à partir de matériaux palestiniens[17]. Enfin, le targum des *Psaumes*[18] et celui du *Cantique*[19] retiendront aussi notre attention.

Bon nombre d'interprétations targumiques sont anciennes. Renée BLOCH écrivait[20]: « En étudiant le Targum de Jérusalem[21], il nous est apparu d'une manière évidente que celui-ci est à la base de la tradition aggadique postérieure; que, se plaçant dans le prolongement immédiat du donné scripturaire, il constitue une sorte d'articulation, un passage entre la Bible et la littérature rabbinique postérieure. » Cependant, en raison même de l'actualisation synagogale, des éléments plus récents ont pénétré dans la trame de la paraphrase traditionnelle. La compilation finale des targums a recueilli des couches d'époques diverses; elle incorpore aussi bien des traditions primitives, qui reflètent le premier stade de l'activité midrashique sur l'Écriture, que des condensés de récits midrashiques plus élaborés, dont le point d'attache au texte biblique n'est pas immédiatement perceptible. Cela est notamment vrai dans le cas du Ps-J, dont les dernières retouches atteignent le VIIIe siècle, mais qui, parfois, s'avère être la recension où l'on retrouve le premier stade d'une interprétation du texte biblique[22].

Après l'observation des synopses targumiques, accompagnée d'un regard sur les autres versions anciennes, nous nous tournerons vers la masse des commentaires ou récits midrashiques transmis dans la littérature rabbinique, en glanant aussi les pièces aggadiques éparses dans des oeuvres non rabbiniques. Cette enquête enrichira notre étude d'apports

---

15 Nous citons l'éd. d'A. SPERBER, *The Bible in Aramaic,* I: *The Pentateuch According to Targum Onkelos,* Leiden, 1959.

16 Cf. R. LE DÉAUT, *Introduction,* 81-86; ID., *Targum du Pent.,* I, 21 et 23.

17 Sans autre indication, le targum des Prophètes que nous citons est ce targum Jonathan, d'après l'éd. d'A. SPERBER, *The Bible in Aramaic,* II: *The Former Prophets According to Targum Jonathan,* Leiden, 1959; III: *The Latter Prophets According to Targum Jonathan,* Leiden, 1962.

18 Éd. de P. DE LAGARDE, *Hagiographa Chaldaice,* Leipzig, 1873.

19 Éd. de R. H. MELAMED, *The Targum to Canticles,* Philadelphia, 1921.

20 « Note méthodologique pour l'étude de la littérature rabbinique », *RechSR* 43 (1955), 212.

21 Par « Targum de Jérusalem », l'auteur entendait le Ps-J.

22 J. HEINEMANN, *Aggadah and its Development* (hébr.), Jérusalem, 1974, 156-162, spéc. 158, a relevé un exemple très significatif de cette antiquité en Ps-J Dt 33,2; dans ce targum, l'intention divine de proposer la Loi aux autres nations se limite aux deux peuples suggérés par le texte biblique: les fils d'Ésaü, évoqués par le nom de Séïr (cf. Gn 32,4), et les fils d'Ishmaël, évoqués par le nom de Paran (cf. Gn 21,21). Et Ps-J Dt 33,2 ne manifeste aucune intention polémique ni apologétique à l'égard des nations étrangères.

nouveaux qui témoigneront de la variété aggadique; elle nous permettra surtout de situer les traditions targumiques à la place qui leur revient dans l'ensemble des explicitations midrashiques. Par une méthode comparative [23], nous nous appliquerons à retracer, autant que possible, le cheminement parcouru par une même tradition, depuis son point de départ biblique et à travers les étapes successives de son évolution. Dans ce travail de discrimination, nous passerons en revue les parallèles transmis dans la littérature rabbinique [24], depuis les midrashim dits tannaïtiques: *Mekhilta, Siphrê* Nb, *Siphrê* Dt [25], jusqu'aux compilations plus tardives, sans oublier le commentaire classique de RASHI (XIe siècle), l'exégète de Troyes [26]. Ces ouvrages contiennent tout à la fois l'interprétation scriptu-

[23] Cf. la méthode proposée par R. BLOCH, « Note méthodologique », 194-227; R. LE DÉAUT, *Introduction*, 149-181. Cf. aussi les suggestions de G. W. BUCHANAN, « The Use of Rabbinic Literature for New Testament Research », *BibTB* 7 (1977), 110-122. Il est évident que nous cherchons à dater tel ou tel élément aggadique particulier, sans vouloir étendre à l'ensemble d'un targum les conclusions de cet examen; cf. A. D. YORK, « The Dating of Targumic Literature », *JSJ* 5 (1974), 60.

[24] Sur la littérature midrashique, cf. L. ZUNZ, *Die gottesdienstlichen Vorträge der Juden historisch entwickelt*, 2e éd., Frankfurt a. M., 1892. Pour une introduction au Talmud et aux midrashim, cf. H. L. STRACK, *Introduction*, 26-86 et 206-232; J. BOWKER, *The Targums and Rabbinic Literature. An Introduction to Jewish Interpretations of Scripture*, Cambridge, 1969, 53-90; E. SCHÜRER, *The History of the Jewish People. A New English Version Revised*, I, 68-99; G. STEMBERGER, « La recherche rabbinique depuis Strack », *RHPhilRel* 55 (1975), 543-574; Ch. TOUATI, « Rabbinique (Littérature) », *SDB*, IX fasc. 51-52, Paris, 1978-1979, 1019-1045. Les éd. que nous citons sont données, avec leur mode de citation, dans la liste des « Abréviations ».

[25] Les Tannaïtes sont les docteurs des deux premiers siècles. Il existe deux recensions de la *Mekhilta* (commentaire sur Ex): la *Mekh. de-Rabbi Ishmaël* (citée *Mekh.*) dont la rédaction actuelle est peut-être de la fin du IVe siècle (ou antérieure), et la *Mekh. de-Rabbi Shimon* (citée *Mekh. R. Shim.*) rédigée probablement au début du Ve siècle. *Siphrê* Nb et *Siphrê* Dt seraient de la fin du IVe siècle.

[26] La *Mishnah* fut compilée au IIIe siècle. Les Talmuds la complétèrent: celui de Jérusalem peu après 400, et celui de Babylone jusqu'au VIe siècle. La date de la rédaction définitive de la *Tosephta* est discutée, mais cet ouvrage reprend des matériaux qui n'avaient pas été retenus par la *Mishnah*. La détermination de l'époque de compilation des recueils midrashiques reste souvent très approximative. Le *Sēder ᶜOlam Rabbah* peut être situé à la fin du IIIe ou au IVe siècle. Les *Abôt de-Rabbi Nathan* (*ARN*), en deux recensions: A et B, sont de contenu largement tannaïtique. La composition homilétique *Pesiqta de-Rab Kahana* (*PRK*) remonte au Ve siècle, et la *Pesiqta Rabbati* (*PR*) est du VIe-VIIe siècle au plus tard. Le *Midrash Rabbah* est un assemblage dont les livres émanent de diverses périodes: *Gn R.* (Ve siècle), *Ex R.* (IXe ou Xe siècle au plus tard), *Lv R.* (Ve), *Nb R.* (XIIe siècle pour les sections 1-14; IXe siècle pour la plupart des sections 15-23), *Dt R.* (IXe siècle), *Ct R.* et *Qo R.* (VIIe ou VIIIe siècle), *Lm R.* (fin du Ve siècle). Le *Midrash Tanḥuma* dérive de compositions homilétiques remaniées peut-être jusqu'au VIIIe siècle, mais dont le noyau peut éventuellement remonter à R. Tanḥuma (pal. de la fin du IVe siècle); nous en citons deux recensions: la recension commune et celle qui fut reconstituée par S. BUBER (= *Tanḥ.* B.). Les *Pirqê de-Rabbi Éliézer* (*PRE*) sont du VIIIe ou IXe siècle, le *Midrash Leqaḥ Ṭob* du XIe ou du début du XIIe, et le *Midrash Wayyôshaᶜ* probablement de la fin du XIe siècle. Le *Yalquṭ Shimoni*, qui recueille des matériaux de plus de 50 ouvrages dont certains sont anciens, fut compilé au XIIIe siècle. Le *Yalquṭ Makiri* est du XIVe. Le *Midrash Haggadol* (*MHG*) date du XIIIe siècle, au Yémen, mais il contient certains extraits de midrashim tannaïtiques perdus. Quant au *Midrash Tehillim*, il regroupe des compositions rédigées probablement sur plusieurs siècles, du IIIe au XIIIe.

raire ancienne et ses élargissements progressifs. L'analyse comparative nous amènera à proposer une datation relative des interprétations.

Il nous arrivera d'accepter comme point de repère dans la datation d'une tradition l'époque du docteur auquel est attribuée une sentence. Nous ne prétendons pas que la rédaction reproduit littéralement l'exégèse de cette autorité rabbinique; souvent, d'ailleurs, le tableau des divers parallèles suffirait à nous convaincre de présomption. Beaucoup de sentences ont été refaçonnées à partir d'un noyau original constitué par quelques mots-clés qui permettaient aux disciples de reconstituer et éventuellement d'adapter l'enseignement du maître. Mais une fois assuré le travail de critique littéraire, il est légitime d'accepter l'attribution traditionnelle à une autorité rabbinique; cette autorité ne nous procure cependant qu'un *terminus ad quem* d'une tradition qui peut être beaucoup plus ancienne [27].

La recherche de l'évolution d'une tradition bénéficiera, à l'occasion, de précieux jalons obtenus par la comparaison avec des éléments aggadiques transmis hors de la littérature rabbinique. En particulier, le *Liber Antiquitatum Biblicarum* (*LAB*) du Pseudo-PHILON est une chronique aggadique rédigée, sans doute en hébreu, à la fin du Ier siècle et probablement même avant l'an 70 [28]. Les *Antiquités juives* de FLAVIUS JOSÈPHE, publiées en 93-94, relatent l'histoire biblique à l'intention d'un public hellénistique, il est vrai (et cela peut expliquer certains traits particuliers à cette présentation), mais il apparaît aussi que l'historien, parfois, devient aggadiste; il arrive que JOSÈPHE revête l'histoire biblique des enjolivements du fonds midrashique commun à cette époque [29]. D'autres attestations aggadiques transmises hors de la littérature rabbinique seront critiquées au fur et à mesure de notre étude. Ces témoignages datés pourront servir de points de repère dans notre appréciation du parcours d'une même tradition.

---

27 Cf. L. ZUNZ, *Die gottesdienstlichen Vorträge*, 327s.; B. J. BAMBERGER, « The Dating of Aggadic Materials », *JBL* 68 (1949), 116-120.

28 Cf. l'éd. et les études de D. J. HARRINGTON et coll., *Pseudo-Philon. Les Antiquités Bibliques* (SC 229-230), I: *Introduction et texte critiques* par D. J. HARRINGTON. *Traduction* par J. CAZEAUX; II: *Introduction littéraire, commentaire et index* par Ch. PERROT et P.-M. BOGAERT, Paris, 1976; nous désignons cette publication par l'abréviation *Ant. Bibl.*, tandis que le sigle *LAB* est appliqué au texte de l'aggadiste. On trouvera dans les explications d'*Ant. Bibl.*, II (« Commentaire »), de nombreuses références à la littérature targumique et midrashique. La relation entre *LAB* et les targums et midrashim a été étudiée par L. H. FELDMAN, *Prolegomenon*, dans la réimpr. de l'ouvrage de M. R. JAMES, *The Biblical Antiquities of Philo*, New York, 1971, LXVI-LXX.

29 On trouvera dans H. W. ATTRIDGE, *The Interpretation of Biblical History in the* Antiquitates Judaicae *of Flavius Josephus* (Harvard Dissertations in Religion 7), Missoula, Mont., 1976, 29-33. 36s., un aperçu des opinions d'auteurs concernant les sources scripturaires et les sources aggadiques (orales ou écrites?) des *Ant.* de JOSÈPHE. Pour une étude détaillée des procédés de composition de JOSÈPHE à propos de Gn, cf. Th. W. FRANXMAN, *Genesis and the « Jewish Antiquities » of Flavius Josephus* (Biblica et Orientalia 35), Rome, 1979.

Nous étudierons successivement les interprétations juives de ces épisodes relatifs à la marche au désert: l'arrivée aux eaux de Marah (Ex 15, 22-25, en tenant compte de la relecture en Si 38,5), le campement près des sources d'Élim (Ex 15,27; Nb 33,9), le prodige de Rephidim (Ex 17,1-7) avec les amplifications et relectures bibliques du jaillissement de l'eau du rocher (Nb 20,11; Dt 8,15; Ps 78; 105; 114; Sg 11), le manque d'eau à Qadès (Nb 20,1-2), la faute de Moïse en relation avec l'eau du rocher (Nb 20,2-13), l'arrivée à Beër et le chant du puits (Nb 21,16-20). La vision de l'histoire propre aux aggadistes nous obligera ensuite à considérer la relation entre le puits de l'Exode, les eaux paradisiaques et la source du Temple (Ez 47, 1-12; Za 14,8). Enfin, les puits des patriarches (Gn 21,19.30; 24,16; 26,19ss; 29,2ss) nous seront présentés comme des antécédents et des signes du puits de l'Exode. Dans un chapitre de conclusions, nous dégagerons les grandes lignes du parcours et nous ébaucherons quelques aperçus néotestamentaires.

CHAPITRE I

L'eau de Marah

En Ex 15,22*b*-25, un court récit yahviste relate que les Israélites, ayant marché trois jours dans le désert sans trouver d'eau, arrivèrent à un endroit où les eaux étaient amères [1]. La déception provoqua des murmures contre Moïse. Le chef eut recours à YHWH qui lui indiqua un bois à jeter dans les eaux pour les rendre bonnes à boire [2]. Aux vv. 25*b* et 26, on soupçonne un remaniement deutéronomiste et le lien avec le récit précédent reste confus [3]; Marah est devenu le lieu d'une législation et d'une épreuve exemplaire pour la suite de l'histoire d'Israël: la fidélité aux préceptes attirera l'aide de YHWH guérisseur. Cette addition du v. 26 implique que YHWH a « guéri », assaini les eaux amères et, en ce sens, elle suggère l'aspect prodigieux du récit. Le yahviste ne s'était pas préoccupé de savoir si les eaux avaient été rendues douces par une propriété naturelle du bois; il lui suffisait que ce bois ait été indiqué par YHWH en réponse à l'intercession de Moïse.

Le bois de Marah réapparaîtra en Si 38,5 dans un éloge de la science médicale. Malheureusement, le texte est ambigu. L'auteur met en garde contre le mépris des remèdes que Dieu a créés (v. 4); il apporte au v. 5 cet argument biblique: « N'est-ce pas par le bois (*bʿṣ*; ἀπὸ ξύλου) qu'a été adoucie l'eau pour faire connaître sa puissance (*kḥw*; τὴν ἰσχὺν αὐτοῦ)? » Mais s'agit-il de la puissance de Dieu ou de la vertu du bois [4]? Si, comme

---

1 La notice de départ en Ex 15,22*a* est peut-être sacerdotale; cf. M. NOTH, *Das zweite Buch Mose. Exodus* (ATD 5), 4e éd., Göttingen, 1968, 101.

2 Ce récit, comme aussi Ex 17,1-7 et Nb 20,1-13, est construit d'après un schéma de litige dont l'origine et le sens sont discutés; cf. G. W. COATS, *Rebellion in the Wilderness. The Murmuring Motif in the Wilderness Traditions of the Old Testament*, Nashville-New York, 1968, spéc. 249-254; V. FRITZ, *Israel in der Wüste. Traditionsgeschichtliche Untersuchung der Wüstenüberlieferung des Jahwisten* (MarbTSt 7), Marburg, 1970, spéc. 117-123; B. S. CHILDS, *Exodus. A Commentary* (OTL), London, 1974, 256-263; P. BUIS, « Les conflits entre Moïse et Israël dans Exode et Nombres », *VT* 28 (1978), 257-270; R. MICHAUD, *Moïse. Histoire et théologie* (Lire la Bible 49), Paris, 1979, 139-147. La littérature aggadique n'a guère considéré ce thème de la rébellion et des murmures, si ce n'est pour mettre en valeur l'intercession de Moïse et, à propos de Nb 20, pour chercher à excuser la faute de Moïse ou, au contraire, pour trouver matière à la condamnation du chef; cf. *infra* p. 67-70 et 125-131.

3 Cf. V. FRITZ, *Israel in der Wüste*, 7s.

4 R. SMEND, *Die Weisheit des Jesus Sirach hebräisch und deutsch*, Berlin, 1906, 65; ID., *Die Weisheit des Jesus Sirach erklärt*, Berlin, 1906, 339; N. PETERS, *Das Buch Jesus*

il nous semble, Ben Sira considère que le bois de Marah manifeste la puissance de Dieu, on peut dire que son interprétation anticipe un courant de la tradition juive qui, nous le verrons, insistait sur le caractère proprement divin et prodigieux de l'épisode.

I. Présentation des traditions targumiques [5]

1. *Les targums à Ex 15,22. Le symbolisme eau - Torah (Ps-J)* *Synopse des recensions*

TM	ויסע משה את ישראל מים סוף ויצאו אל מדבר שור
Ps-J	ואטיל משה ית ישראל מן ימא דסוף ונפקו למדברא דחלוצא
N	ואטל משה ית ישראל מימא סוף ונפקו למדברא דחלוצה
M	לארעא
110	ואטיל משה ית ישראל מימא דסוף ואזלו למדברא דחלוצה
440 = Nur	אורחא דחלוצה
O	ואטיל משה ית ישראל מימא דסוף ונפקו למדברא דחגרא

TM	וילכו שלשת ימים במדבר ולא מצאו מים :
Ps-J	וטיילו תלתא יומין במדברא בטילין מן פיקודייא ולא אשכחו מיא :
N	והלכו ארח מהלך תלתא יומין במדברא ולא אשכחו מיין :
110	ואזלו תלתא יומין במדברא ולא אשכחו מיין :
O	ואזלו מהלך תלתה יומין במדברא ולא אשכחו מיא :

Variantes mineures

Ps-J *ed. pr.* a la variante orthographique *myyʾ*. La forme grammaticale de N *mymʾ swp* est corrigée par I qui suggère *mn ym swp*. Au lieu de *ʾškḥw*, M propose *yškḥw*, selon la tendance à confondre le *aleph* et le *yod* [6].

Sirach oder Ecclesiasticus, Münster, 1913, 312; B. S. CHILDS, *Exodus*, 269, comprennent qu'il s'agit de la puissance de Dieu. Et V. HAMP, *Sirach* (Echter-Bibel), Würzburg, 1951, 100, considère que cette interprétation est la plus vraisemblable, en raison du parallélisme avec le v. 6*b* où *bgbwrtw* désigne la force de Dieu. La version syriaque rapporte explicitement à Dieu l'expression du v. 5. Il faut remarquer une hésitation dans la tradition textuelle de l'hébreu: on trouve aux vv. 5 et 6 les variantes marginales *kwḥm* et *bgbwrtm* (cf. F. VATTIONI, *Ecclesiastico. Testo ebraico con apparato critico e versioni greca, latina e siriaca*, Napoli, 1968, 199); les suffixes pluriels se rapporteraient alors peut-être au substantif *trwpwt*, « des remèdes », du v. 4. Il est sûr que ce pluriel convient mal au v. 6 où il s'agit clairement de la force de Dieu, « la eficacia divina » comme traduit L. ALONSO SCHÖKEL, *Proverbios y Eclesiástico* (Los Libros Sagrados), Madrid, 1968, 280.

[5] On trouvera une étude de N comparé aux principales autres recensions, avec des indications sur le contexte midrashique, dans E. LEVINE, « *Neofiti* 1: A Study of Exodus 15 », *Bib* 54 (1973), 301-330, spéc. 320-324.

[6] Cf. G. DALMAN, *Grammatik des jüdisch-palästinischen Aramäisch*, Leipzig, 1905,

Traductions

Ps-J Moïse fit partir Israël de la Mer des Roseaux et ils sortirent vers le désert de *Ḥalûṣa*; ils marchèrent trois jours dans le désert, *en négligeant les préceptes (de la Loi)*, et ils ne trouvèrent pas d'eau.

N Moïse fit partir Israël de la Mer des Roseaux et ils sortirent vers le désert de *Ḥalûṣah*; ils firent une route de trois jours *de marche* dans le désert et ils ne trouvèrent pas d'eau.

M ... vers *la terre* (de *Ḥalûṣah*).

110 Moïse fit partir Israël de la Mer des Roseaux et ils *allèrent* vers le désert de *Ḥalûṣah*; ils allèrent trois jours dans le désert et ils ne trouvèrent pas d'eau.

440 *la route* de *Ḥalûṣah*.

= Nur

O Moïse fit partir Israël de la Mer des Roseaux et ils sortirent vers le désert de *Ḥagra*; ils firent une marche de trois jours dans le désert et ils ne trouvèrent pas d'eau.

Observations

Ps-J comporte un intéressant ajout qui nous renseigne sur la conduite morale du peuple pendant ces trois premiers jours de pérégrination dans le désert. Le targumiste semble supposer que le peuple connaît déjà la Loi mais néglige de l'appliquer. Cette incise veut-elle rendre compte du manque d'eau? Une enquête parmi les traditions midrashiques en décidera[7].

Les recensions targumiques à Ex 15,23-24 suivent de près le TM qui rapporte l'arrivée aux eaux amères de Marah et les murmures contre Moïse.

---

60 et 252; R. Le Déaut, « Lévitique XXII 26 - XXIII 44 dans le Targum palestinien. De l'importance des gloses du *codex Neofiti 1* », *VT* 18 (1968), 460.

[7] On peut noter aussi que tout le TP Ex 15,22 remplace le nom géographique de Shur par celui de Ḥalûṣa(h), comme N, M, 110, 440, Nur Gn 16,7, N Gn 20,1 et Ps-J, N Gn 25,18. Mais le nom de Ḥagra est préféré en O Ex 15,22, comme en O Gn 16,7; 20,1 et 25,18. Ps-J Gn 16,7 et 20,1 s'accorde avec O. Sur ces noms, cf. A. Neubauer, *La géographie du Talmud*, Paris, 1868, 409s.; M. McNamara, *Targum and Testament*, 195, et Le Déaut, *Targum du Pent.*, I, 176, n. 7. E. Levine, « *Neofiti* 1: A Study of Exodus 15 », 320, croit reconnaître dans le nom géographique de Ḥalûṣah (TP Ex 15,22) une allusion au rite de *ḥᵃlîṣāh* par lequel on « déchausse » celui qui refuse de s'acquitter du lévirat; le mariage refusé serait ici celui d'Israël et de la Loi, et l'allusion rejoindrait l'explicitation du Ps-J selon laquelle les Israélites négligèrent les préceptes de la Loi. Nous restons insensible à cette suggestion. En effet, l'emploi de Ḥalûṣah dans les targums à Gn 16,7 et 20,1 oriente vers une tradition d'adaptation de l'hébreu Shur qui n'est pas liée à Ex 15,22. Le terme *šûr* signifiait « une fortification »; le nom géographique de Ḥalûṣah fut probablement choisi parce qu'on y reconnaissait le verbe *ḥlṣ* au sens de « fortifier ». Notons aussi qu'en 440, Nur Ex 15,22 la mention de « la route » de Ḥalûṣah, au lieu du « désert » de même nom, est due probablement à une influence de Gn 16,7.

2. *Les targums à Ex 15,25. L'oléandre qui adoucit les eaux. Ou une parole de la Loi*

Synopse des recensions au v. 25a [8]

TM	ויצעק אל יהוה ויורהו יהוה
Ps-J	וצלי קדם ייי ואחוי ליה ייי
N	וצלי קדם ייי וחוי ליה ייי
M	משה מימרי(ה) דייי
110	וצלי משה קדם ייי ואליף יתיה מימרא דייי
440	וצלי משה קדם ייי וחוי ליה מימרא דייי
Nur	וצלי משה קד' ייי וחוי ליה מימר' דייי
O	וצלי קדם ייי ואלפיה ייי

TM	עץ
Ps-J	אילן מריר דארדפני וכתב עלוי שמא רבא ויקירא
N	אילן ונסב מיניה מימריה דייי מלה דאוריתא
M_1	דארדופני
M_2	אילן דארדופני וכתב ביה שמא מפרשא
110	מילא דאוריתא דהיא מתילא באילן חייא
440	אילן דאירדופני
Nur	אילן דארדפני
O	אעא

TM	וישלך אל המים וימתקו המים
Ps-J	וטלק לגו מיא ואיתחלון מיא
N	וטלק לגו מיא ואתחלון מיא
M_1	וקלק בגו מייא ואת(חלון)
M_2	וטלק במיא
110	וטלק לגו מיא ואתחלוון מיא
440	וקלק בגו מיא ואתחלון מיא
Nur	וקלק בגו מיא ואיתחליין מיא
O	ורמא למיא ובסימו מיא

Synopse des recensions au v. 25b

TM	שם שם לו חק
Ps-J	תמן שוי ליה מימרא דייי גזירת שבתא וקיים

[8] Nous avons appelé M_1 la glose M apparentée au TF et M_2 celle qui correspond d'assez près au Ps-J; cf. à ce sujet Sh. LUND, J. A. FOSTER, *Variant Versions of Targumic Traditions within Codex Neofiti 1* (SBL, AramSt 2), Missoula, Mont., 1977, 14-19.

<table>
<tr><td>N</td><td>תמן שוי ליה קיימין</td></tr>
<tr><td>M</td><td>חווי לי מימרי(ה) דייי</td></tr>
<tr><td>110</td><td>תמן קרי ליה קיימין</td></tr>
<tr><td>440 = Nur</td><td>תמן ⟨חווי ליה⟩ מימרא דייי קיימין</td></tr>
<tr><td>O</td><td>תמן גזר ליה קים</td></tr>
</table>

<table>
<tr><td>TM</td><td>ומשפט</td></tr>
<tr><td>Ps-J</td><td>איקר אבא ואימא ודיני | פידעא ומשקופי וקנסין דמקנסי" מחייבייא |</td></tr>
<tr><td>N = 110</td><td>וסדרי דינין</td></tr>
<tr><td>440 = Nur</td><td>וסידרי דינין</td></tr>
<tr><td>O</td><td>ודין</td></tr>
</table>

<table>
<tr><td>TM</td><td>ושם נסהו :</td></tr>
<tr><td>Ps-J</td><td>ותמן נסייא בניסייונא עשוריתא :</td></tr>
<tr><td>N</td><td>ותמן נסי יתיה :</td></tr>
<tr><td>M</td><td>[ניסין] יתי בנסיוני(ה) עשריה</td></tr>
<tr><td>110</td><td>ותמן נסי יתיה וקם בנסיוניה :</td></tr>
<tr><td>440</td><td>ותמן ⟨נסי יתיה⟩ בניסיונא עסיראה :</td></tr>
<tr><td>Nur</td><td>ותמן נסי יתיה בנסיונא עשיראה :</td></tr>
<tr><td>O</td><td>ותמן נסייה :</td></tr>
</table>

Variantes mineures et corrections textuelles

Au v. 25*b*, Ps-J *ed. pr.* n'a pas la conjonction *w-* devant *dyny* et il présente les variantes suivantes, pour la plupart orthographiques: *pdʿʾ*, *lḥyybyʾ* et *nsyʾ bnsywnʾ ʿśyrytʾ*. La leçon de M *nysyn* peut être corrigée en *nsy*[9] et les suffixes *ly* et *yty* équivalent à *lyh* et *ytyh*. En 440, les mots placés entre crochets obliques ne sont pas séparés dans le ms.

Traductions

v. 25a

Ps-J Il *pria devant* YHWH et YHWH lui indiqua un arbre *amer, un oléandre. Il y inscrivit le Nom grand et glorieux* et (le) jeta au milieu des eaux qui devinrent douces.

---

[9] Cf. l'éd. de Díez Macho, *Neophyti 1,* II, 103. Notons que contrairement à cette éd., au v. 25*a,* nous avons restitué en M_1 la leçon *dʾrdwpny* que porte le ms.

N Il *pria devant* YHWH et YHWH lui indiqua un arbre; *la Parole de YHWH en prit une parole de la Loi* et il (la) jeta au milieu des eaux qui devinrent douces [10].

M *Moïse ... la Parole de* YHWH ...

M_1 ... *un oléandre* et il (le) lança au milieu des eaux et elles devinrent douces.

M_2 ... *un arbre d'oléandre et il y inscrivit le Nom sacré* (YHWH) et il (le) jeta dans les eaux ...

110 *Moïse pria devant* YHWH et *la Parole de* YHWH lui *enseigna une parole de la Loi qui est comparable à l'arbre de vie* et il (la) jeta au milieu des eaux qui devinrent douces.

440 = Nur *Moïse pria devant* YHWH et *la Parole de* YHWH lui indiqua un arbre, *un oléandre* et il (le) lança au milieu des eaux qui devinrent douces.

O Il *pria devant* YHWH et YHWH lui *enseigna* un bois et il (le) lança dans les eaux qui devinrent douces.

v. 25b

Ps-J Là, *la Parole de YHWH* lui imposa le précepte *du sabbat, la prescription d'honorer son père et sa mère,* les jugements *pour blessures et coups, les pénalités à infliger aux coupables* et là il l'éprouva *avec la dixième tentation.*

N Là, il lui imposa des prescriptions et *procédures* judiciaires et là il l'éprouva.

M *La Parole de YHWH* lui imposa ...
... il l'éprouva *avec sa dixième tentation.*

110 Là, il lui *lut* des prescriptions et *procédures* judiciaires et là il l'éprouva *et il tint bon dans sa tentation.*

440 = Nur Là, *la Parole de YHWH* lui imposa des prescriptions et *procédures* judiciaires et là il l'éprouva *avec la dixième tentation.*

O Là, il lui édicta une règle et un droit et là il l'éprouva.

Observations

v. 25a

Toutes les recensions interprètent comme une prière le cri de Moïse vers YHWH. Il est bien intéressant de constater que le sujet « Moïse » est exprimé dans M et dans le TF 110, 440, Nur; ces recensions témoignent d'une tradition textuelle ancienne attestée également en *Sam.*, LXX, *Pesh.* et *Vulg.*[11]. Ps-J, N et O, par contre, s'accordent avec le TM pour sous-entendre le sujet.

---

[10] Nous avons estimé que Moïse (sous-entendu) reste le sujet du verbe « jeta », comme dans le TM et dans les autres recensions targumiques.

[11] Cf. l'apparat critique de la *BHS*.

Moïse pria et YHWH ou la Parole (le Memra) (selon M, 110, 440, Nur; N a les deux expressions) de YHWH répondit [12]. Dans le TM, la forme verbale qui exprime cette réponse est *wayyôrēhû*. En Ex 15,25, sa traduction la plus commune est « lui indiqua ». Mais étant donné que sa relation aux formes verbales des versions anciennes pose des problèmes, il sera plus aisé de commencer par l'analyse des interprétations de l'objet « indiqué » à Moïse.

Le TM a le mot *ʿēṣ* indéterminé, qui signifie soit « un morceau de bois », soit « un arbre ». Les interprétations du TP à ce propos se répartissent nettement en deux grandes traditions. Une tradition, représentée par Ps-J, M (M_1 et M_2), 440, Nur, découvre en cet objet qui sera jeté dans les eaux un arbre (*ʾyln*), plus exactement un arbuste car il s'agit de l'oléandre, dont Ps-J précise qu'il est amer. À l'intérieur de cette première tradition, nous trouvons encore en Ps-J et M_2 cet ajout significatif que Moïse y inscrivit le Nom sacré. On devine dans cet ajout la tendance à souligner que le miracle d'assainissement des eaux ne s'accomplira qu'en vertu de la toute-puissance divine. L'autre tradition est représentée dans le TP par N et 110, avec toutefois une grande liberté d'expression d'une recension à l'autre. Selon N, de l'« arbre » indiqué à Moïse, la Parole de YHWH prit une parole de la Loi [13]. Étrange cueillette, qui laisse deviner un emprunt midrashique et le recours au symbolisme, mais l'auditeur ne reçoit pas d'explications. L'étonnement se prolonge quand on entend dire que cette parole de la Loi fut jetée dans les eaux pour les rendre douces. Le symbolisme n'apparaît pas moins en 110 où il n'est même plus directement question d'un arbre, mais d'« une parole de la Loi qui est comparable à l'arbre de vie ». La Parole de YHWH enseigna (*wʾlyp*) cette parole à Moïse qui la jeta dans les eaux. À l'écart des autres recensions, O calque le TM en traduisant *ʾāʿāʾ*, « un bois »; il n'a pas accepté la forme plus colorée *ʾyln*, « arbre », qui se trouve dans toutes les recensions du TP et même dans le TS. Mais comme en 110, il emploie le verbe *wʾlpyh*, « il lui enseigna », et nous devinons alors une discrète influence de l'aggadah.

Nous pouvons maintenant revenir à l'examen des formes verbales exprimant la réponse de YHWH. On conviendra volontiers que le verbe *ʾlyp* employé en 110 et O se rattache au TM *wayyôrēhû* auquel ces targums ont donné la signification d'« instruire, enseigner ». C'est d'ailleurs dans la

---

[12] Très fréquemment dans la tradition targumique palestinienne, pour mentionner une intervention divine créatrice, révélatrice ou salvatrice, on substitue au Nom divin la paraphrase *Memra de-YHWH*. Cet usage a été spécialement étudié par D. MUÑOZ LEÓN, *Dios-Palabra. Memra en los Targumim del Pentateuco*, Granada, 1974 (l'auteur a présenté un résumé de son étude dans A. DÍEZ MACHO, *Neophyti 1*, III, 70*-83*; cf. aussi *ibid.*, V, 35*-37*); R. LE DÉAUT, « Targumic Literature and New Testament Interpretation », 266-268; ID., *Targum du Pent.*, I, 75, n. 5.

[13] On notera en passant la différence de terminologie entre l'emploi de *Memra* pour désigner la Parole de YHWH et celui de *mlh* (graphie de N) pour désigner une parole de la Loi.

Bible la signification la plus courante du *hiphil* de *yrh*; on l'emploie le plus souvent dans la sphère religieuse pour désigner l'enseignement des commandements, et le mot Torah dérive de la même racine. En 110, cette signification s'allie bien à l'interprétation aggadique du « bois » devenu une parole de la Loi. C'est aussi la signification d'enseigner qu'avait choisie Aquila en traduisant ἐφώτισεν[14]. Mais en Ex 15,25, la forme biblique *wayyôrēhû*, avec comme complément *ᶜēṣ*, devait avoir un sens moins spécifique, celui d'indiquer, désigner par un geste[15]. On a pu douter de l'authenticité de la leçon massorétique en constatant que le *Sam.* a *wyrʾhw*, *hiphil* de *rʾh*, « il lui fit voir », et que, apparemment, de nombreuses versions anciennes soutiennent la leçon du *Sam.* Rien pourtant n'oblige à se départir de la leçon massorétique. Il est vrai que la LXX a ἔδειξεν, « il montra », et la *Vulg.*: *ostendit*, mais il arrive que la LXX traduise par le verbe δεικνύειν le *hiphil* de *yrh*[16]. Les targums autres que 110 et O traduisent par recours au verbe *ḥwy*, soit au *aphel* (Ps-J), soit au *pael* (N, 440, Nur). Il peut certes reproduire le *hiphil* de *rʾh*, « faire voir »[17]. Mais on sait que le verbe *ḥwy* a un champ sémantique assez large. Il peut aussi signifier « annoncer, dire »; dans M, 440, Nur Ex 15,25*b*, on le rencontrera à propos d'une législation. Ce verbe *ḥwy*, que l'on trouve aussi dans la *Pesh.*, peut être une traduction du *hiphil* de *yrh* entendu au sens général d'« indiquer, désigner ». Bref, ces versions ne nous orientent pas plus vers la leçon du *Sam.* que vers une interprétation donnant au TM *wayyôrēhû* le sens de « désigner », c'est-à-dire finalement de « montrer ».

v. 25b

Le texte biblique en 25*b* donnait à l'épisode la signification d'une épreuve subie par Israël et mentionnait l'imposition d'une législation; le v. 26 renchérissait sur ce propos: l'obéissance aux prescriptions devait guérir Israël. Nul doute que ces vv. 25*b*-26 ont orienté dans le sens du don d'une parole de la Loi l'interprétation du v. 25*a* que nous avons découverte en N et 110. Au v. 25*b*, Ps-J, M, 440, Nur précisent que l'épreuve à laquelle Israël fut soumis était la dixième. Et 110 affirme que dans l'épreuve Israël tint bon. En outre, Ps-J détaille avec soin certaines pres-

---

14 Aquila traduit plusieurs fois par ce verbe le *hiphil* de *yrh* au sens d'« enseigner », par ex. en Ex 4,12; Ex 24,12; Dt 33,10; Ps 25,8.12; 119,33; Pr 4,4. La LXX fait de même en Jg 13,8 (ms. A); 2 (4) R 12,3; 17,27.28. On sait que le sens premier de φωτίζειν est « éclairer, illuminer », et par suite « enseigner ». Un dicton juif s'énoncera *ʾwrh zw twrh*, « la lumière, c'est la Torah » (*Meg.* 16*b*); sur la Loi comme lumière, cf. G. Vermes, « The Torah is a Light », *VT* 8 (1958), 436-438; R. Le Déaut, *La nuit pascale*, 214; Ch. Perrot, P.-M. Bogaert, *Ant. Bibl.*, II, 104. Cette conception a pu influencer Aquila dans sa traduction d'Ex 15,25 où un courant exégétique reconnaissait l'enseignement d'une parole de la Loi.

15 Par. en Pr 6,13; cf. B. S. Childs, *Exodus*, 266.

16 Cf. LXX 1 S 12,23; Mi 4,2; Jb 34,32.

17 Ainsi par ex. en Ps-J, N, 440, Nur Dt 34,1.

criptions imposées. On notera aussi la formule liturgique de 110: « il lui lut des prescriptions ».

II. Situation des traditions targumiques dans l'ensemble de l'approche midrashique de l'épisode

En lisant et commentant les synopses de recensions targumiques, nous nous sommes déjà trouvé confronté au problème des éléments aggadiques incorporés dans les targums. Certains de ces éléments, parfois discrets dans la paraphrase liturgique, sont amplement explicités dans les commentaires midrashiques; il convient alors que nous étendions notre enquête à ces commentaires, pour éclairer les options et les gloses des traducteurs et rétablir ainsi le lien entre le targum et le midrash. Mais nous voulons encore essayer de reconstituer sur une base la plus large possible les diverses approches exégétiques juives anciennes de l'épisode de Marah; aussi ne limiterons-nous pas notre recherche aux seules traditions qui trouvent écho dans les targums. Et nous nous efforcerons, le cas échéant, de caractériser le milieu dans lequel se situent les exégèses que nous rencontrerons [18].

1. *L'eau, symbole de la Torah*

Le texte biblique d'Ex 15,22 selon lequel les Israélites, durant les trois jours de marche qui précédèrent l'arrivée à Marah, n'avaient pas trouvé d'eau, fut parfois soumis à une interprétation symbolique dans laquelle l'eau figurait la Torah. Cette interprétation, parmi d'autres, fut recueillie par la *Mekh.* Ex 15,22 [19]:

> Les *dôr^e^šê r^e^šûmôt* dirent: *Et ils ne trouvèrent pas d'eau* (Ex 15,22), (à savoir) les paroles de (la) Torah qui sont comparables (*nmšlw*) à l'eau. Et d'où tire-t-on qu'elles sont comparables à l'eau? De ce qu'il est dit: *Ô vous tous qui avez soif, venez vers l'eau!* (Is 55,1).
> Parce qu'ils s'étaient écartés des paroles de la Torah pendant trois jours, voilà pourquoi ils se révoltèrent et c'est à cause de cela que les prophètes et les anciens leur prescrivirent de lire la Torah au sabbat, au second et au cinquième jour.

Il n'est pas rare que la tradition rabbinique, en transmettant une interprétation ancienne, y ajoute quelque élément plus récent qui veut en montrer l'intérêt ou en tirer parti. Où s'arrête en ce cas la transmis-

---

[18] Des listes de références aux par. aggadiques ont été établies par GINZBERG, *Legends*, III, 38-40; VI, 14s., n. 79-84; M. M. KASHER, *Torah Shelemah (Complete Torah). Talmudic-Midrashic Encyclopedia of the Pentateuch* (hébr.), XIV, New York, 1951, 160-170; E. B. LEVINE, « Parallels to Exodus of Pseudo-Jonathan and Neophyti 1 », dans A. DÍEZ MACHO, *Neophyti 1*, III, 445; ID., « *Neofiti* 1: A Study of Exodus 15 », 320-322.

[19] Par. en *Mekh. R. Shim.* 103; *Tanḥ. Beshallaḥ* 19.

sion de ce qu'ont dit les *dôrshê reshûmôt*[20]? Consultons un parallèle rapporté en *B.Q.* 82*a* à propos précisément d'Ex 15,22:

> Les *dôrshê reshûmôt* dirent: L'eau ne signifie pas autre chose que la Torah (*ʾyn mym ʾlʾ twrh*), comme il est dit: *Ô vous tous qui avez soif, venez vers l'eau!* (Is 55,1).

Il semble avéré que les *dôrshê reshûmôt,* rapprochant Ex 15,22 et Is 55,1, prenaient le mot « eau » pour un symbole de la Torah, tandis que le commentaire qui suit cette sentence dans la *Mekh.* Ex 15,22 est une interprétation surajoutée qui exploite le symbolisme déjà établi.

Qui étaient ces *dôrshê reshûmôt*? On s'accorde à reconnaître que ce sont de très anciens interprètes[21]. Et nous pourrons constater que tantôt Yehoshua b. Ḥananiah (début du IIe siècle), tantôt son contemporain Éliézer b. Hyrqanos reproduisent des sentences qui sont ailleurs attribuées à ces exégètes dont la tradition n'a pas conservé l'identité. Nous ne les connaissons que sous cette appellation qui peut se traduire « interprètes de signes »[22]. C'est à bon droit que, se fondant sur la signification du verbe *ršm*: « tracer une marque, faire un signe, signifier, désigner », J. Z. LAUTERBACH attribue au terme *rāšûm,* qu'il considère substantivé, la signification d'« une marque visible, un signe ou un symbole, qui sert à indiquer quelque chose ou qui représente une idée ou communique quelque renseignement »[23]. L'appellation *dôrshê reshûmôt* doit désigner alors une classe d'exégètes qui appliquaient à certaines paroles de l'Écriture la méthode dite des signes, c'est-à-dire que les mots ou

---

20 Pour la facilité de la typographie, nous transcrirons dorénavant *dôrshê reshûmôt.*

21 La question a été débattue par W. BACHER, *Die exegetische Terminologie der jüdischen Traditionsliteratur,* I, Leipzig, 1899, 183s. (dans la suite, nous abrégeons en *Terminologie*). Après cela, un important article leur fut consacré par J. Z. LAUTERBACH, « The Ancient Jewish Allegorists in Talmud and Midrash », *JQR* (N.S.) 1 (1910-1911), 291-333; cet auteur s'est intéressé aussi aux interprétations d'un groupe parent, les *dôr^{e}šê ḥ^{a}mûrôt,* dans la suite du même article, 503-531. Le problème fut brièvement repris par I. HEINEMANN, *Altjüdische Allegoristik* (Bericht des jüdisch-theologischen Seminars, Fraenckelsche Stiftung, für das Jahr 1935), Breslau, 1936, 66-70. Entre-temps J. BONSIRVEN avait également considéré la question dans « Exégèse allégorique chez les rabbins tannaïtes », *RechSR* 23 (1933), 524s. 530s. 537-541; cet auteur reproduisit les résultats de son enquête dans *Exégèse rabbinique et exégèse paulinienne* (Bibliothèque de théologie historique), Paris, 1939, 233-241 et 249-251. Cf. aussi N. R. M. DE LANGE, *Origen and the Jews. Studies in Jewish-Christian Relations in Third-Century Palestine,* Cambridge, 1976, 113s.

22 Cf. E. LEVINE, « *Neofiti* 1: A Study of Exodus 15 », 320: « interpreters of signs »; le même auteur les nomme: « Symbolists ».

23 « The Ancient Jewish Allegorists », 300. L'auteur poursuit, *ibid.* et 301: « A word can be used as a sign for a certain idea, quality, or action, or state, if only one feature or one aspect of the idea, quality, action, or state, can be compared with, or represented by, it, for this one feature or this one aspect, suggested by the word, will bring to mind the whole idea, etc. For this reason, also, the first word of a sentence can be used as a sign to represent the entire sentence, as one letter of a word may be used as a sign for the whole word, since the first letter or the first word will bring to mind what followed, the whole word or the whole sentence. »

expressions de l'Écriture auxquels ils s'attachaient, devenaient — sans que cela soit impliqué par le sens littéral du passage — évocateurs d'une autre réalité. Il s'agit d'une méthode aggadique, ce qui veut dire que les termes qu'ils interprètent ne deviennent des signes que par la volonté des interprètes [24]. I. HEINEMANN a fait remarquer qu'une des caractéristiques de leur exégèse est de chercher un sens à des détails du texte biblique, à relever des éléments apparemment accessoires [25]. Ils en font alors le signe de données bibliques attestées ailleurs. Et pour créer des signes, ils recourent, comme d'autres aggadistes, à certaines des règles herméneutiques communes au midrash, ainsi par exemple l'analogie, le *noṭariqon*, le *sāmûk* [26]. Aussi, plus que d'une méthode, vaut-il mieux parler à leur sujet d'un point de vue, d'une optique particulière de l'exégèse aggadique. Est-il adéquat de les appeler des « interprètes allégoristes », comme le fait LAUTERBACH? Une telle désignation est sujette à caution. LAUTERBACH s'est forgé une conception très large de l'allégorie: pour lui, semble-t-il, dès qu'on s'écarte du sens littéral, on passe à une « interprétation allégorique » [27]; mais, à ce compte-là, toute exégèse midrashique devrait être dite allégorique! En réalité, sur une quinzaine d'interprétations attribuées à ces interprètes, un tiers environ peuvent être dites

---

[24] Comme l'a fait remarquer LAUTERBACH, *art. cit.*, 302, n. 13, l'appellation de ces exégètes peut être rapprochée d'expressions telles que par ex. *dryš rbwyy wmyʿwṭy, dršy klly wprṭy* (*Shebu.* 37*b*) ou *dryš smwkym* (*Yeb.* 4*a*) désignant respectivement ceux qui emploient les méthodes d'interprétation dans un sens inclusif et dans un sens exclusif, par recours au général et par recours au particulier, ou d'après la section voisine. Toutes ces expressions qui complètent *drš* désignent non pas des passages interprétés, mais la façon dont on veut les interpréter; c'est ce que n'avait pas compris, semble-t-il, BACHER, *Terminologie*, I, 184, quand il définissait ces interprètes comme « die Ausleger der undeutlichen, den Gedanken nur in Andeutungen enthaltenden Bibelworte ». Pour lui, ces exégètes expliquaient donc des passages d'Écriture qui sont obscurs en eux-mêmes et qui ne contiennent leur pensée que par allusions. BACHER, *ibid.*, reconnaissait toutefois que cette définition ne s'appliquait qu'à une partie des sentences qui leur sont attribuées. Or J. Z. LAUTERBACH, *art. cit.*, 299 et 304-327, a montré que tous les passages de l'Écriture, ou peu s'en faut, qu'ils interprètent sont tout à fait clairs et même que leur sens littéral est bien plus clair et explicite que celui que les *dôrshê reshûmôt* découvrent (la seule exception pourrait être Dt 28,66; cf. LAUTERBACH, *art. cit.*, 307). J. BONSIRVEN, *RechSR* 23 (1933), 540s., et *Exégèse rabbinique*, 250, comme BACHER, donne au terme *rāšûm* le sens de « chose obscure, s'opposant à chose claire et pleinement manifeste »; toutefois, comme LAUTERBACH, il applique ce mot non aux passages à interpréter mais au sens tiré de ces passages: « ces interprètes sont ceux qui dégagent certains sens cachés et extraordinaires, et, entre autres, les sens symboliques et allégoriques ». Des *dôrshê reshûmôt*, il faut, comme l'a montré LAUTERBACH, *art. cit.*, 509s., distinguer les *dôrešê ḥamûrôt* qui s'attachent à dégager ce qu'ils considèrent être le *ḥômer* d'un passage, son « importance » qui, selon leur optique, réside dans son utilité pratique.

[25] *Altjüdische Allegoristik*, 69s.

[26] On trouvera dans leur interprétation d'Ex 17,8 un cas de *noṭariqon* (cf. *infra* p. 63-67). Un exemple d'interprétation basée sur le *sāmûk* est conservé dans la *Mekh. R. Shim.* Ex 22,27 (éd. de HOFFMANN, 153; cf. J. Z. LAUTERBACH, *art. cit.*, 306s.). Sur la règle du *sāmûk* comme procédé d'interprétation d'un passage en l'« appuyant » sur un passage voisin, cf. BACHER, *Terminologie*, I, 132s.; J. BONSIRVEN, *Exégèse rabbinique*, 186.

[27] *Art. cit.*, 301.

allégoriques [28]. Trois d'entre elles font partie de notre étude [29]. Dans la plupart des autres cas, l'expression biblique qu'ils interprètent est prise comme un signe en ceci précisément qu'elle est considérée comme une allusion à un ou plusieurs autres passages bibliques qu'ils projettent sur le texte considéré [30].

En Ex 15,22, les *dôrshê reshûmôt* ont substitué au sens littéral du texte une interprétation figurée: ils ne trouvèrent pas les paroles de la Torah [31]. La méthode employée est celle d'un rapprochement avec Is 55,1 où ils considèrent que l'eau est un symbole de la parole de Dieu. Par cette analogie établie entre un texte du Pentateuque et un texte prophétique, ils déduisent que l'eau d'Ex 15,22 est un signe, un symbole, un mashal de la Torah [32].

---

[28] Cf. I. HEINEMANN, *Altjüdische Allegoristik,* 68. Comme le note cet auteur, *op. cit.*, 69, n. 147, LAUTERBACH s'est laissé influencer par le fait que Philon emploie aussi les méthodes d'analogie ou de *sāmûk.* Mais ces méthodes sont employées tout au long de la littérature rabbinique, sans pour autant donner des résultats de type allégorique.

[29] Cf. outre l'interprétation d'Ex 15,22, celles d'Ex 15,25 et 17,1.

[30] Par ex. cette interprétation conservée dans le *MHG* Gn 25,22 pour expliquer les paroles prononcées par Rébecca lorsqu'elle sentit ses fils s'entrechoquer dans son sein: *ʾm kn lmh zh ʾnky.* Le mot *zh* attire à lui l'expression commençant par le même mot en Ex 15,2: « C'est lui (*zh*) mon Dieu et je l'admire », tandis que *ʾnky* attire l'expression d'Ex 20,2: « Je suis (*ʾnky*) YHWH, ton Dieu ». En insérant ces textes dans le passage de Gn 25,22, les *dôrshê reshûmôt* paraphrasent (cf. J. Z. LAUTERBACH, *art. cit.*, 317):

> Rébecca dit devant le Saint, béni soit-il: « Maître de l'univers, s'il en est ainsi (*ʾm kn*) (à savoir) qu'Ésaü va tuer et exterminer les glorieux (hommes) de sagesse qui doivent venir des fils de Jacob, qui donc dira devant toi, à la mer: *C'est lui mon Dieu et je l'admire* (Ex 15,2) et à qui diras-tu sur le mont Sinaï: *Je suis YHWH, ton Dieu* (Ex 20,2)? »

Sur l'emploi de l'expression «le Saint, béni soit-il» pour désigner Dieu, cf. E. E. URBACH, *The Sages. Their Concepts and Beliefs.* Translated from the Hebrew by I. ABRAHAMS, Jérusalem, 1975, 76-79. Cette dénomination exprime à la fois la transcendance et la proximité de Dieu: « The attributive ' Holy ' expresses the exaltation and sublimity of transcendentalism and also nearness. God is ' the Holy One of Israel ', and with His sanctity He sanctified His people, His land, His city, and His Temple » (*ibid.*, 78). Selon cet auteur, l'expression ne serait devenue courante en Palestine qu'à partir du IIIe siècle; il fait remarquer cependant (*ibid.*, 67) que, dans la transmission des sentences tannaïtiques, on a parfois remplacé une appellation divine ancienne par celle-ci plus récente. Mais à la suite de Sh. ESH (*Der Heilige. Er sei gepresen,* Leiden, 1957), A. DÍEZ MACHO, *Neophyti 1,* IV, 40*, retient que cette appellation est d'origine tannaïtique.

[31] Sur cette interprétation, cf. J. Z. LAUTERBACH, *art. cit.*, 310; W. BACHER, *Die Proömien der alten jüdischen Homilie* (Beitrag zur Geschichte der jüdischen Schriftauslegung und Homiletik), Leipzig, 1913, 19; I. HEINEMANN, *Altjüdische Allegoristik,* 31s.; J. BONSIRVEN, *Exégèse rabbinique,* 236.

[32] On aura remarqué dans la *Mekh.* Ex 15,22 l'emploi du verbe *nmšlw.* Sur le *māšāl* comme terme technique pour désigner l'interprétation figurée et allégorique, cf. BACHER, *Terminologie,* I, 122. En *B.Q.* 82*a*, nous avions l'expression *ʾyn ... ʾl*ʾ, « (cela) ne signifie pas autre chose que »; nous retrouverons encore cette terminologie à propos des *dôrshê reshûmôt* (*Mekh. R. Shim.* 120) ou de Shimon b. Yoḥay reprenant un enseignement de ces interprètes (*Siphrê* Dt 47; *Gn R.* 12,6; *Qo R.* 1,4,4). Mais la formule ne leur est pas réservée; elle est largement employée dans toute la littérature rabbinique: cf. S. LIEBERMAN, *Hellenism in Jewish Palestine,* 2e éd., New York, 1962,

Il est vrai que leur exégèse d'Is 55,1 dépasse déjà le sens littéral historique du Deutéro-Isaïe, mais à leur époque, il était sans doute déjà traditionnel de lire en ce texte une référence à la Loi [33]. En tout cas, dès le IIe siècle av. J.-C., la métaphore de l'eau figurant l'enseignement donné par la Sagesse, ou par la Torah qui lui était identifiée, était présupposée en Si 24,23-31 où la Loi « fait déborder la sagesse » (v. 25), « répand à flots l'intelligence » (v. 26), « fait jaillir l'instruction » (v. 27) et fait du sage qui la reçoit comme un canal, et même un fleuve et une mer (v. 30s.) [34]. Cette métaphore était d'ailleurs commune à divers milieux de l'exégèse juive. Après les *dôrshê reshûmôt,* la tradition rabbinique l'utilisera volontiers à propos de la Torah [35]. Le judaïsme des docteurs l'applique aussi à l'enseignement des maîtres et, à ce propos, quelques témoignages anciens sont significatifs. D'après *Abôt* 1,11, Abṭalion (vers 50 av. J.-C.) avertit les sages de veiller à leurs paroles, de peur que leurs disciples ne boivent des eaux mauvaises [36]. On peut voir aussi en *Abôt* 2,8 que Yoḥanan b. Zakkay (av. 80) s'était servi du symbolisme de l'eau dans l'éloge qu'il faisait de ses disciples: à Éliézer b. Hyrqanos il avait donné le surnom de « Citerne plâtrée qui ne laisse pas échapper une goutte », tandis qu'il appelait Éléazar b. ᶜArak « Source qui gonfle » (*mᶜyn*

48-51; W. REISS, « Wortsubstitution als Mittel der Deutung. Bemerkungen zur Formel *ʾyn ... ʾl*ʾ », dans *Frankfurter Judaistische Beiträge,* VI, Frankfurt a. M., 1978, 27-69.

33 En Is 55,1-3*a*, le prophète annonce aux exilés leur nouvelle condition de salut, de vie en plénitude, et il les invite, pour en jouir, à écouter son message (cf. v. 3*a*). Ce salut, cette bénédiction est exprimée de façon métaphorique, par une énumération en crescendo passant des biens les plus essentiels à la vie, comme l'eau et le pain, aux biens même superflus, comme le vin et le lait; cf. C. WESTERMANN, *Das Buch Jesaja. Kapitel 40-66* (ATD 19), Göttingen, 1966, 226s. On comprend qu'à l'époque du judaïsme ces métaphores aient été rapportées à l'enseignement de la Loi qui précisément était la voie de la vie.

34 Cf. M. GILBERT, « L'éloge de la Sagesse (*Siracide* 24) », *RTLouv* 5 (1974), 336-338 (à propos de Si 24,23); 340s. (à propos de Si 24,25-31).

D'après Si 15,1-3, la sagesse « nourrira » le maître de la Loi « du pain de l'intelligence, de l'eau de la sagesse elle lui donnera à boire ». Ces métaphores orientent vers l'interprétation juive d'Is 55,1; il en va de même des textes qui, soit à propos de la parole de YHWH (Am 8,11), soit à propos de la sagesse (Si 24,21; 51,24), employaient la métaphore de la soif. La métaphore de l'eau pour désigner la sagesse est supposée aussi en Ba 3,12 qui reprend et interprète Jr 2,13. Cf. en outre Ph. REYMOND, *L'eau, sa vie, et sa signification dans l'Ancien Testament* (SupplVT 6), Leiden, 1958, 64 et 114.

35 BILLERBECK, *Kommentar,* II, 435s., a réuni un dossier des attestations rabbiniques; cf. aussi H. ODEBERG, *The Fourth Gospel Interpreted in its Relation to Contemporaneous Religious Currents in Palestine and the Hellenistic-Oriental World,* Uppsala, 1929, 157-160. Les rabbins, dans leurs références, mentionnent volontiers Is 55,1: citons *Siphrê* Dt 48 à Dt 11,22; *Taᶜan.* 7*a*. Il arrive — assez rarement — que le résultat de cette exégèse allégorique soit reçu dans le targum (T Is 12,3; 55,1; T Za 13,1; T Ct 4,15).

36 Cf. Ch. TAYLOR, *Sayings of the Jewish Fathers,* 2e éd., Cambridge, 1897-1900, 19s., n. 25; spéc. B. Th. VIVIANO, *Study as Worship. Aboth and the New Testament* (StJud LatAnt 26), Leiden, 1978, 20. On remarquera aussi l'emploi métaphorique du verbe « boire » pour désigner la relation de disciple; de même en *Abôt* 1,4 avec attribution à Yosé b. Yoᶜézer de Ṣerédah (vers 150 av. J.-C.); cf. B. Th. VIVIANO, *op. cit.,* 9.

hmtgbr); il louait la fidélité du premier à garder les traditions et vantait sans doute la puissance du second à renouveler et peut-être à propager l'enseignement reçu [37]. Des milieux moins traditionnels cultivaient également la métaphore de l'eau ou de la source. À Qumrân, *1 QH* II, 17-18 et VIII, 21 laissent percevoir des allusions au miracle de l'eau du rocher réinterprété dans la secte comme la révélation de la science de la Loi ouverte par le Docteur de Justice [38]. Parmi la littérature hénochite, *1 Hen* 48, 1 reconnaîtra dans le symbolisme de la source la sagesse qui désaltère les assoiffés [39]. Et, hors de Palestine, PHILON, en *Leg. All.* II, 86, commentant Dt 8,15-16, identifiait à la sagesse de Dieu soit le rocher qui avait abreuvé Israël, soit la boisson qu'il avait fait couler [40].

Retour au Ps-J Ex 15,22

Le symbolisme de l'eau pour désigner la Loi est sous-jacent également à la paraphrase du Ps-J Ex 15,22, quand le targumiste explique que les Israélites, ayant négligé les préceptes de la Loi, ne trouvèrent pas d'eau. Le targum toutefois allie sens littéral et sens symbolique: le manque

---

[37] Cf. Ch. TAYLOR, *Sayings of the Jewish Fathers*, 33, n. 23; J. NEUSNER, *A Life of Yoḥanan ben Zakkai ca. 1-80 C.E.* (StPost-Bibl 6), 2e éd., Leiden, 1970, 107, n. 1; B. Th. VIVIANO, *Study as Worship*, 48-51. Sur les par. avec var. en *ARN* A 14, 58 et *ARN* B 29, 58s., cf. J. GOLDIN, *The Fathers According to Rabbi Nathan. Translated from the Hebrew* (YJS 10), 2e impr., New Haven, 1956, 74, et A. J. SALDARINI, *The Fathers According to Rabbi Nathan. Version B. A Translation and Commentary* (StJudLatAnt 11), Leiden, 1975, 167s. et n. 4.

[38] Cf. M. DELCOR, « Le Docteur de Justice, nouveau Moïse, dans les Hymnes de Qumrân », dans *Le Psautier. Ses origines. Ses problèmes littéraires. Son influence. Études présentées aux XIIes Journées Bibliques* (OrBiLov 4), *ed.* R. DE LANGHE, Louvain, 1962, 408-409; M. DELCOR, *Les Hymnes de Qumrân (Hodayot). Texte hébreu, introduction, commentaire*, Paris, 1962, 100s.

En *1 QH* VIII, 7. 16, l'enseignement qumrânien sur la Loi est dit une « eau vive », ce qui signifie, semble-t-il dans ce contexte, une eau qui donne vie et salut: cf. S. PANCARO, *The Law in the Fourth Gospel* (SupplNT 42), Leiden, 1975, 475s.

[39] Cf. F. MARTIN, *Le Livre d'Hénoch traduit sur le texte éthiopien*, Paris, 1906, 98, n.; R. H. CHARLES, *The Apocrypha and Pseudepigrapha of the Old Testament in English*, II: *Pseudepigrapha*, Oxford, 1913, 216, n.; M. A. KNIBB, *The Ethiopic Book of Enoch. A New Edition in the Light of the Aramaic Dead Sea Fragments*, II: *Introduction, Translation and Commentary*, Oxford, 1978. Le problème de la datation de *1 Hen* 37-71 est ardu. J. T. MILIK situe cette section vers 270 ap. J.-C. ou peu après: « Problèmes de la littérature hénochique à la lumière des fragments araméens de Qumrân », *HTR* 64 (1971), 377, et J. T. MILIK, *The Books of Enoch. Aramaic Fragments of Qumrân Cave 4*, Oxford, 1976, 94-96. Et P. GRELOT, *L'espérance juive à l'heure de Jésus* (« Jésus et Jésus-Christ » 6), Paris, 1978, 156s. et 164s., tend à se rallier à cette thèse, tout en signalant deux couches littéraires dans la section. Mais d'autres auteurs maintiennent une datation au Ier siècle ou à la fin du Ier siècle ap. J.-C.: cf. J. H. CHARLESWORTH, *The Pseudepigrapha and Modern Research* (SBL, SeptCogSt 7), Missoula, Mont., 1976, 98; ID., « The SNTS Pseudepigrapha Seminars at Tübingen and Paris on the Books of Enoch », *NTS* 25 (1978-1979), 315-323; J. C. GREENFIELD, M. E. STONE, « The Enochic Pentateuch and the Date of the Similitudes », *HTR* 70 (1977), 51-65.

[40] Cf. aussi *Deter.* 115 et *Somn.* II, 221; H. A. WOLFSON, *Philo. Foundations of Religious Philosophy in Judaism, Christianity and Islam*, I, Cambridge, Mass., 1948, 255s.

d'eau s'explique par une négligence à l'égard de la Loi. Le sens symbolique donne la raison théologique du sens littéral.

2. *Le manque d'eau à boire*

Mais la *Mekh. Ex* 15,22 en atteste également: tous les docteurs ne considéraient pas l'eau de ce passage comme une figure de la Torah; cet éventail d'interprétations nous est offert:

> *Ils marchèrent trois jours dans le désert et ils ne trouvèrent pas d'eau* (Ex 15,22). R. Yehoshua dit: (Ceci est à comprendre) littéralement (*kšmwᶜw*). R. Éliézer dit: Mais les eaux n'étaient-elles pas sous les pieds des Israélites, et la terre ne flotte-t-elle pas sur les eaux, comme il est dit: *À lui qui étendit la terre sur les eaux* (Ps 136,6)? Voici ce que veut dire l'Écriture: *Et ils ne trouvèrent pas d'eau*: (c'était) en vue de les fatiguer (*lygᶜn*). D'autres disent: L'eau que les Israélites avaient recueillie (*nṭlw*) entre les tronçons (de la mer) fut épuisée (*šlmw*) à ce moment-là. Voici ce que veut dire l'Écriture: *Et ils ne trouvèrent pas d'eau*: c'est que même dans leurs récipients ils ne trouvèrent pas d'eau, en relation avec ce qui est dit: *Les maîtres ont envoyé leurs inférieurs chercher de l'eau... et ils ne trouvèrent pas (d'eau), ils sont revenus avec des récipients vides* (Jr 14,3).

Le point de vue de Yehoshua b. Ḥananiah (début du IIᵉ siècle) est particulièrement intéressant. Il préconise d'entendre le texte biblique dans sa teneur littérale [41]. Une telle sentence doit contenir une opposition implicite à l'interprétation de ceux qui recouraient au sens figuré, c'est-à-dire en l'occurrence les *dôrshê reshûmôt* [42]. Les deux autres interprétations n'admettent pas moins le sens littéral du passage; elles le soumettent en outre à la recherche midrashique qui veut ajouter des circonstances. Éliézer b. Hyrqanos, contemporain de Yehoshua, considère, faisant appel aux données cosmologiques, qu'il y avait bel et bien de l'eau sous la terre là où se trouvaient les Israélites. Le fait qu'ils ne l'aient pas trouvée résulte d'une disposition divine destinée à fatiguer le peuple [43]. La troi-

---

41 Sur la formule *kšmwᶜw*, cf. BACHER, *Terminologie*, I, 190s.

42 L'interprétation de Yehoshua ne s'oppose pas à celle d'Éliézer b. Hyrqanos comme semble l'indiquer W. BACHER, *Die Agada der Tannaiten*, I, 2ᵉ éd., Strassburg, 1903, 145 (dans la suite nous abrégeons en *Tannaiten*). Yehoshua s'oppose à l'interprétation symbolique, comme nous verrons plus loin (en *Mekh.* Ex 17,8) une même réaction, d'Éliézer cette fois, à l'interprétation symbolique du nom de Rephidim développée par les *dôrshê reshûmôt*. Ces deux docteurs n'étaient donc pas adversaires de l'exégèse symbolique par principe, mais dans tel cas déterminé. Il est possible que Yehoshua ne rejette le symbolisme eau - Torah que parce qu'il tenait à un autre symbole de la Torah: le pain. En *Gn R.* 70, 5 à Gn 28,20, il affirme à propos du mot « pain » de Dt 10,18 qu'il se réfère à la Torah; l'aggadiste apporte comme argument Pr 9,5 où la Sagesse (que l'on identifie à la Torah) appelle à manger de son pain.

43 La transmission s'est moins bien conservée dans la *Mekh. R. Shim.* 102 qui attribue à Yehoshua la sentence: « pour les fatiguer » et à Éléazar de Modiᶜim l'aggadah que la *Mekh. R. Ishm.* Ex 15,22 attribue à Éliézer, avec cette variante que la disposition divine y est ainsi énoncée: « pour les mettre à l'épreuve » (*lnswtm*).

sième opinion, anonyme[44], prolonge l'extension de l'expression biblique. Cette aggadah procède d'un rapprochement entre Ex 15,22 et Jr 14,3 où se lit également l'expression « ils ne trouvèrent pas d'eau »[45]. Comme le verset de *Jérémie* se prolongeait par la mention des récipients vides, les aggadistes, en vertu de l'analogie, ont étendu cette particularité à la compréhension d'Ex 15,22: les Israélites ne trouvèrent pas d'eau dans le désert ni même dans leurs récipients. Il se fait qu'une tradition attestée par JOSÈPHE recoupe cette interprétation midrashique. L'historien écrit en *Ant.* III, 2-3 que les Israélites parcourant une région aride, avant d'arriver à Marah, avaient épuisé leurs provisions d'eau:

> Des lieux antérieurement parcourus ils avaient emporté (ἐπεφέροντο) de l'eau, selon l'ordre de leur chef, et, quand cette eau fut épuisée (δαπανηθέντος), ils essayèrent d'en retirer de puits. Ce fut un travail pénible à cause de la dureté du sol; mais ce qu'ils trouvaient était amer, non potable et, au surplus, en quantité très minime. En marchant ainsi, ils arrivèrent aux approches du soir à Mar[46].

On remarquera les accords avec la *Mekh.* Ex 15,22: les Israélites avaient emporté de l'eau et celle-ci se trouva épuisée[47]. Mais tandis que selon JOSÈPHE cette eau avait été tout naturellement recueillie au cours de leur voyage, la *Mekh.* Ex 15,22 ajoute à l'aggadah un trait prodigieux. L'eau, nous dit-on, avait été recueillie « entre les tronçons » (*byn hgzrym*).

Cette expression renvoie à la tradition souvent répétée d'une série de prodiges accomplis pour Israël lors de la traversée de la Mer des Roseaux[48]. Un de ces prodiges avait été précisément la division de la mer « coupée en tronçons » (*nᶜśh gzrym gzrym*) comme dit la *Mekh.* Ex 14,16; l'aggadah étayait cette tradition au moyen d'une citation du Ps 136,13

Le nom d'Éliézer est à restituer car, d'après la *Mekh.* Ex 13,18, ce docteur recourt à une semblable disposition divine pour expliquer le détour imposé à Israël « par la route du désert de la Mer des Roseaux » (cf. Ex 13,18). L'expression « par la route » indique l'intention « de les fatiguer » (*lygᶜm*); « le désert », l'intention « de les purifier », et « la Mer des Roseaux », celle « de les mettre à l'épreuve » (*lnswtm*); cette dernière expression a dû influencer le texte de la *Mekh. R. Shim.* 102.

44 Par. en *Mekh. R. Shim.* 102; *Tanḥ. Beshallaḥ* 19.

45 L'éd. de HOROVITZ-RABIN, 154, présente Jr 14,3 avec la conjonction *waw* comme en Ex 15,22: *wlʾ mṣʾw*; cf. l'apparat critique de la *BHS* à Jr 14,3.

46 Trad. de J. WEILL dans *Oeuvres complètes de Flavius Josèphe traduites en français* sous la direction de Th. REINACH, I: *Antiquités judaïques. Livres I-V*, Paris, 1900, 145s.; dans la suite, nous citerons en abrégé: J. WEILL, pour faire référence à ce tome I.

47 Cf. J. WEILL, 145, n. 2; S. RAPPAPORT, *Agada und Exegese bei Flavius Josephus*, Frankfurt a. M., 1930, 31, n. 133, et 120, n. 153. PHILON pourrait se baser sur une tradition semblable en *Mos.* I, 181, quand il dit, juste avant l'arrivée à Marah: « Mais comme ils n'avaient plus à boire (ἐπιλιπόντος δὲ τοῦ ποτοῦ) au bout de trois jours, la soif les rejeta dans le découragement ... »; trad. de R. ARNALDEZ, C. MONDÉSERT, J. POUILLOUX, P. SAVINEL, *De Vita Mosis* (OPhUL 22), Paris, 1967, 113.

48 Les listes de « dix prodiges » ont été étudiées par W. S. TOWNER, *The Rabbinic « Enumeration of Scriptural Examples ». A Study of a Rabbinic Pattern of Discourse with Special Reference to* Mekhilta d'R. Ishmael (StPost-Bibl 22), Leiden, 1973, 145-154.

ainsi compris: « À lui qui coupe (*l*^{e}*gōzēr*) la Mer des Roseaux en tronçons » (*lig*^{e}*zārîm*) [49]. L'aggadah ne définit pas toujours le nombre de tronçons, mais parfois ils sont mis en relation avec le nombre des tribus [50]. C'est ce que nous laisse entendre déjà la *Mekh.* Ex 14,16: la mer « fut partagée en douze tronçons » (*gzrym*) [51]. La relation est explicite en Ps-J Ex 14,21: « les eaux se divisèrent (*w*ʾ*tbz*^{c}*w*) *en douze trouées* (*bzy*^{c}*n*), *correspondant aux douze tribus de Jacob* »; le targum considère ici non pas les diverses parties de la mer divisée, mais plutôt les passages laissés libres pour les tribus [52]. Une telle mise en relation avec le nombre des tribus a pu surgir de façon toute spontanée, comme un prolongement aggadique d'une symbolique biblique [53].

---

49 Plusieurs des prodiges énumérés dans les listes ne sont que des variations sur un même thème, selon que l'aggadiste s'inspire de tel texte biblique plutôt que de tel autre (cf. W. S. Towner, *op. cit.*, 152s.). On dira par ex., si nous nous en tenons à la liste de la *Mekh.* Ex 14,16, que « la mer fut fendue » (*nbq*^{c}); ce verbe est celui d'Ex 14,16. On ajoute alors que la mer « devint comme une voûte »; l'aggadiste apporte comme preuve Ha 3,14 qu'il interprète en référence au passage de la mer (cf. aussi T Ha 3,14) et il développe le sens du verbe *nqb*, « perforer » (cf. W. S. Towner, *op. cit.*, 146, n. 3). On dira encore que la mer « fut réduite en morceaux » (*n*^{c}*śh pyrwryn pyrwryn*) selon le Ps 74,13 où *pôrartā* est également interprété de la Mer des Roseaux.

50 Les traductions modernes du Ps 136,13, qui limitent à deux le nombre des sections de la mer, représentent également une interprétation, même si nous estimons que c'est l'interprétation obvie.

51 Cf. l'éd. de Horovitz-Rabin, 100, n. à la ligne 12; l'éd. de Lauterbach, *Mekilta*, I, 223, n'a pas retenu cette leçon; cf. aussi W. S. Towner, *op. cit.*, 146, n. 1.

52 Ces espaces asséchés sont appelés ʾ*sṭrṭ*, « route » (cf. *strata*) dans le TP Dt 1,1 (Ps-J: « *une route pour chacune des tribus* »); cf. R. Le Déaut, *La nuit pascale*, 56. On retrouve la tradition en *Tanḥ. Beshallaḥ* 10; *Tanḥ. Wā*ʾ*etḥannan* 6; *Midr. Teh.* 114, 7; *PRE* 42; ces textes parlent de « douze sentiers » (*šbylym*). En *Ex R.* 24, 1; *Dt R.* 11, 10 et *Midr. Wayyôsha*^{c} 51, il s'agit de « douze déchirures » (*qr*^{c}*ym*). Cf. Ginzberg, *Legends*, III, 22; VI, 6s., n. 36; A. Rosmarin, *Moses im Lichte der Agada*, New York, 1932, 98, n. 337.

53 Cette symbolique des tribus est manifeste en Ex 24,4; Jos 4,1-9; 1 R 18,31; Ez 48,30-35 et souvent dans la littérature juive; cf. A. Jaubert, « La symbolique des Douze », dans *Hommages à André Dupont-Sommer*, Paris, 1971, 453-460; Le Déaut, *Targum du Pent.*, I, 48 et n. 4. De façon secondaire, Ha 3,14, qui est souvent exploité à propos des miracles de la mer, a servi d'appui scripturaire à cette mise en relation: par jeu de mots on lisait dans le substantif *mṭh* le sens de « tribu » plutôt que celui de « bâton ». D'après la *Mekh.* Ex 14,15, déjà Éléazar b. Yehudah de Bartota (vers 110) commentait: « C'est en raison (*bzkwt*) des tribus que je déchire la mer », et il citait Ha 3,14. En tout cas, la tradition était bien connue de l'artiste qui, au début du IIIe siècle, peignit les fresques de la synagogue de Doura-Europos. Une scène consacrée à l'Exode montre une série de bandes mauves séparées par des bandes d'un brun grisâtre qui représentent respectivement les portions de la mer et les espaces asséchés pour le passage des douze tribus; cf. R. de Vaux, « Un détail de la synagogue de Doura », *RB* 47 (1938), 383-387; C. H. Kraeling, *The Excavations at Dura-Europos. Final Report VIII*, Part I: *The Synagogue*, New Haven, 1956, 85 et 352. La tradition était parvenue aussi à Origène, *In Ex. hom.* V, 5 (GCS, *Origenes*, VI, 190); trad. de P. Fortier, *Origène. Homélies sur l'Exode* (SC 16), Paris, 1947, 144:

> J'ai entendu dire aux anciens que dans ce passage de la mer, les eaux se divisèrent en autant de fractions qu'il y a de tribus des enfants d'Israël, et que chaque tribu eut sa propre route ouverte dans la mer; la preuve en serait dans ces mots du psaume: « Celui qui a divisé la Mer Rouge en fractions. » Par là serait enseigné qu'il y eut plusieurs partages, non un seul.

Les tronçons entre lesquels, selon la *Mekh.* Ex 15,22, les Israélites avaient recueilli de l'eau, étaient ceux du prodige de la mer divisée lors de leur traversée. Quant à l'eau recueillie, c'était de l'eau douce qui, selon un autre des prodiges souvent énumérés dans l'aggadah, avait là jailli pour eux. *Tanḥ.* B. II, 64, commentant Ex 15,22, est explicite à ce sujet:

> R. Yehoshua dit: Au moment où les Israélites traversèrent la mer, des eaux douces jaillirent pour eux de la mer; ils en recueillirent dans leurs récipients et ils (en) buvaient. Mais quand (cette) eau fut épuisée, ils se mirent à murmurer...

S'agit-il d'une sentence de Yehoshua b. Ḥananiah? Si l'attribution était authentique, il faudrait reconnaître que ce docteur faisait siennes la première et la troisième sentence de la *Mekh.* Ex 15,22 que nous avons citées: dans la première, il s'opposait aux *dôrshê reshûmôt*; dans la troisième, nous aurions le développement aggadique que lui et d'autres greffaient sur le sens littéral du texte biblique.

3. *De l'eau douce jaillie de la mer*

L'aggadah d'un jaillissement d'eaux douces lors du passage de la mer est fréquemment attestée. Il nous paraît intéressant d'essayer de retracer le cheminement de la tradition. À partir des formulations classiques dans les listes qui énumèrent les prodiges de la mer, nous chercherons à remonter aux éléments du texte biblique qui ont pu donner prise à cette interprétation. La liste des prodiges dans la *Mekh.* Ex 14,16 formule ainsi la tradition [54]:

> Il (= Dieu) fit jaillir pour eux (= les Israélites) des jets d'eaux douces du milieu des (eaux) salées, comme il est dit: *Il fit jaillir des ruissellements (nôzᵉlîm) du rocher, il fit descendre les eaux comme des fleuves* (Ps 78,16).

On ne voit pas immédiatement comment le Ps 78,16, qui traite de l'eau du rocher au désert, s'applique au passage de la mer [55]. La rédaction

---

Ce commentaire atteste la tradition sous une double forme que nous avons constatée en milieu juif: d'une part, l'interprétation de douze « fractions » ou tronçons de la mer; d'autre part, celle de douze routes. ORIGÈNE ne fait que mentionner cette tradition des anciens; lui-même est porté à la repousser. Dans la suite, plusieurs auteurs chrétiens et musulmans la connaîtront encore; cf. R. DE VAUX, *art. cit.*, 385s.; N. R. M. DE LANGE, *Origen and the Jews*, 129s. Et C.-O. NORDSTRÖM, « The Water Miracles of Moses in Jewish Legend and Byzantine Art », *Analecta Suecana* 7 (1958), 87-98, a retrouvé des illustrations de cette légende dans l'iconographie chrétienne de mss au Moyen Âge.

54 Par. en *ARN* B 38, 100; *Midr. Teh.* 114, 7.

55 Théoriquement, on pourrait faire intervenir cet autre prodige également rapporté dans la liste de la *Mekh.* Ex 14,16 et suivant lequel la mer « se transforma en rochers »; l'aggadah tirait son argumentation du Ps 74,13: que les têtes des monstres

midrashique sous-entend peut-être une conception semblable à celle qu'exprime Nehoray (vers 150) en *Yalq. Shim.* I, 764 à Nb 20,12:

> Comme au désert (les Israélites) n'ont manqué de rien, de même à la mer ils n'ont manqué de rien.

Cet aphorisme, qui synthétisait les données du Ps 106,9: « Il les fit marcher dans les abîmes comme au désert », et de Dt 2,7: « Voilà quarante ans que YHWH, ton Dieu, est avec toi: tu n'as manqué de rien », devait rendre compte de l'aggadah des eaux douces à la mer que Nehoray venait d'énoncer:

> Lorsque les Israélites traversèrent la mer, les enfants avaient soif. Alors une femme étendait la main et remplissait son outre (*ḥmth*) d'eau salée qui devenait douce [56].

De ce que les Israélites, lors de leurs pérégrinations dans le désert, avaient reçu de l'eau à boire, Nehoray pouvait inférer que, lors du passage de la mer également, ils avaient été pourvus d'eau douce [57]. Dans la rédaction de la *Mekh.* Ex 14,16, nous assistons sans doute également à une transposition au passage de la mer de ce que la tradition affirmait à propos du rocher du désert; c'est ainsi que la formulation aggadique se conforme au texte biblique du Ps 78,16: « (Dieu) fit jaillir » [58].

Un autre texte, cependant, laisse entrevoir une argumentation moins arbitraire. L'aggadah d'un jaillissement d'eaux douces à la mer, tout en prenant modèle sur le miracle de l'eau du rocher dans le désert, n'était pas dépourvue d'un point d'attache à un texte biblique relatif au passage de la mer. La *Mekh.* Ex 15,8 retient, en effet, ces précisions significatives:

---

marins aient pu être brisées « sur les eaux », cela impliquait que les eaux s'étaient transformées en rochers. En fait, nous ne voyons pas que le midrash ait mis une relation entre ce prodige et celui de l'eau douce, bien que J. Z. LAUTERBACH, *Mekilta*, I, 224, n. 3, le suggère. RASHI au Ps 78 rapporte la tradition des eaux douces lors du passage de la mer, en la rattachant, semble-t-il, au terme *kit^{e}hōmôt* du Ps 78,15. Le raccord est évidemment artificiel, car ce verset parle du désert et RASHI rattache au v. 16 la tradition du don de l'eau dans le désert.

[56] D'après le *Yalq. Shim.* I, 764 à Nb 20,12, Rabban Gamliel aurait reproché à Nehoray son goût excessif du merveilleux: « Es-tu toi aussi parmi les inventeurs de miracles? » Pour se justifier, le jeune aggadiste aurait exhibé les arguments scripturaires du Ps 106,9 et de Dt 2,7.

[57] *Yalq. Shim.* I, 764 rapporte également, attribuée à Nehoray, l'aggadah des fruits que l'on pouvait cueillir en traversant la mer (par. en *Ex R.* 21, 10); cf. BACHER, *Tannaiten*, II, Strassburg, 1890, 379. Or, nous verrons qu'il existait aussi une tradition sur les arbres et les fruits dont disposaient les Israélites dans le désert; cf. *infra* p. 216 et n. 74.

[58] Dans une même optique, Ps-J Ex 15,19 glose, à propos de la marche des Israélites au milieu de la mer: « *Là alors jaillirent* (*slqwn*) *des sources d'eaux douces* ». Le verbe *slq*, « monter », employé au sens de « jaillir », est caractéristique de la tradition targumique sur le puits du désert, selon l'interprétation du TP Nb 21,17.

Des jets d'eaux douces jaillirent pour eux du milieu des eaux salées, comme il est dit: *Il fit jaillir des ruissellements* (*nôz^elîm*) *du rocher* (Ps 78,16). Et *ruissellements* ne signifie pas autre chose que de l'eau vive, comme il est dit: *Source de jardins, puits d'eaux vives* (*et ruissellements du Liban*) (Ct 4,15). (L'Écriture) dit aussi: *Bois l'eau de ta citerne et les ruissellements du milieu de ton puits* (Pr 5,15).

Manifestement, l'argumentation porte sur le terme *nôzᵉlîm* et tend à mettre en valeur les qualités de l'eau ainsi désignée. L'emploi de *nôzᵉlîm* en Ps 78,16 ne requérait pas une telle démonstration; il était évident que l'eau jaillie du rocher possédait les qualités d'une eau « vive », au sens où l'aggadiste l'entend, c'est-à-dire une eau jaillissant d'une source et bonne à boire [59]. Le commentaire midrashique s'applique, en réalité, au terme *nōzᵉlîm* que nous trouvons en Ex 15,8 dans le Cantique de Moïse où selon le TM, lors de la traversée de la mer, *niṣṣᵉbû kᵉmô-nēd nōzᵉlîm*, « les courants se sont dressés comme un monceau ». On scruta la signification de *nōzᵉlîm* d'Ex 15,8 et, par comparaison avec les emplois du même mot en Ps 78,16, Ct 4,15, Pr 5,15, on conclut que le terme désignait non pas des courants marins, mais des ruissellements d'eaux douces. Dans cette comparaison, Ps 78,16 a dû jouer un rôle prépondérant. Les citations de Ct 4,15 et Pr 5,15 pouvaient faire ressortir que *nōzᵉlîm* désignait une eau douce; Ps 78,16, de façon toute spéciale, orientait l'interprétation vers l'aggadah d'un prodige du don de l'eau [60]. C'est pourquoi nous sommes porté à dire que l'aggadah d'un jaillissement d'eaux douces lors du passage de la mer s'est développée à partir d'Ex 15,8 sur lequel on projeta le prodige de l'eau du rocher.

Cette argumentation midrashique académique fut précédée, sans nul doute, d'une interprétation bien plus simple et de nature targumique, peut-on dire. Le terme *nēd*, « monceau » ou « digue », que nous lisons dans le TM Ex 15,8 est un mot rare que les traducteurs anciens spontanément ont cherché à interpréter. La LXX en témoigne nettement: au Ps 78,13 (LXX 77,13), qui reprenait Ex 15,8, elle interprète que Dieu dressa les eaux de la mer ὡσεὶ ἀσκόν, « comme une outre »; ce sera aussi l'interprétation du T Ps 78,13: *wʾwqym myʾ ṣryryn hʾk zyqʾ*, « et il dressa les

---

59 Il est vrai que la *Mekh.* Ex 14,19 offre à propos du don de l'eau dans le désert, représenté par les ruissellements du rocher (Ps 78,16), le même développement que la *Mekh.* Ex 15,8: *nôzᵉlîm* par comparaison avec Ct 4,15 désigne de l'eau vive; suit la citation de Pr 5,15. Mais ce développement dans la *Mekh.* Ex 14,19 n'est vraisemblablement que la réminiscence d'une argumentation sur un emploi du terme *nōzᵉlîm* dans un autre contexte.

60 Dans le par. d'*ARN* A 33, 98, on ne retient que la citation de Ct 4,15; l'influence du Ps 78,16 peut cependant être décelée dans la tournure qui souligne que Dieu est l'auteur du prodige: « il faisait jaillir ». Du reste, l'énoncé de cette version est défectueux, du fait qu'il intervertit les adjectifs *ḥyym* et *mtwqym*.

eaux, enserrées, comme une outre »[61]. Le TP Ex 15,8 n'a pas fait autrement[62]:

Ps-J	קמו להון צרירין הי כזיקין מיא נזליא
N	קמו צרירין היך זיקיא דמיא נזליא
M	וקמו להו(ן) צרירין כזקיי(א)
110	קמו להון צרירין בזיקיא אזליא
Ba	קמון להון צרירין בזיקיא מיא נזליא
Vi	קמו להון צרירין כזיקייא מיא אזליא

Ps-J = Vi	Les courants *d'eaux* se sont dressés, *enserrés,* comme *des outres.*
N	Les courants se sont dressés, *enserrés,* comme *des outres d'eau.*
M	... se sont dressés, *enserrés,* comme *des outres.*
110	Les courants se sont dressés, *enserrés dans des outres.*
Ba	Les courants *d'eaux* se sont dressés, *enserrés dans des outres.*

Le TP Ex 15,8 atteste une interprétation ancienne qui lisait les consonnes *nd* du texte biblique au sens de *nō'd* ou *nôd,* « une outre »[63], et, de plus, toutes les recensions prennent la liberté de mettre le mot au pluriel[64]. En Ps-J, N, M, Vi, par fidélité au texte biblique, le targum s'en tient à une comparaison: les courants se sont dressés « comme des outres »; 110 et Ba poussent plus loin l'agencement aggadique, quand ils situent les eaux « dans des outres »[65]. Il nous semble que, dans les recensions autres

[61] Cf. aussi la leçon de *Pesh.* Et il faut remarquer l'interprétation du Ps 33,7 dans la LXX (32,7) et le targum qui supposent une lecture *kenōd,* « comme une outre » (cf. également *Pesh.*). Or, les massorètes ont vocalisé *kannēd,* « comme un monceau, une digue », sans doute sous l'influence d'Ex 15,8; cf. aussi H.-J. KRAUS, *Psalmen,* I (BK 15/1), 5e éd., Neukirchen-Vluyn, 1978, 409. La leçon originale serait *kened,* au sens de « into a jar », comme le propose M. DAHOOD, *Psalms I* (AB 16), New York, 1966, 201s., par comparaison avec l'ougaritique.

[62] En plus des recensions bien connues, nous conservons à propos de ce v. un fragment du TP provenant de la Guénizah du Caire (Oxford *Bodleian Ms. hebr. f. 102*) publié par W. BAARS, « A Targum on Exod. XV 7-21 from the Cairo Geniza », *VT* 11 (1961), 340-342; nous l'avons désigné par le sigle Ba. Nous disposons aussi d'une citation targumique du *Maḥzor Vitry* (sigle Vi); éd. de S. HURWITZ, *Machsor Vitry nach der Handschrift im British Museum,* Nürnberg, 1923, 308.

[63] Cf. R. LE DÉAUT, *Targum du Pent.,* II: *Exode et Lévitique* (SC 256), Paris, 1979, 122s., n. 7. Par contre, la LXX Ex 15,8 traduit ὡσεὶ τεῖχος, « comme un rempart »; de même O: *kšwr.*

[64] On trouve dans les recensions du TP et en T Ps 78,13 le part. *ṣryryn* se rapportant aux eaux « enserrées, enveloppées ». L'image n'est pas sans antécédent dans la Bible: en Jb 26,8 Dieu « enserre » (*ṣōrēr*) les eaux dans ses nuages, lesquels, en Jb 38,37, sont appelés « les outres (*wenibelê*) des cieux ». Dans le targum, cette expression descriptive veut représenter aux auditeurs la position des eaux dressées et retenues « enserrées » comme les eaux d'une outre. Le midrash en *Mekh.* Ex 15,8 héritera du part. *ṣrwr* dont il n'explique pas l'origine; il l'applique d'abord à l'outre « bouchée » et cherche ensuite une signification morale: « Comme une outre bouchée (*ṣrwr*) ne laisse rien sortir ni entrer, ainsi l'âme des Égyptiens était-elle angoissée (*ṣrwrh*) ... ».

[65] En 110, nous avons conservé la leçon *bzyqy'* du ms., tandis que l'éd. de KLEIN,

que N, le terme *nzly*ᵓ (ou ᵓ*zly*ᵓ), « les courants », reproduisant le *nōzᵉlîm* biblique, fait partie du groupe du sujet, avec ou sans *my*ᵓ [66]. Mais en N, l'expression *dmy*ᵓ détermine « les outres d'eau »: on voit déjà s'esquisser la tradition aggadique d'un approvisionnement en eau lors du passage de la mer. Il nous paraît assuré, en effet, que c'est à partir de cette traduction interprétative de *nd* dans le TP Ex 15,8 que se développa la tradition aggadique d'un ruissellement d'eaux douces à la mer. Les courants de la mer étaient devenus comme des outres; l'idée d'outre suggéra celle d'eau à boire [67].

4. *Le bois de Marah: une espèce végétale*

Le midrash a voulu déterminer la nature du bois qui adoucit les eaux amères. Bien sûr, les interprétations ne furent pas unanimes et c'est un éventail d'opinions qui s'ouvre à nous. Certaines d'entre elles sont rattachées à une autorité rabbinique ancienne, bien que les attributions varient parfois d'un recueil à l'autre. Nous nous attacherons surtout à rechercher les motivations qui inspirèrent les divers choix.

a) *Du bois d'olivier ou d'oléandre: paradoxe de l'action divine*

D'après la *Mekh.* Ex 15,25, Éléazar de Modiᶜim (av. 135) reconnaissait dans le bois de Marah une propriété du bois d'olivier:

> C'était du bois d'olivier, car tu ne trouveras pas de bois plus amer (*mr*) que le bois d'olivier [68].

The Fragment-Targums, I, 78, corrige d'après M et Vi. Mais la correction ne s'impose pas, puisque Ba atteste aussi le *bet*. Notons que le commentaire de saint ÉPHREM acceptera les deux prépositions: ᵓ*yk dbzq*ᵓ, « sicut in utris »; cf. éd. et trad. de R. M. TONNEAU, *Sancti Ephraem Syri in Genesim et in Exodum Commentarii* (CSCO 152-153), Louvain, 1955, I, 144 (texte); II, 124 (trad.).

66 Comparer *Targum du Pent.*, II, 123.

67 Dans les listes de miracles à la mer, on peut encore déceler en l'une ou l'autre version la signification d'« outre » attribuée à l'hébreu *nd* d'Ex 15,8 et la relation entre cette signification et l'aggadah d'un jaillissement d'eaux douces. Ainsi, dans la *Mekh.* Ex 14,16, la mention des eaux douces avec la citation du Ps 78,16 est précédée du prodige se basant sur Ex 15,8: *nᶜśw* (éd. de LAUTERBACH, I, 224: *nᶜśh*) *kmw nd*, ce que LAUTERBACH, *ibid.*, traduit: « It (= la mer) formed a sort of heap ». Mais il se peut que *nd* prenne ici la signification d'« outre » comme dans le TP. Aucune hésitation n'est permise en *ARN* A 33, 97 où le prodige tiré d'Ex 15,8 *kmw nd* est ainsi exprimé: *wnᶜśh n*ᵓ*dwt*, « et (la mer) se transforma en outres » (cf. J. GOLDIN, *The Fathers According to Rabbi Nathan*, 135: « and it turned flask-shaped »). Par contre, la version d'*ARN* B 38, 100 garde au terme *nd* tiré du Ps 78,13 le sens de « monceau, digue » ou même de « mur »; l'aggadiste commente: « comme un mur (*knd*) placé entre deux cours ». On peut remarquer aussi que la sentence de Nehoray en *Yalq. Shim.* I, 764 citée *supra* p. 26 présentait le prodige de l'eau douce comme la transformation d'une outre d'eau salée.

68 Par. en *Mekh. R. Shim.* 103; *Ex R.* 23,3; *MHG* Ex 15,25; *Yalq. Shim.* I, 256 à Ex 15,25; sans référence au caractère amer en *Tanḥ. Beshallaḥ* 24; anonyme en *Ex R.* 50,3; cf. BACHER, *Tannaiten*, I, 202.

D'autres aggadistes se prononçaient pour le bois d'oléandre (*hrdwpny*)[69]. On nous laisse entendre en *Tanḥ.* B. II, 65 que cette opinion jouissait d'une assez large diffusion, puisqu'elle est attribuée aux Sages[70]; le même recueil rend compte du choix de l'oléandre en précisant qu'« il n'est rien d'aussi amer ». La *Mekh.* Ex 15,25 a retenu une autorité rabbinique particulière qui aurait opté pour l'oléandre: il s'agit de Yehoshua b. Qorḥah (vers 150)[71]. La raison pour laquelle les bois d'olivier ou d'oléandre furent choisis nous a été explicitement indiquée dans les recueils midrashiques: c'était en raison de leur goût amer[72]. Parmi les targums qui retenaient l'oléandre, Ps-J Ex 15,25 introduisait également cette caractéristique. En choisissant un bois amer pour rendre douces les eaux amères, le midrash soulignait le paradoxe de l'action ordonnée par Dieu à Moïse et relevait le caractère prodigieux de l'assainissement des eaux. La grandeur du prodige accompli de façon tout à fait paradoxale revenait à affirmer la puissance de Dieu qui, seul, peut agir de la sorte[73]. Des aggadistes ont explicité la leçon dans un commentaire que la tradition se plaisait à répéter à propos de l'épisode de Marah. D'un recueil à l'autre, il est attribué soit à Shimon b. Gamliel II (vers 140)[74], soit à Ishmaël b. Yoḥanan b. Beroqah (vers 150)[75]; on sait que ces docteurs faisaient partie du même cercle[76]. Nous traduisons la version de la *Mekh.* Ex 15,25:

> R. Shimon b. Gamliel dit: Viens voir combien les voies du Saint, béni soit-il, sont distinctes (*mwpršyn*)[77] des voies de la chair et du sang!

---

69 Le terme dérive du grec ῥοδοδάφνη et désigne l'arbuste d'oléandre, qu'il ne faut pas confondre avec une sorte de légume appelé *hrdwpnyn* ou *hrdpnyn* pouvant servir d'herbe amère lors de la Pâque (cf. I. Löw, *Die Flora der Juden*, I/1, Wien-Leipzig, 1926, 206-212, spéc. 209 et 211).

70 Jastrow, 463, fait remarquer que la formule *ḥkmym* est fréquemment employée pour désigner « a number of scholars » en opposition à une seule autorité.

71 Par. en *Leqaḥ Ṭ.* Ex 15,25 et *Yalq. Shim.* I, 256 à Ex 15,25. En *Ex R.* 50,3, l'opinion est anonyme, introduite par: « il en est qui disent ». Il a dû se produire dans la transmission une interversion des noms de Yehoshua b. Qorḥah et Nathan b. Yoseph (vers 160): tandis que la *Mekh.* Ex 15,25 attribue à Yehoshua l'oléandre et à Nathan le cèdre, *Tanḥ. Beshallaḥ* 24 présente le rapport inverse. De plus, en *Ex R.* 23,3 une confusion s'est produite; nous trouvons attribuée à Nathan l'expression *yrdynwn*, une forme que Jastrow, 594, considère comme une corruption de *hrdwpnyn*, ce qui, d'après I. Löw, *Die Flora*, I/1, 209, ne désigne pas l'arbuste d'oléandre, mais une sorte de légume. La plupart des recueils, comme nous le verrons, attribuent à Nathan le cèdre. Cf. Bacher, *Tannaiten*, II, 316 et n. 6; 446 et n. 4.

72 Les recueils midrashiques connaissent aussi la mention de « racine(s) de figuier et de grenadier », une opinion introduite par: « il en est qui disent »; cf. *Mekh.* Ex 15, 25; *Mekh. R. Shim.* 104; *Ex R.* 50,3; *Tanḥ. Beshallaḥ* 24; *Tanḥ.* B. II, 65; *MHG* Ex 15,25; *Yalq. Shim.* I, 256 à Ex 15,25. En *Tanḥ.* B. II, 65, la raison du choix est également: « car il n'y a rien d'aussi amer ».

73 Cf. une conception analogue dans E. E. Urbach, *The Sages*, 104, citant *Pes.* 118*ab*: les jeunes gens dans la fournaise sont préservés par l'action du Prince du Feu.

74 *Mekh.* Ex 15,25; *Tanḥ. Beshallaḥ* 24; *Yalq. Shim.* I, 256 à Ex 15,25; cf. Bacher, *Tannaiten*, II, 333 et n. 4.

75 *Mekh. R. Shim.* 104; *Tanḥ.* B. II, 65; *MHG* Ex 15,25.

76 Cf. Bacher, *Tannaiten*, II, 323s. et 369.

77 Distinctes, au sens de « uniques » et « merveilleuses »; cf. Bacher, *Terminologie*, I, 158s.

> La chair et le sang se sert de ce qui est doux pour guérir ce qui est amer, mais le Saint, béni soit-il, guérit ce qui est amer au moyen (même) de ce qui est amer. Comment cela? Il met une chose qui corrompt au milieu de ce qui se trouve corrompu, de manière à y faire un miracle[78].

Afin de rehausser encore le prodige, Éléazar de Modiᶜim, pour qui l'assainissement des eaux s'était produit au moyen de l'olivier amer, affirmait d'après la *Mekh.* Ex 15,25 que ces eaux étaient amères « depuis leur origine »[79].

Retour aux targums à Ex 15,25

Nous comprenons maintenant pourquoi Ps-J, M, 440, Nur ont glosé que le bois jeté dans les eaux était de l'oléandre. En outre, Ps-J et M_2 Ex 15,25 possèdent un élément aggadique isolé parmi les traditions juives concernant Marah: sur le bois, Moïse inscrivit « le Nom grand et glorieux » (Ps-J), « le Nom sacré » (M_2)[80]. Une aggadah fréquemment attestée, ailleurs en Ps-J et dans les recueils midrashiques, rapporte que le bâton de Moïse avait l'inscription du Tétragramme; d'après *Dt R.* 3, 8, Nehoray (vers 150) expliquait ainsi le prodige de la mer:

> *La mer vit et s'enfuit* (Ps 114,3). Que vit-elle? R. Nehoray dit: Elle vit le nom sacré (*šm hmpwrš*) gravé sur le bâton et elle se divisa[81].

---

78 La suite du texte apporte comme témoignages de cette façon d'agir Is 38,21 où les tumeurs d'Ézéchias sont guéries par l'application d'un gâteau de figues, et 2 R 2,21 où l'eau est « guérie » au moyen du sel. L'emploi du verbe *rp*ᵓ, « guérir », en 2 R 20,8 (passage par. d'Is 38,21), en 2 R 2,21 et en Ex 15,26 permettait aux aggadistes de réunir les trois épisodes.

Il faut remarquer que l'énoncé du commentaire a parfois subi l'influence d'un principe célèbre auquel les aggadistes trouvaient de multiples applications: Dieu « guérit par cela même avec quoi il frappe » (*bmh šhw*ᵓ *mkh hw*ᵓ *mrp*ᵓ) (cf. *Mekh.* Ex 14,24). Sur ce principe, cf. U. WIEDERKEHR, *Die Tempelquelle in der jüdischen Überlieferung* (Excerptum ex dissertatione. Pontificium Athenaeum Anselmianum), Romae, 1973, 30; notre étude *infra* p. 73. La confusion s'est produite en raison d'un thème commun de thérapie paradoxale et de l'emploi du verbe « guérir », bien que la tradition primitive sur Marah n'insistât pas sur un châtiment ou une blessure de l'eau. Le mélange des deux traditions se trouve déjà en *Tanḥ. Beshallaḥ* 24 et *Tanḥ.* B. II, 65. En *Ex R.* 50,3, l'épisode de Marah est devenu purement et simplement une illustration du principe cité.

79 Pour Yehoshua b. Ḥananiah, au contraire, les eaux « étaient devenues amères pour le moment »; cf. BACHER, *Tannaiten*, I, 202. Éléazar fonde son exégèse sur la répétition de *hmym*.

80 L'expression de M_2 *šm*ᵓ *mprš*ᵓ signifie litt. « le Nom distinct ». Il s'agit du « nom propre de Dieu (Yhwh), par opposition aux autres appellatifs désignant des attributs divins » (LE DÉAUT, *Targum du Pent.*, II, 176, n. 13); cf. aussi J. LEVY, *Chaldäisches Wörterbuch über die Targumim und einen grossen Theil des rabbinischen Schriftthums*, I, 3ᵉ éd., Leipzig, 1881, 301; BACHER, *Terminologie*, I, 159s.

81 Cf. E. E. URBACH, *The Sages*, 125 et 734, n. 10; S. E. LOEWENSTAMM, *The Tradition of the Exodus in its Development* (hébr.), Jérusalem, 1965, 124. Cette opinion est attribuée à Neḥémiah (vers 150) en *PRK* 19,6 (cf. BACHER, *Tannaiten*, II, 273). L'inscription du Tétragramme sur le bâton de Moïse est rapportée en Ps-J Ex 2,21 (en relation avec les merveilles accomplies en Égypte, la division de la mer et l'eau du

On peut supposer que Ps-J et M_2 Ex 15,25 ont appliqué au bois jeté dans les eaux le thème du Nom gravé, pour mieux signifier que le prodige ne s'était opéré que par l'intervention de la toute-puissance divine. Cet élément aggadique s'alliait parfaitement dans la rédaction targumique avec la mention de l'oléandre qui faisait ressortir le caractère paradoxal et proprement divin de la méthode employée [82].

b) *Un morceau de bois quelconque, le travail des hommes et la faveur divine*

Tandis que selon l'interprétation rabbinique et targumique que nous venons de considérer le prodige ne s'était accompli qu'en vertu de la toute-puissance divine, JOSÈPHE fait la part d'une explication rationnelle de l'assainissement des eaux [83]. Il raconte en *Ant.* III, 6-8:

---

rocher); 4,20 (en relation avec les prodiges); 14,21 (à propos de la division de la mer). Dans les recueils midrashiques, on trouve la tradition en *Yalq. Shim.* I, 181 à Ex 7,9 (lorsque Moïse se présente devant Pharaon); *PRE* 42; *Midr. Wayyôsha*ᶜ 42 (cf. U. NERI, *Il canto del mare. Omelia pasquale sull'Esodo*, Roma, 1976, 78, n. 21). Autres références dans GINZBERG, *Legends*, II, 292; V, 411, n. 88; A. ROSMARIN, *Moses*, 75, n. 267.

82 Existait-il une tradition selon laquelle les eaux de Marah auraient été assainies par le contact du bâton de Moïse? R. DU MESNIL DU BUISSON, « Le miracle de l'eau dans le désert d'après les peintures de la synagogue de Doura-Europos », *RHR* 111 (1935), 113; ID., *Les peintures de la synagogue de Doura-Europos, 245-256 après J.-C.*, Rome, 1939, 39, avait cru reconnaître sur une fresque de Doura la représentation de l'eau de Marah dans laquelle Moïse aurait jeté son bâton; dans cette scène, Moïse ne tient pas son bâton à pleine main comme dans les scènes voisines, mais il desserre les doigts comme pour le laisser tomber. Déjà R. DE VAUX, « Un détail ... », *RB* 47 (1938), 385, avait montré qu'en fait la représentation était celle du passage de la mer. C.H. KRAELING, *The Excavations. The Synagogue*, 84-85, a également identifié le passage de la mer, et il a décelé que le bâton fut ajouté à un stade ultérieur, sans doute par un assistant de l'artiste. Comme témoignage d'une interprétation selon laquelle le bâton de Moïse aurait été jeté dans l'eau de Marah, GINZBERG, *Legends*, VI, 14, n. 82, cite le *Zohar Ḥadash Beshallaḥ* (cf. aussi M.M. KASHER, *Torah Shelemah*, XIV, 167). Mais parmi les sources juives anciennes nous ne trouvons pas d'attestation directe d'une telle tradition. On peut relever (GINZBERG, *ibid.*) que, d'une part, d'après *ARN* Addition à la Version A 157, Moïse prit son bâton à l'arbre de vie (texte corrigé d'après GINZBERG, *Legends*, VI, 165, n. 958) et que, d'autre part, d'après *LAB* 11,15, les eaux de Marah furent rendues douces par un morceau de l'arbre de vie; mais nous ne sommes pas autorisé à mettre en relation ces deux énoncés. En milieu samaritain, on peut hésiter à reconnaître une allusion au bâton de Moïse en relation avec Marah dans l'*Asaṭir* 9: « Le troisième jour, les eaux de Marah furent rendues douces. Et YHWH lui montra un bois: le bâton par lequel il frappe et guérit » (*ʾyln ʾṭrh dbh mḥy wmʾsy*); éd. de Z. BEN-ḤAYYIM, « The Book of Asāṭir (with Translation and Commentary) », *Tarb* 14 (1943), 122; 15 (1944), 75. Dans la même section, le terme *ʾṭrh* désigne le bâton d'Adam transmis à Moïse. La rédaction de l'*Asaṭir* semble dater d'entre le IXᵉ et le XIIᵉ siècle, ce qui n'empêche pas que beaucoup de matériaux employés soient plus anciens; cf. R. PUMMER, « The Present State of Samaritan Studies: II », *JSS* 22 (1977), 30s.

83 GINZBERG, *Legends*, VI, 14, n. 82, écrivait: « it seems as if the Tannaim attempted to explain away the miracle, maintaining that the change in the taste of the waters brought about by the tree was due to natural causes. » Nous croyons avoir montré le contraire. Il poursuivait: « A rationalistic view similar to this is expressed by Josephus. »

> (Moïse) se met alors à supplier Dieu de débarrasser l'eau du mauvais goût qu'elle avait et de la rendre potable. Et comme Dieu consentit à lui faire cette faveur (τὴν χάριν), ayant saisi l'extrémité d'un bâton qui se trouvait sur le sol à ses pieds, il le fendit par le milieu, dans le sens de la longueur, puis, l'ayant jeté dans le puits, il persuada aux Hébreux que Dieu avait prêté l'oreille à ses prières et avait promis de rendre l'eau telle qu'ils la désiraient, pourvu qu'ils exécutassent ses ordres, non avec mollesse, mais avec ardeur. Ceux-ci demandant ce qu'il leur faudra faire pour que l'eau s'améliore, il ordonne à ceux qui étaient dans la force de l'âge de tirer l'eau du puits, en leur disant que ce qui resterait au fond, quand ils en auraient eu vidé la plus grande partie, serait potable. Ils se mirent à l'oeuvre, et l'eau travaillée et purifiée par leurs coups incessants devient bientôt bonne à boire [84].

JOSÈPHE reprend la mention biblique du lancement d'un bois. Il ne spécifie pas la nature de ce bois, mais il ajoute l'anecdote, très circonstanciée, d'une entaille pratiquée dans ce bois pour le fendre. En outre, il invente, à l'intention manifestement de son public hellénistique, une seconde explication de l'assainissement des eaux, qui est de tendance rationnelle: les hommes devront vider le puits de son eau frelatée. Apparemment, la cohérence du récit en souffre. Quelle est l'utilité du bois jeté dans l'eau insalubre, quand le travail acharné des hommes a pour effet de purifier le puits? Les deux interventions trouvent leur unité dans la subordination à l'action divine: elles sont destinées à mettre en oeuvre l'unique décision de la faveur divine qui répond à la prière de Moïse. C'est Dieu qui a promis d'assainir l'eau. Il le fera par l'intermédiaire de Moïse qui lance un bout de bois dans l'eau, mais l'exécution de la promesse dépend encore de la promptitude du peuple à réaliser un ordre de travail transmis par le médiateur. L'historien juif n'a pas éliminé le caractère miraculeux de l'événement biblique, tout en s'efforçant de lui concilier l'intérêt des lecteurs païens [85].

PHILON, en *Mos.* I, 185, n'a pas réussi une synthèse aussi harmonieuse. Il rapporte la prière de Moïse et la réponse de Dieu qui lui indique du bois, mais il hésite sur l'explication à donner à l'événement:

> ... peut-être était-ce du bois naturellement capable d'avoir une action qu'on pouvait ne pas connaître, peut-être aussi fut-il créé sur l'heure pour la première fois, en vue de l'usage auquel il devait servir [86].

---

[84] Trad. de J. WEILL, 146s.

[85] Sur la question du miracle chez JOSÈPHE, cf. G. W. MACRAE, « Miracles in *The Antiquities* of Josephus », dans *Miracles. Cambridge Studies in their Philosophy and History, ed.* Ch. F. D. MOULE, London, 1965, 127-147, spéc. 141s.; D. L. TIEDE, *The Charismatic Figure as Miracle Worker* (SBL, DissSer 1), Missoula, Mont., 1972, 207-240; O. BETZ, « Das Problem des Wunders bei Flavius Josephus im Vergleich zum Wunderproblem bei den Rabbinen und im Johannesevangelium », dans *Josephus-Studien. Untersuchungen zu Josephus, dem antiken Judentum und dem Neuen Testament, Otto Michel zum 70. Geburtstag gewidmet, ed.* O. BETZ, K. HAACKER, M. HENGEL, Göttingen, 1974, 23-43, spéc. 25s.

[86] Trad. de R. ARNALDEZ et coll. (OPhUL 22), 115. H. A. WOLFSON, *Philo,* I, 349-353,

c) *Du bois de saule dans le cadre cultuel de la fête des Tentes*

Comme le rapporte la *Mekh.* Ex 15,25, pour Yehoshua b. Ḥananiah (début du IIe siècle), le bois lancé dans les eaux était du saule (*ᶜrbh*)[87]. La tradition midrashique n'a pas retenu la motivation de ce choix. Mais on sait par ailleurs que les rameaux de saule, déjà mentionnés en relation avec la fête des Tentes en Lv 23, 40, jouaient un grand rôle dans les rites de cette fête à l'époque intertestamentaire[88].

La fête des Tentes était très populaire aux abords de l'ère chrétienne. Célébrée pendant sept jours clôturés par un huitième, à l'époque où l'on terminait récoltes et vendanges, elle tirait son origine du temps lointain où les Israélites, devenus agriculteurs en Canaan, avaient adopté la fête saisonnière d'automne avec ses huttes de branchages (*sūkkôt*) primitivement dressées dans les champs et les vignes en vue des travaux. Les fils d'Israël, en reprenant cette « fête de la Récolte » (Ex 34,22; 23,16), rendaient grâce à YHWH pour les produits du sol, non sans diriger déjà leur attente vers le retour des pluies qui prépareraient un nouveau cycle de la nature. En outre, l'ancienne fête agraire devait en Israël, comme les autres fêtes empruntées à Canaan, s'inscrire dans la commémoration des événements de l'histoire du salut; c'est ainsi qu'en Lv 23,43, nous voyons les *sūkkôt* évoquer le campement des Israélites conduits par Dieu dans le désert.

Dès l'époque intertestamentaire certainement, le rituel prévoyait que les participants à la Fête tiennent en main un bouquet de verdure et un fruit. Cette pratique se fondait sur Lv 23,40 dont la tradition avait précisé les termes: le bouquet (*lûlāb*) devait être constitué de rameaux de palmier, de myrte et de saule; il fallait y ajouter un cédrat (*etrôg*)[89]. JOSÈPHE

---

fait référence aux passages où PHILON admet les miracles qui changent l'ordre de la nature (cf. *Mos.* I, 202; II, 267).

87 Par. en *Mekh. R. Shim.* 103; *Ex R.* 23,3; *Tanḥ. Beshallaḥ* 24; *MHG* Ex 15,25; *Yalq. Shim.* I, 256 à Ex 15,25; cf. BACHER, *Tannaiten,* I, 202. La transmission est aberrante en *Tanḥ.* B. II, 65: elle prête à Yehoshua l'olivier; le saule y est attribué à Neḥémiah.

88 Sur l'évolution de la fête dans la Bible, cf. spéc. G. W. MACRAE, « The Meaning and Evolution of the Feast of Tabernacles », *CBQ* 22 (1960), 251-276; en outre: H. CAZELLES, « La fête des Tentes en Israël », *BiViChr* n° 65, 1965, 32-44; R. DE VAUX, *Les institutions de l'Ancien Testament,* II, 2e éd., Paris, 1967, 397-407; R. MARTIN-ACHARD, *Essai biblique sur les fêtes d'Israël,* Genève, 1974, 75-92. Sur la fête juive ancienne, cf. J. HOCHMAN, *Jerusalem Temple Festivities,* London, 1908, 54-90; D. FEUCHTWANG, « Das Wasseropfer und die damit verbundenen Zeremonien », *MGWJ* 54 (1910), 535-552. 713-729; 55 (1911), 43-63; BILLERBECK, *Kommentar,* II (Exkurs: Das Laubhüttenfest), München, 1924, 774-812; G. F. MOORE, *Judaism in the First Centuries of the Christian Era,* II, Cambridge, Mass., 1927, 43-51; H. BORNHÄUSER, *Die Mischna. Sukka* (*Laubhüttenfest*). *Text, Übersetzung und Erklärung,* Berlin, 1935; K. HRUBY, « La Fête des Tabernacles au Temple, à la synagogue et dans le Nouveau Testament », *OrSyr* 7 (1962), 163-174; R. LE DÉAUT, « Judaïsme », *DSpir,* VIII, Paris, 1974, 1516s.; S. SAFRAI, « Religion in Everyday Life », dans *The Jewish People in the First Century* (Compendia Rerum Judaicarum ad Novum Testamentum. Section One), II, *ed.* S. SAFRAI, M. STERN, Assen, 1976, 812s.; S. SAFRAI, « The Temple », *ibid.,* 894-896.

89 Le mot *lwlb* signifie d'abord « une pousse, un jet » et il fut appliqué en premier lieu à la jeune palme, à cause sans doute de sa fraîcheur. En Ps-J, N, O Lv 23,40, le

connaissait parfaitement ces quatre espèces (*Ant.* III, 245); comme les Pharisiens, il retient que le bouquet devait être tenu en main [90]. Quel sens avait ce rite? Sa signification fondamentale reste dans l'optique de l'ancienne fête d'automne. Le bouquet de verdure et le fruit devaient symboliser l'action de grâce pour la vitalité de la nature et la récolte [91]. En même temps, cette offrande implorait le bienfait de la pluie pour un nouveau cycle des saisons. Les témoignages anciens qui nous sont conservés insistent plutôt sur la demande de pluie. Ainsi, *LAB* 13, 7 fait suivre l'ordonnance de ce rite d'une promesse concernant la pluie:

> Vous m'offrirez la fête des Tentes: vous prendrez pour moi du beau fruit de l'arbre et un rameau de palmier et de saules, du cèdre et des branches de myrte. Et je me souviendrai de la pluie pour tout le pays: il y aura un ordre des saisons, je réglerai les astres, je commanderai aux nuages, les vents résonneront, les éclairs courront et le tonnerre fera son vacarme. Ce sera le signe éternel: les nuits donneront la rosée, comme je l'ai dit après le déluge de la terre [92].

Et dans l'enseignement d'Éliézer b. Hyrqanos (début du IIe siècle) en *Ta*ᶜ*an.* *2b*, le *lûlāb* était comme un signe qui rappelait à Dieu la nécessité d'accorder de l'eau au monde:

> Puisque ces quatre espèces ne viennent que pour attirer la bienveillance (de Dieu) en vue de l'eau, comme ces quatre espèces ne peuvent exister sans eau, ainsi le monde non plus ne peut exister sans eau [93].

---

mot s'applique à la palme seulement; de même dans une lettre araméenne de Bar Kosiba réclamant ces quatre espèces pour célébrer la Fête, lettre publiée par E. Y. KUTSCHER, *Leshonēnu* 25 (1961-1962), 129. Par extension, le mot désigna aussi le bouquet de trois feuillages, et même le bouquet avec l'*etrôg* (cf. H. BORNHÄUSER, *Sukka*, 76s.). La halakhah détermina la proportion des diverses espèces: trois rameaux de myrte, deux de saule, une palme et un *etrôg*; ainsi le préconisait déjà Ishmaël b. Élisha (av. 135), tandis que Aqiba (av. 135) n'exigeait qu'une pièce de chaque espèce (cf. *M. Suk.* 3,4). Les feuillages étaient reliés au moyen d'un rameau du bouquet ou d'un fil (cf. *M. Suk.* 3,8). D'après *Suk.* 37*a*, l'*etrôg* se tenait dans la main gauche, le *lûlāb* dans la main droite.

90 En Ne 8,14-15, avec référence, semble-t-il, à Lv 23,40, les feuillages servent à l'érection des cabanes. Les Sadducéens faisaient du bouquet un ornement des huttes. Pourtant la coutume de porter les rameaux de verdure est ancienne. Elle est signalée déjà en 2 M 10,7 et *Jubilés* 16,30-31.

91 Cf. G. W. MACRAE, « The Meaning and Evolution », 272.

92 Trad. de J. CAZEAUX dans *Ant. Bibl.*, I, 135, avec des retouches (au lieu de la trad. « du beau fruit des arbres, rameaux de palmier et de saule »). On remarquera qu'aux feuillages traditionnels, ce texte ajoute du cèdre, si toutefois la leçon est authentique (cf. l'apparat critique d'*Ant. Bibl.*, I, 134).

93 Notons que, en raison sans doute du même symbolisme, Aquila aurait interprété par ὕδωρ l'hébreu *hdr* dans l'expression de Lv 23,40: *pry* ᶜ*ṣ hdr*. *J. Suk.* 3,53*b* transmet, en effet: « R. Tanḥuma dit: Aquila traduisit *hdr* par *hydwr*: un arbre qui pousse au bord de l'eau »; par. en *Lv R.* 30,8 et *Yalq. Shim.* I, 651 à Lv 23,40; *Suk.* 35*a* (cf. A. E. SILVERSTONE, *Aquila and Onkelos*, Manchester, 1931, 41s.). Concernant d'autres significations du *lûlāb*: signe de victoire, symbole de l'Israélite pieux, etc., cf. BILLERBECK, *Kommentar*, II, 789-791.

Le rituel de la célébration au Temple comportait aussi, pour les sept premiers jours de la Fête, une cérémonie du saule. Des branchages de saule étaient fixés autour de l'autel des holocaustes, de telle sorte que leurs pointes s'inclinent au-dessus de l'autel. La procession des participants, munis eux aussi de rameaux de saule, tournait autour de l'autel, une fois les six premiers jours, par sept fois le septième jour [94]. Tandis que se déroulait la procession, on chantait par deux fois l'*hôšîʿāh nāʾ* du Ps 118,25. Le septième jour, on terminait la cérémonie en frappant le sol avec les rameaux de saule [95]. Ce rite du saule remontait à une coutume certainement très ancienne. On pouvait malaisément la rattacher à l'Écriture; aussi affirmait-on que Moïse avait reçu au Sinaï cette halakhah. Les Pharisiens y étaient très attachés, au point d'attribuer à ce rite la primauté sur le repos sabbatique lorsque le septième jour de la Fête, le jour où l'on heurtait les branchages contre le sol, venait à coïncider avec un sabbat [96]. La signification du rite n'est guère explicitée par les textes, mais il devait être en relation avec le caractère saisonnier de la Fête. Le saule est un arbre des lieux humides — « des saules de torrents » prescrit Lv 23,40 — et on peut légitimement supposer que la cérémonie tout à la fois célébrait les bienfaits de la pluie reçue et voulait en attirer le renouvellement. Des historiens ont soupçonné dans le fait de frapper le sol avec des branchages la survivance d'une pratique populaire d'origine magique destinée à influencer la divinité en vue d'attirer la pluie [97]. Mais en

---

[94] Description du rite en *M. Suk.* 4,5-7. J. Le Moyne, *Les Sadducéens* (EB), Paris, 1972, 192s., suggère que, tandis que la procession autour de l'autel orné de branches de saule avait lieu six ou sept jours, les participants ne tenaient en main des branchages de saule que le septième jour de la Fête, le jour où l'on frappait le sol de ces branchages. Mais cet avis ne s'impose pas. D'autre part, la question reste en suspens de savoir qui pouvait ainsi tourner autour de l'autel: les prêtres seulement, ou bien aussi les laïcs exceptionnellement autorisés à pénétrer dans l'espace sacré entre le sanctuaire et l'autel? Billerbeck, *Kommentar*, II, 794-797, après avoir discuté les divers avis recueillis chez Rashi et les Tosaphistes, conclut comme plus probable que seuls les prêtres prenaient part à la procession autour de l'autel, tandis que les laïcs, pourvus eux aussi de rameaux de saule, y assistaient en spectateurs, massés à l'est et au nord de l'autel. H. Bornhäuser, *Sukka*, 115, affirme que seuls les prêtres exécutaient la procession; il ne peut déterminer si les rameaux tenus en main étaient des rameaux de saule ou simplement le *lûlāb*. Par contre, S. Safrai, « The Temple », dans *The Jewish People*, II, 867 et 894s., soutient qu'au cours de la fête des Tentes le peuple avait le droit d'entourer l'autel aussi bien que les prêtres; il reconnaît également l'usage de tenir en main une branche de saule.

[95] Cf. *M. Suk.* 4,6; *Tos. Suk.* 3,1 (*ḥbwṭ ʿrbh*); *Suk.* 43*b*. *M. Suk.* 4,6 rapporte encore un avis isolé, de Yoḥanan (cf. Billerbeck, *Kommentar*, II, 793) b. Beroqa (vers 110), qui parle de la même coutume avec des branches de palmier-dattier (*dql*).

[96] Cf. *M. Suk.* 4,3; *Tos. Suk.* 3,1. Sur l'anecdote des Boéthusiens (un des groupes sadducéens) qui, sans doute, eux aussi avaient reçu le rite traditionnel, mais n'admettaient pas qu'il prime le sabbat et pour cela avaient, la veille d'une telle concurrence, insidieusement amoncelé des pierres sur la réserve de branchages, cf. J. Z. Lauterbach, « The Sadducees and Pharisees », dans *Rabbinic Essays*, Cincinnati, 1951, 26s. (art. précédemment publié dans *Studies in Jewish Literature*, Berlin, 1913); J. Le Moyne, *Les Sadducéens*, 192-195.

[97] Cf. D. Feuchtwang, « Das Wasseropfer », *MGWJ* 55 (1911), 51s.; H. Bornhäuser,

Israël, l'intention du rite avait dû être épurée, pour devenir un des symboles de la prière demandant que se renouvelle le don de l'eau [98].

Selon toute vraisemblance, l'opinion de Yehoshua b. Ḥananiah, pour qui le bois de Marah était du saule, nous met en présence d'une approche midrashique de l'épisode dans le cadre cultuel de la fête des Tentes. On perçoit l'allusion aux rameaux de saule qui intervenaient dans les rites de la Fête. À leur signification fondamentale, qui était d'implorer le bienfait de la pluie, Yehoshua ajoute la commémoration d'un épisode du don de l'eau au temps de l'Exode. Cette conception concordait parfaitement avec l'historicisation de la Fête. Ainsi, les huttes en Lv 23,43 rappelaient-elles le séjour au désert et tout spécialement, d'après la tradition aggadique, la sollicitude de Dieu abritant son peuple dans les nuées de gloire [99]. Et nous verrons plus loin, en analysant la *Tos. Suk.* 3,11, qu'un autre rite de la fête des Tentes, celui de la libation d'eau, rappelait le jaillissement de l'eau du puits au désert [100].

5. *Le bois de Marah: un fragment de l'arbre de vie ou une parole de la Loi*

D'autres aggadistes ne rattachaient pas à une espèce végétale le bois qui adoucit les eaux amères. Conformément au pluralisme des recueils midrashiques, la *Mekh.* Ex 15,25 rapporte aussi cette opinion qui recourt au symbolisme:

> R. Shimon b. Yoḥay dit: C'est une parole de la Torah qu'il lui fit voir (*hr'hw*), car il est dit: *YHWH lui enseigna* (*wywrhw*) *un bois* (Ex 15,25). Il n'est pas dit: YHWH *wyr'hw* (lui fit voir) un bois, mais *wywrhw* (lui enseigna), en rapport avec ce qui est dit: *Il m'enseignait* (*wywrny*) *et me disait: Que ton coeur retienne mes paroles* (Pr 4,4).

Sukka, 122; R. PATAI, « The ' Control of Rain ' in Ancient Palestine. A Study in Comparative Religion », *HUCA* 14 (1939), 277.

98 En outre, BILLERBECK, *Kommentar*, II, 797, suppose que le fait de frapper les branchages contre le sol tend à les effeuiller pour signifier que vient l'automne (cf. aussi H. BORNHÄUSER, *Sukka*, 7).

99 Sur le mémorial des nuées de gloire, cf. A. E. SILVERSTONE, *Aquila and Onkelos*, 114s.; R. LE DÉAUT, « *Actes* 7,48 et *Matthieu* 17,4 (par.) à la lumière du Targum palestinien », *RechSR* 52 (1964), 89s.; J. LUZARRAGA, *Las tradiciones de la nube en la Biblia y en el judaismo primitivo* (AnBib 54), Roma, 1973, 138s.

100 Cf. *infra* p. 205s. Parmi les opinions rabbiniques concernant le bois de Marah, on trouve aussi celle de Nathan (vers 160) qui désignait le cèdre: *qtrws* d'après la *Mekh.* Ex 15,25 et *Yalq. Shim.* I, 256 à Ex 15,25; *qdrws* d'après la *Mekh. R. Shim.* 103; *qrdnyn* (lire: *qdrynwn*; JASTROW, 1319) en *Tanḥ. Beshallaḥ* 24 (avec correction de l'attribution: cf. BACHER, *Tannaiten*, II, 446, n. 4). Cette opinion de Nathan est à rapprocher de son interprétation du bois dont fut fabriquée l'arche de Noé: du cèdre précisément d'après *Gn R.* 31, 8 (*qydrynwn*). Quelle signification Nathan voyait-il dans ce bois? Il est difficile de le préciser. Notons seulement que *LAB* 13, 7 mentionne le cèdre parmi les offrandes de la fête des Tentes et que le même passage fait allusion au rétablissement des saisons promis après le déluge (mais cf. *supra* n. 92).

Cet énoncé devra être comparé à la sentence que *Tanḥ.* B. II, 64s. attribue au même docteur:

> Il n'est pas dit: *wyr'hw* (il lui fit voir), mais *wywrhw* (il lui enseigna). R. Shimon b. Yoḥay dit: C'est une parole de la Torah que le Saint, béni soit-il, lui enseigna (*lymdw*), car il est écrit d'elle (= de la Torah): *un arbre de vie* (Pr 3,18), et il la dit sur les eaux qui devinrent douces.

Dans la *Mekh.* Ex 15,25, nous voyons que Shimon b. Yoḥay (vers 150) argumente à partir de la forme verbale *wayyôrēhû* que nous lisons dans le TM. Il veut mettre en valeur, grâce au parallèle de Pr 4,4 où se trouve aussi le *hiphil* de *yrh*, la signification d'enseignement qu'il attribue à ce verbe [101]. L'argumentation était dirigée soit contre une tradition textuelle qui substituait à *wayyôrēhû* la forme *wayyar'ēhû*, « il lui fit voir », soit contre une tradition interprétative qui laissait au *hiphil* de *yrh* en Ex 15,25 son sens général d'indiquer, montrer [102]. Pour Shimon la chose est claire: *wayyôrēhû* doit signifier « il lui enseigna ». Et il ajoute un complément d'objet qui, placé en tête de phrase, retient toute l'attention: « une parole de la Torah ». Aucune preuve ne nous est donnée dans la *Mekh.* Ex 15,25 que l'objet de l'enseignement fût précisément une parole de la Loi plutôt qu'un bois. L'argument scripturaire qui appuyait l'interprétation symbolique n'apparaît qu'en *Tanḥ.* B. II, 64s. où Shimon fait référence à Pr 3, 18 [103]. En réalité, il n'était pas novateur en reconnaissant dans le bois de Marah un symbole de la Torah; il reprenait une sentence des *dôrshê reshûmôt.* La *Mekh.* Ex 15,25 dit, en effet, de ces interprètes de signes [104]:

> Les *dôrshê reshûmôt* dirent: Il lui fit voir (*hr'hw*) des paroles de la Torah qui sont comparables (*nmšlw*) à un arbre, comme il est dit: *Elle est un arbre de vie pour ceux qui la saisissent,* etc. (Pr 3,18).

Dans l'esprit de ces anciens exégètes, le bois mentionné dans l'épisode de Marah était un *rāšûm,* le signe d'une autre réalité exprimée dans l'Écriture en Pr 3,18 où la sagesse, qu'ils identifient à la Torah, est déclarée arbre de vie [105]. Shimon b. Yoḥay a adopté cette interprétation symbolique et il s'est contenté de l'étayer d'un apport adventice: l'insistance sur la signification didactique de la forme verbale *wayyôrēhû* [106]. La trans-

---

101 La citation de Pr 4,4 est introduite par *k'nyn šn'mr,* « en rapport avec ce qui est dit ». Il s'agit d'une formule exégétique introduisant un par. qui doit permettre de préciser le sens de l'expression considérée, en l'occurrence le *hiphil* de *yrh* (cf. BACHER, *Terminologie,* I, 141).

102 Cf. *supra* p. 14-15. Cette tradition était si bien implantée que dans la transmission de la sentence de Shimon en *Mekh.* Ex 15,25, on a fait réapparaître la forme qu'il rejette (*hr'hw*); mais le complément d'objet enlève toute équivoque.

103 *Yalq. Shim.* I, 256 à Ex 15,25 a jugé bon d'ajouter cette citation de Pr 3,18 en finale de la sentence de Shimon reproduite selon la version de la *Mekh.* Ex 15,25.

104 Par. en *Mekh. R. Shim.* 104.

105 Sur l'identification de la sagesse à la Torah, cf. Si 24,23; Ba 4,1 et *supra* p. 20.

106 Avec raison BACHER, *Tannaiten,* II, 127, n. 3 (à propos de Shimon b. Yoḥay),

mission de la sentence des *dôrshê reshûmôt* dans la *Mekh.* Ex 15,25 a cependant subi une déformation qui n'a pas affecté l'énoncé de Shimon. Tandis qu'à propos des interprètes de signes, nous trouvons l'expression « des paroles de la Torah » (*dbry twrh*), nous avons, à propos de Shimon, l'expression « une parole (tirée de) la Torah » (*dbr mn htwrh*). Cette dernière expression, selon laquelle un élément est tiré de l'ensemble, doit être considérée comme primitive, car elle correspond parfaitement à la transposition, sur un mode symbolique, d'une aggadah antérieure que nous allons considérer.

L'exégèse qui, en se référant à Pr 3,18, considère que le bois d'Ex 15,25 symbolise la Torah implique un chaînon intermédiaire selon lequel ce bois était d'abord assimilé à l'arbre de vie[107]. La citation de Pr 3,18, en effet, ne peut s'appliquer au bois (arbre) d'Ex 15,25 que moyennant l'interprétation « arbre de vie ». Ce chaînon intermédiaire, nous pouvons le retrouver dans *LAB* 11, 15 où l'aggadiste, à propos de la théophanie du Sinaï, annonce l'épisode de Marah:

> Et là (Dieu) lui (= à Moïse) donna quantité d'ordres et lui montra l'arbre de vie dont il (= Moïse) coupa, prit et (ensuite) jeta dans (l'eau de) Myrra, et l'eau de Myrra fut rendue douce[108].

Selon cette représentation qui peut paraître curieuse, c'est l'arbre de vie que Dieu montre à Moïse, et le bois qui rendra douces les eaux amères n'est pas moins qu'un morceau coupé à cet arbre paradisiaque[109]. Il

---

donnait la préférence à la version de *Tanḥ.* B. II, 64s. plutôt qu'à celle de la *Mekh.* Ex 15,25; il fallait, en outre, remonter jusqu'aux *dôrshê reshûmôt*. Dans la sentence des *dôrshê reshûmôt*, à côté de *hrʾhw* en *Mekh.* Ex 15,25, nous avons en *Mekh. R. Shim.* 104: *hwrhw*, « il lui indiqua » (ou bien « il lui enseigna »); dans la mesure où l'objet était une parole de la Loi, le verbe prenait implicitement le sens d'enseigner. Shimon explicite cette signification soit en employant la forme *lymdw* (*Tanḥ.* B. II, 65), soit par une argumentation sur le sens de *wayyôrēhû* (*Mekh.* Ex 15,25).

107 Ce qu'a très bien vu GINZBERG, *Legends*, VI, 14, n. 82.

108 « Et ibi ei mandavit multa et ostendit ei lignum vite de quo abscidit et accepit et misit in Myrram et dulcis facta est aqua Myrre. »

109 M. R. JAMES, *The Biblical Antiquities*, 109, n. 15, note qu'il s'agit d'une particularité de ce livre. GINZBERG, *Legends*, VI, 14, n. 82, fit remarquer un par. rabbinique en *Yalq. Makiri* Pr 3; cette compilation (éd. de L. GRÜNHUT, *Sēpher Halliqqûṭîm*, VI, 4*b*) rapporte, en effet, en la faisant remonter à la *Mekh.*, cette interprétation du bois d'Ex 15,25: « R. Nathan dit: (C'est) l'arbre de vie ». Toutefois, on ne trouve plus aujourd'hui dans la *Mekhilta* cette tradition.

Nous voyons en *LAB* 11, 15 une référence à l'arbre paradisiaque qui donne la vie, et nous excluons le sens affaibli et « sécularisé » de « remède » que R. MARCUS, « The Tree of Life in Proverbs », *JBL* 62 (1943), 117-120, et ID., « 'Tree of Life' in Essene (?) Tradition », *JBL* 74 (1955), 274, découvre dans la littérature de sagesse et dans le *Sēpher Noaḥ* du Moyen Âge. F. VATTIONI, « L'albero della vita », *Augustinianum* 7 (1967), 133-144, admet en Pr 13,12 et 15,4 le sens de « remède à un cas ou à un mal particulier »; il maintient qu'en Pr 3,18 la référence à Gn 3,22-24 n'est pas exclue. Cet auteur a bien mis en valeur le rappel de l'arbre de la *Genèse* dans les mentions de l'arbre de vie qu'on trouve dans les Pseudépigraphes. Ajoutons que dans la littérature rabbinique les nombreux emplois de l'expression « arbre de vie » (cf. l'index de BILLER-

nous semble que cette aggadah trouve son sens à l'intérieur d'une conception théologique selon laquelle le temps privilégié de l'Exode, avec le don de la Loi et la conclusion de l'Alliance au Sinaï, instaure en faveur d'Israël une ère nouvelle, un recommencement de la création et comme un retour du paradis [110]. Ce morceau de l'arbre de vie, jeté dans les eaux amères, va les renouveler. Ainsi, quand les interprètes de signes et Shimon b. Yoḥay, d'après la *Mekh.* Ex 15,25, reconnaissaient dans le bois de Marah un symbole de la Torah, ou plus exactement d'une parole de celle-ci, ils disposaient comme d'un tremplin de ce moyen terme que nous conservons attesté en *LAB* 11, 15.

La reconstitution que nous proposons de l'évolution exégétique subie par le mot *ᶜēṣ* d'Ex 15,25 se vérifie dans l'interprétation du même mot d'Is 65,22 qui va également connaître un double degré d'interprétation. Pour le temps de la restauration, Is 65,22 annonçait: « Comme les jours de l'arbre (seront) les jours de mon peuple ». On ne se contenta pas de cette promesse de longévité, si extraordinaire fût-elle. T Is 65,22, en effet, paraphrase: « Comme les jours de l'arbre *de vie* (*ʾyln ḥyyʾ*) (seront) les jours de mon peuple ». La LXX Is 65,22 a le même ajout (κατὰ γὰρ τὰς ἡμέρας τοῦ ξύλου τῆς ζωῆς). La glose, suscitée peut-être par l'emploi de l'article, s'inspirait d'une tradition aggadique sur l'arbre de vie. Et de fait, on peut lire en Ps-J et N Gn 3,22 que si l'homme « *avait gardé le commandement de la Loi et observé ses préceptes, il aurait vécu et subsisté comme l'arbre de vie, pour les siècles* » (trad. de N). On attribuait à l'arbre de vie une durée éternelle [111]. L'interprétation du targum et de la LXX

BECK, *Kommentar*, IV/2, 1217) font référence soit à l'arbre paradisiaque, soit à la Loi qui en est le substitut en ce monde.

110 D'après *LAB* 15, 6, Dieu dit à propos des prodiges de sa prévenance envers Israël lors de la sortie d'Égypte et jusqu'au Sinaï: « Rien de semblable n'a eu lieu depuis le jour où j'ai dit: ' Que les eaux qui sont sous le ciel se rassemblent en un seul lieu ' » (trad. de J. CAZEAUX dans *Ant. Bibl.*, I, 143); il s'agit d'un renouvellement de la création. D'après *LAB* 19, 10, la manne provenait du paradis. Le texte de *LAB* 32, 8, à propos de l'événement du Sinaï, n'est pas facile à comprendre: « tunc paradisus reddita inspiratione fructus sui ». Peut-être l'auteur fait-il allusion à la tradition selon laquelle le vent amena sur les Israélites le parfum des arbres du paradis; cf. L. H. FELDMAN, *Prolegomenon*, CXVIII; G. DELLING, « Von Morija zum Sinai (Pseudo-Philo Liber Antiquitatum Biblicarum 32, 1-10) », *JSJ* 2 (1971), 14; Ch. PERROT, P.-M. BOGAERT, *Ant. Bibl.*, II, 173.

Sur les associations targumiques du thème de la création avec celui de l'Exode, cf. R. LE DÉAUT, *La nuit pascale*, 226-237, spéc. 231-232 pour les traits paradisiaques; ID., *Targum du Pent.*, II, 111 et n. 10 (Ps-J Ex 14,9); II, 281 (Ps-J Ex 35,27s.). Sur le renouvellement d'Israël au Sinaï, cf. R. BLOCH, « Quelques aspects de la figure de Moïse dans la tradition rabbinique », dans *Moïse, l'homme de l'Alliance*, Paris-Tournai, 1955, 140-149; J. POTIN, *La fête juive de la Pentecôte. Étude des textes liturgiques* (LD 65a), I, Paris, 1971, 210-216 et 221s.

111 J. ZIEGLER, *Untersuchungen zur Septuaginta des Buches Isaias*, Münster, 1934, 79, reconnaissait l'allusion paradisiaque. Au contraire, L. PRIJS, *Jüdische Tradition in der Septuaginta*, Leiden, 1948, 70, la refusait et renvoyait à l'interprétation de Shimon b. Yoḥay en référence à la Torah d'après *Gn R.* 12, 5 (lire: 12, 6).

promettait donc à l'homme, pour le temps du salut, l'immortalité, une durée éternelle[112]. Mais dans les commentaires rabbiniques, il apparaît que « l'arbre » d'Is 65,22 est un symbole de la Torah. Et cette interprétation allégorique est attribuée à Shimon b. Yoḥay qui prouve son exégèse en citant Pr 3,18, de la même façon qu'il le faisait, à la suite des *dôrshê reshûmôt,* à propos d'Ex 15,25. Citons *Siphrê* Dt 47 à Dt 11,21[113]:

> R. Shimon b. Yoḥay dit: Voici que (l'Écriture dit): *Comme les jours de l'arbre (seront) les jours de mon peuple* (Is 65,22). Or arbre ne signifie pas autre chose que Torah (*wʾyn ʿṣ ʾlʾ twrh*), comme il est dit: *Elle est un arbre de vie pour ceux qui la saisissent* (Pr 3,18).

Il nous semble difficile de dénier à Shimon b. Yoḥay la connaissance de l'interprétation d'Is 65,22 que nous avons rencontrée dans le targum et dans la LXX[114]. C'est au contraire par le moyen terme d'« arbre de vie » déjà appliqué à l'« arbre » d'Is 65,22 qu'il peut passer au symbolisme de la Torah en citant Pr 3,18[115]. Le résultat de son exégèse est encore la promesse faite au peuple d'une durée éternelle, semblable à celle de la Torah qui, comme l'explicite la suite de *Siphrê* Dt 47, « subsiste à jamais ».

Il est bien étrange, dira-t-on, que des eaux amères soient rendues douces au moyen d'une parole de la Torah. D'après J. Z. LAUTERBACH, les *dôrshê reshûmôt* ne se limitaient pas à une interprétation symbolique du bois; tout l'épisode de Marah devait recevoir un sens allégorique, y compris les eaux amères: « It is evident that the *Dorshe Reshumot,* interpreting ' tree ' to mean the Law, must also have interpreted ' Marah ' in an allegorical sense, and not literally as a place of bitter waters, for bitter waters cannot be made sweet by words of the law. But the saying of the *Dorshe Reshumot* has been preserved in an incomplete form; it is shortened; it mentions only that the tree was not a real tree, and omits that the bitter waters were not real bitter waters »[116]. La tradition rab-

---

112 Cf. É. COTHENET, « Paradis », *SDB,* VI, Paris, 1960, 1206; R. LE DÉAUT, *La nuit pascale,* 116; ID., *Introduction,* 163, n. 3.

113 Par. en *Gn R.* 12,6 à Gn 2,4 (dans l'apparat critique de l'éd. de THEODOR-ALBECK, I, 104); *Qo R.* 1,4,4; cf. BACHER, *Tannaiten,* II, 146, n. 2.

114 J. ZIEGLER, *Untersuchungen,* 79, ne se prononçait pas sur la question de savoir si l'interprétation de la LXX Is 65,22 émanait du traducteur ou d'un glossateur. Sur l'existence dans la LXX d'éléments aggadiques remontant aux traducteurs et d'autres plus tardifs, cf. D. W. GOODING, « On the Use of the LXX for Dating Midrashic Elements in the Targums », *JTS* 25 (1974), 1-11.

115 W. REISS, « Wortsubstitution », 56, a étudié la formule *wʾyn ʿṣ ʾlʾ twrh* de *Siphrê* Dt 47, mais en se limitant à la considérer dans le contexte de Pr 3,1ss, sans tenir compte de son application à Is 65,22 ou Ex 15,25.

116 « The Ancient Jewish Allegorists », 311; l'auteur ne veut pas dire que ces interprètes niaient le sens littéral de l'épisode, mais qu'ils le trouvaient insuffisant (*ibid.,* 301). LAUTERBACH, en voulant étendre l'allégorie à l'ensemble, est influencé par l'allégorie philonienne de cet épisode en *Poster.* 156 et *Migr.* 36s. (*ibid.,* 311). Notons d'ailleurs qu'en *Migr.* 37, le bois de Marah est rapproché de l'arbre de vie. On peut remarquer aussi chez ORIGÈNE, *In Ex. hom.* VII, 1 (GCS, *Origenes,* VI, 205), à propos du

binique aurait-elle retenu l'interprétation symbolique du bois et perdu celle des eaux amères? Il est permis d'en douter. Shimon b. Yoḥay qui, nous l'avons vu, avait emprunté aux *dôrshê reshûmôt* explique en *Tanḥ.* B. II, 65 que cette parole de la Torah enseignée à Moïse fut dite sur les eaux pour qu'elles deviennent douces [117]. Et en réalité, cette interprétation trouve sa place dans une conception qui transposait à la Loi les attributions de l'arbre paradisiaque. C'est indubitablement le sens que la tradition juive donnait à Pr 3,18. La Torah, qui représentait la Sagesse par excellence, procurait la vie à ceux qui observaient fidèlement les commandements [118]. Nous trouvons dans cette interprétation de l'épisode de Marah une anticipation du don de la Loi. Au temps privilégié de l'Exode, avant qu'Israël ait pu se rendre coupable de non-observance, la Loi, préexistante à la création et instrument de la création, va restaurer en faveur d'Israël la nature des eaux amères [119].

Retour aux targums à Ex 15,25

À la suite de cette enquête parmi les spéculations aggadiques, nous pouvons mieux apprécier l'emprunt des targums N et 110 au midrash. Selon N Ex 15,25, après qu'un arbre eut été indiqué à Moïse, « la Parole de YHWH en prit une parole de la Loi ». Cette aggadah selon laquelle on enlève (*wnsb mynyh*) quelque chose à l'arbre est sans parallèle dans les autres recensions targumiques, mais elle reflète l'énoncé de *LAB* 11, 15 où Moïse « coupa » un morceau de l'arbre de vie (« de quo abscidit ») pour le jeter dans les eaux [120]. Le targum, par souci de littéralité vraisemblablement, commence par mentionner un arbre, sans plus. La suite du texte nous convainc pourtant qu'il ne s'agit pas d'un arbre ordinaire, puisqu'il procurera une parole de la Loi. Les auditeurs avertis pouvaient reconnaître une allusion à l'arbre de vie dont on coupe quelque chose, selon la mise en scène attestée dans l'aggadah transmise par le Pseudo-

---

bois de Marah, une référence à Pr 3,18 qui peut remonter à la tradition juive, mais remaniée en milieu chrétien (cf. N. R. M. DE LANGE, *Origen and the Jews,* 77 et 90): le bois représente la sagesse du Christ que l'on jette dans la Loi qui, autrement, resterait amère.

117 De façon secondaire, en *Ex R.* 43, 3, Moïse prononce sur les eaux non plus une parole de la Loi, mais une formule de prière enseignée par Dieu: « Rends doux ce qui est amer. »

118 D'après le TP Gn 3,24, la Loi, pour ceux qui la pratiquent, est « *bonne comme le fruit de l'arbre de vie* » (trad. de N); elle est même « *meilleure* » selon Ps-J. L'accès à l'arbre de vie, promis aux justes dans le monde à venir, est anticipé en ce monde pour ceux qui observent la Loi. Selon le *Ps Salomon* 14, 1-2, ceux qui marchent dans la Loi vivront pour toujours, au point que la métaphore d'« arbres de vie » leur est appliquée.

119 Sur la Loi préexistante et instrument de la création, cf. E. E. URBACH, *The Sages,* 198s.; J. BOWKER, *The Targums and Rabbinic Literature,* 100; M. MAHER, « Some Aspects of Torah in Judaism », *IrTQ* 38 (1971), 318-321.

120 Cf. *supra* p. 39 et n. 108. La différence est que Moïse est le sujet de « abscidit » en *LAB,* tandis que le verbe *wnsb* a pour sujet « la Parole de YHWH » en N.

PHILON. Mais en même temps, ces auditeurs étaient invités à opérer une transposition symbolique: l'arbre de vie auquel N fait allusion n'est plus qu'une désignation de la Loi dont on prend une parole, conformément à l'élaboration midrashique que les *dôrshê reshûmôt* avaient fait subir à la tradition. Nous constatons ainsi le caractère composite de l'aggadah targumique en ce passage de N. Il se rattache à une ancienne aggadah attestée en *LAB* où l'arbre est l'arbre de vie, mais il adapte cette aggadah en la renouvelant d'après la signification symbolique qu'elle avait reçue dans la suite du cheminement midrashique.

Quant à 110 Ex 15,25, il se situe d'emblée au second stade de l'aggadah représenté par les *dôrshê reshûmôt.* Sa phraséologie est un emprunt manifeste d'une telle interprétation symbolique. De façon plus consciencieuse toutefois, il explicite que c'est à l'arbre de vie qu'est comparable la Torah, tandis que la sentence de ces aggadistes sous-entendait que cet arbre était l'arbre de vie [121]. Fort de son interprétation en référence à la Loi, le targumiste avait déjà, dès le début, traduit *wayyôrēhû* par « lui enseigna »; il témoigne ainsi d'un souci semblable à celui de Shimon b. Yoḥay.

Mais en finale, 110 comme N reviendront fidèlement au texte biblique: comme si c'était du bois, cette parole sera jetée dans les eaux. On peut comprendre que ce lancement est devenu une métaphore pour dire que la parole fut prononcée. Les targumistes ont gardé l'expression biblique, n'osant pas se départir des exigences imposées à un traducteur. O n'a pas échappé à cette singularité: après le verbe *wʾlpyh,* « et il lui enseigna », on attendrait, comme en 110, une parole de la Loi et on retombe sur la mention, très littérale, d'un bois.

Ex 15,25*b*-26 mentionnait, suite à l'épisode de Marah, l'imposition d'une législation. Ce texte biblique a dû influencer l'interprétation des *dôrshê reshûmôt* et de tous ceux pour qui le bois jeté dans les eaux était une parole de la Loi donnée par anticipation pour « guérir » les eaux amères. D'autres exégètes, tels Yehoshua b. Ḥananiah ou Éléazar de Modiᶜim, n'admettaient pas cette interprétation symbolique, mais ils retenaient, sur la base d'Ex 15,25*b*, la mention d'une législation donnée à Marah, et ils en précisaient le contenu. D'après la *Mekh.* Ex 15,25, pour Yehoshua le terme *ḥōq* désignait le précepte du sabbat et *mišpāṭ* le commandement d'honorer ses père et mère, tandis qu'Éléazar rattachait les deux termes bibliques respectivement à la loi sur les pratiques incestueuses et aux jugements concernant les vols, les amendes et les actes de violence. Ps-J Ex 15,25, qui ne partageait pas l'interprétation symbolique

---

121 La forme verbale araméenne *mtylʾ* en 110 correspond à l'hébreu *nmšlw* des *dôrshê reshûmôt* en *Mekh.* Ex 15,25 (cf. le même verbe en *Mekh.* Ex 15,22 dans une autre sentence de ces interprètes).

du bois, a accepté l'avis de Yehoshua en y joignant, en partie du moins, les prescriptions d'Éléazar.

D'après les targums Ps-J, M, 440, Nur Ex 15,25*b*, l'épreuve à laquelle Dieu soumit Israël à Marah fut la dixième [122]. Nous ne sommes pas parvenu à trouver un parallèle aggadique de cet élément targumique [123], si ce n'est que le sacrifice d'Isaac fut pour Abraham la dixième épreuve [124]. Faut-il comprendre que Marah fut pour les Israélites une épreuve décisive? L'insistance sur cette épreuve est vraisemblablement à mettre en relation avec le don d'une législation à Marah. Israël avait besoin d'être purifié pour recevoir la Torah [125].

Le targum 110 précise qu'Israël « tint bon ». C'est aussi l'avis de Yehoshua b. Ḥananiah, d'après la *Mekh.* Ex 15,25, lorsqu'il commente:

> *Là il l'éprouva* (Ex 15,25). Là (Dieu) l'éleva (*nś*ᵓ) en dignité [126].

Ce passage du verbe *nsh*, « éprouver », à *nś*ᵓ, « élever », célèbre la fidélité d'Israël dans son épreuve [127].

6. *Les eaux de Marah: un puits qui allait accompagner les Israélites*

Le Pseudo-PHILON identifie l'eau de Marah à un puits que l'aggadah a rendu célèbre. C'était une très ancienne tradition, communément admise en milieu palestinien, qu'un puits accompagnait les Israélites dans le désert. Les témoignages en sont nombreux. Nous étudierons l'origine et les développements de cette aggadah lorsque nous examinerons l'exégèse juive de Nb 21,16-20, car c'est à partir de ce texte biblique que la tradition a pris naissance dans le cadre manifestement de la traduction targumique. Qu'il nous suffise, pour le moment, de citer la version de O qui, d'ordinaire si dépouillée, retient en ce passage les éléments principaux du TP [128].

---

122 La *Mekh.* Ex 15,25 donne à l'épisode le sens d'une épreuve à laquelle Israël fut soumis, mais ne précise pas davantage.

123 Inversement, on mentionne souvent les dix tentations par lesquelles Israël tenta Dieu, et l'épisode de Marah en fait partie: *ARN* A 34, 98; *ARN* B 38, 98; *Midr. Teh.* 95, 3; ᶜ*Ar.* 15*a* avec attribution à Yehudah b. Ilay (vers 150); cf. BACHER, *Tannaiten*, II, 214s.

124 N Gn 22,1; *PRE* 31; cf. J. BOWKER, *The Targums and Rabbinic Literature*, 228-230.

125 Sur la nécessité d'une purification avant le don de la Loi, cf. R. BLOCH, « Quelques aspects de la figure de Moïse », 143s.; J. POTIN, *La fête juive de la Pentecôte*, I, 211-213.

126 Cf. BACHER, *Tannaiten*, I, 198; la suite de la *Mekhilta* cite 2 R 25,27 et Nb 4,22.

127 Il est intéressant de noter qu'à propos d'Abraham, Yosé le Galiléen (vers 110), d'après *Gn R.* 55, 6, interprétait le verbe *nsh*, « éprouver » (Gn 22,1), d'après le substantif *ns*, « enseigne »: « Il l'exalta (*gdlw*) comme un pavillon de navire » (cf. BACHER, *Tannaiten*, I, 304). Et Symmaque interprétait en Gn 22,1: ἐδόξασε; cf. Z. FRANKEL, *Vorstudien zu der Septuaginta*, Leipzig, 1841, 182.

128 G. VERMES termine comme suit un article consacré à l'étude des allusions aggadiques en O: « May I add that the desire apparent in Onkelos to avoid paraphrase, and its extreme poverty of individual exegesis, allow the historian of Haggadah safely

TM Nb 21	O Nb 21
v. 16 Et de là à Beër ...	Et à partir de là, *le puits leur fut donné ...*
v. 19 Puis de Mattanah à Naḥaliël et de Naḥaliël à Bamot.	*Et après leur avoir été donné, il descendait avec eux dans les ouadi et des ouadi montait avec eux sur les hauteurs.*

Le *meturgeman* a traduit comme des noms communs les toponymes bibliques mentionnés dans cet itinéraire, de façon à créer le récit aggadique d'un puits (*b*^{e}*ʾēr*) donné en don (*mattānāh*) à Israël et qui descendait avec eux dans les ouadi (cf. *naḥ*^{a}*lîʾēl*) et montait avec eux sur les hauteurs (*bāmôt*).

Le Pseudo-PHILON connaissait la tradition. *LAB* 10, 7 synthétise en une formule les pérégrinations du puits: c'était « un puits d'eau qui les accompagnait » (« puteum aque consequentis »). Mais en outre, cet auteur apporte à la tradition une note particulière en identifiant à ce puits l'eau de Marah. En effet, *LAB* 11, 15 prolonge le récit de l'assainissement des eaux amères en appliquant à ces eaux rendues douces la tradition caractéristique du puits:

> ... (Dieu) lui (= à Moïse) montra l'arbre de vie dont il coupa, prit et (ensuite) jeta dans (l'eau de) Myrra, et l'eau de Myrra fut rendue douce. Et elle les accompagnait dans le désert durant quarante ans et, avec eux, elle monta sur la montagne et descendit dans les plaines.

La référence est évidente à la tradition des pérégrinations du puits, qui interprète les toponymes bibliques de Nb 21,19. L'eau escaladant la montagne avec les Israélites et descendant dans les plaines rappelle sans contredit la tradition targumique sur le puits [129]. Le Pseudo-PHILON a opéré

---

to assume that the interpretations incorporated there were universally known and well-established traditions, considered by the Targumist to form a living unit with the word of Scripture itself. » Cf. G. VERMES, « Haggadah in the Onkelos Targum », *JSS* 8 (1963), 159-169; repris dans ID., *Post-Biblical Jewish Studies* (StJudLatAnt 8), Leiden, 1975, 127-138.

129 GINZBERG, *Legends*, VI, 15, n. 82, « hasarde », dit-il, la suggestion d'une interpolation en *LAB* 11,15; un copiste aurait confondu « le puits de Marah » dont parlerait *LAB* 11,15 avec « le puits de Miryam » dont il serait question en *LAB* 10,7. Notons que, au dire de GINZBERG lui-même, *Legends*, VI, 21, n. 126, l'appellation « le puits de Miryam » pour désigner le célèbre puits accompagnant les Israélites ne se trouve pas dans les sources tannaïtiques. Le copiste aurait donc dû connaître la tradition juive plus tardive. Or, s'il connaissait la tradition du puits célèbre, on ne voit pas comment il l'aurait confondu par erreur avec l'eau de Marah. L'éd. de G. KISCH, *Pseudo-Philo's Liber Antiquitatum Biblicarum*, Notre Dame, Ind., 1949, 145, présente un texte qui est glosé: un copiste, par ignorance de la tradition juive sur le puits ou peut-être sous l'influence de 1 Co 10,4, a donné au verbe « sequebatur » (*LAB* 11, 15) le sujet « Dominus ». Ch. DIETZFELBINGER, *Pseudo-Philo: Antiquitates Biblicae* (JüdSchrHelRömZt II/2),

un télescopage de l'épisode de Marah et de la tradition sur Beër [130].

Dans l'aggadah communément attestée dans les targums et la littérature rabbinique, le don du puits était souvent rattaché à la personne de Miryam [131]. *LAB* 20, 8 connaît aussi cette association, mais cet écrit ajoute à la tradition commune la fusion du puits et de l'eau de Marah: « le puits d'eau de Myrra (fut donné) en faveur de Miryam ». Il y a vraisemblablement paronomase dans cette facture propre au Pseudo-PHILON: on reconnaît un jeu de mots sur le nom de Miryam dont les consonnes reproduisaient l'adjectif caractérisant en Ex 15,23 les eaux « amères » (*mrym*) [132]. La fusion des eaux de Marah et du puits aboutit ainsi à accentuer la tradition commune du don en faveur de Miryam.

Gütersloh, 1975, 132, traduit le texte glosé; mais, reconnaissant (*ibid.*, n. *g*) qu'en 10, 7, le Pseudo-PHILON fait allusion au puits qui accompagne, il propose de transposer à la suite de 10, 7 l'allusion au puits qu'on peut découvrir en 11, 15. Ce déplacement de texte apparaît superflu, quand on sait la tendance aggadique au télescopage des traditions sur le don de l'eau.

130 Cf. P. GRELOT, « ' De son ventre couleront des fleuves d'eau '. La citation scripturaire de Jean, VII, 38 », *RB* 66 (1959), 372s. (dans la suite, nous abrégeons en « Fleuves d'eau »); R. LE DÉAUT, « Miryam, soeur de Moïse, et Marie, mère du Messie », *Bib* 45 (1964), 211; ID., *Targum du Pent.*, I, 56; II, 129, n. 21; B. OLSSON, *Structure and Meaning in the Fourth Gospel. A Text-Linguistic Analysis of John 2:1-11 and 4:1-42* (ConBib NT 6), Lund, 1974, 167; Ch. PERROT, P.-M. BOGAERT, *Ant. Bibl.*, II, 113. Le rapport entre *LAB* 11, 15 et la tradition sur le puits est signalé aussi par S. LIEBERMAN, *Tosefta ki-fshuṭah. A Comprehensive Commentary on the Tosefta*, Part IV: *Order Moᶜed*, New York, 1962, 877.

131 Par ex. en Ps-J Nb 20,2; N, 440, Nur Nb 21,1; *Tos. Soṭ.* 11, 10; *Taᶜan. 9a*; cf. *infra* chap. IV.

132 L'existence d'un jeu de mots a été signalée par P. GRELOT, « Fleuves d'eau », 372, n. 1; R. LE DÉAUT, « Miryam, soeur de Moïse », 211. Une exégèse midrashique voyait dans le nom de Miryam la signification d'amertume, mais en relation avec l'esclavage d'Égypte dont Miryam avait contribué à délivrer le peuple: *Ex R.* 26, 1; *Ct R.* 2, 11; *ᶜOlam R.* 3 (cf. R. LE DÉAUT, *art. cit.*, 209, n. 2).

CHAPITRE II

Les douze sources d'Élim

La notice biblique d'Ex 15,27 sur l'arrivée et le campement des Israélites à Élim, une partie peut-être de l'itinéraire sacerdotal[1], attachait à ce lieu le souvenir d'une oasis. En Nb 33, une liste sacerdotale tardive, résumant le parcours de l'Égypte au Jourdain, a recopié au v. 9 les caractéristiques qu'Ex 15,27 rapportait: il y avait à Élim douze sources et soixante-dix palmiers[2]. En outre, Ex 15,27 mentionne que les Israélites campèrent au bord des eaux. Ces quelques déterminations bibliques suscitèrent l'attention des aggadistes qui composèrent à propos d'Élim des descriptions dont la variété constitue un des succès de l'exégèse midrashique.

I. **Présentation des traditions targumiques**

Synopse des recensions à Ex 15,27 et Nb 33,9. Douze sources correspondant aux douze tribus et le campement au bord des eaux

Ex 15,27

TM	ויבאו	אילמה	ושם	שתים	עשרה	עינת	מים	
Ps-J	ואתו	לאלים	ובאילים	תרתיסירי		עינוון	דמיין	עינא
N	ואתון	לאלימה	ותמן	תרתין	עשרין	פיגין	דמיין	
M						עיינין		
440	ואתון	לאלימה	ותמן	תרתי	עסרי	עיינוון	דמיין	
Nur	ואתון	לאילימה	ותמן	תרתי	עסרי	עיינין	דמיין	
O	ואתו	לאלים	ותמן	תרי	עסר	מבועין	דמין	

TM						ושבעים		תמרים
Ps-J	לכל			שיבטא		ושובעין	דיקלין	
N	כל קבל	תרין	עשר	שבטי	ישראל	ושובעין	דקלין	דתמרין
M	כלוקבל	תרי	עשרתי	שבטיי‘	דישראל			
440	בלקבל	תרי	עסרתי	שיבטיא	דישר‘	ושובעין	דיקלין	
Nur	כל קביל	תרתי	עסרי	שבטיא	דישר‘	ושבעין	דיקלין	
O						ושבעין	דקלין	

---

[1] Cf. M. NOTH, *Exodus*, 101; V. FRITZ, *Israel in der Wüste*, 7. R. DE VAUX, *Histoire ancienne d'Israël* (EB), I: *Des origines à l'installation en Canaan*, Paris, 1971, 349, l'attribue au yahviste.

[2] Cf. M. NOTH, *Das vierte Buch Mose. Numeri* (ATD 7), Göttingen, 1966, 211.

TM	ויחנו שם על המים :
Ps-J	כל קבל שובעין סבייא דישראל ושרון תמן על מייא :
N	כל קבל שבעין ⟨סביא⟩ סנהדרין דישראל ושרון תמן על מיא :
M	כלוקבל שובעיתי סביא
440	כל קביל שובעתין סבייא סנהדרין דישר׳ :
Nur	כל קוביל שבעין סביא סנהדרין דישראל :
O	ושרו תמן על מיא :

Nb 33,9

TM	ויסעו ממרה ויבאו אילמה ובאילם שתים עשרה
Ps-J	ונטלו ממרה ואתו לאלים ובאילים תרתיסרי
N	ונטלו מן מרה ואתון לאילם ובאילם תרתין עשרי
M	תרי עשרי
M	תריסר
440	ונטלו מן מרה ואתון לאילימא ובאלים תרתי עשרא
Nur	ונטלו ממרה ואתו לאילמה ובאילם תרתי עשרי
O	ונטלו ממרה ואתו לאילים ובאילים תרי עסר

TM	עינת מים
Ps-J	עינוון דמיין לתריסר שיבטין
N	פיגיין דמיין כל קבל תרי עשרתי שבטיה דישראל
M	עיינוון דמיין כל וקבל
M	מבועין דמיין כל וקבל תריסר שבטין
440	עיינין דמיין כל קבל תרי עסרתי שבטיא דישר׳
Nur	עינין דמיין כל קוביל תרי עשרי שבטיא דישר׳
O	מבועין דמיין

TM	ושבעים תמרים
Ps-J	ושובעין דיקלין כלו קבל שובעין חכימיא
N	ושבעין דקלין דתמרין כל קבל שבעתי חכימי
M	סבייה
440	ושובעין דיקלין כלו קבל שובעתי [מ]בייא
Nur	ושובעין דיקלין כל קוביל שובעין סביא
O	ושבעין דקלין

TM	ויחנו שם :
Ps-J	ושרון תמן על מיא :
N	דבני ישראל ושרון תמן :
M	דבני על ⟨מיא⟩

440	[על] סנהדרין	דישראל	ושרו תמן	:
Nur	סנהדרין	דישרי'	ושרו תמן	:
O			ושרו תמן	:

Variantes mineures et corrections textuelles

En Ex 15,27, Ps-J *ed. pr.* présente la métathèse *ᶜnyʾ* et plusieurs variantes orthographiques: *wbʾlym*; *trtysry*; *šbṭʾ*; *dqlyn*; *kl qbyl*; *sbyʾ*. Le texte de N n'a pas le substantif *sbyʾ* que nous avons restitué; le copiste avait écrit à la place le début du mot Sanhédrin (*snh* ...) [3]. Au lieu de N *pygyn*, I suggère *pygwn*, semble-t-il [4]. Remarquons, à propos de N, que la leçon *pygyn dmyyn* était signalée comme « targum yerushalmi » dans l' *ᶜAruk* [5]. En 440, il faut sans doute corriger en *klqbl* la leçon *blqbl* du ms.[6].

En Nb 33,9, Ps-J *ed. pr.* écrit *wbʾlym*. Au lieu de N *mn mrh*, I suggère l'assimilation *mm*. Une variante M propose la forme avec suffixe (*lʾyl*)*mh*. À propos du texte de N *try ᶜśrty*, une leçon M indique *trty* et I signale *ᶜśr*. De plus, I propose la correction (*šb*)*ᶜyn* au lieu de *šbᶜty* de N. Nous avons restitué en M la leçon *ᶜl myʾ* au lieu de *ᶜl ymʾ* que porte le ms.; *ymʾ* est un lapsus sous l'influence du v. 10 [7]. La leçon de 440 *mbyyʾ ᶜl snhdryn* est à corriger en *sbyyʾ snhdryn*.

Traductions

Ex 15,27

Ps-J Ils arrivèrent à Élim et, *à Élim*, il y avait douze sources d'eau, *une source pour chaque tribu*, et soixante-dix palmiers, *correspondant aux soixante-dix anciens d'Israël*. Et ils campèrent là, au bord des eaux.

N Ils arrivèrent à Élim où il y avait douze fontaines d'eau, *correspondant aux douze tribus d'Israël*, et soixante-dix palmiers-*dattiers*, *correspondant aux soixante-dix* (*anciens*) *du Sanhédrin d'Israël*. Et ils campèrent là, au bord des eaux.

M ... (douze) sources ... *correspondant aux douze tribus d'Israël* ... *correspondant aux soixante-dix anciens* ...

440 =Nur Ils arrivèrent à Élim où il y avait douze sources d'eau, *correspondant aux douze tribus d'Israël*, et soixante-dix palmiers, *correspondant aux soixante-dix anciens du Sanhédrin d'Israël*.

---

[3] Cf. Le Déaut, *Targum du Pent.*, II, 131, n. 24.
[4] Cf. Díez Macho, *Neophyti 1*, VI: *Apéndices*, 97.
[5] Cf. A. Kohut, *Aruch completum ... Nathan ben Jechiel*, VI, Wien, 1926, 288.
[6] Cf. l'éd. de Klein, *The Fragment-Targums*, I, 172.
[7] Cf. l'éd. de Díez Macho, *Neophyti 1*, IV, 307.

Nb 33,9

Ps-J Ils partirent de Marah et arrivèrent à Élim. À Élim, il y avait douze sources d'eau, (*correspondant*) *aux douze tribus*, et soixante-dix palmiers, *correspondant aux soixante-dix sages*. Ils campèrent là, *au bord des eaux*.

N Ils partirent de Marah et arrivèrent à Élim. À Élim, il y avait douze fontaines d'eau, *correspondant aux douze tribus d'Israël*, et soixante-dix palmiers-*dattiers, correspondant aux soixante-dix sages des enfants d'Israël*. Il y campèrent.

M ... douze sources d'eau, *correspondant* (*aux* ...)

M ... douze sources d'eau, *correspondant aux douze tribus* ...

M ... *anciens des enfants* (*d'Israël*).

M ... *au bord des eaux*.

440 =Nur Ils partirent de Marah et arrivèrent à Élim. À Élim, il y avait douze sources d'eau, *correspondant aux douze tribus d'Israël*, et soixante-dix palmiers, *correspondant aux soixante-dix anciens du Sanhédrin d'Israël*. Et ils campèrent là.

Observations

Seul Ps-J Ex 15,27 répète le nom du lieu: « et à Élim », plutôt que de le remplacer par l'adverbe comme dans le TM: « et là »; cette particularité se retrouve cependant dans le *Sam*.[8].

Le texte biblique de Nb 33,9 reprenait les caractéristiques de l'oasis d'Élim selon Ex 15,27. Tout le TP Ex 15,27 et Nb 33,9 a développé ces indications pour établir une relation entre le nombre douze des sources et celui des tribus, entre le nombre soixante-dix des palmiers et celui des anciens. On remarque une variété d'expressions synonymes pour traduire l'hébreu *ᶜyn*, « source »: tandis que la plupart des recensions se contentent du correspondant araméen, N calque le grec πηγή et une M Nb 33,9 emploie *mbwᶜ*. Ce dernier substantif est aussi employé par O Ex 15,27 et Nb 33,9 [9].

Les soixante-dix palmiers correspondent aux soixante-dix anciens d'Israël. Sans autre détermination (en Ps-J Ex 15,27; M Ex 15,27 et Nb 33,9), l'expression se réfère en premier lieu aux hommes qui furent choisis pour seconder Moïse (Ex 18,21-26; Nb 11,16). La visée de N Ex 15,27 et 440, Nur Ex 15,27 et Nb 33,9 est moins historique: ces targums, par souci d'actualisation, font immédiatement référence aux membres actuels du

---

[8] Cf. l'apparat critique de la *BHS*; A. Geiger, *Urschrift und Übersetzungen der Bibel in ihrer Abhängigkeit von der innern Entwicklung des Judentums*, 2ᵉ éd., Frankfurt a. M., 1928, 465.

[9] Il faut noter toutefois que O traduit ordinairement l'hébreu *ᶜyn* par son correspondant *ᶜyn*. À part le cas que nous considérons, nous ne voyons qu'une exception, celle de Dt 8,7 où on a une double traduction: *mbwᶜy ᶜynwn*.

Sanhédrin, héritiers de ces anciens. Il reste que la paraphrase d'un même targum n'est pas uniforme d'un passage à l'autre. Ainsi, Ps-J Ex 15,27 parle des « soixante-dix anciens d'Israël », mais à Nb 33,9 des « soixantes-dix sages »; N Ex 15,27 paraphrase les « soixante-dix (anciens) du Sanhédrin d'Israël », mais à Nb 33,9: « les soixante-dix sages des enfants d'Israël ». Ces variations nous rappellent le caractère oral du TP [10]. La traduction de l'hébreu *tmrym*, « palmiers », est rendue dans toutes les recensions, y compris O, par *dqlyn* ou *dyqlyn*. Seul N eut le souci de se conformer davantage au texte biblique en recourant au couple *dqlyn dtmryn*. L'expression marquant la relation est, dans le TP sauf Ps-J, *kl qbl* (avec des variantes orthographiques). En Ps-J Ex 15,27 et Nb 33, 9, on ne la trouve que pour la seconde mise en relation, celle des palmiers. Pour la mise en relation des sources avec les tribus, nous avons en Ps-J Nb 33,9 simplement la préposition *lamed*, comme dans le texte biblique d'Ex 24,4 pour une semblable correspondance; en Ps-J Ex 15,27, la formule recherche une précision plus grande.

Enfin, il importe d'observer que Ps-J et M Nb 33,9 ajoutent à la mention du campement à Élim la précision « au bord des eaux » absente du TM de Nb 33,9, mais présente en Ex 15,27; la LXX fait de même. Si l'ajout dans la LXX peut n'être qu'une harmonisation de textes parallèles, il est probable que dans le targum il est un discret écho d'une tradition midrashique.

II. Diverses approches aggadiques de l'épisode d'Élim [11]

1. *Douze sources correspondant aux douze tribus et le campement au bord des eaux*

Nous retrouvons dans un commentaire de la *Mekh.* Ex 15,27 la correspondance déjà rencontrée dans le TP [12]:

> R. Éléazar de Modi^{c}im dit: Lorsque le Saint, béni soit-il, créa son monde, il créa là douze sources (*mbw^{c}yn*), correspondant (*kngd*) aux douze tribus de Jabob, et soixante-dix palmiers (*tmrym*), correspondant aux soixante-dix anciens.

---

10 Nonobstant une certaine uniformisation en N qui remplace le plus souvent « anciens » par « sages »: l'appellation d'« anciens », en effet, connotait non seulement l'âge, mais la sagesse (*Qid.* 32*b*; *Aristée* 32.39.46; PHILON, *Sobr.* 16.18s.). Déjà Dt 1,13 donnait aux juges cette qualité de sagesse.

11 Des inventaires des traditions aggadiques ont été établis par GINZBERG, *Legends*, III, 40s.; VI, 15s., n. 85-88; M. M. KASHER, *Torah Shelemah*, XIV, 178s.; E. B. LEVINE, « Parallels to Exodus of Pseudo-Jonathan and Neophyti 1 », dans A. DÍEZ MACHO, *Neophyti 1*, III, 446; ID., « *Neofiti* 1: A Study of Exodus 15 », *Bib* 54 (1973), 323s. Signalons aussi une étude qui utilise les traditions juives: J. LÉCUYER, « L'oasis d'Élim et les ministères dans l'Église », dans *Lex orandi lex credendi. Miscellanea in onore di P. Cipriano Vagaggini* (Studia Anselmiana 79), *ed.* G. J. BÉKÉS, G. FARNEDI, Roma, 1980, spéc. 296-302.

12 Par. en *Mekh. R. Shim.* 105; cf. BACHER, *Tannaiten*, I, 207.

On conviendra que la correspondance énoncée dans le TP est antérieure au commentaire d'Éléazar (av. 135). Celui-ci ne se contente pas de souligner la correspondance entre les sources et les tribus, les palmiers et les anciens; il reconnaît dans cette corrélation une disposition divine établie dès le moment de la création en vue de l'accueil des Israélites. Ainsi également, d'après la *Mekh.* Ex 15,25, était-il d'avis que l'eau de Marah avait été créée amère, sans doute pour que se produise là un prodige éclatant.

La relation établie entre les douze sources et les douze tribus relève, nous semble-t-il, d'une activité simple et toute spontanée du *derash;* il était naturel, à la suite de la tradition biblique elle-même, de reconnaître dans le nombre douze celui des tribus [13]. La relation du nombre soixante-dix aux anciens d'Israël est moins évidente, étant donné que ce nombre dans l'Écriture s'applique à bien des réalités [14]. Cependant, dans le contexte de l'Exode et une fois admise la relation aux tribus, on comprend que ce soit aux assistants de Moïse que ce nombre ait fait penser.

Une semblable relation est au point de départ d'un développement philosophique lorsque PHILON écrit en *Mos.* I, 188s. [15]:

> Ils arrivent à une seconde étape: lieu bien pourvu d'eau et d'arbres — on l'appelait Élim — arrosé de douze sources près desquelles il y avait de jeunes palmiers de belle venue, au nombre de soixante-dix: pour ceux qui pouvaient voir avec la vue pénétrante de la pensée, c'étaient là des signes et des indications très clairs des bienfaits accordés au Peuple. Le Peuple, en effet, comporte douze tribus, et chacune d'elles, si elle pratique la piété, aura la valeur d'une source, car la piété assure de bonnes actions, d'une manière continuelle et indéfinie; quant aux chefs du Peuple tout entier, qui sont soixante-dix, ils ont été très justement figurés par le palmier, le plus noble des arbres, le plus beau à voir, celui qui sait le mieux porter ses fruits...

Le Juif alexandrin voit figurées dans les douze sources les douze tribus, et dans les soixante-dix palmiers les soixante-dix anciens [16]. Au départ de ce développement propre à PHILON, nous pouvons soupçonner un simple rapprochement des nombres comme dans l'aggadah palestinienne [17].

---

13 Cf. A. JAUBERT, « La symbolique des Douze », 453s.

14 Sur les possibilités d'évocation du nombre soixante-dix, cf. B. M. METZGER, « Seventy or Seventy-two Disciples? », *NTS* 5 (1958-1959), 303s.

15 Trad. de R. ARNALDEZ et coll., *De Vita Mosis* (OPhUL 22), 117.

16 R. ARNALDEZ et coll., *op. cit.*, 116, n. 4, font remarquer que l'expression « les chefs du Peuple tout entier » se rapporte sans doute aux anciens; ceux-ci sont bien identifiés en *Fug.* 186 à côté d'une référence aux palmiers d'Élim. C'est à tort que H. A. WOLFSON, *Philo*, II, 350, n. 199, voyait figurés en *Mos.* I, 189 les soixante-dix membres de la maison de Jacob qui descendirent en Égypte.

17 V. NIKIPROWETZKY, *Le commentaire de l'Écriture chez Philon d'Alexandrie* (ArbLitGHelJud 11), Leiden, 1977, spéc. 177-180, montre combien les écrits de PHILON sont liés à l'exégèse synagogale.

Dans la *Mekh.* Ex 15,27, immédiatement à la suite de l'assertion d'Éléazar de Modiᶜim rapportée plus haut, le commentaire continue [18]:

> Et que signifie l'Écriture? *Ils campèrent là, au bord des eaux* (Ex 15,27)? Elle enseigne qu'ils s'appliquaient aux paroles de la Torah qui leur avaient été données à Marah.

L'auteur de ce commentaire, qui adopte l'interprétation symbolique eau - Torah mise en valeur par les *dôrshê reshûmôt*, peut être encore Éléazar de Modiᶜim qui ne dédaignait pas l'allégorie et la recherche d'allusions cachées [19]. En ce cas, il faut comprendre que, chez lui, la mise en relation des sources et des tribus était orientée vers le symbolisme du don de la Torah à Israël. Cette interprétation se différencie de l'exégèse littérale de Yehoshua b. Ḥananiah rapportée dans le même passage de la *Mekh.* Ex 15,27 [20]:

> *Ils campèrent là, au bord des eaux* (Ex 15,27). Jamais les Israélites ne campaient, si ce n'est au bord des eaux: paroles de R. Yehoshua.

Yehoshua, on s'en souvient, avait refusé l'exégèse allégorique de l'eau, d'après la *Mekh.* Ex 15,22. À propos d'Élim aussi, il s'en tient au sens littéral, tout en généralisant la notation du campement au bord de l'eau [21].

Nous avons vu aussi que Ps-J et M Nb 33,9 ajoutaient à leur traduction la mention du campement au bord des eaux: le *meturgeman* manifeste sa connaissance d'une recherche aggadique sur ces mots, sans toutefois prendre parti.

2. *Un prodige du don de l'eau*

Ni le récit biblique, ni les traditions aggadiques que nous avons considérées jusqu'ici, ne laissaient entendre qu'Élim pût être un endroit défavorisé de la nature; selon Éléazar de Modiᶜim, ce lieu avait même été, dès le moment de la création, ordonné en vue de l'accueil du peuple d'Israël. Mais le pluralisme aggadique ne va pas sans surprises: un commentaire que nous traduisons de la *Mekh. R. Shim.* 105 commence par affirmer la pauvreté naturelle du lieu:

> (L'Écriture) indique que cet endroit était pauvre en eaux plus que tout (autre) endroit, car voici qu'il y avait là douze sources et elles n'appro-

---

18 Par. en *Mekh. R. Shim.* 105.

19 Cf. BACHER, *Tannaiten,* I, 197.207. On remarquera que PHILON en *Fug.* 187 a également relevé cette notation biblique: « ... il est dit qu'ils ne campèrent pas près des arbres, mais près des eaux »; trad. d'E. STAROBINSKI-SAFRAN, *De Fuga et Inventione* (OPhUL 17), Paris, 1970, 245. Cette eau représente pour PHILON les sciences de l'instruction préliminaire.

20 Par. en *Mekh. R. Shim.* 105.

21 Yehoshua se réfère peut-être à la tradition du puits accompagnant les Israélites dans leurs déplacements. La *Mekh.* Ex 16,35 atteste qu'il connaissait cette aggadah; cf. *infra* p. 98.

visionnaient que soixante-dix palmiers. Mais lorsque les Israélites arrivèrent, soixante myriades d'hommes établirent leur camp et elles les approvisionnèrent d'eau, bien qu'ils soient restés jusqu'à trois nuits.

De la notice biblique d'Ex 15,27 sur les sources et les palmiers, l'aggadiste, assez curieusement, déduit que l'endroit était « pauvre en eaux » [22]. Il a comparé le nombre de sources et le nombre de palmiers: proportionnellement, soixante-dix fut jugé un nombre de peu d'importance. Qu'il n'y ait que soixante-dix palmiers pour douze sources, cela signifie, à ses yeux, que le débit d'eau était faible. Mais ensuite, exploitant le reste de la notice biblique sur le campement au bord des eaux, il infère qu'au grand nombre des Israélites les sources procurèrent de quoi se désaltérer copieusement [23]. Une opposition tout arbitraire est ainsi créée entre les deux éléments du donné biblique, pour aboutir à un renversement des conditions de l'eau en raison des besoins des Israélites. Cette lecture midrashique était mue, à n'en pas douter, par le désir de donner à l'épisode d'Élim un tour prodigieux, à l'imitation d'autres épisodes bibliques de l'approvisionnement en eau. Tout comme à Marah, les eaux amères avaient été rendues douces (Ex 15,22-25); tout comme dans les régions desséchées, Dieu avait, par l'intermédiaire de Moïse, fait jaillir de l'eau du rocher (Ex 17,1-7; Nb 20,1-11), ainsi l'approvisionnement en eau à Élim devait, dans une tradition aggadique, cesser d'être un événement naturel [24].

3. *Élim, un méchant lieu*

JOSÈPHE, lui, ne nous a conservé d'Élim qu'un très sombre tableau. Il écrit en *Ant.* III, 9-11 [25]:

> ... ils arrivent à Élis; de loin, cette localité avait belle apparence, car elle était plantée de palmiers, mais, quand on en fut près, on se convainquit,

---

[22] Comme le proposait GINZBERG, *Legends,* VI, 15, n. 85, nous avons choisi la leçon de la *Mekh. R. Shim.* Ex 15,27: *mqwlql* (éd. d'EPSTEIN-MELAMED, 105; id. en *MHG* Ex 15,27) ou *mqwll* (éd. de HOFFMANN, 74), « (un endroit) pauvre (en eaux) ». La leçon de la *Mekh. R. Ishm.* Ex 15,27: *mhwll* (id. *Yalq. Shim.* I, 257 à Ex 15,27), « (un endroit) apprécié (pour ses eaux) », doit être corrigée (cf. éd. de HOROVITZ-RABIN, 158, n. à la ligne 17; en sens contraire: S. RAPPAPORT, *Agada und Exegese,* 120, n. 154). Cette correction nous semble s'imposer avant tout parce que la suite de la *Mekh. R. Ishm.,* comme la *Mekh. R. Shim.,* dit des sources: *wlᵓ spqw ᵓlᵓ lšbᶜym dqlym,* « elles n'approvisionnaient que (elles ne suffisaient qu'à) soixante-dix palmiers ». La leçon fautive *mhwll* est une anticipation de ce que deviendront les sources après la venue des Israélites.

[23] Sur l'évaluation du nombre des Israélites à 600.000, cf. Ex 12,37; Nb 11,21; Si 16,10; 46,8.

[24] De plus, nous verrons dans les traditions aggadiques sur les puits des patriarches que la présence de Jacob provoquait un accroissement de l'eau des sources: TP Gn 29,22 et *MHG* Gn 29,2 (et par.) où le midrash établit, de façon subtile, que l'endroit était pauvre en eaux avant l'arrivée de Jacob, mais que la présence du patriarche provoqua un renversement de situation; cf. *infra* p. 269s.

[25] Trad. de J. WEILL, 147.

> au contraire, que c'était un méchant lieu; car ces palmiers, qui n'étaient pas plus de soixante-dix, croissaient péniblement et demeuraient tout au ras du sol, faute d'eau, tout l'endroit étant sablonneux. Même des sources qui se trouvaient là, au nombre de douze, il ne jaillissait pas assez d'eau pour les arroser; et comme rien n'en pouvait sourdre ni s'élever en l'air, elles ne donnaient que de rares filets de liquide et l'on creusait le sable sans rien rencontrer; encore le peu d'eau qu'ils parvenaient à recueillir goutte à goutte se trouvait impropre à tout usage, tant il était trouble. Et les arbres étaient trop débiles pour porter des fruits, faute d'eau pour leur donner de la vigueur et de l'élan. Aussi incriminait-on le chef et l'accablait-on d'injures ...

Comme dans l'aggadah rabbinique que nous venons de considérer, les douze sources ne produisaient que peu d'eau et les soixante-dix palmiers ne représentaient qu'un petit nombre. En outre, JOSÈPHE accentue, comme à plaisir, l'ingratitude du lieu: les arbres y sont chétifs, car l'eau, très rare et misérable, ne suffit même pas à leur croissance. La situation est telle qu'elle soumet Moïse aux huées populaires. Le récit, en effet, enchaîne à la découverte d'Élim l'insurrection que le texte biblique rapporte après le départ d'Élim (Ex 16,1ss) et qui ne s'apaisera que par le don des cailles et de la manne (*Ant.* III,25-32)[26]. À Élim même, il n'est nullement question d'un changement de conditions. Tout se passe comme si l'historien avait emprunté et développé le premier élément de la tradition aggadique, à savoir la pauvreté naturelle d'Élim, sans reprendre le second élément vers lequel l'aggadah conduisait: le renversement de situation provoqué par l'arrivée des enfants d'Israël[27].

4. *Douze sources jaillissant d'un unique rocher*

D'emblée, Élim était une opulente oasis d'après une tradition attestée dans le judaïsme hellénistique chez ÉZÉCHIEL LE TRAGIQUE. Ce poète du IIe siècle av. J.-C. avait composé un drame historique sur l'Exode intitulé *Exagōgē*[28]. Le récit de la découverte d'Élim nous en fut conservé;

---

26 Sans transition, la suite du passage cité, en *Ant.* III, 11, signale le « trentième jour de marche », ce qui constitue une référence à Ex 16,1 où il s'agit du « quinzième jour du deuxième mois » depuis la sortie d'Égypte (les Israélites étaient partis le quinze du premier mois d'après Ex 12,18); cf. J. WEILL, 147, n. 4; H. St. J. THACKERAY, *Josephus. Jewish Antiquities. Books I-IV* (The Loeb Classical Library), London, 1967, 325, n. *d*.

27 H. BLOCH, *Die Quellen des Flavius Josephus in seiner Archäologie*, Leipzig, 1879, 38, signalait le rapprochement avec la tradition rabbinique, sans tenir compte de la différence.

Le mécontentement que JOSÈPHE signale à Élim trouve un correspondant dans la tradition samaritaine en *Memar Marqah* 4, 8: « ... they grumbled in Elim, but He (= Dieu) was patient with them and made it a resting-place (*mnwḥh*) for them »; éd. de J. MACDONALD, *Memar Marqah. The Teaching of Marqah* (BZAW 84), Berlin, 1963, t. I, 100 (texte); t. II, 165 (trad.). Toutefois les conditions changent en un second temps, conformément à l'aggadah rabbinique. MACDONALD, *Memar Marqah*, I, XX, situe la rédaction de ce livre entre le IIe et le IVe siècle.

28 Cf. K. KUIPER, « Le poète juif Ézéchiel », *REJ* 46 (1903), 48-73 (texte grec, tra-

il se présente sous la forme d'un rapport que des éclaireurs viennent faire à Moïse. Nous en citons un extrait [29]:

> Là nous avons trouvé une prairie ombragée et des sources vives (ὑγράς τε λιβάδας): c'est une terre riche et grasse, qui fait jaillir douze sources d'un seul rocher (πηγὰς ἀφύσσων δώδεκ' ἐκ μιᾶς πέτρας). On y voit de nombreux troncs de palmiers, riches en fruits; il y en a soixante-dix, l'herbe y est grasse et les bêtes pourront y paître abondamment.

Cette description exploite les données bibliques dans le sens diamétralement opposé à celui qu'adoptera JOSÈPHE. Elle fait valoir le grand nombre de palmiers et ajoute leur richesse en fruits. Et l'abondance des eaux courantes est telle que tout l'endroit se couvre de verdure.

Mais l'intérêt de ce récit consiste surtout dans le télescopage des éléments de deux traditions bibliques du cycle de l'eau au désert: au motif des douze sources d'Élim s'est allié un autre motif, celui du rocher laissant couler de l'eau, de telle sorte que les douze sources désormais jaillissent du rocher [30]. Dans notre documentation sur Élim, cette assimilation des douze sources et de l'eau du rocher apparaît comme un élément caractéristique de l'*Exagōgē*, mais ce n'est pas un trait isolé. Au long de notre étude, l'examen des représentations du don de l'eau fait ressortir une tendance très nette au télescopage de divers épisodes, si bien que le trait propre à ÉZÉCHIEL apparaît comme l'expression d'une tendance exégétique de nature midrashique abondamment illustrée en Palestine. Tout spécialement, en ce qui concerne Élim, nous pourrons constater plus loin que le motif des douze sources, interprété en relation avec les tribus, sera reporté sur la tradition du puits, de sorte que les eaux s'écou-

---

duction et notes critiques); 161-177 (études). Cet article est la traduction d'une étude précédente: K. KUIPER, « De Ezechiele poeta judaeo », *Mnemosyne* 28 (1900), 237-280, mais la traduction ne fut pas faite par l'auteur. On consultera en outre E. SCHÜRER, *Geschichte des jüdischen Volkes im Zeitalter Jesu Christi,* III, 4ᵉ éd., Leipzig, 1909, 500-503; P. DALBERT, *Die Theologie der hellenistisch-jüdischen Missionsliteratur unter Ausschluss von Philo und Josephus,* Hamburg, 1954, 52-65; A.-M. DENIS, *Introduction aux Pseudépigraphes grecs d'Ancien Testament* (StVTPseud 1), Leiden, 1970, 273-277; J. H. CHARLESWORTH, *The Pseudepigrapha and Modern Research,* 110s. Nous ne possédons plus que des fragments de l'*Exagōgē*, 269 vers, transmis surtout par Eusèbe de Césarée à la suite d'Alexandre Polyhistor. Étant donné qu'ÉZÉCHIEL, d'une part, connaissait la LXX et, d'autre part, est antérieur au Polyhistor (80-40 av. J.-C.) qui l'a repris dans sa compilation, on peut le situer au IIᵉ siècle av. J.-C., peut-être même vers 200 (A.-M. DENIS, *Introduction,* 276). Était-ce un Samaritain, comme l'a défendu K. KUIPER, *REJ* 46 (1903), 174-177? Plus souvent on voit en lui un Juif d'Alexandrie. B. Z. WACHOLDER, *Eupolemus. A Study of Judaeo-Greek Literature,* Cincinnati, 1974, 286, tout en admettant qu'ÉZÉCHIEL écrivait à Alexandrie, a proposé qu'il fût né à Jérusalem. WACHOLDER fait valoir la forme hébraïque du nom du poète à une époque où les Juifs d'Alexandrie portaient généralement des noms grecs; il souligne aussi « the poet's unusual expertise in Jewish lore ».

[29] EUSÈBE, *Praep. Ev.* IX, 29, 16 (GCS, *Eusebius,* VIII/1, 537). Nous présentons la trad. donnée dans l'art. de K. KUIPER, *REJ* 46 (1903), 71 et 73. Si l'on adopte un système de numérotation qui met bout à bout les divers fragments de l'*Exagōgē* d'après la séquence biblique, les vers cités vont de 248 à 253.

[30] La LXX traduit par πέτρα les termes hébreux *ṣûr* (Ex 17,6) et *selaᶜ* (Nb 20,11).

lant du puits seront réparties en douze cours d'eau se dirigeant vers les tribus, comme le laisse entendre la *Tos. Suk.* 3,11 et comme le représente une fresque de la synagoque de Doura-Europos au IIIe siècle ap. J.-C.[31].

---

31 R. DE VAUX, *RB* 49 (1940), 140 (recension du livre de R. DU MESNIL DU BUISSON, *Les peintures*); C. H. KRAELING, *The Excavations. The Synagogue*, 118-125; C.-O. NORDSTRÖM, « The Water Miracles », 101. 105-107; LE DÉAUT, *Targum du Pent.*, I, 56 et n. 2. Notons, contrairement à l'expression un peu forcée d'A. JAUBERT, « La symbolique des Douze », 454, qu'ÉZÉCHIEL ne parle pas de « douze fleuves, un pour chaque tribu ».

Depuis longtemps, Z. FRANKEL, *Über den Einfluss der palästinischen Exegese auf die alexandrinische Hermeneutik*, Leipzig, 1851, 117-119, avait recherché dans l'*Exagōgē* des traits du fonds midrashique commun. Il avait relevé qu'ÉZÉCHIEL, aux vv. 162-166, fait de la spoliation infligée aux Égyptiens (cf. Ex 12,35s.) une forme de rétribution des Israélites et qu'un semblable souci de justification se retrouve en *Sanh.* 91*a* (cf. aussi Ps-J et N Ex 12,36; LE DÉAUT, *Targum du Pent.*, II, 92s., n. 30). Aux vv. 167-171, les sept jours des Azymes correspondent aux sept jours de marche des Israélites après le départ d'Égypte; or, l'Écriture ne connaît pas ce parcours de sept jours, mais l'aggadah en *Ex R.* 19,7 à Ex 13,1ss (et non la *Mekh.* Ex 14,1 comme l'indique Z FRANKEL, *op. cit.*, 117) considère pareillement que le précepte des sept jours des Pains azymes (Ex 13,7) correspond aux sept jours qui s'écoulèrent de la libération à la division de la mer. P. DALBERT, *Die Theologie*, 62, a noté que, d'après les vv. 132-134, le bâton de Moïse le rend capable de déchaîner tous les maux, ce qui dépassait le récit biblique; or, nous verrons dans l'aggadah (*Mekh.* Ex 17,5; *Ex R.* 26,2; cf. *infra* p. 71-74) que ce bâton était considéré comme « un instrument de châtiment » par excellence. LE DÉAUT, *Targum du Pent.*, II, 29, n. 3, a fait remarquer l'analogie entre la description que fait ÉZÉCHIEL du buisson ardent dont les rameaux restent « tout verdoyants » (v. 93; K. KUIPER, « Le poète juif Ézéchiel », 59s.) et la tradition attestée par le targum 440 Ex 3,2s. selon lequel le buisson embrasé par le feu « restait verdoyant ». D'après l'*Exagōgē* (v. 21), à la différence du TM et de la LXX Ex 2,5, c'est la fille de Pharaon elle-même qui saisit le petit Moïse sur le Nil; cette représentation correspond à une tradition exégétique palestinienne attestée notamment en Ps-J et O Ex 2,5, comme l'a signalé G. VERMES, « Bible and Midrash: Early Old Testament Exegesis », dans *The Cambridge History of the Bible*, I, *ed.* P. R. ACKROYD, C. F. EVANS, Cambridge, 1970, 230s.; d'autres attestations de cette aggadah dans A. ROSMARIN, *Moses*, 51, n. 170; LE DÉAUT, *Targum du Pent.*, II, 20s.

CHAPITRE III

Le prodige de l'eau jaillissant du rocher

Dans une première section, nous étudierons les traditions targumiques et midrashiques sur l'épisode d'Ex 17,1-7, spécialement ce qui concerne le nom de Rephidim, l'intercession de Moïse et les préparatifs du prodige. L'expression du jaillissement de l'eau sera reprise dans une seconde section où nous recenserons les amplifications du prodige dans la tradition biblique d'A.T. de rédaction postérieure à Ex 17,6 et dans l'aggadah juive.

SECTION I. L'ÉPISODE DE REPHIDIM

Le récit biblique d'Ex 17,1-7, en majeure partie yahviste [1], est introduit par une notice sacerdotale d'itinéraire (v. 1*ab*α) situant à Rephidim l'épisode qui, d'après le v. 7, avait fait donner à l'endroit le nom de Meribah ou Massah et Meribah [2]. C'est, semble-t-il, un glossateur qui, au v. 6, a ajouté une autre identification du lieu: le rocher du prodige était « à Horeb ». La localisation du manque d'eau à Rephidim fut reprise en Nb 33, 14 dans le résumé sacerdotal des étapes parcourues. Quant au doublet sacerdotal du récit de Meribah (Nb 20,2-13), il reçut, de façon secondaire, une détermination le situant à Qadès (Nb 20,1) [3].

Le récit lui-même du prodige est modelé sur un schéma de litige qui aboutit à une intervention prodigieuse de YHWH moyennant l'intercession de Moïse.

I. Présentation des traditions targumiques

1. *Ps-J Ex 17,1 et Nb 33,14. Rephidim et le relâchement des mains*

Alors que N et O en ces versets sont peu paraphrastiques, Ps-J a greffé sur le nom de Rephidim une intéressante explicitation aggadique.

---

[1] D'après M. NOTH, *Exodus*, 111, argumentant surtout à partir de la répétition que constitue le v. 3, il s'agirait d'une combinaison d'un récit yahviste et d'un récit élohiste. G. W. COATS, *Rebellion*, 54s., considère que le problème doit être étudié au stade de la tradition orale.

[2] Le nom simple de Meribah semble primitif (comme en Nb 20,13); cf. R. DE VAUX, *Histoire ancienne d'Israël*, I, 394 et 494; B. S. CHILDS, *Exodus*, 306.

[3] Cf. M. NOTH, *Numeri*, 127s.; R. DE VAUX, *op. cit.*, 394.

Texte du Ps-J Ex 17,1

ונטלו כל כנישתא דבני ישראל ממדברא דסין למטלניהון
על מימרא דייי ושרו ברפידים
| אתרא דבטילו אידיהון
| ממצוותא דאורייתא
| ואתיבשו מבועיא
ולא הוה מוי למישתי עמא :

Texte du Ps-J Nb 33,14

ונטלו מאתר תקיף ושרון ברפידים
| ומטול דרפון ידיהון
| מפיתגמי אורייתא
לא הווה תמן מוי למישתי לעמא :

Variantes mineures

L'*ed. pr.* Ex 17,1 a *knštʾ* et *lmšty lʿmʾ*; en Nb 33,14, elle a les variantes orthographiques *drpyn, mptgmy, hwh, lmšty.*

Traductions

Ex 17,1

Toute la communauté des enfants d'Israël partit du désert de Sin, suivant leurs déplacements d'après *la Parole de* YHWH. Ils campèrent à Rephidim, *endroit où leurs mains négligèrent les commandements de la Loi; si bien que les sources tarirent,* et il n'y avait pas d'eau à boire pour le peuple.

Nb 33,14

Ils partirent de *la place forte* et campèrent à Rephidim; et, *parce que leurs mains s'étaient relâchées des paroles de la Loi,* il n'y avait pas là d'eau à boire pour le peuple.

Observations

Rephidim, nous dit Ps-J Ex 17,1, était « l'endroit où leurs mains négligèrent les commandements de la Loi ». L'herméneutique qui préside à cette aggadah se laisse plus facilement discerner dans la paraphrase parallèle en Ps-J Nb 33,14: « parce que leurs mains s'étaient relâchées des paroles de la Loi ». Dans le nom de Rephidim, on a lu une forme du verbe *rph,* « se relâcher », et le substantif *ydym,* « les mains ». Cette analyse que nous retrouverons dans le midrash rabbinique relève du procédé herméneutique appelé *noṭariqon*; la méthode consiste à diviser un mot en divers éléments qui seront considérés comme les abréviations d'autres mots [4]. L'interprétation de Rephidim en *noṭariqon* voulait abou-

---

[4] La dénomination de cette méthode provient du latin *notarius,* « sténographe ».

tir à une expression biblique souvent employée: l'image des mains qui se relâchent est signe de découragement ou de manque d'ardeur [5]. Il nous est ici en outre précisé qu'il s'agit d'un relâchement moral. La formulation du Ps-J Ex 17,1 a adopté un verbe plus banal: *bṭylw*, « négligèrent », mais conserve la mention des mains comme un vestige de la formulation originale [6]; on notera la forme typiquement palestinienne *ʾydyhwn* développant un *aleph* devant le substantif *yd*, « la main » [7].

Au nom de Rephidim le texte biblique d'Ex 17,1 et de Nb 33,14 attachait le souvenir d'un manque d'eau. Ps-J en ces deux passages établit un lien entre le manque d'eau et la signification aggadique attribuée à ce nom: le relâchement dans la pratique des commandements a causé la pénurie d'eau. Ce lien de cause à effet est marqué en Ps-J Nb 33,14 par la conjonction *wmṭwl d*, « et parce que »; en Ps-J Ex 17,1 il est concrètement illustré par le tarissement des sources. La conception targumique selon laquelle l'abandon de la Loi entraîne une disette d'eau suppose connu le symbolisme eau - Torah affirmé par les *dorshê reshûmôt* à propos d'Ex 15,22.

2. *Les targums à Ex 17,2-6. L'intercession de Moïse et les préparatifs du prodige*

Les targums aux vv. 2 et 3 suivent de près le texte biblique. Au v. 2, le TP, représenté par Ps-J et N, fait adresser à Moïse seul la demande « *donne*-nous (*hb ln*) de l'eau », à la différence du TM édité par la *BHS*. La leçon au singulier, qui se retrouve également en *Sam.*, LXX, *Pesh.* et *Vulg.*, représente une ancienne tradition textuelle attestée aussi parmi les témoins du TM et de O [8]. Ps-J au v. 2 spécifie que ce sont « *les impies* du peuple » qui se querellèrent avec Moïse. Cette précision, destinée à excuser le peuple pris dans son ensemble, prolonge une tendance déjà attestée dans la tradition biblique en Nb 11,4 à propos des récriminations concernant la manne: « Un ramassis de gens qui se trouvait dans son sein (= du peuple) furent en proie à la convoitise et même les fils d'Israël se remirent à pleurer » [9].

On fait comme si l'interprétation avait été écrite en abrégé. Cf. BACHER, *Terminologie*, I, 125-127; H. STRACK, *Introduction*, 97 et 295s.; J. BONSIRVEN, *Exégèse rabbinique*, 137s.; S. LIEBERMAN, *Hellenism*, 69s.; J. LUZARRAGA, « Principios hermenéuticos », 191; R. LE DÉAUT, *Targum du Pent.*, IV: *Deutéronome. Bibliographie générale, glossaire et index* (SC 271), Paris, 1980, 325. Sur le *noṭariqon* à Qumrân, cf. W. H. BROWNLEE, « Biblical Interpretation among the Sectaries of the Dead Sea Scrolls », *BibArch* 14 (1951), 69. Sur l'interprétation de Rephidim en *noṭariqon*, cf. BACHER, *Tannaiten*, I, 145.

5 Cf. par ex. Jr 6,24; 38,4; 50,43; Ez 21,12 à propos du découragement; en 2 endroits: Ne 6,9 et 2 Ch 15,7, il s'agit d'un manque d'ardeur.

6 Cf. Ps-J Ex 15,22 où nous avons le participe *bṭylyn* seul.

7 Cf. G. DALMAN, *Grammatik*, 100.

8 Cf. les apparats critiques de la *BHS* et d'A. SPERBER, *The Bible in Aramaic*, I, 117.

9 PHILON, *Mos.* I, 183, évite également d'attribuer à tout le peuple les récrimina-

Synopse des recensions aux vv. 4-6

v. 4

TM	ויצעק	משה	אל	יהוה	לאמר	מה	אעשה	לעם	הזה
Ps-J	וצלי	משה	קדם	ייי	למימר	מה	אעבד	לעמא	הדין
N	וצלי	משה	קדם	ייי	למימר	מה	אעבד	לעמא	הדין
M								לעמ(א)	האליין
O	וצלי	משה	קדם	ייי	למימר	מא	אעביד	לעמא	הדין

TM	עוד	מעט				וסקלני		:
Ps-J	תוב	קליל	זעיר		והינון	רגמין	יתי	:
N	עוד	קליל				ורגמן	יתי	:
M	הא	קליל	[צ]עיר		והינון	רגמין	ית⟨י⟩	
O	עוד		זעיר	פון		ורגמוני		:

v. 5

TM	ויאמר		יהוה	אל	משה	עבר	לפני	העם	וקח
Ps-J	ואמר		ייי		למשה	עיבר	קדם	עמא	ודבר
N	ואמר		ייי		למשה	עבר	לפני	עמא	וסב
M		מימרי(ה)							
O	ואמר		ייי		למשה	עיבר	קדם	עמא	וסב

TM	אתך		מזקני	ישראל	ומטך	אשר	הכית	בו
Ps-J	עמך		מסבי	ישראל	וחוטרך		דמחית	ביה
N	עמך	מן	חכימייא	דישראל	וחטרא	די	מחית	בה
M			סבייא					
O	עימך		מסבי	ישראל	וחוטרך		דמחיתא	ביה

TM	את	היאר	קח	בידך	והלכת		:
Ps-J	ית	נהרא	דבר	בידך	ואיזל	לך מן קדם תרעמתהון	:
N	ית	נהרא	תיסב	בידך	ותיזל		:
O	ית	נהרא	סב	בידך	ותיזיל		:

v. 6

TM	הנני		עמד		לפניך	שם	
Ps-J	האנא		קאים		קדמך	תמן	באתרא דתיחמי רושם ריגלא
N	הא	ממרי	קיים	מתע⟨תד⟩			
M				מעתד	קודמיך		
O	האנא		קאים		קדמך	תמן	

---

tions suscitées par la déception devant les eaux amères de Marah. Et cf. Sg 11,4 où les Israélites invoquent Dieu.

TM	על	הצור	בחרב	והכית		בצור		ויצאו	ממנו	מים
Ps-J	על	טינרא	בחורב	ותימחי	ביה	בטינר	חוטרך	ויפקון	מיניה	מוי
N	על	טינרא	בחרב	ותמחי		בטינרא		ונפקון	מינה	מייא
O	על	טינרא	בחורב	ותמחי		בטינרא		ויפקון	מניה	מיא

TM		ושתה	העם	ויעש	כן	משה	לעיני	זקני	ישראל :
Ps-J	למישתי	וישתון	עמא	ועבד	היכדין	משה	קדם	סבי	ישראל :
N		וישתון	עמא	ועבד	כדון	משה	לעיני	חכימיא	דישראל :
O		וישתי	עמא	ועבד	כין	משה	לעיני	סבי	ישראל :

Variantes mineures et corrections textuelles

Au v. 4, nous avons complété en M la forme *lʿm* en *lʿmʾ*. Dans le même targum, il faut sans doute corriger en *zʿyr* la leçon *ṣʿyr* et nous avons corrigé *ytyh* en *yty* [10]. Au v. 5, Ps-J *ed. pr.* a la leçon *twrʿmthwn.* Au v. 6, Ps-J *ed. pr.* a les variantes orthographiques *dtḥmy* et *mnyh*; l'expression *ʿl ṭynrʾ* y fait défaut. En N, la forme *mtʿdt* du texte a été corrigée en *mtʿtd* [11].

Traductions

v. 4

Ps-J Et Moïse *pria devant* YHWH, en disant: « Que ferai-je pour ce peuple? Encore un *petit* peu et ils me lapideraient! »

N Et Moïse *pria devant* YHWH, en disant: « Que ferai-je pour ce peuple? Encore un peu et ils me lapideraient! »

M « ... pour ce peuple? Un *petit* peu et ils me lapideraient! »

O Et Moïse *pria devant* YHWH, en disant: « Que ferai-je pour ce peuple? Encore un peu et ils me lapideraient! »

v. 5

Ps-J YHWH dit à Moïse: « Passe devant le peuple et emmène avec toi quelques-uns des anciens d'Israël. Tu saisiras dans ta main ton bâton avec lequel tu as frappé le fleuve et va, *à cause de leurs murmures.*

N YHWH dit à Moïse: « Passe devant le peuple et prends avec toi quelques-uns des *sages* d'Israël. Tu prendras dans ta main le bâton avec lequel tu as frappé le fleuve et va!

M *La Parole de* (YHWH) ... anciens ...

v. 6

Ps-J Voici que moi je me tiendrai là, devant toi, *à l'endroit où tu verras une trace de pas* sur le rocher, à Horeb; tu *le* frapperas *avec le*

[10] Cf. l'éd. de DÍEZ MACHO, *Neophyti 1,* II, 111.
[11] Éd. de DÍEZ MACHO, II, 113.

saphir de ton bâton, il en sortira de l'eau *pour boire* et le peuple boira. » Ainsi fit Moïse, *devant* les anciens d'Israël.

N Voici que *ma Parole* se tiendra *postée* sur le rocher, à Horeb; tu frapperas le rocher, de l'eau en sortira et le peuple boira. » Ainsi fit Moïse, aux yeux des *sages* d'Israël.

M ... *postée* devant toi ...

Observations

Au v. 4, le TP et O interprètent par le verbe *ṣly,* « prier », le cri de Moïse vers YHWH. L'expression renforcée du Ps-J *qlyl zᶜyr,* « un petit peu », insiste sur le péril que court Moïse.

En finale du v. 5, Ps-J comporte un ajout en relation avec les murmures du peuple. L'allusion, trop brève dans le targum, ne prendra tout son sens que si elle est replacée dans un contexte midrashique plus large.

Au v. 6, Ps-J contient deux ajouts caractéristiques. Le premier explicite l'adverbe *tmn,* « là », qui détermine l'endroit du rocher où se tient YHWH: « à l'endroit où tu verras une trace de pas ». Le second ajout stipule que Moïse devra frapper le rocher « avec la pierre de son bâton ». Bien que la portée de cette précision ne soit pas immédiatement évidente, on peut reconnaître un jeu de mots sur une double signification du terme *ṭynrᵓ*. Ce substantif est employé dans toutes les recensions pour traduire l'hébreu *ṣûr,* « rocher », et Ps-J le reprend au sens de « pierre ».

II. Situation des traditions targumiques dans l'ensemble de l'approche midrashique de l'épisode [12]

1. *Rephidim: un nom de lieu ou le signe d'un état d'âme?*

La *Mekh.* Ex 17,1 et la *Mekh. R. Shim.* Ex 17,8 ont recueilli un commentaire qui éclaire l'interprétation de Rephidim que nous avons décelée en Ps-J Ex 17,1 et Nb 33,14:

Mekh. Ex 17,1	*Mekh. R. Shim.* 120 à Ex 17,8
Toute la communauté des enfants d'Israël partit du désert de Sin (... et ils campèrent à Rephidim) (Ex 17,1).	
	Les *dôrshê reshûmôt* disent: *rpydym* ne signifie pas autre chose que le relâchement des mains (*rypywn ydyym*).
Parce que les Israélites s'étaient écartés (*pršw*)	Parce que les Israélites avaient relâché leurs mains (*rypw ydyhm*) dans la pratique des paroles

[12] Les dossiers de références aux par. aggadiques ont été établis par GINZBERG, *Legends*, III, 50-52 et 60s.; VI, 20s., n. 119-122; 25, n. 145; M. M. KASHER, *Torah Shelemah*, XIV, 242-248; E. B. LEVINE, « Parallels to Exodus of Pseudo-Jonathan and Neophyti 1 », dans A. DÍEZ MACHO, *Neophyti 1*, III, 447-449.

de la Torah, voilà pourquoi l'ennemi vint sur eux, car l'ennemi ne vient qu'à cause du péché et de la transgression.	de la Torah, voilà pourquoi l'ennemi vint sur eux, car l'ennemi ne vient qu'à cause du péché et de la transgression[13].

Comme Ps-J Nb 33,14, la *Mekh. R. Shim.* Ex 17,8 prend soin de laisser apparaître le *noṭariqon* qui rendait légitime le passage du texte biblique à cette interprétation, tandis que la *Mekh.* Ex 17,1 a retraduit l'expression. La mise en relation avec la venue de l'ennemi indique que le commentaire a son point d'attache dans la mention de Rephidim non pas en Ex 17,1, mais en Ex 17,8 quand Amalec vint combattre Israël; c'est d'ailleurs à ce verset que la *Mekh. R. Shim.* a rattaché la sentence. Un principe théologique établissait qu'un malheur ou une attaque ennemie venait sanctionner une infidélité à la Loi[14]. Les *dôrshê reshûmôt,* à qui la *Mekh. R. Shim.* attribue le commentaire, se firent fort, grâce à la technique du *noṭariqon,* de trouver dans le texte biblique même d'Ex 17,8 une illustration de cette doctrine: l'incursion d'Amalec se produisait à cause d'un « relâchement des mains » dans la pratique de la Torah[15]. Rephidim devenait un *rāšûm,* le signe de la situation morale des Israélites.

Les exégèses des *dôrshê reshûmôt* que nous avons rencontrées jusqu'ici se réclamaient d'un précédent dans l'Écriture: l'eau de Marah renvoyait à Is 55,1 où l'on considérait que la parole divine était déjà symbolisée par l'eau; l'arbre (de vie) d'Ex 15,25 renvoyait à la Torah par référence à Pr 3,18. Si Rephidim est un signe, à quelle donnée biblique fait-il allusion[16]? Il nous semble que le relâchement des mains imputé aux Israélites fait référence au texte biblique d'Ex 17,11s. où la position des mains de Moïse décidait de l'issue du combat contre Amalec: ses mains levées entraînaient la victoire. Cette attitude avait dans la tradition une signification religieuse: c'était un geste de prière en faveur d'Israël ou

---

13 Le commentaire continue par une autre illustration de ce principe selon lequel l'ennemi ne vient qu'à cause du péché: l'abandon de la Torah par Roboam (2 Ch 12,1; 1 R 14,24) fut sanctionné par la venue de Shishaq, roi d'Égypte (1 R 14,25).

14 Le Déaut, *Targum du Pent.*, I, 94, n. 10. Cette doctrine est présente aussi chez Josèphe: cf. H.W. Attridge, *The Interpretation of Biblical History,* 84-86 et spéc. 86, n. 1. C'est ainsi que l'historien juif, en *Ant.* VIII, 251-253, exploite 2 Ch 12,1ss pour montrer le lien entre péché et invasion ennemie (sur ce texte biblique, cf. n. précédente).

15 L'interprétation est anonyme, rattachée seulement à des *ʾḥrym,* dans la *Mekh. R. Ishm.* Ex 17,8 et *Tanḥ. Beshallaḥ* 25. Notons que, d'après J. Koenig, *Bib* 52 (1971), 579s. (recension du livre de V. Fritz, *Israel in der Wüste*), le récit biblique lui-même exploiterait les « associations verbales évoquées par le toponyme », en ce sens qu'Israël fut attaqué à un endroit où le recours au rite guerrier de l'extension des bras était réputé impossible parce que là « les mains faiblissaient ».

16 Selon J.Z. Lauterbach, « The Ancient Jewish Allegorists », 313, on est ici en présence d'une interprétation qui ne peut se réclamer d'un précédent dans l'Écriture et qui constitue une étape ultérieure dans le développement de cette méthode allégorique.

bien une invitation à se tourner vers Dieu pour obtenir la victoire[17]. Il n'est pas facile de déterminer quelle signification précise les *dôrshê reshûmôt* attribuaient au geste de Moïse élevant ses mains, mais nous présumons que c'est par contraste avec cette attitude du chef qu'ils ont décelé dans le nom de Rephidim une situation morale de relâchement des mains qui s'était emparée des Israélites et avait provoqué l'attaque ennemie[18].

Leur exégèse symbolique allait être contestée. Éliézer b. Hyrqanos (au début du IIe siècle) repoussait le sens figuré du mot[19]; Yehoshua (b. Ḥananiah), lui, l'admettait. L'opposition des deux interprétations est particulièrement nette en *Sanh.* 106*a*:

> Que signifie *rpydym*? R. Éliézer dit: Rephidim était son nom. R. Yehoshua dit: C'est qu'ils se relâchèrent (*rypw* ᶜ*ṣmn*) (de pratiquer) les paroles de la Torah, comme il est dit: *Les pères ne se tournent plus vers leurs fils, par relâchement des mains* (Jr 47,3).

Cette fois, Yehoshua se fait le défenseur de l'interprétation que nous avons vue attribuée aux *dôrshê reshûmôt.* Son interprétation, telle qu'elle est ici transmise[20], se réclame de la citation de Jr 47,3, mais il est clair que l'argumentation est adventice: il fallait déjà connaître l'analyse de

---

17 D'après tout le TP (Ps-J, N, M, 110, 440, Nur) Ex 17,11-12, les mains de Moïse sont levées *bṣlw*, « *en prière* » (cf. aussi O Ex 17,12). Ps-J Ex 17,12 a la formule remarquable: « *dans la foi, la prière et le jeûne* ». Pour PHILON aussi, en *Mos.* I, 216, le chef se livre à une supplication. Mais dans la *Mekh.* Ex 17,11-12, on ne trouve pas mention d'une prière d'intercession de Moïse pour le peuple: le geste des mains de Moïse devient comme un signal qui lui a été ordonné par Dieu et qui doit inviter le peuple à se tourner vers Dieu pour obtenir la victoire. Nous traduisons la *Mekh.* Ex 17,11 (par. en *M. R.H.* 3, 8): « Étaient-ce les mains de Moïse qui donnaient la victoire à Israël ou ses mains qui brisaient Amalec? Non, chaque fois que Moïse élevait ses mains vers le haut, les Israélites l'observaient et croyaient en celui qui avait ordonné à Moïse de faire ainsi et le Saint, béni soit-il, faisait pour eux des signes et des actions d'éclat. » Concernant l'interprétation rabbinique d'Ex 17,11, cf. H. MANESCHG, *Die Erzählung von der ehernen Schlange (Num 21, 4-9) in der Auslegung der frühen jüdischen Literatur. Eine traditionsgeschichtliche Studie* (Europäische Hochschulschriften 23/157), Frankfurt a. M.-Bern, 1981, spéc. 215-248. À propos d'hésitations relatives à la doctrine de l'intercession, cf. R. LE DÉAUT, « Aspects de l'intercession dans le judaïsme ancien », *JSJ* 1 (1970), 51-55.

18 On pourra comparer notre essai de reconstitution avec la paraphrase du targum M Gn 27,22, lorsque Jacob va recevoir la bénédiction à la place d'Ésaü: « *Quand* la voix de Jacob *se fera entendre dans la prière, Ésaü ne pourra pas lui nuire. Mais quand il se relâchera* (*mtršl*) *en ce qui concerne les paroles de la Loi,* les mains d'Ésaü *le domineront.* » Les targums traduisent habituellement par le verbe *ršl* au *ithpaal* l'hébreu *rph* dans l'expression biblique des mains qui se relâchent. La paraphrase targumique met ici en contraste la prière de Jacob (et de son peuple) et son relâchement dans la pratique de la Loi: les deux attitudes conditionnent sa relation avec Ésaü. On sait que celui-ci est l'ancêtre d'Amalec et il est fort vraisemblable que le targumiste a transposé à l'origine des deux peuples une interprétation tirée d'Ex 17,8.

19 Cf. *Mekh. R. Shim.* 119s.; *Bek.* 5*b*; *Sanh.* 106*a*. En *Mekh.* Ex 17,8, il faut corriger le nom d'Éléazar en Éliézer; cf. BACHER, *Tannaiten*, I, 145 et n. 7.

20 Une fois de plus nous remarquons la tendance à donner à l'expression une facture plus ordinaire: « se relâcher » au lieu de « relâcher ses mains ».

Rephidim en *noṭariqon* pour pouvoir rapprocher l'expression de celle de Jr 47,3.

Nous pouvons voir également dans la *Mekh.* Ex 17,8 que Yehoshua se rattachait à la tradition des *dôrshê reshûmôt* à propos de Rephidim[21]:

> *Alors vint Amalec* (*et il combattit contre Israël à Rephidim*) (Ex 17,8). R. Yehoshua et R. Éléazar Ḥisma dit (*sic*): Ce passage de l'Écriture est ici un signe (*ršwm*)
>
> > et il s'explique (*wmpwrš*) en référence à *Job*, comme il est dit: *Le papyrus pousse-t-il sans marais? Le jonc croît-il sans eaux?* (Jb 8,11). Serait-il possible que le papyrus pousse sans marais et sans eaux? Le jonc croît-il sans eaux? Serait-il possible que le jonc subsiste sans eaux? De même il n'est pas possible qu'Israël (subsiste) sans (la) Torah.
>
> [Et] parce qu'ils s'étaient écartés (*pršw*) des paroles de la Torah, voilà pourquoi l'ennemi vint sur eux, car l'ennemi ne vient qu'à cause du péché et de la transgression.

Ce texte est composite; deux traditions y sont mêlées et nous avons disposé en retrait celle qui fut intercalée[22]. On reconnaît, d'une part, l'exégèse de Yehoshua que nous avons rencontrée en *Sanh.* 106*a* et qui correspond à celle des *dôrshê reshûmôt.* Elle est explicitement introduite par le terme *ršwm* qui fait référence à la méthode exégétique employée. D'autre part, dans cette interprétation fut introduit un commentaire, d'ailleurs surchargé, visant à illustrer par référence à Jb 8,11 la nécessité vitale pour Israël de pratiquer la Torah, tout comme le jonc a besoin d'eau. Ce commentaire s'inspire d'une tradition ancienne, émanant aussi des *dôrshê reshûmôt* à propos d'Ex 15,22 et considérant l'eau comme un symbole de la Torah. Dans le contexte qui traite de l'interprétation de Yehoshua, il s'agit évidemment d'une insertion secondaire, car cet aggadiste n'admettait pas le symbolisme eau - Torah[23].

Nous avons vu que l'interprétation symbolique de Rephidim se rattachait au texte biblique d'Ex 17,8ss. C'est de façon secondaire qu'elle fut étendue à la mention du même terme en Ex 17,1. Dans les commentaires midrashiques, cette extension s'explique sans doute par le fait qu'on

---

[21] Par. en *Mekh. R. Shim.* 118s., mais avec attribution à R. Yosiah et R. Éléazar Ḥisma. Il faut restituer le nom de Yehoshua, le maître d'Éléazar Ḥisma (cf. BACHER, *Tannaiten,* I, 368).

[22] Nous sommes en partie tributaire de l'analyse de J. Z. LAUTERBACH, « The Ancient Jewish Allegorists », 314s. Nous avons placé entre crochets la conjonction *waw,* « et », à l'endroit du raccord. Elle doit être secondaire; elle manque d'ailleurs dans la *Mekh. R. Shim.* 119.

[23] Or, c'était à partir de ce passage de la *Mekh.* Ex 17,8, sans avoir distingué son caractère composite, que BACHER, *Terminologie,* I, 183, faisait de *ršwm* un synonyme de *stwm,* « obscur », parce que ce second terme est souvent suivi de son contraire *mpwrš,* « expliqué ». Il est vrai que le par. en *Yalq. Shim.* I, 262 à Ex 17,8 substitue *stwm* à *ršwm,* mais ce n'est là qu'une tentative d'harmonisation et d'explication d'une expression que sans doute on ne comprenait plus (cf. J. Z. LAUTERBACH, *art. cit.,* 299).

chercha à déterminer le moment où Israël avait commis l'infidélité du relâchement des mains: le midrash, selon le procédé de la *pārāšāh s^emûkāh*[24], découvrit la faute dans la « section voisine », l'épisode de la Tentation et de la Querelle (Massah et Meribah) d'Ex 17,7[25].

Retour au targum Ps-J Ex 17,1 et Nb 33,14

En Ps-J Ex 17,1 et Nb 33,14, la signification de Rephidim est détachée du contexte primitif dans lequel les *dôrshê reshûmôt* l'avaient formulée: le relâchement à l'égard de la Torah y est présenté non plus comme la cause de l'attaque amalécite, mais, conformément au symbolisme eau - Torah, comme la cause du manque d'eau subi en Ex 17,1-7. La présentation targumique diffère aussi des commentaires midrashiques qui découvrent dans l'épisode de la Tentation et de la Querelle (Ex 17,7) le moment où les mains se relâchèrent: dans le targum l'infidélité provoque le manque d'eau à la suite duquel les Israélites tenteront Dieu. Comme déjà à propos d'Ex 15,22, Ps-J Ex 17,1 et Nb 33,14 allie sens symbolique et sens littéral de l'eau: le manque d'eau au sens littéral s'explique par un manque d'eau au sens symbolique, c'est-à-dire par une négligence à l'égard de la Loi. La conception que le targumiste se fait de Rephidim concilie également, avec bon sens, exégèse littérale et exégèse symbolique: Rephidim reste un endroit, l'endroit où les Israélites relâchèrent leurs mains[26].

2. *L'intercession de Moïse*

Dans l'épisode de Marah comme dans celui de l'eau à Rephidim, tout le TP et O Ex 15,25 et 17,4 voient une prière dans le recours que Moïse fait à Dieu. Cette brève notation reste pour nous ambiguë: dans un contexte où le peuple murmure contre lui, Moïse prie-t-il pour lui-

---

24 Sur ce procédé, cf. *supra* p. 18, n. 26.

25 C'est ainsi que la *Mekh. R. Shim.* 119 veut expliquer: « ... parce que les Israélites s'étaient écartés des paroles de la Torah pendant trois jours, voilà pourquoi l'ennemi vint sur eux, car l'ennemi ne vient qu'à cause du péché et de la transgression, comme il est dit: *à cause de la querelle des enfants d'Israël*, etc. (Ex 17,7) ». Le péché est ici non seulement celui d'Ex 17,7, mais encore, de façon allusive, une négligence de trois jours qui fait référence à Ex 15,22 (cf. Ps-J et *Mekh.* Ex 15,22). En *Tanḥ.* B. II, 70 et en *PRK* 3, 1, le relâchement des mains est également mis en relation avec Ex 17,7 (interprétation anonyme); cf. aussi, sans mention du relâchement des mains, *Ex R.* 26, 2; *PR* 13, 55*ab*; *PRE* 44. Notons encore que l'interprétation des *dôrshê reshûmôt* à Ex 17,8 a rejailli sur la compréhension de Dt 25,18 où était mentionnée également l'attaque amalécite. Une exégèse attribuée à des *ʾḥrym* dans la *Mekh.* Ex 17,1 explique ainsi l'expression de Dt 25, 18: « Il n'a pas craint Dieu » (ce qui dans le texte biblique s'applique à Amalec): « C'est Israël, car les préceptes n'étaient pas dans leurs mains ». Ce transfert a été facilité non seulement par un contexte commun d'attaque amalécite, mais encore parce que Dt 25,18 disait d'Israël qu'il était alors « exténué » (*wygᶜ*), un terme qui en 2 S 17,2 est coordonné à l'expression des mains relâchées.

26 Ps-J Ex 12,37 concilie également le sens littéral du nom de lieu Soukkot et le sens symbolique de « nuées de gloire » défendu par Aqiba (cf. *Mekh.* Ex 12,37).

même, afin d'échapper au soulèvement populaire, ou bien intercède-t-il pour que le peuple obtienne le secours nécessaire [27]?

À propos de Marah, l'aggadah rabbinique a reconnu dans le cri de Moïse une prière en faveur du peuple, comme en témoigne la *Mekh.* Ex 15,25 [28]:

> *Et il cria vers YHWH et YHWH lui indiqua un bois* (Ex 15,25). De ceci (il apparaît) que les justes sont prompts à implorer (*ʾyn qšyn lqbl*) [29].

Mais l'appel de Moïse lors du manque d'eau à Rephidim reçoit dans la *Mekh.* Ex 17,4 deux interprétations différentes [30]. Une première fois, le midrash en fait une intercession pour le peuple:

> *Et Moïse cria vers YHWH* (Ex 17,4). Ceci nous fait connaître la supériorité (*šbḥ*) de Moïse, car Moïse ne dit pas: « Puisqu'ils se querellent avec moi, je n'implorerai pas miséricorde pour eux »; au contraire: *Et Moïse cria vers YHWH.*

Et sans transition le midrash juxtapose à la première cette autre tradition qui semble être un développement greffé sur l'expression biblique *lēʾmōr,* « en disant » (Ex 17,4) [31]:

> *En disant: Que ferai-je pour ce peuple?* (Ex 17,4). Moïse dit devant le Saint, béni soit-il: « Maître de l'univers, entre toi et eux je suis mis à mort. Tu me dis: ' Ne t'irrite pas contre eux ', car il est dit: *Tu me dis: Porte-le sur ton sein* (Nb 11,12), tandis qu'eux cherchent à me mettre à mort! » Ici le Lieu [32] apaise et Moïse s'insurge; mais en un autre passage, c'est le Lieu qui s'insurge et Moïse qui apaise, comme il est dit: *Et maintenant, laisse-moi faire*... (*que je les extermine*) (Ex 32,10); et après cela, que dit (l'Écriture)? *Et Moïse apaisa* (Ex 32,11).

Cette seconde tradition repousse, dans le cas précis d'Ex 17,4, la fonction d'intercesseur qu'elle reconnaît ailleurs à Moïse. Toute l'attention de l'ag-

---

[27] Sur l'intercession de Moïse dans la littérature juive, cf. N. JOHANSSON, *Parakletoi. Vorstellungen von Fürsprechern für die Menschen vor Gott in der alttestamentlichen Religion, im Spätjudentum und Urchristentum,* Lund, 1940, 67 et 161-166; R. BLOCH, « Quelques aspects de la figure de Moïse », 123-127; W. A. MEEKS, *The Prophet-King. Moses Traditions and the Johannine Christology* (SupplNT 14), Leiden, 1967, 118 (Philon). 137 (Josèphe). 159-161 (Pseudépigraphes). 200-204 (aggadah rabbinique). 254s. (sources samaritaines); R. LE DÉAUT, « Aspects de l'intercession », 35-57, spéc. 53-55.

[28] Par. en *Mekh. R. Shim.* 103.

[29] J. Z. LAUTERBACH, *Mekilta,* II, 91, traduit: « are not hard to complain to »; il commente, *ibid.*, n. 8: « they readily listen to complaint and seek to help. For Moses dit not get angry, but rather listened to their complaint and prayed for them to God. »

[30] Par. en *Mekh. R. Shim.* 117.

[31] Sur la technique herméneutique qui consiste à suppléer un contenu à l'expression *lēʾmōr,* cf. BACHER, *Tannaiten,* I, 302 et 303, n. 1.

[32] Sur l'appellation divine *Hammāqôm,* « le Lieu », cf. E. E. URBACH, *The Sages,* 66-69 et 72-76. L'appellation est ancienne et d'usage courant chez les Tannaïtes. L'auteur la traduit « the Omnipresent ». L'expression est, en effet, une métonymie pour désigner le Dieu « who reveals Himself in whatever place He wishes » (*ibid.*, 72). Elle marque ainsi la proximité de Dieu.

gadiste s'est attachée à l'allusion d'Ex 17,4 concernant une éventuelle lapidation que Moïse redoute [33]. Le médiateur ne recourt à Dieu que pour se plaindre de son propre sort [34]. La facture de cette seconde tradition dans la *Mekh.* Ex 17,4 manifeste déjà une élaboration poussée [35]. Mais dès avant la moitié du IIe siècle, on devait donner au recours de Moïse à Dieu le sens d'une plainte. Cette signification, en effet, a rejailli sur l'interprétation des paroles de YHWH: « Passe devant le peuple » (Ex 17,5), de sorte que cette réponse de Dieu fut comprise tantôt comme une exhortation adressée à Moïse pour qu'il pardonne au peuple, tantôt comme une prise de position divine en faveur du plaignant. L'exhortation au pardon est doublement attestée dans la *Mekh.* Ex 17,5. Une première fois, sous la forme: « Passe sur (*ᶜl*) leurs paroles » [36]. Une seconde fois, sous la forme: « Passe sur leur péché » [37]. Et c'est déjà un commentaire de cette interprétation qu'élabora Méïr (vers 150), comme on peut le voir en *Ex R.* 26, 2 [38]:

> R. Méïr dit: Que signifie *passe*? Il dit: « Tu dois me ressembler. Comme je rends le bien pour le mal, toi aussi tu dois rendre le bien pour le mal », comme il est dit: *Qui est Dieu comme toi, supportant la faute et passant sur* (*ᶜl*) *la transgression* (Mi 7,18)?

L'arbitrage de Dieu en faveur de Moïse est exprimé dans la *Mekh.* Ex 17,5 par une expression proverbiale araméenne dans laquelle Dieu met le peuple au défi: « Que celui que cela choque le dise! » [39]. On peut considérer

---

33 Cf. au contraire l'exaltation de Moïse en *Ant.* III, 21, lors d'une menace de lapidation que JOSÈPHE situe lors de l'insurrection qui suit la découverte d'Élim: « (Moïse) a peur qu'en lançant des pierres contre lui, ils n'aient l'air de mépriser Dieu » (trad. de J. WEILL, 149). JOSÈPHE présente Moïse comme un parfait modèle de vertu (cf. D. L. TIEDE, *The Charismatic Figure as Miracle Worker,* 230).

34 *Tanḥ. Beshallaḥ* 22 n'a retenu que cette seconde tradition. En *Ex R.* 26,2, l'appel de Moïse sera qualifié de prière, mais il s'agit d'une prière pour lui-même. Saint ÉPHREM, commentant Ex 17,4, considère que Moïse prie d'abord pour lui-même, indirectement pour les besoins du peuple: « *Dixitque Moyses* in oratione sua: *Quid faciam quia adhuc paululum lapidabant me?* Saltem ne moriar inter manus eorum, da eis aquam ut requiem dent mihi »; trad. de R. M. TONNEAU, *In Genesim et in Exodum Commentarii* (CSCO 153), 126.

35 Le thème d'une défense de s'irriter contre le peuple, absent de la Bible, trahit l'influence des traditions aggadiques sur Nb 20,10 où il viendra suppléer une raison à la condamnation de Moïse (cf. *infra* p. 130s.). En finale de la compilation de *Tanḥ. Beshallaḥ* 22, on retrouve cette défense et le souci de subordonner Moïse au peuple: « Le Saint, béni soit-il, dit à Moïse: ' Que de fois ne t'ai-je pas enjoint à leur sujet de ne pas t'irriter contre eux, mais de les conduire comme un pasteur son troupeau! Car c'est en raison d'eux que je t'ai exalté; c'est en raison d'eux que tu trouveras grâce, bienveillance, vie et gloire devant moi. ' »

36 Par. en *Mekh. R. Shim.* 117; *Ex R.* 26, 2.

37 Avec attribution de la sentence à Neḥémiah (vers 150), mais les par. de *Mekh. R. Shim.* 118 et *Ex R.* 26, 2 l'attribuent à son contradicteur Yehudah (b. Ilay); cf. BACHER, *Tannaiten,* II, 253, n. 2.

38 Cf. BACHER, *Tannaiten,* II, 53, n. 8.

39 Nous avons préféré la leçon de l'éd. de LAUTERBACH, *Mekilta,* II, 131: *wdrgšh lyh ymll* (par. *Mekh. R. Shim.* 118) à celle de l'éd. de HOROVITZ-RABIN: *wdgyyš,* etc.; sur

comme un commentaire de cette interprétation le développement de *Tanḥ. Beshallaḥ* 22:

> Le Saint, béni soit-il, dit à Moïse: « Ainsi tu dis: *Encore un peu et ils me lapideront* (Ex 17,4)! *Passe devant le peuple* et on verra qui te lapidera! » Il commença à passer: tout Israël se tint debout devant lui et ils lui rendirent honneur et révérence.

Nous avons ici un bel exemple d'une fluctuation des traditions midrashiques à date ancienne. Le midrash, après avoir enlevé à la figure de Moïse quelque chose de son éclat en lui retirant son rôle d'intercesseur, s'empresse de rajouter à sa louange. Soit qu'on l'invite à pardonner, à l'imitation de Dieu, soit qu'on montre la prise de position divine en sa faveur, on élève le médiateur au-dessus du peuple qui murmurait contre lui.

Mais parallèlement, nous l'avons vu dans la *Mekh.* Ex 17,4, on connaissait aussi l'interprétation d'une intercession de Moïse en vue d'obtenir de l'eau pour son peuple. Et à cette tradition on peut rattacher, nous semble-t-il, cet autre commentaire de la réponse divine, transmis également dans la *Mekh.* Ex 17,5:

> Passe devant eux, car tu vas faire sortir de l'eau pour eux [40].

La médiation de Moïse dans le don de l'eau était connue au Ier siècle. Chez JOSÈPHE, l'intercession est très accentuée dans les épisodes du don de l'eau à Marah (*Ant.* III, 5-7) et à Rephidim (*Ant.* III, 33-35). D. L. TIEDE a montré que dans les récits de miracles l'historien juif palestinien se garde de faire de Moïse un thaumaturge [41]. Dieu lui-même est l'auteur du prodige, tandis que Moïse agit en totale subordination: le prophète prédit le miracle que Dieu va réaliser, accomplit ce que Dieu lui a dit de faire et invite le peuple à mettre sa foi dans la providence divine. L'analyse de TIEDE serait parfaitement justifiée si elle accordait une plus grande place au rôle d'intercesseur qu'exerce Moïse [42]. Plusieurs fois, en effet, JOSÈPHE aime à souligner que le prodige est une réponse à la supplication du prophète. À Marah, l'assainissement de l'eau est une faveur (χάριν) que Dieu accorde

---

le sens de ce proverbe, cf. JASTROW, 1450: « let him who objects to my doings come forward ». Cette interprétation, transmise de façon anonyme dans la *Mekh. R. Ishm.*, est attribuée à Neḥémiah dans la *Mekh. R. Shim.* (par. en *Ex R.* 26,2 avec transmission en hébreu).

40 Avec attribution à Yehudah (b. Ilay), mais cf. *supra* n. 37.

41 *The Charismatic Figure as Miracle Worker*, 225-228. Le passage des *Ant.* III, 86s. est particulièrement expressif à ce sujet. Avant de transmettre la révélation reçue au Sinaï, Moïse avertit les Israélites que ces paroles ne sont pas siennes. En guise de préambule, il rappelle que les prodiges antérieurs, parmi lesquels il énumère le passage de la mer, le don de la manne et l'eau du rocher, n'étaient pas non plus de lui, mais de Dieu.

42 L'auteur signale ce rôle, *op. cit.*, 126 et 128, mais dans la perspective de faire ressortir que Moïse n'est pas un thaumaturge.

à la prière de Moïse (*Ant.* III, 7). Dieu envoya la manne « par faveur (χαριζόμενον) pour Moïse » (*Ant.* III, 31). Le don de l'eau du rocher suscite dans le peuple « de l'admiration pour Moïse, si fort en honneur auprès de Dieu » (*Ant.* III, 38) [43].

Et dans un Pseudépigraphe palestinien de la première moitié du Ier siècle ap. J.-C., le *Testament de Moïse* 11,9-14, Josué déplore la mort prochaine de celui qui, tout à la fois, pourvoyait aux besoins du peuple et intercédait pour eux:

> 9 - Mon seigneur, tu t'en vas, et qui va nourrir ce peuple?
> 10 - Ou quel est celui qui aura pitié d'eux, et qui sera leur guide sur le chemin?
> 11 - Ou qui priera pour eux, sans omettre un seul jour, pour que je les conduise dans la terre des ancêtres?...
> 13 - Et comment les nourrirai-je selon leur désir, et les abreuverai-je à satiété?
> 14 - Car, ... s'ils étaient 600 mille, par tes prières ils se sont considérablement accrus, seigneur Moïse [44].

3. *Le bâton des prodiges*

En finale d'Ex 17,5, lorsque Moïse reçoit l'ordre de s'en aller, muni de son bâton, Ps-J a ajouté: « à cause de leurs murmures ». De quels murmures s'agit-il? À première vue, on penserait, dans le contexte biblique, aux récriminations provoquées par la soif (v. 3). Mais si nous replaçons ce bref ajout dans le contexte midrashique, comme il se doit, il apparaît clairement qu'il s'agit d'un emprunt à une tradition de murmures ayant pour origine l'ordre de se servir du bâton qui précisément avait servi à frapper le Nil. Nous trouvons dans la *Mekh.* Ex 17,5 ce commentaire [45]:

> *Et ton bâton avec lequel tu as frappé le Nil* (Ex 17,5): à cause des murmures. Et c'était une des trois choses contre lesquelles les Israélites murmuraient et disaient qu'elles appartenaient à la vengeance. Il s'agissait de l'encens, de l'arche et du bâton.... Ils disaient: « Ce bâton, (bien que) de saphir, est celui de la vengeance: c'est lui qui amena sur les Égyptiens dix plaies en Égypte et dix plaies à la mer. » C'est pourquoi ils surent que c'était le bâton des prodiges, car il est dit: *Et ton bâton avec lequel tu as frappé le Nil*: à cause des murmures.

---

43 Trad. de J. WEILL, 152. En Sg 11,14, ce sont les Égyptiens qui admirent Moïse après le don de l'eau.

44 Trad. et restitutions d'E.-M. LAPERROUSAZ, *Le Testament de Moïse (généralement appelé « Assomption de Moïse »). Traduction avec introduction et notes* (Semitica 19), Paris, 1970, 133s. On trouvera des essais sur la date, la provenance et le contenu de ce Pseudépigraphe dans *Studies on The Testament of Moses. Seminar Papers* (SBL, *SeptCogSt* 4), *ed.* G. W. E. NICKELSBURG, Cambridge, Mass., 1973; citons à propos de l'intercession de Moïse, l'article de D. L. TIEDE, « The Figure of Moses in *The Testament of Moses* », *ibid.*, 88s.

45 Par. en *Mekh. R. Shim.* 118 avec des variantes dont nous ferons état; cf. aussi *Tanḥ. Beshallaḥ* 21.

En inclusion, au début et en finale du commentaire, nous avons la même expression aggadique « à cause des murmures » qui, comme en Ps-J, vient continuer la citation d'Ex 17,5. Cet ajout au texte biblique apparaît comme le résumé d'une tradition qui ne nous est pas rapportée à l'état isolé [46]. Mais nous la rencontrons dans le corps du commentaire, reprise dans une énumération de trois choses possédant cette commune caractéristique d'une réhabilitation aux yeux du peuple [47]. Le peuple, sur la base d'expériences historiques évoquées par des citations bibliques, les avait considérées comme des instruments de châtiment et il se méfiait de ces objets. Sur la base d'une expérience contraire, on sut que c'était des instruments de bénédiction [48]. À propos du bâton de Moïse, aucun texte biblique n'est formellement cité pour prouver son caractère d'instrument de châtiment, mais on fait référence, de façon globale, à la tradition biblique des dix plaies d'Égypte en y adjoignant une allusion aggadique à dix plaies infligées aux Égyptiens à la mer [49].

Dans le contexte de l'eau du rocher, on s'attendrait à une référence moins complexe et signalant expressément la plaie du Nil (Ex 7,17-21) à laquelle Ex 17,5 faisait précisément allusion. Et une fois réhabilité, le bâton reçoit le titre de « bâton des prodiges » (*šl nsym*) qui n'est pas limité à ce contexte [50]. Sans aucun doute, le commentaire, tel qu'il nous est ici transmis, est déjà le remaniement d'une tradition plus simple. Mais nous estimons que c'est bel et bien à partir d'Ex 17,5 qu'a pris naissance la tradition de murmures concernant le bâton de Moïse. Ce texte biblique, en effet, a éveillé l'attention de l'aggadiste au contraste que représentait, dans une situation de manque d'eau, l'ordre de se saisir du même bâton qui avait privé d'eau les Égyptiens. L'insistance porte sur le prodige qui va s'accomplir en ce cas-ci. La tradition des murmures concernant cet objet tend à faire ressortir le dessein bienveillant de Dieu à l'égard d'Israël en antithèse avec le châtiment des Égyptiens [51]. Déjà Sg 11,1-14 avait dressé en antithèse la soif que les ennemis d'Israël éprouvèrent lors de la plaie du Nil et le miracle de l'eau jaillie du rocher pour Israël.

Un indice littéraire peut même suggérer que l'emploi du terme *pwrᶜnwt*, « vengeance, châtiment », appliqué aux trois objets, s'adapte tout

---

46 Ce résumé manque dans la *Mekh. R. Shim.* 118.

47 W. S. TOWNER, *The Rabbinic « Enumeration of Scriptural Examples »*, 126-130, a étudié ce groupement.

48 Dans le passage que nous avons omis, on cite en antithèse à propos de l'encens Lv 10,1 et Nb 17,12; à propos de l'arche, d'une part 2 S 6,7 et 1 S 6,19, d'autre part 2 S 6,11-12.

49 Sur les fléaux à la mer, cf. GINZBERG, *Legends*, III, 25-31; VI, 8-11, n. 43-56. Selon Ps-J Ex 14,21, *Ex R.* 5,6 (anonyme) et *Ex R.* 8,3 (avec attribution à R. Yehudah b. Ilay?), les initiales des dix plaies d'Égypte étaient gravées sur le bâton.

50 L'expression pouvait même s'appliquer aux plaies d'Égypte (N Ex 4,17).

51 Un résumé aggadique en Ps-J Ex 2,21 rappelle côte à côte, en laissant tomber tout effet de contraste, que grâce au bâton Moïse « *était destiné à accomplir les merveilles* (*tymhyʾ*) *en Égypte* » et qu'il « *était destiné à fendre la Mer des Roseaux et à faire sortir l'eau du rocher* ».

particulièrement à l'aggadah sur le bâton. Une interprétation d'Ex 7,1 en *Ex R.* 8,3 développe un jeu de mots sur *par^{c}ōh* qui évoquera le verbe *pr^{c}*, « punir, tirer vengeance »: Moïse devra punir Pharaon et il le fera en prenant son bâton qui amènera les dix plaies [52].

Ex R. 26,2 a transformé la tradition:

> (Moïse) dit devant le Maître de l'univers: « Ce bâton est (un instrument) de vengeance. C'est lui qui a fait sentir mauvais les eaux en Égypte et c'est lui qui a amené les dix plaies sur l'Égypte. » Le Saint, béni soit-il, lui répondit: « Ma mesure n'est pas comme la mesure de la chair et du sang. (L'homme) frappe avec un couteau et guérit avec un bandage. Mais moi, je guéris par cela même avec quoi je frappe. » C'est pourquoi il est dit: *Prends en ta main ton bâton avec lequel tu as frappé le Nil* (Ex 17,5), de manière à ce que tous sachent que c'est (un instrument) de bénédiction.

Ici, ce n'est pas le peuple qui murmure, mais Moïse qui exprime son étonnement. Cette facture est secondaire, car la finale fait allusion à une réhabilitation du bâton auprès de « tous ». En faisant parler Moïse, l'aggadiste attend une réponse de Dieu. Le commentaire est marqué d'une forte empreinte doctrinale: il rappelle, de façon très adéquate, que l'action divine ne se laisse pas jauger par l'homme. L'insistance, dans cette réélaboration de la tradition, porte sur le caractère supérieur et inaccessible de l'action divine. Ce principe général est alors illustré par cet autre, plus particulier, que nous avons déjà rencontré à propos du bois de Marah et qui dans l'*Asaṭir* 9 est également appliqué au bâton de Moïse: Dieu guérit par cela même avec quoi il frappe [53]. On sait que cet axiome connut dans la littérature midrashique de nombreuses applications. Il ne nous semble pas que son contexte d'origine soit le contraste que l'aggadah découvrit en Ex 17,5, car le verbe « guérir » s'y applique mal [54].

Dans cette tradition de murmures à propos du bâton et d'une réhabilitation de cet objet, l'intérêt se portait avant tout sur le dessein bienveillant de Dieu en faveur d'Israël (*Mekh.* Ex 17,5) ou sur le caractère para-

---

52 Cf. S. M. LEHRMAN, *Midrash Rabbah. Exodus*, London, 1939, 118, n. 5. Le targum N Ex 7,4-5 paraphrase d'ailleurs: « *les plaies de ma vengeance* » (*pwr^{c}nty*). Par contre, l'expression « instrument de bénédiction » que nous trouvons dans la *Mekh. R. Shim.* 118 (et *Ex R.* 26, 2) à propos du bâton s'applique originairement à l'arche, d'après 2 S 6,11.

53 Cf. *supra* p. 31 et n. 78; p. 32, n. 82.

54 Le fait que les traditions juive et samaritaine appliquent toutes deux cet axiome au bâton de Moïse ne constitue pas un critère valable de datation, car il n'est pas sûr que certaines relations ne se sont pas poursuivies entre des groupes des deux communautés; cf. W. A. MEEKS, *The Prophet-King*, 216s.; R. J. COGGINS, *Samaritans and Jews. The Origins of Samaritanism Reconsidered*, Oxford, 1975, 164; R. PUMMER, « The Present State of Samaritan Studies: I », *JSS* 21 (1976), 54s. En outre, S. LOWY, *The Principles of Samaritan Bible Exegesis* (StPost-Bibl 28), Leiden, 1977, 30-48, conseille la prudence dans les tentatives d'harmonisation des traditions émanant de ces deux milieux.

doxal et supérieur de l'action divine (*Ex R.* 26, 2). Mais la littérature aggadique connaît aussi tout un cycle de traditions centrées sur le caractère merveilleux du bâton qu'on appellera « le bâton des prodiges » [55]. Le récit biblique ne faisait pas intervenir le bâton dans chacune des dix plaies; Ex 14,16 ne disait pas non plus explicitement que Moïse avait frappé la mer de son bâton. Dans l'aggadah ancienne, le bâton est par excellence l'instrument avec lequel « furent accomplis les prodiges par-devant YHWH » (Ps-J, N Ex 4,20; *LAB* 19,11) et grâce auquel la Mer des Roseaux fut fendue (Ps-J Ex 2,21) [56]. Et c'est pour Moïse un titre de gloire d'avoir porté le bâton (Ps-J Dt 34,12).

Toute une concentration de traits merveilleux s'est fixée sur ce bâton [57], non certes pour soustraire les prodiges à l'emprise divine comme s'ils étaient produits par une baguette magique; au contraire, les spéculations aggadiques tendent à montrer que la puissance de cet instrument était celle de Dieu. C'est ainsi qu'il portait l'inscription du Tétragramme [58]. On l'imaginait fait de saphir [59] et Ps-J Ex 4,20 précise justement « *du saphir du trône de la Gloire* ». Il provenait du paradis où Adam l'avait reçu [60]. Et on le comptait parfois dans la liste des dix choses préparées par Dieu au crépuscule du sixième jour de la création, juste avant le repos sabbatique [61]. Après la mort de Moïse, il devait, selon *LAB* 19, 11,

---

55 Ps-J Nb 20,8s.; *Mekh.* Ex 17,5 dans le remaniement de la tradition; PHILON, *Mos.* I, 210.

56 Sur le bâton dans l'*Exagōgē*, cf. *supra* p. 57, n. 31. JOSÈPHE, *Ant.* II, 338, rapporte que Moïse frappa la mer de son bâton. À propos d'ARTAPAN, D. L. TIEDE, *The Charismatic Figure as Miracle Worker*, 170, parle d'une « fascination » du bâton de Moïse, mais chez ce Juif de la diaspora hellénistique, l'insistance peut avoir une portée polémique à l'égard de la religion égyptienne (*op. cit.*, 173s.).

57 Les traditions aggadiques ont été recueillies par GINZBERG, *Legends,* II, 291-293; V, 411s., n. 88 et 95; A. ROSMARIN, *Moses,* 75s., n. 266-272.

58 Ps-J Ex 2,21; 4,20; 14,21; cf. *supra* p. 31 où la tradition est connue de Nehoray ou Neḥémiah (vers 150).

59 *Mekh.* Ex 17, 5-6; *Tanḥ. Beshallaḥ* 21 et 22; *Tanḥ.* B. II, 25.

60 *PRE* 40; *Midr. Wayyôsha*ᶜ 42; *Yalq. Shim.* I, 763 à Nb 20,8. Ce dernier recueil ajoute qu'il doit passer entre les mains du Messie. Cf. aussi en *ARN* Addition à la Version A 157 la tradition selon laquelle Moïse serait allé le prendre à l'arbre de vie.

61 Cf. GINZBERG, *Legends,* V, 109, n. 99. L'établissement d'une liste de ces objets est ancien; cf. R. LE DÉAUT, « Le Targum de *Gen.* 22,8 et *1 Pt.* 1,20 », *RechSR* 49 (1961), 103-106; B. J. MALINA, *The Palestinian Manna Tradition. The Manna Tradition in the Palestinian Targums and its Relationship to the New Testament Writings* (ArbGSpJud Urchr 7), Leiden, 1968, 57-59. Certains éléments de la liste sont variables d'un recueil à l'autre. W. S. TOWNER, *The Rabbinic « Enumeration of Scriptural Examples »,* 70, et A. J. SALDARINI, *The Fathers According to Rabbi Nathan. Version B,* 306-310, présentent des tableaux des diverses attestations. Le bâton (de Moïse) est signalé en Ps-J Nb 22,28; *Abôt* 5, 6; *Mekh.* Ex 16,32; *ARN* B 37, 95. On peut noter certains groupements de deux ou trois éléments qui vont ensemble à l'intérieur des listes, tels que soit: l'arc-en-ciel, la manne, le puits, soit: l'arc-en-ciel, la manne, le bâton. Ainsi, la *Mekh.* Ex 16,32, qui ne mentionne pas le puits, énumère le bâton (de Moïse); on trouve l'inverse dans la *Mekh. R. Shim.* 115. A. J. SALDARINI, *op. cit.*, 310, remarquant que Ps-J et *ARN* B ne reprennent pas ces types de groupements, note: « I suspect, very tentatively, that ARNB and the Targum represent earlier versions of the list which were not changed under the influence of the forms found in the Tannaitic

faire office de mémorial de l'Alliance, pour rappeler à Dieu sa miséricorde envers le peuple pécheur.

La paraphrase du Ps-J Ex 17,6 suggère aussi que le bâton était de saphir. Ce targum traduisait deux fois l'hébreu *ṣûr,* « rocher, pierre », pour signifier que Moïse devait frapper le rocher avec la pierre de son bâton. Cette exégèse nous est explicitée dans la *Mekh.* Ex 17,6 qui l'attribue à un docteur des environs de l'an 220 [62]:

> R. Yosé b. Zimra disait: Ce bâton était de saphir (*snpyrynwn*), (car) il n'est pas dit ici: Et tu frapperas sur (*ʿl*) le rocher, mais: *Et tu frapperas* avec la pierre (*bṣwr*).

C'est la même argumentation qui sous-tend l'interprétation targumique. Le procédé exégétique est assez artificiel. Comme tel, il peut prouver que le bâton était de pierre, mais pas formellement de saphir. Nous devinons que cette exégèse veut doter d'une légitimation scripturaire supplémentaire une tradition déjà constituée qui mettait le bâton de Moïse en relation avec le monde céleste [63].

4. *Une trace de pas*

Nous connaissons la glose du Ps-J Ex 17,6, insérée dans l'expression biblique par laquelle YHWH promet de se tenir devant Moïse là sur le rocher: « à l'endroit où tu verras une trace de pas » (*rwšm ryglʾ*). Cette paraphrase n'est pas sans parallèle dans l'aggadah rabbinique:

Mekh. Ex 17,6 [64]	*Mekh. R. Shim.* 118 à Ex 17,6
Le Saint, béni soit-il,	Il
lui dit:	lui dit:
« En tout endroit où tu trouves la trace des pieds d'un homme (*rwšm rgly ʾdm*),	« En tout endroit où tu trouves la trace des pieds d'un homme,
	en relation avec ce qui est dit: *une forme pareille à l'aspect d'un homme* (Ez 1,26),
là je suis devant toi. »	là *je me tiens devant toi* » (Ex 17,6).

midrashim. » Selon F. Böhl, « Das Wunder als Bedingung und die Schöpfung in der Abenddämmerung », *WeltOr* 8 (1975), 79-82, la liste se serait constituée à partir des objets que l'Écriture mentionnait comme étant oeuvre divine: la manne (Ex 16,4: « des cieux »), les tables (Ex 32,16) et l'écriture sur les tables, l'arc-en-ciel (Gn 9,13: « mon arc »), la bouche de la terre (Nb 16,30). Cette spéculation s'insère dans une exégèse de Gn 2,2: les divers objets mentionnés sont dits créés au crépuscule du sixième jour (litt. « entre les soleils »), ce qui signifie l'instant même du passage du sixième jour à la nuit du sabbat: « Die Erschaffung dieser Dinge erfolgte noch am sechsten Tag, ihre Vollendung dagegen am siebenten ... » (F. Böhl, *art. cit.*, 84).

[62] Par. en *Mekh. R. Shim.* 118; interprétation anonyme et écourtée en *Tanḥ. Beshallaḥ* 22.

[63] Cf. Ex 24,10 et Ez 1,26; 10,1 où le trône de Dieu est de saphir.

[64] Par. en *Tanḥ. Beshallaḥ* 22.

Nous avouerons qu'il n'est pas facile de rendre compte de cette aggadah d'une façon satisfaisante. Mais il semble que le midrash ne s'est préoccupé d'élaborer un signe de la présence divine que pour atténuer l'anthropomorphisme du texte biblique selon lequel YHWH se tient (*ᶜōmēd*) devant Moïse sur le rocher[65]. L'intention est limitative.

En Ps-J, l'emploi du verbe « voir » trahit le souci de circonscrire la perception accordée à Moïse de la présence divine sur le rocher: elle est réduite à une trace de pas. Le terme *rwšm*, « une trace », comme l'a indiqué R. Le Déaut[66], fut suggéré dans ce contexte par l'hébreu *ṣûr* qui signifie « rocher », mais qui fut interprété une seconde fois au sens de « dessiner », conformément à une racine homonyme. Quant au terme *rgl*, « pied » ou « pas », il est sans doute employé pour dénoter, de façon discrète, la présence de Dieu[67].

Dans le commentaire rabbinique, du moins dans la *Mekh. R. Shim.* 118, qui fait référence à Ez 1,26, la trace devrait être également celle des pieds de Dieu qui apparaissent selon « une forme pareille à l'aspect » des pieds d'un homme. Mais d'autre part, cette trace n'est pas réservée au rocher du texte biblique dont il n'est pas fait mention. On assiste à une généralisation à tout endroit portant une trace de pas, si bien qu'il semble, de façon inconséquente, que ce pas devient non plus celui de Dieu, mais celui des hommes. Cette généralisation est probablement secondaire et nous sommes porté à dire que le commentaire rabbinique est postérieur au *derash* attesté dans le targum[68].

Section II. D'AUTRES EXPRESSIONS DU JAILLISSEMENT DE L'EAU

Ex 17,6, de tradition yahviste, se contentait d'annoncer que de l'eau sortirait du rocher (*ṣûr*) frappé par Moïse. Le peuple souffrait de la soif, il fut désaltéré; le prodige est signalé sans qu'un seul mot vienne en accen-

---

65 Cf. U. Wiederkehr, « Themen die mit der Tempelquelle verwandt sind », deuxième partie non publiée de la Dissertatio ad Lauream in Facultate theologica Pontificii Athenaei S. Anselmi: *Die Tempelquelle in der jüdischen Überlieferung*, Romae, 1972, 150.

66 *Targum du Pent.*, II, 141, n. 3.

67 Cf. l'expression selon laquelle l'arche, ou le Temple, ou la terre est l'escabeau des pieds de Dieu: Is 66,1; Ps 99,5; 132,7; Lm 2,1; 1 Ch 28,2. Notons aussi Za 14,4. Comparer aussi N et O Ex 33,23 à propos du « pas » (*dbrᵓ*), c'est-à-dire de la « démarche » de Dieu (cf. Le Déaut, *Targum du Pent.*, II, 267, n. 22), et le souci d'éviter l'anthropomorphisme dans la LXX Ex 24,10 et 11 où on ne voit que le « lieu » de Dieu.

68 À propos de la *Mekh.* Ex 17,6, Billerbeck, *Kommentar*, III, 408, écrit: « In den Worten scheint zu liegen, dass, wohin Israel sich auch wenden mag, Gott mitziehen werde, um seinem Volk Wasser zu spenden. Der mitziehende Felsen also = Gott. » Et il présente ce passage rabbinique sous la rubrique de 1 Co 10,4 pour expliquer l'identification du rocher au Christ. Mais l'aggadah ne dit pas que le rocher représente Dieu; l'intention aggadique est, au contraire, de limiter la manifestation de Dieu.

tuer les traits. Il n'en sera plus ainsi dans la tradition biblique postérieure ni dans la tradition intertestamentaire.

I. Dans la tradition biblique d'Ancien Testament

1. *Nb 20,11 et Dt 8,15*

Le doublet sacerdotal du récit en Nb 20,11 signale déjà que du rocher (*sela*ᶜ) « jaillirent des eaux abondantes ». De son côté, la parénèse de Dt 8,15 invite à considérer la nature du rocher, un silex (*miṣṣûr ḥalāmîš*)[69], une pierre dure et aride dont on n'attendrait pas un écoulement d'eau. Mais c'est dans le Psautier que le prodige va prendre toute son ampleur; l'amplification poétique des psalmistes n'est sans doute pas toujours indépendante de la prédication du Deutéro-Isaïe.

2. *Les eaux du nouvel Exode* (*Is 48,21; 41,18; 43,20; 49,10*)

Le chantre de la Consolation d'Israël annonçait un nouvel Exode plus merveilleux que le premier[70]. YHWH allait ramener les exilés et, dans leur traversée du désert, ceux-ci trouveraient de l'eau que lui-même ferait jaillir et couler. Une fois le poète fait explicitement référence au rocher (*ṣûr*) d'Ex 17,6. En effet, Is 48,21, par anticipation, applique déjà aux rachetés de Babel le miracle d'autrefois: « Ils n'eurent pas soif dans la région aride où il les conduisit. Il fit couler pour eux l'eau du rocher: il fendit (*wayyibqa*ᶜ) le rocher et les eaux ruisselèrent (*wayyāzūbû māyim*). » Par rapport à la tradition que nous avons examinée jusqu'ici, le verbe *bq*ᶜ, « fendre » (le rocher), est un élément nouveau; il en est de même du verbe *zûb*, « ruisseler, couler ».

D'autres passages de l'auteur ou de la tradition prophétique apparentée ne s'intéressent pas au rocher, mais ils exaltent la profusion d'eau qui jaillira pour désaltérer Israël et arroser la steppe: ce seront des sources et des points d'eau (*ma*ᶜ*yānôt, môṣāʾê māyim* en Is 41,18; cf. aussi Is 49,10), des torrents (*ûnᵉḥālîm* en Is 35,6), des fleuves même (*nᵉhārôt* en Is 41,18 et 43,20); l'irrigation sera telle que le poète ne craint pas d'entrevoir le désert regorger d'eau comme un marécage ou une nappe d'eau (*laʾᵃgam-mayim* Is 41,18)[71]. On retient de ces textes l'impression que le prophète ne limite pas à un seul moment le prodige du don de

---

[69] Cf. Ph. Reymond, *L'eau*, 58s.

[70] Cf. B. W. Anderson, « Exodus Typology in Second Isaiah », dans *Israel's Prophetic Heritage. Essays in Honor of James Muilenburg, ed.* B. W. Anderson, W. Harrelson, New York, 1962, 177-195, spéc. 190s.; R. Le Déaut, *La nuit pascale*, 119s.; C. Stuhlmueller, *Creative Redemption in Deutero-Isaiah* (AnBib 43), Rome, 1970, 59-94; K. Kiesow, *Exodustexte im Jesajabuch. Literarkritische und motivgeschichtliche Analysen* (Orbis biblicus et orientalis 24), Fribourg-Göttingen, 1979, spéc. 73s. et 196.

[71] Ou *lʾgmym* comme le suggère l'apparat critique de la *BHS*.

l'eau lors du nouvel Exode. Tout au long de la traversée, Dieu conduira son peuple vers divers endroits d'où l'eau jaillira copieusement[72].

3. *Ps 78,15-16.20; 105,41; 114,8*

C'est bel et bien le(s) prodige(s) du rocher lors du premier Exode que chante le Ps 78,15-16: « Il (= Dieu) fendit des rochers (*y^ebaqqa^c ṣūrîm*) dans le désert et (les) abreuva abondamment comme des eaux de l'abîme (v. 15). Il fit jaillir des ruissellements (*nôz^elîm*) du rocher (*missāla^c*) et fit descendre les eaux comme des fleuves (*kann^ehārôt*) (v. 16). » Et le v. 20*a* reprend: « Voici qu'il a frappé le rocher (*hikkāh-ṣûr*) et des eaux ont ruisselé (*wayyāzûbû mayim*) et des torrents (*ûn^eḥālîm*) se sont déversés ... ». Le psalmiste invite à méditer les leçons de l'histoire, mais les événements qu'il rappelle sont très librement refaçonnés. Les critiques ne sont pas d'accord sur la date de composition de ce Psaume[73]. Selon R. TOURNAY, « de nombreux indices convergents permettent de situer la composition de ce psaume au temps du Chroniste, c'est-à-dire à la fin du IVe s., précisément au moment où les Samaritains viennent de consommer leur schisme »[74]. Il nous apparaît en tout cas que, dans ses compo-

---

[72] En Is 41,19, YHWH plante dans le désert des arbres, tels que le cèdre, l'acacia, le myrte, etc. Ce thème s'allie à celui de l'eau; c'est, en effet, l'irrigation qui rend possibles les plantations. On peut supposer que les arbres en question sont destinés à protéger les Israélites du soleil; c'est la signification que retient K. KIESOW, *op. cit.*, 127, après K. ELLIGER, *Deuterojesaja 40,1 - 45,7* (BK 11/1), Neukirchen-Vluyn, 1978, 168.

Dans la ligne du Deutéro-Isaïe, l'auteur d'Is 35,6*b*-7, qui annonce des torrents et une nappe d'eau, mentionne que la région aride se couvrira d'une luxuriante végétation. D'après K. KIESOW, *op. cit.*, 152-154, le désert, que le poète invite à l'exultation (Is 35,1-2) pour cette transformation, est devenu le symbole du monde marqué par le temps du salut; sur Is 35, cf. aussi J. VERMEYLEN, *Du prophète Isaïe à l'apocalyptique. Isaïe, I-XXXV, miroir d'un demi-millénaire d'expérience religieuse en Israël* (EB), I, Paris, 1977, 439-446, spéc. 443.

[73] É. LIPIŃSKI, « Psaumes. Formes et genres littéraires », *SDB*, IX fasc. 48, Paris, 1973, 113s., maintient une datation très ancienne: les dernières années du règne de Salomon. J. P. M. VAN DER PLOEG, *Psalmen uit de grondtekst vertaald en uitgelegd* (BOT 7b), II, Roermond, 1974, 22, donne un aperçu de diverses opinions; lui-même, *op. cit.*, 24, hésite entre la fin de la royauté et l'époque postexilique du conflit entre Juifs et Samaritains. H.-J. KRAUS, *Psalmen*, II, 5e éd., 703-705, rappelle également la discussion des diverses datations et fait remarquer que la compénétration dans ce Psaume du courant deutéronomiste et des motifs sapientiaux indique probablement une date postexilique. En finale, sans prendre résolument position, *op. cit.*, 712, il semble reconnaître au psalmiste des vues qui s'apparentent au Chroniste; le Psaume s'insérerait dans le conflit judéo-samaritain au temps de la fondation du sanctuaire rival.

[74] « Quelques relectures bibliques antisamaritaines », *RB* 71 (1964), 531 et n. 90. Outre le thème du Ps, qui est d'exalter l'élection de Sion et David opposée au rejet d'Éphraïm, l'exégète relève des indices littéraires qui se rapprochent du style du Chroniste: au v. 9 (qui n'est pas une glose), le verbe *nšq*, « tendre (l'arc) », qu'on retrouve en 1 Ch 12,2 et 2 Ch 17,17; au Ps 78,28 (*maḥ^anēhû*), l'expression « camp de Dieu » qui s'apparente à 1 Ch 12,23 et 2 Ch 14,12 (le pluriel au Ps 78,28*b* serait un pluriel de majesté). TOURNAY fait remarquer aussi que l'allusion à Silo (v. 60) se rattache au livre de *Jérémie* (cf. Jr 7,12; 26,6) et que le titre de *gō'ēl* appliqué à YHWH est une des caractéristiques du Deutéro-Isaïe.

santes, l'élan poétique qui entraîne le psalmiste sur les voies de l'hyperbole est déjà sous-tendu par une technique midrashique [75]. L'auteur pratique la fusion des traditions qui sera une des caractéristiques du midrash intertestamentaire. Il puise de-ci de-là des éléments qu'il réorganise, afin de corser le prodige et de souligner l'ingratitude des bénéficiaires. L'exploitation des deux traditions qui nous sont transmises dans le Pentateuque est évidente; l'auteur passe de celle de Nb 20,11 à celle d'Ex 17,6, désignant le rocher tantôt par le mot *selaᶜ* (v. 16), tantôt par *ṣûr* (v. 20). Le v. 15 a même le pluriel *ṣūrîm* qui additionne les deux traditions [76].

L'auteur emprunte-t-il au Deutéro-Isaïe également? Nous avons rencontré en Is 48,21, à propos du rocher du nouvel Exode, le verbe *bqᶜ*, « fendre (le rocher) » (Ps 78,15), et la même expression que *wayyāzûbû mayim* (Ps 78,20) [77]. En outre, le psalmiste établit un parallèle avec le miracle de la mer, elle aussi fendue (v. 13), de sorte que la puissance de Dieu ressort avec éclat: il peut aussi bien fendre les eaux de la mer, pour faire apparaître la terre sèche, que fendre le rocher, pour faire jaillir des eaux [78].

L'abondance des eaux sorties du ou des rocher(s) est tout particulièrement soulignée: ce sont « comme des fleuves » (v. 16) et « des torrents » (v. 20). Ces exagérations, on le sait, se retrouvent dans la tradition du Deutéro-Isaïe à propos des divers points d'eau qui devaient jalonner le nouvel Exode. Et on peut se demander si, par un procédé midrashique, le psalmiste n'aurait pas fait jaillir du rocher ou du double rocher de l'Exode d'Égypte la surabondance d'eau qui avait été annoncée pour l'époque à venir.

L'hymne du Ps 105,41 évoque également le prodige du rocher: « Il (= Dieu) ouvrit (*pātaḥ*) le rocher (*ṣûr*) et les eaux ruisselèrent (*wayyāzûbû māyim*), elles allèrent en fleuve (*nāhār*) par les sols arides. » Il semble assuré que ce Psaume est de date postexilique [79]. Comme d'autres

---

75 B. DUHM, *Die Psalmen*, 2ᵉ éd., Tübingen, 1922, 308, l'avait signalé; cf. aussi R. BLOCH, « Midrash », *SDB*, V, 1275. B. J. MALINA, *The Palestinian Manna Tradition*, 31-35, a bien montré, spéc. à propos des vv. 24s., que la tradition de la manne s'est enrichie de traits aggadiques.

76 A. LAUHA, *Die Geschichtsmotive in den alttestamentlichen Psalmen* (Annales Academiae Scientiarum Fennicae 56/1), Helsinki, 1945, 76, signalait cette double tradition; cf. aussi J. P. M. VAN DER PLOEG, *op. cit.*, II, 28.

Notons aussi que la tentation des vv. 18-20 se présente comme un midrash sur Nb 11,4, un épisode qui se situe après le don de l'eau d'Ex 17,1-7.

77 Is 48,21 a, de plus, le verbe *nzl* (*hiphil*) qu'on peut rapprocher de *nôzᵉlîm* (Ps 78,16).

78 H.-J. KRAUS, *op. cit.*, II, 708. En Is 43,16-21, on trouve un parallélisme entre le miracle de la mer lors du premier Exode et les prodiges du second Exode; cf. A. SCHOORS, *I am God your Saviour. A Form-Critical Study of the Main Genres in Is. XL-LV* (SupplVT 24), Leiden, 1973, 95: « Instead of making a way through the waters, now Yahwe will give both a way and water in the desert. »

79 J. P. M. VAN DER PLOEG, *op. cit.*, II, 200, est d'avis que le poème est clairement postexilique et que le psalmiste connaissait le Ps 78 et s'en inspirait (cf. notamment

passages du poème, le v. 41, sans préjudice de la liberté artistique de l'auteur, s'inspire du Ps 78,15.20 et aussi du Deutéro-Isaïe [80]. Très vraisemblablement devons-nous dire que l'auteur, pour magnifier les événements fondateurs de l'histoire d'Israël, a fait refluer vers le rocher de l'Exode d'Égypte un fleuve qui, du point de vue de l'histoire des traditions, trouve sa source parmi les merveilles du nouvel Exode [81].

Le prodige du rocher est rappelé également par le Ps 114 où, en parallèle avec l'assèchement de la mer et du Jourdain et l'ébranlement de la nature (vv. 3-4), on magnifie la puissance du Dieu de Jacob, « lui qui change le rocher (*haṣṣûr*) en nappe d'eau (*ʾagam-māyim*), le caillou en fontaine d'eau » (v. 8). Le Psaume est probablement postexilique [82]. Le terme *ḥallāmîš*, « caillou (de silex) », reprend Dt 8,15, mais l'expression « nappe d'eau » fait partie de la tradition du Deutéro-Isaïe (Is 41,18; 35,7) [83].

Ps 78,43 et 105,27; 78,51 et 105,36) et qu'il connaissait aussi le Deutéro-Isaïe (cf. spéc. Is 51,11 et Ps 105,43). H.-J. KRAUS, *op. cit.*, II, 895, fait également remarquer que l'expression du Ps 105,43: « dans l'allégresse » applique à la sortie d'Égypte un trait du nouvel Exode (Is 51,11=35,10; 55,12). É. BEAUCAMP, *Le Psautier* (SB), II, Paris, 1979, 162, signale aussi l'utilisation du Deutéro-Isaïe. Par contre, R. J. CLIFFORD, « Style and Purpose in Psalm 105 », *Bib* 60 (1979), 420-427, suggère une époque où Israël ne possédait pas effectivement le Pays, le VIe siècle; il commente ainsi les vv. 39-45: « a protected community in the desert on the way to take possession » (*art. cit.*, 427). Mais l'argumentation ne nous paraît pas convaincante: le v. 44 dit: « Il (= Dieu) leur donna les pays des nations et ils héritèrent ... ». Du reste, même une telle datation supposerait déjà la promesse du retour annoncée par le Deutéro-Isaïe et CLIFFORD (*ibid.*) reconnaît une parenté avec le livre de ce prophète.

80 Cf. l'expression « les eaux ruissellèrent » en Ps 78,20 et Is 48,21. Le verbe *ptḥ*, « ouvrir », les termes *nehārôt*, « fleuves », et *ṣîyyāh*, « (terre) aride », sont employés en Is 41,18.

81 A. LAUHA, *Die Geschichtsmotive*, 75, écrivait à propos du Ps 105,41, sans se prononcer sur la dépendance littéraire: « Bemerkenswerterweise tritt ein gleichartiges Bestreben, den gegebenen Stoff umzustilisieren, auch bei einem solchen Dichter wie dem Deuterojesaja in die Erscheinung, und zwar dadurch, dass er das Quellwunderthema in die Eschatologie projiziert (Jes. 41,18f.). »

Notons encore que le Ps 105,39 à propos de la nuée est dans la ligne d'Is 4,6; cf. J. LUZARRAGA, *Las tradiciones de la nube*, 153.

82 J. P. M. VAN DER PLOEG, *op. cit.*, II, 270, suppose une époque postexilique tardive, étant donné le souci d'éviter le nom divin malgré le caractère hymnique. H.-J. KRAUS, *op. cit.*, II, 955s., pense à une date postdeutéronomiste, mais laisse ouverte la possibilité d'une datation plus ancienne.

83 On la retrouve aussi au Ps 107,35 dans la section ajoutée des vv. 33-43 qui relève de la tradition deutéro-isaïenne (cf. H.-J. KRAUS, *op. cit.*, II, 914).

À propos des évocations du prodige de l'eau dans le Psautier, il faut faire mention encore du Ps 74,15*a*: « Toi qui as creusé (*bāqaʿtā*) source et torrent ». Il s'agit probablement d'un rappel, en termes mythiques, de l'oeuvre de création (cf. J. A. EMERTON, « 'Spring and Torrent' in Psalm LXXIV 15 », dans *Volume du Congrès Genève 1965* [SupplVT 15], Leiden, 1966, 122-133), mais aussi de l'oeuvre de rédemption qui continue la création, à savoir ici le prodige du don de l'eau; cf. H.-J. KRAUS, *op. cit.*, II, 678s. KRAUS reconnaît que la majorité des exégètes situent ce Ps à l'époque des Maccabées; lui-même pense à la période d'entre 587 et 520, et à une date plus proche de 520 que de 587.

4. *Sg 11,1-14*

L'eau du rocher a reçu dans le livre de la *Sagesse* une réinterprétation midrashique de tendance homilétique [84]. En Sg 11,4, l'auteur, s'adressant au Dieu de ses pères, rappelle: « Ils eurent soif et ils t'invoquèrent: de l'eau leur fut donnée d'un rocher escarpé et, d'une pierre dure, un apaisement à leur soif. » L'auteur se souvient de Dt 8,15 où la LXX traduit par ἐκ πέτρας ἀκροτόμου, « d'un rocher escarpé », l'hébreu *miṣṣûr haḥallāmîš*. Mais le récit d'Ex 17,3 est également sous-jacent, quoique transformé par le souci midrashique de justifier Israël: les murmures provoqués par la soif (Ex 17,3) deviennent une invocation [85]. En outre et surtout, la tradition sert à établir une antithèse avec le sort des Égyptiens: tandis que les oppresseurs étaient frappés de la plaie du sang, aux Israélites Dieu donna « contre tout espoir une eau généreuse » (v. 7) [86]. « En effet, quand ils furent éprouvés, bien que corrigés avec miséricorde, ils connurent combien les impies, jugés avec colère, avaient été tourmentés, car tu les as examinés comme un père qui réprimande tandis que ceux-là, tu les as questionnés comme un roi implacable qui condamne » (vv. 9-10). Telle est l'illustration du principe énoncé au v. 5: « Ce par quoi leurs ennemis furent châtiés, par cela même ils (= les Israélites) reçurent les bienfaits dans leurs difficultés ». La soif reste pour le peuple une épreuve (Sg 11,9; cf. Dt 8,2). Plus exactement, c'est une éducation paternelle (en Sg 11,9: παιδευόμενοι; cf. Dt 8,5) et aujourd'hui le souvenir du secours inespéré et abondant doit servir d'encouragement aux Juifs d'Alexandrie [87]. En conclusion de la péricope, on apprend l'admiration que les Égyptiens furent bien obligés de vouer à Moïse, le saint prophète (cf. v. 1) par la main de qui la Sagesse de Dieu guidait le peuple.

---

84 Sur les procédés midrashiques en Sg, cf. P. W. Skehan, « Isaias and the Teaching of the Book of Wisdom », *CBQ* 2 (1940), 289-299; Id., « Borrowings from the Psalms in the Book of Wisdom », *CBQ* 10 (1948), 384-397; J. Reider, *The Book of Wisdom* (Jewish Apocryphal Literature), New York, 1957, spéc. 40-43; R. T. Siebeneck, « The Midrash on Wisdom 10-19 », *CBQ* 22 (1960), 176-182; P. Grelot, « *Sagesse* 10,21 et le Targum de l'Exode », *Bib* 42 (1961), 49-60; R. Le Déaut, J. Lécuyer, « Exode », *DSpir*, IV/2, Paris, 1961, 1964s.; R. Le Déaut, *La nuit pascale*, 231 et n. 50. 232; J. Luzarraga, *Las tradiciones de la nube*, 102. 107. 123. 134. Que la plaie du Nil changé en sang soit « une réponse à l'ordre de tuer les nouveau-nés » comme l'affirme Sg 11,7, c'est là une aggadah qu'on retrouve en *MHG* Ex 7,17 (cf. Ginzberg, *Legends*, V, 428, n. 176).

85 Cf. J. Reider, *op. cit.*, 140.

86 Le caractère inespéré du jaillissement d'eau, explicite ici, était sous-entendu en Dt 8,15 qui attirait l'attention sur la nature du rocher.

87 R. T. Siebeneck, *art. cit.*, 179, écrit à propos de l'auteur de Sg 11ss: « By contrasting God's activity in favor of the Israelites as compared with the same activity to the detriment of the Egyptians and the Canaanites, his words become a demanding persuasion to reassure his discouraged compatriots of God's continued providence ».

II. Dans la tradition juive intertestamentaire

Nous avons présenté dans la première section de ce chapitre la synopse des recensions targumiques à Ex 17,6; en ce qui concerne le jaillissement de l'eau, les targums qui nous sont conservés (Ps-J, N, O) reproduisent littéralement le texte biblique. Le targum des Ps 105 et 114 ne contient pas non plus, à ce sujet, de paraphrase appréciable. Mais nous avons recueilli quelques témoins de la continuité du processus midrashique.

1. *Le targum du Ps 78,15-16.20*

Texte[88]

v. 15

בזע [טורין] בחוטריה דמשה רבהון במדברא
ואשקי כד בתהומיא רברבן :

v. 16

ואפיק נזליא דמיא מן כיפא ואוחית
היך נהרין דנגדין מיא :

v. 20

הא כבר מחא בטינר ודיבו מיא ונחליא

Correction textuelle

Au v. 15, la leçon *ṭwryn,* « (il fendit) des montagnes », nous paraît fautive. Elle est attestée aussi dans la Polyglotte de Londres[89]. La leçon qui s'impose est celle du ms. 72 de la *Biblioteca Angelica* de Rome: *ṭynryn,* « (il fendit) des rochers ». La Polyglotte d'Anvers[90] a également la bonne leçon (*ṭnryn*).

Traduction

v. 15 Il fendit *des rochers*[91] dans le désert *par le bâton de Moïse, leur maître,* et il (les) abreuva comme des eaux du grand abîme.

v. 16 Il fit jaillir des courants *d'eau* du rocher et fit descendre les eaux comme des fleuves *qui coulent.*

---

[88] Sauf indication contraire, nous suivons l'éd. de P. DE LAGARDE, *Hagiographa Chaldaice,* Leipzig, 1873. Le targum des Ps est très vraisemblablement d'origine palestinienne. Malgré de nombreuses retouches et des ajouts, il conserve certains éléments d'un fonds exégétique ancien contemporain du N.T.; cf. R. LE DÉAUT, *Introduction,* 132-135.

[89] *Biblia Sacra Polyglotta,* III, *ed.* Brianus WALTONUS, Londini, 1656.

[90] *Biblia Regia,* III, *ed.* Benedictus ARIAS MONTANUS, Antuerpiae, 1569.

[91] D'après notre restitution.

v. 20 Voici qu'il a *déjà* frappé le rocher et des eaux ont ruisselé et des torrents ...

Observations

Le v. 15 introduit le ministère de Moïse que le texte biblique ne considérait pas; ce rappel de Moïse et de son bâton nous reporte à Ex 17,6 ou Nb 20,11. Un autre trait s'inspire certainement d'Ex 17,6: au v. 20, le targum ajoute la préposition *b* devant le terme « rocher », à la différence du texte biblique du Ps 78,20. On voit combien le targum tend à combiner des éléments de divers passages traitant d'un même sujet.

Il eût été difficile de rajouter à l'expression biblique du copieux écoulement d'eau. Le targum n'a apporté que de légers remaniements, en précisant (v. 16) que les fleuves « coulent » [92] et en omettant (v. 20) de traduire le verbe *šṭp*, « se déverser, inonder ».

2. *Le targum du Ps 74,15a*

La lamentation du Ps 74 rappelait à Dieu, à la fois, ses exploits de créateur et de rédempteur (vv. 13-15) [93]. Le v. 15*a*: « Toi qui as creusé source et torrent » faisait allusion au combat de création, mais aussi au don de l'eau lors de la marche au désert. Le targumiste n'a retenu que le souvenir de l'Exode. C'est ainsi qu'au v. 14 les têtes de Léviathan sont devenues dans le targum « les têtes des hommes puissants de Pharaon » que Dieu a fracassées lors du passage de la mer. Le targumiste ensuite rapporte le v. 15*a* au prodige du rocher dans le désert et le v. 15*b* au passage de l'Arnon, du Jabboq et du Jourdain asséchés. Considérons le targum du v. 15*a* en regard du TM.

Texte

TM	אתה בקעת מעין ונחל
T	אנת בזעתא מעיינא מן כיפא והוי לנחלא

Traduction du targum

C'est toi qui as creusé la source *du rocher* et *elle devint* un torrent.

---

[92] Avec P. Grelot, nous rattachons le participe *dngdyn* à *nhryn* et non à *my*ʾ; cf. P. Grelot, « Fleuves d'eau », *RB* 66 (1959), 369s., et Id., « À propos de Jean VII, 38 », *RB* 67 (1960), 224s.; à la différence de M.-É. Boismard, « De son ventre couleront des fleuves d'eau (Jo., VII, 38) », *RB* 65 (1958), 544s., et Id., « Les citations targumiques dans le quatrième évangile », *RB* 66 (1959), 374-376.

[93] Cf. *supra* n. 83.

Observations

Le targumiste a ajouté la mention du rocher (*kyp*ʾ comme en T Nb 20,11; T Ps 78,16), de sorte que la référence à l'épisode du don de l'eau est indiscutable. L'expression du texte biblique *wānāḥal*, « et le torrent », sert à magnifier le débit de la source jaillie du rocher: elle s'écoula « en torrent ».

3. *Le targum de Ha 3,9c*

Dans le targum, la prière de Ha 3 est truffée d'insertions midrashiques destinées à établir des correspondances avec les événements de l'histoire d'Israël[94]. Le targumiste exhorte à se convertir à la Loi avant le délai final (v. 1); dans cette perspective, il évoque, d'une part, les jugements que Dieu a exercés sur les infidèles et, d'autre part, les actes de puissance qu'il a réalisés pour le peuple avec lequel il a conclu au Sinaï une Alliance. Parmi ces oeuvres de puissance apparaît la vengeance que Dieu a exécutée en faveur de son peuple lors du passage de la mer (v. 8). Au v. 9*c*, on peut reconnaître le prodige du rocher[95]; au v. 10, l'ébranlement cosmique au Sinaï.

Voyons de plus près le v. 9*c*. Il n'est pas évident que le texte biblique était déjà en rapport avec le prodige du don de l'eau du rocher[96]. L'auteur biblique, s'inspirant, semble-t-il, du phénomène de l'orage, avait en vue le combat de Dieu contre les puissances ennemies de son peuple: « Tu fends la terre par des fleuves ». Mais l'allusion précise nous échappe. Le targumiste interprétera.

Texte du targum

להון בזעתא טנרין תקיפין נפקו נהרין שטפין ארעא

Traduction

Pour eux tu as fendu *des rochers puissants*: des fleuves *ont jailli inondant* la terre.

Observations

Le terme biblique « fleuves » et le verbe *bq*ᶜ, « fendre », ont servi d'amorce à la paraphrase. Ces mots ont rappelé au targumiste le prodige

---

94 Nous employons l'éd. de Sperber, *The Bible in Aramaic*, III, 470-472. T Ha 3 a été traduit et commenté par J. Potin, *La fête juive de la Pentecôte*, I, 162-182.

Notons qu'à propos de Ha 1-2, des interprétations attestées dans le targum semblent avoir été exploitées en *1 QpHa*; cf. W. H. Brownlee, « The Habakkuk Midrash and the Targum of Jonathan », *JJS* 7 (1956), 169-186.

95 Cf. J. Potin, *op. cit.*, I, 176.

96 M. Delcor, *Habacuc*, dans A. Deissler, M. Delcor, *Les Petits Prophètes* (La Sainte Bible de Pirot-Clamer 8/1), II, Paris, 1964, 428, admet cette allusion.

du rocher d'après la facture du Ps 78 où on trouve au v. 15 le verbe *bq*ᶜ et au v. 16 « comme des fleuves ». L'influence du Ps 78,15 rend compte également du pluriel « des rochers ». Et le participe *šṭpyn,* « inondant », décalque le verbe du Ps 78,20: « des torrents se sont déversés » (*yišṭōpû*) ou « ont inondé »; à ce participe tiré du Ps 78,20, le targum a rattaché comme complément le substantif « la terre » présent dans le texte biblique de Ha 3,9.

4. *L'aggadah sur Rephidim d'après JOSÈPHE*

Ces paraphrases targumiques que nous venons de considérer sont-elles anciennes? Nous répondrons que la technique midrashique qui préside à leur élaboration est ancienne, car nous possédons dans les *Antiquités juives* un précieux témoignage d'une semblable interpénétration des éléments de différents récits et d'une insistance sur l'abondance de l'eau jaillie du rocher d'Ex 17,6. En effet, quand JOSÈPHE raconte le prodige du rocher, il situe l'événement à Rephidim [97]. Mais son récit ne s'en tient pas pour autant aux seules données bibliques d'Ex 17,1-7; il combine d'autres éléments bibliques et aggadiques concernant les prodiges du don de l'eau au désert. La structure d'ensemble est celle que JOSÈPHE donne souvent à ses récits de miracles: après une promesse de Dieu répondant à la supplication de Moïse, le prophète annonce au peuple le secours de la providence divine. Nous citons *Ant.* III, 35-38 [98]:

> 35 - Dieu ne différa pas longtemps d'accorder cette faveur; il promit à Moïse de produire une source abondante (πηγὴν καὶ πλῆθος ὕδατος) qui jaillirait d'un endroit imprévu. Et il lui commande de frapper de son bâton la roche qui se trouvait là devant leurs yeux; c'était d'elle qu'ils recevraient en abondance tout ce qu'ils désiraient; il veillerait aussi à ce que l'eau leur apparût sans peine ni travail....
>
> 36 - Dès qu'il arrive, (Moïse) leur dit que Dieu voulait les délivrer aussi de cette détresse et qu'il daignait même les sauver d'une façon inespérée; de la roche jaillirait pour eux un courant d'eau (ἐκ τῆς πέτρας ποταμὸν αὐτοῖς ῥυήσεσθαι λέγων).
>
> 37 - Tandis que cette nouvelle les stupéfie à la pensée d'être encore obligés, tout épuisés qu'ils sont par la soif et le voyage, à tailler dans le rocher, Moïse le frappe de son bâton; celui-ci s'entr'ouvrant (χανούσης), il s'en échappe une eau abondante (ὕδωρ πολύ) et parfaitement lim-
>
> 38 - pide. Eux sont frappés de l'étrangeté de ce spectacle et rien qu'à son aspect, leur soif se calme déjà; ils en boivent, et ce liquide leur paraît agréable et délicieux et tel qu'un vrai présent de Dieu (οἷον ἂν εἴη θεοῦ τὸ δῶρον δόντος). Ils en conçoivent aussi de l'admiration pour Moïse, si fort en honneur auprès de Dieu et ils offrent des sacrifices pour remercier Dieu de la providence dont il les a entourés. Un [99] écrit déposé dans le temple atteste que Dieu avait prédit à Moïse qu'il ferait ainsi sortir de l'eau du rocher.

---

[97] Il écrit *Raphidein*; cf. la tradition textuelle de la LXX.

[98] Trad. de J. WEILL, 152.

[99] Nous avons modifié la trad. citée qui porte: « l'écrit ».

L'historien a composé une véritable pièce aggadique. À trois reprises, il marque la magnificence du jaillissement. Dans l'expression « une eau abondante », on peut voir une réminiscence de Nb 20,11 [100]. Les paroles par lesquelles Moïse annonce au peuple la promesse divine rappellent, certes, la promesse biblique: « et il en (= du rocher) sortira de l'eau » (Ex 17,6), mais la facture qui leur est imprimée ajoute à l'énoncé biblique des traits provenant d'autres épisodes. Moïse dit aux Israélites que « du rocher un fleuve s'écoulerait pour eux »; ainsi devons-nous traduire littéralement la paraphrase de JOSÈPHE. Un fleuve: l'amplification peut faire écho au Ps 105,41 (*nāhār*) et le verbe ῥεῖν ne va pas sans rappeler le correspondant *zûb* (Ps 78,20; 105,41; Is 48,21) [101]. De plus, comme en Nb 20,8.10 et Nb 21,16, ainsi que dans l'aggadah targumique sur le puits (T Nb 21,16.18s.), un pronom « pour eux » vient indiquer les destinataires du prodige [102]. Le récit a recueilli un autre trait hyperbolique, celui de l'ouverture du rocher [103]. Quant à l'appréciation de cette eau, elle procède avec évidence du processus aggadique de combinaison des traditions: l'eau est qualifiée de « don » de Dieu (*Ant.* III, 38). Le TP Nb 21,16.18s. avait appliqué au puits le terme biblique Mattanah, « don », et la paraphrase targumique répétait que le puits avait été « donné en don ». JOSÈPHE, qui ne rapportera pas l'épisode de Nb 21,16ss, a transposé à l'eau du rocher cette propriété. H. St. J. THACKERAY a d'ailleurs identifié au chant du puits l'écrit dont parle JOSÈPHE en finale de son récit: la prédiction de Dieu à Moïse (*Ant.* III, 38) ferait allusion aux paroles d'introduction de ce chant (Nb 21,16) [104].

5. *Les recueils midrashiques*

Les recueils midrashiques ne possèdent guère, à notre connaissance, de développements concernant le jaillissement de l'eau à Rephidim. Il est vrai qu'*Ex R.* 26,2 à Ex 17,6 rapporte: « Lorsque les eaux jaillirent, elles abreuvèrent toutes les tentes d'Israël », mais nous estimons que ce commentaire tire son origine de la tradition sur le puits. C'est, en effet, à

---

[100] Même formule dans la LXX Nb 20,11.

[101] Cf. la LXX à ces vv.; Aquila Is 48,21.

C. H. KRAELING, *The Excavations. The Synagogue*, 122 et n. 432, avait fait remarquer la mention d'un fleuve dans ce récit de JOSÈPHE et « an allusion to Num. 21 ».

[102] Cf. aussi *LAB* 10,7: « eis »; T Ha 3,9.

Notons aussi que les précisions concernant la localisation du rocher (*Ant.* III, 35) rappellent peut-être Nb 20,8.10. Comme Sg 11,7, *Ant.* III, 36 signale le caractère inespéré de l'événement.

[103] Le verbe est propre à JOSÈPHE, mais le thème peut être en relation avec Ps 78,15; 105,41; Is 48,21. D'après PHILON aussi, *Mos.* I, 211, le rocher fut ouvert (ἀναστομωθεῖσα).

[104] *Josephus. The Man and the Historian*, New York, 1929, 90. Selon cet auteur, les allusions de JOSÈPHE à des écrits dans le Temple se rapporteraient à une collection de chants tirés principalement de la Bible; le recueil aurait été constitué à l'usage des chantres du Temple. Ajoutons que, d'après *R.H.* 31*a*, Nb 21,16 était chanté au Temple tous les trois sabbats.

propos du puits, comme nous le verrons, que s'est constituée la mise en scène d'un campement où, à un état déjà bien élaboré de la tradition, on décrit l'eau parvenant jusqu'aux tentes des Israélites [105].

Les commentateurs n'oubliaient pas les récits bibliques du prodige du rocher, mais, en vertu du processus de fusion des traditions, il n'est pas rare que, dans les récits midrashiques, le puits attire à lui les traditions relatives au rocher [106]. Toutefois, Nb 20, 11 a joui d'un double traitement aggadique: l'eau jaillissant du rocher fut envisagée, d'une part, dans le cycle du puits, comme nous allons le voir au chopitre IV; elle fut considérée, d'autre part, dans le cycle du rocher, comme nous le verrons au chapitre V.

---

[105] Cf. *infra* p. 185.

Le *Coran* VII, 160 présente un avatar de la même tradition du campement: « Nous les (= le peuple de Moïse) avons partagés en douze tribus, en douze communautés. Nous avons révélé à Moïse, lorsque son peuple lui demanda à boire: 'Frappe le rocher avec ton bâton'; douze sources en jaillirent et chacun des groupes sut où il devait boire »; trad. de D. MASSON, *Le Coran* (Bibliothèque de la Pléiade), Paris, 1967, 204 (cf. aussi *Coran* II, 60). La tradition peut faire penser à l'*Exagōgē*, mais le poète ÉZÉCHIEL ne répartissait pas les sources selon les tribus. La tradition musulmane emprunte, en fait, l'aggadah à un stade plus évolué: celui du campement autour du puits, mais elle substitue le rocher au puits.

[106] Cf. par ex. *infra* p. 169.179.183s.187.

Chapitre IV

Miryam et le puits.
L'aggadah sur les trois dons

Dans les traditions aggadiques, le manque d'eau qui, selon Nb 20,2, affecta le peuple à Qadès fut souvent compris comme une disparition du puits; quant au jaillissement du rocher de Nb 20,11, il fut parfois considéré comme un retour du puits. Nous allons prendre connaissance de ces traditions dans leurs contextes.

I. Présentation des traditions targumiques

1. *Les targums à Nb 20,1-2. À la mort de Miryam, le puits fut caché*

Synopse des recensions

v. 1

TM	ויבאו	בני	ישראל	כל		העדה	מדבר	צן
Ps-J	ואתו	בני	ישראל	כל		כנישתא	למדברא	דצין
N	ועלו	בני	ישראל	כל	עם	כנישתה	מדברה	דצין
O	ואתו	בני	ישראל	כל		כנשתא	למדברא	דצין

TM		בחדש	הראשון	וישב	העם	בקדש
Ps-J	בעשרא יומין	לירחא	דניסן			
N		בירחה	קדמאה	ושרון	עמה	ברקם
O		בירחא	קדמאה	ויתיב	עמא	ברקם

TM	ותמת	שם	מרים	ותקבר	שם	:
Ps-J	ומיתת	תמן	מרים	ואתקברת	תמן	:
N	ומיתה	תמן	מרים	ואתק⟨בר⟩ת	תמן	:
O	ומיתת	תמן	מרים	ואתקברת	תמן	:

v. 2

TM		ולא	היה	מים
Ps-J	ולפום דבזכותא דמרים איתיהיבת בירא כד שכיבת איתגניזת בירא	ולא	הוו	מוי

N	ולא הווה		מיין	לעם
110	ולא הוה	תמן	מיא	לעם
O	ולא הוה		מיא	

TM	לעדה		ויקהלו	על	משה	ועל	אהרן	:
Ps-J	לכנישתא		ואיתכנישו	על	משה	ועל	אהרן	:
N	כנישתה		וכנשו	על	משה	ועל	אהרן	:
110	כנשתא	ארום מיתת מרים נביאתא ואיתגניזת באירא	ואתכנשו	על	משה	ועל	אהרן	:
O	לכנשתא		ואתכנישו	על	משה	ועל	אהרן	:

Variantes mineures et correction textuelle

N, au v. 1, a une interversion de consonnes: *w*ᵓ*tqrbt* au lieu de *w*ᵓ*tqbrt*; nous avons corrigé le texte. En M, on peut signaler au v. 1 le verbe *w*ᵓ*twn* et l'expression *ᶜm*ᵓ *dknšt*ᵓ *bm...*; au v. 2, le verbe *w*ᵓ*tknšw*. Au v. 2, Ps-J *ed. pr.* a les variantes orthographiques ᵓ*tyhybt* et ᵓ*tgnyzt*.

Traductions

v. 1

Ps-J Les enfants d'Israël, toute la communauté, arrivèrent au désert de Tsin, *le dixième jour* du mois *de nisan*. ... C'est là que mourut Miryam et là qu'elle fut mise au tombeau.

N Les enfants d'Israël, tout *le peuple de* la communauté, pénétrèrent au désert de Tsin, le premier mois, et le peuple campa à *Reqem*. C'est là que mourut Miryam et là qu'elle fut mise au tombeau.

O Les enfants d'Israël, toute la communauté, arrivèrent au désert de Tsin, le premier mois, et le peuple campa à *Reqem*. C'est là que mourut Miryam et là qu'elle fut mise au tombeau.

v. 2

Ps-J *Et, parce que le puits avait été donné pour le mérite de Miryam, quand elle décéda, le puits fut caché* et il n'y eut plus d'eau pour la communauté. Ils s'assemblèrent donc contre Moïse et contre Aaron.

N Il n'y avait pas d'eau pour *le peuple de* la communauté et ils s'assemblèrent contre Moïse et contre Aaron.

110 Il n'y avait pas *là* d'eau pour *le peuple de* la communauté: *en effet, Miryam la prophétesse était morte et le puits avait été caché.* Ils s'assemblèrent donc contre Moïse et contre Aaron.

Observations

Au v. 1, il manque en Ps-J la mention du campement à Qadès; l'omission est sans doute accidentelle. N et O remplacent Qadès par Reqem qui est le nom local de la ville de Pétra [1]. Comment peut-on expliquer cette substitution? Elle repose probablement sur une localisation aggadique du « rocher » des eaux de Meribah (Nb 20,8ss) qui, dans la rédaction biblique (Nb 20,1), était situé à Qadès: de façon populaire et au mépris de la géographie, la ville de Pétra, la « Roche », a pu être considérée dans la tradition postbiblique comme le site de l'épisode du rocher et les targumistes transférèrent Qadès à Pétra-Reqem [2].

On remarquera aussi en Ps-J Nb 20,1 l'explicitation historique: il donne le nom du premier mois et le jour de l'arrivée. Cette précision n'est peut-être pas gratuite. A. JAUBERT a signalé [3] que, selon le calendrier sacerdotal, ce jour peut correspondre à un vendredi; le targum prendrait soin de suggérer que le déplacement fut terminé avant le sabbat.

Le v. 2 en Ps-J comporte une longue introduction qui le relie au v. 1. Le manque d'eau signalé au v. 2 est mis en relation avec la mort de Miryam rapportée au v. 1. La pénurie d'eau équivaut, selon cette aggadah, à la disparition du puits. Et comme celui-ci avait été donné pour le mérite de Miryam, la mort de Miryam cause la perte du puits. Le targumiste ne croit pas devoir présenter davantage le puits. Il en parle comme d'un don bien connu. Le ms. 110 connaît une explication aggadique comparable, mais il la situe après la mention du manque d'eau. Elle vise aussi à relier le v. 2 au v. 1. Le manque d'eau que le peuple subit « là » eut pour cause la mort de Miryam et il équivaut à la perte du puits. La disparition du puits est exprimée en Ps-J et 110 par le *ithpeel* du verbe *gnz*: le puits « fut caché ». On peut remarquer aussi le titre de prophétesse donné à Miryam en 110 [4].

---

[1] JOSÈPHE, *Ant.* IV, 161, connaît ce nom local de Pétra; cf. M. DELCOR, « La portée chronologique de quelques interprétations du Targoum Néophyti contenues dans le cycle d'Abraham », *JSJ* 1 (1970), 115; M. MCNAMARA, *Targum and Testament*, 199; LE DÉAUT, *Targum du Pent.*, I, 159, n. 10.

[2] Cf. F.-M. ABEL, *Géographie de la Palestine* (EB), II, Paris, 1938, 436; J. STARCKY, « Pétra et la Nabatène », *SDB*, VII, Paris, 1966, 898. On notera spécialement l'explicitation du Ps-J Gn 14,7 où l'expression biblique déjà glosée « la fontaine du Jugement, à savoir Qadès » est ainsi paraphrasée: « *à l'endroit où fut tranché le jugement de Moïse, le prophète, près de la fontaine des Eaux-de-la-Dispute,* à savoir *Reqem* ».

[3] « Fiches de calendrier », dans *Qumrân. Sa piété, sa théologie et son milieu* (Bibl ETL 46), *ed.* M. DELCOR, Gembloux-Leuven, 1978, 308.

[4] Ce titre, que la Bible appliquait déjà à Miryam (cf. Ex 15,20), lui est décerné ailleurs par les autres recensions targumiques: N, M, 440, Nur Nb 21,1; cf. aussi Ps-J, N, 440, Nur Nb 12,16; R. LE DÉAUT, « Miryam, soeur de Moïse », 205s.

2. *Miryam et le puits d'après les targums à Nb 21,1*

En N, M, 440, Nur Nb 21,1, une tosephta enclavée dans la traduction du récit biblique signale ou suggère la disparition du puits à la mort de la prophétesse. Le contexte est le suivant. En Nb 20,29, le texte biblique avait relaté la mort d'Aaron; en 21,1, il s'agissait de l'attaque menée contre Israël par le Cananéen. Le TP découvrit l'occasion de cette attaque dans le fait de la mort d'Aaron qui provoqua la disparition de la nuée. À l'énoncé de la mort d'Aaron, ces targums joignirent le rappel de la mort de Miryam et la perte du puits [5].

Nous présentons la synopse des recensions targumiques de cette aggadah pour ce qui concerne la disparition de la nuée et du puits.

a

N	ושמע כנענאה ... ארום אסתלק אהרן גברא חסידה
M	מית אהרן
440	ושמע כנענאה ... ארום מית אהרן גברא חסידא
Nur	ושמע כנענאה ... ארום מית אהרן גברא חסיד'

b

N	דבזכותיה הוון ענני איקרה מ[פק]ין ית ישראל
440	דביזכותיה הוון ענני דיקר' מגנין על ישר'
Nur	דבזכותיה הוון ענני דיקר' מגנין על ישר'

c — *a'*

N	וארום אסתלקת מרים נביאתה
M	ואסתלק עמודא דעננא וארום ⟨מיתת⟩ מרים נביאתה
440	ואיסתלק עמודא דעננא וארום מיתת מרים נביאת'
Nur	ואיסתלק עמודא דענג' וארום מיתת מרים נביאת'

b' — *c'*

N	דבזכותה הוות בירה סלקה להון
M	ואתגנזת באירה ...
440	דבזכותה הוות בירא מהלכא ואיתגנזת בירא ...
Nur	דבזכותה הות בירא מהלכא ואיתגנזת בירא ...

---

[5] Cette tosephta est rattachée au verbe *šmᶜ*, « entendit, apprit », du texte biblique. Ps-J Nb 21,1 ne mentionne pas la mort de Miryam et la disparition du puits; 110 n'est pas représenté en ce v. L'attaque du Cananéen est encore expliquée dans toutes les recensions représentées en Nb 21,1 par le fait que les Israélites arrivaient alors par la route qui avait été celle des explorateurs; comme le dit explicitement Ps-J Nb 21,1, c'était le « *lieu où ils s'étaient révoltés contre le Maître de l'univers* ». La mention des explorateurs a été attirée par le nom propre *hāᵓatārîm* (les Atarim) qui fut compris comme un nom commun: *hattārîm*, « les explorateurs » (aussi en O, Aquila, Symmaque, *Pesh.*, *Vulg.*); cf. A. E. SILVERSTONE, *Aquila and Onkelos*, 85; R. LE DÉAUT, *Targum du Pent.*, III: *Nombres* (SC 261), Paris, 1979, 191, n. 3.

Correction textuelle

En N, la leçon *mpqyn* a été pointée par le scribe; il faut lire *mqpyn*. Nous avons suppléé en M la mention de la mort de Miryam.

Traductions

N Le Cananéen ... apprit (*a*) *qu'Aaron avait été enlevé*[6], *l'homme pieux* (*b*) *pour le mérite de qui les nuées de la Gloire entouraient Israël,* (*a'*) *et que Miryam avait été enlevée, la prophétesse* (*b'*) *pour le mérite de qui le puits montait pour eux ...*

M ... (*qu'*) *Aaron était mort et la colonne de nuée avait été enlevée, et que Miryam la prophétesse* (*était morte*) *et le puits avait été caché ...*

440 =Nur Le Cananéen ... apprit (*a*) *qu'Aaron était mort, l'homme pieux* (*b*) *pour le mérite de qui les nuées de la Gloire protégeaient Israël,* (*c*) *et la colonne de nuée s'était élevée,* (*a'*) *et que Miryam était morte, la prophétesse* (*b'*) *pour le mérite de qui le puits marchait* (*avec eux*), (*c'*) *et le puits avait été caché ...*

Observations

440 et Nur, à part quelques variantes orthographiques, dénotent un accord parfait. La tosephta présente une structure symétrique parallèle de deux groupes de trois éléments:

a la mort d'Aaron,
b la relation entre Aaron et les nuées de la Gloire,
c la disparition de la colonne de nuée,
a' la mort de Miryam,
b' la relation entre Miryam et le puits,
c' la disparition du puits.

Cette aggadah constitue à l'intérieur de la paraphrase targumique à Nb 21, 1 une entité particulière, bien rythmée pour une transmission orale. Les membres *a* et *a'* se rattachent au verbe *šmᶜ* du texte biblique par la conjonction *ʾrwm*; ils présentent ensuite le verbe *myt*, puis le nom de la personne et une épithète. Les membres *b* et *b'* marquent par l'expression *bzkwt*, « pour le mérite de », la relation à Aaron et à Miryam respectivement des nuées et du puits; leur structure intérieure est également parallèle: d'abord l'expression *bzkwt*, puis le verbe *hwh*, le nom des nuées ou du puits et leur propriété (*mgnyn*, « entourant »; *mhlkʾ*, « marchant »). Les membres *c* et *c'* expriment la conséquence de ce qui précède: d'abord, le verbe marquant la disparition, précédé d'un *waw*, et ensuite, le nom

---

6 *Targum du Pent.*, III, 190: « était mort »; nous gardons l'expression littérale en raison d'un jeu de mots qui sera expliqué dans les « Observations ».

de la nuée ou du puits [7]. La disparition du puits est exprimée par le *ithpeel* de *gnz*: « il fut caché ». La perte de la nuée est signifiée par une forme réfléchie de *slq*. Cette forme verbale se rencontre plusieurs fois dans les targums (par ex. Ps-J, N, O Ex 40,36s.) pour traduire l'élévation de la nuée au moment où les Israélites devaient se déplacer; elle rend alors, de façon littérale, le *niphal* de *ʿlh*, « s'élever » [8]. La même expression *ʾstlq* tendit à s'imposer dans les targums pour exprimer le retrait de la nuée même là où le TM employait un autre verbe que *ʿlh*; ainsi en est-il en Ps-J, O Nb 12,10 où le TM a le verbe *sār*, « se retira » [9]. Et la chose se comprend, car *ʾstlq* pouvait signifier tout à la fois « s'élever » et « être enlevé, disparaître » [10]. Le double de sens de *ʾstlq* convenait parfaitement pour exprimer la disparition de la nuée qui, pour se retirer, s'élevait.

N et M ne comportent pas comme 440, Nur cette double série de trois éléments. Ils présentent néanmoins chacun une structure symétrique parallèle de deux séries de deux éléments.

N ne possède pas les éléments *c* et *c'*. La disparition des nuées et du puits à la mort du personnage avec lequel ils étaient en relation est cependant sous-entendue dans ce targum. En effet, la mort d'Aaron et de Miryam en *a* et *a'* est exprimée non par le verbe *myt*, « mourir », mais par le réfléchi de *slq* que M, 440, Nur emploient en *c* pour signifier la disparition de la nuée. Le réfléchi de *slq* possède, en effet, outre les significations de « s'élever » et d'« être enlevé, disparaître », celle de « mourir », comme M. McNamara l'a démontré [11]. Par brachylogie, la disparition des nuées est suggérée dans la mention de la « disparition » d'Aaron avec qui elles étaient en relation. La disparition du puits était exprimée en 440, Nur Nb 21,1 par le *ithpeel* de *gnz* et cette expression est commune dans les targums à propos du puits. Mais N, après avoir employé au membre *a'* la forme *ʾstlqt* pour dire la mort de Miryam, est parvenu à introduire au membre *b'* le verbe *slq* dans l'énoncé de la caractéristique du puits en relation avec Miryam: pour son mérite « le puits montait ». La brachylogie se prolonge

---

[7] En 440, Nur, l'autre raison d'attaquer Israël, à savoir le fait qu'ils arrivent par la route des explorateurs, ne se rattache pas au verbe *šmʿ*: elle est introduite dans une harangue que le Cananéen adresse à ses hommes et cette construction se retrouve aussi en M. Mais en N, l'aggadah concernant la route des explorateurs est rattachée au verbe *šmʿ* par la conjonction *ʾrwm*, sans toutefois être coordonnée aux deux membres précédents par le *waw* que l'on trouve avec le *ʾrwm* introduisant la mort de Miryam. En Ps-J, il y a coordination. Il semble que primitivement il s'agissait de deux pièces aggadiques différentes.

[8] Id. en Nb 9,17: Ps-J, N, O (M a la forme simple *slq*); Nb 9,21: Ps-J, N, O; Nb 9,22: Ps-J, N, O (M a *slq*).

[9] N a la forme *sṭt*, « se retira », et M *ʿbr*, « passa ».

[10] Cf. Jastrow, 997.

[11] *The New Testament and the Palestinian Targum to the Pentateuch* (AnBib 27A), 2e impr. corrigée, Rome, 1978, 148s.

donc à propos du puits: en apprenant que Miryam a été « enlevée », on comprend que le puits ne « montera » plus [12].

Quant à M, il ne connaît pas les éléments *b* et *b'*; il se contente de signaler de façon parallèle la mort des deux personnes et en conséquence la disparition de la nuée et du puits, selon la terminologie commune: le réfléchi de *slq* pour la nuée, *ᵓtgnzt* pour le puits caché [13].

3. *Ps-J Nb 20,13. Le puits caché fut redonné*

Le manque d'eau de Nb 20,2 était assimilé à la disparition du puits. Ps-J Nb 20,13 conclut en nous apprenant que le puits fut redonné. Tout l'épisode des eaux de Meribah en Ps-J est ainsi inclus entre deux mentions du puits.

Ps-J Nb 20,13

הינון מי מצותא דנצו בני ישראל קדם ייי על עיסק בירא דאיתגנזת ואתקדש בהון במשה ואהרן כד אתיהבת להום [14].

Traduction

> Ce sont là les « Eaux-de-la-Dispute » où les enfants d'Israël se disputèrent *devant* YHWH, *au sujet du puits qui avait été caché,* et (où) il fut sanctifié par eux, *par Moïse et Aaron, lorsqu'il leur fut redonné.*

Observations

La paraphrase est constituée de deux insertions aggadiques qui explicitent le texte biblique. La querelle avait pour occasion la disparition du puits; il s'agissait, en effet, de la querelle qui éclata au v. 3, suite au manque d'eau. On voit que Ps-J exprime également la perte du puits par la forme *ᵓytgnzt,* « il avait été caché ».

---

[12] En N Nb 21,1, le jeu de mots sur le verbe *slq* fut encore prolongé dans la pièce aggadique concernant les explorateurs: Israël arrive « par la route *par laquelle les explorateurs étaient montés* (*slyqw*) »; cf. R. LE DÉAUT, « Miryam, soeur de Moïse », 211, n. 1. Ps-J Nb 20,29 et 21,1 fait aussi un jeu de mots pour exprimer la relation entre la mort d'Aaron et la disparition de la nuée: l'âme d'Aaron « repose » (*nḥ*) et les nuées « s'élèvent ».

[13] On trouve encore une mention du puits en relation avec la personne de Miryam dans l'épisode de la lèpre de celle-ci. Le TP Nb 12,16 connaît une longue tosephta développant le thème de l'attente du peuple qui ne partit pas avant que Miryam fût réadmise. Cette attente est considérée comme la récompense de cette autre attente que Miryam avait consentie autrefois au bord du fleuve auprès de Moïse. Ce n'est pas seulement tout le peuple qui attendit Miryam, mais encore « *les nuées de la Gloire et le puits* » selon N, 110, 440, Nur, auxquels Ps-J ajoute encore la Tente. Toutefois, étant donné que la mention du puits voisine avec celle des nuées et de la Tente, nous n'insisterons pas sur ces textes. D'ailleurs, l'accent porte moins ici sur la relation du puits à Miryam que sur l'attente consentie par Israël au grand complet, c'est-à-dire avec tout ce qui les accompagnait, à savoir: les nuées, le puits, la Tente.

[14] L'*ed. pr.* a des variantes orthographiques: *dᵓtgnyzt* et *ᵓytyhybt.*

Le second ajout détermine le moment où Dieu fut sanctifié. Cette sanctification advint lorsque le puits « fut redonné ». Il nous paraît nécessaire de traduire ici *ᵓtyhbt* par une forme itérative, à la différence du v. 2. C'est un retour du puits en rapport avec Moïse et Aaron [15]. Nous comprenons que, d'après ce targum, l'eau que Moïse et Aaron firent jaillir lors de cet épisode est un nouveau don du puits.

II. Situation des énoncés targumiques dans le développement de l'aggadah

Les énoncés targumiques sur Miryam et le puits, Aaron et les nuées, devront être étudiés dans un ensemble midrashique plus large, prenant en considération également le mérite de Moïse. Nous nous appliquerons à retracer la formation de l'ensemble et son évolution.

1. *L'aggadah sur les trois dons et sur leurs disparitions*

a) *L'analyse*

LAB 20, 8 rassemble le puits, la colonne de nuée et la manne qui constituent trois dons obtenus en relation avec les trois chefs du peuple, respectivement Miryam, Aaron et Moïse:

> Et après la mort de Moïse, la manne cessa de descendre pour les fils d'Israël et alors ils commencèrent à manger des fruits du pays. Et voici les trois (dons) que Dieu donna à son peuple à cause de (« propter ») trois personnages: le puits d'eau de Myrra en faveur de (« pro ») Miryam, la colonne de nuée en faveur d'Aaron et la manne en faveur de Moïse. Et une fois disparus (« finitis ») ces trois (personnages), ces trois (dons) furent enlevés (« ablata ») aux (fils d'Israël).

Nous confronterons le récit du Pseudo-PHILON avec des énoncés midrashiques parallèles et d'abord avec celui qui est attribué à Yosé b. Yehudah (vers 180) [16]. Les nombreuses correspondances nous feront reconnaître l'identité de la tradition [17]; les différences nous permettront de retracer le cheminement aggadique [18]. Nous traduisons *Taᶜan.* 9*a* [19]:

---

15 Le complément *bām* fut compris comme désignant Moïse et Aaron. Dans le texte biblique, il désigne les eaux ou bien les Israélites.

16 Des relevés de sources rabbiniques ont été établis par GINZBERG, *Legends*, III, 48s.; VI, 19s., n. 113; L. H. FELDMAN, *Prolegomenon*, CVI.

17 Cf. GINZBERG, *Legends*, VI, 20, n. 113: « The agreement of ps.-Philo with the sources quoted above (= les sources rabbiniques) is to be noticed even in the phraseology »; et déjà L. COHN, « An Apocryphal Work Ascribed to Philo of Alexandria », *JQR* (O.S.) 10 (1898), 321.

18 Les différences ne sont pas moins importantes que les ressemblances: une tradition, on le sait, peut évoluer. C'est pourquoi l'art. d'A. ZERON, « Erwägungen zu Pseudo-Philos Quellen und Zeit », *JSJ* 11 (1980), 42 (à propos de l'aggadah sur les trois dons), aurait gagné à analyser les énoncés parallèles. Notre étude montrera que *LAB* 20, 8 atteste un premier stade dans le cheminement de l'aggadah.

19 Par. mais sans les références scripturaires en *Tos. Soṭ.* 11, 10; cf. BACHER, *Tannaiten*, II, 420.

R. Yosé b. Yehudah dit: Trois bons intendants (*prnsym*) surgirent pour Israël et ce sont: Moïse, Aaron et Miryam. Et trois dons (*mtnwt*) précieux furent donnés (*nytnw*) à cause d'eux (*ᶜl ydm*) et ce sont: le puits, la nuée et la manne. Le puits (fut donné) pour le mérite (*bzkwt*) de Miryam, la colonne de nuée pour le mérite d'Aaron, la manne pour le mérite de Moïse. Quand Miryam mourut, le puits fut enlevé (*nstlq*), comme il est dit: *Et là mourut Miryam* (Nb 20,1) et il est écrit après cela: *Et il n'y avait pas d'eau pour la communauté* (Nb 20,2); mais il revint pour le mérite d'eux deux. Quand Aaron mourut, les nuées de gloire furent enlevées (*nstlqw*), car il est dit: *Alors le Cananéen, roi d'Arad, entendit* (Nb 21,1). Quelle nouvelle entendit-il? Il apprit qu'Aaron était mort et que les nuées de gloire avaient été enlevées. Et ainsi il jugea qu'il lui était permis de faire la guerre à Israël; c'est ce qui est écrit: *Et toute la communauté* fut visible (*ou* craignit) parce qu'*Aaron avait expiré* (Nb 20,29) ... [20]. Mais les deux revinrent pour le mérite de Moïse. Quand Moïse mourut, tous (les dons) furent enlevés, comme il est dit: *Et je fis disparaître les trois pasteurs en un seul mois* (Za 11,8). Mais est-ce bien en l'espace d'un mois qu'ils moururent? Miryam n'est-elle pas morte en nisan, Aaron en ab et Moïse en adar? En fait, (l'Écriture) enseigne que les trois dons précieux furent retirés, qui avaient été donnés à cause d'eux. Et ils furent tous enlevés en un seul mois.

Les concordances

Il n'est pas douteux que ce soit l'aggadah attestée par le Pseudo-PHILON que nous retrouvons remaniée par Yosé b. Yehudah. De part et d'autre, on a le verbe « donner »; l'aggadah rabbinique ajoute le terme *mtnwt*, « dons » [21]. On marque le rapport numérique entre trois dons et trois personnages. Les dons sont les mêmes et le même don est en relation avec la même personne. La relation du don à la personne est exprimée en milieu rabbinique par l'expression *bzkwt*, « pour le mérite de » [22]; elle est traduite par les prépositions « propter » et « pro » dans le texte latin du Pseudo-PHILON. L'ordre d'énumération des dons est le même de part et d'autre: d'abord le puits en relation avec Miryam, ensuite la colonne de nuée en relation avec Aaron, finalement la manne en relation avec Moïse.

---

[20] Ici s'insère une parenthèse: « R. Abbahu dit: Il ne faut pas lire (*ʾl tqry*): *wyrʾw* mais *wyyrʾw*, conformément à ce qu'explique Resh Laqish: *kî* a quatre significations, etc. ».

[21] L'*ed. pr.*: J. SICHARDUS, *Philonis Judaei Alexandrini Libri Antiquitatum* ..., Basileae, 1527, 21A, possède aussi le terme « dona » dans la conclusion: « Et finitis his tribus, ablata sunt haec tria dona ab illis »; cf. aussi l'apparat critique d'*Ant. Bibl.*, I, 170.

[22] *Taᶜan.* 9*a* a parfois substitué l'expression *ᶜl yd* à *bzkwt* qui apparaît à travers les divers témoignages de la tradition comme l'expression consacrée. En effet, *bzkwt* est toujours employé pour exprimer le rapport du don singulier à la personne, par ex. « le puits pour le mérite de Miryam ». On ne trouve *ᶜl yd* que parfois dans l'énoncé de synthèse: trois dons « en raison de » trois personnes. À propos des dons obtenus par les trois intendants, cf. G. F. MOORE, *Judaism*, I, 542s. Sur l'expression *bzkwt*, cf. J. BOWKER, *The Targums and Rabbinic Literature*, 202s.; en outre A. MARMORSTEIN, *The Doctrine of Merits in Old Rabbinical Literature*, London, 1920.

L'aggadah en *LAB* 20,8 comporte une particularité: elle assimile l'eau de Marah et le puits donné en faveur de Miryam. Mais cette fusion des traditions ne soustrait pas la version du Pseudo-PHILON à la tradition commune; elle en accentue plutôt un des éléments: par un jeu de mots entre Marah et Miryam est mise en valeur la relation entre Miryam et le puits [23].

Il est une dernière correspondance; elle concerne la disparition du don à la mort de la personne avec qui il était en relation. Le Pseudo-PHILON commence par signaler la disparition de la manne à la mort de Moïse; elle cessa de descendre. La raison pour laquelle il commence par la manne est que la disparition de celle-ci, dans le contexte de sa chronique aggadique, est le point auquel il était parvenu. Traitant, en effet, de la prise de possession du Pays selon le récit du livre de *Josué*, *LAB* 20,8 en arrive, en s'inspirant de Jos 5,12, à rapporter que la manne cessa et que les Israélites mangèrent des produits du Pays. Cette notation lui procure l'occasion d'insérer la pièce aggadique traditionnelle sur les trois dons et les trois personnes en faveur de qui ils avaient été accordés. En finale de cette pièce aggadique, il témoigne, de façon globale, de la disparition des trois dons à la mort des trois personnages.

En milieu rabbinique, l'aggadah détaille ce que le Pseudo-PHILON n'exprimait que de façon globale:

> Quand Miryam mourut, le puits fut enlevé...
> Quand Aaron mourut, les nuées de gloire furent enlevées...

Les éléments nouveaux

Mais à propos de la mort de Moïse, Yosé b. Yehudah ne considère pas la seule disparition de la manne; il s'intéresse à celle des trois dons. Le midrash rabbinique connaît fort bien pourtant la disparition de la manne en relation avec la mort de Moïse. La *Mekh.* Ex 16,35 nous livre l'énumération complète:

> Quand Miryam mourut, le puits fut enlevé.
> Quand Aaron mourut, les nuées de gloire furent enlevées.
> Quand Moïse mourut, la manne fut enlevée.

Si le récit de Yosé b. Yehudah, à propos de la mort de Moïse, signale non pas formellement la disparition de la manne, mais celle des trois dons ensemble, c'est que la tradition sur la disparition des dons, au stade où il la reprend, a déjà subi un développement par rapport au récit du *LAB*. Le prolongement a consisté à faire revenir les dons disparus à la mort de Miryam et à la mort d'Aaron, pour en arriver à la disparition définitive des trois dons à la mort de Moïse. Cette élaboration est attri-

---

[23] Cf. *supra* p. 46.

buée à Yehoshua b. Ḥananiah (début du IIe siècle) dans la *Mekh.* Ex 16,35; son commentaire est rapporté à la suite immédiate de l'aggadah sur la disparition des dons que nous venons de considérer [24]:

> Quand Miryam mourut, le puits fut enlevé.
> Quand Aaron mourut, les nuées de gloire furent enlevées.
> Quand Moïse mourut, la manne fut enlevée.
> R. Yehoshua dit:
> Quand Miryam mourut, le puits fut enlevé, mais il revint (*wḥzrh*) pour le mérite de Moïse et d'Aaron.
> Quand Aaron mourut, la colonne de nuée fut enlevée, mais les deux revinrent pour le mérite de Moïse.
> Quand Moïse mourut, les trois furent enlevés et ne revinrent pas. Et les frelons ne passèrent pas avec eux le Jourdain.

On peut voir que les deux stades de développement restent ici nettement distincts. Le premier stade correspond à la tradition attestée dans *LAB* sur la disparition des dons. Le développement se fait à partir de cette aggadah primitive qui est, en ce qui concerne les deux premiers éléments, reprise et prolongée; le troisième élément est partiellement repris et transformé [25]. Ce second stade d'élaboration marque la relation de Moïse à l'égard des trois dons. Les deux dons qui n'avaient pas été donnés pour son mérite reviennent, de sorte que, à sa mort, ce fut la perte définitive de tous les trois.

Un élément de l'aggadah attribué à Yehoshua doit pourtant être corrigé:

> Quand Aaron mourut, la colonne de nuée fut enlevée, mais les deux revinrent pour le mérite de Moïse.

Le retour « des deux » est étrange, puisqu'il s'agissait de la disparition de la nuée seulement. Par ce couple, le midrash semble désigner la nuée et le puits, comme, dans la suite, les trois dons sont désignés par l'expression « les trois ». Mais il n'avait pas été dit que le puits, revenu pour le mérite de Moïse et d'Aaron, était à nouveau disparu pour qu'il doive revenir. On perçoit dans le tissu de l'aggadah telle qu'elle nous est ici transmise la trace d'une main étrangère qui a appliqué une pièce nou-

---

[24] Cf. BACHER, *Tannaiten,* II, 121, n. 1; G. VERMES, « ' He is the Bread '. Targum Neofiti Exodus 16: 15 », dans *Neotestamentica et Semitica. Studies in Honour of Matthew Black, ed.* E. E. ELLIS, M. WILCOX, Edinburgh, 1969, 259 (= G. VERMES, *Post-Biblical Jewish Studies,* 142); A. DÍEZ MACHO, *Neophyti 1,* II, 60*; J. LUZARRAGA, *Las tradiciones de la nube,* 145s.

[25] La *Mekh. R. Shim.* 117 ne marque pas cette distinction. Elle ne retient que le second stade de la tradition. Elle ne cite pas non plus les noms de ceux grâce à qui les dons revinrent et la tradition y est anonyme. En outre, après la mort d'Aaron, elle ne signale que le retour de la nuée:

> Quand Miryam mourut, le puits cessa (*bṭlh*), mais il revint.
> Quand Aaron mourut, la colonne de nuée cessa, mais elle revint.
> Quand Moïse mourut, les trois cessèrent et ne revinrent pas.

velle à la formulation de Yehoshua: la mention d'un nouveau retour du puits. Cette modification est-elle due à Yosé b. Yehudah? La formulation primitive devait être: « Quand Aaron mourut, la colonne de nuée fut enlevée, mais elle revint pour le mérite de Moïse »[26]. Le remaniement se proposait, à n'en pas douter, de marquer davantage encore la relation de Moïse à l'égard des trois dons. La disparition de la manne était déjà liée à la mort de Moïse, la nuée était revenue pour son mérite; le puits, qui était revenu pour le mérite conjugué des deux frères, revint pour le mérite du seul Moïse. La formule « les deux » (*šnyhm*) fut élaborée sur le modèle de la formule primitive « les trois ».

La perte subie à la mort de Moïse est encore soulignée dans la remarque sur les frelons; ceux-ci avaient été promis par Dieu pour chasser les populations occupant le Pays (cf. Ex 23,28; Dt 7,20; Jos 24,12). Selon la tradition midrashique, les frelons ne passèrent pas à l'aide d'Israël, tout comme Moïse, mort au-delà du Jourdain, n'avait pu traverser[27]. Cette notation sur les frelons nous apparaît toutefois comme une adjonction à l'aggadah de Yehoshua.

Yosé b. Yehudah a recueilli l'apport attribué à Yehoshua b. Ḥananiah concernant le retour des deux premiers dons et la disparition des trois à la mort de Moïse. Il a introduit cet apport dans l'aggadah que nous avions rencontrée dans *LAB*. Il recompose l'aggadah en remplaçant l'élément de tradition sur la disparition des dons par son stade plus élaboré comprenant leur disparition, leur retour et leur disparition définitive. Sur le tout est projeté l'éclairage combiné de Za 11,8 et Mi 6,4. En effet, le terme hébreu *prnsym*, « intendants, administrateurs », que nous trouvons au début du récit correspond à l'araméen *prnsy*ᵓ qui en T Za 11,8 traduit le mot « pasteurs »[28]; et les trois pasteurs de Za 11,8 ont été identifiés dans le récit de Yosé b. Yehudah à Moïse, Aaron et Miryam, sur la base vraisemblablement de Mi 6,4 qui présente le même ordre d'énumération[29]. Cette introduction sur les « trois intendants » énumérés d'après Mi 6,4 provoque une certaine incohérence dans l'énoncé aggadique, car l'ordre traditionnel d'énumération des dons était celui de leur disparition, à savoir: le puits, la colonne de nuée et la manne. Yosé b. Yehudah n'a pas modifié l'ordre d'énumération des dons, bien qu'il ait adopté un nouvel ordre d'énumération des personnages pour le mérite desquels ils avaient été donnés.

En finale du récit, la citation explicite de Za 11,8 fait problème, comme les commentateurs anciens l'avaient remarqué: « les trois pasteurs »

---

26 La *Mekh. R. Shim.* 117 a gardé le singulier; de même *ᶜOlam R.* 10.

27 *Tos. Soṭ.* 11, 10 qui reprend cette tradition est encore plus explicite: « et les frelons ne traversèrent pas le Jourdain, mais s'arrêtèrent sur la rive du Jourdain et jetèrent parmi eux l'amertume »; aussi *Siphrê* Dt 305 à Dt 31,14; *Ct R.* 4, 5, 2.

28 Cf. BACHER, *Tannaiten*, II, 420, n. 3.

29 Cf. LE DÉAUT, *Targum du Pent.*, I, 363, n. 4 à N Gn 40,12.

ne sont pas morts « en un seul mois »; *Ta^can.* 9*a* applique alors le texte non aux pasteurs, mais aux dons [30].

b) *Trois stades dans le développement de la tradition*

En résumé, l'analyse comparative nous permet de distinguer trois stades dans le développement de la tradition.

À un premier stade, représenté dans *LAB* 20,8, l'aggadah comprend trois membres comme suit:

> *a* Trois dons furent donnés à Israël pour le mérite de trois personnages.
> *b* Le puits fut donné pour le mérite de Miryam.
> La colonne de nuée fut donnée pour le mérite d'Aaron.
> La manne fut donnée pour le mérite de Moïse.
> *c* Quand Miryam mourut, le puits fut enlevé.
> Quand Aaron mourut, la colonne de nuée fut enlevée.
> Quand Moïse mourut, la manne fut enlevée.

Le membre *c* est synthétisé chez le Pseudo-PHILON sous la forme: « Et une fois disparus ces trois (personnages), ces trois (dons) furent enlevés » [31]. Ce membre *c* est attesté avec ses trois éléments dans la *Mekh.* Ex 16,35 [32].

Un second stade est constitué par une élaboration nouvelle du membre *c*. La *Mekh.* Ex 16,35 attribue ce remaniement à Yehoshua b. Ḥananiah (début du IIe siècle):

> Quand Miryam mourut, le puits fut enlevé, mais il revint pour le mérite de Moïse et d'Aaron.
> Quand Aaron mourut, la colonne de nuée fut enlevée, mais elle revint [33] pour le mérite de Moïse.
> Quand Moïse mourut, les trois furent enlevés et ne revinrent pas ...

Yehoshua se réfère à la tradition qu'il veut remanier. De façon immédiate, il travaille à partir du membre *c*, mais le développement qu'il apporte fait allusion au membre *b* (« pour le mérite de »), et au membre *a* qui connaît trois personnages et trois dons. Le remaniement de Yehoshua tend à montrer que le mérite de Moïse concerne les trois dons: à sa mort, ce fut la disparition définitive des biens du désert.

---

[30] Saint JÉRÔME, *In Zachariam* 11,8, identifie aussi les trois pasteurs à Moïse, Aaron et Myriam, et il suggère que Miryam est morte en nisan au désert de Tsin et que là, au même mois, Moïse et Aaron ont été condamnés à mourir hors de la Terre promise à cause des Eaux-de-la-Querelle. Il conclut: « Atque ita factum est, ut e tribus pastoribus, alia praesenti morte succideretur, alii sententia mortis futurae »; cf. l'éd. de M. ADRIAEN dans *S. Hieronymi Presbyteri Opera,* I/6 (CCSL 76A), Turnholti, 1970, 854. Cf. aussi S. KRAUSS, « The Jews in the Works of the Church Fathers », *JQR* (O.S.) 6 (1894), 88.

[31] Mais l'aggadah est introduite à l'occasion du troisième élément du membre *c*: « après la mort de Moïse, la manne cessa de descendre. »

[32] L'aggadah emploie tantôt l'expression « la colonne de nuée », tantôt l'expression « les nuées de (la) gloire »; cf. J. LUZARRAGA, *Las tradiciones de la nube,* 145, n. 581

[33] D'après notre restitution.

À un troisième stade, un énoncé attribué à Yosé b. Yehudah (vers 180) refond l'aggadah du premier stade. Il amplifie le membre *a* en énumérant les personnages et les dons. Mais la présentation des personnages s'inspire de Za 11,8 combiné avec Mi 6,4 (Moïse, Aaron et Miryam), tandis que l'énumération des dons est celle de leur ordre traditionnel de disparition (le puits, la colonne de nuée et la manne). L'aggadiste conserve le membre *b* de l'ancienne aggadah; quant au membre *c*, il le remplace par le développement que celui-ci avait connu au second stade. C'est alors le récit que nous avons rencontré en *Ta^can.* 9*a* [34].

2. *L'argumentation scripturaire*

En *LAB* 20,8, l'aggadah n'apportait aucune preuve scripturaire, à la différence de *Ta^can.* 9*a*. Les autres pièces aggadiques que le Pseudo-PHILON incorpore dans sa chronique n'en possèdent pas non plus. L'auteur puise dans la tradition orale des éléments qu'il insère dans la trame biblique, de façon à faire de l'Écriture un « *texte continué* » [35]. Cela veut-il dire que ces éléments empruntés à la Torah orale se sont toujours développés indépendamment d'une explication de la Torah écrite? Dans la plupart des cas, ils sont déjà, nous semble-t-il, le produit d'une exégèse midrashique de l'Écriture.

Certains commentaires rabbiniques exhibent des textes scripturaires à l'appui des formulations aggadiques. On le sait, leurs démonstrations, qui peuvent varier d'un recueil à l'autre, ne constituent pas toujours l'exégèse midrashique originale; au cours du cheminement de la tradition, le midrash cherche parfois des preuves de renfort qui entrent en concurrence avec l'interprétation première. Tout aléatoire que soit la tentative de reconstituer l'interprétation originale, nous allons examiner les argumentations scripturaires qui fondent l'aggadah sur les trois dons et leurs disparitions.

Si nous admettons que l'aggadah a son point de départ dans l'Écriture, il faut reconnaître que, telle qu'elle se présente à son premier stade, ses trois membres se succèdent en sens inverse du processus de leur constitution. En effet, le membre *a* synthétise les trois éléments du membre *b*:

---

34 Des versions par. de cette aggadah cherchent, de façon secondaire, à harmoniser l'ordre d'énumération des dons avec celui des chefs. Ainsi, en *Yalq. Shim.* II, 15 à Jos 5,12, il y a harmonisation dans les membres *a* et *b*, mais le membre *c* conserve l'ordre de disparition. En *^cOlam R.* 10, il n'y a harmonisation que dans le membre *b*. En *Ct R.* 4, 5, 2 et *Yalq. Shim.* II, 578 à Za 11,8, on a un ordre fantaisiste aux membres *a* et *b*.

35 L'expression « *texte continué* » est de Ch. PERROT dans *Ant. Bibl.*, II, 24; il la distingue de « *texte expliqué* ». W. S. TOWNER, *The Rabbinic « Enumeration of Scriptural Examples »*, 221, comparant *LAB* 20, 8 et *Ta^can.* 9*a*, conclut que la tradition a évolué vers un type exégétique. Cela n'est vrai que de la forme dans laquelle la tradition est transmise.

a Trois dons furent donnés à Israël pour le mérite de trois personnages.
b Le puits fut donné pour le mérite de Miryam. La colonne de nuée fut donnée pour le mérite d'Aaron. La manne fut donnée pour le mérite de Moïse.

Chacun des éléments du membre *b* se présente comme une induction à partir de son correspondant dans le membre *c* qui, seul, est le produit d'une exégèse scripturaire [36]:

c Quand Miryam mourut, le puits fut enlevé. Quand Aaron mourut, la colonne de nuée fut enlevée. Quand Moïse mourut, la manne fut enlevée.

On remarquera que l'énumération des trois personnages se présente d'après la séquence biblique de leur mort. Les aggadistes ont lu dans les textes bibliques relatifs à la mort de Miryam, d'Aaron et de Moïse la disparition respectivement du puits, de la colonne de nuée et de la manne. Mais bien sûr, cette lecture midrashique était sous-tendue par une réflexion sur l'histoire et nous tâcherons de la dégager ensuite.

a) *La disparition du puits à la mort de Miryam*

Taᶜan. 9*a* nous a proposé une exégèse. La mort de Miryam rapportée en Nb 20,1 a été mise en relation avec le manque d'eau mentionné au verset suivant. En réalité, le processus est un peu plus complexe. En effet, selon une tradition communément admise, l'eau qui dans le désert pourvoyait aux besoins du peuple venait du puits accompagnant Israël; ceci étant, la disette d'eau est interprétée comme la perte du puits. Et l'aggadah considère que la mort de Miryam provoque la disparition du puits [37]. Il ne nous paraît pas douteux que cette exégèse midrashique soit le fondement primitif de l'aggadah sur la disparition du puits à la mort de Miryam. Et à partir de cet élément du membre *c* s'est constituée la sentence du membre *b*. Malgré la tendance rabbinique à multiplier les preuves, des aggadistes du IVᵉ siècle reprendront encore Nb 20,1-2 comme fondement scripturaire du don du puits pour le mérite de Miryam. Ainsi en est-il en *Nb. R.* 1, 2 [38]:

R. Berékiah le Prêtre dit au nom de R. Lévi: Quand un roi de chair et de sang envoie des officiers dans une de ses provinces pour qu'ils s'occu-

---

[36] Cf. J. Luzarraga, *Las tradiciones de la nube*, 141s.

[37] Même argumentation en *Yalq. Shim.* II, 15 à Jos 5,12 et II, 578 à Za 11,8; cf. aussi *Tos. Soṭ.* 11, 1. En *Ct R.* 4, 5, 2, l'argumentation scripturaire renvoie également à Nb 20, mais de façon plus élaborée et plus tardive:

Miryam mourut et le puits cessa. Et l'on disait: *Ce n'est pas un lieu de semailles, il n'y a pas de figuier* ... (*même pas d'eau à boire*) (Nb 20,5).

Ce midrash part déjà du donné exégétique de la disparition du puits à la mort de Miryam et il en montre les conséquences: la querelle des vv. 4-5 (cf. aussi *ᶜOlam R.* 9) et la stérilité du sol (cf. *Tanḥ. Qedoshim* 7).

[38] Par. en *Tanḥ. Bemidbar* 2 et *Tanḥ.* B. IV, 3. R. Berékiah est un docteur palestinien des environs de l'an 340 et R. Lévi est des environs de l'an 300.

pent des affaires des gens et qu'ils rendent leurs jugements, qui doit être chargé de leur entretien? N'est-ce pas les citoyens de cette province qui doivent leur être obligés? Mais le Saint, béni soit-il, ne fit pas ainsi. Il envoya Moïse, Aaron et Miryam, comme il est dit: *Et j'ai envoyé devant toi Moïse, Aaron et Miryam* (Mi 6,4); et néanmoins c'est pour le mérite de ceux-ci qu'ils furent entretenus. (Ils eurent) la manne pour le mérite de Moïse ..., les nuées de gloire pour le mérite d'Aaron ..., le puits pour le mérite de Miryam. Qu'y a-t-il d'écrit? *Et là mourut Miryam et là elle fut enterrée* (Nb 20,1). Et qu'est-il écrit après cela? *Et il n'y avait pas d'eau pour la communauté* (Nb 20,2).

L'obtention du puits pour le mérite de Miryam est une induction logique à partir de l'élément *c* de l'aggadah [39].

Nous pouvons voir dans la *Mekh.* Ex 16,35 que les éléments du membre *c* sont formulés de façon standardisée. La mort de Miryam, d'Aaron et de Moïse est exprimée par le verbe *mt,* « mourir »; la disparition du puits, de la nuée et de la manne par la forme *nstlq,* « être enlevé » [40]. On rencontre une autre formulation uniforme pour les trois éléments du membre *c* dans la *Mekh. R. Shim.* 117: le verbe *mt* et le verbe *bṭl,* « cesser » [41]. La disparition du puits est encore exprimée autrement: par le verbe *psq,* « cesser », en *Ct R.* 4, 5, 2 et *Ct R.* 4, 12, 3.

L'aggadah ancienne disait du puits qu'il avait été donné pour le mérite de Miryam. Dans la suite, on forgera l'cxpression qui deviendra courante dans les textes rabbiniques plus tardifs: « le puits de Miryam » [42]. Mais comme le fait remarquer GINZBERG, cette appellation n'apparaît pas encore comme telle dans l'aggadah tannaïtique [43].

---

[39] RASHI à Nb 20,2 commente: « D'ici (nous savons) que pendant tous (ces) quarante ans ils avaient le puits pour le mérite de Miryam. » Signalons cependant que *Nb R.* 1,2 contient une argumentation différente pour montrer le don du puits pour le mérite de Miryam: « Et (ils eurent) le puits pour le mérite de Miryam, car elle avait dit un cantique sur les eaux, comme il est dit: *Et Miryam leur entonnait* (*wtᶜn*): *Chantez* (*šyrw*) *à YHWH* (Ex 15,21). Et à propos des eaux du puits, (il est dit): *Alors Israël chanta* (*yšyr*) *ce cantique* (Nb 21,17). » Cette argumentation se fonde sur l'emploi d'une même racine dans deux passages dont l'un se réfère à Miryam (Ex 15,21) et l'autre au puits (Nb 21,17). Cette concordance permet à l'aggadiste d'associer le puits à Miryam. La racine en question est soit *ᶜny* qui se retrouve en Nb 21,17 dans la suite du passage cité (cf. J. J. SLOTKI, *Midrash Rabbah. Numbers,* I, London, 1939, 4, n. 2), soit *šyr.* L'argumentation est certainement secondaire: Miryam n'est pas mentionnée en Nb 21,17. Le rapprochement des deux cantiques suppose déjà connue la relation du puits à Miryam. La même argumentation est attestée, sous une forme écourtée, en *Tanḥ. Bemidbar* 2 et *Tanḥ.* B. IV, 3.

[40] Également *Taᶜan.* 9*a* (*Tos. Soṭ.* 11, 10; *ᶜOlam R.* 10) pour le puits, la nuée et les trois dons. La disparition du puits est encore exprimée par une forme réfléchie de *slq* en *ᶜOlam R.* 9; *Leqaḥ Ṭ.* Nb 20,2; *Peṭirat Aaron* 91; *MHG* Nb 20,2; *Yalq. Shim.* I, 763 à Nb 20, 8.

[41] Également en *Siphrê* Dt 305; *Yalq. Shim.* II, 15 à Jos 5,12; II, 578 à Za 11,8.

[42] *Shab.* 35*a*; *Lv R.* 22, 4; *Nb R.* 18, 22; *Qo R.* 5, 8, 5; *Midr. Teh.* 24, 6.

[43] *Legends,* VI, 21, n. 126.

b) *La disparition de la colonne de nuée à la mort d'Aaron*

En *Ta^can.* 9*a*, l'argumentation scripturaire recourt à Nb 20,29 où la forme verbale *wayyir^ᵓû*, « ils virent », est soumise à la technique du *ᵓal tiqrê*: il fallait la lire autrement [44]. La lecture midrashique est soit *wayyērāᵓû*, « ils furent vus », d'après le *niphal* du même verbe *rᵓh*; soit *wayyîrᵓû*, « ils craignirent », d'après le verbe *yrᵓ* [45]. L'acception de la particule *kî* devait changer aussi; au lieu d'une proposition-objet, la particule introduirait une causale [46]. Nb 20,29 se comprenait ainsi: « Toute la communauté fut visible (*ou* craignit) parce qu'Aaron avait expiré ». Que les Israélites puissent être vus ou soumis à la crainte, cela signifiait que la nuée, qui, selon la tradition, les enveloppait de toutes parts et les protégeait de leurs ennemis, avait disparu [47]. L'aggadiste peut ainsi lire en Nb 20,29 que la mort d'Aaron causa la disparition de la nuée [48]. Cette exégèse de Nb 20,29 par *ᵓal tiqrê* était-elle originairement liée au verset suivant (Nb 21,1) qui rapporte l'attaque ennemie? En d'autres termes, l'attaque du Cananéen a-t-elle suggéré la perte de la nuée protectrice et ainsi incité les aggadistes à constituer le *ᵓal tiqrê* de Nb 20,29? Il est difficile de le définir.

Nous savons qu'une argumentation ancienne, attestée par Shimon b. Yoḥay (vers 150) en *Siphrê* Nb 82 à Nb 10,33, rattache à une exégèse de Nb 21,1 la mort d'Aaron et la disparition de la nuée:

> *Israël arrivait par la route des Atarim* (Nb 21,1). Lorsqu'Aaron mourut, ils (= les Cananéens) dirent: « Il est mort leur grand prêtre, il s'en est allé leur grand guide (*htyyr hgdwl*) et la colonne de nuée qui faisait la guerre pour eux. C'est le moment de les attaquer! »

L'interprétation de Shimon b. Yoḥay fait intervenir une étymologie fictive du nom des Atarim (*ᵓtrym*) [49]. Ce nom fut scindé en deux éléments: la

---

[44] Sur cette technique, cf. BACHER, *Terminologie*, I, 175-177; H. TORCZYNER, « *Al Tikre* », dans *Encyclopaedia Judaica*, II, Berlin, 1928, 74-87; I. HEINEMANN, *Drky hᵓgdh*, 3e éd., Jérusalem, 1970, 127-129; J. BONSIRVEN, *Exégèse rabbinique*, 120.

[45] H. TORCZYNER, *art. cit.*, 76, présente les deux possibilités. RASHI à Nb 20,29 ne mentionne que la lecture *wayyērāᵓû* qu'il traduit *wᵓtḥzyᵓw*, « ils furent vus », mais il la rejette pour préférer la vocalisation que nous avons dans le TM. Certains témoins de O Nb 20,29 ont la variante *wᵓtḥzyᵓw* au lieu de *wḥzw* (cf. l'apparat critique de SPERBER, *The Bible in Aramaic*, I, 258). H. MALTER, *The Treatise Ta^canit of the Babylonian Talmud*, Philadelphia, 1967, 122, n. 151, retient *wayyērāᵓû*. J. LUZARRAGA, *Las tradiciones de la nube*, 145, préfère « y temió ». A. J. SALDARINI, *The Fathers According to Rabbi Nathan. Version B*, 149, traduit « were frightened »; mais cette traduction ne correspond pas au contexte antécédent d'*ARN* B 25, 51: « Lorsqu'Aaron mourut, les nuées de gloire s'élevèrent et toutes les nations du monde voyaient (*rwᵓym*) Israël ... ».

[46] Cf. la remarque d'Abbahu en *Ta^can.* 9*a supra* n. 20.

[47] Sur la nuée qui entoure et protège Israël, cf. J. LUZARRAGA, *op. cit.*, 121-140.

[48] Même argumentation en *Ct R.* 4, 5, 2; *Yalq. Shim.* II, 15 à Jos 5,12; II, 578 à Za 11,8.

[49] Cf. aussi *^cOlam R.* 9; *J. Yoma* 1, 38*b*; *Tos. Soṭ.* 11, 1; *Nb R.* 19, 20.

négation suggérée par le *aleph* (cf. *ʾy*) et le participe du verbe *twr*, « explorer ». Cette analyse fait dire au mot Atarim que « les explorateurs (les guides) ne sont plus » [50]. Dans la sentence de Shimon b. Yoḥay en *Siphrê* Nb 82, le mot *tyyr*, « guide », est apposé à celui de *khn*, « prêtre », et ces deux substantifs ont chacun l'adjectif *gdwl*, « grand ». Il semble que le guide soit Aaron, mais on lui coordonne « la colonne de nuée ». Il est vraisemblable que dans l'esprit de Shimon b. Yoḥay la colonne de nuée aussi est le guide [51]. D'ailleurs, l'étymologie midrashique des Atarim requiert le pluriel.

Du point de vue de la formation de la tradition, l'application à Aaron du titre de « guide » présuppose déjà connue sa relation à la nuée. La tradition, sur la base de textes bibliques (Nb 10,33; Dt 1,33), appliquait à la nuée le verbe *twr*, « explorer pour rechercher (un lieu de campement) » [52]. Aaron, parce qu'on connaissait sa relation à la nuée disparue à sa mort, reçut aussi le titre de guide qui explicitait sa fonction de grand prêtre [53]. L'interprétation des Atarim en *Siphrê* Nb 82, bien qu'elle soit ancienne et attribuée à Shimon b. Yoḥay, ne nous apparaît pas comme l'exégèse midrashique primitive de la disparition de la nuée à la mort d'Aaron [54]. Et nous donnons la priorité au *ʾal tiqrê* de Nb 20,29, tout en avouant que même cette reconstitution reste problématique.

c) *La disparition de la manne à la mort de Moïse*

Ce dernier élément du membre *c* n'est pas prouvé en *Taᶜan.* 9*a*, puisque Yosé b. Yehudah reprend l'aggadah sur la disparition des dons à un stade plus élaboré. Mais l'exégèse midrashique qui fonde cette assertion nous reste peut-être accessible [55]. Tout d'abord, souvenons-nous que l'ag-

---

50 K. G. KUHN, *Sifre zu Numeri übersetzt und erklärt* (Rabbinische Texte. Zweite Reihe 3), Stuttgart, 1959, 216, n. 20, suggère cette analyse, mais à propos d'une autre sentence, interprétant Atarim comme signifiant que les explorateurs de Nb 13,2ss sont morts.

51 K. G. KUHN, *op. cit.*, 216, applique le mot *tyyr* à la colonne de nuée seulement. Il traduit: « Ihr Hoherpriester ist gestorben; ihr grosser Späher — nämlich die Wolkensäule ... ist fortgegangen »; l'éd. de HOROVITZ a le *waw* de coordination: *hlk htyyr... wᶜmwd hᶜnn.* En *J. Yoma* 1, 38*b* et *PRK* 19, 2, Aaron est le guide. En *Tos. Soṭ.* 11, 1 et *Nb R.* 19, 20, le guide, c'est la nuée.

52 Cf. J. LUZARRAGA, *op. cit.*, 116-119.

53 On trouvera dans les targums à Nb 20,29 un cas parallèle d'application à Aaron d'une expression qui marque sa relation à la nuée. En Ps-J, M, 110, 440, Nur Nb 20,29, sa fonction sacerdotale est désignée par l'expression « colonne de la prière ». L'appellation, dans ce contexte, est à mettre en relation avec la colonne de nuée dont la disparition met le peuple en danger (Ps-J, 440, Nur Nb 21,1); cf. R. LE DÉAUT, « Aspects de l'intercession », 47s.; ID., *Liturgie juive*, 48.

54 Le nom Atarim fut d'abord compris des « explorateurs » de Nb 13,2ss. C'est l'exégèse qui nous est conservée dans les targums à Nb 21,1 et plusieurs versions anciennes (cf. *supra* n. 5). La mention de ces explorateurs infidèles a été suscitée par le texte biblique de Nb 21,1 rapportant l'attaque du Cananéen. Comme nous l'avons vu à propos d'Ex 17,8, l'ennemi vient combattre Israël à cause de son infidélité.

55 Un recueil d'opinions rabbiniques sur la durée et la disparition de la manne

gadah sur les trois dons nous est rapportée en *LAB* 20,8 à l'occasion du récit de la disparition de la manne. Le Pseudo-PHILON en arrivait à ce point de sa chronique où selon Jos 5,12 « la manne cessa ». Il ajoute pourtant une circonstance qui ne s'imposait pas dans le contexte immédiat de Jos 5,12 qui traite de l'occupation du Pays. Selon le Pseudo-PHILON, la manne cessa de descendre « postquam defunctus est Moyses ». Pourquoi ajoute-t-il cette référence à la mort de Moïse? Sans doute parce qu'elle était déjà traditionnellement liée à la disparition de la manne. Mais l'a-t-il introduite artificiellement dans le récit de Jos 5,12? Ou bien était-elle exégétiquement fondée dans ce verset biblique?

Considérons comment le midrash rabbinique prouve l'élément du membre *b* de cette aggadah. Nous savons déjà, en effet, que les fondements scripturaires du membre *b* sont ceux du membre *c*. *Nb R.* 1, 2 explique [56]:

> (Ils eurent) la manne pour le mérite de Moïse. Sache que c'est pour le mérite de Moïse: lorsque Moïse fut enlevé, *et la manne cessa le lendemain* (*mmḥrt*) (Jos 5,12).

Le texte biblique de Jos 5,12 dit seulement que la manne cessa le lendemain (*mimmoḥᵒrāt*) de la première célébration de la Pâque en terre de Canaan. Comment l'aggadiste a-t-il pu légitimement associer ce texte à la mort de Moïse? Comme le note J. J. SLOTKI, cette exégèse s'autorise de l'expression *mmḥrt* qui fut scindée en deux éléments. On obtient ainsi le terme *mḥr* au sens d'une postériorité, et le terme *mt* indiquant la mort [57]. Toutefois, cette espèce d'anagramme ne livrait pas encore la référence à Moïse. Il fallait que d'avance l'aggadiste veuille la découvrir.

Cette exégèse midrashique nous porte à croire que *LAB* 20,8, lorsqu'il relate la disparition de la manne en s'inspirant de Jos 5,12, n'a pas ajouté la circonstance « après la mort de Moïse » comme un donné de la tradition s'imposant de l'extérieur; la chronique suivait le texte biblique *mmḥrt* dont elle reprenait l'exégèse traditionnelle [58].

---

fut établi par J. BUXTORF, « Dissertatio de manna », dans *Thesaurus Antiquitatum sacrarum,* VIII, *ed.* B. UGOLINO, Venetiis, 1747, 633-640.

56 Par. en *Tanḥ. Bemidbar* 2; *Tanḥ.* B. IV, 3; cf. aussi *Tos. Soṭ.* 11, 2; *Yalq. Shim.* II, 15 à Jos 5,12.

57 *Midrash Rabbah. Numbers,* I, 4, n. 3: « on the morrow (of the day) he died »; mais nous verrons que *mḥr* n'est pas compris ici comme le lendemain au sens strict: il s'agit d'un temps postérieur.

Notons que l'expression *mmḥrt* de Jos 5,12 répétait celle de Jos 5,11; celle-ci fut comprise au sens littéral, l'autre reçut un sens aggadique.

58 La technique d'interprétation par dissociation d'un mot en deux éléments est plusieurs fois employée dans la LXX: cf. L. PRIJS, *Jüdische Tradition,* 59-61; on la trouve aussi en O Ex 10,12: cf. LE DÉAUT, *Targum du Pent.,* II, 75, n. 11. W. H. BROWNLEE, « Biblical Interpretation among the Sectaries », 66, en explique un bel exemple en *1 QpHa* VI, 2-5 où l'expression *lmkmrtw* de Ha 1,16, divisée en deux, connaît en outre un réarrangement des consonnes.

La tradition midrashique selon laquelle la manne avait cessé « après la mort de Moïse » ne s'opposait pas nécessairement au sens littéral de Jos 5,10-12 selon lequel la manne cessa en terre de Canaan, après la célébration de la Pâque [59]. On peut voir que Yehoshua b. Ḥananiah (début du IIe siècle) situe la disparition de la manne après le 16 nisan sur la base de Jos 5,11-12, bien que sa problématique révèle la connaissance d'une tradition aggadique qui l'influence [60]. La *Mekh.* Ex 16,35 rapporte ce commentaire:

> *Et les enfants d'Israël mangèrent la manne pendant quarante ans* (Ex 16, 35). R. Yehoshua dit: C'est pendant quarante jours qu'ils mangèrent la manne après la mort (*ʾḥry mwt*) de Moïse. Comment cela? Moïse mourut le 7 adar. Ils en mangèrent donc (encore) vingt-quatre jours en adar et seize en nisan, ce qui fait quarante, car il est dit: *Et la manne cessa le lendemain, comme ils mangeaient des produits du pays* (Jos 5,12). Et (l'Écriture) dit: *Et ils mangèrent, le lendemain de la Pâque, des produits du pays, azymes et graines grillées* (Jos 5,11).

Il n'apparaît pas à première vue comment ce commentaire s'adapte au texte biblique d'Ex 16,35. L'optique dans laquelle les Tannaïtes abordaient ce verset nous apparaîtra mieux dans le commentaire que nous en fait Yosé b. Ḥalaphta (vers 150) et que recueille aussi la *Mekh.* Ex 16,35:

> R. Yosé dit: Pendant cinquante-quatre ans les Israélites mangèrent la manne, à savoir quarante ans du vivant de Moïse (*bḥyy mšh*) et quatorze après sa mort (*ʾḥr myttw*), comme il est dit: *Et les enfants d'Israël mangèrent la manne pendant quarante ans jusqu'à leur arrivée* (*en terre habitée*) (Ex 16,35), car il n'y a pas de raison pour que l'Écriture dise (*šʾyn t. l.*): *ils mangèrent la manne jusqu'à leur arrivée aux confins du pays de Canaan* (Ex 16,35), si ce n'est (*ʾlʾ*) afin de signifier ces quatorze ans que les Israélites mangèrent la manne après la mort de Moïse, c'est-à-dire les sept ans de la conquête et les sept ans du partage du Pays.

Sur la base d'Ex 16,35, Yosé b. Ḥalaphta détermine donc deux périodes successives dans la durée de la manne, une du vivant de Moïse et l'autre après sa mort. Il trouve le bien-fondé de cette distinction dans la composition de ce verset constitué de deux membres contenant chacun l'expression: « ils mangèrent la manne ... jusqu'à leur arrivée ... » [61]. Remarquant que le second membre répète le premier, le point d'aboutissement

---

[59] Sur le sens littéral de ce texte, cf. B. J. MALINA, *The Palestinian Manna Tradition*, 28s.; R. LE DÉAUT, « Première Pâque en Terre promise », *AssSeign* n° 17, Paris, 1969, 54ss.

[60] Yehoshua est en controverse avec Éléazar de Modiʿim (cf. BACHER, *Tannaiten*, I, 202) et Éliézer. Mais ils ont pour problématique commune de déterminer le nombre de jours pendant lesquels les Israélites mangèrent la manne « après la mort de Moïse ». Leur controverse ne touche que des questions de calendrier; cf. B. J. MALINA, *op. cit.*, 62.

[61] Ce verset est, de fait, composite; il recueille deux traditions: cf. B. J. MALINA, *op. cit.*, 9s.

seul ayant varié, l'aggadiste considère que cette reprise est intentionnelle [62]. Il voit représenté dans le second membre le temps durant lequel on mangea la manne « après la mort de Moïse ». Il n'est pas douteux que nous devions reporter une argumentation exégétique semblable à l'arrière-plan de la sentence de Yehoshua b. Ḥananiah et c'est ainsi que son commentaire s'applique au texte biblique [63]. Yehoshua ne s'intéresse qu'au second membre du verset. C'est, en effet, ce second membre formant répétition qui, comme on le voit chez Yosé b. Ḥalaphta, donne lieu à la recherche midrashique. Le second membre représente le temps d'« après la mort de Moïse ».

Cette façon d'aborder Ex 16,35 implique pour le moins l'influence dans l'esprit de ces aggadistes d'une tradition selon laquelle la mort de Moïse constituait un point de repère dans l'histoire de la manne. Plus encore, la particularité du texte biblique qui a amené cette exégèse, à savoir la répétition contenue dans le second membre, semble impliquer que le temps d'après la mort de Moïse, représenté par cette répétition, était considéré comme un prolongement dans la durée de la manne [64]. Chez Yehoshua ce prolongement n'est que de quarante jours, il se termine au 16 nisan; il retient donc le sens littéral de Jos 5,12. Mais nous avons vu aussi que Yehoshua en *Mekh.* Ex 16,35 situait la disparition du puits, de la nuée et de la manne à la mort de Moïse (*mt mšh*). Il semble qu'il ait voulu en commentant le verset d'Ex 16,35 préciser l'ancienne aggadah en tenant compte du sens littéral de Jos 5,12. On pouvait dire que la manne était bien disparue à la suite de la mort de Moïse, mais elle avait duré encore quelques jours. Si nous acceptons que l'ancienne aggadah décortiquait l'expression *mmḥrt* en *mḥr mt* pour signifier « après la mort (de Moïse) », il n'y a aucune contradiction entre les deux énoncés de Yehoshua, et même son exégèse d'Ex 16,35 renvoie implicitement à l'ancienne aggadah par l'expression *ᵓḥry mwt mšh* [65]. Quant à Yosé b. Ḥalaphta, il ne semble pas qu'il tienne compte du sens littéral de Jos 5,12 selon lequel la manne cessa après la première célébration de la Pâque et des Azymes en Canaan, puisqu'il prolonge la durée jusqu'à la pleine

---

[62] La formule exégétique *ᵓyn t.l.* ... *ᵓlᵓ* attire l'attention sur le second membre; cf. BACHER, *Terminologie*, I, 200s. J. Z. LAUTERBACH, *Mekilta*, II, 128, traduit: « There would be no purpose in Scripture's saying again ... were it not ... ». L'adjonction de « again » montre très justement que Yosé se fonde sur la répétition.

[63] Ps-J Ex 16,35 nous livre l'interprétation du v. entier d'après cette méthode: « Les enfants d'Israël mangèrent la manne pendant quarante ans, *du vivant de Moïse,* jusqu'à leur arrivée en terre habitée; ils mangèrent (encore) la manne *pendant quarante jours après sa mort,* jusqu'à ce qu'*ils aient passé le Jourdain et* fussent arrivés aux confins du pays de Canaan. » L. PRIJS, *Jüdische Tradition,* 80-84, a montré plusieurs exemples de répartition d'une phrase en deux éléments avec insertion d'ajouts.

[64] J. Z. LAUTERBACH, *Mekilta,* II, 126, traduit: « continued to eat ».

[65] L'expression « du vivant de Moïse » que l'on rencontre en Ps-J Ex 16,35, chez Yosé b. Ḥalaphta et ailleurs (cf. *Tos. Soṭ.* 11, 2) fut vraisemblablement créée en contrepartie de l'expression « après la mort de Moïse ».

conquête du Pays. Mais il retient la tradition aggadique ancienne qui l'incite à distinguer en Ex 16,35 un temps « après la mort de Moïse »[66].

Le sens littéral de Jos 5,12 devait nécessairement entrer en conflit avec la tradition aggadique si celle-ci en venait à situer la disparition de la manne non plus « après la mort de Moïse », mais « le jour où Moïse mourut ». Les aggadistes, toujours sur la base d'une interprétation d'Ex 16, 35, recoururent alors à une subtile distinction de deux moments dans la disparition de la manne. Nous allons en prendre connaissance en *ᶜOlam R.* 10[67]:

> Le jour où Moïse mourut, les trois (dons) furent enlevés et ne revinrent pas. De la manne qu'ils avaient récoltée le 7 adar ils mangèrent jusqu'au 16 nisan, comme il est dit: *Et la manne cessa le lendemain, comme ils*

---

66 La sentence de Yosé b. Ḥalaphta que nous avons rapportée d'après la *Mekh. R. Ishm.* connaît ailleurs une autre version. La *Mekh. R. Shim.* 116 à Ex 16,35 rapporte de façon anonyme: « D'autres disent: Les Israélites mangèrent la manne pendant cinquante-quatre ans, quarante (ans) du vivant de Moïse et quatorze après la mort de Moïse, (c'est-à-dire) sept (ans) pendant lesquels ils conquirent (le Pays) et sept (ans) pendant lesquels ils le partagèrent, comme il est dit: *Et les enfants d'Israël mangèrent la manne pendant quarante ans* (Ex 16,35), car il n'y a pas de raison pour que l'Écriture dise: *jusqu'à leur arrivée en terre habitée* (Ex 16,35). Et pourquoi dit-elle: *en terre habitée*? C'est pour signifier les quatorze ans qu'ils mangèrent la manne après la mort de Moïse, les sept (ans) pendant lesquels ils conquirent le Pays et les sept (ans) pendant lesquels ils le partagèrent. » Selon cette version, nous avons toujours deux périodes, une « du vivant de Moïse » et l'autre après sa mort. Mais cette seconde période est suggérée non plus par la répétition: « ils mangèrent la manne jusqu'à leur arrivée » qui divise en deux parties ce verset; la seconde période est attirée par l'expression du premier membre: « terre habitée ». Nous croyons que cette seconde version est une altération de celle que rapporte la *Mekhilta R. Ishm.* En effet, la répétition « ils mangèrent la manne » est essentielle pour la détermination aggadique de deux périodes dans la durée de la manne. La coupure entre « quarante ans » et « terre habitée » est nettement secondaire. L'expression « terre habitée » a fait penser à la conquête et au partage du Pays. Le souvenir d'une tradition antérieure fixant une première étape jusqu'à la mort de Moïse a fait découper le verset juste avant cette expression. BACHER, *Tannaiten,* II, 175s., suit cette seconde version sans mentionner la première.

On trouve aussi cette version en *Yalq. Shim.* II, 15 à Jos 5,12 attribuée à R. Yosé. La rédaction ne va pas sans une certaine inconséquence qui montre bien le flottement provenant du remaniement de la tradition: « ... quarante ans du vivant de Moïse et quatorze ans après sa mort, comme il est dit: *Et les fils d'Israël mangèrent la manne pendant quarante ans* (Ex 16,35). Car il n'y a pas de raison pour que l'Écriture dise: *Ils mangèrent la manne jusqu'à leur arrivée* (ᵓt hmn ᵓklw ᶜd bᵓm) *en terre habitée,* si ce n'est, etc. ». Dans la citation du texte scripturaire qui suscite le prolongement, cette version reprend le texte du second membre du verset comme en *Mekh. R. Ishm.* et non celui du premier membre qui introduit l'expression « terre habitée ».

67 Cette chronique venait de rapporter, de façon anonyme, l'aggadah que nous avons déjà rencontrée ailleurs sous le nom de Yosé b. Yehudah (cf. *Taᶜan. 9a*). À la suite de cette tradition, le rédacteur se trouve devant l'objection que Moïse, Aaron et Miryam, les trois pasteurs, ne sont pas morts en un seul mois comme semble l'insinuer la citation de Za 11,8. Il va répondre qu'il s'agit des trois dons. Dans sa réponse, il ne reprend pas littéralement l'énoncé de la tradition: « lorsque Moïse mourut ... »; il va le durcir en disant que c'est « le jour où Moïse mourut » que les trois dons furent enlevés. C'est cette précision qui risquait de provoquer un conflit avec le sens littéral de Jos 5,12.

> *mangeaient des produits du pays; il n'y eut plus de manne pour les fils d'Israël et ils mangèrent de la production du pays de Canaan cette année-là* (Jos 5,12). Que veut dire le texte: *Et les enfants d'Israël mangèrent la manne*, etc... *jusqu'à leur arrivée en terre habitée* (Ex 16,35)? Le jour où Moïse mourut, ce jour-là, la manne cessa de descendre (*psq lyrd*). (Que veut dire le texte:) *Jusqu'à leur arrivée aux confins du pays de Canaan* (*ibid.*)? Ce jour-là fut épuisée la manne qu'ils avaient avec eux.

Comme chez les Tannaïtes de la *Mekhilta*, Ex 16,35 est scindé en deux parties représentant deux époques successives séparées par la mort de Moïse. En *ᶜOlam R.* 10, l'usage d'Ex 16,35 est manifestement plus tardif. En effet, il ne s'agit pas seulement de déterminer deux périodes successives pendant lesquelles les Israélites *mangèrent* la manne, comme pouvait le permettre la répétition dans le texte biblique de l'expression: « ils mangèrent jusqu'à leur arrivée ... ». L'aggadiste, cette fois, s'éloigne du texte biblique pour entrer dans la perspective d'une *disparition* progressive. Cette perspective nouvelle lui est imposée par la nécessité de concilier deux données opposées sur le moment de disparition de la manne. La nécessité est issue d'un durcissement dans la formulation de l'ancienne aggadah: au lieu de faire cesser la manne « après la mort de Moïse », on en était venu à dire qu'elle avait cessé « le jour où Moïse mourut ». Il est frappant de constater que c'est la donnée traditionnelle, situant la disparition de la manne en relation avec la mort de Moïse, qui porte l'empreinte du texte biblique de Jos 5,12. En effet, à la mort de Moïse, il est dit de la manne qu'elle « cessa de descendre ». Le verbe « cessa » (*psq*) renvoie à *wayyišbōt* de Jos 5,12 [68]. Cette influence littéraire de Jos 5,12 sur la donnée issue de la tradition est un autre indice de l'exégèse ancienne rattachant à ce verset la disparition de la manne en relation avec la mort de Moïse [69].

d) *Les retours du puits et le retour des nuées*

Yehoshua, d'après la *Mekh.* Ex 16,35, enseignait le retour du puits pour le mérite de Moïse et d'Aaron. Il n'apportait aucune preuve, mais

---

[68] C'est ce verbe *psq* qu'emploie le T Jonathan Jos 5,12; de même le ms. *ENA 2576* fol. 5 du Séminaire juif de New York qui nous conserve un T à Jos 5,5 - 6,1 découvert et publié par A. Díez Macho, « Un nuevo Targum a los Profetas », *EstBib* 15 (1956), 287-295.

[69] Nous pouvons peut-être aller plus loin et dire que l'expression entière « cessa de descendre » est inspirée de Jos 5,12. Elle se trouve déjà en *LAB* 20, 8 au passage de Jos 5,12. Le targum de Jos 5,12 conservé dans le ms. *ENA 2576* ajoute aussi le verbe « descendre »; il paraphrase ainsi:

TM: et il n'y eut plus de manne pour les fils d'Israël.
T : et la manne ne *descendit* plus pour les fils d'Israël.

L'expression « descendre » était courante à l'époque prémishnaïque pour caractériser la venue de la manne (cf. B. J. Malina, *op. cit.*, 53s.). Dans ce passage de Jos 5,12 tel qu'il est rendu dans *LAB* et le targum, l'expression était purement explétive. L'aggadiste de *ᶜOlam R.* 10 s'en est emparé pour lui donner un sens fort dans sa problématique visant à concilier deux données sur la disparition de la manne.

son assertion était sans nul doute fondée sur une lecture aggadique de Nb 20,8-11 semblable à celle que nous avons rencontrée en Ps-J Nb 20,13. RASHI l'avait bien compris quand il commentait *Ta^can. 9a*:

> « Il (= le puits) revint pour le mérite d'eux deux. » Car il est ainsi écrit: *Et vous direz* vous deux *au rocher qu'il donne ses eaux* (Nb 20,8)[70].

Comme nous l'avons montré, un remaniement fit revenir le puits une nouvelle fois, lorsque revint la colonne de nuée disparue à la mort d'Aaron: les deux revinrent alors pour le mérite de Moïse. Cette aggadah avait également un fondement scripturaire. *ᶜOlam R.* 9 interprète ainsi Nb 21,16:

> *Et de là à Beër* (Nb 21,16). C'est le puits qui leur revint.

Et nous verrons avec évidence dans l'étude du TP Nb 21,16ss (chap. VI) que cet épisode du don de l'eau fut interprété comme un retour du puits.

Yehoshua enseignait encore le retour de la nuée pour le mérite de Moïse. La tradition se basait vraisemblablement sur Dt 31,15, le seul texte du Pentateuque qui mentionne la présence de la nuée à propos des événements postérieurs à la mort d'Aaron.

3. *La réflexion sur l'histoire, principe de l'argumentation scripturaire*

Les argumentations scripturaires aggadiques que nous venons de considérer étaient sous-tendues par une réflexion sur l'histoire du salut qu'il nous faut maintenant faire ressortir.

Nous avons noté que le second stade de l'aggadah, élaboré par Yehoshua, marquait la disparition définitive des dons: puits, nuée et manne, à la mort de Moïse. On ne voit pas en ce cas-ci, à la différence des énoncés précédents, quelle preuve scripturaire particulière pouvait être avancée à l'appui de cette assertion. Certes, on savait que les biens de l'époque du désert n'avaient pas continué dans le Pays. Mais de plus, Yehoshua établit une relation entre leur disparition et la mort de Moïse. Cette affirmation est le fruit d'une réflexion sur l'histoire: l'aggadiste a vu un lien entre la disparition de ces dons et la mort de celui qui, après avoir été le chef des Israélites dans le désert, ne devait pas entrer en Terre promise. Avec la mort de Moïse, une époque de l'histoire religieuse d'Israël se terminait[71].

---

70 On remarquera que RASHI ajoute au texte biblique l'expression « vous deux », comme le fait Ps-J Nb 20,8.

71 En *Gn R.* 62,4 à Gn 25,11, Simon b. Pazzi (pal. vers 280; cf. BACHER, *Pal. Amoräer*, II, 467) présente comme une règle générale: « En tout passage où il est dit: *Et il advint après* (*la mort de*), le monde retourne à son stade antérieur. » Parmi d'autres exemples, il cite Jos 1,1: « Et il advint après la mort de Moïse », pour signifier que « immédiatement cessèrent le puits, la manne et les nuées de gloire ». Nous avons probable-

Nous estimons qu'avant Yehoshua, une semblable réflexion sur l'histoire avait déjà présidé à la formation de l'aggadah sur la disparition de la manne en relation avec la mort de Moïse. De tous les biens de l'époque du désert, la manne était dans la tradition biblique le plus marquant. Sa disparition était explicitement signalée dans le contexte de la pénétration en Canaan, juste après le passage du Jourdain que Moïse n'avait pu traverser. Une ancienne lecture aggadique du *mmḥrt* de Jos 5,12 a servi à établir une relation entre la disparition de la manne et la mort de celui qui avait été pour Israël un intercesseur tout au long du séjour au désert. La fonction d'intercession reconnue à Moïse a dû influencer la constitution de cette aggadah [72].

Dans la suite, on établit une relation entre d'autres biens de l'époque du désert et la mort d'autres guides du peuple qui n'étaient pas non plus entrés dans le Pays. C'est ainsi qu'on mit en relation la mort de Miryam et la disparition du puits, la mort d'Aaron et la disparition de la colonne de nuée. Mais la démarche est secondaire; la chose est évidente dans le cas du puits. En effet, on pose cette relation en s'arrêtant à Nb 20,1-2, en faisant abstraction du reste de la tradition sur le puits; celui-ci pourtant continue d'être mentionné dans la suite de la marche au désert (cf. T Nb 21,16ss). C'est qu'en réalité, comme nous le verrons au chapitre VI, une aggadah plus ancienne, parallèle à celle qui faisait disparaître la manne en relation avec la mort de Moïse, considérait que le puits était disparu à la fin du séjour au désert en relation avec l'ensevelissement de Moïse [73].

4. *Retour aux targums à Nb 20,1-2.13 et 21,1*

Bien que l'aggadah de la disparition de la manne (et du puits) en relation avec la mort de Moïse soit première, les éléments targumiques sur le don du puits et des nuées pour le mérite respectivement de Miryam et d'Aaron sont cependant anciens et attestés au Ier siècle.

À propos du puits, nous avons montré qu'une lecture de Nb 20,1-2 fondait l'aggadah de sa disparition à la mort de Miryam. Les targums 110 Nb 20,2 et M Nb 21,1 en sont restés à cette lecture aggadique. Ps-J Nb 20,2 et 440, Nur Nb 21,1 vont plus loin: ils insèrent la formulation que

ment ici un écho de l'ancienne argumentation du *mmḥrt* de Jos 5,12 qui est étendue à l'ensemble des dons. Cette extension a pu être suscitée par la réflexion de Yehoshua sur l'histoire.

[72] Sur l'intercession de Moïse à propos de la manne chez JOSÈPHE, *Ant.* III, 26 et 31, cf. G. VERMES, « He is the Bread », 260 (= *Post-Biblical Jewish Studies*, 143). À propos de l'intercession lors du don de l'eau (et de la manne), cf. notre étude *supra* p. 67-71.

Notons que la leçon de N Ex 16,15 est vraisemblablement une erreur due à une dittographie; cf. R. LE DÉAUT, « Targumic Literature and New Testament Interpretation », 278s., n. 110; *Targum du Pent.*, II, 135, n. 11.

[73] Cf. *infra* p. 193s.

l'on induisait de cette lecture, à savoir que « le puits avait été donné pour le mérite de Miryam » (Ps-J Nb 20,2) ou que « le puits marchait » avec Israël pour le mérite de Miryam (440, Nur Nb 21,1). Et N Nb 21,1 mentionne également le mérite.

Par ailleurs, nous avons admiré dans les « Observations » sur les targums à Nb 21,1 le caractère bien structuré de la paraphrase en 440, Nur et les jeux de mots en N. On peut dire que ces targums, sans se soucier du processus midrashique de formation, transmettent le contenu de l'aggadah selon un modelage propre et qui n'est pas dépourvu de finesse.

Quant au Ps-J Nb 20,13, il a glosé l'aggadah du retour du puits que Yehoshua b. Ḥananiah enseignait.

CHAPITRE V

À Qadès, l'eau du rocher et la faute de Moïse

L'épisode biblique de Nb 20,1-13, en majeure partie sacerdotal, apparaît, sur plus d'un point, comme un doublet d'Ex 17,1-7 [1]. L'ensemble est mal unifié. Le récit connaît, pour résoudre le problème du manque d'eau, l'ordre divin selon lequel Moïse doit prendre le bâton (Ex 17,5; Nb 20,8*a*) et on suppose connu que le rocher contient de l'eau [2]. En concurrence avec cette solution traditionnelle est juxtaposé (v. 8*b*) un ordre, d'origine sacerdotale, adressé à Moïse et à Aaron qui doivent faire jaillir l'eau du rocher par la puissance de la parole [3]. Et surtout, le récit aboutit au v. 12 à une condamnation de Moïse et Aaron; ce verset est peut-être une retouche d'un rédacteur sacerdotal voulant trouver dans l'épisode le motif de l'exclusion des deux chefs qui n'entreront pas en Terre promise [4]. Mais la faute est mal définie et sa relation au prodige de l'eau reste obscure, de sorte que les interprétations de l'épisode ne peuvent être que conjecturales [5].

Faut-il comprendre que le rédacteur sacerdotal du v. 12 opposait

---

1 Les éléments parallèles sont mis en valeur dans M. NOTH, *Numeri*, 127-129; G. W. COATS, *Rebellion*, 71s.; J. DE VAULX, *Les Nombres* (SB), Paris, 1972, 221s.

2 Dans la reprise sacerdotale de la tradition, il ne s'agit peut-être plus du bâton de Moïse (Ex 17,5: « ton bâton »; Nb 20,8*a*: « le bâton »). En Nb 20,9, une précision semble vouloir identifier « le » bâton à la verge d'Aaron (cf. Nb 17,25).

3 La rédaction sacerdotale n'est pas d'une seule veine dans cet épisode. Les verbes et pronoms sont tantôt au singulier, tantôt au pluriel (vv. 8*b*.10); cf. J. DE VAULX, *Les Nombres*, 223. Diverses étapes de cette rédaction sont analysées par F. KOHATA, « Die priesterschriftliche Überlieferungsgeschichte von Numeri XX, 1-13 », dans *Annual of the Japanese Biblical Institute* 3 (1977), 3-34, que nous connaissons par le résumé de *IZBG* 25 (1978-1979), 38.

4 Les textes sacerdotaux de Nb 20,24; 27,14 et Dt 32,51 sont dans la même ligne. Mais en Dt 1,37; 3,26; 4,21, il n'est pas question d'une faute personnelle de Moïse: le chef est solidaire du sort du peuple qui a irrité YHWH. G. VON RAD, *Theologie des Alten Testaments*, I: *Die Theologie der geschichtlichen Überlieferungen Israels*, 4e éd., München, 1962, 307, lit dans ces textes du *Deutéronome* le caractère substitutif de la mort de Moïse. Il nous paraît exagéré d'en dire autant de la tradition de Nb 20,10 comme le fait G. W. COATS (*Rebellion*, 81) en insistant sur le fait que la rébellion du peuple provoqua la faute de Moïse.

5 D'un point de vue historique, H. CAZELLES, *À la recherche de Moïse*, Paris, 1979, 131, écrit: « Il est fort possible que la faute de Moïse ait été de refuser d'accompagner le groupe de Caleb qui monta vers Hébron et Bethléem »; cf. ID., « Moïse », *SDB*, V, Paris, 1957, 1328, où l'auteur rattache Nb 20,12 à Nb 14,25-35.

l'usage du bâton à une conception plus religieuse du prodige? Il est dit au v. 11 que Moïse frappa le rocher; il n'est pas relaté qu'il lui ait ordonné de faire jaillir de l'eau. En frappant le rocher au lieu de faire intervenir la puissance de la parole divine créatrice, Moïse aurait péché; il aurait même récidivé en frappant deux fois [6]. Mais si Moïse a faussé l'ordre divin, on peut s'étonner que le prodige se soit accompli; le récit sacerdotal au v. 11 note que l'eau jaillit copieusement.

Et les paroles que Moïse adresse aux Israélites sont-elles coupables, indépendamment du fait de frapper le rocher ou en liaison avec cette prétendue faute? Le Ps 106,32s. a trouvé le motif de condamnation de Moïse dans des paroles prononcées dans un accès de colère, alors que les Israélites l'avaient irrité; mais le psalmiste, qui sans doute réinterprète déjà la tradition, n'apporte pas de précisions sur le contenu de ces paroles. Dans le contexte de Nb 20,10, Moïse aurait-il douté de la possibilité du prodige [7]? Ou bien est-ce l'expression d'un homme exaspéré de la bonté de Dieu qui, au lieu de châtier les rebelles, veut faire un miracle? On peut même encore comprendre ces paroles d'une tout autre façon, non pas comme une interrogation, mais comme une exclamation attirant l'attention sur le prodige [8].

Notre aperçu des apories de l'exégèse de Nb 20,2-13 n'avait d'autre but que d'introduire à l'étude des traditions aggadiques de l'épisode. Les commentateurs juifs anciens avaient bien remarqué que le texte restait ouvert à diverses exégèses. Nous étudierons surtout les motivations de leurs options.

I. Présentation des traditions targumiques

Comme on pouvait s'y attendre, ce sont les ordres de YHWH (v. 8), les paroles de Moïse (v. 10) et le fait de frapper le rocher qui retinrent l'attention des targumistes [9].

---

6 Cf. J. Koenig, « Sourciers, thaumaturges et scribes », *RHR* 164 (1963), 166-170.

7 On a même proposé d'audacieuses reconstitutions d'un texte primitif. La question aurait été posée à YHWH (avec *lhm* au lieu de *lkm*!) et l'apostrophe « rebelles » aurait été adressée par YHWH à Moïse et Aaron. Un rédacteur aurait transformé le texte pour l'édulcorer; cf. B. Baentsch, *Exodus. Leviticus. Numeri* (HKAT 1/2), Göttingen, 1903, 569. On trouve un aperçu des différentes interprétations du v. 10 dans J. de Vaulx, *Les Nombres*, 225.

8 Et P. Joüon, *Grammaire de l'hébreu biblique*, Rome, 1923, 495, paragr. 161*b*, présente comme probable la nuance exclamative de l'adverbe *h*ᵃ en Nb 20,10: « Eh bien! c'est de ce rocher que nous ferons sortir l'eau! ».

9 On peut noter que M Nb 20,6 précise que Moïse et Aaron « *se prosternèrent en prière* », lorsqu'ils firent recours à YHWH.

1. *Les targums à Nb 20,7 et 8. Les ordres de YHWH*

Synopse des recensions

v. 7

TM	וידבר	יהוה	אל	משה	לאמר	:
Ps-J = N	ומליל	ייי	עם	משה	למימר	:
M		מימריה דייי				
O	ומליל	ייי	עם	משה	למימר	:

v. 8

TM	קח	את	המטה		והקהל	את		העדה
Ps-J	סב	ית	חטר	ניסיא	וכנוש	ית		כנישתא
N	סב	ית	חוטרה		וכנש	ית	עם	כנישתה
O	סב	ית	חוטרא		ותכנוש	ית		כנשתא

TM	אתה	ואהרן	אחיך	ודברתם		אל	הסלע	
Ps-J	אנת	ואהרן	אחוך	ותומון	תריכון	ית	כיפא	בשמא רבא ומפרשא
N	את	ואהרן	אחוך	ותמללון		עם	כיפה	
O	את	ואהרן	אחוך	ותמללון		עם	כיפא	

TM				לעיניהם	ונתן	מימיו	
Ps-J	כד	הינון		חמיין	ויתן	מוהי	ואין יסרב לאפוקי מחי אנת לחודך ביה בחוטרא דבידך
N			קדמיהון	לעייניהון	ויתן	מוי	
O				לעיניהון	ויתין	מוהי	

TM	והוצאת	להם	מים	מן	הסלע	והשקית	את		העדה	ואת	בעירם	:
Ps-J	ותהנפק	להון	מיא	מן	כיפא	ותשקי	ית		כנישתא	וית	בעיריהון	:
N	ותפק	להון	מיין	מן	כיפה	ותשקי	ית	עם	כנישתה	וית	בעירהון	:
O	ותפיק	להון	מיא	מן	כיפא	ותשקי	ית		כנשתא	וית	בעירהין	:

Variantes mineures

M, au début du v. 8, a la leçon *knyš* ... au lieu de N *ᶜm knyšth.* Et en finale de ce v., M propose *ᶜmh dknyš* ... *wbᶜy* ...

Traductions

Ps-J Et YHWH parla à Moïse, en disant: « Prends le bâton *des prodiges* et rassemble la communauté, toi et ton frère Aaron. Puis, *vous deux,* *adjurez* le rocher *par le grand Nom divin,* sous leurs regards, pour qu'il donne ses eaux. *Que s'il refuse d'(en) faire sortir, frappe-le, toi seul, avec le bâton qui est dans ta main.* Tu feras sortir pour eux de l'eau du rocher et tu feras boire la communauté, ainsi que leurs bêtes. »

N Et YHWH parla à Moïse, en disant: « Prends la verge, et rassemble *le peuple de* la communauté, toi et ton frère Aaron; et vous direz sous leurs yeux au rocher (qui se trouve) *devant eux* qu'il donne ses eaux. Tu feras sortir pour eux de l'eau du rocher et tu feras boire *le peuple de* la communauté, ainsi que leurs bêtes. »

M *La Parole de* YHWH ...

Observations

Ps-J Nb 20,8 comporte plusieurs ajouts importants. Tout d'abord, il reconnaît le bâton de Moïse et lui attribue son titre de noblesse: c'est « le bâton des prodiges »[10]. Cette détermination, qui reviendra au v. 9, semble impliquer une appréciation favorable de l'usage du bâton au cours de l'épisode. Mais le targum n'oublie pas l'ordre de parler au rocher et même il le renforce; il s'agira d'une adjuration solennelle au Nom de YHWH qui, seul, est l'auteur des prodiges[11]. Une explicitation aggadique circonstanciée, insérée entre l'ordre de parler au rocher et la promesse de faire jaillir de l'eau, reprend en considération les ordres de saisir le bâton et de parler au rocher. Le targumiste imagine l'éventualité d'une résistance du rocher à la parole; en ce cas, Moïse devra faire usage de son bâton et le frapper. Cette insertion cherche à concilier les deux traditions bibliques qui se heurtent en Nb 20,8. La difficulté du texte biblique a trouvé ici une harmonisation facile qui nous paraît bien adaptée à un *Sitz im Leben* de paraphrase synagogale.

Dans le texte biblique, l'ordre de parler au rocher s'adressait à Moïse et à Aaron; Ps-J a renforcé cette collaboration en explicitant « vous deux ». Il marquait ainsi le contraste avec l'ordre de rechange, celui de frapper, qui ne concerne que Moïse seul (« toi seul ») comme, dans le texte biblique, c'est à Moïse qu'il était dit de prendre le bâton et c'est lui qui au v. 11 frappera le rocher[12]. Ce souci d'exploiter le passage du pluriel au singulier nous indique que l'aggadah s'insère bien dans le cadre d'une traduction paraphrasée d'une péricope biblique.

---

[10] L'identification du bâton n'est pas évidente en N, d'où la traduction: « la verge » (cf. LE DÉAUT, *Targum du Pent.*, III, 182, n. 7). Pour le bâton des prodiges, cf. *supra* p. 71-75.

[11] Sur l'expression « le grand Nom divin », cf. *supra* p. 31.

[12] L'expression *lḥwdk* est traduite: « once » par E. B. LEVINE, « Parallels to Numbers of Pseudo-Jonathan and Neophyti 1 », dans A. DÍEZ MACHO, *Neophyti 1*, IV, 677; cette traduction, qui nous paraît erronée, était aussi celle de J. W. ETHERIDGE, *The Targums of Onkelos and Jonathan ben Uzziel on the Pentateuch with the Fragments of the Jerusalem Targum from the Chaldee*, II, London, 1865, 406.

2. *Les targums à Nb 20,9 et 10. Les paroles de Moïse*

Synopse des recensions

v. 9

TM	ויקח משה את המטה מלפני יהוה כאשר צוהו :
Ps-J	ודבר משה ית חטר ניסיא מן קדם ייי היכמה דפקדיה :
N	ונסב משה ית חוטרא מן קדם ייי היך מה די פקד יתיה :
O	ונסיב משה ית חוטרא מן קדם ייי כמא דפקדיה :

v. 10

TM	ויקהלו משה ואהרן את הקהל אל פני הסלע ויאמר
Ps-J	וכנישו משה ואהרן ית קהלא לקדם כיפא ואמר
N	וכנשו משה ואהרן ית קהלה קדם כיפה ואמר
O	וכנשו משה ואהרן ית קהלא לקדם כיפא ואמר

TM	להם שמעו נא המרים המן הסלע
Ps-J	להון משה שמעו כדון סורבניא המן כיפא
N	להון שמעו כען | עמה דמלפין מלפניהון די צרכו למילף | הא מן כיפה
I	| (מלפני)כון דצ(רכו) |
M	בנייה סרהבנייה הא
110	שמעו כען | עמא מלפין למלפיהון די סרבו למילף | הא מן כיפא
O	להון שמעו כען סרבניא המן כיפא

TM	הזה נוציא לכם מים :
Ps-J	הדין איפשר לן להנפקא לכון מיא :
N	הדין נפק לכון מיא :
110	הדין אתפקידית למפקא לכון מיא :
O	הדין נפיק לכון מיא :

Variantes mineures

Au v. 9, il faut signaler surtout que Ps-J *ed. pr.* a le verbe *wnsyb* qui reprend le *sb* du v. 8; l'*ed. pr.* a aussi la variante orthographique *hykm*ʾ. Au texte de N *dy pqd,* I préfère la forme contracte *dp*(*qd*). M a la forme ʾ*tpqd,* « il avait été prescrit ».

Au v. 10, Ps-J *ed. pr.* a la variante orthographique *ʾpšr*. M possède une forme *lq(dm)* qui fait parallèle à *qdm* de N.

Traductions

Ps-J Moïse se saisit donc du bâton *des prodiges* de devant YHWH, ainsi qu'il le lui avait prescrit. Puis Moïse et Aaron réunirent l'assemblée par-devant le rocher. *Moïse* leur dit: « Écoutez donc, rebelles! Est-ce qu'*il nous est possible de* faire sortir pour vous de l'eau de ce rocher? »

N Moïse prit donc la verge de devant YHWH, ainsi qu'il le lui avait prescrit. Puis Moïse et Aaron réunirent l'assemblée devant le rocher. Il leur dit: « Écoutez donc, *peuple (de gens) qui veulent en apprendre à leurs maîtres (et) qui auraient besoin d'apprendre*! Est-ce que nous pourrons faire sortir pour vous de l'eau de ce rocher? »

I ... *vos maîtres* ...

M ... *fils* rebelles! Est-ce que ...

110 ... « Écoutez donc, *peuple (de gens) qui veulent en apprendre à leurs maîtres (et) ont refusé d'apprendre*! Est-ce que de ce rocher *j'ai reçu ordre de* faire sortir pour vous de l'eau? »

Observations

Ce sont les interprétations de l'apostrophe *hammōrîm* adressée par Moïse aux Israélites qui méritent surtout notre attention. Il s'agit dans le TM du participe *qal* actif du verbe *mrh*, « se rebeller ». Ps-J et O traduisent assez littéralement par le substantif issu de la racine *srb* qui marque pareillement la rébellion; la forme avec *waw* (*swrbnyʾ*) en Ps-J est palestinienne.

L'interprétation de N et 110 constitue une périphrase où l'on retrouve conjuguées plusieurs traductions de l'hébreu. Voyons d'abord N. Il commence par traduire: « peuple (de gens) qui enseignent »; l'hébreu *hammōrîm* est traduit comme s'il provenait du verbe *yrh* au participe *hiphil*; c'est pourquoi N emploie le participe *pael* de *ʾlp* au sens d'« instruire » [13]. L'interprète n'en reste pas là: il reprend aussitôt l'hébreu *hammōrîm*, compris de la même façon, pour le traduire par le substantif formé sur le *pael* de *ʾlp* et signifiant « maîtres ». La paraphrase targumique relie entre elles ces deux traductions, le substantif servant de complément d'objet à la forme participiale: il s'agit d'un « peuple (de gens) qui en apprennent à leurs maîtres ». L'expression n'a rien d'élogieux. Le targumiste, en effet, ajoute un troisième emploi du *pael* de *ʾlp* pour signifier que ces gens « auraient besoin d'apprendre ». Cette triple traduction aboutit ainsi à un reproche ironique de rébellion. Le targumiste avait bien

[13] Cf. LE DÉAUT, *Targum du Pent.*, III, 183, n. 10.

compris le sens de rébellion exprimé dans le texte biblique par la racine *mrh,* mais il a préféré le rendre par le recours à un jeu de mots. L'apostrophe de N est rendue plus directe en I qui emploie le suffixe de la deuxième personne: « vos maîtres »; le reproche de Moïse reste une interpellation pour les auditeurs du targum [14]. L'interprétation de 110 est très voisine de celle de N. Elle exprime toutefois avec plus de force le reproche de rébellion en combinant aux emplois du *pael* de *ᵓlp* le verbe *srb,* « refuser », qui est de même racine que les substantifs du Ps-J (*swrbnyᵓ*) et de O [15]. Selon 110, la rébellion des Israélites se manifeste non seulement par des prétentions indues à donner des instructions à leurs maîtres, mais encore par leur refus de celles qu'ils devraient recevoir.

La rébellion est exprimée en M par l'adjectif *srhbnyyh* formé sur la forme verbale *srhb,* « se rebeller » [16]. Mais le reproche est adouci par l'appellation de fils.

La nuance contenue dans le *yiqtol nôṣîᵓ* du TM fut un sujet de divergences. Tandis que N et O traduisent sans expliciter davantage, Ps-J et 110 ont découvert en ce *yiqtol* une nuance modale qu'ils veulent rendre. Ps-J traduit: « est-ce qu'il nous est possible ...? »; il a découvert une nuance de possibilité. Le targum 110 traduit: « est-ce que j'ai reçu ordre ...? »; cette traduction se fonde sur une interprétation du *yiqtol* soit à nuance de « devoir », soit à nuance de « pouvoir » au sens de licéité. En outre, 110 néglige le pluriel, attachant tout son intérêt à Moïse.

Il faut remarquer aussi que Ps-J a tenu à suppléer le sujet « Moïse » devant le verbe au singulier introduisant l'apostrophe et l'interrogation adressée aux Israélites. Nous avons déjà vu au v. 8 en Ps-J le souci d'expliciter par un pronom la personne des verbes [17].

3. *Les targums à Nb 20,11. Moïse frappe deux fois. Un double écoulement (Ps-J)*

Synopse des recensions

TM	וירם	משה	את	ידו	ויך	את	הסלע	במטהו
Ps-J	וזקף	משה	ית	ידיה	ומחא	ית	כיפא	בחטריה
N	וארים	משה	ית	חוטרה	ומחה	ית	כיפה	בחטריה
I				ידיה				

[14] Cf. sur le contexte liturgique du targum, LE DÉAUT, *Targum du Pent.*, I, 47s.

[15] En outre, 110 a gardé dans sa seconde traduction le participe *pael* de *ᵓlp* comme dans la première traduction, et il l'a substantivé. N avait préféré le substantif dérivé du *pael* par adjonction du suffixe avec *nun.*

[16] Cf. G. DALMAN, *Aramäisch-neuhebräisches Handwörterbuch zu Targum, Talmud und Midrasch,* Göttingen, 1938, 300.

[17] Il faut signaler encore que dans la traduction de la particule *nāᵓ*, Ps-J seul emploie la forme palestinienne *kdwn,* tandis que N, 110 et O ont *kᵉn.* La LXX a interprété comme si nous avions le suffixe de la première personne.

M	וארעם							
440 = Nur	וארעם	משה						
O	וארים	משה	ית	ידיה	ומחא	ית	כיפא	בחוטריה

TM	פעמים			ויצאו	
Ps-J	תרתין	זמנין	בזימנא קמאה אטיפת אדמא ובזימנא תניינא	נפקו	
N	תנין תרין	זמנין		ונפקו	מניה
I	תרין				
O	תרתין	זמנין		ונפקו	

TM	מים	רבים	ותשת		העדה	ובעירם	:
Ps-J	מיין	סגיאין	ואשתיאת		כנישתא	ובעיריהון	:
N	מיין	סגין	ושתו	עם	כנישתה	ובעיריהון	:
M	מין	סגי	ושתין	עמה דכ'			
O	מיא	סגיאי	ושתיאת		כנשתא	ובעירהון	:

Traductions

Ps-J Moïse leva sa main et frappa par deux fois le rocher avec son bâton; *la première fois,* (*le rocher*) *laissa dégoutter du sang* et, *la seconde fois,* il sortit de l'eau en abondance, et la communauté put boire, ainsi que leurs bêtes.

N Moïse éleva *la verge* et frappa *la seconde fois* par deux fois le rocher avec sa verge; il *en* sortit de l'eau en abondance et *le peuple de* la communauté but, ainsi que leurs bêtes.

I (Moïse éleva) sa main ...

M (Moïse) leva ...
... de l'eau en abondance et *le peuple de* la communauté but ...

440 = Nur Moïse leva ...

Observations

Ps-J se distingue par un ajout aggadique qui détaille le *p*ᶜ*mym,* « deux fois », en une première et une seconde fois. Le jaillissement d'eau en abondance est produit au second coup; un écoulement de sang le précède, lorsque Moïse frappe pour la première fois. L'emprunt midrashique de l'insertion d'un écoulement de sang est suggéré par la disparité de la construction grammaticale. Dans le cas du jaillissement d'eau, le targum suit le texte biblique où « l'eau » est le sujet du verbe « sortir ». Tandis que dans l'ajout aggadique, le rocher (substantif féminin ici) devient sujet du verbe employé au causatif et l'écoulement de sang est l'objet: le rocher « laissa dégoutter du sang ». Il faut remarquer que les formes du Ps-J *ᵓdmᵓ*, « sang », et *wᵓštyᵓt, peal* de *šty*, « boire », avec leur *aleph* prosthétique, sont palestiniennes [18].

Assez curieusement, N fait précéder la mention du double coup par le mot *tnyn*. Il s'agit de l'adjectif numéral ordinal masculin, sans doute employé ici adverbialement pour signifier: « la seconde fois » [19]. I marque son désaccord en rappelant *tryn*, « deux ». L'édition du texte tient pour probable que cette mention d'une seconde fois en N est à éliminer [20]. Après l'analyse des traditions midrashiques, nous reparlerons de cet ajout qui semble bien tenir sa place dans le complexe des développements aggadiques sur ce verset [21].

N se distingue encore en ceci que, dans l'expression du jaillissement de l'eau, il ajoute au verbe le complément *mnyh* désignant le rocher (ici considéré comme masculin) d'où sortent les eaux. Cet ajout n'est pas sans importance; il est significatif de la tendance aggadique à introduire dans un épisode des traits propres à un épisode parallèle. En Ex 17,6, le texte biblique annonçant le jaillissement de l'eau avait la préposition *mn* avec le pronom désignant le rocher. Le targumiste a introduit en Nb 20,11 une construction semblable [22].

II. **Situation des traditions targumiques dans la problématique midrashique**

Les traditions midrashiques sur cet épisode abondent et s'enchevêtrent [23]. Leur complexité reflète l'embarras des commentateurs lorsqu'ils cherchent à définir la faute de Moïse et souvent aussi à le disculper d'un trop grave péché. Dans les pages qui suivent, nous ne craindrons pas d'exposer tout au long le cheminement des traditions, en essayant de dégager les fils conducteurs. C'est ainsi que nous pourrons établir une datation relative et apprécier à quels stades du développement se situent les données targumiques.

---

18 Cf. G. DALMAN, *Grammatik*, 94.
19 Cf. *ibid.*, 134s.
20 Cf. DÍEZ MACHO, *Neophyti 1*, IV, 182.
21 Cf. LE DÉAUT, *Targum du Pent.*, III, 185, n. 12.
22 Il faut remarquer aussi que N s'écarte du TM et des autres recensions pour dire que « Moïse éleva la verge »; cette formule est immédiatement corrigée par I.
23 On trouvera des relevés des traditions midrashiques dans GINZBERG, *Legends*, III, 310-314. 318-320; VI, 107-109, n. 607-619; 110, n. 625-629; E. B. LEVINE, « Parallels to Numbers of Pseudo-Jonathan and Neophyti 1 », dans A. DÍEZ MACHO, *Neophyti 1*, IV, 677s.; E. STAROBINSKI-SAFRAN, « La mort et la survie de Moïse d'après la tradition rabbinique », dans *La figure de Moïse. Écriture et relectures* (Publications de la Faculté de théologie de l'Université de Genève 1), Genève, 1978, 32s.

A. *Les paroles de Moïse*

Plusieurs courants de traditions prennent leur départ d'une interprétation des paroles que Moïse prononce en Nb 20,10.

1. *Une expression de doute à l'égard de la promesse divine*

En Nb 20,12, la sentence divine de condamnation adresse à Moïse et à Aaron ce reproche: « parce que vous n'avez pas cru en moi pour me sanctifier aux yeux des enfants d'Israël ». D'après une tradition que nous trouvons représentée en *Nb R.* 19,10 [24], cette incrédulité s'est manifestée dans les paroles prononcées par Moïse:

> *Parce que vous n'avez pas cru en moi* (Nb 20,12). Mais (Moïse) n'avait-il pas dit (*ᵓmr*) (auparavant) une chose plus dure que cela? Car il avait dit: « *Si l'on égorgeait pour eux petit et gros bétail, est-ce que cela leur suffirait? Si l'on ramassait pour eux tous les poissons de la mer, est-ce que cela leur suffirait?* » (Nb 11,22). Là aussi c'était un manque de foi et plus grand que celui-ci. Pourquoi (Dieu) ne porta-t-il pas son décret contre lui en cette occasion-là? Mashal (À quoi comparer la chose?) À un roi qui avait un ami et celui-ci montra de l'arrogance envers le roi, (lorsqu'ils étaient) entre eux, (en lui disant) des choses dures; mais le roi ne se fâcha pas contre lui. Après un certain temps, il étala son arrogance en présence des troupes; le roi décréta contre lui la peine de mort. C'est ainsi que le Saint, béni soit-il, dit à Moïse: « La première fois que tu l'as fait, c'était entre nous [25]. Maintenant, devant la multitude, ce n'est plus possible », comme il est dit: *pour me sanctifier aux yeux des enfants d'Israël* (Nb 20,12).

Le *darshan* estime que l'incrédulité exprimée en Nb 11,22, lors de l'épisode des cailles, est plus grave. Il doit alors expliquer pourquoi la sanction divine s'est attachée à une incrédulité plus légère et il le fait en scrutant les circonstances. Dieu en privé pouvait tolérer de son ami ce qu'en public celui-ci ne pouvait dire impunément. Ce qui nous intéresse spécialement, c'est la tradition qui se trouve à la base de cette recherche midrashique et selon laquelle l'incrédulité de Moïse s'est manifestée en paroles (*ᵓmr*). La comparaison avec Nb 11,22 nous oriente vers le sens que cette tradition donnait aux paroles de Moïse en Nb 20,10. En Nb 11, 18-20, YHWH annonce à Moïse qu'il va donner de la viande pendant de longs jours; devant cette promesse, Moïse s'étonne et objecte la difficulté de trouver tant de nourriture (vv. 21s.) [26]. C'est à ce doute devant la promesse d'un don prodigieux (Nb 11,22) que le midrash compare les paroles de Moïse en Nb 20,10. La question: « Est-ce que nous ferons jaillir

---

[24] Par. en *Tanḥ. Ḥuqqat* 10; *Tanḥ.* B. IV, 121; *Yalq. Shim.* I, 763 à Nb 20,12.

[25] En *Yalq. Shim.* I, 763 à Nb 20,12: « Ce que tu as fait entre toi et moi t'est pardonné ».

[26] Cf. V. FRITZ, *Israel in der Wüste*, 72.

pour vous de l'eau de ce rocher? » a été comprise dans cette tradition comme l'expression d'un doute allant à l'encontre de la promesse divine qui annonçait au v. 8: « et tu feras jaillir pour eux de l'eau du rocher ». Moïse a douté de la possibilité du prodige. Cette interprétation donne au *yiqtol nôṣîʾ* la nuance modale de « pouvoir, avoir la possibilité ».

À cette tradition qui compare les paroles de Moïse devant le rocher à celles qui exprimaient son doute lors de l'épisode des cailles, nous pouvons peut-être trouver en *Tos. Soṭ.* 6, 7 un élément de datation. Ce texte admet d'abord l'impunité de Moïse en Nb 11 et l'explique par le caractère secret (*bstr*) de sa faute, en opposition à la notoriété (*bglwy*) de celle-ci en Nb 20. Cette solution est bientôt battue en brèche par une sentence de Shimon b. Éléazar selon laquelle Moïse reçut en Nb 11,23 une annonce de châtiment:

> L'Écriture n'a pas épargné (Moïse) en privé (*bstr*), car il est dit: *Maintenant tu vas voir si ma parole se réalise pour toi ou non!* (Nb 11,23).

Si, dans cette sentence, la considération formelle du caractère privé de l'offense n'est pas due à un rédacteur, mais remonte à Shimon b. Éléazar (vers 190), alors nous avons ici un indice que ce docteur connaissait déjà la tradition qui compare Nb 11,22 et Nb 20,10 [27].

Cette tradition qui fait de la question de Moïse l'expression d'un doute à l'égard de la promesse divine est toutefois peu attestée. Le midrash, par toute une mise en scène, s'est évertué à trouver à cette interrogation un sens qui ne compromette pas la foi de Moïse.

2. *Les diverses significations de* hammōrîm

Les recueils nous livrent, l'un à côté de l'autre, divers sens possibles du mot *mōrîm* [28]. Les compilateurs avouent que le mot peut avoir plusieurs significations et ils ne semblent pas toujours choisir; ainsi en *Nb R.* 19,9:

> Il leur cria: « *Écoutez donc, hammôrîm!* » *Hammôrîm* peut admettre beaucoup d'interprétations. Cela peut signifier: « rebelles » (*srbnyn*). Cela peut signifier: « fous » (*šwṭym*), car ainsi dans les villes de la côte on appelle les fous *môrîm.* Cela peut signifier: « qui veulent en apprendre à leurs maîtres » (*mlmdyn ʾt mlmdyhn*). Cela peut signifier: « tireurs à l'arc », (selon): *hammôrîm le découvrirent, les tireurs à l'arc* (1 S 31,3).

La première signification mentionnée est celle de « rebelles ». Elle rend le sens littéral du texte biblique; mais elle l'exprime par un substantif

---

[27] Cf. BACHER, *Tannaiten,* II, 433. En réalité, Shimon b. Éléazar s'est intéressé aussi à l'exégèse de Nb 20,12 et de Dt 32,51; il voit dans ces textes la preuve que Moïse et Aaron sont morts en conséquence de leur péché; cf. *Shab.* 55*b*; *Siphrê* Nb 137 à Nb 27,14; *Yalq. Shim.* I, 763 à Nb 20,12.

[28] C'est le cas en *Nb R.* 19, 9; *Tanḥ. Ḥuqqat* 9; *Yalq. Shim.* I, 763 à Nb 20,10; RASHI à Nb 20,10.

qui correspond à *swrbny*ᵓ en Ps-J et *srbny*ᵓ en O [29]. Une autre possibilité de signification nous rappelle les targums N et 110; l'hébreu *mōrîm*, considéré comme le participe *hiphil* de *yrh* au sens d'« instruire, enseigner », est deux fois traduit par le participe *piel* de *lmd* [30]. Au second emploi, le participe est substantivé; au premier, nous devinons une nuance volitive qui donne à la périphrase la nuance de rébellion conforme au TM. Les Israélites, à qui Moïse adresse ces paroles, sont des gens « qui veulent en apprendre à leurs maîtres ». Cette interprétation dans le midrash exprime moins bien que dans les targums N et 110 la signification de « rebelles », car elle ne possède pas le troisième membre qui opposait aux prétentions des Israélites leur défaut ou leur refus d'apprendre. Une troisième interprétation fait de *mōrîm* un décalque du grec *mōros*, « fou »; cette signification, absente des targums à Nb 20,10, tiendra beaucoup de place dans le midrash [31].

3. *Les Israélites veulent en apprendre à leurs maîtres*

L'apostrophe de « rebelles » adressée par Moïse aux Israélites s'inscrit, selon une tradition midrashique représentée en *Tanḥ. Ḥuqqat* 9 [32], dans un contexte très particulier où les Israélites réclament de l'eau d'un rocher de leur choix par opposition à celui auquel Moïse s'adresse:

> Ils lui dirent: « Voici un rocher; comme tu veux faire jaillir (de l'eau) de ce rocher-là, fais-en jaillir de celui-ci! » Il leur cria: « *Écoutez donc, hammôrîm! Est-ce que de ce rocher ...?* » [33].

C'est à cet endroit que les midrashim situent le catalogue des divers sens possibles de l'expression *mōrîm* sans en privilégier aucun. Il est clair que la signification de « rebelles » rend bien compte de la situation; les Israélites, en effet, voulant de l'eau d'un autre rocher que celui auquel Moïse va s'adresser, se rebellent contre leur chef et contre l'ordre divin qu'il allait exécuter. Mais l'interprétation de « (gens) qui veulent en apprendre à leurs maîtres » s'adapte mieux encore à la situation. Les Israélites, en effet, tentent d'imposer à Moïse leurs volontés; ils lui désignent un rocher. Cette paraphrase du mot *mōrîm* compris d'après le verbe *yrh*, « indiquer, enseigner », exprime la forme particulière de rébellion propre

[29] En *Leqaḥ Ṭ.* Nb 20,10, l'idée est rendue par le participe *hiphil mmrym* de la même racine que le *mōrîm* du TM.

[30] *Tanḥ. Ḥuqqat* 9 conserve le mot *mwrym* dans le premier membre de l'interprétation. Rashi garde *mwrym* dans les deux membres.

[31] La signification de « tireurs à l'arc » mentionnée en dernier lieu vient du participe *hiphil* d'une autre racine *yrh*, « jeter, tirer une flèche ». Cette interprétation rejoint le sens de « rebelles », si nous suivons la paraphrase de Ginzberg, *Legends*, III, 311: « ye that shoot upon your leaders with your arrows ».

[32] Par. en *Nb R.* 19,9; *Tanḥ.* B. IV, 120s.; *Yalq. Shim.* I, 763 à Nb 20,10; II, 819 au Ps 78,20.

[33] En *Nb R.* 19,9, on a omis de prolonger la citation après *hammôrîm*.

à ce contexte aggadique. C'est dans ce contexte qu'elle a dû trouver son origine.

De quel élément du texte biblique l'aggadah a-t-elle tiré cette suggestion d'un autre rocher? L'exigence des Israélites s'applique à un rocher désigné par le démonstratif: « celui-ci » (*zw*) et opposé à un autre, « celui-là » (*sl*ᶜ *zw*)[34]. L'emploi du démonstratif nous renvoie au v. 10: « Est-ce que de ce rocher (*hasselaᶜ hazzeh*)...? ». Les aggadistes ont rapporté le démonstratif contenu dans la question de Moïse à un rocher présenté par Israël. Pourquoi? La raison en est, sans aucun doute, leur répugnance à admettre que Moïse ait pu prononcer ces paroles à propos du rocher désigné par Dieu au v. 8. « Ce rocher » à propos duquel Moïse marque sa réticence était un rocher arbitrairement choisi par les Israélites rebelles voulant en apprendre à leurs maîtres. La question de Moïse rappelle alors au peuple qu'il n'est pas possible ou qu'il n'est pas permis de faire jaillir de l'eau de ce rocher qu'ils ont choisi.

La même ligne d'interprétation est prolongée en *Leqaḥ Ṭ.* Nb 20,10:

> Que signifie: *Écoutez donc*? C'est-à-dire qu'il y avait là de nombreux rochers, mais Moïse et Aaron s'approchèrent d'un seul. Eux, ils disaient à Moïse et à Aaron: « Ne faites pas jaillir pour nous de l'eau de ce rocher-là, mais bien de celui-ci », jusqu'à ce que (Moïse) se fachât (*qṣp*) contre eux et les injuriât (*wgydpm*). Il leur dit: « Ah! vous avez été rebelles envers YHWH depuis le jour où je vous ai connus! *Est-ce que de ce rocher nous ferons jaillir pour vous (de l'eau)*? Nous n'en ferons jaillir que du rocher dont il m'a été dit (de le faire). »

Cette présentation exprime clairement l'opposition entre, d'une part, le rocher désigné par les Israélites: « ce rocher » de la question de Moïse au v. 10 et, d'autre part, le rocher à propos duquel Dieu a ordonné à Moïse de faire jaillir de l'eau. Moïse objecte, en effet, aux prétentions du peuple l'ordre qui lui a été donné par Dieu. Le *yiqtol nôṣîʾ* revêt une nuance de licéité indiquée par ce rappel de l'ordre divin. L'obéissance de Moïse contraste avec la rébellion des Israélites considérée ici formellement dans son opposition à YHWH.

Mais un signe évident d'amplification apparaît dans la mise en scène qui signale la présence de « nombreux rochers ». À partir de l'option exégétique primitive rapportant le démonstratif du v. 10 à un rocher voulu par Israël par opposition au rocher désigné par Dieu, la tradition aggadique a franchi une étape ultérieure et façonné la représentation de « nombreux rochers » dans laquelle elle insère la controverse. Et surtout les prétentions des Israélites eurent pour effet d'exciter la colère de Moïse, de sorte que les paroles qu'il leur adresse sont considérées comme une injure. Le thème de la colère est un emprunt au Ps 106,32 où nous avons

---

[34] Cet autre est dit *sl*ᶜ *ʾḥr* en *Nb R.* 19,9 et *Tanḥ.* B. IV, 121.

précisément le verbe *qṣp* (au *hiphil*) que le midrash reprend (au *qatal*); il sera abondamment développé dans la suite.

4. *Moïse injurie les Israélites*

L'apostrophe fut encore interprétée, nous l'avons vu, comme un décalque du grec *mōros*, « fou, imbécile ». Le midrash a exploité cette signification pour faire ressortir le caractère injurieux des paroles adressées par Moïse aux Israélites. L'injure devient dans cette perspective la matière de la faute qui devait être fatale à Moïse. La *PRK* 14,5 nous explique ainsi pourquoi Moïse n'entrera pas avec le peuple en Terre promise [35]:

> À quoi Moïse était-il comparable? À un roi qui confia son fils à son pédagogue. Il lui dit: « N'appelle jamais mon fils *môreh*! » [Quelle est ici la signification de *mwrh*? R. Ruben dit: En ce sens les Grecs appellent le fou (*šṭy'*) *mwrws*.] Une seule fois, alors que (le fils) l'exaspérait, il l'appela *môreh*. Le roi lui dit: « De toute mon autorité, je t'avais prescrit: N'appelle jamais mon fils *môreh*! Et toi, tu traites mon fils de *môreh*! Cela ne fait pas l'affaire d'un homme avisé (*ᶜrym*) de marcher avec un fou (*šṭy*). » Ainsi est-il écrit: *Et YHWH parla à Moïse et à Aaron et il leur donna « des ordres au sujet » des enfants d'Israël* (Ex 6,13) [36]. Que leur prescrivit-il? Il leur dit: « N'appelez jamais mes fils *môrîm*! » Mais lorsqu'ils l'exaspérèrent aux eaux de Meribah, Moïse leur dit: « *Écoutez donc, hammôrîm!* » Alors le Saint, béni soit-il, leur dit: « De toute mon autorité, je vous avais prescrit: N'appelez jamais mes fils *môrîm*! Et vous, vous traitez mes fils de *môrîm*! Cela ne fait pas l'affaire d'un homme avisé de marcher avec un fou. » *C'est pourquoi* [il n'est pas écrit: « c'est pourquoi tu ne feras pas entrer », mais] *vous ne ferez pas entrer* (*cette assemblée*) (Nb 20,12) [: ni toi, ni ton frère, ni ta soeur, ne monterez dans la Terre d'Israël!]

Le commentaire est surchargé. Le déroulement du mashal a d'abord été interrompu par une insertion qui s'empresse de préciser la signification dérivée du grec. Le mot *šṭy* originairement ne devait apparaître que dans la sentence de condamnation portée par le roi. Après l'application à Moïse (et Aaron) de la sanction prise à l'égard du prétendu sage, le commentaire a encore reçu des ajouts qui font remarquer l'emploi du pluriel en Nb 20, 12, et étendent la condamnation jusqu'à Miryam, pourtant déjà morte avant cet épisode [37].

L'insulte, selon le midrash, contrevenait à une prescription divine interdisant à Moïse, en raison de la relation toute particulière existant entre Dieu et son peuple, de les traiter de fous. La sentence de condamnation

---

35 Par. en *Yalq. Shim.* I, 764 à Nb 20,13; II, 265 à Jr 2,4; *MHG* Nb 20,12.

36 Le midrash infléchit le sens de ce v. Le TM signifie: « il leur donna mandat auprès des enfants d'Israël » (cf. É. Dhorme, *La Bible. L'Ancien Testament*, I, Paris, 1956, 191). Ps-J Ex 6,13 interprète comme le midrash.

37 Nous avons placé entre crochets ces ajouts.

tombe alors comme un argument *ad hominem*. Traiter quelqu'un de fou, c'est lui opposer sa propre sagesse. Par cette prétention de sagesse, Moïse se désolidarise du peuple et du sort que Dieu réserve aux Israélites.

La signification grecque de l'apostrophe est attestée par R. Ruben. Ce rabbin palestinien des environs de l'an 300 se plaisait à expliquer des termes bibliques par des mots grecs d'assonance semblable [38]. Une telle interprétation est d'ailleurs vraisemblablement plus ancienne que l'attribution rabbinique. Bien qu'absente des targums à Nb 20,10, elle présente un caractère de traduction spontanée et même populaire qui milite en faveur de son antiquité [39]. Mais l'usage de cette interprétation en vue de montrer la culpabilité de Moïse apparaît déjà comme une démarche nouvelle du midrash faisant intervenir de l'extérieur, pour les besoins de la cause, une interdiction divine qui prépare la sentence de condamnation [40].

La tradition, qui attribue à l'expression *hammōrîm* la signification de « fous » et fait de cette insulte la matière de la faute de Moïse, fut ultérieurement insérée dans le cadre des prétentions imposées par les Israélites voulant obtenir de l'eau d'un rocher de leur choix. Cette situation est clairement décrite en *Nb R.* 19,9 [41]:

> Ils se mirent à dire: « Moïse connaît les propriétés du rocher. S'il cherche (à faire jaillir de l'eau), qu'il nous la fasse jaillir de ce rocher-ci! » Moïse se trouvait dans l'embarras (*bspq*). (Il se disait): « Si je les écoute, je néglige les paroles du Lieu. Et le Saint, béni soit-il, *prend les sages dans leur astuce* » (*bᶜrmm*) (Jb 5,13). Car Moïse se gardait bien, pendant tous ces quarante ans, de s'irriter (*lhqpyd*) contre eux. Il craignait, en effet, à cause du serment que le Saint, béni soit-il, avait juré: « *Pas un homme de ces hommes ne verra* (*le bon pays*)! » (Dt 1,35).

Les Israélites se détournent du rocher connu pour en désigner un autre. Moïse se trouve alors « dans l'embarras », pris dans un dilemme [42]. Cette situation difficile est vraisemblablement la transposition midrashique de la question de Moïse au v. 10 du texte biblique; cette question est ici comprise comme une délibération intérieure de Moïse se demandant ce qu'il

---

[38] Cf. W. BACHER, *Die Agada der palästinensischen Amoräer*, III, Strassburg, 1899, 80 (dans la suite cité BACHER, *Pal. Amoräer*).

[39] BILLERBECK, *Kommentar*, I, 279, suggère que le grec *mōre* en Mt 5,22 a le sens de rebelle contre Dieu; cf. aussi *Traduction oecuménique de la Bible. Nouveau Testament*, Paris, 1972, 54, n. *x*.

[40] D'autres textes midrashiques situent la faute de Moïse dans son apostrophe aux Israélites entendue au sens de « rebelles ». Cette signification apparaît avec évidence en *Dt R.* 2, 8 à Dt 3,24 où Moïse, pour s'excuser de ces paroles, fait valoir que Dieu fut le premier (cf. Dt 3,24 *haḥillôtā*, « tu as commencé ») à traiter les Israélites de rebelles en Nb 17,25: *bᵉnê-merî* (cf. aussi *Siphrê* Dt 29 à Dt 3,26 et *Dt R.* 2, 2).

[41] Et par. en *Tanḥ. Ḥuqqat* 9; *Tanḥ.* B. IV, 120; *Yalq. Shim.* I, 763 à Nb 20,10.

[42] JASTROW, 1016, signale au mot *sāpēq* les significations suivantes: « 1) *division, doubt*; 2) *dilemma, difficulty* ». J. J. SLOTKI, *Midrash Rabbah. Numbers*, II, London, 1939, 758s., traduit: « Moses found himself placed in a dilemma ».

va faire devant les exigences des Israélites. En effet, écouter les Israélites, c'est-à-dire faire jaillir de l'eau du rocher qu'ils lui présentent, ce serait négliger l'ordre divin qui lui a désigné un rocher. Tel est le premier membre de l'alternative et il lui serait fatal. Mais dans l'autre cas, il ne devait pas moins encourir le châtiment de Dieu qui, selon Jb 5,13, « prend les sages dans leur astuce ». Qu'est-ce à dire? Cette seconde possibilité, c'est de ne pas écouter les Israélites; c'est de s'irriter contre eux à cause de leur prétention à un autre rocher. Nous retrouvons ici le thème développé par le mashal de la *PRK* 14,5: dans sa colère, Moïse les qualifie de « fous » et, de ce fait, leur oppose sa sagesse. Par cette prétention de sagesse, Dieu le punit selon la citation de Jb 5,13 [43]. Il faut avouer que la sanction divine ainsi conçue n'échappe pas à l'arbitraire. La *PRK* 14,5 essayait de la justifier par une prescription divine interdisant précisément cette insulte. *Nb R.* 19,9 présuppose également cette interdiction, mais témoigne en même temps du caractère inéluctable du châtiment, car Dieu avait d'avance décrété que Moïse ne verrait pas le bon pays [44].

Nous avons vu que le dédoublement midrashique du rocher fut imposé par une option exégétique voulant éviter de rapporter le démonstratif du texte biblique (v. 10) au rocher désigné par Dieu. Le midrash optait pour cette exégèse, de façon à enlever à la question de Moïse son aspect de doute à l'égard de la promesse divine. Dans ce cadre des prétentions du peuple à un autre rocher, l'apostrophe *hammōrîm* recevait tout naturellement l'interprétation de « gens qui veulent en apprendre à leurs maîtres ». Elle était la réprobation de la forme spécifique de rébellion suggérée par ces revendications. L'interprétation grecque de cette interpellation pouvait aussi s'adapter à ce cadre, comme une réprobation de l'exigence insensée du peuple. Mais le développement de cette interprétation issue du grec en une tradition d'insulte qui fait condamner Moïse ne peut constituer avec ce cadre des prétentions du peuple qu'un assemblage secondaire. En effet, dans ce texte de *Nb R.* 19,9 que nous venons d'analyser, la question de Moïse, qui avait suscité la mise en scène d'un autre

---

43 Le terme *ᶜrym*, « avisé », qui condamnait Moïse dans la *PRK* 14,5 est à rapprocher du texte de Jb 5,13: « dans leur astuce ». Saint PAUL fera aussi un usage midrashique de Jb 5,13 en 1 Co 3,19, dans un contexte d'opposition entre sagesse et folie.

44 Moïse tombe sous le coup du serment divin de Dt 1,35 proféré contre la « génération mauvaise », soit que le midrash le considère inclus dans la formule: « Pas un homme de ces hommes », comme le croit J. J. SLOTKI, *op. cit.*, 759, n. 1; soit que le mot « homme » (*ʾîš*) soit ici interprété de Moïse comme nous le voyons en *MHG* Nb 20,12 qui commente ainsi Dt 1,35:

> « Homme » ne signifie pas autre chose que Moïse, comme il est dit: *Et l'homme Moïse était très humble* (Nb 12,3). Il était l'homme bien défini (*hmswyym*) parmi les hommes.

L'application de ce serment à Moïse a pu être favorisée par Dt 1,37 où Moïse avoue que contre lui aussi YHWH s'est mis en colère et lui a interdit la Terre promise. En disant que Moïse craignait cette fatalité depuis quarante ans, le midrash fait de la faute de Moïse une sorte d'inadvertance inéluctable.

rocher, ne constitue plus le centre d'intérêt. L'exigence d'un autre rocher est déjà considérée comme un donné dont on ne s'inquiète plus de réprouver le caractère de rébellion. L'intérêt de l'aggadiste s'arrête sur un point particulier: le caractère désobligeant de la réponse de Moïse exaspéré par le peuple. Alors que le cadre d'un dédoublement du rocher avait innocenté la question de Moïse (v. 10), on voulait retrouver la matière d'une faute justifiant la sentence de condamnation. Très curieusement et par une élaboration nouvelle, dans ce même cadre midrashique, on s'intéressa à l'apostrophe de Moïse aux Israélites (v. 10), pour la réprouver.

5. *Moïse devait se prêter aux exigences du peuple*

Dans le récit de *Nb R.* 19,9 analysé, la rébellion du peuple, inhérente à leur exigence, n'était pas formellement niée [45]; à vrai dire pourtant, le midrash la laissait de côté et centrait tout son intérêt sur la réaction de Moïse, pour la juger offensante à l'égard des Israélites. Nous allons aborder maintenant une élaboration nouvelle de la tradition où les exigences des Israélites, loin d'être encore une expression de rébellion, seront ratifiées par Dieu qui reproche à Moïse son refus de se prêter à la demande du peuple. Ce refus constitue, selon cette tradition, la faute de Moïse. Le *Leqaḥ Ṭ.* Nb 20,12 commente ainsi la condamnation de Moïse:

> *Pour me déclarer saint (aux yeux des fils d'Israël)* (Nb 20,12) par les eaux, car vous auriez dû faire jaillir de l'eau de ce rocher-là (*'wtw hslᶜ*) dont ils vous avaient dit (de le faire), de sorte que mon nom soit sanctifié parmi eux.

Nous retrouvons encore, grâce au démonstratif: « de ce rocher-là », la transposition midrashique de la question de Moïse d'après le v. 10. Celle-ci au premier stade de la tradition avait été appliquée à un autre rocher de façon à innocenter Moïse; au stade qui nous occupe actuellement, la tradition se retourne contre Moïse qui a négligé de faire jaillir de l'eau de ce rocher-là désigné par Israël. Quant au rocher primitivement désigné par Dieu, l'attention de l'aggadiste s'en est détournée.

Entre-temps l'aggadah avait multiplié les prétentions des Israélites, pour les étendre à plusieurs rochers [46]. Acceptant ces nouvelles exigences, Dieu fera grief à Moïse de n'avoir pas fait jaillir de l'eau de tous les

---

45 Cet aspect de rébellion reste implicite en *Nb R.* 19,9 (et par.) lorsque Moïse, réfléchissant au dilemme dans lequel il est engagé, reconnaît qu'à « écouter » les Israélites, il « négligerait » l'ordre de Dieu.

46 Cf. *Yalq. Shim.* I, 763 à Nb 20,10; L. GRÜNHUT, *Sēpher Halliqqûṭîm*, VI, 51*a*. D'après le *MHG* Nb 20,8, « le chef de chacune des tribus prit une pierre dans sa main et ils lui (= à Moïse) dirent: ' Si tu fais jaillir de l'eau pour nous, fais-le de cette pierre-ci '. » Nous retrouvons ainsi la répartition en tribus. À cette représentation d'un ensemble de douze pierres dont on réclame de l'eau, il est intéressant d'opposer la description d'Élim dans l'*Exagōgē* où les douze sources coulent d'un seul rocher; cf. *supra* p. 55-57.

rochers dont ils le réclamaient. C'est ce que nous lisons en *Yalq. Shim.* I, 764 à Nb 20,12:

> Et vous ne m'avez pas sanctifié aux yeux de tout Israël pour faire jaillir pour eux de l'eau de tout rocher dont ils le désiraient.

Un tel remaniement, pour disculper le peuple et justifier la sentence qui condamne Moïse, va jusqu'à élaborer un ordre de Dieu enjoignant formellement à Moïse de se prêter aux exigences des Israélites. C'est ce qu'on peut voir en *Yalq. Shim.* I, 763 à Nb 20,10:

> Le Saint, béni soit-il, lui avait ainsi ordonné: « De tout rocher dont ils le désireront, fais jaillir de l'eau pour eux. »

Le même recueil rapporte que Moïse devant les exigences du peuple se fâcha et leur opposa un refus catégorique:

> Mais son visage pâlit de colère contre eux et il jura qu'il ne ferait pas jaillir de l'eau pour eux, si ce n'est de ce (rocher-)là que lui voulait.

Ce refus est devenu une expression d'intransigeance d'un homme qui veut imposer sa volonté.

Le *MHG* Nb 20,8 nous suggère peut-être comment les aggadistes rattachaient au texte biblique cette obligation qu'ils imposaient à Moïse de se plier aux exigences du peuple. Il commente:

> *Et vous direz au rocher, sous leurs yeux* (Nb 20,8). De l'endroit où ils vous diront: « Faites jaillir de l'eau pour nous », de là même faites-en jaillir pour eux.

Ce commentaire, s'il doit s'appliquer au v. 8, pouvait être suscité par l'expression biblique « sous leurs yeux ». De l'idée que Moïse devait s'adresser au rocher sous les yeux des Israélites, l'aggadiste pouvait glisser à celle-là qu'il devait s'adresser au rocher désigné par eux.

6. *Moïse ne connaissait pas le rocher*

A l'origine de la tradition, il fallait éviter que la question de Moïse au v. 10 apparaisse comme l'expression d'un doute à l'égard de la promesse divine. Nous avons vu se constituer une tradition qui dédoublait le rocher pour éviter que Moïse prononçât ces paroles à propos du rocher que Dieu lui avait désigné; il les énonçait d'un autre rocher arbitrairement choisi par Israël. Nous avons ensuite parcouru les avatars de cette tradition, selon que le midrash voulait retrouver matière à justifier la sentence de condamnation de Moïse. Nous allons maintenant rencontrer une autre représentation de l'épisode qui évite également d'opposer Moïse à la promesse divine. Le chef du peuple ignorera de quel rocher Dieu a promis de donner de l'eau. C'est ce que nous raconte le long récit du *Midrash Peṭirat Aaron* 91s.:

> Et Moïse marchait en tête et toute la communauté (venait) derrière lui, mais il ne savait pas quel était le rocher dont le Saint, béni soit-il, leur avait dit qu'il leur donnerait de l'eau. Les Israélites virent un rocher qui gouttait et ils s'arrêtèrent auprès de lui. Lorsqu'il vit qu'ils s'étaient arrêtés, il revint en arrière et ils lui dirent: « Jusqu'à quand vas-tu nous attirer? » Il leur dit: « Jusqu'à ce que je fasse jaillir pour vous de l'eau du rocher. » Ils lui dirent: « Donne-nous de l'eau, que nous buvions. » Il leur dit: « Jusqu'à quand allez-vous murmurer? Y a-t-il au monde une créature pour murmurer contre son créateur comme vous le faites à propos de savoir de quel rocher le Saint, béni soit-il, désire vous donner de l'eau? »[47]. Les Israélites lui dirent: « Tu es prophète et notre pasteur dans le désert, et maintenant tu dis: 'Je ne sais pas de quel rocher le Saint, béni soit-il, désire vous donner de l'eau'! »

Moïse s'avance en tête, suivi des Israélites[48]. Cette représentation est due vraisemblablement à une extrapolation des événements racontés en Ex 17,5 où Dieu dit à Moïse de passer en avant du peuple. L'influence d'Ex 17 est ici d'autant plus vraisemblable que le récit de *Peṭirat Aaron* 91 précédant immédiatement cet extrait fait état des plaintes de Moïse que le peuple veut lapider (cf. Ex 17,4); Dieu répond alors à Moïse de passer en avant du peuple, et le récit cite explicitement Ex 17,5. L'influence de l'épisode de Rephidim s'étend aussi à la formule par laquelle les Israélites réclament de l'eau, qui est très voisine d'Ex 17,2. Le reproche de murmurer que Moïse leur adresse nous renvoie aussi à Ex 17,3.

Les Israélites sont en quête d'un rocher comme dans les traditions sur leurs exigences. Mais un élément nouveau apparaît: ils s'arrêtent auprès d'un rocher « qui gouttait » (*mṭyp*). Le midrash suggère que le peuple recherche un rocher bien connu dont ils avaient l'habitude de recevoir de l'eau[49]. Mais le thème caractéristique du récit est l'ignorance de Moïse qui, lui, n'a aucune connaissance du rocher dont Dieu a promis de l'eau. En fonction de cette ignorance, le midrash va nous développer maintenant plusieurs interprétations de la question de Moïse au v. 10:

> À ce moment-là, il les assembla auprès d'un rocher, comme il est dit: *Moïse et Aaron assemblèrent l'assemblée devant le rocher.* Et Moïse dit en son coeur: « Si je dis au rocher qu'il fasse jaillir de l'eau et qu'il ne le fait pas, je me trouverai couvert de honte devant l'assemblée et ils me diront: 'Moïse, où est passée ta sagesse?' » À ce moment-là, Moïse dit aux Israélites: « Vous savez que le Saint, béni soit-il, est capable de faire pour vous un miracle, mais qu'il me l'a caché, car lorsque l'heure

[47] GINZBERG, *Legends*, III, 319, explicite: « Is there a creature in all the world that so rebels against its Maker as ye do, when it is certain that God will give ye water out of a rock, even though I do not know which one that may be! »

[48] Cf. *Yalq. Shim.* I, 763 à Nb 20,10 et *MHG* Nb 20,8.

[49] Un peu plus haut, ce *Midrash Peṭirat Aaron* 91 disait du puits qu'il était « sans une goutte d'eau ».

> est venue pour un homme, sa science et sa sagesse ne tiennent plus. » Et Moïse éleva son bâton et il le déposa sur le rocher et il fit comme s'il s'entretenait avec les Israélites, comme il est dit: *Est-ce que de ce rocher nous ferons jaillir de l'eau pour vous?*

Le commentaire midrashique du verset 10 se fait à plusieurs reprises et à des niveaux différents. L'aggadiste a scindé le v. 10 en deux moments introduits chacun par l'expression « à ce moment-là ». Le premier moment correspond dans le texte biblique au v. 10*a*: « Moïse et Aaron assemblèrent l'assemblée ». Ce membre ne contenait aucun discours de Moïse. Le midrash en a profité pour situer ici les réflexions que Moïse se faisait « en son coeur » et dans lesquelles c'est une exégèse du v. 10*b* qu'il nous faut lire en filigrane. Moïse se demande s'il pourra faire jaillir de l'eau du rocher. L'aggadiste a saisi dans le *yiqtol nôṣîʾ* une nuance de possibilité; Moïse doute de la possibilité du miracle et il entrevoit déjà la conséquence fâcheuse d'un prodige manqué. Cette prévision suppose connue une interprétation qui donne à l'apostrophe *hammōrîm* la signification de « fous ». En cas d'échec, il aurait préjugé de sa sagesse et serait réduit à la honte devant l'assemblée qui lui demanderait compte de cette sagesse. Mais le doute de Moïse ne s'attaque pas à la promesse divine. L'aggadiste, bien qu'il cite le v. 10*a*: « devant le rocher » adapte le récit à son parti pris exégétique: « auprès d'un rocher » (*slʿ ʾḥd*). Le doute ne porte que sur l'identité du rocher.

Le commentaire du v. 10 se prolonge en un deuxième moment où Moïse adresse la parole aux Israélites conformément au v. 10*b*: « et il leur dit ». L'aggadah développée en ce second moment est une reprise de la précédente à un stade plus évolué. Moïse ne sait toujours pas s'il pourra faire jaillir de l'eau, mais il s'empresse de proclamer le pouvoir divin d'accomplir un miracle. Le midrash échappe ainsi complètement au danger de faire douter Moïse de la puissance de Dieu. Quant à ce qui le concerne, Moïse en est arrivé à confesser la perte de sa sagesse, allusion à l'exégèse de *hammōrîm* [50].

Ce récit de *Peṭirat Aaron* trahit une composition tardive. Il recueille des traditions déjà bien élaborées concernant les revendications des Israélites et l'interprétation de l'apostrophe *hammōrîm*. Et il les remanie encore. Mais il présente l'intérêt de nous montrer une nouvelle fois le

---

[50] Dans la suite, nous trouvons reproduite en citation littérale la question de Moïse selon le v. 10*b*. Moïse, en prononçant ces paroles, « fit comme s'il s'entretenait avec les Israélites ». Quel est le sens de cette précision? Elle veut, croyons-nous, rendre compte du pluriel exprimé par le verbe *nôṣîʾ* du texte biblique. Jusqu'ici ce verbe avait été interprété en référence à Moïse seul. Au premier moment du commentaire, ainsi qu'au second où pourtant Moïse s'adressait aux Israélites, la problématique du midrash restait centrée sur la possibilité qu'avait Moïse de faire jaillir de l'eau. Maintenant il va demander l'avis des Israélites sur la possibilité qu'ils ont, lui et eux, d'obtenir de l'eau de ce rocher-là. Le pluriel, qui dans le texte biblique concernait Moïse et Aaron, est ici interprété de Moïse avec les Israélites.

souci midrashique d'éviter le doute de Moïse à l'égard de la toute-puissance ou de la promesse divines.

7. *Le commentaire de RASHI à Nb 20,10*

Rashi rassemble divers éléments des traditions que nous avons rencontrées:

> *Est-ce que de ce rocher nous ferons jaillir (de l'eau)?* Parce qu'ils ne le reconnaissaient pas, du fait que le rocher s'en était allé et s'était installé parmi les (autres) rochers, au moment où le puits avait été enlevé. Et les Israélites leur disaient: « Que vous importe de quel rocher vous ferez jaillir de l'eau pour nous? » C'est pourquoi il leur dit: *hammôrîm*: rebelles (*srbnym*); en grec: fous (*šwṭym*); qui veulent enseigner leurs maîtres (*mwrym ᵓt mwryhm*). *Est-ce que de ce rocher* au sujet duquel nous n'avons pas reçu d'ordre *nous ferons jaillir de l'eau pour vous?*

Rashi n'admet pas non plus que Moïse, dans sa question du v. 10, ait consciemment désigné le rocher porteur de la promesse divine. C'est pourquoi il considère que Moïse et Aaron n'avaient pas reconnu le rocher. Cette interprétation est voisine de celle qui est à la base du *Midrash Peṭirat Aaron.*

Le commentateur de Troyes témoigne en outre, à propos de ce rocher, d'une tradition du plus vif intérêt, car il l'assimile, pour ainsi dire, au puits.

Le rocher, dit Rashi, « s'était installé parmi les (autres) rochers ». Cette mise en scène de plusieurs rochers provient des traditions de la première représentation de l'épisode qui, d'après une exégèse orientée de la question de Moïse, rapportaient le démonstratif « ce rocher » à un rocher voulu par Israël. À partir de là, l'imagination aggadique avait créé un ensemble de rochers comme nous l'avons vu en *Leqaḥ Ṭ.* Nb 20,10.

Le reste du commentaire se rattache également aux traditions de la première représentation de l'épisode. La paraphrase du v. 10 explicite pourquoi Moïse et Aaron refusent la suggestion des Israélites: ils ont reçu de Dieu un ordre qui s'applique à un rocher bien précis [51].

8. *Résumé et retour aux targums à Nb 20,10*

Il nous apparaît, au terme de cette enquête parmi les traditions midrashiques, que les aggadistes ne se sont pas volontiers résolus à interpréter la question de Moïse au v. 10 comme l'expression d'un doute envers la promesse divine. L'aggadah, à force d'expédients, est parvenue à éviter que ces paroles ne concernent le rocher porteur de la promesse divine. Ainsi, elle a imaginé la tradition qui met en scène un autre rocher réclamé

---

[51] Rashi attribue au *yiqtol nôṣîᵓ* soit une nuance de licéité (ce qui s'accorde bien avec le rappel de l'ordre divin), soit une nuance de possibilité.

par les Israélites. Selon une autre tradition, elle a insisté sur l'ignorance de Moïse qui ne savait pas quel était le rocher désigné par Dieu; ou encore, selon Rashi, le rocher bien connu s'était perdu.

Nous avons parcouru avec le midrash les péripéties de la tradition selon laquelle les Israélites veulent imposer un rocher de leur choix. À son stade primitif, elle visait à détourner du rocher désigné par Dieu les paroles de doute. Moïse rejetait le rocher réclamé par Israël, objectant soit qu'il ne lui était pas possible, soit qu'il ne lui était pas permis, de faire jaillir de l'eau d'un autre rocher que celui que Dieu avait désigné. Ses paroles reprochaient au peuple sa rébellion.

Par un déplacement d'accent, le midrash laissa de côté cet aspect de rébellion et fixa son attention sur le caractère injurieux de l'apostrophe aux Israélites. Les préoccupations midrashiques étaient de retrouver matière à la faute qui fit condamner Moïse.

La tradition des prétentions à un autre rocher alla jusqu'à retourner sa perspective primitive. Elle oublia complètement cet aspect de rébellion et fit ratifier par Dieu les exigences du peuple. Le refus de Moïse fut alors jugé coupable et condamné.

L'interprétation de « (gens) qui veulent en apprendre à leurs maîtres » ne peut s'adapter qu'au stade de la tradition qui considère formellement la rébellion des Israélites, c'est-à-dire à son stade primitif. Cette interprétation exprime la forme spécifique de rébellion propre à cette situation de revendications. Nous avons vu que les targums N (approuvé par I) et 110 rapportent également cette interprétation. Ils en accentuent encore plus que le midrash rabbinique la signification de rébellion. Leur paraphrase, en effet, dans une troisième traduction de l'hébreu *hmrym* marque clairement que ces gens « auraient besoin d'apprendre » (N) ou qu'ils « ont refusé d'apprendre » (ms. 110). L'antiquité de cette interprétation nous apparaît déjà, étant donné qu'elle se situe au stade primitif d'une tradition qui fut dans la suite abondamment retravaillée. Elle se recommande aussi par son caractère de traduction interprétative. Elle procède, en effet, d'une application à traduire l'idée de rébellion exprimée par le texte biblique en la situant dans un contexte aggadique. Et même ce contexte aggadique des prétentions à un autre rocher, auquel est rapporté le démonstratif *hzh* de la question de Moïse, ne s'est probablement pas constitué indépendamment du processus de traduction de l'hébreu *hmrym*. Les prétentions des Israélites ne sont que la transposition de ce mot entendu d'après la racine *yrh*, « indiquer, enseigner ». C'est au stade même de la traduction que l'aggadiste, voulant écarter du rocher biblique le scepticisme de Moïse, a exploité le mot *hmrym*, compris à la fois selon la racine *mrh*, « se rebeller », et la racine *yrh*, pour créer la tradition des prétentions.

Le targum 110, qui témoigne de cette interprétation primitive, a, de plus et dans la même ligne, paraphrasé la question de Moïse: « est-ce que j'ai reçu ordre ». Le refus opposé par Moïse se réclame de l'ordre divin lui désignant un rocher.

Quant à la paraphrase du Ps-J, elle reste ambiguë.

B. *Un double écoulement issu du rocher*

1. *La formation littéraire de la tradition midrashique*

Le texte biblique de Nb 20,11 signalait que Moïse avait frappé « deux fois » le rocher; alors avaient jailli des eaux abondantes. La mention d'un double coup a attiré l'attention des aggadistes. Nous avons vu déjà que Ps-J Nb 20,11 distinguait une première et une seconde fois auxquelles répondait un jaillissement différent: du sang au premier coup, de l'eau au second. Les recueils midrashiques contiennent divers commentaires où nous pouvons également reconnaître le souci d'interpréter la mention d'un double coup en inventant un double jaillissement. Mais ces commentaires peuvent se répartir en deux classes. Les uns situent au premier coup frappé sur le rocher un écoulement d'eau goutte à goutte auquel se substitue, lors du second coup, le jaillissement d'une eau abondante. Les autres, comme le targum Ps-J, attribuent au premier coup un écoulement de sang qui est suivi par un jaillissement d'eau au second coup. Il nous faudra rechercher l'origine de ces interprétations et évaluer leur priorité.

D'autre part, N Nb 20,11 introduisait par l'annonce d'une « seconde fois » (*tnyn*) la mention des deux coups frappés sur le rocher. Cet ajout qui paraît étrange ne se comprend-il pas aussi dans le contexte midrashique des interprétations du *pʿmym* biblique?

a) *De l'eau goutte à goutte, puis de l'eau en abondance*

Considérons d'abord le commentaire du *Yalq. Shim.* II, 819 au Ps 78, 20 en regard de *Nb R.* 19,9 à Nb 20,11. Ces deux versions se compléteront mutuellement.

Yalq. Shim. II, 819	*Nb R.* 19,9 [52]
Et Moïse leva sa main et frappa le rocher (Nb 20,11). *Il a frappé le rocher et des eaux ont coulé* (*wayyāzûbû mayim*) (Ps 78,20).	*Et Moïse leva sa main et frappa le rocher* (Nb 20,11).
Il frappa une fois (*pʿm ʾḥt*): le rocher laissait couler une eau parcimonieuse (*nwṭp mym mwʿṭyn*).	Il le frappa une fois (*pʿm ʾḥt*): le rocher laissait couler une eau parcimonieuse, comme il est dit: *Voici qu'il a frappé le rocher et des eaux ont coulé* (Ps 78,20).

---

[52] Par. en *Tanḥ. Ḥuqqat* 9; *Tanḥ.* B. IV, 121; *Yalq. Shim.* I, 763 à Nb 20,11. Ces versions comportent toutefois quelques variantes dont nous ferons mention.

C'était comme quelqu'un qui éprouve un flux: il laisse couler goutte à goutte (*kzb šhw' nwṭp ṭypyn*). Ils lui (= à Moïse) dirent: « Fils d'Amram, est-ce de l'eau pour des enfants à la mamelle ou pour des (gens) sevrés? » Aussitôt il se fâcha contre eux et il frappa *deux fois* (*pᶜmym*) *et il sortit de l'eau en abondance* (Nb 20,11) la seconde fois (*bpᶜm šnyh*).	C'était comme quelqu'un qui éprouve un flux: il laisse couler goutte à goutte. Ils lui (= à Moïse) dirent: « Fils d'Amram, est-ce de l'eau pour des enfants à la mamelle ou pour des (gens) sevrés? » Aussitôt il se fâcha contre eux et il frappa *deux fois* (*pᶜmym*) *et il sortit de l'eau en abondance* (Nb 20,11) qui submergea (*wšṭpw*) tous ceux qui murmuraient contre eux, comme il est dit: *Et des torrents se sont déversés* (*yišṭōpû*) (Ps 78,20).

Il s'agit bel et bien d'une interprétation de Nb 20,11 [53]. Et la version de *Nb R.* 19,9 montre clairement qu'elle s'effectue par recours au Ps 78,20 explicitement cité à l'appui du commentaire. Nb 20,11 a été lu en relation avec le Ps 78,20; de part et d'autre il s'agissait du prodige de l'eau jaillie d'un rocher frappé. Le Ps 78,20, dans un élan lyrique, répétait sous forme de parallélisme l'heureux jaillissement issu du rocher frappé:

— « des eaux ont coulé (*wayyāzûbû mayim*)
— et des torrents se sont déversés (*ûnᵉḥālîm yišṭōpû*) ».

Le second élément du parallélisme ne dédaignait pas l'hyperbole. L'aggadiste a interprété cette surenchère littéraire comme une progression réelle dans un jaillissement obtenu en deux étapes. Le premier élément: « des eaux ont coulé » fut entendu d'un écoulement parcimonieux. Le verbe *zwb*, « couler », qui dans le texte biblique désignait sans nul doute un ruissellement généreux, fut pris au sens restreint d'un écoulement par gouttes. Ce sens lui est attribué en référence à son emploi technique pour désigner celui qui éprouve un flux, le *zāb* [54]. Le second élément, par contre, selon la lettre du Psaume: « des torrents se sont déversés », a suggéré l'abondance. Cet écoulement progressif, en deux étapes, selon l'exégèse du Psaume, fut reporté sur le texte de Nb 20,11. Les « torrents » du Ps 78, 20 correspondaient bien au jaillissement « des eaux abondantes » mentionnées en Nb 20,11; le premier écoulement, par gouttes, fut introduit pour servir de première étape, une tentative insuffisante, et ainsi rendre compte de la nécessité de frapper le rocher une seconde fois [55]. L'analyse midrashique du Ps 78,20 apparaît, en effet, comme d'avance orientée vers une explicitation du double coup signalé en Nb 20,11.

---

[53] Même en *Yalq. Shim.* II, 819 au Ps 78,20, c'est le texte de Nb 20,11 qui est directement commenté; le mot désignant le rocher est, en effet, dans le commentaire *slᶜ* selon Nb 20,11, et non *ṣwr* comme en Ps 78,20.

[54] Cf. Lv 15,2ss.

[55] Il faut remarquer que dans le texte biblique du Ps 78,20, Dieu est le sujet du verbe « frappa » et non Moïse. Le midrash néglige cette différence.

La version du *Yalq. Shim.* II, 819 a conservé en finale la mention explicite de la « seconde fois ». C'est là sûrement un vestige de la structure primitive du commentaire qui se développe en deux temps selon les deux éléments du parallélisme du Ps 78,20. Mais l'état actuel du commentaire a franchi un pas de plus dans l'exégèse du *pᶜmym* biblique. L'aggadiste, non content d'énumérer un premier et un second moment, a situé au premier moment un coup simple et au second moment un double coup (*pᶜmym*)[56]. Le coup répété qui se situe au second moment s'explique par un mouvement de colère de Moïse en proie aux railleries de son entourage. Le *pᶜmym,* à proprement parler, n'est plus expliqué par la progression découverte dans le Ps 78,20. Cette progression est supposée; l'aggadiste se livre comme à une exégèse au carré[57].

b) *Du sang, puis de l'eau*

C'est aussi à la lumière du Ps 78,20 que la lecture midrashique de Nb 20,11 a donné lieu à l'interprétation d'un écoulement de sang en un premier moment, avant que ne jaillissent des eaux abondantes. Voyons le commentaire du Ps 78 dans le *Midr. Teh.* 78,2[58]:

> *Voici qu'il a frappé le rocher et des eaux ont coulé* (Ps 78,20). Lorsque Moïse frappa le rocher, (celui-ci) laissa couler des gouttes de sang (*ṭypṭph dm*). R. Ḥama bar Ḥanina dit: C'est comme il est dit: *Et une femme, lors-*

---

[56] Le *pᶜmym* s'oppose au *pᶜm ʾḥt.* GINZBERG, *Legends,* III, 312, n'a pas remarqué cette opposition. A. ROSMARIN, *Moses,* 123, distingue très justement: « Moses ... schlug den Felsen einmal. ... Moses geriet darüber in Zorn; er schlug nun den Felsen zweimal ».

[57] RASHI à Nb 20,11 a conservé la structure primitive qui se contente de répartir le *pᶜmym* en deux moments selon le contenu du Ps 78,20. Il commente: « *Deux fois*: parce que la première fois (*brʾšwnh*) il n'avait fait sortir que des gouttes ».

Les moqueries, qui sont par ailleurs bien adaptées à la situation, apparaissent clairement comme une intervention secondaire dans la démarche exégétique. Elles n'ont de fonction que dans l'élaboration nouvelle de l'interprétation, où elles provoquent la colère de Moïse qui alors frappe deux fois. De plus, en *Nb R.* 19, 9 le verbe *šṭp* qui, selon l'exégèse midrashique du Ps 78,20 « et des torrents se sont déversés », avait précédemment servi à déterminer le second moment dans le jaillissement de l'eau, est réinterprété pour exprimer la confusion des moqueurs que cette abondance d'eau « submergea » (*wšṭpw*). Cette anecdote est ignorée des versions parallèles, mais le verbe *šṭp* en *Tanḥ. Ḥuqqat* 9 et *Yalq. Shim.* I, 763 à Nb 20,11 a néanmoins reçu un complément. Selon ces versions, l'eau abondante « submergea tout ce qui se trouvait devant elle » (*kl mh šhyh ntwn kngdn*) et cette addition est vraisemblablement antérieure à celle de *Nb R.* 19, 9. En effet, au verbe *šṭp,* « se déverser », employé dans le texte biblique sans complément d'objet, la tradition a ajouté pour complément, en signe d'abondance, l'inondation du terrain (peut-être sous l'influence des traditions sur le puits qui déborde et irrigue les environs: cf. *Nb R.* 19, 26; *Tos. Suk.* 3, 12). Par un développement nouveau, cette inondation fut dirigée contre les railleurs, de façon à venger Moïse comme nous le trouvons en *Nb R.* 19, 9. D'ailleurs, l'emploi du pluriel en *Nb R.* 19, 9 dans l'expression « contre eux » (*kngdn*) se comprend mal, car Moïse est seul à frapper le rocher. Cette anomalie est due sans doute au fait que l'expression *kngdn* était employée d'abord en référence aux eaux qui inondèrent tout ce qui se trouvait devant elles; l'expression fut transposée ensuite pour désigner Moïse et Aaron dans une élaboration nouvelle.

[58] Par. en *Yalq. Shim.* II, 819 au Ps 78, 20.

que s'écoulera son flux de sang (*kî-yāzûb zôb dāmāh*) (Lv 15,25). *Et des torrents se sont déversés* (Ps 78,20), c'est-à-dire que les eaux se déversèrent avec abondance (*hrbh*), car les railleurs de l'époque avaient dit: « Maintenant nous faisons jaillir de l'eau, mais elle va disparaître engloutie ! »

Le commentateur distingue les deux éléments du parallélisme sur le jaillissement du rocher. Le premier reçoit un traitement spécial. Le verbe *zwb* a évoqué, comme en *Nb R.* 19,9, la nuance restrictive d'un écoulement goutte à goutte qui est ici exprimé par le *pilpel* de *ṭpp*[59]. Toutefois, il ne s'agit plus d'eau, mais de sang. Le rapprochement avec le sens technique de la racine *zwb* dans le contexte des écoulements organiques a été restreint au cas bien particulier du flux menstruel, c'est-à-dire là où le *Lévitique* mentionne explicitement qu'il s'agit d'un flux « de sang ». Parce que la racine *zwb* dans le contexte bien déterminé de Lv 15,25 désignait un écoulement de sang, cette particularité a été extrapolée pour l'appliquer à l'expression *wyzwbw* du Ps 78,20[60]; le midrash ne tient pas compte que le texte biblique donnait à ce verbe un sujet: « des eaux ». Cette exégèse était connue de Ḥama bar Ḥanina, un docteur palestinien des environs de l'an 260[61].

Un flux de sang est rapporté aussi dans le commentaire du Ps 105,41 que nous conserve le *Midr. Teh.* 105,12[62]:

> *Il ouvrit le rocher et les eaux coulèrent* (*wayyāzûbû māyim*) (Ps 105,41). R. Aḥa bar Ḥanina dit: Au début (*btḥlh*), (le rocher) laissait sortir du sang (*mwṣy'h dm*) et les railleurs de l'époque disaient: « Maintenant nous irons tendre nos bouches pour boire le sang ! » Mais après cela (*w'ḥr kk*), (le rocher) fit jaillir *hwṣy'h* des eaux qui en submergèrent beaucoup, comme il est dit: *Et des torrents se sont déversés* (Ps 78,20)[63].

Le commentateur ne nous livre pas le principe herméneutique qui soustend son affirmation d'un écoulement de sang. Mais nous pouvons aisément comprendre que l'expression *wyzwbw*, que nous trouvons au Ps 105, 41 comme dans le Ps 78,20, est à l'origine de cette interprétation. Une

---

59 Cf. JASTROW, 548.

60 Cf. R. LE DÉAUT, *La nuit pascale*, 332, n. 237; ID., « Targumic Literature and New Testament Interpretation », 277, n. 107; ID., *Targum du Pent.*, III, 184, n. 12.

61 Cette attribution est omise en *Yalq. Shim.* II, 819 au Ps 78,20. BACHER, *Pal. Amoräer*, I, Strassburg, 1892, 440, attribue le commentaire du *Midr. Teh.* 78, 2 à Yosé b. Ḥanina (pal. vers 270), en signalant que Ḥama b. Ḥanina est une variante. Mais surtout, BACHER présente l'interprétation de *wyzwbw* comme celle d'un écoulement d'eau par gouttes et il cite Lv 15,25. Une erreur manifestement s'est introduite dans le relevé de l'auteur.

62 *Yalq. Shim.* II, 863 au Ps 105,41 dit aussi: « *Voici qu'il a frappé le rocher* (Ps 78,20). Au début, il fit sortir du sang ».

63 Nous avons traduit l'éd. de S. BUBER, 452, mais l'éditeur signale en note que certains témoins du texte attribuent la tradition à Ḥama b. Ḥanina comme en *Midr. Teh.* 78, 2.

fois de plus, nous constatons que le midrash n'a pas tenu compte du sujet du verbe *zwb* exprimé dans le texte biblique: « des eaux ». À ce commentaire de *wyzwbw*, l'aggadiste enchaîne celui du second élément du parallélisme dans le Ps 78,20: « et des torrents se sont déversés ». Les deux commentaires sont structurés en deux moments bien marqués par les locutions: « au début » et « mais après cela ». Le jaillissement de sang se produit « au début »; « mais après cela » viennent les eaux torrentielles. Cette distinction de deux moments nous fait voir que la tradition d'un jaillissement de sang ne se comprend que dans le contexte d'une première étape qui est infructueuse. La démarche midrashique est toujours une analyse du parallélisme du Ps 78,20 en attribuant au second élément l'avantage d'une progression. C'est du Ps 78,20 que provient l'interprétation de *wyzwbw* comme désignant un écoulement de sang, en référence à un autre jaillissement, un jaillissement d'eau, qui vient ensuite. Lorsque l'aggadiste rapporte un écoulement de sang à l'expression *wyzwbw* du Ps 105, 41, il s'agit d'un emprunt au commentaire de la même expression du Ps 78,20.

Il faut remarquer qu'ici le midrash ne parle plus d'un écoulement par gouttes comme en *Nb R.* 19,9 et *Midr. Teh.* 78,2. Cette nuance restrictive attribuée au verbe *zwb* était essentielle dans la démarche d'analyse du parallélisme du Ps 78,20; c'est ainsi qu'on pouvait déterminer deux étapes dans l'écoulement, d'abord un écoulement par gouttes, suivi d'un jaillissement abondant. C'est aussi par cette restriction d'un écoulement semblable à un flux organique que l'aggadiste en est arrivé au cas particulier d'un flux de sang. Ici la nuance restrictive d'un écoulement par gouttes s'est estompée devant le résultat auquel elle a conduit: celui d'une production de sang [64].

En *Nb R.* 19,9, nous avons compris, en voyant reporter sur Nb 20,11 les deux étapes issues du Ps 78,20, que cette analyse était orientée vers une explicitation du double coup signalé en Nb 20,11. L'aggadiste expli-

---

[64] Les railleurs apparaissent comme un motif purement adventice dans l'interprétation fondée sur l'exégèse des deux éléments du parallélisme du Ps 78,20. Ils sont là pour souligner l'aspect tragique de la situation après le premier écoulement et, à un stade plus élaboré de l'interprétation, pour être confondus lors du second écoulement. En *Midr. Teh.* 105, 12, leurs sarcasmes comparent la situation à celle des Égyptiens affligés de la plaie du sang (cf. *Midr. Teh.* 78, 10). Comme en *Nb R.* 19, 9, ils sont ensuite submergés par les eaux; le verbe *šṭp* du Ps 78,20 a été réinterprété par une démarche secondaire dans le processus exégétique pour désigner la punition des railleurs. En *Midr. Teh.* 78, 2, nous n'avons pas cette réélaboration du verbe *šṭp*; le midrash lui ajoute seulement *hrbh*, « beaucoup », pour souligner l'abondance. C'est cette addition que le *Midr. Teh.* 105, 12 a prise pour complément d'objet de *šṭp*, afin d'exprimer la confusion de « beaucoup » de railleurs (*mhm hrbh*). Les railleries en *Midr. Teh.* 78 ne portent pas sur l'écoulement de sang. Le recueil midrashique fait emprunt, semble-t-il, à l'interprétation selon laquelle le premier écoulement donne de l'eau que les railleurs considéraient avec méfiance. Les torrents qui se déversent ensuite ont pour but de les convaincre de leur mauvaise foi; le thème de leur confusion est donc ainsi présent.

quait que Moïse ait dû frapper deux fois par le fait qu'au premier coup, le rocher n'avait fait couler qu'une eau insuffisante. Le jaillissement de sang obtenu lors d'un premier moment est également à situer dans la perspective d'une explication de Nb 20,11, à savoir que Moïse frappa le rocher « deux fois » [65]. Un passage d'*Ex R.* 3,13 nous en assure:

> Et il frappa le rocher et fit jaillir (du sang) [66], comme il est dit: *Voici qu'il a frappé le rocher et des eaux ont coulé* (Ps 78,20). Or « ont coulé » (*wyzwbw*) ne désigne pas autre chose que du sang, comme il est dit: *Et une femme, lorsque s'écoulera son flux de sang* (Lv 15,25). Et c'est pour cela qu'il frappa le rocher deux fois: parce qu'au début (*btḥlh*) il avait fait sortir du sang, mais finalement (*wlbswp*) de l'eau.

On le voit clairement ici: l'exégèse midrashique du Ps 78,20 sert à illustrer le double coup de Nb 20,11; l'écoulement de sang répond au premier coup frappé sur le rocher et en appelle un second.

c) *Le cheminement de la tradition*

Il est temps maintenant de synthétiser les résultats de l'analyse des textes que nous venons de présenter. C'est une même tradition midrashique qui nous est apparue dans ces commentaires, mais à différents niveaux de son évolution. À l'aide des indices relevés dans l'analyse, nous tenterons d'en retracer le développement génétique.

La démarche exégétique vise à rendre compte de la mention en Nb 20, 11 d'un double coup frappé par Moïse sur le rocher. Dans ce but, l'aggadiste se tourne vers le récit du même événement dans le Ps 78,20. Grâce à la répétition poétique du jaillissement, disposée en deux éléments parallèles dont le second exprime de façon hyperbolique une profusion d'eau, l'aggadiste découvre en ce passage un double jaillissement effectué progressivement, en deux étapes. Un premier écoulement se fait par gouttes, selon l'interprétation imposée au verbe *zwb* d'après son emploi technique dans le contexte du *Lévitique* sur les écoulements organiques. Le second jaillissement déverse de l'eau en abondance. C'est ainsi que Ps 78, 20 éclaire Nb 20,11. Moïse dut frapper deux fois, car le premier coup n'avait produit que des gouttes d'eau; un second coup était rendu nécessaire pour obtenir les eaux abondantes que signalait le texte biblique.

La tradition n'en est pas restée là. Au lieu d'un écoulement d'eau par gouttes, le midrash détecta lors du premier coup frappé par Moïse un écoulement de sang. Cette interprétation, pour plusieurs raisons, nous

---

[65] Nous pouvons remarquer en *Midr. Teh.* 78, 2, que l'aggadiste, tout en commentant le Ps 78,20, garde présent à l'esprit le texte de Nb 20,11; c'est ainsi que dans son commentaire, il emploie le mot *slᶜ* au lieu de *ṣwr*.

[66] Le complément: « du sang » est omis (éd. Jérusalem, 1970), mais il est requis par le contexte; cf. S. M. LEHRMAN, *Midrash Rabbah. Exodus*, 73: « and brought forth blood ».

apparaît comme secondaire par rapport à celle d'un écoulement d'eau par gouttes. Et d'abord, elle suppose l'exégèse du verbe *zwb* compris d'un écoulement semblable à un flux organique, mais elle la prolonge. Cette exégèse ne suffisait pas pour obtenir la signification de sang; l'aggadiste devait en outre rechercher dans ce contexte le cas particulier du flux menstruel (Lv 15,25) où le verbe *zwb* était complété par la mention du sang. C'est alors ce complément qui s'imposa à l'exégèse midrashique et modifia la tradition pour en faire un écoulement de sang. De plus, dans cette interprétation *mym*, « des eaux », le sujet du verbe *wyzwbw* dans le texte biblique, est carrément négligé. Enfin, dans le cas d'un écoulement d'eau par gouttes suivi d'un abondant jaillissement d'eau, le contraste porte sur la quantité des deux écoulements. Or précisément, ce contraste de quantité restreignant le sens du verbe *zwb* est supposé par le processus exégétique qui conduit à un écoulement de sang. Une fois obtenu le résultat d'un écoulement de sang au premier coup, le contraste porte sur la nature différente des deux écoulements: du sang, puis de l'eau. Et la nuance restrictive du premier membre, comme celle d'abondance du second membre, perdent leur intérêt. Pour toutes ces raisons, l'interprétation d'un écoulement de sang nous apparaît postérieure à celle d'un écoulement d'eau par gouttes. Elles représentent deux stades dans l'évolution d'une même tradition de lecture midrashique de Nb 20,11 à la lumière du Ps 78,20.

La tradition, qui d'après le Ps 78,20 avait déjà explicité la mention biblique d'un double coup en détaillant un double écoulement, a réintroduit encore le *pᶜmym* au second moment. Ce développement est lié à l'introduction d'un élément extrinsèque à l'exégèse du Ps 78,20: la colère de Moïse provoquée par les moqueries. Cette évolution n'est attestée, à notre connaissance, qu'à propos de l'interprétation d'un écoulement d'eau par gouttes [67].

2. *Les significations portées par la tradition*

Nous avons tenté de retracer dans son évolution littéraire la formation de la tradition. Mais pouvons-nous déceler aussi les mobiles qui conduisaient cette recherche midrashique? Dans quelle perspective les aggadistes ont-ils fait ressortir l'insuffisance d'un premier écoulement? Pourquoi ont-ils transformé en sang l'écoulement de cette première étape? Quelle signification revêt à leurs yeux le sang qui sort du rocher?

Commençons par reprendre dans un contexte élargi le passage précédemment cité d'*Ex R.* 3,13 à Ex 4,9. Il s'agit d'un commentaire de l'annonce du signe par lequel l'eau du Nil sera changée en sang:

---

[67] L'évolution se prolongera encore par la réinterprétation du verbe *šṭp* à la confusion des railleurs.

> *Alors tu prendras des eaux du Nil... (les eaux... deviendront du sang)* (Ex 4,9). C'était pour lui (= Moïse) une allusion (*rmz*) au fait que les eaux devaient se changer en sang à cause d'une chose qu'il dirait à Israël, et que lui serait frappé à cause d'elles (= des eaux). Car ainsi est-il écrit: *Écoutez donc, hmrym!* (Nb 20,10). Et il frappa le rocher et fit jaillir (du sang), comme il est dit: *Voici qu'il a frappé le rocher et des eaux ont coulé.* Or « ont coulé » ne désigne pas autre chose que du sang, comme il est dit: *Et une femme, lorsque s'écoulera son flux de sang* (Lv 15,25). Et c'est pour cela qu'il frappa le rocher deux fois: parce qu'au début il avait fait sortir du sang, mais finalement de l'eau.

Le signe de l'eau du Nil qui doit devenir du sang est compris en référence à l'épisode de Meribah (Nb 20), comme une allusion donnée à Moïse pour l'avertir [68]. D'après ce midrash, à Meribah, ce sont les paroles adressées par Moïse aux Israélites (Nb 20,10) qui eurent pour conséquence qu'au premier coup frappé sur le rocher, il sortit du sang et non de l'eau comme on l'espérait. Le midrash considère ce jaillissement de sang dans la perspective du châtiment de Moïse frappé « à cause » de l'eau; en effet, le changement de l'eau du Nil est présenté ici comme une « allusion » à la fois au jaillissement de sang à Meribah et à la punition de Moïse. Cette punition de Moïse dont parlent de nombreux passages midrashiques à propos des eaux de Meribah, c'est la sanction divine qui fut alors prononcée contre lui et selon laquelle il mourrait hors de la Terre promise (Nb 20,12) [69].

Ainsi la tradition d'un écoulement de sang issu du rocher s'inscrit dans le débat exégétique sur la mort de Moïse et l'erreur fatale qui l'occasionne. Sans aucun doute, les paroles de Moïse aux Israélites en Nb 20,10 constituent aux yeux de l'aggadiste la faute de Moïse. Le sens de ces paroles n'est pas davantage précisé, car l'intérêt s'attache plutôt à leurs conséquences: l'écoulement de sang et le châtiment de Moïse. Quelle est alors par rapport au châtiment de Moïse la signification du sang issu du rocher? Ce sang apparaît comme la figuration de la peine de mort qui était en ce moment-là décrétée [70]. Le rapprochement entre

---

68 Sur l'emploi technique de *rmz* en exégèse, cf. BACHER, *Terminologie,* I, 182s.; II, Leipzig, 1905, 208-210.

69 Dans le midrash d'*Ex R.* 3, 13, nous avons traduit l'expression *ʿl ydyhm* par « à cause d'elles (= des eaux) ». Le thème du châtiment de Moïse « à cause de » l'eau, c'est-à-dire à cause de sa faute commise en relation avec l'eau, est souvent évoqué dans les récits midrashiques, où l'on dira que Moïse fut puni ou qu'il fut jugé *ʿl yd hmym* (*Tanḥ. Lek-Leka* 8); *ʿl ydy hmym* (*MHG* Nb 20,1 et Nb 20,13) ou *ʿl hmym* (*Siphrê* Dt 26; *Lv R.* 31, 4; *Nb R.* 19, 14; *Tanḥ. Ḥuqqat* 11) ou *mn hmym* (*Tanḥ.* B. II, 12; *Leqaḥ Ṭ.* Ex 4,9) ou *bmym* (*Ex R.* 1, 24; *Tanḥ. Shemot* 23) ou *ʿl ʿsqy my mrybh* (*Leqaḥ Ṭ.* Nb 20, 13).

70 Le sang qui s'écoule suggère tout naturellement la perte de la vie. En outre un ruissellement de sang s'échappant des rochers est mentionné comme un des signes apocalyptiques de la fin de toutes choses dans les *Oracles Sibyllins* III, 804 (cf. V. NIKIPROWETZKY, *La Troisième Sibylle* [Études juives 9], Paris, 1970, 331). Ce Livre III est un écrit juif égyptien connu déjà au Ier siècle av. J.-C. (cf. A.-M. DENIS, *Introduc-*

le signe de l'eau du Nil changée en sang et l'épisode de Meribah se comprend dans un commun contexte midrashique de réprobation de Moïse. En Nb 20,10 se situe sa faute fatale. En Ex 4,1, Moïse avait envisagé l'éventualité de l'incroyance des Israélites; le midrash le lui reproche et interprète les signes d'Ex 4,2ss comme des châtiments de Moïse[71]. Dans cette optique, le signe de l'eau du Nil changée en sang annonce déjà l'épisode de Meribah où sera décrété le châtiment[72].

Nous venons de voir en *Ex R.* 3,13 que la faute de Moïse fut cause de l'écoulement de sang. D'après ce commentaire, la faute résidait dans les paroles que Moïse avait prononcées au v. 10. Il nous faut prendre en considération maintenant la perspective d'un ensemble exégétique selon lequel la faute de Moïse n'est pas recherchée dans les paroles qu'il adressa à Israël, mais dans le fait qu'il frappa le rocher au lieu de lui dire de faire jaillir son eau. Certains aggadistes ont fait remarquer que Dieu, selon Nb 20,8, avait ordonné de parler au rocher, tandis que Moïse, d'après le v. 11, avait frappé le rocher. Cette discordance leur procura une occasion de toucher du doigt l'infidélité qui devait exclure Moïse de l'entrée en Terre promise. *Leqaḥ Ṭ.* Nb 20,12 nous l'explique:

> *YHWH dit à Moïse et à Aaron*: « *Parce que vous n'avez pas cru en moi pour me sanctifier aux yeux des fils d'Israël* » (Nb 20,12). Quel acte de sanctification auraient-ils dû faire? L'un (n'a pas manifesté la sainteté)

---

tion, 120-122). Notons aussi qu'en Ap 16,3, dans la réinterprétation de la plaie du sang selon Ex 7,17ss, l'idée de la mort est associée au sang.

71 Ces signes, selon cette interprétation midrashique (une parmi d'autres), ne sont pas donnés comme dans le texte biblique afin que Moïse puisse authentifier sa mission. *Ex R.* 3, 12-13 nous explique, à propos des signes du serpent et de la lèpre, que Dieu répond à Moïse comme par un argument *ad hominem*:

> *Moïse répondit et dit*: « *Et s'ils ne me croient pas et n'écoutent pas ma voix* » (Ex 4,1). Moïse, à ce moment-là, ne parla pas comme il faut, car le Saint, béni soit-il, lui avait dit: « *Et ils écouteront ta voix* » (Ex 3,18) et lui, il dit: « *Et s'ils ne me croient pas* » (Ex 4,1). Aussitôt, le Saint, béni soit-il, lui répondit en conséquence. Il lui donna des signes correspondant à ses propos.

Dans la suite, le midrash considère que Moïse a commis une faute de calomnie soit envers Dieu, soit envers Israël. Pour cette raison, l'expression *mazzeh*, « qu'est-ce ? » d'Ex 4,2 va être vocalisée *mizzeh* pour signifier que Moïse, « à l'exemple » du serpent calomniateur, va être puni de lèpre. On tient, en effet, pour acquis que le serpent fut puni de lèpre (cf. *Ex R.* 3, 12-13; S. M. LEHRMAN, *Midrash Rabbah. Exodus*, 70-72; *Tanḥ. Shemot* 23; *Leqaḥ Ṭ.* Ex 4,9). Le signe de l'eau du Nil qui doit devenir du sang (Ex 4,9) apparaît à la suite de cette argumentation et est compris, semble-t-il, dans la même perspective d'un châtiment de Moïse.

72 Des textes parallèles d'*Ex R.* 3, 13 font également d'Ex 4,9 une « allusion » à Nb 20, sans toutefois mentionner explicitement l'écoulement de sang à Meribah. Il s'agit de *Tanḥ. Shemot* 23; *Tanḥ.* B. II, 12; *Leqaḥ Ṭ.* Ex 4,9. Nous citons *Tanḥ.* B. II, 12 qui est attribué à R. Shemuel bar Neḥémiah (pal. vers 260): « *Et il arrivera s'ils ne croient pas même à ces deux signes* (Ex 4,9). Le Saint, béni soit-il, lui parle par allusion. Il lui dit: ' À propos de quoi commettras-tu ta négligence? À propos de l'eau ', comme il est dit: *Et tu prendras des eaux du Nil* (Ex 4,9). R. Shemuel bar Neḥémiah dit: C'est une allusion pour toi au fait que tu commettras ta négligence à propos de l'eau, comme il est dit: *Est-ce que de ce rocher nous ferons jaillir de l'eau pour vous?* (Nb 20,10). »

> en ceci que, Dieu leur ayant dit: « *Et vous parlerez* », il frappa; et Aaron se trouvait là et regardait. C'est que les signes du Saint, béni soit-il, ne sont pas tous semblables. Au début, il leur avait dit: « *Et tu frapperas le rocher et il en sortira de l'eau* » (Ex 17,6); tandis que la seconde fois, il leur dit: « *Et vous parlerez* » (Nb 20,8). C'est pour faire connaître la grandeur des manifestations de puissance du Saint, béni soit-il, que sur la génération du déluge il amena les eaux pour les submerger, tandis que les Égyptiens, il les amena au milieu des eaux pour les étouffer. Les eaux de Marah furent rendues douces par l'intermédiaire de Moïse avec du bois, et par l'intermédiaire d'Élisée avec du sel, et ainsi d'autres cas semblables. Nous apprenons que les signes et les prodiges de Celui-qui-dit-et-le-monde-fut ne sont pas tous semblables, mais sont (toujours) nouveaux pour ceux qui les pénètrent. C'est ainsi qu'il est dit: *Vous n'avez pas cru en moi pour me sanctifier,* pour qu'on puisse dire: « Par la parole de YHWH ont jailli les eaux », mais vous avez agi la seconde fois comme vous aviez fait la première fois!

L'écoulement de sang, d'après un long récit du *MHG* Nb 20,11, fut provoqué par cette faute de Moïse qui frappa le rocher. Mais déjà la tradition sur la faute y a subi une évolution qui la particularise:

> *Et Moïse leva sa main et frappa le rocher* (Nb 20,11). Lorsqu'il frappa le rocher pour la première fois, (celui-ci) laissa couler du sang, en relation avec ce qui est dit: *Voici qu'il a frappé le rocher et des eaux ont coulé* (Ps 78,20). En effet, l'expression *zîbāh* ne désigne pas autre chose que du sang, comme il est dit: *Et une femme, lorsque s'écoulera son flux de sang* (Lv 15,25). Le Saint, béni soit-il, dit au rocher: « Pourquoi as-tu fait jaillir du sang? » Il lui répondit: « Parce que Moïse m'a frappé! » Le Saint, béni soit-il, dit à Moïse: « Pourquoi l'as-tu frappé? » Il répondit devant lui: « Afin qu'il fasse jaillir de l'eau. » Il reprit: « Mais est-ce que je t'avais dit de le frapper? Ne t'avais-je pas dit de lui parler seulement, comme il est dit: *Et vous parlerez au rocher sous leurs yeux* (Nb 20,8)? Mais si tu lui avais parlé et qu'il n'eût pas donné ses eaux, il aurait été frappé (*lqh*) justement. C'est toi qui as ordonné à Israël: *Avec justice tu jugeras ton prochain* (Lv 19,15), et toi, tu n'as pas jugé le rocher avec justice, mais tu l'as frappé dès le début. N'est-ce pas lui qui t'a élevé en Égypte et élevé Israël avec toi, en relation avec ce qui est dit: *Et il lui donna à sucer du miel du rocher* (Dt 32,13)? Est-ce parce qu'il a fait du bien à mes fils que tu le frappes (*tlqyhw*)? Et ce n'est pas tout, car tu leur as dit: Ecoutez donc, *hmrym!* Tu as fait d'eux des fous (*šwṭym*) et tu t'es posé en sage et en clairvoyant. Eh bien! ce n'est pas la voie des sages d'aller avec les fous! C'est pourquoi tu n'entreras pas avec eux dans le Pays, car il est dit: *à cause de cela vous ne ferez pas entrer* (Nb 20,12). » Après cela, le Saint, béni soit-il, dit au rocher: « Voici que je t'ai rendu justice, change ton sang en eau. » Ainsi fit-il, comme il est dit: *Lui qui change le rocher en nappe d'eau* (Ps 114,8). Après cela, Moïse le frappa pour la seconde fois et il laissa couler de l'eau, comme il est dit: *Et il frappa le rocher de son bâton deux fois et il sortit des eaux abondantes* (Nb 20,11).

Le commentaire garde la structure qui distingue bien deux moments (« la première fois ... la seconde fois ») selon l'exégèse midrashique du *pᶜmym*[73]. Mais on aura pu le remarquer aisément, ce récit midrashique accuse un caractère anecdotique très poussé. Il fait parler le rocher, qui est ici curieusement personnifié, et surtout il s'attarde à s'apitoyer sur son sort. Le reproche adressé à Moïse se réclame d'abord de l'ordre divin de parler au rocher. L'aggadiste sait que cet ordre n'était d'ailleurs pas sans nuance: Moïse pouvait frapper au cas où le rocher, à sa parole, aurait refusé de faire jaillir de l'eau. La restriction qui est apportée à l'ordre de ne faire jaillir l'eau que par la parole, nous l'avons déjà rencontrée en Ps-J Nb 20,8 où cet essai d'harmoniser une difficulté flagrante du texte biblique est probablement ancien: il voulait tenir compte aussi de l'ordre de prendre le bâton. Mais dans le récit du *MHG*, cette pièce aggadique sert bien moins à concilier deux ordres divins qu'à montrer l'innocence du rocher. On se situe d'emblée dans le contexte de la faute de frapper le rocher. Et même la perspective d'une infidélité de Moïse envers Dieu cède le pas à celle d'une faute envers le rocher. Le fait de frapper devient une injustice à l'égard du rocher et une peine qui lui est infligée au mépris des services qu'il avait rendus[74]. Le changement de perspective se remarque jusque dans le vocabulaire; par deux fois le midrash emploie le verbe *lqh*, « être frappé, être puni », qui suggère cette nuance particulière de souffrance dont le rocher est affligé[75]. L'écoulement de sang devient alors comme l'effet d'une blessure faite au rocher[76].

La signification de l'écoulement de sang, dans le *MHG* Nb 20,11 comme en *Ex R.* 3,13, se meut dans un commun contexte de faute reprochée à Moïse, que la faute soit située dans le fait d'avoir frappé au lieu de parler ou qu'elle soit tirée des paroles du v. 10. Mais on concédera volon-

---

73 La citation de Nb 20,11 avec l'expression *pᶜmym* lors de « la seconde fois » n'est pas à comprendre comme si Moïse avait frappé par deux fois au second moment. Cette citation vient clôturer le commentaire qui a été réparti en deux moments et montrer ainsi que cette répartition explique le texte biblique. Tout autre était en *Nb R.* 19,9 (et par.) la mention d'un double coup en un second moment; elle s'opposait à celle d'un coup simple (*pᶜm ʾḥt*) frappé précédemment (cf. *supra* n. 56).

74 *Peṭirat Aaron* 92 contient un récit en plusieurs points parallèle à celui-ci. Là aussi l'attention se porte sur la faute d'injustice et d'ingratitude envers le rocher qui ne devait pas être frappé. L'injustice y apparaît surtout dans le fait que Moïse frappe la première fois, alors que le rocher de lui-même laissait déjà couler de l'eau. Du reste, ce midrash harmonise mal les traditions qu'il recueille et dont il fait un récit continu, car, devant le reproche divin, Moïse affirme que sa parole a été inefficace et que, pour cela, il a frappé. Est-ce une tentative d'excuser Moïse? Le souci apologétique est manifeste chez RASHI à Nb 20,11 lorsqu'il rapporte une tradition selon laquelle Moïse et Aaron « avaient parlé à un autre rocher qui n'avait rien fait jaillir »; c'est ensuite que le rocher en question se présenta à eux et ils le frappèrent, croyant qu'il fallait faire comme à Rephidim.

75 Nous avons déjà rencontré le verbe *lqh* en *Ex R.* 3,13 pour dire la punition dont Moïse était « frappé ». Ce verbe signifie: « souffrir un désavantage, être affligé d'une calamité »; il est aussi employé au sens technique de souffrir la peine de la bastonnade (cf. JASTROW, 718).

76 *Peṭirat Aaron* 92 dit de façon très expressive: « Lorsqu'il fut frappé (*lqh*), il laissa couler du sang ».

tiers que l'interprétation du sang dans le *MHG* est grevée de la lourde tare qui s'attache au caractère secondaire de la perspective envisagée. Nous avons vu combien la faute de Moïse, d'abord considérée au regard de l'ordre divin, avait dévié pour se fixer sur le tort fait au rocher. C'est surtout dans cette considération particulière et anecdotique que l'écoulement de sang trouvait sa signification. En *Ex R.* par contre, la signification de l'écoulement de sang reste dans la perspective même du reproche adressé à Moïse. Le sang est comme l'illustration de sa condamnation. La comparaison de ces deux significations confère à *Ex R.* une incontestable priorité. Mais il nous faut encore essayer de déterminer si la version d'*Ex R.* elle-même, en situant la faute dans les paroles prononcées par Moïse, ne représente pas un stade secondaire dans l'évolution de la tradition.

Nous avons pu montrer précédemment que l'interprétation d'un écoulement de sang lors du premier coup frappé par Moïse représente un stade ultérieur dans la tradition de lecture midrashique de Nb 20,11 à la lumière du Ps 78,20. Cette même tradition au stade premier lisait un écoulement d'eau par gouttes. Quelle pouvait être la signification de cette première interprétation? Au témoignage de RASHI à Nb 20,11, elle était aussi en relation avec la faute de Moïse:

> *Deux fois.* Parce que la première fois, (le rocher) n'avait fait sortir que des gouttes, car le Lieu n'avait pas ordonné de frapper, mais: *Et vous parlerez au rocher* (Nb 20,8).

Ainsi, parce que Moïse ne s'est pas conformé à l'ordonnance divine, il n'est sorti que des gouttes d'eau au premier moment. La faute qui a été commise entraîne un échec. Cet écoulement insuffisant est comme la répercussion de la faute. Cette signification adoptée par RASHI a de bonnes chances, pensons-nous, de remonter aux origines de la tradition. En effet, si l'écoulement d'eau par gouttes fut un échec provoqué par la faute de frapper le rocher, il apparaît comme une punition immanente de cette faute. Et il explique que Moïse ait dû s'y prendre à deux fois. Évidemment, il ne va pas sans une certaine incohérence de dire que le premier coup fut un échec précisément parce que Moïse avait frappé, et d'affirmer ensuite que le second coup fut couronné de succès. Le second coup, en effet, devrait a fortiori être affecté par la faute de frapper. Mais l'exégèse midrashique ne va pas chercher si loin; son intérêt est de trouver une explication du double coup signalé par le texte biblique.

Cette signification pouvait parfaitement servir de tremplin à celle d'un écoulement de sang. On continue un développement homogène de la tradition. En envisageant la faute de frapper le rocher dans toute son ampleur de péché qui exclut Moïse de la Terre promise, la tradition pouvait passer à l'interprétation d'un écoulement de sang pour signifier la mort provoquée par cette faute.

Nous avons vu qu'en *Ex R.* 3,13 la faute consiste dans les paroles injurieuses de Nb 20,10. Comment expliquer cette différence? Le commentateur connaît déjà l'interprétation d'un écoulement de sang en Nb 20,11 et il s'en sert pour expliquer Ex 4,9. Il s'agit, en effet, d'un commentaire du signe de l'eau du Nil changée en sang qui devient une « allusion » aux événements de Nb 20,11. L'aggadiste sait que l'écoulement de sang issu du rocher se situe dans la perspective du châtiment de Moïse. Comme il existait diverses opinions sur la nature de la faute qui avait causé la condamnation du chef, il en a choisi une à laquelle il pouvait trouver un parallèle dans le contexte d'Ex 4,9. Comme en Ex 4,1, Moïse avait présumé l'incrédulité des Israélites, le commentateur préféra rattacher l'écoulement de sang à l'opinion selon laquelle l'apostrophe de Moïse aux Israélites avait causé sa condamnation.

3. *Résumé et retour aux targums à Nb 20,11*

En résumé, nous pouvons retracer ainsi l'évolution de la signification attachée à la tradition d'un double écoulement issu du rocher. Elle s'inspire à tous ses stades d'une faute commise par Moïse. En scrutant l'expression *pᶜmym*, « deux fois », les aggadistes, s'appuyant sur une exégèse midrashique du Ps 78,20, ont tiré de la mention de cette répétition l'indice d'une première tentative infructueuse qu'ils mettent en relation avec le fait de frapper le rocher. C'est à la seconde fois seulement que Moïse avait pu faire jaillir les eaux abondantes mentionnées en Nb 20,11. Le premier coup frappé sur le rocher avait produit l'échec d'un écoulement insatisfaisant de gouttes d'eau, à cause de la faute commise.

En considérant cette faute dans toute l'ampleur de ses conséquences, le midrash en arriva à substituer à l'interprétation d'un écoulement de gouttes d'eau celle d'un écoulement de sang. L'échec du premier coup prenait le sens d'une condamnation de Moïse qui, en raison de sa faute, devrait mourir avant d'entrer en Terre promise. Tandis qu'à l'origine, la faute en question consistait dans le fait d'avoir frappé le rocher, on en vint, par un glissement de la tradition, à considérer que l'écoulement de sang fut causé par les paroles injurieuses adressées aux Israélites (cf. *Ex R.* 3,13). Dans la perspective de la faute de frapper le rocher, une élaboration particulière du midrash a fixé l'attention sur le rocher lui-même. L'écoulement de sang y fut considéré du point de vue du mal fait au rocher (cf. *MHG* Nb 20,11)[77]. Enfin, une autre élaboration de la tra-

[77] Dans tous les commentaires, le sujet grammatical de la phrase à propos du premier écoulement est soit le rocher, soit Moïse. C'est Moïse en *Ex R.* 3, 13. Cette présentation se comprend bien dans l'optique du châtiment de Moïse: parce qu'il a commis une faute, Moïse fait jaillir du sang qui annonce sa condamnation. Par contre, en *MHG* Nb 20,11 (et *Peṭirat Aaron* 92), dont la perspective est centrée sur le rocher et le mal qui lui est causé, celui-ci est considéré comme le principe du jaillissement: le rocher laisse couler du sang. Cette construction est celle aussi des autres

dition a fait rebondir au second moment le double coup frappé par Moïse (cf. *Nb R.* 19,9)[78]. Ce développement, pensons-nous, charge Moïse d'une seconde faute, celle de frapper par deux fois dans un accès de colère[79].

L'origine de l'aggadah d'un écoulement d'eau en deux étapes est vraisemblablement ancienne. Elle répond à une question très légitime: pourquoi Moïse frappe-t-il deux fois? Ce détail du texte biblique éveille encore la curiosité des interprètes et des lecteurs modernes. On peut imaginer qu'il intrigua plus encore les commentateurs anciens, plus attentifs que nous le sommes aux minuties du texte sacré. Nous avons vu que la réponse midrashique apportée à cette question avait exigé la mise en oeuvre d'une réflexion assez poussée qui nous apparaît comme un produit d'école.

Ps-J connaissait l'activité midrashique qui s'était exercée sur Nb 20,11. Nous avons pu observer dans la présentation du texte qu'il existe une disparité de construction grammaticale entre l'expression du premier écoulement et celle du second. Dans le premier cas, à la différence du texte biblique, le rocher (sous-entendu) est sujet du verbe employé au causatif. Cette considération littéraire suggérait déjà que l'ajout était emprunté au *bêt hammidrash* pour être glosé dans le texte biblique. Mais l'emprunt aggadique se situe au stade déjà évolué d'un écoulement de sang lors du premier coup; cette interprétation, que nous avons montrée postérieure à celle d'un écoulement de gouttes d'eau, trouve un *terminus ad quem* dans la seconde moitié du IIIe siècle selon les témoignages rabbiniques, mais elle peut être plus ancienne. Les attaches bibliques de la tradition, telles que nous les avons découvertes à travers les documents rabbiniques, apparaissent aussi dans le targum. Les expressions « la première fois » et « la seconde fois » laissent entendre que l'on veut expliciter la men-

---

commentaires. *Nb R.* 19, 9 (et par.) fait du rocher le sujet de l'écoulement d'eau. D'après l'exégèse de *wyzwbw mym*, « et des eaux ont coulé », on s'attendrait à une transposition midrashique où le mot *mym* serait le sujet. Mais le midrash a préféré faire du rocher le sujet de l'écoulement au premier moment; ce qu'il n'a pas fait au second. L'écoulement insuffisant est ainsi présenté comme une réaction du rocher. Nous trouvons la même présentation en RASHI à Nb 20,11 et, à propos du sang, dans le *Midr. Teh.* 78, 2 et 105, 12 et en Ps-J Nb 20,11. Toutefois, rien ne nous autorise à dire que, dans tous ces cas, l'aggadiste considère que la faute a été commise envers le rocher comme dans *MHG* Nb 20,11. Il apparaît plutôt que l'échec du premier coup est présenté du point de vue d'une résistance du rocher, ce qui se comprend bien si la faute consistait dans le fait de frapper: le procédé employé par Moïse était inadéquat. Et cette construction est primitive; *Ex R.* 3, 13 a changé la formulation en même temps que la nature de la faute.

[78] On peut se demander si saint ÉPHREM ne fait pas allusion à ce développement dans son commentaire des *Nombres* (*ed.* P. BENEDICTUS, *Sancti Ephraem Syri Opera omnia*, I, Romae, 1737, 262): « (Moïse) fut blâmé de ce que, contrairement à son habitude, il frappa par deux fois, alors que (le rocher) avait donné (*wkd yhbt*) son eau ».

[79] On peut remarquer aussi qu'après avoir accusé Moïse, le midrash manifeste le souci de montrer la confusion de ses détracteurs que l'abondance des eaux vient submerger (cf. *Nb R.* 19, 9; *Midr. Teh.* 105, 12).

tion biblique « deux fois ». Le verbe *ʾṭypt* est un écho de l'argumentation midrashique sur l'expression *wyzwbw* comprise au sens restreint d'un écoulement goutte à goutte [80].

Le targum N n'est sans doute pas ignorant non plus de l'aggadah sur un double écoulement du rocher. Nous avons rencontré en *Nb R.* 19,9 (et par.) une présentation midrashique selon laquelle, après un premier coup frappé sur le rocher pour n'obtenir qu'une eau insuffisante, Moïse, irrité par les railleries, avait alors frappé un double coup pour faire jaillir « l'eau en abondance ». En N, l'ajout *tnyn,* « la deuxième fois », qui précède la mention du double coup, ne nous paraît pas étranger à ce contexte midrashique. Le targumiste a laissé de côté le récit d'un premier écoulement dont le texte biblique ne disait rien; il n'a retenu que le second, car c'est là que l'aggadah rejoignait le récit biblique. Mais il savait et laissait entendre que c'était un second écoulement. L'aggadah à laquelle N semble bien se référer nous est apparue précédemment comme une réélaboration de l'aggadah d'un double écoulement d'eau. Au-delà d'une première interprétation du *pᶜmym* biblique dissocié en deux moments, le midrash réintroduisait au second moment la mention du double coup. Le *tnyn* dans le targum est un vestige de la structure primitive de dissociation du *pᶜmym* [81].

Ps-J et N Nb 20,11 situent ainsi dans le fait de frapper le rocher la faute de Moïse.

---

[80] Il s'agit du verbe *nṭp* au *aphel* (cf. JASTROW, 901 : « to drop »). Le sens d'un écoulement par gouttes nous renvoie à *Nb R.* 19, 9 : *nwṭp mym mwᶜṭym,* « (le rocher) laissait couler une eau parcimonieuse », et au *Midr. Teh.* 78,2 : *ṭypṭph dm.*

[81] La réélaboration ne serait pourtant pas postérieure au IVe siècle, si le rapprochement avec l'interprétation de saint ÉPHREM se justifie (cf. n. 78).

CHAPITRE VI

Beër et le puits du désert

Nb 21,16-18 est dans la rédaction biblique un nouvel épisode du don de l'eau. Bien que très court, ce texte est composé d'éléments d'origine fort différente. Et il laisse percevoir, au plan même de la rédaction biblique, un intéressant processus d'interprétations.

Le v. 16 commence par mentionner l'arrivée des Israélites à une étape: « Et de là à Beër »; ce chaînon d'itinéraire trouvera sa suite aux vv. 19 et 20 [1]. Aux vv. 17*b* et 18, à partir de l'expression: « Monte, puits ...! », nous retrouvons un antique poème de la littérature populaire hébraïque [2]. Cette pièce archaïque jouissait d'une existence indépendante de son contexte actuel. C'était primitivement un chant de travail accompagnant soit le forage d'un nouveau puits, soit la prise de possession d'un puits que l'on venait de rencontrer et dont on dégageait l'ouverture [3]. On appelle et célèbre le moment où les travailleurs atteindront la source; par convention, c'est aux chefs et à leurs sceptres qu'est solennellement imputé le mérite du travail [4]. Le chant du puits fut recueilli dans la rédaction biblique et rattaché au toponyme Beër (v. 16*a*) qui signifie « Puits ». Le nom de cette localité fut l'occasion de citer le poème célébrant un puits. Au moyen du v. 17*a*, on fit le raccord [5].

Le poème se prolongeait-il jusqu'à la fin du v. 18? Dans le TM, il n'en est pas ainsi: Mattanah (« Don »), qui est repris dans l'itinéraire du v. 19 avec une notice de départ, est considéré au v. 18 comme un nom de localité. On a alors l'impression que le mot Midbar (« Désert ») — aussi étrange que cela puisse paraître — est aussi une station d'itinéraire. Mais la dernière étape qui avait été mentionnée était Beër et on ne trouve dans le TM aucune notice de départ de cette station. Il y a dans l'itinéraire du

---

[1] Il est difficile d'attribuer cet itinéraire à une des sources documentaires; cf. M. NOTH, *Numeri*, 139; V. FRITZ, *Israel in der Wüste*, 30s.

[2] Cf. B. BAENTSCH, (HKAT 1/2), 579; L. ALONSO SCHÖKEL, *Estudios de poética hebrea*, Barcelona, 1963, 482; O. EISSFELDT, *Einleitung in das Alte Testament*, 3e éd., Tübingen, 1964, 118.

[3] Cette opinion est plus probable que celle d'A. LODS, *Histoire de la littérature hébraïque et juive* (Bibliothèque historique), Paris, 1950, 41-43, qui voyait dans ce poème une prière adressée à la source et un hymne en son honneur.

[4] Cf. J. KOENIG, « Sourciers, thaumaturges et scribes », 23s.

[5] Cf. une formule de liaison semblable en Ex 15,1 pour insérer un poème dans un récit; en outre Dt 31,30.

TM un hiatus. Dans la LXX, il est comblé au détriment du mot *midbār* auquel on substitue une notice de départ du Puits: « et du Puits à Manthanaïn ». Il est bien plus probable que le texte biblique original ne reprenait l'itinéraire qu'au v. 19 en signalant alors le départ non pas de Mattanah, mais de Beër[6]. La finale du v. 18 appartenait primitivement au poème. Les termes *midbār* et *mattānāh* étaient des noms communs; à propos du puits, on chantait: « du désert (c'est) un don »[7].

Il est un élément dont nous n'avons pas encore parlé: le v. 16*b* à partir de « c'est le puits ... ». Le style est celui d'une glose qui réinterprète le lien établi entre Beër et le chant du puits. On parle du puits (avec l'article), le puits de la localité de Beër à propos duquel Israël entonna un chant, afin de rattacher l'événement à une intervention divine. Au travail des hommes faisant jaillir de l'eau, on superpose une interprétation religieuse: YHWH avait annoncé à Moïse qu'il allait donner de l'eau[8]. Le verbe « donner » au v. 16*b* annonce peut-être expressément le terme *mattānāh*, « don »: don du désert, le puits est donné par Dieu[9].

Après cet aperçu des traditions bibliques, abordons l'imposant édifice des interprétations juives de l'épisode.

I. Présentation des traditions targumiques[10]

1. *Les targums à Nb 21,16. Le puits fut redonné*

Synopse des recensions

	אמר	אשר	הבאר	הוא	בארה			ומשם	TM
	דאמר		בירא	[ה]יא	בירא	להון	איתיהיבת	ומתמן	Ps-J
	אמר	די	בירא	היא	בירה	להון	אתיהבת	ומן תמן	N
מימריה	אמ׳	די	באירה	היא	באירה		סלקית		M
	דאמר		בירא	היא	בירא	להון	אתיהיבת	ומיתמן	O

---

[6] Cf. l'apparat critique de la *BHS* v. 19.

[7] Cf. G. B. Gray, *A Critical and Exegetical Commentary on Numbers* (ICC), Edinburgh, 1903, 290, citant K. Budde, « Noch etwas vom Volksliede des alten Israels », dans *Preussische Jahrbücher* 82 (1895), 491-500; V. Fritz, *Israel in der Wüste*, 30, n. 18; R. de Vaux, *Histoire ancienne d'Israël*, I, 521. Le *waw* devant *mmdbr* fut probablement ajouté lorsque la finale du v. 18 fut rattachée à l'itinéraire. Cette conjonction manque dans le *Sam.* et la *Vulg.*, et l'apparat critique de la *BHS* propose de la supprimer.

[8] Cf. J. Koenig, *art. cit.*, 25; J. de Vaulx, *Les Nombres*, 242.

[9] Le verbe « donner » est employé à propos de l'eau en Ex 17,2 et Nb 20,8, mais le sujet n'est pas YHWH. Il n'y a pas de raison de dire avec B. Olsson, *Structure and Meaning*, 165: « Even the Masoretic text clearly states that the well in Num 21 is the same as that which burst from the rock in Ex 17 and Num 20. »

[10] Nous faisons référence aux études de S. R. Driver, « Notes on Three Passages in St. Paul's Epistles », *The Expositor* (Third Series) 9 (1889), 15-17; H. St. J. Thackeray, *The Relation of St. Paul to Contemporary Jewish Thought*, London, 1900, 204-208; P. Grelot, « Fleuves d'eau », 373; A. Díez Macho, « The Recently Discovered Palestinian Targum: its Antiquity and Relationship with the Other Targums », dans *Congress Volume Oxford 1959* (SupplVT 7), Leiden, 1960, 23s.; A. Jaubert, « La symbolique du puits de Jacob. Jean 4,12 », dans *L'Homme devant Dieu. Mélanges offerts au Père Henri*

:	מים	להם	ואתנה	העם	את	אסף	למשה	יהוה	TM
:	מוי	להון	ואיתן	עמא	ית	כנוש	למשה	ייי	Ps-J
:	מיין	להון	ואתן	עמא	ית	כנש	[ו]למשה	ייי	N
								דייי	M
:	מיא	להון	ואתין	עמא	ית	כנוש	למשה	ייי	O

Corrections textuelles et variantes mineures

Ps-J (ms. 27031 et *ed. pr.*) a la leçon *ḥy*ᵓ, apparemment un adjectif se rapportant au substantif *byr*ᵓ qui précède: « le puits vivant ». Les autres recensions suivent le TM; elles présentent le pronom *hy*ᵓ: « c'est (le puits) ». Dans la table synoptique, la leçon *ḥy*ᵓ nous apparaît comme une erreur de transmission [11]. Une telle erreur pouvait facilement se produire [12]; dans le cas présent, elle doit remonter à l'archétype commun aux deux témoins du Ps-J qui nous sont conservés [13]. En N, nous avons placé entre crochets le *waw* dans l'expression *wlmšh*; le ms. a la leçon *l*ᵓ*hrn wlmšh,* mais le scribe a marqué de traits supérieurs la mention d'Aaron, en vue de l'annuler [14].

Comme variantes mineures, signalons que Ps-J *ed. pr.* écrit ᵓ*tyhybt* et que I suggère la forme contracte *d*ᵓ(*mr*).

Traductions

Ps-J À partir de là, *le puits leur fut* (*re*)*donné*. C'est le puits dont YHWH avait dit à Moïse: « Rassemble le peuple et je leur donnerai de l'eau. »

N À partir de là, *le puits leur fut* (*re*)*donné*. C'est le puits dont YHWH avait dit à Moïse: « Rassemble le peuple et je leur donnerai de l'eau. »

M ... *monta le puits*. C'est le puits dont *la Parole de* YHWH avait dit ...

O À partir de là, *le puits leur fut donné*. C'est le puits dont YHWH avait dit à Moïse: « Rassemble le peuple et je leur donnerai de l'eau. »

---

de Lubac, I, Paris, 1963, 66s.; R. Le Déaut, « Miryam, soeur de Moïse », 209s.; Y. Komlosh, *The Bible in the Light of the Aramaic Translations* (hébr.), Tel-Aviv, 1973, 227; B. Olsson, *Structure and Meaning*, 164-166; A. Jaubert, *Approches de l'Évangile de Jean*, 140-142.

L'article d'E. Testa, « Il targum di Is 55,1.13, scoperto a Nazaret, e la teologia sui pozzi dell'acqua viva », dans *Studii Biblici Franciscani Liber Annuus* 17 (1967), 259-289, présente peu d'intérêt; nous ne pouvons accepter la reconstitution de ce prétendu targum, et l'examen des traditions juives sur « les » puits de l'Exode manque de critique.

[11] Cf. P. Grelot, « À propos de Jean VII, 38 », *RB* 67 (1960), 224; Le Déaut, *Targum du Pent.*, III, 198, n. 30.

[12] Cf. M Nb 21,17: *ḥdh* au lieu du démonstratif *hdh*; 440 Nb 21,18: *dhprw* pour *dḥprw*; N Nb 21,19: *lmḥwwy* pour *lmhwwy*.

[13] Sur l'évidence d'un archétype commun, cf. Le Déaut, *Targum du Pent.*, I, 33.

[14] Cf. l'éd. de Díez Macho, *Neophyti 1*, IV, 197.

Observations

Le toponyme Beër fut interprété comme un nom commun. D'emblée, le targumiste pense au puits dont il est question dans la suite du texte. Il semble que la LXX ait fait de même, car elle supplée l'article: « et de là le puits ». L'interprétation est évidente dans la *Vulg.*: *apparuit puteus* [15].

Mais surtout, Ps-J, N et O développent une interprétation aggadique selon laquelle « le puits leur fut (re)donné » [16]. On le voit, O, d'habitude si discret, fait un accueil sans réserve à cet élément aggadique du TP qui s'impose à lui. Il est encore trop tôt pour juger de l'origine de cette interprétation; contentons-nous pour le moment de relever qu'elle s'accorde bien avec le texte biblique où YHWH promet de donner de l'eau. M atteste un autre élément de tradition aggadique: la montée du puits, ce qui nous renvoie au v. 17 où le texte biblique « Monte, puits! » suscitera ce développement.

Les recensions fragmentaires ne sont pas ici représentées, et pour cause si l'on admet que le TF servait de supplément pour les pièces d'aggadah palestinienne que O n'avait pas retenues [17]. Au v. 16, l'apport du TF n'était pas requis; O reproduisait le TP.

2. *Les targums à Nb 21,17. La montée du puits*

Synopse des recensions

TM	אז	ישיר	ישראל	את		השירה	
Ps-J	בכן	ישבח	ישראל	ית	שבח	שירתא	
N	בכן	שבחו	ישראל	ית		שירת	תושבחתה
M	הא				שבח	שירתה	
110	הבכין	שבחו	ישראל	ית	שבח	שירתא	
440	הא בכן	שבחו	ישר׳	ית	שבח	שירתא	
Nur	הא בכן	שבחו	ישר׳	ית	שבח	שירת׳	
O	בכין	שבח	ישראל	ית			תושבחתא

TM	הזאת		עלי	באר			ענו		לה :
Ps-J	הדא	בזמן דאתכסיית והדרת בירא דאיתיהיבת להום בזכותא דמרים	סוקי	בירא	סוקי	בירא	הוון	מזמרין	לה

[15] Sur la tendance des versions à changer les noms propres en noms communs, cf. A. Díez Macho, *Neophyti 1*, III, 50*.

[16] Nous dirons dans la suite pourquoi, dans le TP, il convient de traduire « redonné » plutôt que simplement « donné ».

[17] Cf. R. Le Déaut, *Introduction*, 105; Id., *Targum du Pent.*, I, 25.

N	הדה	סוקי בירא	הוון מזמרין ליה
M	[ח]דה	באירה סוקי באירה	
110	הדא	סוקי באירא סוקי באירא	הוון מזמרין לה
440	הדא	סוקי בירא	הוו מזמרי׳ לה
Nur	הדא	סוקי בירא	הוו מזמרין לה
O	הדא	סקי בירא	שבחו לה :

Ps-J	והיא סלקא :
N	והיא סלקא :
110	והיא סלקא :
440 = Nur	והיא סלקא :

Variantes mineures et corrections textuelles

L'*ed. pr.* du Ps-J commence le v. de cette façon: *hʾ bkn šbḥ*. Elle a, d'autre part, la graphie *dʾtyyhybt*. C'est par erreur que M écrit *ḥdh* avec un *ḥet* initial. I suggère *hww* au lieu de *hwwn*.

Traductions

Ps-J *Voici qu'* alors Israël chanta [18] *la louange de* ce poème, *au moment où revint le puits qui leur avait été donné par le mérite de Miryam, après avoir été caché*: « Monte, puits! *Monte, puits*! » *lui chantaient-ils. Et celui-ci montait.*

N Alors Israël chanta ce poème *de louange*: « Monte, puits! » *lui chantaient-ils. Et celui-ci montait.*

M *Voici qu'* (alors) ... *la louange de* ce poème ...
... « (Monte,) puits! *Monte, puits!* » ...

110 *Voici qu'*alors Israël chanta *la louange de* ce poème: « Monte, puits! *Monte, puits!* » *lui chantaient-ils. Et celui-ci montait.*

440 =Nur *Voici qu'*alors Israël chanta *la louange de* ce poème: « Monte, puits! » *lui chantaient-ils. Et celui-ci montait.*

O Alors Israël chanta cette *louange*: « Monte, puits, chantez-le! »

Observations

La partie narrative du verset a reçu, à part quelques détails, une formulation assez semblable en Ps-J *ed. pr.*, M, 110, 440, Nur; tandis que N se rapproche de O. Mais voyons d'abord un élément commun: l'emploi du verbe *šbḥ*, « chanter, célébrer », au parfait, pour traduire le TM *yāšîr*. Le *yiqtol* du TM, précédé de l'adverbe *ʾāz*, « alors », n'avait aucune valeur durative ni itérative [19] et les targumistes l'ont bien compris [20]; la seule note

---

[18] Nous traduisons l'*ed. pr.*

[19] Cf. P. Joüon, *Grammaire*, 304, paragr. 113*i*.

[20] La LXX y a reconnu également une action unique. Concernant l'interprétation rabbinique, cf. J. Bonsirven, *Exégèse rabbinique*, 150.

discordante est la forme *yšbḥ* du ms. 27031 qui manifeste une retouche. A ce verbe, Ps-J, M, 110, 440 et Nur donnent pour complément le substantif de même racine *šbḥ*, « la louange », qui doit introduire un second substantif *šyrtᵓ*, provenant du texte biblique, « le poème ». N, par contre, s'accorde avec O pour préférer au substantif *šbḥ* celui de *twšbḥth* de même sens; mais N retient, en plus de O, le terme *šyrt* correspondant au TM et présent dans les autres recensions du TP. Il nous semble difficile de déterminer si la différence entre N et les autres recensions du TP tient à une influence de O sur N ou si elle s'explique par une double formulation palestinienne [21].

Une autre différence, assez minime, affecte les recensions targumiques dans l'introduction au chant et range d'un même côté Ps-J et O, de l'autre N et le reste du TP. La divergence concerne l'emploi du pluriel *šbḥw* en N, 110, 440, Nur. La substitution du pluriel au singulier collectif relève d'un style moins élevé.

C'est à l'unanimité des recensions que le TP, pour traduire l'impératif *ᶜalî*, « monte! », emploie la forme palestinienne *swqy*; en O, *sqy* reste isolé. En Ps-J, M et 110, l'invitation lancée au puits est reprise une seconde fois. Cette répétition est un trait typiquement targumique; l'insistance éveille l'intérêt de l'assemblée et la prépare à écouter ce qui va suivre, à savoir que le puits obéira à l'invitation. Avant d'énoncer cet heureux effet, le targumiste projette aux participants le flash des Israélites d'autrefois en train de chanter au puits leur appel. Au lieu de l'impératif *ᶜenû* du TM, tout le TP présente une forme énonciative qui décrit la scène: « ils lui chantaient » [22]. On remarquera l'accord du TP dans l'emploi du participe du verbe *zmr*, « chanter », tandis que O reprend le verbe *šbḥ* et conserve l'impératif.

La pièce aggadique la plus caractéristique de ce verset est sans nul doute l'affirmation que réellement le puits « montait ». Tout le TP qui nous est conservé proclame cet effet produit comme par enchantement. Le souhait devient réalité. Et, comme nous le verrons, il ne s'agit pas d'un jaillissement de l'eau au fond du puits, mais d'une montée de l'eau à la surface, car le puits va se transformer en torrents (TP v. 19, sauf Ps-J).

---

[21] On trouve la même dualité en T Ex 15,1 pour traduire un texte biblique parallèle: *ᵓz yšyr ... ᵓt hšyrh hzᵓt*. Ps-J, M, 110, 440 et Nur ont la formulation *šbḥ ... yt šbḥ šyrtᵓ* (*šyrth* en 440) *hdᵓ*; tandis que N présente l'expression *šbḥ ... yt šyrt twšbḥth hdh* et O *šbḥ ... yt twšbḥtᵓ*. En N et O Nb 21,17, l'absence de l'adverbe *hᵓ* ne permet pas non plus de conclure à une influence de O sur N ou à un alignement sur le TM, car 440 et Nur Ex 15, 1 n'ont pas non plus cet adverbe (à la différence du Ps-J et M); de plus N Ex 15,1 est la seule recension qui présente l'expression palestinienne *bkdw(n)*.

[22] On peut noter un correspondant dans la *Vulg.* Nb 21,17 qui traduit par un indicatif imparfait: *concinebant.*

À la différence des targums, la LXX a évité une interprétation trop réaliste. Les traducteurs alexandrins n'appellent même pas le puits à s'élever comme le fait le texte biblique; au lieu de l'impératif, ils ont lu la préposition *ᶜalê*, « sur », et ils comprennent: « Alors Israël chanta ce chant sur (ἐπί) le puits »[23]. Le chant lui-même ne commence dans la LXX que par l'invitation à célébrer le puits: ἐξάρχετε αὐτῷ, « entonnez le chant en son honneur », ce qui traduit l'impératif *ᶜᵉnû-lāh*.

Seul Ps-J comporte une insertion aggadique qui situe ce chant des Israélites « au moment où revint le puits qui leur avait été donné par le mérite de Miryam, après avoir été caché ». Ainsi, Ps-J reconnaît en cet épisode de Nb 21,16ss un retour du puits et nous verrons qu'une conception semblable apparaît dans la suite dans tout le TP v. 19. Mais la glose du seul Ps-J v. 17 se distingue de la phraséologie commune: elle emploie le verbe *hdr*, « revenir », au lieu de *ḥzr* de même sens que tout le TP utilisera au v. 19. Et pour exprimer la disparition du puits « caché », on trouve le *ithpaal* de *ksy* au lieu du *ithpeel* de *gnz* que tout le TP présentera au v. 20. On peut soupçonner qu'il s'agit en Ps-J v. 17 d'un ajout plus tardif dans la trame de ce targum.

3. *Les targums à Nb 21,18. Les responsables du puits donné dans le désert*

Synopse des recensions

Pour la clarté de l'analyse, nous partagerons en différents membres le contenu aggadique, bien que, dans certaines recensions, la répartition soit artificielle.

a

TM	באר	חפרוה		שרים			
Ps-J	בירא	דחפרו	יתה	אבהת	עלמא		
N	בירא	דחפרו	ית	רברבני	עלמא	מן	שרויה
110	באירא	די חפרו	יתה	רברבני	עמא	מן	שירויא
440	בירא	ד[ה]פרו	יתה	רברבי	עלמא	מן	שירויא
Nur	בירא	דחפרו	יתה	רברבי	עלמא	מן	שירויא
O	בירא	דחפרוהא		רברביא			

b

TM						כרוה	
Ps-J	אברהם	יצחק	ויעקב	רברבניא	דמלקדמין	חפסו	יתה
N	אברהם	יצחק	ויעקב			שכלילו	יתה
110 = 440 = Nur	אברהם	יצחק	ויעקב			שכלילו	יתה
O						כרוהא	

---

[23] Cf. Z. FRANKEL, *Über den Einfluss*, 173. H. CAZELLES dans *La Bible de Jérusalem*, Paris, 1973, suit l'interprétation de la LXX: « Sur le Puits ».

TM	נדיבי	העם				
Ps-J	רישי	עמא				
N	סכלתניהון	דעמא		שובעיתי	חכימי	דמפרשין
I	סוכלתני	עלמא		שובעין		
M			סונהדרין דישראל	שו'		
110				שובעתי	חכימיא	
440	סוכלתנו	עלמא	סנהדרין	שובעתי	חכימיא	דמפרשין
Nur	סוכלתני	עלמא	סנהדרין	שובעתי	חכימיא	דמפרשין
O	רישי	עמא				

c

TM		במחקק				
Ps-J 27031		משה ואהרן	ספריהון	דישראל	משחו	יתיה
var. *ed. pr.*					משכו	
N					משחו	יתה
110	סנהדרין דישראל		ספריא			
440 = Nur					משכו	יתה
O			ספריא			

TM	במשענתם					
Ps-J	בחוטריהון					
N	בחוטריהון			ספריהון	דישראל	משה ואהרן
I		משה ואהרן		ספריהון	דישראל	
M			תרין	סופרייה	דישראל	
110	בחוטריהון		הן הן	ספריא	דישראל	משה ואהרן
440	בחוטריהו'	משה ואהרן		סופריהו'	דישר'	
Nur	בחוטרהו'	משה ואה'		סופרהון	דישר'	
O	בחוטריהון					

d

TM	וממדבר			מתנה	:
Ps-J	וממדברא	איתיהבת	להון	למתנה	:
N	ומן מדברה	אתיהבת	להון	מתנה	:
M				(מת)נתה	
110	מן מדברא	איתיהיבת	להון	מתנה	:
440	וממדברא	איתיהיבת	ליה	מתנא	:
Nur	וממדברא	איתיהיבת	ליה	מתנה	:
O	וממדברא	אתיהיבת	להון		:

Variantes mineures et corrections textuelles

Au membre *a*, en N, il faut suppléer le suffixe: *yth.* I sépare la forme contracte de N *dḥprw* en *dy ḥ...* Ce doit être par erreur que I suggère de placer le verbe *šk(lylw)* avant l'énumération des patriarches Abraham, etc. La forme de 440 *dhprw* est aberrante; il faut restituer le *ḥet.* Au membre *b*, Ps-J *ed. pr.* comporte le même verbe *ḥprw* qu'au membre précédent [24]. En N, il faut lire *ḥkymy*ʾ. La forme de 440 *swkltnw* est probablement à corriger d'après Nur. Au membre *c*, Ps-J *ed. pr.* a la leçon *mškw* que nous avons introduite dans la synopse. I propose le parfait avec *nun* final *(mš)ḥwn.* Enfin, au membre *d*, Ps-J *ed. pr.* a la graphie *ʾtyhybt.* I a l'expression contracte *wmm(dbrh)* et le parfait *yt(yhbt)* avec *yod* initial au lieu d'*aleph*, par confusion des deux [25]. La leçon *lyh* de la famille 440, Nur est à corriger en *lhwn.* O possède une variante *bqlmsyhwn* [26].

Traductions [27]

Ps-J (*a*) Le puits qu'ont creusé *les patriarches: Abraham, Isaac et Jacob,* les princes *d'antan,* (*b*) ils l'ont foré, les chefs du peuple; (*c*) *Moïse et Aaron, les maîtres d'Israël, l'ont mesuré* (*ed. pr.*: *l'ont attiré*) avec leurs verges. (*d*) Et depuis le désert, *il leur a été donné comme* un don.

N (*a*) Le puits qu'ont creusé *autrefois* les princes *du monde: Abraham, Isaac et Jacob,* (*b*) *ils l'ont achevé, les* (*hommes*) *avisés* du peuple, *les soixante-dix sages qui avaient été mis à part;* (*c*) *ils l'ont mesuré* avec leurs verges, *les maîtres d'Israël, Moïse et Aaron.* (*d*) Et depuis le désert, *il leur a été donné* en don.

I ... *les* (*hommes*) *avisés du monde, les soixante-dix* ...
... *Moïse et Aaron, les maîtres d'Israël* ...

M ... *le Sanhédrin d'Israël, les soixante-dix* ... *les deux maîtres d'Israël* ... (*comme*) *le* don.

110 Le puits qu'ont creusé *autrefois* les princes *du peuple: Abraham, Isaac et Jacob, ils l'ont achevé, les soixante-dix sages, le Sanhédrin d'Israël, les maîtres,* avec leurs verges. *Ce sont eux les maîtres d'Israël: Moïse et Aaron!* Depuis le désert, *il leur a été donné* en don.

440 = Nur (*a*) Le puits qu'ont creusé *autrefois* les princes *du monde*: *Abraham, Isaac et Jacob,* (*b*) *ils l'ont achevé, les* (*hommes*) *avisés du monde, le Sanhédrin, les soixante-dix sages qui avaient été mis à*

[24] De même en Gn 26,15ss, le ms. 27031 emploie de préférence *ḥps* là où le plus souvent l'*ed. pr.* a *ḥpr*; cf. LE DÉAUT, *Targum du Pent.*, I, 252, n. 5.
[25] Cf. *supra* p. 9s., n. 6.
[26] Cf. l'apparat critique de l'éd. de SPERBER, *The Bible in Aramaic,* I, 259.
[27] Nous avons parfois légèrement modifié la disposition des mots proposée dans la trad. de *Targum du Pent.*, III, 198s., notamment pour garder les verbes en tête des membres de la phrase en N, 440, Nur.

part; (*c*) *ils l'ont attiré* avec leurs verges, *Moïse et Aaron, les maîtres d'Israël.* (*d*) Et depuis le désert, *il leur a été donné* en don.

O Le puits qu'ont creusé les princes, ils l'ont foré, les chefs du peuple, *les maîtres,* avec leurs verges [28]. Et depuis le désert, *il leur a été donné.*

Observations

Au membre *a,* les recensions N, 110, 440, Nur accusent un bel accord. Ps-J, dont la facture diffère du reste du TP, expose le même contenu de tradition. Le terme biblique *śārîm,* « chefs, princes », est traduit par les substantifs *rbrbny*ᵓ (N, 110; Ps-J en finale) ou *rbrby*ᵓ (440, Nur). Mais il s'agit, d'après N, 440, Nur, des « princes du monde »; l'expression équivaut à la formule du Ps-J en fin de membre: « les princes d'antan ». Seule, la détermination du targum 110 « les princes du peuple » s'écarte de la tradition commune.

Ces princes à qui revient l'honneur d'avoir creusé le puits sont désignés par leur nom dans tout le TP: Abraham, Isaac et Jacob. Ps-J avançait dès le début de sa paraphrase le titre approprié de « patriarches ». « Autrefois », comme l'explicitent N, 110, 440, Nur, c'est-à-dire « dès le commencement » de l'histoire d'Israël, le puits avait été creusé par eux [29].

Au membre *b,* les recensions palestiniennes autres que Ps-J continuent de former un groupe homogène. Dans le texte biblique, la seconde mention d'un forage du puits était parfaitement synonyme de la première. Ces targums pourtant cherchèrent dans cette répétition une nuance de perfectionnement, d'achèvement [30]; c'est ce qu'ils expriment par le *shaphel šklylw.* Les auteurs de cet achèvement sont, d'après I, 440, Nur, « les (hommes) avisés du monde ». La formulation de N « les (hommes) avisés du peuple » est peut-être une retouche destinée à rapprocher le targum du texte biblique *n*ᵉ*dîbê hā*ᶜ*ām,* « les nobles du peuple ». Dans toutes ces recensions, une apposition vient déterminer de qui il s'agit, à savoir « les soixante-dix sages » dont N, 440, Nur précisent qu'ils « avaient été mis à part ». Ces compléments nous permettent d'identifier les soixante-dix anciens que Moïse choisit pour le seconder comme chefs et juges du peuple (Ex 18,21-26; Nb 11,16-17) [31].

Jusqu'ici le ms. 110 n'avait retenu pour sujet que les « soixante-dix

---

[28] Ou selon une variante: *avec leurs calames.*

[29] A propos de l'expression « dès le commencement », cf. M. McNamara, *Targum and Testament,* 143.

[30] Cf. *supra* p. 137 la nuance de progression attribuée par le midrash au second membre du parallélisme du Ps 78,20. Remarquons que la *Vulg.* Nb 21,18 marque, d'un verbe à l'autre, une progression qui peut correspondre à l'interprétation du TP; on a *foderunt ... paraverunt* (cf. A. Jaubert, « La symbolique du puits de Jacob », 67, n. 13).

[31] On sait que, dans la tradition, les termes d'« anciens » et de « sages » étaient interchangeables (cf. *supra* p. 51, n. 10); d'après N Nb 11,26, ils « *avaient été mis à part* » (« *mis à part par leur nom* » ajoutent M et 110 Nb 11,26).

sages »; avec les recensions M, 440, Nur (N excepté), il mentionne de plus le Sanhédrin d'Israël. La référence au Sanhédrin se présente, du point de vue littéraire, comme une apposition de surcroît, dont la place reste flottante d'une recension à l'autre. Il s'agit d'une détermination qui veut donner au texte un caractère d'actualité, selon une tendance essentielle au targum. Qu'il s'agisse des sages d'autrefois ou des soixante-dix Sanhédrites, l'interprétation targumique en ce membre *b* attribue au puits une signification symbolique. Il représente la Loi que les hommes avisés expliquent ou font appliquer.

La tradition du Ps-J en ce membre *b* est différente. La seconde mention du forage reste synonyme de la première. Et le sujet est suspect de reproduire celui de O. En O, qui ne possède pas de verbe au membre *c*, ce sujet « les chefs du peuple » recevra comme apposition « les maîtres ». Mais en Ps-J, qui sont « les chefs du peuple »? On peut comprendre que le membre *c* reprend et précise le membre *b*; les chefs sont alors « Moïse et Aaron, les maîtres d'Israël ».

Au membre *c*, N (appuyé par I) s'accorde assez étroitement avec 440, Nur. Ces recensions construisent le troisième membre selon le rythme des deux membres précédents: un verbe suivi du complément pronominal *yth* désignant le puits et d'un assemblage comportant sujet et apposition. En outre, on trouve évidemment le complément instrumental « avec leurs verges », qui provient du texte biblique. Dans le groupe du sujet, l'ordre des mots varie, comme on peut s'y attendre dans une tradition orale; cependant le contenu reste identique. Pourtant, à propos du verbe, la tradition hésite. N et I présentent le verbe *mšḥ*, « étendre, mesurer »; 440, Nur préfèrent *mšk*, « tirer, attirer ». On sait que les témoins du Ps-J se partagent aussi entre ces deux verbes de consonance voisine: *mšḥ* d'après le ms. 27031, *mšk* d'après l'*ed. pr.*[32]. Ps-J, en effet, rejoint ici les recensions N, 440, Nur, avec la différence que le groupe du sujet précède le verbe. La paraphrase du ms. 110 paraît boiteuse. Il ne retient d'abord de l'interprétation palestinienne que le mot *spryʾ*, « les maîtres (de la Loi) »; puis, dans un style de glossateur, il répète ce titre qu'il applique à Moïse et Aaron. Et le membre *c* reste sans verbe comme en O.

Demandons-nous maintenant quelles sont les attaches bibliques de l'aggadah palestinienne en ce membre *c*. On ne peut douter que l'expression biblique *bmḥqq* ait suggéré la référence aux « scribes », c'est-à-dire aux maîtres dans l'interprétation de la Loi[33]. Dans la Bible hébraïque,

---

32 J. W. Etheridge, *The Targums of Onkelos and Jonathan ben Uzziel on the Pentateuch*, II, 412s., avait traduit Ps-J et TF comme si nous avions la forme verbale *ʾškḥw*: « ... Mosheh and Aharon, the scribes of Israel, found it ». On retrouve encore cette traduction dans E. B. Levine, « Parallels to Numbers of Pseudo-Jonathan », dans A. Díez Macho, *Neophyti 1*, IV, 681; et dans B. Olsson, *Structure and Meaning*, 165.

33 Nous renvoyons aux études détaillées du terme *meḥōqēq* faites par G. Vermes,

m^eḥōqēq désigne, selon les contextes, soit « celui qui commande », conformément au sens de « décider, commander » que possède le verbe *ḥqq*; soit l'insigne du pouvoir: le « bâton de commandement ». C'est en ce dernier sens que le mot était employé en Nb 21,18 où il est en parallèle avec *b^emiš^{ca}nōtām* [34]. Mais partout où apparaît le terme, à une exception près, les versions et interprétations anciennes l'ont entendu comme désignant une personne revêtue de l'autorité [35]; elles se différencient à propos de la nature de cette autorité. La LXX Nb 21,18 traduit: « Puits, des princes l'ont creusé, des rois de nations (étrangères) l'ont foré dans leur royaume, sous leur domination »; *m^eḥōqēq* a évoqué ici l'idée d'un règne ou d'un royaume [36]. Les targums se situent dans un autre courant d'interprétation où *m^eḥōqēq* est mis en rapport avec la Loi divine et désigne le scribe ou maître de la Loi [37]. La portée du verbe *ḥqq*, « décider », est ainsi restreinte à la sphère religieuse de l'explication et de l'application de la Torah, ce qui reflète la situation de vie d'un judaïsme où l'autorité morale était détenue par les experts dans les Écritures, comme c'était le cas aux abords de l'ère chrétienne [38]. De tous les maîtres de la Loi, Moïse n'était-il pas le pro-

---

« La figure de Moïse au tournant des deux Testaments », dans *Moïse, l'homme de l'Alliance,* 81s., et ID., *Scripture and Tradition in Judaism. Haggadic Studies* (StPostBibl 4), réimpr. avec corrections de l'éd. 1961, Leiden, 1973, 49-55.

34 Même sens en Gn 49,10 en parallèle avec *šēbeṭ;* Ps 60,9; 108,9. Au sens de « chef, législateur » en Dt 33,21; Jg 5,14; Is 33,22.

35 L'exception est celle de Jg 5,14: la LXX est obscure (« recherchant »?); le T interprète probablement d'après le sens de « graver, marquer » que possède le verbe *ḥqq*: *mršmyn,* « marqués ».

En *CD* VI, 2-11, on a, à propos de Nb 21,18, le double sens de « bâton » et de « législateur ».

36 De ce fait, la dignité royale fut attribuée aux *n^edîbê hā^cām* qui deviennent des rois de nations païennes (ἐθνῶν); comme l'explique G. VERMES, *Scripture and Tradition,* 50, n. 5, cette interprétation met en valeur la sollicitude divine pour Israël: Dieu leur a donné une eau préparée pour eux par les rois des pays étrangers. Ailleurs les traducteurs alexandrins emploient soit le titre de « roi »: Ps 60 (59),9; 108 (107),9; soit ἡγούμενος, « chef, commandant »: Gn 49,10; ἄρχων, « prince »: Dt 33,21 et Is 33,22. En Si 10, 5, le traducteur a rendu *mḥwqq* par γραμματεύς, « scribe », un titre qui, en ce cas, désigne peut-être un haut fonctionnaire égyptien (cf. *Traduction oecuménique de la Bible. Ancien Testament,* Paris, 1975, 2127, n. *n*). Ou bien il s'agit déjà, conformément à l'interprétation que nous allons rencontrer dans les targums, du scribe docteur de la Loi.

37 En Is 33,22 où YHWH est le *m^eḥōqēq,* le T explicite en référence au don de la Loi: « YHWH est notre Maître (*mlpn*ᵓ) qui nous a donné l'enseignement de sa Loi depuis le Sinaï. »

38 À propos des scribes, cf. E. SCHÜRER, *The History of the Jewish People in the Age of Jesus Christ. A New English Version Revised* and Edited by G. VERMES, F. MILLAR, M. BLACK, II, Edinburgh, 1979, 322-325. La paraphrase targumique des passages où la Bible employait le titre de *m^eḥōqēq* à propos de Juda ou de sa tribu a quelque chose de forcé qui ne s'explique que par une accommodation aux conditions de vie. Le TP et O Gn 49,10 promettent à Juda, à côté d'une lignée de rois ou de princes (interprétation de *šēbeṭ*), une lignée de scribes; à propos de O, cf. M. ABERBACH, B. GROSSFELD, *Targum Onqelos on Genesis 49* (SBL, AramSt 1), Missoula, Mont., 1976, 12s. T Ps 60,9 ne retient que les scribes: « Ceux de la maison de Juda sont les maîtres (*spryy*ᵓ) de ma maison d'enseignement » (cf. aussi T Ps 108,9). Une interprétation royale du *m^eḥōqēq* de Gn 49,10 se retrouve en *4 QPatr. Bless.* où il désigne « l'Alliance

totype inégalé? On ne s'étonnera pas de voir apparaître son nom dans les targums à Dt 33,21 pour paraphraser *m^eḥōqēq*[39]. Dans le TP Nb 21,18, au nom du législateur fut associé celui d'Aaron; ce sont « les deux maîtres d'Israël », dit M. Nous avancerions volontiers l'hypothèse que le nombre deux, qui amena la mention d'Aaron à côté du nom de Moïse, fut suggéré, conformément au procédé herméneutique de la *gemaṭria*, par la valeur numérique du *bet* devant *m^eḥōqēq*. Les interprétations targumiques et midrashiques reposent souvent sur des minuties du texte sacré dont rien ne devait rester inexploité. Dans le contexte de la paraphrase targumique à Nb 21,18, la référence aux scribes prolonge l'interprétation symbolique attestée au membre *b*. Dans cette optique, le puits représente la Loi[40].

Quant aux verbes *mšk* ou *mšḥ* employés en ce membre *c*, une simple observation des targums et de leurs procédés de traduction ne nous permet pas encore de déceler leur point d'attache biblique. Nous y reviendrons après avoir examiné les traditions des recueils midrashiques.

Le membre *d* célèbre le don du puits. La paraphrase interprète le TM: « Et du désert à Mattanah ». Nous l'avons dit, primitivement *mattānāh* était un nom commun faisant partie du poème: « du désert (le puits était) un don ». Et les targums rendent au terme sa signification commune. Mais en outre, ils développent une forme verbale passive du verbe *yhb*, « donner », et lui adjoignent le complément *lhwn* désignant les Israélites bénéficiaires du don du puits[41]. La forme verbale explicite l'idée contenue dans le nom de *mattānāh* et, avec son complément *lhwn*, elle rappelle l'expression biblique du v. 16*b* où, dans l'introduction narrative au chant, YHWH annonçait: « Je leur (*lāhem*) donnerai de l'eau »[42]. Comme, au plan de la composition biblique de ce v. 16, le verbe « donner » faisait peut-être déjà allusion au terme *mattānāh* présent dans l'antique poème, il se peut que nous nous trouvons, en passant du chant primitif à la dernière rédaction biblique et de cette rédaction biblique à la paraphrase targumique, devant un va-et-vient d'interprétations.

En comparant les recensions targumiques, on notera l'état emphatique employé par M. S'il faut conserver à cette forme toute sa valeur, M présente le puits comme « le » don par excellence. O a bien senti que le

---

de la royauté ». La pensée du commentateur, comme l'a montré G. VERMES, *Scripture and Tradition*, 53, est que, malgré la disparition de la royauté davidique, l'Alliance que Dieu a assurée à David garde sa valeur, car au temps messianique un descendant de David siégera sur le trône; cf. aussi J. M. ALLEGRO, « Further Messianic References in Qumran Literature », *JBL* 75 (1956), 174-176.

39 C'est dès une date ancienne qu'on découvrait en Dt 33,21 une allusion à Moïse, comme nous le verrons *infra* p. 191s.

40 La variante de O « avec leurs calames » continue d'adapter le texte à cette interprétation, mais elle prend peut-être le mot « scribes » au sens de « copistes » (sur ce sens, cf. JASTROW, 1018).

41 La *Pesh.* a repris la forme verbale: *ᵓtyhbt lmtnᵓ*; cf. Sh. R. ISENBERG, « On the Jewish-Palestinian Origins of the Peshitta to the Pentateuch », *JBL* 90 (1971), 71.

42 Cf. H. St. J. THACKERAY, *The Relation of St. Paul*, 208.

verbe *ᵓtyhybt* doublait la traduction de *mattānāh.* Il a repris la forme verbale et omis le substantif qui, seul pourtant, se trouve dans le texte biblique du v. 18. La tradition targumique palestinienne l'a emporté sur la fidélité littérale au texte scripturaire[43].

Les membres *b* et *c* de la paraphrase nous ont mis en présence d'allusions à une interprétation symbolique du puits. Le membre *d* ne nous en dit rien. Mais il est probable que le don depuis le désert pouvait être interprété sur un double plan, littéral en relation avec le don de l'eau, symbolique en relation avec le don de la Loi.

4. *Les targums à Nb 21,19 et 20. Le puits se transforme en torrents. Il escalade les montagnes et descend dans les vallées. Il fut caché*

Nous présentons en suite immédiate l'aggadah targumique aux vv. 19 et 20, car elle constitue une unité. Comme le contenu du texte biblique a été considérablement développé par les targums et que sa traduction est parfois doublée, il eût été malaisé de l'introduire dans le tableau synoptique. Pour la facilité de l'analyse, nous avons réparti en différents membres la paraphrase.

Synopse des recensions

v. 19

	a					*b*			
Ps-J	ומן		דאתיהבת	להון		למתנא			
N	ומן		דאתיהיבת	להון	בירא	מתנה	חזרת	למהווי	להון
110	ומן	בתר	דאיתיהיבת	להון		מתנא	חזר	למיהוי	להון
440	ומן		דאיתיהיבת	להון	בירא	מתנא	חזרת	למהוי	להון
Nur	ומן		דאיתיהיבת	להון	בירא	מתנה	חזרת	למהוי	להון
O			ומדאתיהיבת	להון			נחתא		עמהון

c

Ps-J					
N	לנחלין		מתגברין	ומן דהוות	לנחלין מתגברין
M					נחלין שטפין
110	נחלין	שטפין		ומן בתר די חזרת למיהוי להון	נחלין שטפין
440 = Nur	לנחלין	שטפין	מתגברין		
O	לנחליא				ומנחליא

[43] Il est remarquable que le ms. 110 n'ait pas de *waw* devant *mn mdbr*ᵓ; cf. *supra* n. 7.

d

Ps-J	חזרת		למיסוק	עימהון			לטורייא	רמייא
N	חזרת	למ[ח]וי	סלקה	עמהון		לריש	טוריה	
I			(סל)קת			לראשי		
M	חזרת	למהוי	[נחתה]	עמהון	[לא]	לראשי	טורייה	
110	חזרת	למיהוי	סלקה	עמהון		לרישי	טוריא	
440 = Nur	חזרת	למהוי	סלקא			לריש	טוריא	
O			סלקא	עמהון				לרמתא

e

Ps-J	ומטוורייא	רמייא	נחתא	עימהון	לגלימתא		מחזרא לכל משריתא דישראל ומשקיא יתהון כל חד וחד בתרע משכניה :
N			ונחתה	עמהון	לחלתה	עמיקתא	:
M			ונחתה	עמהון	ל⟨נ⟩חלייה	עמיקתה	
110			ונחתת	עימהון	לחילתא	עמיקתא	:
440			ונחתא	עמהון	לנחלי׳	ע⟨מ⟩יקתא	:
Nur			ונחתא	עמהון	לנחליא	ע⟨מ⟩יקתא	:

v. 20

a

Ps-J							ומטוורייא	רמייא
N	ומן		דהוות	סלקה	עמהון	לראשי	טורייה	רמ[ת]ה
M	בתר	דחזרת	למהוי	סלקה	עמהון	לראשי	טוורייה	
110	ומן די	חזרת	למיהוי	סלקא	עמהון	לריש	טווריא	
O								ומרמתא

b *c*

Ps-J	נחתא	עימהון	לגלימתא	עמיקתא	ואתגניזת	מנהון	
N	ונחת	עמהון	לחלתה	עמיקתה	יתגנזת	מנהון	
M	ונחתה	עמהון	לנחלייה	עמיקתה	אתגנזת	מנהון	באירה
110	ונחתת	עימהון	לחילתא	עמיקתא	אתגניזת	מנהון	באירא
440 = Nur					אתגניזת	מנהון	בירא

Ps-J			בתחומהון	דמואבאי	ריש רמתא	
N	בחלתה		דבתחומיהון	דמואביי	ריש רמתה	והא היא
I	בריש רמתה	די	בתחומיהון	דמואבאי		והא היא
M		דאית	בתחומיהון	דמואבאי	ריש רמתה	
110	[בחילו⟨ת⟩א]	דאית	בתחומהון	דמואבאי	ריש רמתא	
440 = Nur		דאית	בתחומיהון	דמואבאי	ריש רמתא	
O	לחיליא		דבחקלי	מואב	לריש רמתא	

Ps-J	דמדיקא	כל	קבל	בית ישימון	מטול דבטילו פתגמי אורייתא :
N	מצטפייה	כל	קבל	בית ישימון	:
I	מצטייפה				
M	דמצטייפה	כל	וקבל	דבית ישימון	
110	דמצטפיא	כל	קבל	בית ישימון	:
440	דמצטייפא	כל	קביל	אבית ישימון	:
Nur	דמצטייפא	כל	קוביל	אבית ישימון	:
O	ומסתכיא	על	אפי	בית ישימון	:

Variantes mineures et corrections textuelles

Au v. 19*a,* Ps-J *ed. pr.* a la variante orthographique *dʾtyyhybt* et, au v. 19*d*, les graphies *ʿmhwn* et *lṭwwrʾ*. Au v. 19*d*, le *ḥet* de *lmḥwwy* en N est une erreur de copiste. En M, il faut corriger *nḥth* en *slqh*; l'expression *lʾ*, qu'il faut supprimer, est due à un essai manqué d'écrire *lrʾšy.* Au v. 19*e*, Ps-J *ed. pr.* a les variantes *ʿmhwn* et *mšryytʾ*. Le ms. N folio 314*b* a la graphie *ʿmyqtʾ* que nous avons transcrite [44]. I propose la graphie *lḥyyltʾ*. En M, nous avons corrigé la leçon *ltḥlyyh* en *lnḥlyyh* qui correspond à 440, Nur v. 19*e* et à M v. 20*b*. En 440, Nur, nous avons également corrigé la leçon *ʿtyqtʾ* en *ʿmyqtʾ* qui correspond à N, M, 110 v. 19*e* et Ps-J, N, M, 110 v. 20*b*. Au v. 20*a,* en N, la forme féminine *rmth* de l'adjectif est à corriger en *rmyʾ* [45]. I change en *dhwwh* la forme féminine de N. Au v. 20*b*, Ps-J *ed. pr.* a la variante *ʿmhwn.* I complète en (*wnḥ*)*th* le participe de N. Au v. 20*c*, Ps-J *ed. pr.* a la leçon fautive *ʿmhwn* due à une réminiscence des membres précédents; l'*ed. pr.* a, de plus, la variante *btḥwmyhwn.* En I, *ygzt* se comprend mal. L'expression du ms. 110 *bḥylwkʾ* a été corrigée conformément à l'éd. de KLEIN [46], d'après N; nous l'avons placée entre crochets, car le mot fut ajouté dans la marge du ms. [47].

---

[44] Tandis que l'éd. de DÍEZ MACHO, *Neophyti 1,* IV, 199, transcrit *ʿmyqth;* mais l'apparat critique de l'éd., *ibid.*, reproduit *ʿmyqtʾ*.

[45] Comme le signale l'éd. de DÍEZ MACHO, *ibid.*, 201.

[46] *The Fragment-Targums,* I, 101.

[47] Cf. M.L. KLEIN, *ibid.*; A. DÍEZ MACHO, L. DÍEZ MERINO, E. MARTÍNEZ BOROBIO,

Traductions

Ps-J *v. 19* (*a*) *Et après leur avoir été donné comme un don,* (*d*) *il se remit à monter avec eux sur les montagnes élevées* (*e*) *et, des montagnes élevées, il descendait avec eux dans les vallons. Faisant le tour de tout le camp d'Israël, il les abreuvait tout un chacun à l'entrée de sa tente.*

v. 20 (*a*) *Et des montagnes élevées,* (*b*) *il descendait avec eux dans les vallons profonds;* (*c*) *mais il leur fut caché à la frontière* des Moabites, au sommet *de la hauteur qui* est orientée en direction de *Beth* Yeshimon, *parce qu'ils avaient négligé les paroles de la Loi.*

N *v. 19* (*a*) *Et après leur avoir été donné en don,* (*b*) *le puits se remit à se transformer pour eux en torrents impétueux;* (*c*) *et après être devenu torrents impétueux,* (*d*) *il se remit à monter avec eux sur la cime des montagnes* (*e*) *et à descendre avec eux dans les vallées profondes.*

v. 20 (*a*) *Et après être monté avec eux sur les cimes des montagnes élevées* (*b*) *et être descendu avec eux dans les vallées profondes,* (*c*) *il leur fut caché dans* la vallée qui se situe aux *frontières* des Moabites, au sommet *de la hauteur, celle qui* regarde en direction de *Beth* Yeshimon.

I *v. 19* ... *il monta* ... *sur les cimes* ...

v. 20 ... au sommet *de la hauteur* qui se situe aux *frontières* des Moabites, (*la hauteur*) *qui* regarde ...

M *v. 19* ...(*c*) (*et après être devenu*) *torrents débordants,* (*d*) *il se remit à monter avec eux sur les cimes des montagnes* (*e*) *et à descendre avec eux dans les ouadi profonds.*

v. 20 (*a*) *Après s'être remis à monter avec eux sur les cimes des montagnes* (*b*) *et à descendre avec eux dans les ouadi profonds,* (*c*) *le puits leur fut caché,* qui se trouve aux *frontières* des Moabites, au sommet *de la hauteur qui* regarde en direction de *Beth* Yeshimon.

110 *v. 19* (*a*) *Et après leur avoir été donné en don,* (*b*) *il se remit à se transformer pour eux en torrents débordants;* (*c*) *et après s'être remis à se transformer pour eux en torrents débordants,* (*d*) *il se remit à monter avec eux sur les cimes des montagnes* (*e*) *et il descendit avec eux dans les vallées profondes.*

v. 20 (*a*) *Et après s'être remis à monter avec eux sur la cime des montagnes* (*b*) *et être descendu avec eux dans les vallées profondes,* (*c*) *le puits leur fut caché* (*dans la vallée*), qui se trouve

---

T. MARTÍNEZ SÁIZ, *Biblia Polyglotta Matritensia,* Series IV: *Targum palaestinense in Pentateuchum,* IV: *Numeri,* Madrid, 1977, 201.

à *la frontière* des Moabites, au sommet *de la hauteur qui* regarde en direction de *Beth* Yeshimon.

440 = Nur *v. 19* *(a) Et après leur avoir été donné en don, (b) le puits se remit à se transformer pour eux en torrents débordants (et) impétueux; (d) il se remit à monter sur la cime des montagnes (e) et à descendre avec eux dans les ouadi profonds.*

v. 20 *(c) Le puits leur fut caché,* qui se trouve aux *frontières* des Moabites, au sommet *de la hauteur qui* regarde en direction d'*Abeth* Yeshimon.

O *v. 19* *(a) Et après leur avoir été donné, (b) il descendait avec eux dans les ouadi (c) et des ouadi (d) montait avec eux sur les hauteurs.*

v. 20 *Et des hauteurs dans les vallées* qui se situent dans les champs de Moab, au sommet *de la hauteur* et elle regarde en direction de *Beth* Yeshimon.

Observations

Les targums continuent sur la lancée du chant du puits. Leur interprétation fut certainement facilitée par le fait que l'itinéraire biblique aux vv. 19 et 20 n'explicitait pas comme aux vv. 10-13 les verbes *nsᶜ* et *ḥnh* pour marquer l'action des Israélites levant et établissant le camp [48]. Dans la paraphrase targumique, les noms d'étapes marqueront les déplacements et les péripéties du puits. Et plutôt que d'énumérer à l'assemblée liturgique une série de noms géographiques, le *meturgeman,* à partir de traductions de ces noms de lieu, créera un récit aggadique qui retiendra l'attention des auditeurs et leur proposera un contenu édifiant.

Au v. 19, le membre *a* de la paraphrase interprète l'expression biblique « et de Mattanah ». N et la famille 440, Nur explicitent bien que c'est toujours du puits qu'il s'agit. Nous retrouvons l'interprétation du v. 18*d*; elle est, cette fois, précédée d'une conjonction temporelle de postériorité correspondant à la préposition d'éloignement que nous trouvons dans le texte biblique.

Le membre *b* interprète la mention biblique de l'arrivée à l'étape de Naḥaliël. Les targums N, 110, 440, Nur se sont appliqués à analyser ce nom composé. Le premier élément: *nḥly* fut interprété comme le pluriel du mot *naḥal,* « torrent », à l'état construit; le second élément: *ʾēl,* littéralement « de Dieu », fit fonction de superlatif. La traduction de ce nom géographique évoquait alors des torrents puissants [49]. Ainsi s'explique,

---

[48] Cf. H. St. J. THACKERAY, *The Relation of St. Paul,* 208.

[49] En T Ps 36,7, l'expression biblique *khrry ʾl,* « comme les montagnes divines », est traduite *hyk ṭwryyʾ tqypyʾ,* « comme les montagnes puissantes »; en T Ps 80,11, *ʾrzyn tqypyn,* « les cèdres puissants », traduit *ʾrzy ʾl,* « les cèdres divins ». Mais notons que Naḥaliël étymologiquement est un singulier signifiant « Torrent de Dieu », le *ḥîreq* étant une voyelle paragogique.

du point de vue philologique, la traduction de N *lnḥlyn mtgbryn,* « en torrents impétueux », et celle de 110 (attestée aussi en M membre *c*) *nḥlyn šṭpyn,* « des torrents débordants ». La tradition palestinienne n'était pas figée en une seule formule; l'une et l'autre expression expriment bien la compréhension targumique du mot. Quant à la famille des recensions 440 et Nur, elle a recueilli les deux adjectifs en une leçon confluente: « des torrents débordants (et) impétueux ». Mais les targums ne font pas que traduire: ils interprètent, c'est-à-dire que la traduction de Naḥaliël s'insère dans le contexte d'une recherche aggadique sur le puits, afin de mettre en valeur la surabondance du don de l'eau dont les Israélites furent les bénéficiaires; comme au v. 18*d* on remarquera le complément *lhwn,* « pour eux ». L'interprétation fut orientée par la formulation biblique du Ps 78,20 magnifiant l'abondance torrentielle des eaux qui se déversèrent du rocher: *ûnᵉḥālîm yišṭōpû,* « et des torrents se sont déversés ». L'influence de ce passage biblique est évidente. Non seulement nous y retrouvons le thème des torrents, mais encore le verbe *šṭp,* « inonder, déborder, se déverser », attesté dans le participe *šṭpyn* en M, 110, 440, Nur. La formule propre à N *nḥlyn mtgbryn,* « des torrents impétueux », trahit la même influence de l'expression du Ps 78,20, rendue de façon littérairement plus libre par le *ithpaal* de *gbr* [50]. Ainsi, le targumiste, en interprétant Naḥaliël de Nb 21,19, a reporté sur le puits ce que le Ps 78,20 disait du rocher [51].

De l'eau jaillissant d'un rocher, on pouvait facilement dire qu'elle se déversait en torrents. Pour que la même représentation puisse s'appliquer à un puits, il faut supposer que l'eau de ce puits s'élevait d'abord à la surface. L'interprétation d'une transformation du puits en torrents présuppose une première tradition aggadique que nous avons rencontrée dans le TP Nb 21,17: réellement le puits « montait » en réponse à l'invitation des Israélites.

Les mêmes targums palestiniens considèrent que cette transformation du puits était un recommencement: le puits « recommença », il « se remit » (*ḥzrt*) à se transformer en torrents [52]. Le TP, dans son état actuel, fait de l'épisode de Nb 21,16ss un retour du puits. C'est pourquoi aussi il convenait de traduire le TP v. 16: le puits fut redonné.

---

50 En T Is 30,28; 66,12; Jr 47,2, le texte biblique *naḥal šôṭēp* est traduit *nḥl mgbr* (part. *pael* passif de *gbr*); cf. aussi T Is 8,8; 28,15.18.

51 P. GRELOT, « Fleuves d'eau », 373, n. 2, signalait la possibilité d'une « influence latérale » du Ps 78,20; il s'agit, estimons-nous, d'une influence directe au plan de l'interprétation. Les versions avaient tendance à traduire le nom géographique (cf. le TS *plgyn,* « ruisseaux »); le TP le traduisit en fonction d'une interprétation aggadique déterminée. On aimerait savoir dans quel contexte aggadique s'insérait la traduction d'Aquila: εἰς χειμάρρους ἰσχυρῶν, ou peut-être ἰσχυροῦ (d'après la version syro-hexaplaire), « vers (*ou* en) des torrents des (*ou* du) Puissant(s) » (cf. A. E. SILVERSTONE, *Aquila and Onkelos,* 85).

52 Nous avons modifié en ce sens la traduction de *Targum du Pent.,* III, 198; cf. aussi P. GRELOT, « Fleuves d'eau », 373: « *de nouveau* il se transforma ... ».

La paraphrase de O prolonge également l'histoire du puits. Mais comme elle diffère de celle du TP à ce membre *b*, nous l'étudierons en regard du TP au membre *e*; c'est là que l'interprétation de l'arrivée à Naḥaliël selon O trouve son parallèle. Quant au Ps-J, il ne traduit pas le parcours biblique de Mattanah à Naḥaliël.

Le membre *c* correspond au départ de Naḥaliël. Il n'est représenté dans le TP que par N et 110 dont la paraphrase eut le souci de reproduire la succession biblique des étapes. On retrouve la même interprétation de Naḥaliël, mais avec la conjonction de postériorité destinée à calquer la préposition d'éloignement. Toutefois, N ne produit pas ici la formule de recommencement; il fera de même au v. 20*a* dans l'interprétation du départ de Bamot. Il est probable que ce targum a, pour son compte, allégé la phraséologie, après avoir employé la formule pleine dans la traduction de l'arrivée à la station. Par économie sans doute, on n'a rien retenu de ce membre dans les recensions 440 et Nur; par un même raccourci, le départ de Bamot au v. 20*a* y sera omis.

Au membre *d* correspond dans le texte biblique l'arrivée à Bamot. Le nom de cette localité provenait d'un nom commun, le pluriel de *bāmāh*, signifiant « hauts lieux, hauteurs », et les versions eurent tendance à le traduire [53]. Le TP, unanimement, emploie le substantif *ṭwr*, « montagne », au pluriel, et ajoute une nuance superlative qui rendra plus merveilleuse l'aggadah qu'il va créer à partir de cette traduction. Les recensions autres que Ps-J s'accordent à viser « les (*ou* la) cime(s) des montagnes » [54]. En Ps-J, l'adjectif *rmyy*ᵓ, « (les montagnes) élevées », est de même racine que le substantif *rmt*ᵓ, « hauteurs », employé par O, de sorte que la formulation du Ps-J donne l'impression d'être un alliage du TP et de O.

Les « hauteurs », dans ce récit d'itinéraire, suggéraient tout naturellement l'idée d'une montée à parcourir, et le targumiste attribue au puits cette escalade; avec les Israélites il franchit les hauteurs. Le complément ᶜ*mhwn* est certainement à suppléer en 440, Nur; même O l'a retenu. Dans le TP, à la différence de O, cette ascension sera placée sous le signe d'un recommencement [55].

La traduction de l'arrivée à Bamot étant achevée, le TP, au membre *e*, prolonge encore le voyage fantastique du puits: des cimes des montagnes,

---

[53] Le TS a *rmw*ᵓ*n*, « hauteurs ». Symmaque traduisait εἰς βουνούς, « vers des collines », et Aquila εἰς ὕψη, « vers des hauteurs ».

[54] En N, on a le singulier « la cime » au v. 19*d* et le pluriel au v. 20*a*; en 110, c'est le contraire.

[55] Il est possible que I, en suggérant la forme finie (*sl*)*qt*, « (le puits) monta », ait voulu supprimer cette mention d'un recommencement. La forme (*sl*)*qt* continuerait sur la même ligne que l'expression *dhwwt* employée par N au membre *c*. Mais du point de vue littéraire, I perd la forme participiale bien attestée dans toute la paraphrase et retenue par O. Ps-J, qui n'a pas le participe en ce membre *d*, a également remanié la phraséologie commune.

il descend maintenant dans la profondeur des vallées. Pour apprécier les attaches bibliques de cette aggadah, nous devons tenir compte de sa répétition dans certaines recensions au v. 20 membre *b* de la paraphrase. Nous devons nous souvenir aussi que O v. 19*b* rattachait au nom de Naḥaliël une interprétation semblable: *nḥtʾ ʿmhwn lnḥlyʾ*, « (le puits) descendait avec eux dans les ouadi ». Il est manifeste que M (vv. 19*e* et 20*b*) et 440, Nur (v. 19*e*) produisent également une interprétation de Naḥaliël. Dans ces targums, elle fait doublet avec l'aggadah d'une transformation en torrents. Le premier élément (*nḥly*) fut pris au sens de « ouadi, vallées »; le second élément, dans lequel on reconnaissait une nuance superlative, fut rendu par l'adjectif *ʿmyqth*, « profonds ». Comme à propos de l'interprétation de Bamot, la traduction « ouadi profonds » était orientée vers l'interprétation aggadique d'un déplacement du puits; avec les Israélites il « descendait dans les ouadi profonds ». En O, il ne manque que l'adjectif traduisant *ʾēl*, retranché sans doute par économie de paraphrase, de sorte que ce targum conserve l'aggadah, tout en restant quelque peu en deçà de la traduction biblique. Quant au sens, N et 110 retiennent une interprétation semblable à celle de M, 440 et Nur, mais leur expression est légèrement différente: le puits descend « dans les vallées profondes ». L'adjectif est le même et, sans contredit, il prend appui sur le second terme du composé Naḥaliël. Quant au substantif *ḥlth* (graphie de N), « vallées », il trahit une influence secondaire du v. 20 du texte biblique où nous trouvons le terme *gayʾ*, « vallée », qui est communément traduit dans les targums par *ḥyltʾ*, au singulier [56]. M, 440, Nur ont conservé la formulation originale qui colle le mieux au texte biblique; mais, étant donné la double traduction de Naḥaliël, leur paraphrase présente l'inconvénient de rapprocher à peu d'intervalle deux acceptions du terme *nḥl*, employé la première fois au sens de torrent, la seconde fois au sens de vallée, oued. C'est par souci de clarté vraisemblablement que N et 110, sans différence de sens, ont recouru en second lieu au terme *ḥlth* suggéré par *gayʾ* du v. 20, et ils l'ont adapté au pluriel requis par la traduction de Naḥaliël. La formulation du Ps-J, quoique de même sens également, lui est particulière et elle n'est pourvue de l'adjectif traditionnel que dans la reprise au v. 20.

On sait que les interprétations targumiques ne se sont pas constituées d'un seul jet. Les recensions du TP recueillent diverses exégèses déjà devenues traditionnelles dans les synagogues, mais qui avaient pu se former indépendamment l'une de l'autre. Le doublet des traductions de Naḥaliël représente deux interprétations targumiques indépendantes. L'une met en valeur le régime torrentiel du puits prodigieux. L'autre va de pair avec l'interprétation de Bamot; pris ensemble, ces deux termes

---

56 Cf. par ex. TP et O Dt 3,29; 4,46; 34,6 et T 1 S 17,3; Is 40,4; Jr 2,23.

formant contraste ont suggéré une totalité et servi à exprimer la constance du don de l'eau: partout, dans les ouadi comme sur les hauteurs, le puits était avec les Israélites.

En recueillant l'une et l'autre exégèse, le TP (sauf Ps-J) a tenté de les agencer de façon à conserver le rythme du verset biblique: arrivée à Naḥaliël, départ de Naḥaliël, arrivée à Bamot. C'est ainsi que dans la présentation actuelle du TP, c'est uniquement l'aggadah des torrents (membre *b*) qui tient la place de l'étape biblique de Naḥaliël. Tandis que l'aggadah de la descente est jointe à celle de l'escalade pour ne constituer qu'un seul exploit correspondant à l'étape biblique de Bamot (membres *d* et *e*); le participe *wnḥth* est, en effet, rattaché à la formule d'introduction du participe *slqh* (membre *d*) auquel il est coordonné. Une proposition temporelle (membre *c*) s'interpose en N et 110: « après être devenu torrents impétueux » (version de N); la conjonction de postériorité, en réalité, ne fait pas partie de la matière aggadique signifiante; elle n'est là que par souci de fidélité au texte biblique dont elle reproduit la préposition d'éloignement comprise dans la mention du départ de Naḥaliël. Aussi, le lecteur moderne prendrait-il le change, s'il venait à déduire de la présentation actuelle du TP que le puits accompagnait les Israélites sous forme de torrents.

Il est très possible que primitivement, avant que les deux interprétations de Naḥaliël ne soient recueillies dans un même ensemble, la formulation de la descente précédait celle de la montée, conformément à la succession biblique Naḥaliël - Bamot. Cette ordonnance est celle de O qui, n'ayant retenu qu'une seule interprétation de Naḥaliël, a soit gardé, soit restitué la séquence biblique. Ps-J, au contraire, a carrément renversé l'ordre biblique. De Mattanah, il a sauté à Bamot (membre *d*), afin de commencer par le trait le plus merveilleux; après une formule marquant le départ de Bamot, il interprète Naḥaliël. Cette disposition, qui prend ses distances à l'égard de la traduction biblique, tend à passer du genre targumique à celui du récit midrashique. Revenant au texte biblique au v. 20*a*, Ps-J sera alors obligé de répéter la formule du départ de Bamot.

Le v. 19 se termine en Ps-J par un ajout qui ne révèle plus d'attache littéraire directe au texte biblique. Il s'agit d'une pièce aggadique racontant que le puits « faisait le tour de tout le camp d'Israël et les abreuvait tout un chacun à l'entrée de sa tente » [57]. On devine un emprunt à quelque récit midrashique; nous ne pourrons juger de l'origine et du degré d'évo-

---

[57] Signalons le contresens de la trad. de T. Martínez Sáiz dans A. Díez Macho et coll., *Targum palaestinense in Pentateuchum*, IV: *Numeri*, 199: « bajó con ellos a los valles que rodean todo el campamento ... »; le part. *mḥzrʾ* doit se rapporter au puits, comme *nḥtʾ* et *wmšqyʾ*.

lution de cette aggadah qu'après une enquête parmi les traditions des recueils midrashiques.

Au v. 20, les membres *a* et *b* se rattachent à la mention biblique du départ de Bamot; N, cette fois, ajoute à l'expression du TP « les cimes des montagnes » un qualificatif emprunté à O. En O (membre *c*), l'expression *lḥylʾ*, « dans les vallées », correspond au texte biblique *haggayʾ*, mais le pluriel peut être un vestige de la paraphrase du TP associant montée sur les hauteurs et descente dans les vallées [58]. Il importe surtout de remarquer que, dans tout le TP au membre *c*, l'aggadah se termine par une disparition du puits exprimée par le *ithpeel* de *gnz*: le puits « fut caché » aux Israélites. Une simple observation de la tradition targumique en regard du texte biblique ne permet pas de déceler l'origine de cet élément. N sait où le puits fut caché: « dans la vallée »; la précision traduit *haggayʾ* en lui ajoutant la préposition de localisation. Les autres recensions du TP ne traduisent pas ce mot. Une lacune a dû intervenir en M, 110, 440, Nur. Un glossateur du ms. 110, qui connaissait la tradition attestée par N, a pris soin de la combler. Il est possible que I représente une autre tradition. Il avance, en effet, la précision géographique « au sommet de la hauteur » et lui affecte la préposition de localisation que N réservait à « la vallée »; de la sorte, il semble que, d'après I, le puits fut caché « au sommet de la hauteur », c'est-à-dire du Pisgah [59].

En finale du Ps-J, un nouvel ajout aggadique veut désigner la cause de la disparition du puits. Comme en Ps-J Ex 17,1, nous retombons dans l'interprétation symbolique adaptée à la doctrine classique selon laquelle les malheurs d'Israël sanctionnent une infidélité à l'égard de la Torah. La même conception se retrouve en Ps-J Nb 33,46 dans une autre glose signalant à nouveau la disparition du puits: l'étape biblique Almon-Diblataimah est ainsi explicitée: « *là aussi le puits leur fut caché* (*ʾtksyyt*), *parce qu'ils avaient délaissé les paroles de la Loi, qui sont douces comme les figues* (*sèches*) ». La mention des figues (*dbltʾ*) provient d'une traduction du nom de lieu. Et on peut dire que la glose est de la même veine que celle du Ps-J Nb 21,17, car la disparition du puits est rendue par le *ithpaal* de *ksy* plutôt que par le *ithpeel* de *gnz*.

---

58 Des témoins de O portent le singulier; cf. l'apparat critique de SPERBER, *The Bible in Aramaic*, I, 259.

59 Sur la traduction de Pisgah par Ramata, cf. M. MCNAMARA, *Targum and Testament*, 199. Dans la suite de ce v. 20, Ps-J, M, 110, 440, Nur, qui emploient un participe précédé de la particule *d*, supposent une *Vorlage hnšqp* soutenue par le *Sam.*, la LXX, la *Pesh.*, et correspondant d'ailleurs au TM Nb 23,28. O s'est ajusté au TM; N et I semblent également remaniés.

5. *Résumé*

Au terme de cette analyse, il ne sera pas inutile de reprendre dans une vue d'ensemble les principales données de la paraphrase targumique à Nb 21,16-20.

Nous accordons une place spéciale aux éléments aggadiques dont l'origine relève d'une technique de traduction interprétative selon un processus qui nous semble en parfaite correspondance avec l'activité targumique. Il s'agit de l'aggadah d'après laquelle le puits fut donné aux Israélites comme un don (T v. 18). Elle traduit Mattanah; l'interprétation emprunte au v. 16 du texte biblique où YHWH promettait: « je leur donnerai de l'eau ». Il s'agit aussi de l'aggadah selon laquelle le puits se transformait pour les Israélites en torrents débordants (TP v. 19, sauf Ps-J). Elle traduit et interprète Naḥaliël en fonction de la tradition biblique sur l'eau du rocher (Ps 78,20), afin de mettre en valeur la surabondance prodigieuse de l'eau du puits. Selon une autre traduction interprétative de Naḥaliël, le puits descendait avec les Israélites dans les ouadi; cette dernière aggadah va de pair avec la traduction de Bamot: le puits montait avec les Israélites sur les hauteurs (T v. 19). Le couple descente-montée (ou inversement) s'insère particulièrement bien dans le contexte d'itinéraire; le puits pérégrine avec les Israélites pour les désaltérer toujours et partout.

Le caractère populaire du targum peut rendre compte aussi de ce trait d'exagération selon lequel l'eau du puits montait — entendons: s'élevait à la surface — en réponse à l'invitation du chant (TP v. 17). Cette aggadah est, en tout cas, déjà supposée par la traduction interprétative qui fait de Naḥaliël une transformation en torrents.

D'autres données aggadiques ne laissent pas apparaître, au stade d'une simple analyse des targums, leur processus de formation. Il s'agit de la tradition d'un retour du puits: de nouveau il accomplit pour Israël les exploits connus (Ps-J v. 17; TP vv. 19-20); c'est aussi la tradition d'un forage du même puits au temps des patriarches (TP v. 18), et celle de sa disparition lorsqu'il vint à être caché (TP v. 20). L'activité consistant à « attirer » ou à « mesurer » le puits (v. 18) ne nous a pas révélé non plus son origine. Et nous avons soupçonné dans un ajout fort circonstancié du Ps-J (v. 19) l'emprunt à un récit midrashique. Enfin, le TP (v. 18) entremêlait assez curieusement interprétation réaliste et interprétation symbolique.

II. **L'aggadah considérée dans son évolution**

Il convient maintenant que nous examinions l'aggadah attestée dans les récits ou commentaires midrashiques. Nous avions émis l'hypothèse que certaines traditions trouvaient leur origine dans le cadre du targum; cette présomption se vérifiera par une étude comparative du degré d'évolution des mêmes traditions hors des targums. Mais la relation entre la paraphrase targumique et l'aggadah midrashique peut être réciproque: la comparaison nous permettra aussi d'insérer les targums dans une conception midrashique plus large et d'expliquer l'origine des éléments que les targums empruntent et incorporent [60].

1. *Divers épisodes du don de l'eau au désert: un seul puits*

Dans le TP Nb 21,19-20, une formule de recommencement scandait l'énoncé des performances accomplies par le puits en faveur d'Israël. C'était un nouvel épisode du prodige de l'eau jaillie du puits précédemment donné et maintenant rendu. Cette conception doit être insérée parmi les traditions midrashiques sur les disparitions et les retours du puits. En rappelant brièvement ce que nous savons déjà du cheminement de ces traditions, nous situerons le TP Nb 21,19-20 dans l'ensemble; nous tâcherons surtout d'apprécier l'origine du processus aggadique qui tend à faire du don du puits le type même du don de l'eau tout au long du séjour au désert.

Nous avons étudié l'aggadah sur le don du puits pour le mérite de Miryam. Elle était connue du Pseudo-PHILON (*LAB* 20,8); on sait aussi qu'elle fut déjà remaniée par Yehoshua b. Ḥananiah au début du IIe siècle (*Mekh.* Ex 16,35). Nous avons montré qu'à son départ, l'aggadah consistait en une lecture midrashique de Nb 20,1-2.

Mais antérieurement à la lecture midrashique de Nb 20,1-2 doit se situer une première exégèse de Nb 21,16-20. Le midrash, en effet, interprète la pénurie d'eau en Nb 20,2 comme la perte *du* puits. C'est là une référence au puits que les traductions targumiques à Nb 21,16ss avaient fait connaître, le puits qui « était ... avec » les Israélites. Les premiers éléments de l'aggadah targumique à Nb 21,16ss devaient déjà être passés dans la tradition pour que le midrash sur Nb 20,1-2 puisse spontanément transposer le manque d'eau en une disparition du puits dont bénéficiait Israël. Ces premiers éléments indispensables, ce sont les traductions interprétatives de Mattanah, Naḥaliël et Bamot créant l'histoire du puits « donné » qui « descend et monte » avec les Israélites, c'est-à-dire qui est toujours à leur disposition. L'aggadah targumique à Nb 21,19 est antérieure à la recherche midrashique sur le don du puits pour le mérite de Miryam.

On sait que, le puits étant disparu à la mort de Miryam, l'aggadah, se fondant sur une lecture midrashique de Nb 20,8-11, le fit revenir pour le mérite de Moïse et d'Aaron. Ce retour du puits était enseigné par

[60] On trouvera des relevés de traditions midrashiques sur le puits dans GINZBERG, *Legends,* III, 52-54; VI, 19-22, n. 113. 125-135; BILLERBECK, *Kommentar,* III, 406-408; E. B. LEVINE, « Parallels to Numbers of Pseudo-Jonathan and Neophyti 1 », dans A. DÍEZ MACHO, *Neophyti 1,* IV, 680s.

Yehoshua b. Ḥananiah et connu du Ps-J Nb 20,13. Une fois de plus, l'aggadah sur le puits, issue des targums à Nb 21,16ss, avait servi de grille exégétique. On fit de l'eau jaillie du rocher un retour du puits disparu.

Le midrash connut encore un autre retour du puits. Dans la *Mekh.* Ex 16,35, une modification, difficilement datable, ajoutait à la formulation de Yehoshua une allusion à un retour du puits pour le mérite de Moïse seul, après la mort d'Aaron[61]. Il s'agit d'une nouvelle lecture midrashique de l'épisode de Nb 21,16ss qui se situe après la mort d'Aaron (Nb 20,28). De façon secondaire par rapport à la première interprétation targumique de Nb 21,16ss, l'épisode de Beër devint un retour du puits. Cette réinterprétation de l'épisode est passée dans la rédaction actuelle du TP Nb 21,19-20 qui introduit par le verbe *ḥzrt*, « (le puits) recommença », chacune des péripéties du puits.

En outre, Ps-J Nb 21,17 nous avertit que le cantique fut chanté « au moment où revint le puits qui leur avait été donné par le mérite de Miryam, après avoir été caché ». À première vue, cette notation s'oppose à celle du même targum Nb 20,13: « le puits qui avait été caché ... fut redonné ». En réalité, Ps-J Nb 21,17 incorpore *deux* sommaires de traditions aggadiques dont la compréhension requiert qu'elles soient replacées dans leur cadre midrashique d'origine. D'une part, il emprunte au midrash que l'épisode de Beër est un retour du puits. Quand le puits avait-il été caché? Le glossateur ne s'en préoccupe pas; il lui suffit que l'épisode du don de l'eau soit à nouveau un don du puits. D'autre part, il en profite pour rappeler une autre tradition midrashique, celle du don du puits pour le mérite de Miryam. La glose du Ps-J Nb 21,17 est, d'ailleurs, probablement secondaire dans la trame de ce targum[62].

Dans la chronique du Pseudo-PHILON aussi, l'aggadah sur le puits s'est étendue aux autres épisodes du don de l'eau. En *LAB* 10,7, un résumé des prodiges de Dieu conduisant son peuple dans le désert ne retient que le puits seul pour représenter le don de l'eau:

> Il conduisit son peuple dans le désert. Pendant quarante ans il fit pleuvoir pour eux du pain du ciel et il amena de la mer pour eux la caille et il fit jaillir pour eux un puits d'eau qui (les) accompagnait. Durant le jour il les conduisait par la colonne de nuée, et durant la nuit il les éclairait par la colonne de feu.

Après la manne et les cailles (cf. Ex 16), on attendrait l'eau du rocher[63]; mais le puits s'est imposé. Comme nous le savons, en *LAB* 11,15 et 20,8, les eaux du puits fusionnent avec celles de Marah et accentuent ainsi la

---

[61] Cf. *supra* p. 98s. et 111.

[62] Nous avons observé que son vocabulaire est particulier; cf. *supra* p. 157.

[63] Cf. P. GRELOT, « Fleuves d'eau », 372 et n. 1; B. OLSSON, *Structure and Meaning*, 167.

relation du puits à la personne de Miryam[64]. Ce télescopage n'était possible qu'en raison d'une caractéristique plus traditionnelle de ce puits: il accompagnait Israël et restait donc disponible toute la durée du séjour au désert. C'est pour cela qu'on pouvait faire commencer à Marah le don du puits.

Nous pouvons alors résumer de la façon suivante notre étude du développement aggadique. Les traditions sur la marche au désert traitent toutes d'un même puits, celui qui est mentionné dans le texte biblique de Nb 21,16-18. Une première traduction targumique de Nb 21,19 avait interprété que ce puits était un don toujours disponible, allant avec les Israélites par monts et par vaux. Ce très ancien targum influença les interprétations aggadiques des différents épisodes du don de l'eau au désert. Le manque d'eau de Nb 20,2 fut compris comme une disparition du puits, tandis que le jaillissement de l'eau du rocher (Nb 20,8-11) devint un retour du puits. L'épisode de Beër lui-même (Nb 21,16-20) fut réinterprété dans cette perspective. Et en *LAB* 11,15, le don du puits commença à Marah, lors du premier prodige de l'eau, pour s'étendre aux quarante ans de pérégrination. Toutes ces traditions aggadiques nous paraissent dépendre de la traduction interprétative de Naḥaliël - Bamot élaborée dans le cadre du targum.

Mais la constance du don de l'eau, tout au long de la marche dans le désert, ne correspondait pas aux données bibliques; dans l'ordonnance des scènes bibliques, la répétition d'un manque d'eau en Nb 20,2, après celui d'Ex 17,1, n'était certainement pas favorable à l'interprétation targumique de Nb 21,19. On peut alors se demander quelle influence s'est exercée sur le *meturgeman*. Et nous estimons que l'interprète a transposé au don de l'eau une constance égale à celle que la Bible mentionnait pour la manne. Dans la tradition biblique, le prodige de l'eau, sous sa forme d'un jaillissement du rocher, était plusieurs fois rappelé avec celui de la manne (Dt 8,15s.; Ps 105,40s.; Ne 9,15); or, d'après Ex 16,35, la durée de la manne recouvrait les quarante ans. Ainsi s'explique que le targumiste, rencontrant en Nb 21,19, dans un contexte d'itinéraire, les termes Naḥaliël et Bamot, ait pu créer, à partir de leur traduction associée, l'interprétation aggadique que nous connaissons. C'est au *puits* que la constance du don de l'*eau* fut attribuée, car c'est d'un puits qu'il était question en Nb 21,16; dans la suite, en raison de cette propriété, le don du puits devait attirer à lui les autres scènes bibliques de l'approvisionnement en eau.

Mais il est une anomalie dont nous devrons rendre compte: comment le midrash a-t-il pu interpréter qu'un manque d'eau (Nb 20,2) était provoqué par la disparition d'un puits constamment disponible[65]?

---

[64] Cf. *supra* p. 45s. et 97.
[65] Cf. *infra* p. 193s.

2. *Le puits qui « accompagnait » les Israélites*

Dans le cadre du targum, le couple des traductions interprétatives de Naḥaliël et Bamot reste une paraphrase alignée sur le texte biblique. Le seul écart que le targum s'est permis — selon la rédaction actuelle — consiste dans l'inversion des deux traductions: Bamot vient en premier lieu. Hors du targum, lorsqu'on veut parler de cette tradition, le discours exige une formule de synthèse qui dégage l'idée contenue et fasse l'économie des termes concrets de l'itinéraire interprété. C'est ainsi que, dans notre commentaire du targum, nous avons parlé de la constance du don du puits ou de sa disponibilité; nous avons dit qu'il était toujours avec les Israélites ou qu'il les accompagnait partout. L'aggadah midrashique avait déjà éprouvé cette nécessité de raconter ce que le targum traduisait et, par conséquent, de prendre ses distances à l'égard du texte biblique. Ainsi *LAB* 11,15 commence par résumer le contenu du targum et ne rapporte qu'ensuite la paraphrase targumique:

> (l'eau de Myrra) les accompagnait dans le désert durant quarante ans et, avec eux, elle monta sur la montagne et descendit dans les plaines.

En *LAB* 10,7, l'auteur s'en tient uniquement au résumé narratif: « un puits d'eau qui les accompagnait » [66]. Nous ne reconnaîtrions plus sous cette formulation aggadique le texte biblique qu'elle commente, si nous ne connaissions le chaînon intermédiaire qu'est le targum. Nous trouvons en *Tos. Suk.* 3,11 une introduction narrative semblable:

> Ainsi était le puits qui accompagnait (*hyth ᶜm*) les Israélites dans le désert. ... Il montait avec eux sur les montagnes (*lhrym*) et descendait avec eux dans les vallées (*lgᵓywt*).

On remarquera, de plus, que ce midrash d'expression hébraïque substitue au terme *bāmôt* celui de *hrym*, « montagnes », qui suppose la traduction du TP Nb 21,19: *ṭwryyh*; de même, l'expression *lgᵓywt*, « dans les vallées », au pluriel, retraduit en hébreu l'adaptation de N et 110 Nb 21,19*e* et 20*b*: *lḥlth* (graphie de N) [67]. La médiation du targum nous paraît évidente.

Le plus souvent, l'aggadah ne retient que la formulation synthétique [68]; les targums 440 et Nur Nb 21,1 ont repris ce résumé:

> Le Cananéen ... apprit ... que Miryam était morte, la prophétesse pour le mérite de qui le puits marchait (*mhlkᵓ*) (avec eux).

---

[66] En *LAB* 11,15, le texte latin est « sequebatur » et, en 10,7, « consequentis »; dans les deux cas, nous traduisons par « accompagner ».

[67] Cf. *supra* p. 171; cf. aussi O Nb 21,20 et notre commentaire *supra* p. 173 et n. 58.

[68] Exprimée au moyen du verbe *bwᵓ* en *Nb R.* 1,2 et 19,28; *Tanḥ. Bemidbar* 2 et *Ḥuqqat* 21; *Tanḥ.* B. IV, 3 et 128. Au moyen du verbe *hlk* en *Siphrê* Nb 95 à Nb 11,22; RASHI à *Taᶜan.* 9*a*.

À côté de la profusion de traditions sur le puits, les traditions sur le rocher restaient cependant persistantes. Et une fusion s'opéra entre le puits et le rocher que les aggadistes combinaient avec beaucoup d'aisance. On dit du puits en *Tos. Suk.* 3,11 qu'« il ressemblait à un rocher » (*dwmh lsl*ᶜ) [69], ou tout simplement en *Nb R.* 1,2 que c'était un rocher [70].

Le puits, ayant été plus ou moins assimilé au rocher, se déplacera comme un rocher peut se mouvoir. Ainsi la tradition s'enrichit-elle d'un nouvel élément descriptif: le puits se déplace en roulant. Citons *Nb R.* 1,2 [71]:

> Et il roulait (*wmtglglt*) et allait avec eux dans (leurs) déplacements.

RASHI dans son commentaire à *Ta*ᶜ*an.* 9*a* recueille ces traditions dans un bel exemple de télescopage des divers épisodes:

> Le puits de Miryam: un rocher dont l'eau s'écoulait (*wzbyn*). Il roulait et allait avec les Israélites. C'est le rocher sur lequel Moïse frappa parce qu'il ne voulait pas laisser couler ses eaux en raison de la mort de Miryam [72].

---

69 Ou *kmyn sl*ᶜ en *Tanḥ. Bemidbar* 2; *Tanḥ.* B. IV, 3.

70 La forme et la dimension de ce puits-rocher sont souvent décrites en référence à un certain récipient appelé *kᵉbārāh* (*Tos. Suk.* 3, 11; *J. Kil.* 9, 32*c*; *Shab.* 35*a*; *Midr. Teh.* 24, 6; *Lv R.* 22, 4; *Qo R.* 5, 8, 5). JASTROW, 609, donne à ce mot les significations suivantes: « 1) a large round vessel; 2) basket used as a sieve »; le terme est biblique au sens de « tamis » (Am 9,9). Rencontrant ce terme appliqué au puits, nous pouvons hésiter entre le sens de « bassin, cuve » ou celui de « tamis ». La comparaison avec un tamis, une passoire, pourrait faire allusion aux traditions selon lesquelles différents jets d'eau s'écoulaient du puits-rocher; cf. BILLERBECK, *Kommentar*, III, 406, qui paraphrase *Tos. Suk.* 3, 11: « er (= le puits) glich einem Felsen, der voller Löcher war wie ein Sieb ». D'autres textes rabbiniques prennent pour référence les termes *kwwrt* (*Nb R.* 1,2; *Tanḥ. Bemidbar* 2) et *kdwrt* (*Tanḥ. Bemidbar* 2; *Tanḥ.* B. IV, 3s., n.); l'intention est certainement de signifier la forme ronde ou cylindrique du récipient (certains traducteurs choisissent, à tort, le sens dérivé de « ruche d'abeilles »: ainsi J. J. SLOTKI, *Midrash Rabbah. Numbers*, I, 5). C'est également pour signifier un récipient de forme cylindrique que d'autres textes (*Nb R.* 19, 26; *Tanḥ. Ḥuqqat* 21; *Tanḥ.* B. IV, 128) emploient le mot *tnwr*, « un four » (cf. G. DALMAN, *Handwörterbuch*, 445: « zylinderförmiger Backofen »). Dans les passages qui traitent du puits « caché » dans la mer de Tibériade (cf. *infra* n. 104), la forme suggérée peut être celle d'un tourbillon.

71 Par. en *Tanḥ. Bemidbar* 2; *Tanḥ.* B. IV, 3.

72 Certaines représentations de l'iconographie chrétienne ont naïvement voulu assurer au puits-rocher un moyen de transport! Comme le signale C.-O. NORDSTRÖM, « The Water Miracles », 98-102 et fig. 8, citant la description de J. STRZYGOWSKI (*Die Miniaturen des serbischen Psalters*, Wien, 1906, 46), une miniature du *Psautier Serbe* (Bibliothèque de Munich, *Staatsbibl., Cod. Slav. 4*, fol. 102r., début du XVᵉ siècle) représente, pour illustrer le Ps 78,20, une cuve de pierre chargée sur un chariot tiré par deux boeufs. La pierre est percée de trous; on en reconnaît six ou sept sur le devant. Par ces trous s'écoule de l'eau vers douze ou treize personnes dessinées en contrebas du véhicule; certaines d'entre elles recueillent l'eau dans des récipients. Au-dessus de la représentation du chariot, dans un décor montagneux, apparaît un groupe de personnes sous la conduite de Moïse muni de son bâton et accompagné d'Aaron. Une inscription superposée explique: « Moïse frappa le rocher duquel douze sources d'eau s'écoulèrent. » Bien que la forme de la représentation soit celle d'un rocher, le motif iconographique du chariot s'inspire, en la développant, de la tradition sur les déplacements du puits de Nb 21,19. NORDSTRÖM, *art. cit.*, 103-105 et fig. 10, nous fait encore

L'interprétation targumique d'un puits accompagnant le peuple, nous l'avons vu, s'était constituée en dépit de la répétition scripturaire d'un manque d'eau. En outre, l'Écriture, en Dt 2,6, prévoyait que les Israélites, passant par le territoire des Édomites, devraient payer la nourriture et l'eau dont ils feraient usage. Mais la tradition aggadique d'un puits toujours disponible était si connue qu'elle devait s'imposer dans l'interprétation de Dt 2,6, jusqu'à faire dire au texte le contraire de ce qui était écrit. Le targum N Dt 2,6 en atteste:

> Vous *n'aurez pas besoin de* leur acheter de la nourriture à (prix d') argent, *puisque la manne descend pour vous du ciel*; et de plus *vous n'aurez pas besoin de* leur acheter de l'eau, *puisque le puits d'eau monte avec vous sur les cimes des montagnes et dans les vallées profondes.*

La paraphrase est audacieuse, puisque la tradition sur le puits, reproduite selon sa facture targumique issue de Nb 21,19 [73], est venue prendre résolument le contre-pied du donné scripturaire [74].

3. *Le puits montait pour eux*

Dans tout le TP Nb 21,17, l'invitation: « Monte, puits! » produisait son effet. Cette interprétation aggadique selon laquelle le puits faisait

---

connaître une variation de ces voyages en chariot. Il s'agit d'une icône russe de l'École de Novgorod, datant de la seconde moitié ou de la fin du XVIe siècle (Collection P. M. Tretiakov à Moscou), qui rassemble plusieurs scènes d'A. T.; l'une de celles-ci représente Moïse frappant de son bâton une sorte de boule aux contours onduleux. De l'eau s'en écoule que des gens recueillent dans des récipients. En haut de la scène, d'autres personnages boivent dans des bols. Au bas de la scène, sur la droite, est tracé un petit chariot. Derrière le véhicule, un homme tient dans sa main gauche les brancards de l'attelage, tandis que, de sa main droite, il dispose la boule sur le chariot. Cette scène représente donc la même boule d'eau en deux temps successifs. Lors d'une halte, frappée par Moïse, elle donne son eau; ensuite elle est chargée sur un moyen de transport par un Israélite qui pourvoit à son déplacement. Ces représentations, bien sûr, sont tardives. Elles gardent pourtant un lontain écho de la tradition juive. NORDSTRÖM pose le problème de l'origine de cette inspiration iconographique chrétienne et il est tenté de la faire dériver de prototypes figuratifs juifs (*art. cit.*, 78-79. 109).

Quittant le domaine de l'iconographie, ajoutons encore un moyen, non moins original, selon lequel, d'après une tradition que nous n'avons pas pu identifier, le rocher aurait franchi ses étapes: c'était une petite pierre que Miryam portait dans son sein! (cité par R. CORNELY, *Prior Epistola ad Corinthios*, Paris, 1890, 275, n. 1; H. LESÊTRE, « Rocher », dans F. VIGOUROUX, *Dictionnaire de la Bible*, V, Paris, 1912, 1106).

73 L'expression « descend avec vous » a dû se perdre.

74 R. LE DÉAUT, *Liturgie juive*, 28, écrit: « On voit que dans ce conflit Écriture-Tradition, c'est ici la Tradition qui l'emporte. » Les traductions qui prennent le contre-pied du texte biblique ont été étudiées par M. L. KLEIN, « Converse Translation: A Targumic Technique », *Bib* 57 (1976), 515-537, spéc. 527s. à propos de Dt 2,6. J. HEINEMANN, *Aggadah and its Development*, 154, avait mis en valeur l'antiquité des traductions de N et du TF Gn 48,22 qui contredisent le texte biblique, le procédé étant moins raffiné que l'emploi d'une technique herméneutique permettant de conserver le texte écrit en le lisant autrement.

monter ses eaux pour que les Israélites puissent boire est bien connue aussi. C'est même une des caractéristiques majeures du puits, au point que certaines recensions targumiques en viennent parfois à substituer le thème de la montée à celui du don du puits. M Nb 21,16, dès qu'il s'agissait du puits, anticipait la mention de cette montée: « (et à partir de là) le puits monta », tandis que les autres recensions lisaient: « et à partir de là, le puits fut (re)donné ». N Nb 21,1 transpose aussi ce thème dans l'aggadah du « don » pour le mérite de Miryam: « Miryam ... pour le mérite de qui le puits montait pour eux ». En N Nb 21,6, Dieu rappelle: « j'ai fait monter pour eux le puits de l'abîme ».

Bientôt le récit midrashique amplifia la description. La *Tos. Suk.* 3,11 s'attache à retracer le processus de la montée des eaux:

> ... et ils lui adressaient le chant: « *Monte, puits, chantez-le!* » (Nb 21,17), « Monte, puits, chantez-le! » Et (les eaux) bouillonnaient (*mb*^{c}*b*^{c}*yn*) et montaient comme une colonne vers le haut.

Nous pouvons observer, en outre, que l'invitation à monter est ici [75] répétée, et cela nous rappelle les targums Ps-J, M, 110 Nb 21,17.

On constate aussi que le midrash a rapproché l'aggadah de la montée des eaux et la tradition sur la descente de la manne d'après Ex 16,4, pour mettre en évidence la liberté de Dieu sur l'ordre de la nature. *Ex R.* 25,6 rapporte [76]:

> Chez les hommes, l'eau vient d'en haut et le pain vient d'en bas. Il n'en va pas ainsi selon l'ordre du Saint, béni soit-il. Mais l'eau vient d'en bas, à savoir le puits, comme il est dit: *Monte, puits ...!* (Nb 21,17); et le pain vient d'en haut: *Voici que je vais faire pleuvoir des cieux du pain pour vous* (Ex 16,4) [77].

Dans le midrash rabbinique, le verbe « monter » est ordinairement réservé au prodige qui interprète Nb 21,17, puisque l'aggadah du puits qui monte sur les montagnes et descend dans les vallées (T Nb 21,19) est le plus souvent exprimée par une formule de synthèse, telle que le puits « accompagne » [78].

---

[75] Éd. de LIEBERMAN.

[76] Par. en *Ex R.* 25,2.

[77] Il s'agit, semble-t-il, d'une réflexion assez tardive qui superpose le rapprochement puits - manne à une aggadah ancienne conservée en *Mekh.* Ex 16,4 et attribuée à Shimon b. Gamliel (vers 140) (cf. aussi *Ex R.* 38,4). Le rapprochement établi par ce docteur concernait le pain qui, selon Ex 16,4, descend et la rosée qui, selon Ex 16,14, monte. Il y voyait un changement dans l'ordre naturel tel qu'il est évoqué en Dt 33,28: « une terre de froment ... des cieux qui distillent la rosée ». Cette aggadah de Shimon semble plus primitive, car elle a l'avantage de la simplicité: le rapprochement pain - rosée dérive du même chapitre d'Ex 16,4.14 interprété en comparaison du seul passage de Dt 33,28 (cf. B. J. MALINA, *The Palestinian Manna Tradition*, 53, n. 2).

[78] Notons cependant un récit midrashique (*Nb R.* 19, 25; *Tanḥ.* B. IV, 127) où la « montée » du puits connut une application tardive. Elle fut jointe à la tradition des prodiges qui avaient eu lieu dans la vallée de l'Arnon, quand Dieu extermina, en

4. *Les eaux du puits étaient attirées vers chaque tribu ou vers la tente de chacun*

Le puits accompagnait les Israélites dans leurs déplacements, mais c'est au moment où ils s'arrêtaient et campaient que les eaux montaient pour leur procurer à boire. La *Tos. Suk.* 3,11 nous décrit la scène du campement autour du puits:

> À l'endroit où les Israélites campaient, il (= le puits) s'installait en face d'eux (*kngdn*), à un endroit surélevé en face de l'entrée de la Tente du rendez-vous. Les princes (*nśy'y*) d'Israël s'approchaient et faisaient cercle autour de lui (*wswbbyn*) avec leurs bâtons et ils lui adressaient le chant: « *Monte, puits, chantez-le*! » (Nb 21,17), « Monte, puits, chantez-le! » Et (les eaux) bouillonnaient et montaient comme une colonne vers le haut. Et chacun (les) attirait (*mwšk*) avec son bâton, l'un vers sa tribu, l'autre vers sa famille, comme il est dit: *Puits que des princes ont creusé*, etc. (Nb 21,18)[79].

Le thème du campement n'était pas exploité dans la tradition targumique primitive sur Nb 21,16-20[80]. D'où le midrash a-t-il tiré ce motif pour l'introduire ici? Avouons tout d'abord qu'il était naturel de situer à l'étape, lors du campement, le moment où le puits donnait ses eaux. Nous croyons cependant qu'il faut chercher plus loin et que la réflexion midrashique prend son départ d'un texte de l'Écriture ou d'une tradition qui l'interprète. Et en effet, à propos d'Élim, le voisinage de l'eau choisi pour le campement avait retenu l'attention des aggadistes. Ps-J et M Nb 33,9 tenaient à le rappeler et, selon la *Mekh.* Ex 15,27, Yehoshua b. Ḥananiah faisait de cet établissement au bord de l'eau une règle générale[81]. Ce thème caractéristique de la tradition sur Élim va être reporté dans l'aggadah sur le puits, tout comme, nous le verrons, douze cours d'eau analogues aux douze sources d'Élim vont jaillir du puits et abreuver le camp.

ébranlant les montagnes, les ennemis cachés pour attaquer Israël (sur l'embuscade des ennemis, cf. TP Nb 21,14s.). On imagina que le puits descendit alors dans la vallée où ses eaux grossirent (*wntgbrh* en *Tanḥ.* B. IV, 127); et il charria les cadavres pour faire connaître à Israël le prodige accompli par Dieu. L'invitation du cantique (Nb 21, 17) appela alors le puits à (re)monter sur la montagne pour rejoindre Israël. On le voit, il y a dans cette réélaboration confusion de la double aggadah primitive: d'une part, le puits « monte », c'est-à-dire que ses eaux s'élèvent à la surface; d'autre part, le puits « monte et descend », c'est-à-dire accompagne les Israélites. Le récit fait même allusion à la transformation en torrents (cf. l'emploi de *gbr ithpaal* en N Nb 21, 19). Il y a plus: les mêmes récits entremêlent une tradition selon laquelle le puits lui-même aurait exterminé les ennemis, et on compare alors explicitement les eaux du puits à celles de la Mer des Roseaux.

[79] Cette aggadah se présente sous une forme abrégée en *Nb R.* 19,26: « *Puits que les nobles du peuple ont foré bmḥqq avec leurs bâtons*, c'est-à-dire que les princes se tenaient auprès du puits et attiraient (l'eau) avec leurs bâtons, chacun pour sa tribu et pour sa famille. » Par. en *Tanḥ. Ḥuqqat* 21; *Tanḥ.* B. IV, 127; *Yalq. Shim.* I, 764 à Nb 21,18 (2 fois); L. Grünhut, *Sēpher Halliqqûṭîm*, IV, réimpr. Jérusalem, 1967, 58*b*.

[80] On le trouve, bien sûr, en Ps-J Nb 21,19, mais il s'agit d'une insertion midrashique.

[81] Cf. *supra* p. 51 et 53.

L'établissement du camp devait suivre les ordonnances énoncées en Nb 2. Les Israélites campaient, répartis selon les tribus et sous la conduite du prince de chacune d'elles, « en face et autour (*minneged sābîb*) de la Tente du rendez-vous » (Nb 2,2). Dans cette ordonnance biblique, le midrash introduit le puits à une place privilégiée. Il va se trouver en face de l'entrée de la Tente, en face aussi des Israélites (*kngdn*), si bien que, avec la Tente, il est entouré par les diverses tribus [82]. Le midrash peut donc dire que les princes font cercle (*swbbyn*) autour de lui. C'est également sous l'influence de Nb 2 que l'attention de l'aggadiste s'est portée sur l'action des princes. Les « princes » (*śārîm*) ou « nobles du peuple » dont parlait le chant du puits sont assimilés aux « princes » (*nāśîʾ* en Nb 2,3ss) de chacune des tribus présidant au campement. Le choeur des princes seul entonne le chant, et non plus la foule des Israélites comme le voulaient le texte biblique et les targums à Nb 21,17.

Le cantique est d'ailleurs réduit à la formule d'invitation à monter; le reste du chant biblique va servir à décrire l'action menée par les princes qui sont ici les protagonistes du don de l'eau [83]. En commentant le v. 18, l'aggadiste ne s'arrête pas à la mention d'un forage du puits. Les princes d'Israël n'avaient pas à le creuser; tout le monde savait que le puits accompagnait Israël et de lui-même faisait monter ses eaux. Le rôle des princes était autre: lorsque l'eau montait, chacun l'attirait avec son bâton vers sa tribu. Qu'est-ce à dire? Et d'où vient cette interprétation? RASHI peut nous faire comprendre comment le midrash en est arrivé à employer le verbe *mšk*, « attirer ». Il explique dans son commentaire du Ps 78,16 où il fusionne à nouveau puits et rocher:

> (*Il fit jaillir des ruisseaux du rocher*) *et fit descendre les eaux comme des fleuves* (Ps 78,16), c'est-à-dire que des ruisseaux s'écoulaient du puits (*šhyw nwzlyn mn hbʾr*); les princes traçaient des lignes (*šrṭwṭ*) avec leurs bâtons et les eaux étaient attirées (*nmškym*) dans leur direction (*ʾḥryhm*) vers le camp de chaque tribu, en relation avec ce qui est dit: *bmḥwqq avec leur bâtons* (Nb 21,18).

Ou encore il commente ainsi Nb 21,20:

> Chaque prince, lorsque (les Israélites) campaient, prenait son bâton et tirait (*wmwšk*) (une ligne) vers son étendard et son camp. Et les eaux du puits étaient attirées dans la voie tracée par cette marque (*nmškyn drk ʾwtw symn*) et elles venaient devant le camp de chaque tribu.

---

82 *Nb R.* 1,2 situe le puits - rocher dans la cour de la Tente: « Quand les groupes campaient et que la Tente était dressée, le même rocher venait s'installer dans la cour de la Tente du rendez-vous et les princes arrivaient, se tenaient près de lui et disaient: 'Monte, puits!', et il montait. » Par. en *Tanḥ. Bemidbar* 2; *Tanḥ.* B. IV, 3; *Yalq. Rub.* Nb 21,17.

83 En finale du commentaire, le v. 18 sera repris en citation littérale, comme la référence biblique autorisant la description midrashique.

Ainsi, les princes, avec leurs bâtons, traçaient sur le sol des lignes que les eaux suivraient, comme canalisées, vers le camp de chaque tribu. Cette explication apportée par RASHI ne risque-t-elle pas de venir en surcharge par rapport à l'interprétation du midrash en *Tos. Suk.* 3,11? Non, nous croyons que l'idée de tirer un trait est essentielle à l'interprétation midrashique primitive. Elle correspond, en effet, à une interprétation de l'expression *bmḥqq* (Nb 21,18) selon laquelle le verbe *ḥqq* est pris au sens de « graver ». Le midrash comprend que, de leurs bâtons, les princes traçaient le parcours des eaux. C'est de cette façon qu'ils attiraient les eaux pour en prendre possession [84].

Nous avons présumé l'influence de l'épisode d'Élim dans le souci de mettre en scène un campement. Cette influence est confirmée par le thème de la distribution de l'eau selon les tribus. À propos d'Élim, nous le savons, divers milieux exégétiques avaient mis en relation les douze sources et les douze tribus [85]. Dans le campement autour du puits, l'eau est répartie en divers courants guidés vers chacune des tribus. C'est pour en arriver à cette représentation inspirée d'Élim que l'aggadiste a mis en valeur le rôle des princes mentionnés dans le cantique au v. 18; devenus princes des tribus, ils allaient présider à la répartition de l'eau selon les douze tribus.

Mais il faut le remarquer, cette influence d'Élim se superpose déjà à une tradition aggadique plus ancienne selon laquelle le puits était susceptible de se changer en ruisseaux. Le midrash suppose connue la traduction que nous avons rencontrée dans le targum où elle interprétait Naḥaliël en fonction des torrents du Ps 78,20 [86]. Dans la représentation nouvelle, ces torrents sont devenus les douze canaux tracés par les princes vers les tribus.

Il apparaît que saint ÉPHREM emprunte à une tradition aggadique dans son commentaire de Nb 21,17 [87]. Il nous avertit d'ailleurs qu'il s'agit d'une tradition (*wʾmryn*). Elle traite du « rocher » (*kʾpʾ*) « qui accompagnait » (*dʾzlʾ hwt ʿmhwn*) les Israélites, mais qui était « comme un puits » (*ʾyk bʾrʾ*). Il est surtout intéressant de voir intervenir dans le commentaire la mise en scène du campement:

> Lorsqu'ils campaient, (le rocher) faisait jaillir douze fleuves (*nhrwtʾ trʿsr*).

---

[84] Le verbe *mšk* a comme signification générale, selon JASTROW, 853: « to stretch, produce a continuous line or flow »; et en particulier, il signifie: « to take possession by drawing ».

[85] Cf. *supra* p. 50-52.

[86] RASHI en témoigne indirectement dans son commentaire au Ps 78,16 que nous avons cité; il ne fait pas appel au TP, mais à un passage du Psaume, parallèle de celui qui avait influencé le TP.

[87] Éd. de P. BENEDICTUS, *Sancti Ephraem Syri Opera omnia,* I, 263.

ÉPHREM ne dit pas que les princes attiraient ces fleuves, mais il n'ignore pas non plus leur présence auprès du puits et la montée de l'eau répondant à leur invitation:

> Les hommes de Moïse et les chefs du peuple se rassemblaient quand ils campaient et ils lui (= au puits) adressaient un chant avec leurs bâtons et il montait (*wslqᵓ hwt*) et faisait couler (ses eaux).

Par l'entremise des princes, la *Tos. Suk.* 3,11 répartissait les courants d'eau selon les tribus. *MHG* Nb 21,18 retient un commentaire plus démocratique:

> *Avec leurs bâtons* (Nb 21,18): c'est-à-dire que tous les Israélites, les douze tribus, se tenaient près de lui (= du puits) et chacun (l') attirait avec son bâton jusqu'à la porte de sa maison.

Il s'agit bien sûr d'un remaniement nouveau de la tradition. Le rôle des princes pouvait se réclamer du texte biblique (v. 18); il avait servi à établir une relation avec les tribus. Dans la réélaboration, la mention des tribus n'est plus qu'un élément adventice: l'eau est distribuée aux individus [88].

Il importe de remarquer aussi que la représentation midrashique du campement autour du puits connaît une variante selon laquelle l'eau parvenait jusqu'aux tentes. Nous estimons que ce motif s'explique par une influence de la fête des Tentes. Nous étudierons plus loin la signification cultuelle de l'évocation du prodige du puits. Contentons-nous maintenant de signaler cette variante de la tradition en la situant dans le développement littéraire de technique midrashique. En *Leqaḥ Ṭ.* Nb 21,18, les eaux parviennent aux tentes des princes:

> Chacun des princes allait et s'appuyait sur son bâton auprès du puits en tirant son bâton et les eaux venaient jusqu'à sa tente.

Retour au TP Nb 21,18 et Ps-J Nb 21,19

En Ps-J Nb 21,19, c'est à la tente de chaque Israélite que les eaux parviennent, selon un schéma de distribution individuelle: le puits « abreuvait tout un chacun à l'entrée de sa tente ». Nous savons que la mise en scène de divers canaux provenant du puits suppose la traduction qui interprète Naḥaliël au sens d'une transformation du puits en torrents.

---

88 La version de *Tos. Suk.* 3,11 que nous avons présentée nous semble surchargée: « chacun (*wkl ᵓḥd wᵓḥd*) (des princes) attirait (les eaux) avec son bâton, l'un vers sa tribu, l'autre vers sa famille (*ᵓyš lšbtw wᵓyš lmšpḥtw*) ». Nous soupçonnons un ajout dans la mention des familles (de même dans les par. de *Nb R.* 19,26; *Tanḥ. Ḥuqqat* 21; *Tanḥ.* B. IV, 127). On n'a d'ailleurs pas ce prolongement en *Yalq. Shim.* I, 764 (2ᵉ citation): « les princes ... tiraient avec leurs bâtons chacun (*kl ᵓḥd*) vers sa tribu ».

Ps-J Nb 21,19 ne retenait pas cette interprétation à son stade targumique attesté dans le reste du TP. Mais il l'a reprise au stade midrashique.

Et après cette enquête parmi les traditions midrashiques, qu'il nous soit encore permis de porter une appréciation sur les interprétations de l'expression *bmḥqq* proposées dans les targums à Nb 21,18. Nous savons que toute la tradition targumique faisait référence aux scribes; c'est une première interprétation. Le verbe *mšk,* « attirer », attesté en Ps-J *ed. pr.* et 440, Nur, est une seconde interprétation de l'expression. Mais une différence apparaît entre les récits midrashiques et les targums; dans ceux-ci « les princes » ne sont pas le sujet du verbe. Il se peut que le targumiste ait emprunté à un récit midrashique déjà constitué le verbe *mšk* qu'il insère artificiellement dans sa paraphrase. Mais cette solution ne s'impose pas. Le verbe *mšk* pourrait correspondre à une ancienne traduction targumique. En faveur de cette hypothèse, on notera qu'en araméen, où l'infinitif *peal* prend la préformante *mem,* l'expression consonantique *bmḥqq* pouvait facilement être comprise: « en gravant, en traçant ». Dans ce cas, la mise en scène midrashique du campement, inspirée d'Élim, se superposerait à une première interprétation targumique à laquelle elle donnerait pour sujet les princes, afin de répartir en fonction des tribus les courants issus du puits. Quant au verbe *mšḥ,* « mesurer », que nous trouvons en Ps-J ms. 27031 et N, il nous paraît nettement secondaire et peut-être dû à une déformation phonétique du précédent[89].

5. *L'eau du puits inondait et entourait le camp*

Nous avons dit, en analysant les énoncés targumiques, que l'aggadah d'une transformation du puits en torrents et celle d'un puits qui accompagne Israël sont deux énoncés indépendants; on ne peut déduire du TP Nb 21,19 que des torrents issus du puits accompagnaient le peuple. La réflexion midrashique a dans la suite tenté de préciser comment le puits se déplaçait, mais jamais nous ne trouvons que cet accompagnement soit interprété en référence à la tradition sur la transformation du puits en torrents. Le midrash dira que le puits « cheminait » ou que, tel un rocher, il « roulait ». Il s'agit toujours d'un puits ou d'un puits - rocher; ce n'est pas un torrent qui accompagne le peuple[90]. Quant à la transformation

[89] Cette déformation a peut-être subi l'influence de la tradition sur les eaux d'Ez 47 où l'on « mesure » (*mšḥ* en T Ez 47,3-5) le torrent qui va grossissant; nous verrons plus loin un télescopage des deux cycles de traditions (*infra* chap. VII).

[90] Contrairement à E. E. ELLIS, « A Note on First Corinthians 10 4 », *JBL* 76 (1957), 53-56, spéc. 54 (= ID., *Paul's Use of the Old Testament,* Edinburgh, 1957, 66-70, spéc. 67s.). Cet auteur croit pouvoir déceler un état plus ancien de la tradition caractérisé par ce qu'il appelle « the following stream ». Il apporte comme exemple *Siphrê* Nb 11, 21 qu'il estime être certainement « in the 'stream tradition' » et il traduit en se référant à P. P. LEVERTOFF (*Midrash Sifre on Numbers,* London, 1926, 77): « Did not a brook follow them ...? » Mais nous lisons dans l'hébreu (éd. de HOROVITZ, paragr. 95): *whl' hlkh ʿmhm b'r,* « est-ce qu'un puits ne les accompagnait pas? » Il s'agit d'un

en torrents, c'est dans le cadre du campement que les récits midrashiques la situent. Et ces récits vont encore faire progresser la tradition en décrivant la profusion d'eau répandue. Continuons la lecture de *Tos. Suk.* 3,12:

> Et (le puits) se transformait en torrents puissants, comme il est dit: *Et des torrents se sont déversés* (Ps 78,20). Eux (= les Israélites) s'asseyaient dans des canots [91] pour se rendre l'un chez l'autre, comme il est dit: *Ils allèrent « en ṣîyyôt » (sur le) fleuve* (Ps 105,41).

Le témoignage de la *Tosephta* peut être complété d'après *Nb R.* 19,26 [92]:

> ... les princes se tenaient auprès du puits et attiraient (l'eau) avec leurs bâtons, chacun pour sa tribu et pour sa famille. L'espace entre les étendards était rempli d'eaux débordantes. Quand une femme devait aller chez son amie et passer d'un étendard à l'autre, elle allait en bateau (*bspynh*), comme il est dit: *Ils allèrent « en ṣîyyôt » (sur le) fleuve* (Ps 105,41). Et *ṣîyyôt* ne signifie pas autre chose que « bateaux », comme il est dit: *Et le puissant vaisseau (ṣî) n'y passera pas* (Is 33,21).

Nb R. 19,26 situe bien la scène dans le cadre du campement où les eaux du puits sont attirées par les princes vers les tribus. Mais en outre, le midrash tire parti d'un élément structural de la disposition biblique du camp (Nb 2) qui n'avait pas été utilisé jusqu'ici: les tribus sont groupées sous l'un des quatre étendards. Et l'aggadiste fixe son attention sur l'espace séparant les groupes: il était recouvert par des eaux débordantes.

Dans ce campement inondé, pour se faire visite d'un étendard à l'autre, on pouvait recourir à la navigation [93]! Le midrash parvient à cette déduction en exploitant une tradition biblique parallèle de celle du Ps 78, 20: il s'agit du Ps 105,41 sur le prodige du rocher dont les eaux « allèrent en fleuve par les sols arides » (*hālᵉkû baṣṣîyyôt nāhār*). Le fleuve, on s'y attend, était formé des eaux du puits. Mais l'aggadiste passe à une accommodation surprenante: le verbe est rapporté aux Israélites et l'expression *ṣîyyôt* est comprise comme le pluriel du mot *ṣî*, « navire ». Le genre de cette utilisation midrashique du Ps 105,41 est certainement très anecdotique. À sa base pourtant, nous avons pu déceler un rapprochement intéressant et qui peut bien être plus ancien: les torrents issus du puits (interprétation de Naḥaliël d'après le Ps 78,20) pouvaient être confondus avec le fleuve du Ps 105,41 [94].

---

pur exemple de la tradition sur le puits de Nb 21,19. Selon ELLIS, la tradition du « following stream » serait attestée par le Pseudo-Philon. L'auteur méconnaît le phénomène d'interférence des traditions et de télescopage des épisodes du don de l'eau.

91 *bᵓyspqᵓwt*, cf. JASTROW, 56.

92 Par. en *Tanḥ. Ḥuqqat* 21; *Tanḥ.* B. IV, 127s.

93 Pour tous les Israélites selon *Tos. Suk.* 3,12; pour les femmes seulement d'après les autres versions. En *Midr. Teh.* 5,1, les femmes veulent passer de la maison de leur mari à celle de leur père.

94 RASHI commente ainsi le Ps 105,41: « Des fleuves issus du puits (*nhrwt mn hbᵓr*) allèrent par la terre aride. »

Nous venons de voir qu'à l'intérieur du campement, les différents groupes étaient séparés les uns des autres par une étendue d'eau. Il y a mieux encore: les eaux du puits sortaient du camp et décrivaient une courbe enveloppante. *Nb R.* 19,26 continue [95]:

> Et les eaux sortaient du camp et entouraient (*mqypyn*) une grande étendue, comme il est dit: *Il me conduit dans des « cercles » de justice en vertu de son nom* (Ps 23,3).

D'après une même exégèse du Ps 23, le *Yalq. Shim.* I, 764 à Nb 21,18 commente:

> Et les eaux sortaient et les entouraient, comme il est dit... (Ps 23,3).

Le midrash a enrichi la tradition sur le puits en s'inspirant du Ps 23. Ce Psaume contenait plus d'une expression qui pouvait rappeler le thème de l'Exode sous la conduite de YHWH Pasteur [96]. Aux vv. 2 et 3, le psalmiste célébrait les eaux du repos (*mê m^e^nūḥôt*) auprès desquelles YHWH conduit et ranime son fidèle. L'aggadiste n'hésita pas: les eaux du repos étaient celles du puits auprès duquel les Israélites campaient. *Nb R.* 19,26 cite le Ps 23,3 pour exploiter la signification de l'expression *b^e^ma^c^g^e^lê-ṣedeq*. Les traductions modernes comprennent — avec raison — que YHWH conduit le psalmiste « sur des sentiers de justice »; mais, pour l'aggadiste, le terme *ma^c^gāl* évoquait un cercle, le cercle délimité par la circonférence du camp [97]. L'aggadiste, dont l'attention reste centrée sur le puits situé au milieu du camp, a fait de cette circonférence le tracé décrit par les eaux s'écoulant du puits. Ainsi, ce motif midrashique nouveau, selon lequel les eaux débordantes entourent les Israélites, est, d'un point de vue littéraire, une adaptation du Ps 23,3. Nous verrons plus loin que, d'un point de vue thématique, ce développement, comme d'autres élaborations aggadiques exploitant le Ps 23, est à envisager dans un cycle de traditions paradisiaques [98].

Retour au Ps-J Nb 21,19

La tradition que nous avons recontrée en *Nb R.* 19,26 est ainsi résumée en *Tos. Suk.* 3,12: « (le puits) entourait tout le camp d'Israël ». Et c'est un semblable résumé midrashique que Ps-J Nb 21,19 a incorporé.

---

95 Par. en *Tanḥ. Ḥuqqat* 21; *Tanḥ.* B. IV, 128.

96 Lors de l'Exode, YHWH conduit son peuple comme un pasteur son troupeau: Ps 78,52; de même lors du nouvel Exode: Is 40,11 et surtout 49,10-11 où Dieu conduit le peuple vers les sources d'eau; de même Jr 31,9-10. L'expression du Ps 23,1 « je ne manque de rien » rappelle aussi la sollicitude divine envers le peuple durant l'Exode: Dt 2,7; Ne 9,21; Ex 16,18; cf. Ph. DE ROBERT, *Le berger d'Israël* (Cahiers théologiques 57), Neuchâtel, 1968, 90ss. T Ps 23,1 a compris les allusions à l'Exode: « YHWH *qui nourrissait son peuple dans le désert: ils ne manquèrent* de rien. »

97 C'est d'ailleurs le sens premier du mot; cf. W. BAUMGARTNER, *Hebräisches und aramäisches Lexikon zum Alten Testament* (Lieferung II), Leiden, 1974, 576.

98 Cf. *infra* p. 217.

6. *Le puits fut caché et Moïse enseveli*

Selon le TP Nb 21,20, le puits « fut caché ». Cet élément aggadique possédait-il un point d'attache dans le texte biblique de ce verset? La chose n'apparaît pas immédiatement. Interrogeons alors RASHI à Nb 21,20:

> *Et de Bamot à la vallée qui est dans la campagne de Moab* (Nb 21,20): car là mourut Moïse et là le puits disparut (*bṭlh*).

Sur la base d'un procédé herméneutique, le commentateur de Troyes établit une relation entre la mort de Moïse et la disparition du puits. La correspondance des noms de lieux cités, d'une part, en Nb 21,20 et, d'autre part, dans le récit de la mort et de l'ensevelissement de Moïse en Dt 34 aurait permis d'établir une analogie entre ces deux passages [99]. Si cette explication est ancienne, les targumistes auraient terminé l'épopée des péripéties du puits par l'aggadah de sa disparition au moment où l'itinéraire aboutissait aux lieux qui faisaient penser à la fin de Moïse [100].

Mais existe-t-il quelque indice qui suggère l'antiquité de cette relation? Il est frappant de constater que dans les targums le *ithpeel* de *gnz* est la formule technique de la disparition du puits, soit en finale de Nb 21,20, soit à propos de la disparition qui suivit la mort de Miryam: le puits « fut caché » [101]. Les récits midrashiques connaissent aussi cette expression [102]; mais le plus souvent ils recourent à une formule standardisée pouvant être adaptée à la disparition du puits, comme de la nuée et de la manne [103]. L'emploi du verbe *ʾtgnz* apparaît dans la littérature targumique comme caractéristique de la tradition sur la disparition du puits [104]. Or, à propos de l'ensevelissement de Moïse, nous trouvons en

---

99 Dt 34,1: « au sommet du Pisgah »; v. 5: « au pays de Moab »; et surtout v. 6: « dans la vallée au pays de Moab ».

100 Dans la série des commentaires allégoriques de Nb 21,18-20 où le puits signifie la Loi (sur cette série, cf. p. 196s.), Bamot est interprété *bʾ mwt*, « la mort vint », et *haggayʾ*, « la vallée », est en relation avec Dt 34,6: la vallée de la sépulture de Moïse. Ainsi en *Nb R.* 19,33 (par. *Tanḥ. Ḥuqqat* 21); *Midr. Teh.* 5,1 avec attribution à Yehudah (b. Simon b. Pazzi; cf. BACHER, *Pal. Amoräer*, III, 185) des environs de l'an 320.

101 Cf. Ps-J Nb 20,2.13; ms. 110 Nb 20,2; M, 440, Nur Nb 21,1; TP Nb 21,20. En deux passages glosés: Ps-J Nb 21,17 et Nb 33,46, nous avons l'expression *ʾtksyyt* qui signifie également que le puits « fut caché »; l'exception confirme la règle.

102 À propos du puits en *Tanḥ. Ḥuqqat* 21; *Tanḥ.* B. IV, 128; à propos de la disparition de l'arche et de l'urne contenant la manne en *Yoma* 52*b* (cf. J. LEVY, *Chaldäisches Wörterbuch*, I, 148).

103 Ainsi le verbe *bṭl* ou *nstlq*; ce dernier provenait du contexte de la disparition de la nuée. On trouve aussi, à propos du puits, le verbe *psq*, « cesser », originaire du contexte de disparition de la manne; cf. *supra* p. 103 et 110.

104 L'antiquité de la formulation targumique apparaît avec évidence quand on la compare à certains commentaires midrashiques de Nb 21,20 où tout l'intérêt se porte sur la question particulière de savoir comment on peut encore apercevoir le puits. Nous citons *Tanḥ. Ḥuqqat* 21 (par. en *Tanḥ.* B. IV, 128): « '*Et il est visible au sommet du Yeshimon*' (cf. Nb 21,20): cela se rapporte au puits qui les accompagna jusqu'à ce qu'il fût caché (*ngnzh*; ou *nknsh* en *Nb R.* 19,26) au milieu de la mer de Tibé-

Ps-J Dt 33,21*a* une tradition targumique selon laquelle Moïse fut « caché ». Le texte biblique de Dt 33,21 fait partie des bénédictions de Moïse adressées à Gad qui s'était procuré un territoire avantageux lors de la conquête de la Transjordanie. On peut le traduire: « il choisit pour lui les prémices, dès que la part du chef a été réservée » (*ḥelqat meḥōqēq sāpûn*)[105]. Le passage étant difficile, les traducteurs doivent se livrer à l'interprétation. Tandis que N, 110, 440, Nur et O comprennent que Gad a repéré l'endroit où Moïse serait « enseveli » (*qbyr* ou la forme hébraïsante *qbwr* en N, Nur), Ps-J traduit que Gad a choisi l'endroit où Moïse serait « caché » (*gnyz*). Le terme *meḥōqēq* du texte biblique rend suffisamment compte de l'introduction du nom de Moïse dans la paraphrase[106]. Quant au participe *sāpûn*, compris au sens de son paronyme *ṣāpûn*, « mis en réserve, caché », il trouve en Ps-J une traduction littérale: *gnyz*[107]. Le participe *qbyr*, « enseveli », attesté dans le reste du TP et en O, nous apparaît nettement secondaire; ces targums emploient une expression plus banale qui fait comprendre en quel sens Moïse est caché dans le territoire de Gad: il y est « enseveli »[108]. La tradition d'une sépulture de

---

riade. Et si l'on se tient sur le Yeshimon, on peut voir au milieu de la mer comme la dimension de la bouche d'un four: c'est le puits qui peut être vu (si l'on se tient) sur le Yeshimon. » Nous avons traduit la finale de Nb 21,20 au sens où l'entend le commentaire midrashique. On applique au puits caché l'expression *wnšqph* (la forme du TM, à la différence du TP, cf. *supra* n. 59) et on la comprend en ce sens que le puits « est visible »; l'expression *ᶜl pny hyšymn* désigne ensuite l'observatoire d'où on peut voir le puits, à savoir le plateau du Yeshimon.

Souvent, on omet de dire que le puits fut caché, mais la tradition est présupposée par le fait qu'on cherche à le voir. Le commentaire est généralement attribué à Ḥiyya b. Abba (pal. vers 280); ainsi en *J. Kil.* 9,32*c* (par. *J. Ket.* 12,35*b*; *Lv R.* 22,4; *Qo R.* 5,8,5; cf. BACHER, *Pal. Amoräer*, II, Strassburg, 1896, 194 et n. 1): « Il est écrit: ... (Nb 21,20). R. Ḥiyya b. Abba dit: Quiconque gravit le mont Yeshimon trouve comme un tamis (*kbrh*) dans la mer de Tibériade. C'est le puits de Miryam. » Sur la comparaison avec un four ou une *kebārāh*, cf. *supra* n. 70. La transmission connaît des variantes. D'après le *Midr. Teh.* 24,6, il faut monter sur le Nébo, et d'après *Shab.* 35*a*, sur le Carmel. En *Leqaḥ Ṭ.* Nb 21,18, on situe dans le Jourdain le puits caché. Il existe aussi une tradition selon laquelle le puits caché dans la mer de Tibériade se trouve en face de la porte de l'ancienne synagogue de Serunguin (*J. Kil.* 9,32*d*).

105 Trad. d'É. DHORME, *La Bible. L'Ancien Testament*, I, 619. Mais l'apparat critique de la *BHS* considère que le texte est corrompu.

106 Cf. *supra* p. 162s.

107 Cf. T Ct 7,14 où *gnz* traduit *ṣpn*; T Os 13,12 où *gnyzyn* traduit le TM *ṣārûr* qui est en parallèle avec *ṣepûnāh*. La *Vulg.* Dt 33,21 interprète: *in parte sua doctor esset repositus*.

108 L'expression d'une mise en réserve implique probablement que le corps de Moïse est déposé là jusqu'à l'époque finale et l'entrée dans le monde à venir, comme il apparaît dans la paraphrase targumique de Dt 33,21*b*:

Ps-J Et *de même qu*'il entrait *et sortait à la tête* du peuple (*bryš ᶜmᵓ*) *en ce monde, ainsi il entrera et sortira dans le monde à venir*...

N Et *de même qu*'il entrait *et sortait parmi* les chefs du peuple (*brᵓšy ᶜmᵓ*; cf. 110, 440, Nur) *en ce monde, ainsi il entrera et sortira parmi les chefs du peuple dans le monde à venir*...

L'expression du Ps-J Dt 33,21*b*: « à la tête du peuple » nous paraît secondaire par rapport à celle du reste du TP qui traduit: « parmi les chefs du peuple ». Le pluriel correspond au TM, tandis que le singulier obtint la faveur des commentaires midra-

Moïse en terre gadite était ancienne et le midrash la rattachait communément à Dt 33,21. De nombreux récits attribuent à Yehudah b. Ilay (vers 150)[109] la déduction suivante que nous citons d'après *Tos. Soṭ.* 4,8s.[110]:

> R. Yehudah dit: À (une distance de) quatre milles Moïse fut porté sur les ailes de la Shekinah: Moïse est mort dans l'héritage de Ruben, mais il fut enterré dans l'héritage des fils de Gad, comme il est dit: *Monte sur cette montagne des Abarim, au mont Nébo* (Dt 32,49). Or Nébo (fait partie de) l'héritage des fils de Ruben, comme il est dit: *Et les fils de Ruben reconstruisirent... (Nébo)* (Nb 32,37-38). Et d'où sait-on qu'il fut enterré dans l'héritage des fils de Gad? Car il est dit: *Et pour Gad (Moïse) dit: Béni soit celui qui met Gad au large!,* etc. « *Il a vu pour lui la meilleure part, car là est le champ où le législateur est caché* » (Dt 33, 20-21). Et les anges du service disaient: *Il a accompli la justice de YHWH et ses jugements en faveur d'Israël* (Dt 33,21).

Moïse était mort sur le mont Nébo[111] que l'aggadiste, d'après Nb 32,37s., situe en territoire rubénite[112]. Mais à côté de cette donnée concernant le lieu où Moïse était mort s'imposait une tradition concernant le lieu de son ensevelissement. Sur la base de Dt 33,21, on tenait pour certain que le chef avait été enseveli en territoire gadite[113]. Yehudah, voulant concilier les deux traditions, déduisit de leur divergence un transfert du corps de Moïse emporté « sur les ailes de la Shekinah » d'un lieu dans un autre[114]. Ainsi, dès avant Yehudah b. Ilay, on lisait en Dt 33,21 le site

---

shiques qui, d'après Dt 33,21, annoncèrent que Moïse entrerait dans le monde à venir « en tête » des justes (*br*ʾ*š* en *Tanḥ. Wayyiqrā*ʾ 4; *Tanḥ.* B. III, 5). Dans une perspective plus particulière, les rabbins, discutant du sort de la génération du désert, admirent à partir de Dt 33,21*b* que Moïse l'introduirait dans le monde à venir (*Nb R.* 19,13; *Tanḥ. Ḥuqqat* 10; *Tanḥ.* B. IV, 122; *Dt R.* 2,9 avec attribution à R. Lévi, vers 300; cf. spéc. les remarques de R. LE DÉAUT, *La nuit pascale*, 368s. et 264-270; en outre J. JEREMIAS, « Μωυσῆς », *TWNT*, IV, Stuttgart, 1942, 858s. 861; R. BLOCH, « Quelques aspects de la figure de Moïse », 129s. 166; W. A. MEEKS, *The Prophet-King*, 212; J. HEINEMANN, *Aggadah and its Development*, 111-114).

On ne s'étonnera pas de nous voir opter, d'une part, pour le caractère secondaire du Ps-J Dt 33,21*b* et, d'autre part, pour le caractère primitif de la formule *gnyz* en Dt 33,21*a*. Un même targum pouvait conserver des éléments anciens à côté d'autres qui avaient subi des adaptations s'inspirant de conceptions théologiques plus récentes.

109 Cf. BACHER, *Tannaiten*, II, 215.

110 Par. en *J. Soṭ.* 1,17*c*; *Soṭ.* 13*b*; *Siphrê* Nb 106. Anonyme en *Midr. Tan.* Dt 33,21; *Siphrê* Dt 355; *ARN* B 25,51. Cf. spéc. A. M. GOLDBERG, *Untersuchungen über die Vorstellung von der Schekhinah in der frühen rabbinischen Literatur* (Studia Judaica 5), Berlin, 1969, 335-338; K. HAACKER, P. SCHÄFER, « Nachbiblische Traditionen vom Tod des Mose », dans *Josephus-Studien, ed.* O. BETZ et coll., Göttingen, 1974, 166.

111 Le midrash cite Dt 32,49 et sous-entend le v. 50: « et meurs sur la montagne où tu seras monté ».

112 Cf. K. HAACKER, P. SCHÄFER, « Nachbiblische Traditionen », 166, n. 5.

113 Nous avons traduit Dt 33,21 dans l'extrait de *Tos. Soṭ.* 4,8 d'après le sens que l'aggadiste donne à ce texte.

114 Une ancienne interprétation de Dt 34,6 faisait de Dieu le sujet du verbe *wayyiqbōr* (*LAB* 19, 12; 19, 16: « et sepelivit eum per manus suas »; Ps-J Dt 34,6); sur cette tradition d'un ensevelissement de Moïse par Dieu, cf. en outre GINZBERG,

du sépulcre de Moïse. L'aggadiste n'éprouve pas le besoin de justifier cette lecture; elle était admise, telle que nous la trouvons dans les targums N, 110, 440, Nur, O: en territoire de Gad Moïse était « enseveli » [115].

Jugeant de l'antiquité relative des deux paraphrases targumiques *gnyz* (Ps-J) et *qbyr* (dans le reste du TP et O), nous avons admis l'antériorité de *gnyz* qui correspond à une traduction littérale de *sāpûn* et peut faire le lien entre le texte biblique et l'interprétation *qbyr*. Il nous reste à poser la question: sous quelle influence le targumiste fut-il amené à interpréter que le corps de Moïse fut caché? Le texte biblique de Dt 34,6 peut apporter un élément de réponse: malgré l'indication assez générale de « la vallée ... en face de Beth-Peor », il maintenait que personne n'a connu le tombeau de Moïse [116].

Legends, VI, 162, n. 952; A. ROSMARIN, *Moses*, 148, n. 616; L. H. FELDMAN, *Prolegomenon*, CV; K. HAACKER, P. SCHÄFER, « Nachbiblische Traditionen », 165; Ch. PERROT, P.-M. BOGAERT, *Ant. Bibl.*, II, 135s. Yehudah conserve cette interprétation selon laquelle Dieu lui-même prit soin du corps de Moïse: il est emporté « sur les ailes de la Shekinah », c'est-à-dire par Dieu et non par les anges; ceux-ci ne font que célébrer l'éloge funèbre (cf. A. M. GOLDBERG, *Untersuchungen*, 337). Il est possible, comme l'a suggéré W. A. MEEKS, *The Prophet-King*, 210s., que Yehudah s'approprie une représentation qui primitivement appartenait à une tradition selon laquelle Moïse aurait été emporté au ciel sans mourir; sur cette tradition d'ascension, cf. J. JEREMIAS, « Μωυσῆς », *TWNT*, IV, 859s.; G. VERMES, « La figure de Moïse », 90; H. W. TEEPLE, *The Mosaic Eschatological Prophet* (*JBL*, Monograph Series 10), Philadelphia, 1957, 41-43; S. E. LOEWENSTAMM, « The Death of Moses », dans *Studies on the Testament of Abraham, ed.* G. W.E. NICKELSBURG (SBL, SeptCogSt 6), Missoula, Mont., 1976, 197-201, cet art. reprenant S. E. LOEWENSTAMM, « The Death of Moses » (hébr.), *Tarb* 27 (1957-1958), 148-150; J. LUZARRAGA, *Las tradiciones de la nube*, 189-192; K. HAACKER, P. SCHÄFER, « Nachbiblische Traditionen », 150 et n. 13-15. 170-174; M. WADSWORTH, « The Death of Moses and the Riddle of the End of Time in Pseudo-Philo », *JJS* 28 (1977), 18s.

115 K. HAACKER, P. SCHÄFER, *art. cit.*, 166, estiment que le texte de Dt 33,21 est une référence secondairement ajoutée; en faveur d'une ancienne « konkrete Tradition » de sépulture de Moïse en territoire gadite, ils font valoir l'indication d'une distance de « quatre milles ». Mais cette indication de distance fait partie, nous semble-t-il, de l'élaboration qui tend à concilier la tradition sur la mort et celle sur la sépulture. De plus, Dt 33,21 n'est secondaire (ou « ein sehr konstruierter Beweis » comme écrit A. M. GOLDBERG, *Untersuchungen*, 337) que si nous prenons ce texte au sens littéral historique que notre exégèse moderne — non sans difficulté d'ailleurs — s'efforce d'établir.

116 On notera que JOSÈPHE, *Ant.* IV, 326, fait allusion à Dt 34,6 quand il écrit que Moïse « disparaît dans un ravin » (κατά τινος φάραγγος); la LXX Dt 4,46, en effet, traduisait ἐν φάραγγι l'expression *baggay*ᵓ (cf. aussi J. LUZARRAGA, *Las tradiciones de la nube*, 189, n. 770; sur le caractère particulier de la présentation du sort final de Moïse chez JOSÈPHE, cf. la littérature citée à propos de la tradition d'ascension *supra* n. 114).

Quant à RASHI, il rattache explicitement l'interprétation de Dt 33,21 au texte de Dt 34,6. Il commente ainsi Dt 33,21: « *Car là est la part*: car (Gad) savait que là, dans son héritage, une part de champ serait la sépulture du *m*ᵉ*ḥōqēq*, c'est-à-dire de Moïse. *Réservée* (*spwn*): cette part est réservée (*spwnh*) et cachée (*wṭmwnh*) à toute créature, comme il est dit: *Personne n'a connu son tombeau* (Dt 34,6). »

Des récits midrashiques (*ARN* Addition à la Version A 157; *Siphrê* Dt 305) emploient également le verbe *gnz* pour signifier que Dieu « a caché » Moïse « pour la vie du monde à venir ». Ces commentaires considèrent non pas l'ensevelissement de Moïse, mais plutôt, semble-t-il, une mise en réserve de son âme (comme en Ps-J Dt 31,16) dans l'attente de la résurrection. Il ne reste pas moins intéressant de constater que ces récits apportent comme argument scripturaire Dt 34,6.

Retour au TP Nb 21,20 et Nb 20,1-2; Nb 21,1

Les targums usent volontiers de jeux de mots pour exprimer une relation [117]. L'aggadah du puits « caché » associe, de façon presque mnémotechnique, la disparition du puits et la « mise en réserve » de celui qui était, lors de la marche au désert, le dispensateur du don de l'eau. N Nb 21,20 nous procure un indice supplémentaire de cette relation. Il précise que le puits fut caché « dans la vallée »; l'expression interprète *haggay'* de Nb 21,20 en ajoutant la préposition de localisation que le même terme comporte en Dt 34,6 [118].

Tout comme la manne, d'après une ancienne aggadah basée sur Jos 5,12, avait cessé en relation avec la mort de Moïse, ainsi le puits avait été caché en relation avec l'ensevelissement du médiateur.

Dans la tradition targumique sur la disparition du puits à la mort de Miryam, on dit aussi qu'« il fut caché ». Nous savons que les premiers éléments de l'aggadah targumique sur Nb 21,16-20 ont servi de grille exégétique à la compréhension de Nb 20,1-2. Et nous pouvons ajouter que ces premiers éléments comprenaient non seulement l'interprétation de Beër, Mattanah, Naḥaliël - Bamot, mais encore de « la vallée ». L'aggadah du puits « caché » à la mort de Moïse est antérieure à celle du puits « caché » à la mort de Miryam. On a employé pour la disparition du puits à la mort de Miryam la terminologie déjà en usage dans l'aggadah targumique selon laquelle il avait été caché à la mort de Moïse.

Et nous ne nous étonnerons plus maintenant de l'anomalie que nous avions relevée lorsque nous constations que la tradition d'un puits constamment disponible (T Nb 21,19) avait servi à interpréter une pénurie d'eau (Nb 20,2) [119]. Parce que le midrash connaissait déjà l'interprétation

---

117 Cf. Ps-J, M, 110, 440, Nur Nb 20,29 où Aaron est appelé « colonne de la prière (des enfants) d'Israël » en relation avec la colonne de nuée; Ps-J Nb 20,29 où, par un autre jeu de mots, contrasté cette fois, il est dit que l'âme d'Aaron « reposa » et les nuées « s'élevèrent »; N Nb 21,1 où plusieurs associations aggadiques sont exprimées par des jeux de mots sur la racine *slq*. Nous renvoyons à notre étude *supra* p. 93s. et n. 12; p. 105, n. 53.

118 Selon I Nb 21,20, il faut comprendre, semble-t-il, que le puits fut caché « au sommet de la hauteur », c'est-à-dire du Pisgah (cf. *supra* n. 59), ce qui peut être aussi une allusion à l'ensevelissement de Moïse. Nébo (« sommet du Pisgah » d'après Dt 34,1) est parfois appelé — que ce soit la montagne ou la ville — « le Tombeau de Moïse » (Ps-J Nb 32,3.38; 33,47); on notera aussi la tradition de *LAB* 19, 16 selon laquelle Dieu ensevelit Moïse « super excelsam terram ».

Quant à la précision du Ps-J qui, en finale de Nb 21,20, reprend une motivation classique d'abandon de la Loi, elle est sûrement secondaire. La glose du Ps-J Nb 33,46 est également secondaire (cf. *supra* p. 173): le targumiste sait déjà que la disparition du puits est en relation avec la mort de Moïse (Nb 33,47 mentionne Nébo), mais il ajoute, comme Ps-J Nb 21,20, une relation à l'abandon de la Loi. Le péché dont il est question à Almon-Diblataimah peut avoir été suggéré par la réputation de Gomer *bat-diblāyim* en Os 1,3 (cf. JASTROW, 277, les jeux de mots sur ce nom).

119 Cf. *supra* p. 177.

targumique du puits caché à la mort de Moïse, il pouvait anticiper cette disparition lors de la mort de Miryam, un autre guide du peuple. Par cette anticipation, la projection aggadique du puits sur les autres épisodes du don de l'eau composait avec le texte biblique d'un manque d'eau.

7. *Le puits et la Torah*

Très tôt et dans divers milieux de l'exégèse juive, le puits de Nb 21,16-20 reçut également une signification symbolique. D'après PHILON, il représente la sagesse cachée (*Somn.* II, 270s.). Le *Document de Damas* se livre à une minutieuse exégèse de Nb 21,18; selon la méthode du *pēsher,* il aborde le passage dans l'intention d'y trouver la prédiction des événements fondateurs ou constitutifs de la communauté retranchée. Citons *CD* VI, 2-11 [120]:

> Dieu... suscita d'Aaron des hommes intelligents et d'Israël des sages et il leur fit entendre (sa parole). Ils creusèrent le puits: *Puits que des princes ont creusé, que les nobles du peuple ont foré bmḥwqq* (Nb 21,18). Le puits, c'est la Loi; et ceux qui l'ont creusé, ce sont les convertis d'Israël, ceux qui sont sortis du pays de Juda et séjournent au pays de Damas, eux que Dieu a tous appelés princes, car ils l'ont cherché (*dršwhw*) et leur renommée n'est contestée dans la bouche de personne. Et « le Bâton » (*whmḥwqq*), c'est le Scrutateur (*dwrš*) de la Loi, dont Isaïe a dit: *Il* (= *Dieu*) *a fait sortir un outil pour son oeuvre* (Is 54,16). Et les nobles du peuple, ce sont ceux qui viennent pour forer le puits à l'aide des instructions qu'a promulguées le Législateur (*bmḥwqqwt ʾšr ḥqq hmḥwqq*), pour qu'ils y marchent durant tout le temps de l'impiété, et hors desquelles ils ne réussiront pas, jusqu'à l'avènement de celui qui enseignera la justice à la fin des jours.

Les deux éléments du parallélisme de Nb 21,18*a* ont été appliqués à deux étapes successives de l'histoire de la communauté. Les « princes » qui « creusèrent » le puits annonçaient les hommes qui, lorsque l'impiété se fut installée en Israël, préférèrent s'éloigner. Quant aux « nobles du peuple », ils sont représentés par ceux qui allèrent les rejoindre pour « forer » le puits. Le puits est celui de la Loi: creuser ou forer le puits, c'est scruter la Loi, ce qui revient à chercher Dieu [121]. Les membres de la nou-

---

120 Éd. de Ch. RABIN, *The Zadokite Documents,* 2e éd., Oxford, 1958. Sur cette exégèse, cf. I. HEINEMANN, *Drky ḥʾgdh,* 152; W.H. BROWNLEE, « Biblical Interpretation among the Sectaries », 55s.; N. WIEDER, « The 'Law-Interpreter' of the Sect of the Dead Sea Scrolls: The Second Moses », *JJS* 4 (1953), 159; M. DELCOR, « Contribution à l'étude de la législation des sectaires de Damas et de Qumrân », *RB* 61 (1954), 545-548; H.W. TEEPLE, *The Mosaic Eschatological Prophet,* 52-56; G. VERMES, « La figure de Moïse », 81; ID., *Scripture and Tradition,* 53s.

121 W.H. BROWNLEE, *art. cit.,* 56, fait remarquer que les consonnes du mot *beʾēr,* « puits », se retrouvaient en Dt 1,5 dans le verbe *bēʾēr,* « expliquer, exposer (la Torah) ». Nous croyons facilement que cette analogie fut remarquée; mais plus fondamentalement, le symbolisme du puits accompagne celui de l'eau qui, depuis longtemps, désignait la sagesse ou la Loi.

velle Alliance au pays de Damas [122] disposent pour ce faire d'une méthode qu'ils tiennent d'un Interprète attitré, sans doute leur fondateur, en qui ils reconnaissent le *m*ᵉ*ḥōqēq* du cantique. L'auteur du *Document* affectionne les jeux de mots, jusqu'à rendre le *pēsher* presque intraduisible: on passe constamment du plan réaliste d'un forage de puits au plan symbolique d'une approche de la Loi. Le mot *m*ᵉ*ḥōqēq* conserve sa signification de « sceptre », de « bâton » avec lequel on peut creuser; il est ainsi rapproché du terme « outil » (*k*ᵉ*lî*) d'Is 54,16. Mais creuser avec le bâton signifie scruter la Loi sous la conduite d'un « chef », un instructeur, ou en se conformant aux « instructions » (*bmḥwqqwt*) édictées par lui [123].

Creuser le puits de la Loi en suivant les observances propres à la communauté essénienne constituait un principe de vie; c'est en ce sens vraisemblablement que *CD* XIX, 34 pouvait dire que ceux « qui ont trahi et se sont détournés du puits d'eaux vives ne feront pas partie du peuple » [124].

Dans les recueils rabbiniques, les exégèses allégoriques de Nb 21,18-20 voisinent avec les commentaires réalistes sur le puits. Il serait trop long de présenter ici une analyse détaillée des nombreux développements allégoriques. Nous n'en relèverons que les lignes générales et nous signalerons les éléments qui peuvent entrer en ligne de compte avec l'aggadah targumique sur le puits. Il nous paraît vraisemblable que, dès ses origines, l'exégèse symbolique du puits allait de pair avec une interprétation du nom de Mattanah que l'on rapportait au « don » par excellence dont Israël avait été gratifié: le don de la Loi [125]. Une fois posée cette signification symbolique fondamentale, on pouvait facilement englober Naḥaliël dans la perspective allégorique en interprétant ce nom d'après la racine *nḥl* désignant l'héritage, la possession. Tantôt le terme sera appli-

---

[122] Il est probable que Damas n'est qu'une désignation cryptographique du désert de Juda; cf. pour la discussion de ce sujet, M. DELCOR, « Littérature essénienne », dans « Qumrân et découvertes du désert de Juda », *SDB*, IX fasc. 51, Paris, 1978, 839-841.

[123] Il est même possible que le verbe *ḥqq* en finale du commentaire ait, en plus du sens de « légiférer, édicter des instructions », celui de « creuser »; cf. É. COTHENET, *Le Document de Damas*, dans *Les Textes de Qumrân traduits et annotés, ed.* J. CARMIGNAC et coll., II, Paris, 1963, 167, n. 11.

[124] Et en *CD* III, 12-17, l'auteur explique que Dieu révéla aux membres de la communauté ses « véritables voies ... que *l'homme doit accomplir afin de vivre par elles.* Il (les) découvrit devant eux et ils creusèrent un puits aux eaux abondantes. Qui les méprise ne vivra pas » (trad. d'É. COTHENET, *Le Document de Damas,* 158). Sur le sens fort de l'expression « eaux vives » à Qumrân, cf. S. PANCARO, *The Law in the Fourth Gospel,* 475-477: « water of life ».

[125] Sur la Loi comme don, cf. H. ODEBERG, *The Fourth Gospel,* 150-152; O. BATTAGLIA, *Il dono di Dio. Ricerca di teologia biblica nel Vangelo e nella I Lettera di S. Giovanni,* Assisi, 1971, 36-44; S. A. PANIMOLLE, *Il dono della Legge e la grazia della Verità* (*Gv 1,17*), Roma, 1973, 200-202 (A.T.). 203-206 (judaïsme). Notons spéc. *Ant.* IV, 318s. où JOSÈPHE dit des lois qu'elles sont « le don le plus précieux ».

qué à la Torah elle-même, tout comme le puits et Mattanah désignaient le don de la Torah; ainsi la *Mekh.* Ex 15,17 commente [126]:

> La Torah est appelée héritage (*nḥlh*), car il est dit: *Et de Mattanah à Naḥaliël* (Nb 21,19).

Le plus souvent, on développe à partir de Naḥaliël des interprétations jumelles qui doivent exprimer la relation bipartite d'Alliance accompagnant le don de la Torah. Cette exégèse est résumée dans le *Midr. Teh.* 5,1 [127]:

> Les rabbins ont dit: *De Mattanah à Naḥaliël* (Nb 21,19), c'est-à-dire qu'ils (= les Israélites) obtinrent en héritage (*nḥlw*) le Saint, béni soit-il, comme (leur) Dieu; et lui les obtint en héritage (*nḥl ᵓwtm*) comme (son) peuple.

Seule l'interprétation de Naḥaliël en *nḥlw ᵓl*, « (les Israélites) obtinrent Dieu en héritage », peut se réclamer d'un procédé herméneutique rigoureux. Au *yod* on pouvait substituer un *waw*; ces deux lettres étaient facilement interchangeables, pour les besoins de l'exégèse midrashique. Les deux autres interprétations n'ont pas la même fermeté littéraire. Il n'empêche que toutes trois prolongeaient une thématique bien fondée dans l'Écriture [128]. Et cet ensemble théologique constitué par les exégèses allégoriques du puits, de Mattanah et de Naḥaliël représente vraisemblablement une exégèse midrashique ancienne.

On ne peut en dire autant de l'extension du processus allégorique aux autres termes de l'itinéraire biblique: Bamot et « la vallée ». Il nous apparaît que ceux-ci n'entrèrent dans l'ensemble allégorique que de façon secondaire, en dépendance de l'aggadah targumique sur le puits. Considérons deux commentaires où Bamot et « la vallée » sont inclus. Et d'abord *Tanḥ. Ḥuqqat* 21 [129] qui se présente comme une plaidoirie de Moïse évoquant devant Dieu les vicissitudes de sa mission:

> Moïse dit: « Maître de l'univers, après tous les signes que tu as accomplis pour eux, est-ce que je (devrai) mourir à cause d'eux! À partir du désert tu leur as donné la Torah, comme il est dit: *Et du désert à Mattanah* (Nb 21,18); et de mes mains ils l'ont reçue en héritage, comme il est dit: *Et de Mattanah à Naḥaliël* (Nb 21,19). Et après qu'ils l'eurent reçue en héritage, tu as décrété contre moi la mort: *Et de Naḥaliël à Bamot* (*ibid.*): la mort vint. » *Et de Bamot à la vallée qui est dans la*

---

126 Par. en *Mekh. R. Shim.* 99; cf. aussi *Nb R.* 19, 33; *Tanḥ. Ḥuqqat* 21.

127 Le commentaire est transmis à propos du Ps 5, à cause du titre de ce Psaume: *ᵓl hnḥylwt*, « sur les flûtes » comme nous traduisons aujourd'hui; mais déjà les traducteurs grecs (LXX et Aquila) avaient rattaché le mot à la racine *nḥl*, « hériter » (cf. l'apparat critique de la *BHS*).

128 Sur la Torah héritage d'Israël, cf. par ex. Ps 119,111; Si 24,23. Sur Israël héritage de Dieu, par ex. Dt 4,20; 9,26.29; Is 19,25, etc. Dieu était dit l'héritage de l'Israélite pieux: Ps 16,6.

129 Par. en *Nb R.* 19,33.

> *campagne de Moab* (Nb 21,20): c'est le sépulcre, comme il est dit: *Et on le mit au tombeau dans la vallée au pays de Moab* (Dt 34,6).

Bamot est analysé de façon à obtenir *b' mwt*, « la mort vint », à savoir: sur Moïse. Cette exégèse permet de passer à l'interprétation de « la vallée » qui représente le lieu où Moïse fut enseveli. Nous avons découvert dans l'aggadah targumique sur le puits que la vallée de Nb 21,20 évoquait l'ensevelissement de Moïse et nous sommes porté à croire que le commentaire allégorique emprunte à cette tradition. Et d'ailleurs, l'aggadiste n'oublie pas que le passage biblique de Nb 21,18-20 est un épisode du don du puits. En effet, la sanction divine qui atteint Moïse en dépit de ses services nous renvoie à un contexte du don de l'eau, celui de Nb 20,1-13, lorsque Moïse, après que le rocher eut donné ses eaux, est frappé d'une mystérieuse exclusion le condamnant à mourir avant d'entrer dans le Pays. Nb 21,16-20 était un autre épisode du don de l'eau et on sait que le midrash passait de l'un à l'autre avec facilité [130].

L'autre commentaire allégorique qui parvient à intégrer tous les termes de l'itinéraire biblique se situe également dans le débat concernant les causes de la mort de Moïse. Dans le *Midr. Teh.* 5,1, il est attribué à Yehudah b. Simon b. Pazzi (pal. vers 320) [131]:

> *Et du désert à Mattanah* (Nb 21,18). R. Yehudah dit: A partir du désert les Israélites furent jugés dignes que leur fût donnée la Torah par l'intermédiaire de Moïse, comme il est dit: *Il donna à Moïse... (les deux tables du Témoignage)* (Ex 31,18). *De Mattanah à Naḥaliël* (Nb 21,19), c'est-à-dire qu'ils s'approprièrent (*nḥlw*) une idole et ils dirent: *Voici ton dieu, ô Israël* (Ex 32,8). *Et de Naḥaliël à Bamot* (Nb 21,19): après qu'ils se furent approprié une idole, l'ange de la mort vint sur eux, comme il est dit: *Dans ce désert ils disparaîtront et c'est là qu'ils mourront* (Nb 14,35). *Et de Bamot à la vallée* (Nb 21,20), c'est-à-dire qu'ils furent cause que ce juste fut enterré dans la vallée. C'est ce que dit Jérémie: *Vois ta conduite dans la vallée, reconnais ce que tu as fait* (Jr 2,23).

Yehudah reprend l'analyse *nḥlw 'l*, mais, par un audacieux gauchissement de la signification allégorique primitive, il donne au mot *'ēl* le sens d'« idole » en s'inspirant de l'épisode de l'adoration du veau d'or. Bamot évoque alors la venue de la mort, non pas sur Moïse comme en *Tanḥ. Ḥuqqat* 21, mais sur la génération des Israélites adultes sortis d'Égypte [132]. L'agga-

---

130 Le par. de *Nb R.* 19, 33 introduit d'ailleurs ce commentaire par une allusion au don de l'eau comme occasion du décret de mort: « Et puisque c'est à cause de l'eau que le décret fut porté contre Moïse, celui-ci ne fut pas mentionné dans le cantique (de Nb 21,17). »

131 Cf. BACHER, *Pal. Amoräer*, III, 185.

132 Après le péché du veau d'or (Ex 32), le commentateur passe à la condamnation exprimée en Nb 14,35 à la suite des récriminations lors de l'exploration du Pays. Toutefois, en Nb 14,33, la condamnation portait sur « les prostitutions » du peuple, ce qui pouvait s'entendre de l'idolâtrie. RASHI à Nb 14,33 explique que, depuis le péché du veau d'or, Dieu attendait le moment de les punir, lorsque la mesure serait

diste ne perd pas de vue pour autant l'interprétation de « la vallée » qui était, dans l'aggadah sur le puits, mise en relation avec la sépulture de Moïse. On peut même dire que le commentaire est orienté vers cette interprétation. Yehudah veut apporter une réponse à la question si souvent débattue des causes de l'exclusion de Moïse: bien que juste, c'est par solidarité à l'égard de la génération coupable qu'il fut enterré dans la vallée, hors de la Terre promise [133].

Ainsi, dans l'état de nos connaissances, il nous apparaît que l'allégorie primitive se limitait à une interprétation du puits, de Mattanah et de Naḥaliël. Ce n'est qu'en empruntant à l'aggadah sur le puits qu'on put intégrer « la vallée » dans la suite du commentaire et les interprétations de Bamot furent modelées en fonction de cette dernière exégèse.

Il existait aussi une série allégorique s'intéressant au don actuel de la Torah assimilée dans la vie de l'Israélite pieux. Dans cette perspective, Nb 21,18-20 servait à retracer l'expérience spirituelle de celui qui se livre à l'emprise de la Torah. *ᶜEr.* 54*a* attribue à Raba b. Yoseph b. Ḥama (bab. vers 330) cet enseignement [134]:

> Si un homme se rend comme un désert que tous peuvent fouler, la Torah lui est donnée en don. Et lorsque la Torah lui a été donnée en don, Dieu fait de lui son héritage, comme il est dit: *Et de Mattanah à Naḥaliël* (Nb 21,19). Et lorsque Dieu a fait de lui son héritage, (cet homme) s'élève en dignité (*ᶜwlh lgdwlh*), comme il est dit: *Et de Naḥaliël à Bamot* (*ibid.*). Mais si son coeur s'enorgueillit, le Saint, béni soit-il, le rabaisse, comme il est dit: *Et de Bamot à la vallée* (Nb 21,20). Cependant, s'il se repent, le Saint, béni soit-il, le relève, comme il est dit: *Toute vallée sera élevée* (Is 40,4).

Cet enseignement du docteur babylonien, pour une bonne part du moins, ne lui était pas original. D'après *Abôt* 6,2, Yehoshua b. Lévi (pal. vers 250)

---

comble. Le v. 34 « vous porterez la peine de vos crimes » est expliqué par Rashi: « deux crimes, celui du veau d'or et celui des murmures ».

133 La citation de Jr 2,23, bien que probablement secondaire dans la trame de l'argumentation, insinue même que l'ensevelissement de Moïse possède valeur expiatoire pour le péché de sa génération. Pour comprendre la portée de cette citation, il faut savoir que T Jr 2,23 explicitait « dans la vallée *en face de Beth-Peor* », faisant allusion au site associé au culte de Baal-Peor auquel s'étaient adonnés les Israélites (Nb 25,1ss; 31,16; cf. Ps-J Dt 3,29; N Dt 3,29 et 4,46). Comprise en référence à ce péché des Israélites, la citation de Jr 2,23 introduit un élément nouveau dans le commentaire attribué à Yehudah. Elle implique que Moïse fut là enterré parce qu'Israël avait péché à la suite de Baal-Peor. On rejoint ainsi la tradition attestée par Ḥama b. Ḥanina (vers 260) en *Soṭ.* 14*a*: « Pourquoi Moïse a-t-il été enterré en face de Beth-Peor? Pour expier l'affaire de Peor. » Et Ps-J Dt 34,6 paraphrase: « (Dieu) l'enterra dans la vallée, en face de Beth-Peor, *pour que, chaque fois que Peor se dresserait pour rappeler contre Israël leur faute, il ait devant les yeux le tombeau de Moïse et soit confondu.* » Cf. R. Bloch, « Quelques aspects de la figure de Moïse », 127-130, et, à propos de la solidarité de Moïse avec la génération du désert, la littérature citée *supra* n. 108.

134 Par. en *Ned.* 55*a*.

faisait déjà sienne une semblable interprétation de Bamot [135]. Et le *Midr. Teh.* 5,1 attribue à un certain Yannay (pal. vers 300?) l'interprétation de « la vallée » que nous trouvons en ᶜ*Er.* 54*a*. Cette ligne de lecture allégorique recouvre l'ensemble des étapes de l'itinéraire biblique, aussi bien que dans l'aggadah targumique sur le puits. Mais on peut se demander justement si elle ne transpose pas sur un mode allégorique un processus interprétatif lancé par le targum. Bamot évoque une élévation et « la vallée » une descente, comme dans la rédaction actuelle du TP l'aggadah de la descente du puits « dans les vallées » avait subi l'influence du mot *haggay*ᵓ [136].

Il est, d'ailleurs, intéressant de constater que les allégoristes ne faisaient pas nécessairement abstraction de l'exégèse réaliste. Ainsi, une des sentences de la *Mekh.* Ex 13,17 découvrait dans le détour des quarante ans de pérégrination au désert une intention de pédagogie divine:

> Le Saint, béni soit-il, dit: « Si je fais entrer Israël dans le Pays dès maintenant, aussitôt chacun va s'emparer de son champ ou de sa vigne et négliger la Torah. Mais voici que je vais les faire tourner dans le désert pendant quarante ans, de sorte que, tandis qu'ils mangent la manne et boivent l'eau du puits, la Torah pénètre dans leur corps [137]. »

Un tel commentaire prolonge une conception déjà amorcée en Dt 8,3 et Sg 16,26 où le don de la manne oriente vers la reconnaissance de la parole de Dieu [138].

---

135 Cf. BACHER, *Pal. Amoräer,* I, 137.

136 Cf. *supra* p. 171.

137 Cf. R. LE DÉAUT, « Miryam, soeur de Moïse », 212, n. 1.
Il semble que Shimon b. Yoḥay (vers 150) partageait cet avis: à propos de la manne en *Mekh.* Ex 13,17; à propos de la manne et du puits en *Ct R.* 2,5,2 (mais cf. BACHER, *Tannaiten,* II, 134 et n. 4).

138 L'association des deux significations, littérale et symbolique, se retrouve, en sens inverse, dans une sentence d'*Ex R.* 25,7: « Le Saint, béni soit-il, dit: ' Comment êtes-vous devenus capables de manger la manne et de boire au puits? Parce que vous avez reçu les préceptes et les lois ', comme il est dit: *Là il lui imposa une règle et un droit* (Ex 15,25) ».

Chapitre VII

La description paradisiaque du désert de l'Exode et l'attente du renouveau eschatologique

Au chapitre précédent, nous avons étudié les targums et les récits midrashiques sur le puits du désert en essayant de retracer les développements littéraires de la tradition. Nous allons maintenant considérer les influences thématiques qui se sont exercées au cours de l'élaboration des récits midrashiques.

I. La libation de la fête des Tentes, la source eschatologique du Temple et le puits du désert

Nous avons déjà eu l'occasion de décrire une partie des célébrations de la fête des Tentes [1]. Mais le rite le plus caractéristique et sans doute le plus important de la célébration au Temple était la libation d'eau qui accompagnait l'offrande de vin lors du *tāmîd* du matin [2]. La libation était pratiquée chacun des sept jours de la Fête [3]. Dès la pointe du jour, un cortège solennel de prêtres descendait à la source de Siloé. Un prêtre y puisait de l'eau qu'il emportait dans une fiasque (*ṣlwḥyt*) d'or. La procession passait par la Porte des Eaux où elle était saluée de trois sonneries de trompettes. Le prêtre officiant gravissait ensuite la rampe au sud de l'autel des holocaustes. Monté à l'autel, il se tournait vers la gauche, vers l'angle sud-ouest [4]. Là se trouvaient deux bassins au fond percé d'une ouverture: l'un était destiné à l'offrande de vin; l'autre, plus à gauche, devait servir à la libation d'eau. Quand le prêtre était sur le point de faire la libation, on lui criait de lever la main; on voulait ainsi pouvoir vérifier l'accomplissement du rite [5].

---

[1] Cf. *supra* p. 34-37.

[2] Elle est décrite en *M. Suk.* 4, 9; *Tos. Suk.* 3, 14; *Suk.* 48*a*.

[3] *M. Suk.* 4, 1 prévoit une durée de sept jours (cf. aussi *Tos. Suk.* 3, 16). En *Taᶜan.* 3*a*, nous voyons que c'était l'avis de Yehoshua (b. Ḥananiah). Par contre, Yehudah (b. Ilay) (vers 150) prolongeait la libation jusqu'au huitième jour (cf. *M. Suk.* 4, 9; *Tos. Suk.* 3, 16; *Taᶜan.* 3*a*). Comme le suggère Billerbeck, *Kommentar*, II, 802, on donnera la préférence à l'avis de Yehoshua qui a dû connaître encore les cérémonies du Temple. La libation n'était jamais empêchée par une coïncidence avec le sabbat; en prévision du sabbat, on apportait dès la veille l'eau qui servirait à la libation (cf. *M. Suk.* 4, 10).

[4] Il se tournait ainsi vers la direction du vent qui amène la pluie (cf. H. Bornhäuser, *Sukka,* 132; R. Patai, « Control of Rain », 275).

[5] Cf. J. Le Moyne, *Les Sadducéens,* 285-287.

La libation était une tradition certainement très ancienne, destinée à faire tomber la pluie; comme la cérémonie du saule, il s'agit vraisemblablement de la transposition d'une coutume populaire extrabiblique de magie sympathique [6]. Adaptée en Israël et pratiquée à l'époque où l'on priait YHWH d'accorder les pluies d'automne, elle devint un symbole du bienfait demandé, comme une « imploration mimée » [7] des chutes de pluie. Aqiba (av. 135) a d'ailleurs pris soin de commenter la signification du rite: il est accompli, dit-il, pour obtenir « la bénédiction des pluies » (*Tos. Suk.* 3,18) et il cite Za 14,17s.[8].

1. *La libation: un appel de la source eschatologique du Temple*

Nous venons de voir que la signification première de la libation était liée au cycle des saisons. Mais le rite en vint à évoquer aussi le jaillissement des eaux qui, selon la prophétie d'Ez 47,1-12, devaient s'écouler du Temple pour renouveler et faire fructifier la terre désertique [9].

De dessous le seuil du Temple nouveau, où la gloire de YHWH serait revenue habiter, le prophète avait vu jaillir un filet d'eau qui s'en irait grossissant jusqu'à devenir un torrent infranchissable. Porteur des bénédictions du Seigneur, le torrent descendrait dans la région désertique pour

---

[6] Cf. D. FEUCHTWANG, « Das Wasseropfer », *MGWJ* 54 (1910), 537-552; H. BORNHÄUSER, *Sukka*, 128s.; G. W. MACRAE, « The Meaning and Evolution », 273.

[7] L'expression est de H. CAZELLES, « La fête des Tentes », 34.

[8] Par. en *M. R.H.* 1,2; *Tos. R.H.* 1,12; *J. R.H.* 1,57*b*; *R.H.* 16*a*; *Siphrê* Nb 150 à Nb 29,12. D'après *M. R.H.* 1,2, à la fête des Tentes, le monde est jugé sur les eaux; une telle tradition est dans la ligne de Za 14,17-19.

Dans certains textes, on peut voir que les rabbins s'intéressaient aussi à l'aspect cosmologique, et apparemment encore quelque peu magique, de la libation. On croyait parfois que l'eau et le vin déversés sur l'autel dans des bassins percés d'un trou étaient évacués par des conduits qui atteignaient jusqu'à l'abîme (cf. *Suk.* 49*a*). Une telle croyance expliquerait pourquoi il était d'importance que la libation fût réellement faite dans les bassins. D'après *Ta*ᶜ*an.* 25*b*, R. Éléazar (lequel?) affirmait: « Lorsqu'on fait la libation d'eau lors de la Fête, un abîme dit à l'autre (abîme): ' Laisse jaillir tes eaux (car) j'entends la voix des deux compagnons ', comme il est dit: *Un abîme appelant l'abîme à la voix de tes cataractes* (Ps 42,8). » Ainsi, l'abîme souterrain, lorsqu'il reçoit la libation d'eau et de vin (les « deux compagnons ») alerte les eaux supérieures. En vertu de la libation, les eaux des sources jailliront et les pluies descendront; cf. D. FEUCHTWANG, « Das Wasseropfer », *MGWJ* 54 (1910), 550; J. JEREMIAS, « Golgotha und der heilige Felsen », *Angelos*, II, Leipzig, 1926, 100-103. Selon une conception légèrement différente, le point de contact avec les eaux primordiales était constitué par une pierre située dans le Saint des Saints et qui scellait la bouche de l'abîme. On l'appelait *ʾeben šᵉtîyyāh* en rapportant l'expression, tantôt au verbe *šth* ou *štt*, « poser le fondement », tantôt au verbe *šth*, « boire ». Pour Yosé b. Ḥalaphta (vers 150), c'était la pierre de fondation du monde; pour Ḥiyya (vers 200), c'était la pierre à partir de laquelle le monde buvait (cf. *J. Yoma* 5,42*c* où il faut lire, d'après les par., R. Yosé au lieu de R. Yoḥanan; on trouvera les par. dans BILLERBECK, *Kommentar*, III, 182*g*). D. FEUCHTWANG, « Das Wasseropfer », *MGWJ* 54 (1910), 720-729; 55 (1911), 44; J. JEREMIAS, « Golgotha », 84. 91-98; J. HEINEMANN, *Aggadah and its Development*, 17-26 et 191s., ont étudié le thème.

[9] On se reportera à l'article du pionnier en cette matière: P. GRELOT, « Jean, VII, 38: eau du rocher ou source du Temple? », *RB* 70 (1963), 43-51, spéc. 45-47; et à l'étude d'U. WIEDERKEHR, *Die Tempelquelle*, spéc. 13-24.

y recréer la vie; il irait transformer le désert en un jardin paradisiaque. Des arbres apparaîtraient, dont les fruits, nouveaux chaque mois, serviraient de nourriture, et dont les feuilles seraient des remèdes. Le torrent vivifiant provenant du lieu de la présence de Dieu s'en irait même assainir les eaux de la Mer de Sel au point que celle-ci deviendrait grouillante de poissons [10].

L'eau jaillissant du Temple, un Tannaïte de la fin du Ier siècle, Éliézer b. Yaᶜaqob, nous précise qu'elle devait sourdre à la Porte des Eaux [11]. L'aphorisme d'Éliézer nous est conservé en *M. Mid.* 2,6 dans un contexte qui tente d'expliquer le nom de cette Porte [12]. Le rédacteur apporte une première explication:

> Par là on introduisait la fiasque (*ṣlwḥyt*) d'eau de libation lors de la Fête.

Immédiatement après, vient une seconde explication, celle d'Éliézer:

> R. Éliézer b. Yaᶜaqob dit: Et [13] par là *les eaux couleront* (*hmym mpkym*) et doivent *sortir de dessous le seuil de la Maison.*

La référence à Ez 47,1-2 est évidente; Éliézer en utilise le texte [14]. La sentence de ce docteur porte directement sur la relation entre la Porte des Eaux et la source eschatologique. Mais elle ne fait pas abstraction des cérémonies de la fête des Tentes. Pour mieux nous en rendre compte, considérons la version que nous conserve la *Tos. Suk.* 3,3 de la sentence d'Éliézer:

> R. Éliézer b. Yaᶜaqob dit: Par là (= par la Porte des Eaux) (*les*) *eaux couleront,* c'est-à-dire qu'elles glouglouteront (*mpkpkyn*) et sortiront comme les eaux de cette bouteille (*kmy hpk hzh*), et elles doivent *sortir de dessous le seuil de la Maison* [15].

---

[10] Sur la signification biblique d'Ez 47,1-12, cf. Ph. REYMOND, *L'eau,* 234-237, et les commentaires: G. A. COOKE, *A Critical and Exegetical Commentary on the Book of Ezekiel* (ICC), Edinburgh, 1936, 516-524; G. FOHRER, K. GALLING, *Ezechiel* (HAT 13), 2e éd., Tübingen, 1955, 243-245; W. EICHRODT, *Der Prophet Hesekiel* (ATD 22/2), Göttingen, 1966, 411-416; L. ALONSO SCHÖKEL, *Ezequiel* (Los Libros Sagrados), Madrid, 1971, 288-290; W. ZIMMERLI, *Ezechiel,* II (BK 13/2), 2e éd., Neukirchen-Vluyn, 1979, 1186-1201.

[11] Il y eut deux Tannaïtes de ce nom. On attribue à l'ancien (vers 150) les sentences se rapportant au Temple; cf. BACHER, *Tannaiten,* I, 64s.

[12] Par. en *M. Sheq.* 6, 3; par. aussi en *Tos. Suk.* 3, 3 et *Yoma* 77*b*-78*a* avec les particularités que nous mentionnerons en note.

[13] Cette conjonction *waw* est absente du texte en *M. Sheq.* 6, 3 et *Tos. Suk.* 3, 3.

[14] Nous avons souligné ce qui est repris au texte biblique. On remarquera qu'en citant l'expression du v. 2: *hmym mpkym,* le texte de la *Mishnah* comporte l'article supposé par la LXX et qui a dû tomber du TM par haplographie; cf. l'apparat critique de la *BHS.*

[15] Nous avons cité l'éd. de LIEBERMAN. L'éd. de ZUCKERMANDEL, au lieu de: « et sortiront comme les eaux de cette bouteille », a la leçon: *wᶜwlyn kmyn py hpk hzh,* « et monteront comme du goulot de cette bouteille », ce qui est une adaptation inspirée de *Tos. Suk.* 3, 11 où la tradition sur le puits qui monte est mise en relation avec la fête des Tentes.

Manifestement, cette version de la *Tosephta* a retravaillé la sentence d'Éliézer telle qu'elle nous est conservée dans la *Mishnah*. L'élaboration, sous forme de glose, consiste à paraphraser le participe tiré d'Ez 47,2 *mpkym* au moyen d'une expression plus circonstanciée développant les formes de même racine *mpkpkyn* et *pk*. Le commentateur veut suggérer un écoulement semblable au bouillonnement [16] ou, plus exactement, au glouglou de l'eau s'échappant d'une bouteille. Mais ce n'est pas de n'importe quelle bouteille: il s'agit de « cette bouteille ». Nous sommes renvoyés au *Sitz im Leben* de la libation. Ainsi, d'après ce commentaire, la sentence d'Éliézer établissait une relation entre la libation cultuelle et le jaillissement de l'eau vivifiante des temps à venir. Il faut sans doute comprendre que l'une préparait la venue de l'autre. Mais l'élaboration de ce commentaire reste-t-elle conforme à la pensée d'Éliézer telle qu'elle est rapportée dans la *Mishnah*? Ce docteur, en situant à la Porte des Eaux l'endroit d'où l'eau eschatologique devait sourdre, pensait-il aussi à la libation de la fête des Tentes? Nous estimons que oui. En effet, Éliézer, qui avait encore connu le Temple et qui en parlait volontiers, ne devait pas ignorer que la Porte des Eaux était précisément l'endroit par où entrait le cortège de l'eau de libation [17]. L'explication qu'il donne du nom de la Porte présuppose la première explication, plus ancienne, en référence à l'introduction de la fiasque. Voilà pourquoi il exprime le jaillissement de la source du Temple, non pas d'abord en citant le v. 1 d'Ez 47: « les eaux sortiront de dessous le seuil », mais en recourant en premier lieu à l'expression rare du v. 2, un hapax de l'A.T.: *hmym mpkym*, qui, par onomatopée, suggérait le glouglou de l'eau déversée d'une bouteille [18].

Éliézer, réfléchissant sur la portée eschatologique de la libation d'eau, pouvait déterminer à quel endroit devait sourdre l'eau que le visionnaire avait vu sortir de dessous le seuil du Temple: ce serait à la Porte des Eaux. Un commentateur dans la *Tosephta* ne faisait que reprendre l'enseignement du maître pour en expliciter le procédé exégétique [19]. À partir

---

16 Notons que Rashi à Ez 47,2 *mpkym*, selon certains mss, a une glose française: *bwyyʾnṭ* ou *bwyyʾwnṭ*; cf. A. Darmesteter, *Les gloses françaises de Raschi dans la Bible*, Paris, 1909, 96. Sur ces gloses françaises, cf. aussi M. Banitt, « Le français chez Rachi », dans *Rachi* (ouvrage collectif), Paris, 1974, 123-138.

17 H. Bornhäuser, *Sukka*, 130s., est d'avis que la première explication du nom de la Porte pourrait être exacte, c'est-à-dire que ce nom déjà mentionné dans l'A.T. (et dans un contexte de fête des Tentes, cf. Ne 8,1ss) serait réellement derivé du rite de la procession de libation; cf. aussi U. Wiederkehr, *Die Tempelquelle*, 17.

18 À propos d'Ez 47,2, au niveau même de l'interprétation de ce texte d'A.T., Ph. Reymond, *L'eau*, 62s., écrivait: « Le verbe *pkh* que nous trouvons ici est un dénominatif du substantif *pk*, la cruche, lui-même une onomatopée. Ainsi, là où les Hébreux entendaient le son ' pac-pac ' quand on vidait une cruche, nous, nous entendons celui de ' glou-glou '. Il faut donc traduire le passage par ' de l'eau glougloutait ', même si cette traduction n'est pas très littéraire. »

19 Dans la suite de la tradition, la sentence d'Éliézer sera englobée dans un ensemble plus vaste décrivant le cheminement de l'eau. Citons *J. Sheq.* 6, 50*a*: « On a enseigné: (depuis) le Saint des Saints jusqu'au voile, (il y aura un filet d'eau) comme

d'une interprétation d'Ez 47 nous est donc attestée, dès la fin du premier siècle, une réflexion théologique sur le caractère eschatologique de la libation d'eau [20].

D'autres textes prophétiques sur la source attendue devaient également, dès une date ancienne, être lus en relation avec la fête des Tentes. C'est le cas de Jl 4,18 sur la source du Temple et de Za 14,8 sur les « eaux vives » qui « sortiront de Jérusalem ». On sait que Za 14,1ss faisait partie des *haphṭārôt* de la Fête [21]. Et d'ailleurs, le texte biblique de cette péricope (vv. 16-19) traitait du pèlerinage des *Sūkkôt* en vue d'obtenir la pluie, si bien qu'on peut légitimement se demander si, au plan même de la rédaction biblique, l'annonce eschatologique des eaux vives (v. 8) n'était pas déjà mise en relation avec les cérémonies cultuelles [22]. Quant au texte d'Is 12,3: « Vous puiserez de l'eau avec joie aux sources du salut », il était communément rappelé pour justifier l'exubérante allégresse de la célébration [23].

---

des antennes de chenilles. Depuis le voile jusqu'à l'autel d'or, (le filet d'eau sera) comme des antennes de sauterelles. Depuis l'autel d'or jusqu'aux parvis, (l'eau sera) comme un fil de chaîne. Depuis les parvis jusqu'au seuil de la Maison, (elle sera) comme un fil de trame. À partir de là et dans la suite, (l'eau sortira) comme du goulot de la bouteille (*kmpy hpk*): il est écrit: *Et voici que des eaux coulaient* (Ez 47,2). » Nous remarquons combien, dans cette reprise talmudique de la tradition, la portée de la sentence d'Éliézer s'est infléchie. En effet, l'expression « comme du goulot de la bouteille » est maintenant située à la suite d'une série de comparaisons qui portent sur le débit de la source; de ce fait, elle tend à devenir une mesure quantitative. On perçoit encore la référence cultuelle, mais l'allusion à la libation a perdu beaucoup de sa valeur d'évocation, d'appel de la venue de l'eau eschatologique. Le gauchissement est encore plus sensible dans le par. remanié de *Yoma* 77*b*-78*a* attribué à Pinḥas au nom de Huna de Sepphoris (pal. vers 300) où l'eau mesurée devient « comme le goulot d'une petite bouteille ». Il ne semble pas que subsiste ici une référence à la libation.

20 T Ct 4,15 fait allusion à la libation d'eau puisée à Siloé (cf. le commentaire du passage par R. LE DÉAUT, « Targumic Literature and New Testament Interpretation », 276 et n. 105). Nous pouvons peut-être comprendre que cette libation, avec l'observance de la Loi (symbolisée par le puits d'eaux vives), est mise en relation avec le jaillissement eschatologique du Temple: « la surabondance (*mwtr*; sur ce sens du mot, cf. JASTROW, 752, citant T Is 1,9) des eaux qui s'écoulent du Liban », si le Liban désigne ici le Temple (sur le Liban - Temple, cf. G. VERMES, *Scripture and Tradition*, 26-39).

21 Cf. A. GUILDING, *The Fourth Gospel and Jewish Worship*, Oxford, 1960, 105, et surtout Ch. PERROT, *La lecture de la Bible dans la synagogue. Les anciennes lectures palestiniennes du Shabbat et des fêtes*, Hildesheim, 1973, 277.

22 Cf. G. W. MACRAE, « *The Meaning and Evolution* », 269s.

Sur la relation biblique entre Ez 47, Za 14,8 et Jl 4,18, cf. Ph. REYMOND, *L'eau*, 234-236; Th. CHARY, *Aggée - Zacharie, Malachie* (SB), Paris, 1969, 215s.; H. W. WOLFF, *Dodekapropheton 2. Joel und Amos* (BK 14/2), Neukirchen-Vluyn, 1969, 100s.; G. W. AHLSTRÖM, *Joel and the Temple Cult of Jerusalem* (SupplVT 21), Leiden, 1971, 95.

Dans les commentaires midrashiques, on passe facilement d'une citation à l'autre. Ainsi, en *Tos. Suk.*, le commentaire qui avait commencé en 3, 3 par une citation d'Ez 47,2 et 1, passe en 3, 8 à une citation de Za 14,8, puis en 3, 9 à une citation de Za 13,1.

23 D'après *J. Suk.* 5, 55*a*, Yehoshua b. Lévi (pal. vers 250) expliquait: « D'où vient le nom de ' Lieu du puisage '? C'est que de là on puisait l'Esprit Saint, conformément à ... Is 12,3. » Le point d'attache de cette sentence au texte d'Is 12,3 n'est pas le fait

D'après *Tos. Suk.* 3,10, la libation était aussi un présage du jaillissement des « eaux originelles ». En effet, la section de ce recueil, qui débutait en 3,3 par l'annonce des eaux d'Ez 47,2 qui « glouglouteront et sortiront comme les eaux de cette bouteille », conclut la description du parcours et de la vitalité de ces eaux (cf. Ez 47,3ss) par une nouvelle allusion à la libation:

> Nous apprenons que toutes les eaux de la création (*kl mymy br'šyt*) doivent sortir comme du goulot de cette bouteille (*Tos. Suk.* 3, 10).

Une même formule encadre donc la section et réunit les eaux eschatologiques qui jaillissent du Temple et les eaux « de la création » également évoquées par l'eau de libation. Quelles sont ces eaux « de la création », si ce n'est les eaux du paradis des origines dont on attendait qu'il soit rendu à la fin des temps [24]? Déjà en Ez 47 la vision du torrent jaillissant du lieu de la présence divine pour irriguer la terre désertique s'inspirait des traditions paradisiaques; le rédacteur pouvait légitimement passer des eaux eschatologiques au retour des eaux originelles. Ce n'était qu'un même jaillissement annoncé par la libation.

2. *La libation: un mémorial du puits du désert*

Tos. Suk. 3,11 reprend une nouvelle fois la formule qui encadrait la section de 3,3-10 où elle marquait la relation entre la libation et les eaux eschatologiques jaillissant du Temple; la formule est reprise pour être appliquée, cette fois, à la tradition sur le célèbre puits du désert [25]. Manifestement, cette formule vient se superposer à une tradition déjà constituée, pour servir de lien avec ce qui précède, à savoir la libation et l'attente du jaillissement eschatologique. Nous avons déjà étudié plusieurs éléments de la tradition rapportée en *Tos. Suk.* 3,11 [26]; nous reprenons l'ensemble en disposant plus en retrait la formule nouvelle:

---

même de puiser l'eau, mais la *joie* qui caractérisait les cérémonies nocturnes dans le parvis des femmes auquel était réservé le nom de « Lieu du puisage ». C'était une joie disposant les coeurs à recevoir l'inspiration de l'Esprit Saint (cf. G. F. MOORE, *Judaism*, II, 45s.). On remarquera d'ailleurs que c'est sur la joie que porte la question dans les par. de *PR* 1, 1*b* et *Gn R.* 70, 8 à Gn 29, 1: « Pourquoi disait-on 'joie du Lieu du puisage'? ». Et dans la suite (non immédiate) de *J. Suk.* 5, 55*a*, nous lisons, à propos de l'inspiration prophétique de Jonas, cette sentence attribuée à R. Yonah (pal. vers 350): « Jonas ben Amittay fut parmi les pèlerins des fêtes; il prit part à la joie du 'Lieu du puisage' et l'Esprit Saint reposa sur lui. Cela t'enseigne que l'Esprit Saint ne repose que sur un coeur joyeux. »

Sur l'évolution sémantique de l'appellation « Lieu du puisage », cf. H. BORNHÄUSER, *Sukka*, 139s.: l'expression devait désigner à l'origine le lieu où l'on puisait l'eau, mais elle fut ensuite réservée au lieu du rassemblement nocturne qui avait pris beaucoup de place dans la conscience populaire.

24 Cf. P. GRELOT, « Eau du rocher ou source du Temple? », 46.

25 Cf. P. GRELOT, *ibid.*; T. F. GLASSON, *Moses in the Fourth Gospel* (Studies in Biblical Theology 40), London, 1963, 59; U. WIEDERKEHR, *Die Tempelquelle*, 15s.

26 Cf. *supra* p. 181-184.

Ainsi était le puits qui accompagnait les Israélites dans le désert. Il ressemblait à un rocher de la dimension d'un tamis.

Il glougloutait (*mpkpkt*) et montait (*w^{c}wlh*) comme du goulot de cette bouteille (*kmpy hpk hzh*).

Il montait avec eux sur les montagnes et descendait avec eux dans les vallées. À l'endroit où les Israélites campaient, il s'installait en face d'eux, à un endroit surélevé en face de l'entrée de la Tente du rendez-vous. Les princes d'Israël s'approchaient et faisaient cercle autour de lui avec leurs bâtons et ils lui adressaient le chant: « *Monte, puits, chantez-le* ! » (Nb 21,17), « Monte, puits, chantez-le ! » Et (les eaux) bouillonnaient (*mb^{c}b^{c}yn*) et montaient comme une colonne vers le haut. Et chacun (les) attirait avec son bâton, l'un vers sa tribu, l'autre vers sa famille, comme il est dit: *Puits que des princes ont creusé,* etc. (Nb 21,18).

Il est remarquable que, dans cet ensemble, la montée du puits soit décrite deux fois. L'une des deux descriptions, la seconde, est traditionnelle: elle s'inspire du texte de Nb 21,17 tel qu'il était commenté dans le TP et dans bien des récits midrashiques: le puits monte en réponse à l'incantation des Israélites ou de leurs princes. En doublet de cette tradition, nous trouvons dans l'introduction une description nouvelle, ajoutée pour mettre en valeur le lien unissant la libation et le don du puits dont elle fait mémoire. Le verbe *pkpk,* qui avait servi en *Tos. Suk.* 3,3 à expliciter la relation entre la fiasque de libation et les eaux d'Ez 47,2, est maintenant appliqué au puits: il « glougloutait » [27]. La relation avec l'eau de la libation, insinuée par cette onomatopée, est ensuite explicitement déclarée: le puits montait « comme du goulot de cette bouteille » [28]. On conviendra que la représentation n'est pas très heureuse; elle trahit la retouche d'un épigone. L'eau de libation, en effet, ne montait pas; elle était déversée!

En réalité, le rédacteur de la *Tosephta* a voulu expliciter une relation qui existait déjà entre la libation et le prodige du puits. Dans la pièce aggadique traditionnelle qu'il a reprise, l'emplacement de choix attribué au puits dans la scène du campement était déjà un reflet du cadre cultuel: le puits était installé « à un endroit surélevé en face de l'entrée de la Tente du rendez-vous ». On pense évidemment à la libation liturgique sur l'autel des holocaustes [29].

La tradition du campement autour du puits placé devant le sanctuaire ne nous est pas seulement décrite dans les recueils de textes aggadiques; elle nous est attestée aussi sur une des célèbres fresques de la synagogue

---

[27] Le récit aggadique repris par la *Tosephta* avait déjà décrit un « bouillonnement » qui préludait à la montée du puits; cet enjolivement reçoit maintenant une précision nouvelle.

[28] L'attention portée au goulot peut être due à l'influence soit des traditions sur la bouche du puits de Gn 29,2s. et 10 (cf. *infra* chap. VIII), soit des réélaborations de la sentence d'Éliézer telles qu'elles nous sont attestées en *J. Sheq.* 6,50*a* et *Yoma* 77*b*-78*a* où l'accent est mis sur le débit de l'eau.

[29] Cf. aussi les par. cités p. 183, n. 82: « dans la cour de la Tente du rendez-vous ».

de Doura-Europos décorée vers 250 [30]. On sait que les fresques de Doura, tout en illustrant des récits bibliques, s'inspirent largement des traditions exégétiques du judaïsme postbiblique: la Bible y est peinte comme elle était racontée dans l'aggadah [31]. Le témoignage pictural de Doura pourra constituer dans notre étude du développement et de la signification de la tradition sur le puits un repère chronologique. La scène qui nous intéresse constituait sur le mur ouest de la synagogue, au second registre, un panneau de 1 m, 90 sur 1 m, 44 [32]. La partie centrale du panneau est occupée en haut par un petit édifice composé de deux colonnes supportant une architrave et un fronton. Devant l'édifice apparaît le chandelier à sept branches en grande dimension. Deux petits objets de culte sont représentés de part et d'autre du candélabre [33] et devant lui, une table, sans doute la table des pains de proposition. Ce groupement d'objets nous invite à reconnaître dans l'édifice à colonnes le sanctuaire du désert. Plus bas, dans le prolongement de l'axe central, on voit une sorte de cuve à base carrée avec une large ouverture circulaire représentant la margelle d'un puits. De l'eau bouillonne à la surface [34], puis s'échappe en douze cours d'eau qui se dirigent vers douze tentes. Ces tentes, à l'entrée desquelles — et même pour certaines à l'intérieur desquelles — parviennent les canaux sortis du puits, sont symétriquement disposées en quatre groupes de trois autour de l'axc central du tableau constitué par le sanctuaire, ses accessoires et le puits. Parallèlement à l'axe vertical, dans la moitié gauche du panneau s'impose, représenté de face, un personnage en très haute dimension. Sa main droite tient un bâton qu'il plonge dans le puits,

[30] En 244-245, d'après l'inscription commémorative retrouvée en 1932, on avait fêté la dédicace de la nouvelle synagogue. En 256, pour parer au danger d'un assaut sassanide contre cette ville de garnison romaine, il fallut renforcer les travaux de défense du rempart; dans les fortifications nouvelles, la synagogue à peine construite fut emmurée. C. H. KRAELING, *The Excavations. The Synagogue*, 333s., suppose que la décoration n'était pas terminée lors de la dédicace et qu'elle a dû se prolonger jusque vers 250.

[31] Cf. *supra* p. 24, n. 53. Les correspondances entre les traditions aggadiques et l'iconographie de Doura ont été soulignées par C. H. KRAELING, *op. cit.*, 76s. 119. 122. 140. 178. 220. 352s. Et « scholars agree ... that many of the scenes contain non-biblical homiletical embellishments, called *aggadoth* », nous assure J. GUTMANN, « Programmatic Painting in the Dura Synagogue », dans *The Dura-Europos Synagogue: A Re-evaluation (1932-1972), ed.* J. GUTMANN, Missoula, Mont., 1973, 140. Cf. en outre à ce sujet R. LE DÉAUT, *La nuit pascale*, 56 et 161, n. 76; ID., *Introduction*, 171s. Concernant l'oeuvre d'E. R. GOODENOUGH (*Jewish Symbols in the Greco-Roman Period*, IX-XI: *Symbolism in the Dura Synagogue*, New York, 1964) trop sensible aux influences d'un judaïsme « mystique et philosophique », on peut consulter les critiques d'E. J. BICKERMAN, « Symbolism in the Dura Synagogue. A Review Article », *HTR* 58 (1965), 127-151, et M. AVI-YONAH, « Goodenough's Evaluation of the Dura Paintings: A Critique », dans *The Dura-Europos Synagogue: A Re-evaluation, ed.* J. GUTMANN, 117-135.

[32] Nous suivons la description de C. H. KRAELING, *op. cit.*, 118-125.

[33] D'après C. H. KRAELING, *op. cit.*, 124, il s'agirait de l'autel pour l'encens, ici doublé en vue d'une composition symétrique.

[34] Cf. C. H. KRAELING, *op. cit.*, 122: « black loops outlined against its yellow interior indicate that the water is bubbling up ».

tandis que, de sa main gauche étendue, il invite à considérer le prodige du puits. Enfin, devant la porte — ou aux abords — de chacune des douze tentes se trouve un personnage, d'une taille environ trois fois moindre que celle de l'homme qui domine le puits. Ces petits personnages tiennent les bras levés et les mains étendues dans une attitude de chant et de louange. Nous n'avons aucune peine à reconnaître dans cette scène les traits principaux de l'aggadah dont nous avons étudié la formation [35]. Mais nous noterons aussi certaines particularités.

Selon la tradition commune (*Tos. Suk.* 3,11), le puits est en face de la Tente du rendez-vous et il est entouré par les princes des tribus; le puits monte, bouillonne et se répand en douze canaux. Mais, à la différence de la tradition aggadique, les princes n'attirent pas l'eau; leurs bâtons n'apparaissent même pas sur le dessin. Leur rôle se limite à proclamer le chant ou à s'extasier devant le prodige. Pourtant, si les eaux débordant du puits étaient réparties en douze canaux, c'est, comme nous l'avons vu, parce que les princes les attiraient chacun vers sa tribu [36]. On doit donc supposer que l'artiste a négligé cet intermédiaire. Il a fait porter ailleurs l'insistance. Les princes se tiennent à l'entrée ou aux abords de leurs tentes. Et celles-ci n'apparaissent pas comme un motif accessoire dans la composition: les courants d'eau parviennent aux tentes, à l'entrée ou même à l'intérieur. Ce trait figuratif n'est pas indépendant d'une élaboration aggadique: *Leqaḥ Ṭ.* Nb 21,18, tout en signalant la fonction communément dévolue aux princes de « tirer » avec leurs bâtons, mentionnait que les eaux arrivaient jusqu'aux tentes [37]. Et cette précision situe, de

---

[35] R. du Mesnil du Buisson, « Le miracle de l'eau », 114-116, et Id., *Les peintures*, 66-68, recherchait dans les divers textes bibliques sur le don de l'eau des détails qu'il assemblait lui-même pour rendre compte de l'inspiration de l'artiste. Mais comme l'a bien fait remarquer R. de Vaux, *RB* 49 (1940), 140 (recension du livre de R. du Mesnil du Buisson, *Les peintures*), les traits du tableau étaient déjà combinés dans la tradition juive. C'est donc vers la tradition qu'il fallait se tourner et ensuite seulement étudier comment la tradition combinait divers épisodes de l'Écriture. Contre une illustration de la tradition, R. du Mesnil du Buisson, *Les peintures*, 68, faisait valoir l'absence de Miryam dans la représentation de la scène. Mais nous savons que la tradition a connu bien des avatars; dans la formulation classique du campement, Miryam n'intervenait pas.

C. H. Kraeling, *op. cit.*, 120-125, reconnaît ce qu'il appelle la légende du « Puits de Miryam », mais il pense que l'artiste a voulu en outre dépeindre un campement dans le désert, conformément à Nb 2. En réalité, nous avons vu que l'aggadah sur le campement autour du puits avait déjà assimilé les éléments tirés de Nb 2. J. Daniélou, *Études d'exégèse judéo-chrétienne* (*Les Testimonia*) (Théologie historique 5), Paris, 1966, 137s., ne tient pas compte non plus de la présence de la Tente du rendez-vous dans les récits midrashiques sur le puits, ni de la relation avec la libation. Il veut, à tort, rattacher le sanctuaire à Ez 47. Mais les eaux du puits, d'après cette scène, ne jaillissent pas du Temple.

[36] Cf. *supra* p. 184. Saint Éphrem à Nb 21,17 (cf. *supra ibid.*) ne dit pas que les princes attiraient les douze fleuves, mais il signale la présence de leurs bâtons. Du reste, Éphrem emprunte à une tradition juive et peut n'en citer que ce qui lui paraît le plus représentatif.

[37] Cf. Ps-J Nb 21,19, mais selon le schéma de distribution individuelle qui démocratise la mise en scène; *supra* p. 185.

Moïse et le puits d'après la fresque de Doura
(reproduction de *Bible et Terre Sainte* n° 88, 1967, 11).

façon plus explicite, la représentation du prodige du puits dans le cadre cultuel de la fête des Tentes [38]. À Doura, l'importance des princes, qui n'attirent pas l'eau, s'est estompée pour faire ressortir le motif cultuel des tentes. Mais un autre personnage a pris du relief: de sa stature géante, Moïse préside au don de l'eau. Son bâton qu'il trempe dans le puits n'apparaît pas parmi les caractéristiques des récits midrashiques sur le campement [39]. L'importance attribuée à Moïse protagoniste du don de l'eau peut être un trait propre à l'inspiration de l'artiste qui a voulu signifier, à sa manière, le lien entre Moïse et le puits [40]. Ou encore le relief qu'acquiert ici la représentation de Moïse pourrait-il s'expliquer peut-être par l'aspect eschatologique d'attente d'un retour du puits dans le cadre de la fête des Tentes.

L'aggadah sous-jacente à l'iconographie de Doura s'était élaborée en relation avec la libation cultuelle. On peut légitimement supposer que cette aggadah mise en peinture vers 250 était formulée dès les premières décades du IIIe siècle. Mais bien avant, Yehoshua b. Ḥananiah (début du IIe siècle) voyait dans le bois qui adoucit les eaux de Marah un rameau de saule. Nous avons mis cette sentence en relation avec l'usage du saule dans les cérémonies qui imploraient le don de la pluie [41]. Cette conception ancienne de la fête des Tentes comme une commémoration du prodige de Marah ne nous a été conservée que par hasard, par le biais d'une énumération d'opinions rabbiniques sur le bois d'Ex 15,25. Mais on admet-

---

38 Évidemment, les huttes (*sŭkkôt*) de la Fête ne correspondent qu'imparfaitement aux tentes du désert, mais cette différence avait été négligée dès Lv 23,43 lors de l'historicisation de la célébration. Sur l'évocation cultuelle des tentes à Doura, cf. R. DE VAUX, *RB* 49 (1940), 140; H. RIESENFELD, *Jésus transfiguré. L'arrière-plan du récit évangélique de la Transfiguration*, København, 1947, 43; J. DANIÉLOU, *Bible et liturgie* (Lex Orandi 11), Paris, 1951, 451.

Notons que le *Rouleau du Temple* XLII, 12-17 prévoit un emplacement pour les huttes des anciens, des princes et des chefs sur la terrasse du parvis extérieur du Temple; cf. Y. YADIN, *Megillat Hammiqdash*, II, Jérusalem, 1977, 126; A. CAQUOT, « Le Rouleau du Temple de Qoumrân », *ETRel* 53 (1978), 476.

39 R. DU MESNIL DU BUISSON, « Le miracle de l'eau », 113s., et ID., *Les peintures*, 65s., ayant pu distinguer une petite séparation entre la main et le bâton, interprétait que Moïse jetait son bâton dans l'eau. Comme l'a fait remarquer C. H. KRAELING, *op. cit.*, 121, n. 419, la solution de continuité doit être attribuée à une imperfection du dessin: la position des doigts étroitement refermés ne correspond nullement au geste de lancer le bâton.

40 On pourrait penser au TP Nb 21,18 où Moïse (et, de façon secondaire, Aaron; cf. *supra* p. 163) attire(nt) le puits; nous avons émis l'hypothèse que cette tradition pouvait être antérieure à la mise en scène du campement avec les princes (*supra* p. 186). Dans ce cas, l'artiste reprendrait la tradition à un double stade: dans la scène (midrashique) du campement où les eaux sont réparties en douze canaux, il substituerait à la fonction des princes le rôle (targumique) de Moïse attirant l'eau. Il est vrai qu'à Doura, Moïse n'attire pas l'eau à proprement parler; il ne grave pas, ne creuse pas une ligne pour tracer un parcours. Mais l'art figuratif a ses limites, et le geste de plonger le bâton dans le puits pourrait justement désigner le prélude à l'action d'attirer les eaux.

41 Cf. *supra* p. 34-37.

tra que si l'épisode de Marah était évoqué dans le cadre cultuel de la Fête, il pouvait en être de même des autres épisodes du don de l'eau, conformément au processus d'historicisation: dès une date ancienne, la libation pouvait commémorer le jaillissement de l'eau au désert [42]. Quant à savoir si la libation faisait présager aussi un retour du puits du désert, la question reste ouverte.

3. *Le retour du puits et la venue des eaux jaillissant du Temple*

Commémoration du don de l'eau au désert et appel des eaux eschatologiques du Temple sont deux significations anciennes de la libation. Elles ont pu se former de façon indépendante, mais nous savons que *Tos. Suk.* 3,3-11 les a alignées. Elles se répondent dans un commentaire du *Midr. Teh.* 13,4 à propos du symbolisme de la fête des Tentes:

> *Car il m'a fait du bien* (Ps 13,6). Le Saint, béni soit-il, leur dit (= aux Israélites): « Donnez-moi de mes choses à moi, de ce dont j'ai pris l'initiative (de) vous (donner) en ce monde, et je vous ferai du bien dans le monde à venir. Faites devant moi une libation d'eau lors de la Fête, (car) autrefois j'ai pris l'initiative en votre faveur: *Monte, puits, chantez-le*! (Nb 21,17), et je vous rétribuerai dans le monde à venir (quand): *Les montagnes distilleront du vin nouveau et... (une source sortira de la Maison de YHWH)* (Jl 4,18) [43]. Prenez un *lûlāb* et avec lui célébrez la louange devant moi, (car) autrefois j'ai pris l'initiative en votre faveur: *Les montagnes bondirent comme des béliers* (Ps 114,4), et je vous rétribuerai dans le monde à venir (quand): *Tous les arbres de la campagne battront des mains* (Is 55,12). Faites devant moi une hutte, (car) autrefois j'ai pris l'initiative en votre faveur: *Car j'ai fait habiter les enfants d'Israël dans des huttes* (Lv 23,43), et je vous rétribuerai dans le monde à venir (quand): *Il y aura une hutte pour faire ombre le jour* (Is 4,6). »

Comme on peut le voir, le *darshan* a pris soin de montrer que les rites de la libation, du *lûlāb* et de la *sūkkāh* commémoraient les prodiges de l'Exode et en même temps faisaient espérer les merveilles de l'époque eschatologique [44]. En contrepartie du don du puits, on attend l'eau qui d'après Jl 4,18 sortira du Temple.

Et pourtant, on attendait encore, conformément à une typologie de l'Exode, le retour des trois dons du désert: manne, puits et nuées [45]. *Yalq.*

---

[42] On peut se demander si PHILON, *Mos.* I, 255, ne fait pas allusion à la fête des Tentes quand il décrit les choeurs et la joie autour du puits.

[43] Nous avons prolongé la citation en la mettant entre parenthèses.

[44] Déjà Aqiba (av. 135) interprétait le terme Soukkot (Ex 12,37) au sens symbolique de « nuées de gloire » (les nuées qui recouvraient Israël), et il attendait pour l'avenir le retour de cette protection; il fondait son argumentation sur Is 4,5-6 (cf. *Mekh.* Ex 12, 37 et 13, 20; *Ct R.* 1, 7, 3; J. LUZARRAGA, *Las tradiciones de la nube*, 138 et 194s.).

[45] Sur la typologie de l'Exode, citons cette réflexion de R. BLOCH, « Quelques aspects de la figure de Moïse », 160: « La sortie d'Égypte était à ce point *type* de la

Shim. II, 578 à Za 11,8 en témoigne; après avoir signalé la disparition des trois dons à la mort de Moïse, le rédacteur enchaîne:

> Et au temps futur, les trois (dons) reviendront, car il est dit: *Ils n'auront pas faim* (Is 49,10): c'est la manne; *et ils n'auront pas soif* (*ibid.*): c'est le puits; *le vent brûlant et le soleil ne leur porteront pas atteinte* (*ibid.*): c'est la colonne de nuée [46].

Is 49,10 pouvait servir d'argument pour le retour des trois dons à la fois [47]. Mais à l'intérieur de la typologie de l'Exode, les preuves scripturaires du retour du puits ou de l'eau du rocher ont pu varier. Un aspect particulier de cette typologie consistait à établir un parallélisme entre le premier et le second libérateur; en fonction de cette correspondance avec Moïse, le *MHG* Nb 20,11 applique au Messie le prodige cité d'après Is 35,6: « Les eaux dans le désert jailliront ».

Mais, chose étonnante, dans l'optique même d'un parallélisme des deux libérateurs, *Qo R.* 1,9,1 introduit la source du Temple qui vient se faire pendant du puits du désert; la sentence est attribuée à R. Berékiah (vers 340) qui la prononce au nom de R. Yiṣḥaq II (pal. vers 300) [48]:

> De même que le premier libérateur fit monter le puits, le second libérateur fera monter (*y*ᶜ*lh*) les eaux, comme il est dit: *Et une source sortira de la Maison de YHWH*, etc. (Jl 4,18).

On transpose à la source du Temple la montée des eaux du puits: le prodige messianique ne se produira pas dans le désert, mais à partir de Jérusalem [49].

Un récit des *PRE* 51 a voulu réaliser, jusque dans les détails, la fusion des deux cycles de traditions [50]:

---

délivrance finale que les rabbins se demandaient si l'on en fera encore mention aux temps du Messie »; la question était posée par Ben Zoma (vers 110) (cf. *Ber.* 12*b*).

[46] Par. en *Yalq. Shim.* II, 15 à Jos 5,12. Les deux textes ajoutent: « *Et il les mènera aux sources d'eau* (Is 49,10). Il n'est pas dit: une source, mais des sources. Au temps futur, douze sources jailliront pour Israël, correspondant aux douze tribus. »

[47] Sur la nuée qui protège de la chaleur, cf. Ps-J Nb 14,14 et J. Luzarraga, *Las tradiciones de la nube*, 121.

[48] Cf. Bacher, *Pal. Amoräer*, II, 293 et n. 7; J. Jeremias, « Μωυσῆς », 864s.; R. Bloch, *art. cit.*, 157; R. Le Déaut, *La nuit pascale*, 301s.

[49] Notons aussi que, dans l'énumération des rétributions accordées aux Israélites en raison du service d'Abraham (Gn 18,4) offrant de l'eau aux anges du service, on énumère le puits pour le temps de l'Exode, et pour le temps eschatologique, soit Za 14,8 (*Gn R.* 48, 10) et Jl 4,18 (*Qo R.* 11, 1, 1), soit Is 30,25 (*Tanḥ.* B. I, 87). La tradition est attribuée à R. Simay (vers 210), mais on peut se demander si elle n'a pas été réélaborée après lui (cf. *infra* p. 232).

[50] Le récit est attribué à R. Pinḥas (pal. vers 360), mais, selon Bacher, *Pal. Amoräer*, III, 344 et n. 5, l'attribution n'est pas authentique. Sauf indication contraire, nous traduisons l'éd. publiée à Varsovie en 1879. On trouvera une trad. anglaise, parfois légèrement différente, et de précieuses notes dans G. Friedlander, *Pirḳê de Rabbi Eliezer According to the Text of the Manuscript Belonging to Abraham Epstein of*

> R. Pinḥas dit: Il adviendra que les eaux du puits monteront de dessous le seuil de la Maison. Elles jailliront (*wnwbᶜyn*) et glouglouteront [51]; elles sortiront et se transformeront en douze torrents correspondant aux douze tribus, comme il est dit: *Et il me ramena à l'entrée de la Maison et voici que des eaux sortaient de dessous le seuil de la Maison... au sud de l'autel* (Ez 47,1).

Les eaux du puits futur sortiront donc de dessous le seuil du Temple. À la première caractéristique du puits qui est de monter, l'aggadiste ajoute celle des eaux du Temple d'après Ez 47,2.1: elles glougloutent et s'échappent. Il continue alors son récit en empruntant de nouveau à une tradition spécifique du cycle du puits; il reprend, en effet, pour le projeter dans l'avenir, le résultat de la mise en scène du campement autour du puits, lorsque chacun des princes attirait vers sa tribu un courant d'eau. Seul le résultat de cette mise en scène est ici retenu, et il est même précisé, à savoir la transformation du puits en douze torrents correspondant aux douze tribus [52].

Dans la suite des *PRE* 51, l'aggadiste s'attachera à reporter sur le puits eschatologique le commentaire d'Ez 47,7-12. C'est ainsi qu'il ne s'occupe plus que des eaux s'écoulant vers l'orient et, plus précisément encore, d'une partie de celles-ci qu'on dérive ou canalise:

> Et une partie des eaux seront dérivées (*nmškym*) et elles descendront [53] vers la Arabah, comme il est dit: *Elles descendent vers la Arabah* (v. 8). Et tout champ ou vigne qui ne produisent pas de fruits, on les irriguera avec ces eaux-là et ils produiront des fruits, comme il est dit: *Et tout être vivant qui foisonne (partout où le torrent parviendra vivra... il y aura de la vie partout où parviendra le torrent)* (v. 9). Et elles entreront dans la Mer de Sel et elles l'assainiront [54], comme il est dit: *Et il me dit:*

Vienna, réimpr., New York, 1970, 416-419; cet auteur traduit un ms. inédit, du XIIᵉ ou XIIIᵉ siècle, qu'il estime souvent supérieur aux éd. Nous tenons compte aussi de l'ancienne trad. de G. H. VORSTIUS, *Capitula R. Elieser,* Lugduni Batavorum, 1644, 144s. Et nous confrontons *PRE* 51 avec le récit par. du *Yalq. Shim.* II, 383 à Ez 47,3.

51 Au lieu de l'éd. de Varsovie: *wmpryn,* « et feront fructifier », ce qui anticiperait un thème qui ne trouve sa place que dans la suite, il convient de restituer *wmpkyn* (cf. *Yalq. Shim.* II, 383: *wmpkyn wnwbᶜyn*). G. FRIEDLANDER, *op. cit.,* 416, traduit: « and they will overflow and bubble over »; et G. H. VORSTIUS, *op. cit.,* 144: « atque scaturient, eructabunt ».

52 Dans la suite du texte, les torrents sont répartis en groupes de trois qui se dirigent vers les quatre points cardinaux. On sait que la disposition biblique du campement (Nb 2) groupait les tribus de cette façon. Dans l'aggadah des *PRE* 51 où les eaux du puits et celles d'Ez 47 se confondent, cette répartition en quatre groupes a l'avantage d'ajouter un thème paradisiaque (cf. Gn 2,10).

53 Au lieu de *wyrdw* de l'éd. de Varsovie, qui est sans doute une harmonisation au texte biblique cité, nous corrigeons en supposant un part. à sens futur (cf. *Yalq. Shim.* II, 383: *wywrdym*). G. FRIEDLANDER, *op. cit.,* 417, traduit: « and they flow down to the fords of the Jordan ».

54 L'éd. de Varsovie a la leçon *wmksyn ᵓwtw,* « et elles la recouvriront » ou « la supprimeront »; cf. aussi G. H. VORSTIUS, *op. cit.,* 144: « istudque operient », et U. WIEDERKEHR, *Die Tempelquelle,* 25: « und es bedecken werden ». Par contre, G. FRIEDLANDER, *op. cit.,* 417, traduit: « and they heal it ». Nous supposons et adoptons la leçon *wmᵓsyn* (cf. d'ailleurs en Ez 47,8 le verbe *rpᵓ*).

ces eaux sortent vers le district oriental... (et les eaux en seront assainies) (v. 8). Et toutes espèces de poissons se mélangent dans la Grande Mer[55], comme il est dit: *Les poissons y seront, selon leurs espèces, comme les poissons de la Grande Mer, très nombreux* (v. 10). Ils deviendront délicieux et ils monteront avec le torrent jusqu'à Jérusalem et là ils seront pris dans les filets (tendus) pour eux, comme il est dit: *Et il adviendra que les pêcheurs se tiendront sur ses bords...*[56] *depuis Eyn Gedi jusqu'à Eyn* Raglayim; *ce sera un lieu où l'on étend les filets* (v. 10). Et là poussent, sur la rive du torrent, toutes espèces d'arbres portant du fruit selon leur espèce, comme il est dit: *Et au bord du torrent, sur ses rives (de part et d'autre), pousseront toutes (sortes) d'arbres fruitiers* (v. 12). Et chaque mois ils produiront leurs fruits nouveaux, comme il est dit: *Chaque mois ils produiront des fruits nouveaux* (v. 12). Les uns serviront de nourriture, les autres seront présentés en offrande (*ᶜwlyn*)[57], comme il est dit: *leurs eaux proviennent du sanctuaire; leurs fruits serviront de nourriture et leur feuillage de remède* (v. 12). [Et tout homme malade qui se baignera dans ces eaux sera guéri, comme il est dit: *(Tout être vivant...) partout où le torrent parviendra vivra* (v. 9)[58].] Et tout homme qui aura une blessure prendra de leurs feuilles et sera guéri, comme il est dit: *Leurs fruits serviront de nourriture et leur feuillage de remède* (v. 12).

Comme en Ez 47,7ss, les eaux font fructifier la terre désertique et assainissent la Mer de Sel[59]. La description de la végétation nouvelle et de ses fruits reprend le thème des arbres selon Ez 47,7 et 12, mais un élément nouveau est introduit: les champs et les vignes, un motif que nous allons

---

55 Nous avons traduit l'éd. de Varsovie; cf. aussi G.H. VORSTIUS, *op. cit.*, 144: « atque omne genus piscium commiscebitur ad mare magnum ». Le ms. traduit par G. FRIEDLANDER, *op. cit.*, 417s., comporte cette particularité: « And there they generate all kinds (of fish). The Scripture text (here) gives a general rule concerning the fish, that they will be as sweet as Manna. »

56 Ici s'insère une parenthèse pour faire remarquer: « Il est écrit: *se tiendront* ».

57 G. FRIEDLANDER, *op. cit.*, 418, traduit: « Some of them are for food and others are growing »; cf. G.H. VORSTIUS, *op. cit.*, 145: « hi comeduntur, atque illi rursus succrescunt »; BILLERBECK, *Kommentar*, III, 857: « während die einen gegessen werden, wachsen die andren heran ». Nous préférons donner ici au part. *ᶜwlyn* le sens de « être présentés en offrande » (cf. JASTROW, 1081: « to be put on the altar, be offered »). Il s'agit certainement d'une interprétation d'Ez 47,12: *ᶜālēhû*, « leur feuillage », compris d'après la racine *ᶜlh*; cf. aussi d'autres interprétations de ce mot d'après la LXX Ez 47,12 dans U. WIEDERKEHR, *Die Tempelquelle*, 3.

58 Cette phrase entre crochets manque dans l'éd. de Varsovie. Nous l'ajoutons d'après G. FRIEDLANDER, *op. cit.*, 418. Le *Yalq. Shim.* II, 383 mentionne aussi la propriété curative des eaux: « Et tout homme malade ou blessé se baignera dans les eaux et sera guéri ».

59 L'aggadiste laisse de côté les traditions qui prolongeaient le parcours du torrent vivifiant: jusqu'à la Méditerranée selon T Ez 47,8; *Tos. Suk.* 3,9; *J. Sheq.* 6,50*a*; *PR* 33,156*b*; RASHI à Ez 47,8 (cf. U. WIEDERKEHR, *Die Tempelquelle*, 5. 15. 19. 28-30). Le torrent vivifierait aussi d'autres « mers »: le lac de Tibériade (*Tos. Suk.* 3,9; *J. Sheq.* 6,50*a*) et le lac Séméchonite (*J. Sheq.* 6,50*a*). Les tentatives pour étendre le parcours du torrent étaient anciennes. Déjà la LXX Ez 47,8 le conduisait en Galilée et en Arabie. Il faut tenir compte aussi du texte biblique de Za 14,8 qui reprenait Ez 47, mais dirigeait les eaux vers la mer orientale et vers la mer occidentale. Le TM d'Ez 47,9 comporte un duel *naḥᵃlayim* qui s'explique peut-être par une influence secondaire de Za 14,8 (cf. G.A. COOKE, *The Book of Ezekiel*, 523).

retrouver dans l'aggadah sur la fertilité paradisiaque autour du puits dans le désert. Comme en Ez 47,9, la profusion de poissons est un des signes caractéristiques de la vie suscitée par le torrent, et l'aggadiste ajoute qu'ils seront délicieux [60]. En outre, le midrash interprète très librement Ez 47, 10 où le nom d'Eyn Églayim, un site mal identifié mais que l'on recherche aux environs de la Mer de Sel [61], est changé en celui d'Eyn Raglayim [62]; cette modification est probablement destinée à faire remonter les poissons jusqu'à Jérusalem où ils seront capturés [63]. Comme en Ez 47,12, les fruits des arbres serviront de nourriture et leurs feuilles de remède [64]. De plus, et c'est, à notre connaissance, une note propre aux *PRE* 51, les fruits serviront d'offrande en vue de la guérison, semble-t-il.

Et d'ailleurs, les eaux elles-mêmes issues du Temple posséderont une vertu curative. L'aggadiste, en effet, étend aux hommes l'application du v. 9: « Et tout être vivant ... partout où le torrent parviendra vivra »; ainsi, tout homme malade qui ira se baigner dans ces eaux retrouvera sa vitalité.

Le souvenir d'une double symbolique qui, dès une date ancienne, était attachée au rite de la libation a certainement dû faciliter la jonction entre le puits du désert et l'eau du Temple. Mais il convient d'étudier davantage les liens qui pouvaient les réunir. On se souviendra que *Tos. Suk.* 3,10, entre les eaux du Temple et celles du puits du désert, évoquait les eaux originelles. Or, nous allons voir que, selon une tradition ancienne, le puits recréait pour Israël dans le désert un cadre paradisiaque.

II. Le paradis de l'Exode

En étudiant l'épisode de Marah, nous avons déjà pu constater dans la compréhension aggadique de l'Exode l'influence d'une thématique paradisiaque: selon une convergence de traditions anciennes, le bois d'Ex 15,25 était soit un morceau de l'arbre de vie rendu aux Israélites, soit, par une évolution de l'interprétation, une parole de la Loi qui, communiquée à Israël, pouvait restaurer la vie [65]. L'influence de la thématique paradisiaque s'est abondamment exercée aussi dans les développements aggadiques sur le puits de l'Exode.

---

[60] Le texte a la leçon *nmtqym*; cf. G.H. VORSTIUS, *op. cit.*, 144: « fient autem dulces »; à cela correspond dans le ms. traduit par G. FRIEDLANDER, *op. cit.*, 417s.: « ... they will be as sweet as Manna ».

[61] Cf. W. ZIMMERLI, *Ezechiel*, II, 1197s.

[62] Cf. U. WIEDERKEHR, *Die Tempelquelle*, 25.

[63] Il semble que l'aggadiste des *PRE* 51, sans avoir fait état de la tradition qui prolonge jusqu'à la Méditerranée l'aboutissement du torrent, envisage néanmoins une multiplication des poissons de cette mer également. En *J. Sheq.* 6, 50*a* (cf. U. WIEDERKEHR, *Die Tempelquelle*, 21), le passage du torrent par les eaux déjà saines du lac Séméchonite et du lac de Tibériade doit servir à y multiplier les espèces des poissons.

[64] Sur les vertus médicinales des feuilles, cf. W. BACHER, *Pal. Amoräer*, I, 275, n. 8; U. WIEDERKEHR, *Die Tempelquelle*, 21s.

[65] Cf. *supra* p. 37-43.

1. *Une oasis autour du puits*

Le Ps 23 fut un des lieux communs des développements midrashiques sur le puits: les « eaux du repos » (Ps 23,2*b*) étaient celles du puits autour duquel Israël établissait son camp [66]. Or, en parallèle avec les « eaux du repos », Ps 23,2*a* faisait l'éloge des prés de verdure où (*bin*$^{e\circ}$*ôt deše*°) YHWH héberge son fidèle. L'aggadah interpréta que les eaux du puits irriguaient le sol pour transformer le camp en oasis. Nous citons *Tanḥ. Ḥuqqat* 21 [67]:

> Et (les eaux) faisaient croître (diverses) espèces d'herbes et d'arbres sans fin (*myny dš°ym w°ylnwt š°yn lhm swp*), comme il est dit: *Sur des prés de verdure (il me met au gîte, aux eaux du repos il me mène)* (Ps 23,2).

Nous constatons qu'à l'expression *dš°* du Ps 23,2 correspond la mention des herbes; par contre, la mention des arbres et l'insistance sur les diverses espèces ne trouvent aucun correspondant dans le Psaume. Au-delà du Ps 23, le commentaire aggadique se rattache aux récits de la création. En Gn 1,11s., lorsque la terre émerge des eaux, Dieu lui ordonne de produire de la verdure (*dš°*) et des arbres (*ᶜṣ*); le même récit sacerdotal insiste sur la classification en espèces. Cette mention des espèces, rare dans la Bible [68], est une allusion évidente au récit de la création [69]. Et d'ailleurs, d'un point de vue thématique, la conception d'une eau irriguant un sol planté d'une luxuriante végétation appartient à la représentation du jardin paradisiaque qui fut reprise dans le récit yahviste de création en Gn 2,8-10 [70]. Le Ps 23,2 a servi d'intermédiaire, de point d'accrochage permettant à l'aggadiste d'appliquer au puits de l'Exode une thématique propre aux eaux paradisiaques: le puits faisait pousser diverses espèces d'herbes. Mais aussi des arbres, dit *Tanḥ. Ḥuqqat* 21 que nous avons cité. Le point d'accrochage de ce second élément de l'aggadah peut être un autre texte du cycle de la marche au désert: Nb 20,5, comme il apparaît

---

[66] Cf. *supra* p. 188. Une étude de S. CAVALLETTI, « Alcuni aspetti del Sal. 23 nella tradizione midrashica e liturgica », dans *Studia Hierosolymitana in onore di P. Bellarmino Bagatti*, II: *Studi esegetici*, Jérusalem, 1975, 27-38, relève trois courants principaux dans l'interprétation juive de ce Ps; il fut interprété en relation avec l'Exode, avec l'eschatologie, et aussi d'après les événements de la vie de David.

[67] Par. en *Tanḥ*. B. IV, 128; *Nb R.* 19,26; *Yalq. Shim.* I, 764 à Nb 21,18.

[68] Cf. C. WESTERMANN, *Genesis 1-11* (BK 1/1), 2ᵉ éd., Neukirchen-Vluyn, 1976, 174s. Dans un contexte paradisiaque, Ez 47,10, à propos des poissons, avait repris l'expression que Gn 1,21 appliquait aussi à la création des animaux; cf. aussi Si 43,25 dans un contexte de création.

[69] Évidemment, les exégètes anciens ne distinguaient pas, comme le fait la critique moderne, récit sacerdotal et récit yahviste; ils tendaient à synthétiser les deux. Et à ce propos, JOSÈPHE, *Ant.* I, 37, dit du parc originel qu'il était παντοίῳ τεθηλότα φυτῷ, « foisonnant en plantes de toute espèce » (J. WEILL, 9).

[70] Sur les traditions paradisiaques bibliques et extrabibliques, cf. avec leur bibliographie É. COTHENET, « Paradis », *SDB*, VI, 1177-1220; C. WESTERMANN, *Genesis 1-11*, 284-287 et 291-298; B. JACOBS-HORNIG, « *Gan* », *TWAT*, II, Stuttgart, 1977, 35-41.

dans un commentaire attribué à Yoḥanan bar Nappaḥa (pal. av. 279) et transmis en *Ct R.* 4,12,3 [71]:

> D'où les Israélites se procuraient-ils (le vin pour) leurs libations [72], tous ces quarante ans qu'ils passèrent dans le désert? R. Yoḥanan dit: « Du puits ». Et du puits provenaient la multitude de leurs délices. C'est ce que dit R. Yoḥanan: « Le puits faisait pousser pour eux (diverses) espèces d'herbes, (diverses) espèces de semis, (diverses) espèces d'arbres. Sache que c'est bien ainsi car, lorsque mourut Miryam et que le puits cessa, que disaient-ils? *Ce n'est pas un lieu de semailles, il n'y a ni figuier, ni vigne,* etc. » (Nb 20,5).

La tradition aggadique, on le sait, lisait en Nb 20,2 une disparition du puits. L'aggadah ancienne allait encore être prolongée moyennant le v. 5 où les Israélites déploraient, outre le manque d'eau à boire, la stérilité du lieu impropre à la végétation. On imputera à la disparition du puits l'aridité du sol pour en inférer que, lorsque le puits était présent, il faisait pousser la végétation regrettée: semis et divers arbres [73]. Il y avait des vignes parmi ces arbres; c'est pourquoi R. Yoḥanan pouvait dire que les Israélites avaient à leur disposition le vin des libations. On l'aura remarqué, Yoḥanan argumente à partir d'une tradition déjà constituée. Il sait que le puits faisait pousser de la végétation; il répète la tradition mais, de plus, il en tire unc application concrète aux besoins du culte [74].

Les deux commentaires que nous avons cités mentionnaient la croissance d'herbes et d'arbres alors que la citation du Ps 23,2 en *Tanḥ. Ḥuqqat*

---

[71] Cf. BACHER, *Pal. Amoräer*, I, 285.

[72] L'éd. traduite a la leçon *mnṭrym*; JASTROW, 901, *s.v. nāṭar*, corrige en *mnskym*. Il s'agit dans le contexte de libations de vin (cf. aussi M. SIMON, *Midrash Rabbah. Song of Songs*, London, 1939, 223, n. 2 et 3).

[73] Nous avons traduit par « semis » le terme *zrᶜwnym* qui reprend le texte biblique *zrᶜ*; cf. G. DALMAN, *Handwörterbuch*, 133: « gesäte Gewächse ». Et M. SIMON, *Midrash Rabbah. Song of Songs*, 223, traduit: « vegetables ».

[74] Que les Israélites dans le désert aient disposé de fruits, c'est là une tradition qui nous est encore indirectement attestée par les développements aggadiques sur le passage de la Mer des Roseaux. Ps-J Ex 15,19, après avoir traduit que: « les enfants d'Israël marchèrent à pied sec au milieu de la mer », ajoute: « *Là alors jaillirent des sources d'eaux douces et* (*il y avait*) *des arbres fruitiers, de la verdure et des fruits de choix, au fond de la mer.* » Nous avons dit au chap. I (p. 26, avec n. 57 et 58) que l'aggadah des eaux douces lors du miracle de la mer se présentait comme une transposition du prodige de l'eau au désert. De même, l'aggadah des arbres et des plantes s'inspire, du moins à un certain stade de la tradition, du cycle de la marche au désert; c'est ainsi que Nehoray (vers 150) commente en *Ex R.* 21, 10: « (Lorsqu') une Israélite traversait la mer et (que) son enfant (qu'elle tenait) par la main pleurait, elle étendait la main et prenait une pomme ou une grenade du milieu de la mer et elle la lui donnait, comme il est dit: *Et il les fit marcher dans les abîmes comme au désert* (Ps 106,9) »; cf. BACHER, *Tannaiten*, II, 379. D'après *ARN* B 38, 100, « (Dieu) fit (de la mer) une vallée et fit pousser des plantes dont les Israélites et leur bétail pouvaient manger et se nourrir, comme il est dit: *Comme le bétail descend dans la vallée* (Is 63,14). »

Signalons que Sg 19, 7 atteste déjà l'aggadah d'« une plaine verdoyante » dans la mer.

21 ne justifiait pas la mention des arbres, et que la citation de Nb 20,5 en *Ct R.* 4, 12, 3 ne justifiait pas celle des herbes. Faut-il en conclure que dans les commentaires, tels qu'ils nous sont transmis, s'est opérée de façon secondaire une fusion de deux traditions parallèles? La chose est fort probable et nous verrons plus loin, à propos du *Midr. Teh.* 23, 4, un état de la tradition qui mentionne les herbes sans les arbres. Toutefois, dès le stade primitif, la tradition des « herbes » et la tradition parallèle des « arbres » avaient déjà probablement pris naissance sous l'influence littéraire de Gn 1,11s. et, en tout cas, sous l'influence thématique d'une végétation paradisiaque.

Le commentaire de *Ct R.* 4, 12, 3 contient encore un autre motif aggadique correspondant à une interprétation du Ps 23,2. Il est dit, en effet, que du puits les Israélites tiraient « la multitude de leurs délices » (*rwb hnyytn*). La forme araméenne du substantif *hnyyh* ici employé se retrouve dans le T Ps 23,2: « *Dans un lieu aride,* il me fera reposer *dans les délices* (*bhnyyt*) des herbes ». Il s'agit dans le targum d'une traduction interprétative. L'expression *nʾwt* du texte biblique est le pluriel du substantif *nāweh* désignant un lieu où l'on s'établit, un pacage [75]; elle fut interprétée comme si elle provenait de l'adjectif *nāʾeh,* au féminin pluriel substantivé, désignant « des choses belles, délicieuses » [76]. Ce n'était plus seulement des lieux de verdure que chantait le psalmiste, mais des délices de verdure. Au moins sous sa forme midrashique attestée en *Ct R.* 4, 12, 3, la tradition des « délices » procurées par le puits a dû être suggérée par la représentation paradisiaque [77].

C'est probablement aussi en fonction d'une thématique paradisiaque que, par l'intermédiaire d'une exégèse du Ps 23,3, on se représenta le campement des Israélites comme une île tout entourée d'eau (*Nb R.* 19,26) [78].

2. *Un jardin de plantes aromatiques*

Le campement des Israélites autour du puits avait revêtu le charme verdoyant d'une oasis. Nous allons découvrir maintenant, parmi les herbes que faisait pousser le puits, diverses espèces de plantes aromatiques. Cet élément nouveau de l'aggadah nous est attesté dans un commentaire sur le prodige des vêtements des Israélites: selon Dt 8,4 et 29,4, pendant les quarante ans du séjour au désert, leurs vêtements ne s'étaient pas

---

[75] Cf. F. Zorell, *Lexicon hebraicum,* Roma, 1967, 504.

[76] Cf. Jastrow, 358 et 865, *s.v. hnyyh* et *nʾh.*

[77] N Gn 2,9 emploie le mot *yʾy,* « agréable », qui est de même racine que *nāʾeh.* Cf. aussi É. Cothenet, « Paradis », 1180, à propos des interprétations du nom Éden.

[78] Cf. *supra* p. 188. Sur les traditions orientales et grecques d'une île des bienheureux, cf. P. Grelot, « La géographie mythique d'Hénoch et ses sources orientales », *RB* 65 (1958), 40 et 61.

usés [79]. Éléazar b. Shimon (fin du IIe siècle) s'étonnait de l'affirmation biblique. Shimon b. Yosé b. Laqonia lui explique que « les nuées de gloire recouvraient (*mᶜṭpyn*) » leurs vêtements (*PRK* 11,21) [80]. Très réaliste, Éléazar veut des précisions [81] et il en vient à la question indiscrète de l'odeur, puisque les Israélites ne changeaient pas de vêtements. La réponse de Shimon concernera directement notre sujet car, après la nuée, il fait intervenir le puits. Nous citons le *Midr. Teh.* 23, 4:

> Il lui répondit: « Le puits faisait pousser pour eux (diverses) espèces d'herbes et (diverses) espèces de plantes aromatiques (*wmyny bśmym*) sur lesquelles ils se roulaient (*whyw mgᶜgᶜyn bhm*), comme il est dit: *Sur des prés de verdure il me met au gîte, aux eaux du repos il me mène* (Ps 23,2). Et leur parfum [82] se répandait d'un bout du monde à l'autre. » Salomon [83] vint et dit: *Le parfum de tes vêtements est comme le parfum du Liban* (Ct 4,11). Il dit aussi: *Du nard et du safran, de la cannelle et du cinnamome... avec les plus fins aromates* (*bśmym*) (Ct 4,14). Et d'où provenait tout cela? De la *source de jardins,* (*le*) *puits d'eaux vives* (Ct 4,15).

Cette version du *Midr. Teh.* 23, 4, très explicite, nous fait bien comprendre le processus aggadique de la réponse de Shimon [84]. Pour répondre à Éléazar, il disposait d'un fondement biblique: Ct 4,11 appréciait le parfum s'exhalant des vêtements de la fiancée; or, selon une tradition ancienne, la fiancée du *Cantique* représentait la communauté d'Israël [85].

---

[79] Cf. BACHER, *Tannaiten*, II, 488. Le commentaire est transmis en *Midr. Teh.* 23, 4; *PRK* 11, 21; *Dt R.* 7, 11; *Ct R.* 4, 11, 2; *Yalq. Shim.* I, 850 à Dt 8,4; II, 691 au Ps 23,2. Ces par. comportent des variantes; nous signalerons celles qui concernent notre sujet.

[80] Id. en *Yalq. Shim.* I, 850. Les autres versions omettent le rôle protecteur de la nuée et font intervenir les anges du service qui remettent aux Israélites des vêtements inusables; cette variante est probablement secondaire, car, dans la suite du commentaire, toutes les versions ont recours à la nuée pour résoudre les problèmes de lessive (cf. aussi J. LUZARRAGA, *Las tradiciones de la nube*, 132).

[81] Il se pose notamment la question des enfants qui grandissaient: leurs vêtements ne devenaient-ils pas trop courts? Shimon répond en faisant référence à l'escargot dont la coquille grandit avec lui. La tradition des vêtements s'allongeant au rythme de la croissance des enfants (attestée encore en *Tanḥ. Bemidbar* 2; *Tanḥ.* B. IV, 3) était déjà connue de saint JUSTIN, *Tryphon* CXXXI, 6 (cf. la note de G. ARCHAMBAULT, *Justin. Dialogue avec Tryphon*, II, Paris, 1909, 273).

[82] Nous corrigeons le texte de l'éd. de BUBER: *ryḥw*. Il faut lire *ryḥn* avec *Dt R.* 7, 11; *Ct R.* 4, 11, 2; *Yalq. Shim.* II, 691. Il s'agit du parfum des herbes ou des vêtements. W. G. BRAUDE, *The Midrash on Psalms* (YJS 13), I, New Haven, 1959, 331, retient le pluriel également.

[83] L'auteur présumé du *Cantique*.

[84] Même explicitation en *Dt R.* 7, 11 et *Yalq. Shim.* II, 691, à part les variantes dont nous ferons mention.

[85] Aqiba s'est fait le défenseur acharné de la canonicité du *Cantique* où il voyait figurée la relation mystique entre Dieu et Israël. Mais cette interprétation était vraisemblablement antérieure. L'allégorie prenait aussi en considération les diverses phases de l'histoire d'Israël, et notamment les événements de la sortie d'Égypte et de la marche dans le désert; cf. BACHER, *Tannaiten*, I, 310s.; J. BONSIRVEN, « Exégèse allégorique chez les rabbins tannaïtes », *RechSR* 24 (1934), 35s. et 40s.; M. J. MULDER, *De Targum op het Hooglied. Inleiding, vertaling en korte verklaring*, Amsterdam, 1975, 28-30.

Mais il fallait encore expliquer comment Israël, dans les circonstances particulières de son séjour au désert, disposait d'aromates et les employait. C'est alors qu'intervient la tradition tirée du Ps 23,2 selon laquelle le puits faisait pousser toutes sortes d'herbes. Shimon prolonge la tradition en ajoutant aux « herbes » des plantes odoriférantes qui lui sont suggérées par le contexte de Ct 4,11: les versets 13 et 14 énuméraient une profusion d'aromates que l'on pouvait sans trop de peine mettre en relation avec les vêtements parfumés. Et en Ct 4,15: « source (*ma*^{c}*yan*) de jardins, puits d'eaux vives », l'aggadiste découvre l'origine de ces aromates; moyennant un changement de vocalisation, il interprète que ces parfums proviennent « de la source (*mē*^{c}*ēyn*) ... puits d'eaux vives », c'est-à-dire que le puits faisait pousser des plantes odorantes. Dans ce contexte, l'expression « eaux vives » désigne probablement, outre le sens habituel d'eaux qui s'écoulent, des eaux qui suscitent la vie sur la terre désertique.

L'argumentation tirée de Ct 4,13-15 est moins simple que celle du Ps 23,2 et c'est vraisemblablement à l'imitation de celle-ci qu'elle s'est constituée, pour appliquer aux Israélites séjournant dans le désert la citation de Ct 4,11 [86]. Les deux interprétations, d'ailleurs, resteront associées et, pour faire comprendre comment le parfum des plantes se communiquait aux vêtements, Shimon reviendra au Ps 23,2 qui était, selon la tradition, une évocation du campement. Exploitant l'idée exprimée dans ce texte biblique par l'expression *rbṣ b*, « être au gîte sur, être couché sur », il imagine que les Israélites « se roulaient sur » ces plantes; on comprend alors que leurs vêtements en aient été parfumés [87]!

On ne s'étonnera pas que l'aggadah midrashique ait pu aisément enrichir à partir de Ct 4,13-15 la tradition issue du Ps 23,2 selon laquelle

---

[86] Les versions de *PRK* 11,21; *Ct R.* 4, 11, 2; *Yalq. Shim.* I, 850, ont été écourtées. Elles signalent Ct 4,11 et font référence aux « herbes du puits » en supposant qu'elles sont parfumées. L'argumentation provenant de Ct 4, 14-15 a été abrégée.

Nous pouvons voir en *Ct R.* 4, 14, 1 que Yoḥanan b. Nappaḥa (av. 279; cf. BACHER, *Pal. Amoräer*, I, 285) connaissait la tradition tirée de Ct 4,15 et y apportait déjà un développement nouveau: « Et d'où les filles d'Israël avaient-elles de quoi se parer pour réjouir leurs époux tous ces quarante ans qu'Israël passa dans le désert? R. Yoḥanan dit: ' Du puits '. C'est là ce qui est écrit: De la *source* (*m*^{c}*yn*) *de jardins, le puits d'eaux vives* (Ct 4,15) ». Yoḥanan emploie le même procédé exégétique que Shimon b. Yosé: la division de *m*^{c}*yn* en deux éléments. Il sait que le puits faisait pousser des plantes aromatiques, mais il s'attache à l'intérêt particulier et conjugal de l'usage de ces parfums (cf. aussi *supra* p. 216 la tradition de *Ct R.* 4, 12, 3).

[87] Même sens en *Ct R.* 4, 11, 2: l'éd. traduite a la leçon *mtg*^{c}*gyn*, mais JASTROW, 261, lit *mtg*^{c}*g*^{c}*yn*, le même part. qu'en *Midr. Teh.* 23, 4 (où s'est produite l'assimilation du *taw*). En *Dt R.* 7, 11, au lieu de la leçon *mt*^{c}*ngym*, « ils s'amusaient sur », JASTROW, 1092, propose *mt*^{c}*ggym* pour rejoindre la signification des versions précédentes; mais *mt*^{c}*ngym* peut être retenu: l'aggadah ajoute alors l'idée de « délices » attribuée au terme *n*^{e}*'ôt*. La leçon du *Yalq. Shim.* II, 691 *mn*^{c}*n*^{c}*yn*, du verbe *n*^{c}*n*^{c}, « secouer, remuer », est sans doute une corruption pour *mg*^{c}*g*^{c}*yn* que l'on a en *Midr. Teh.* 23, 4. Dans la version de *PRK* 11, 21, nous avons *mtlklkyn* (éd. de MANDELBAUM, note; JASTROW, 711: « they were perfumed with the moisture of the herbs »); il s'agit d'un développement: on présuppose que les Israélites s'étendaient sur les herbes et on précise que le parfum se transmettait par la rosée (ou le suc?).

le puits faisait pousser de la végétation. Une même thématique paradisiaque, en effet, sous-tendait l'argumentation. Les plantes aromatiques qui viennent compléter le tableau appartenaient traditionnellement à la végétation du paradis. Ct 8,14: « Sur les montagnes des aromates » est commenté en *Ct R.* 8,14,1: « C'est le jardin d'Éden, rempli d'aromates » [88]. Que l'Éden fût un jardin d'aromates, c'était une tradition déjà attestée en milieu juif ancien par *1 Hen* 24,3 - 25,7, au *Livre des Veilleurs* [89]: le patriarche antédiluvien, au terme de son voyage vers le paradis du nord-ouest, avait découvert « des arbres odoriférants » autour de la septième montagne, celle du trône divin; parmi ces arbres se trouvait l'arbre de vie qui lui-même exhalait « une odeur au-dessus de tout parfum ». D'après les chap. 29 - 32, lors de son voyage vers le paradis du nord-est, Hénoch avait également franchi diverses montagnes plantées d'arbres odoriférants et, au-delà, dans le paradis de justice lui-même, il avait rencontré des arbres dont « l'odeur est suave » et parmi eux l'arbre de la connaissance [90].

Récapitulons ce que nous savons jusqu'ici de la datation ancienne des traditions paradisiaques concernant le puits. Par l'intermédiaire respectivement du Ps 23,2, de Nb 20,5 et de Ct 4,13-15, une aggadah s'est constituée, selon laquelle le puits faisait pousser de la verdure, des arbres et des plantes aromatiques dans le camp d'Israël. La tradition basée sur le Ps 23,2 est certainement antérieure à Shimon b. Yosé (fin du IIe siècle): cet aggadiste, en effet, ne s'intéresse plus qu'à un élément particulier de l'interprétation du Ps 23,2, à savoir que les Israélites « s'étendaient sur » cette verdure et il prolonge la tradition au moyen de Ct 4,11-15.

---

88 Sur les parfums du paradis, cf. E. LOHMEYER, *Vom göttlichen Wohlgeruch* (Sitzungsberichte der Heidelberger Akademie der Wissenschaften 1919 - Abhandlung 9), Heidelberg, 1919, spéc. 26-31; R. MACH, *Der Zaddik in Talmud und Midrasch*, Leiden, 1957, 102-107; I. ORTIZ DE URBINA, « Le Paradis eschatologique d'après Saint Éphrem », *OrChrPer* 21 (1955), 467-472: dans le paradis eschatologique qui apparaît comme le paradis adamique, il y a des substances odoriférantes et des fruits.

Sur les effluves de l'Éden lors de l'Exode, cf. aussi *Ex R.* 19, 5; *Ct R.* 1, 12, 3; et R. LE DÉAUT, *La nuit pascale*, 232, à propos du Ps-J Ex 35,28.

89 Cette section est sans doute du IIIe siècle av. J.-C.; cf. J. T. MILIK, *The Books of Enoch*, 28.

90 Concernant ces visites d'Hénoch au paradis, on consultera P. GRELOT, « La géographie mythique d'Hénoch », 32-69. L'auteur rend compte de la double visite par le fait d'un dédoublement du paradis: il y a le paradis du nord-ouest où Dieu réside et le paradis du nord-est qui fut planté pour Adam; l'arbre de vie, après le péché, fut ramené dans le paradis du nord-ouest (*ibid.*, 41-43).

La Grotte 4 de Qumrân nous a conservé des fragments araméens du voyage d'Hénoch vers le paradis oriental. La description du paradis lui-même n'est pas conservée; le texte conservé ne traite que de la traversée des montagnes qui sont en deçà des eaux et des ténèbres barrant l'entrée du paradis (chap. 30, 2), mais on remarquera la mention de « roseaux odorants (*dy bšmʾ*) de choix »; cf. J. T. MILIK, « Hénoch au pays des aromates (ch. XXVII à XXXII). Fragments araméens de la Grotte 4 de Qumrân », *RB* 65 (1958), 70-77, spéc. 71; ID., *The Books of Enoch*, 36. 39. 201s.

3. *Les eaux vivifiantes du puits et la source du Temple*

Les tons paradisiaques que l'aggadah a largement prodigués à l'épopée de l'Exode font ressortir la condition privilégiée de cette époque dans l'histoire d'Israël. C'était, comme nous l'avons dit [91], une ère nouvelle, un recommencement de la création. Mais la thématique paradisiaque s'appliquait aussi, et déjà dans la tradition biblique [92], au grand renouveau que l'on attendait et qui caractériserait l'époque eschatologique où les biens du paradis seraient rendus [93]. L'exaltation aggadique des merveilles de l'Exode ne faisait sans doute pas toujours abstraction de l'espérance d'un renouvellement définitif de ces prodiges lors de la délivrance finale [94].

En tout cas, dans la tradition aggadique, l'eau du puits avait pris le relais de l'eau paradisiaque. L'application du texte de Ct 4,15 en fait même une « eau vive », c'est-à-dire, dans le contexte aggadique, une eau qui suscite la vie dans le désert. Or, la prophétie d'Ez 47,12, qui s'inspirait aussi des traditions paradisiaques, annonçait pour l'époque eschatologique la venue d'une eau vivifiante: sur les rives du torrent issu du sanctuaire devaient pousser des arbres fruitiers. Nous ne croyons pas que l'origine de l'aggadah sur la végétation suscitée par le puits soit redevable de ce texte prophétique, car elle contient des traits qui ne se trouvent pas en Ez 47: telle la croissance d'herbes et de plantes aromatiques [95]. Les deux traditions, celle du puits du désert et celle des eaux du Temple

---

91 Cf. *supra* p. 40 et 42.

92 Cf. J. ALONSO, « Descripción de los tiempos mesiánicos en la literatura profética como una vuelta al Paraíso », *EstE* 24 (1950), 459-477; É. COTHENET, « Paradis », 1202-1206.

93 Sur l'époque messianique comme un retour au paradis, cf. BILLERBECK, *Kommentar*, IV/2, 887-893; P. VOLZ, *Die Eschatologie der jüdischen Gemeinde im neutestamentlichen Zeitalter nach den Quellen der rabbinischen, apokalyptischen und apokryphen Literatur*, Tübingen, 1934, spéc. 360s. et 387s. à propos de la fertilité du sol.
D'après *2 Bar* 29, 7, au temps messianique, des vents émanant de la face de Dieu devaient embaumer la terre du parfum des fruits aromatiques; cf. P.-M. BOGAERT, *Apocalypse de Baruch* (SC 144), Paris, 1969, 483.

94 En *PRK* 12, 19, le renouvellement et les guérisons des Israélites au Sinaï annoncent le monde à venir. En *Tanḥ. Qedoshim* 7 (par. *Tanḥ.* B. III, 75; trad. dans BILLERBECK, *Kommentar*, III, 407; IV, 949s.; cf. aussi P. GRELOT, « Eau du rocher ou source du Temple? », 48), la fertilité du désert de l'Exode sous l'effet des eaux du puits est située à un stade intermédiaire entre, d'une part, le paradis originel et, d'autre part, l'espoir frustré de cette fertilité lors de l'implantation en Canaan. Le péché avait chaque fois fait disparaître la bénédiction, mais d'après Za 8,11-12, elle restait promise pour l'époque messianique. La tradition du puits y est reprise à un stade fort évolué: ainsi, on plante les arbres autour de l'eau (ils ne poussent pas d'eux-mêmes comme en *Tanḥ. Ḥuqqat* 21); et l'ensemble est mal agencé. La rédaction de ce passage nous paraît tardive, mais sa conception de l'histoire peut être plus ancienne.
On a suggéré que la relecture de l'Exode dans la *Sagesse* était destinée à susciter l'espérance d'une intervention nouvelle: cf. G. KUHN, « Beiträge zur Erklärung des Buches der Weisheit », *ZNW* 28 (1929), 337; W.H. BROWNLEE, « The Background of Biblical Interpretation at Qumran », dans *Qumrân. Sa piété, sa théologie et son milieu* (BiblETL 46), *ed.* M. DELCOR, Gembloux-Leuven, 1978, 186.

95 On ne voit pas non plus de contact littéraire avec des textes tels que Is 35,1-2. 7; 41,19 ou 55,13.

s'inspirent de la thématique du paradis [96]. Mais une fois constituée la tradition sur les eaux paradisiaques de l'Exode, le puits devenait un antécédent de la source qui sortirait du Temple. Il était possible de prolonger leurs eaux dans une même vision de l'histoire. C'est ainsi que Ct 4,13: « Tes conduits sont un paradis de grenadiers » fut interprété tantôt en référence à un retour du puits à l'époque messianique (*Ct R.* 4, 12, 3), tantôt en référence au torrent d'Ez 47,12 (*Ct R.* 4, 12, 4).

4. *Un puits d'eau savoureuse*

De l'avis d'un docteur Tannaïte, l'eau du puits contenait les goûts des boissons les plus fines, et même une saveur supérieure à toute saveur. Cette tradition est attestée dans la *Mekh.* Ex 18,9 [97] à propos du même texte biblique qui signifie littéralement: « Et Jéthro se rejouit de tout le bien (*ᶜal kol-haṭṭôbāh*) qu'avait fait YHWH à Israël »:

> R. Yehoshua dit: C'est de la bonté de la manne que parle l'Écriture. Ils (= les Israélites) lui (= à Jéthro) dirent: « Dans cette manne que nous a donnée le Lieu, nous pouvons goûter la saveur (*ṭᶜm*) du pain, la saveur de la viande, la saveur des poissons, la saveur des sauterelles, la saveur de tout ce qu'il y a de délicieux dans le monde, car il est dit: bonté, la bonté, toute la bonté, au-dessus de *toute la bonté* » (cf. Ex 18,9).
> (Et) R. Éliézer [98] dit: C'est de la bonté du puits que parle l'Écriture. Ils lui dirent: « Dans (l'eau de) ce puits que nous a donné le Lieu, nous pouvons goûter la saveur du vieux vin, la saveur du vin nouveau, la saveur du lait, la saveur du miel, la saveur de tout ce qu'il y a de doux dans le monde, car il est dit: bonté, la bonté, toute la bonté, au-dessus de *toute la bonté* » (cf. Ex 18,9).

---

[96] La tradition exégétique juive était consciente de la relation entre le récit du paradis originel et la prophétie d'*Ézéchiel*. Ps-J et O Gn 3,6 glosent que l'arbre « *constituait un remède* »; l'ajout tient compte d'Ez 47,12 (cf. LE DÉAUT, *Targum du Pent.*, I, 91 et n. 4). Ap 22,1-2 s'inspire d'Ez 47,1-12, de Za 14,8, mais aussi de Gn 2,9-10; cf. A. VANHOYE, « L'utilisation du Livre d'Ézéchiel dans l'Apocalypse », *Bib* 43 (1962), 470s. Le visionnaire remodèle souvent les images qu'il emprunte, mais peut-être, en ce cas-ci, connaissait-il déjà un certain précédent exégétique.

Le *Sēpher Élia* (rédigé peut-être dans la seconde moitié du IIIᵉ siècle ap. J.-C., mais cf. A.-M. DENIS, *Introduction*, 168) entremêle aussi les thèmes paradisiaques et les réminiscences d'Ez 47; nous citons l'éd. de M. BUTTENWIESER, *Die hebräische Elias-Apokalypse und ihre Stellung in der apokalyptischen Literatur des rabbinischen Schrifttums und der Kirche*, 2ᵉ éd., Leipzig, 1897, 25 (texte) et 66s. (trad.): « Et la terre devant eux (= les justes) est semée de toute espèce de délices. Et cet arbre que le Saint, béni soit-il, a préparé se trouve au milieu du jardin, comme il est dit: *Et près du torrent, sur ses rives, de part et d'autre, pousseront toutes sortes d'arbres fruitiers dont le feuillage ne se flétrira pas et dont les fruits ne s'épuiseront pas* (Ez 47,12). » La présence de l'arbre paradisiaque est prouvée par la citation d'Ez 47,12. On ne mentionne pas le fleuve paradisiaque, mais on peut supposer qu'il se retrouve dans le torrent d'*Ézéchiel* (cf. U. WIEDERKEHR, *Die Tempelquelle*, 8s.).

Dt R. 1, 1 annonce pour l'époque messianique des arbres venant du jardin d'Éden et prouve cette affirmation par le texte d'Ez 47,12.

[97] Par. en *Mekh. R. Shim.* 130.

[98] Cf. *infra* n. 100.

Le midrash s'est attaché à cette expression du texte biblique *ᶜl kl hṭwbh* qu'on interprète au sens le plus prégnant; la préposition *ᶜl* reçoit une double signification: « à cause de » et « au-dessus de ». Le verset biblique se comprend alors: Jéthro se réjouit de ce qui est au-dessus de toute la bonté[99]. Tandis que Yehoshua b. Ḥananiah (début du IIe siècle) attribue à la manne cette bonté suréminente, un aggadiste avec qui il est en controverse, vraisemblablement Éliézer b. Hyrqanos, pense au puits[100]. L'une et l'autre opinion furent reprises en Ps-J Ex 18,9 dont la courte notice aggadique ne peut se comprendre que dans le contexte de l'interprétation midrashique qu'elle condense: « Et Jéthro se réjouit de tout le bien que YHWH avait fait à Israël, *de ce qu'il leur avait donné la manne et le puits* ... ».

On sait que déjà Sg 16,20-21, dans un développement midrashique sur l'Exode, reconnaissait à la manne le pouvoir de s'adapter au goût de chacun, car elle avait la capacité de toute saveur[101]. La méditation de l'hagiographe exploitait une tradition commune au judaïsme palestinien et à celui de la diaspora[102]. *Ex R.* 25,3 est une attestation évidente de cette tradition:

> (Dieu) fit descendre pour eux la manne qui contenait de toutes les espèces de saveurs et chaque Israélite pouvait goûter tout ce qu'il désirait, car il est ainsi écrit: *Voilà quarante ans que YHWH, ton Dieu, est avec toi: tu n'as manqué de rien* (Dt 2,7)[103].

[99] L'attention portée à cette expression biblique est bien exprimée dans la trad. de J. Z. LAUTERBACH, *Mekilta*, II, 174s., qui paraphrase: « For, instead of saying merely 'goodness', or 'the goodness', or 'all the goodness', it says: 'Over all the goodness'. »

[100] La *Mekh.* attribue la sentence sur le puits à Éléazar de Modiᶜim, tandis qu'une troisième interprétation est attribuée à Éliézer en référence à la bonté de la terre d'Israël en ce monde et dans l'autre: « R. Éliézer dit: C'est de la bonté de la terre d'Israël que parle l'Écriture. Ils lui (= à Jéthro) dirent: 'Le Lieu va nous donner six bonnes récompenses: la terre d'Israël, le monde à venir, le royaume de la maison de David, un monde nouveau, l'institution des prêtres et celle des lévites; c'est pourquoi il est dit: bonté, la bonté, toute la bonté, au-dessus de *toute la bonté*.' » Comme le fait remarquer BACHER, *Tannaiten*, I, 147, n. 2, les « six bonnes récompenses » énumérées dans cette troisième interprétation figurent ailleurs par deux fois (*Mekh.* Ex 16,25 et 16,30) dans une interprétation propre à Éléazar de Modiᶜim. Il convient ainsi d'inverser dans la *Mekh.* Ex 18,9 les noms d'Éléazar et d'Éliézer.

[101] Cf. J. REIDER, *The Book of Wisdom*, 192s.

[102] Cf. le relevé des passages aggadiques dans GINZBERG, *Legends*, III, 44 et 65; VI, 17, n. 99; 27, n. 156.

[103] La citation de Dt 2,7 présente ici un caractère adventice. L'aggadah doit avoir pour point d'accrochage un texte biblique traitant lui-même du goût de la manne. Or, à ce sujet, le Pentateuque contenait une double notice: « le goût d'une galette au miel » (Ex 16,31) et « le goût d'une friandise (*lešad*) à l'huile » (Nb 11,8). Des aggadistes tentèrent d'harmoniser les deux: le terme rare *lešad* fut soumis à la technique du *noṭariqon* pour donner les initiales de cette suite de mots: *lyyš* (« pâte »), *šmn* (« huile »), *dbš* (« miel »); on dit alors en *Siphrê* Nb 89 à Nb 11,8 que la manne était « comme la pâte préparée à l'huile et découpée en morceaux enrobés dans le miel » (cf. K. G. KUHN, *Sifre zu Numeri*, 241 et n. 9). Une autre aggadah reconnut dans les deux dernières consonnes du mot *lšd* de Nb 11,8 le terme *šd* désignant le sein, la mamelle, et, plus précisément, son produit: le lait maternel (la consonne *l* était alors

L'argumentation scripturaire à la base de cette aggadah, quelle qu'elle fût, était certainement guidée par une thématique déjà ancienne et biblique (Ps 78,24s.; 105,40) selon laquelle la manne provenait du monde céleste [104]; et l'exégèse parlait d'un « pain des anges » [105]. D'après une interprétation aggadique ancienne attestée en Ps-J Ex 16,4.15, la manne, créée au crépuscule du sixième jour de la création, avait été « mise en réserve (*ʾyṣṭnᶜ*) dans les cieux d'en-haut » [106]. C'est, nous semble-t-il, en raison de la provenance céleste de la manne qu'on lui attribua la capacité de toute saveur.

Yehoshua b. Ḥananiah connaissait la tradition; il l'emploie et, à partir d'Ex 18,9 (*ᶜl kl hṭwbh*), il renchérit même sur l'expression: la manne était « au-dessus de toute la bonté ». Il est peu probable qu'il y ait eu une tradition attribuant à l'eau du puits une diversité de saveurs. Éliézer, de façon secondaire, transpose au puits ce que la tradition affirmait de la manne [107]. Toute secondaire que soit la transposition, elle devait pouvoir rivaliser avec l'opinion adverse et, pour cela, correspondre à une spéculation admise et sans doute posséder un point d'accrochage dans l'Écriture. Le texte scripturaire pouvait être Dt 32,13-14 selon lequel Dieu avait donné à Israël « le miel du rocher », « le lait des brebis » et du vin. La saveur de ces produits se retrouve dans la sentence d'Éliézer en *Mekh.* Ex 18,9 et nous pouvons supposer qu'il a reconnu le puits dans le rocher (*selaᶜ*, *ḥalᵉmîš ṣûr*) de Dt 32,13 [108]. La thématique qui présida à cette transposition ne pouvait être la conception d'une origine céleste du puits; la plupart des

---

considérée comme une préposition; cf. la réfutation de cette interprétation dans RASHI à Nb 11,8). On pouvait dire alors en *Yoma* 75*a* (avec attribution à Abbahu, vers 300, mais la tradition peut être plus ancienne): « Comme dans le (lait du) sein maternel, le petit enfant goûte de multiples saveurs, ainsi dans la manne, chaque fois que les Israélites en mangeaient, ils trouvaient de multiples saveurs. » C'était l'intérêt de la comparaison: on voulait attribuer à la manne la capacité de diverses saveurs et c'est pourquoi on la compara au lait sucé du sein maternel qui, estimait-on, s'imprègne du goût des divers aliments dont la mère s'est nourrie (cf. K. G. KUHN, *Sifre zu Numeri,* 242, n. 11). Une telle interprétation résolvait à sa manière le problème des deux notices du Pentateuque: la divergence était dépassée. Nous verrions volontiers dans cette interprétation du mot *lšd* de Nb 11,8 l'argument scripturaire autorisant le passage du texte biblique à la tradition aggadique déjà attestée en Sg 16,20s.

[104] Cf. H.-J. KRAUS, *Psalmen,* II, 709. En comparaison de la tradition d'Ex 16,4, ces passages du Psautier font figure d'interprétation aggadique; cf. B. J. MALINA, *The Palestinian Manna Tradition,* 34-36.

[105] Ainsi LXX Ps 78 (77),25 et Sg 16,20; de même *LAB* 19, 5. On sait, par *Yoma* 75*b*, que Aqiba défendait cette interprétation; cf. B. J. MALINA, *op. cit.,* 85 et n. 3.

[106] Cf. B. J. MALINA, *op. cit.,* 56-59 et 99-102.

[107] Plus d'une fois dans les recueils midrashiques, nous trouvons un parallélisme ou une certaine rivalité d'interprétations à propos de la manne et du puits (cf. GINZBERG, *Legends,* VI, 22, n. 132).

[108] C'est en commentant Dt 32,13 que saint ÉPHREM fait état d'une tradition selon laquelle les eaux du rocher avaient le goût du miel pour ceux qui le désiraient (cf. P. BENEDICTUS, *Sancti Ephraem Syri Opera omnia,* I, 286).

Il est vraisemblable qu'Éliézer avait rapporté Dt 32,13 à l'épopée de l'Exode dont parlaient les vv. précédents (Dt 32,10-12). Ps-J Dt 32,13, par contre, comprendra, comme dans le texte biblique, qu'il s'agit de l'installation dans le pays d'Israël.

listes énumérant les choses créées au crépuscule du sixième jour incluent le puits, mais cette précréation ne signifie pas que le puits aurait été gardé dans les cieux comme Ps-J Ex 16,15 l'affirme de la manne [109]. Nous proposerions volontiers qu'Éliézer s'inspire plutôt de la conception paradisiaque du temps de l'Exode et peut-être aussi, en prolongeant la perspective, de l'attente du renouvellement eschatologique figuré par cette description de l'Exode [110].

III. Les caractéristiques eschatologiques du puits de l'Exode

Nous avons dit que le puits irriguant le désert de l'Exode était comparable aux eaux qui devaient jaillir du Temple pour faire fructifier la steppe. Cette ressemblance fut remarquée des aggadistes, au point que, dans certaines descriptions de l'Exode, on anticipa, pour les attribuer aux eaux du puits, des caractéristiques bibliques ou midrashiques de la source du Temple.

1. *Des eaux riches en poissons*

Quand on sait que les eaux du puits avaient une saveur des plus fines, on peut s'étonner d'apprendre qu'elles contenaient des poissons.

Cette pièce aggadique nouvelle nous est attestée dans un commentaire de Nb 11,22. Le peuple, lassé de la manne, avait réclamé de la viande et YHWH décide de leur en donner en grande quantité (Nb 11,18-20). Dans ce contexte, Moïse s'étonne et prononce des paroles que le midrash tente d'interpréter: « Abattrait-on pour eux petit et gros bétail, cela leur suffirait-il? Si on rassemblait pour eux tous les poissons de la mer, cela leur suffirait-il? » (Nb 11,22). *Siphrê* Nb 95 à Nb 11,22 rapporte:

> R. Shimon b. Yoḥay dit: R. Aqiba proposait de ce passage une explication et moi j'interprète le passage de deux manières et mes explications sont préférables à celle de mon maître. Voici qu'il (= Aqiba) explique: *Abattrait-on pour eux petit et gros bétail, cela leur suffirait-il?* (Nb 11,22*a*), (c'est-à-dire que:) même si tu rassemblais pour eux tout le petit et le gros bétail, cela serait-il suffisant pour eux (*spyqyn hn lhn*)?
>
> Et moi, je dis: Mais serait-ce parce qu'ils n'avaient pas de viande à

[109] En effet, d'après N Nb 21, 6, Dieu fit monter le puits de l'abîme. Le puits est mentionné dans la liste des choses précréées en Ps-J Nb 22, 28 et *ARN* B 37,95 (sur ces deux témoignages, cf. la remarque de A. J. SALDARINI citée p. 74s., n. 61); également en *Abôt* 5, 6; *Mekh. R. Shim.* 115; *Siphrê* Dt 355 à Dt 33,21; *Pes.* 54*a*; *PRE* 19.

[110] Le vin, le lait, le miel étaient dans l'A.T. des signes de la bénédiction divine (cf. Gn 49,11-12); on énumérait aussi ces produits dans les descriptions des temps de la restauration (Jl 4,18). En *2 Bar* 29, 5, l'avènement messianique se signale par une quantité excessive de vin. Il y a au paradis des sources de miel, de lait, d'huile et de vin d'après *2 Hen* 8, 5 (oeuvre dont la plupart des thèmes sont d'origine juive; cf. A.-M. DENIS, *Introduction,* 28s.).

Sur le symbolisme eschatologique du vin, cf. A. SERRA, *Contributi dell'antica letteratura giudaica per l'esegesi di Giovanni 2,1-12 e 19,25-27* (Scripta Pontificiae Facultatis theologicae « Marianum » 31), Roma, 1977, 230-232 (A.T.). 244-248 (judaïsme).

manger qu'ils murmuraient? Au contraire, n'a-t-il pas été dit déjà, lors de leur sortie d'Égypte: *Et aussi une tourbe nombreuse monta avec eux, ainsi que du petit et du gros bétail,* (*troupeau très considérable*) (Ex 12, 38)? Il est possible (d'objecter) qu'ils les avaient mangés dans le désert. (Mais) l'Écriture enseigne: *Et les fils de Ruben et les fils de Gad avaient des troupeaux nombreux* (Nb 32,1). Bien plus, la raison est qu'ils cherchaient un prétexte qui leur permît de se séparer du Lieu.

(Aqiba explique:) *Si on rassemblait pour eux tous les poissons de la mer,* (*cela leur suffirait-il?*) (Nb 11,22*b*), (c'est-à-dire que:) même si tu rassemblais pour eux [tous les poissons de la mer, cela serait-il suffisant pour eux?

Et moi, je dis: Mais serait-ce parce qu'ils n'avaient pas de] [111] poissons à manger qu'ils murmuraient? Au contraire, n'y avait-il pas un puits qui cheminait avec eux dans le désert et leur rapportait de gras poissons plus qu'ils n'en avaient besoin? Bien plus, la raison est qu'ils cherchaient un prétexte qui leur permît de se séparer du Lieu.

Il convient de confronter ce commentaire avec une explication parallèle transmise dans un excursus de *Siphrê* Dt 31 à Dt 6,4 [112]:

Abattrait-on pour eux petit et gros bétail, (*cela leur suffirait-il?*) (Nb 11, 22*a*): serait-ce assez pour eux? *Si on rassemblait pour eux tous les poissons de la mer,* (*cela leur suffirait-il?*) (Nb 11,22*b*): serait-ce assez pour eux? Voilà l'interprétation de R. Aqiba.

Et moi (Shimon b. Yoḥay), je dis: même si tu rassemblais pour eux tout le petit et le gros bétail qu'il y a dans le monde, finalement ils murmureraient encore (*swpm lrnn*) contre toi. L'Esprit Saint lui (= à Moïse) répondit: *Maintenant tu vas voir si ma parole se réalise ou non pour toi* (Nb 11,23*b*). Et je (= Shimon) préfère mon interprétation à la sienne (= celle d'Aqiba).

Shimon b. Yoḥay (vers 150) a donc voulu corriger l'interprétation de son maître. Le point en controverse est la signification de l'expression « cela leur suffirait-il? » (Nb 11,22) [113]. Aqiba interprète ces mots en référence à la promesse divine de procurer de la viande pendant tout un mois: Moïse considère le grand nombre de gens à nourrir, il reste sceptique et ironise. Shimon b. Yoḥay refuse cette interprétation et on devine pourquoi: il voulait éviter que les paroles de Moïse ne passent pour une expression d'incrédulité. Aussi, l'ironie de Moïse s'exercera-t-elle à l'égard des plaintes du peuple réclamant de la viande (Nb 11,4.10) ou des poissons (Nb 11,5): même s'ils avaient toute la viande et tous les poissons qu'on peut imagi-

---

111 Les mots entre crochets ont été omis au cours de la transmission du texte, sans doute par homoioteleuton: cf. l'éd. de HOROVITZ, 95; K. G. KUHN, *Sifre zu Numeri*, 254, n. 5.

112 L'explication de Nb 11,22 y est insérée dans une énumération de quatre passages à propos desquels Shimon s'oppose à son maître; cf. aussi *Tos. Soṭ.* 6,7 et BACHER, *Tannaiten*, I, 306s.; II, 111.

113 Cf. K. G. KUHN, *op. cit.*, 254, n. 7; H. LJUNGMAN, *Sifre zu Deuteronomium übersetzt und erklärt* (Rabbinische Texte. Zweite Reihe 4/1), Stuttgart, 1964, 78, n. 18.

ner, « cela suffirait-il » à les empêcher de murmurer contre Dieu? Shimon estime que non.

Ici s'arrête le commentaire transmis en *Siphrê* Dt 31 et il nous semble que cette version est plus primitive. La version de *Siphrê* Nb 95 renchérit sur la mauvaise foi des Israélites en ajoutant que, de toute façon, ils avaient déjà la viande et les poissons qu'ils voulaient; leurs murmures n'étaient qu'un prétexte. Mais justement dans ce contexte, nous ne voyons plus quel prétexte pouvait motiver leurs murmures, puisqu'ils avaient à leur disposition ce qu'ils réclamaient. Et nous considérons comme un remaniement cette notation propre à *Siphrê* Nb 95 [114]. De cette réélaboration fait partie l'aggadah sur les poissons du puits; elle ne nous semble donc pas appartenir à l'enseignement de Shimon b. Yoḥay. Mais l'aggadiste qui l'insère en fait mention comme d'une tradition bien connue [115]. Nous la retrouvons, de fait, en *Gn R.* 66,3 où la bénédiction d'Isaac à Jacob est ainsi commentée [116]:

> (*Que Dieu te donne*) *de la rosée des cieux* (Gn 27,28): c'est la manne, comme il est dit: *Et YHWH dit à Moïse: « Voici que je vais faire pleuvoir des cieux du pain pour vous,* etc. » (Ex 16,4). *Et des graisses* (*ûmiše-mannê*) *de la terre* (Gn 27,28): c'est le puits qui leur rapportait de très gras (*šmnym*) poissons.

Le binôme cieux-terre, dans un contexte de dons divins, a suscité la référence à la manne et au puits. Cette exégèse met en application un adage midrashique exprimé en *Ex R.* 25,6 et selon lequel, contrairement à l'ordre naturel des choses, Dieu donne à son peuple du pain qui descend des cieux et de l'eau qui monte de la terre [117]. Concernant le puits, pour ren-

---

114 On trouve en *Nb R.* 7,4 une élaboration parallèle de la sentence de Shimon: les Israélites pouvaient savourer dans la manne le goût de la viande, du poisson ou d'autres mets; leurs murmures étaient un prétexte pour retourner en Égypte.

Il faut noter aussi que *Siphrê* Nb 95 à propos de Nb 11,22 attribue à Shimon une seconde interprétation dans laquelle il rapporte les paroles de Moïse à l'annonce divine d'un châtiment lié au don de la viande; il paraphrase alors: « Est-il convenable envers eux que tu leur fasses un don, puis que tu les fasses périr? » C'est la seule interprétation que retient *Tos. Soṭ.* 6,7 à propos de Shimon.

115 K. G. Kuhn, *op. cit.*, 254, n. 6, attribuait à Shimon ce trait aggadique, mais, croyant qu'il ne se rencontre pas ailleurs, il estimait que Shimon l'avait purement et simplement inventé en fonction de son argumentation. Quant à E. R. Goodenough, *Jewish Symbols in the Greco-Roman Period,* V, New York, 1956, 39, il cite *Siphrê* Nb 95, mais, assez curieusement, il attribue le commentaire à Aqiba. De plus, *ibid.*, n. 42, il croit découvrir en *Yoma* 75*a* une allusion à la même tradition. En réalité, le passage talmudique se réfère à Nb 11,5 où les Israélites regrettent les poissons qu'ils mangeaient « gratis » en Égypte; ce « gratis » est alors expliqué par une légende selon laquelle, quand ils puisaient de l'eau (en Égypte), Dieu veillait à ce qu'il y eût aussi « de petits poissons dans leurs cruches ». Dans son vol. X: *Symbolism in the Dura Synagogue,* New York, 1964, 28, Goodenough veut discerner des poissons sautant du puits de Doura, là où C. H. Kraeling, *The Excavations. The Synagogue,* 122, avait très justement interprété que de petites boucles noires suggéraient le bouillonnement de l'eau.

116 Par. en *MHG* Gn 27,28.

117 Nous avons dit *supra* (p. 181, n. 77) que cet adage est relativement tardif.

dre compte de l'expression de Gn 27,28: « et des graisses », l'aggadiste considère les poissons qu'il procure et qui sont gras. Il est évident qu'une telle exégèse présuppose déjà connue la tradition sur les poissons du puits. Ce que Gn 27,28 pouvait suggérer de plus ne concerne que leur richesse en graisse! Et cette particularité exprimée aussi en *Siphrê* Nb 95 peut venir de Gn 27,28.

Mais l'aggadah elle-même selon laquelle le puits « rapportait (*hyth m^clh*) des poissons » [118] a une autre origine. Il s'agit à coup sûr d'une application au puits de l'Exode de cette caractéristique des eaux vivifiantes d'Ez 47,10: sur les rives du torrent, les poissons doivent être « comme les poissons de la Grande Mer, très nombreux ». En *PRE* 51, ce thème est développé: les poissons devaient monter avec le torrent jusqu'à Jérusalem pour être pris dans les filets [119]: on voit la ressemblance avec l'aggadah selon laquelle le puits du désert « rapportait » des poissons.

D'après *Tos. Suk.* 3,13, les eaux du puits « allaient vers la Grande Mer et en ramenaient toutes les choses désirables qu'il y a dans le monde ». Ici aussi nous nous trouvons devant une anticipation de l'époque eschatologique. Le *Sēpher Élia,* dans une description du paradis eschatologique, entrevoit que « des navires iront d'Eyn Gedi à Églayim chargés de richesse et d'argent pour les justes » [120]; l'allusion à Ez 47,10 est évidente. En *Tos. Suk.* 3,13, on suppose que le parcours de l'eau est prolongé jusqu'à la Méditerranée [121].

2. *Des eaux thermales*

Un commentaire d'Ez 47,9 en *Ex R.* 15,21 prévoit que « tout malade sera guéri » par « les eaux vives » qui sortiront du sanctuaire. D'après *PRE* 51 et *Yalq. Shim.* II, 383, les malades se baigneront dans les eaux du puits eschatologique jaillissant du Temple. Or, nous retrouvons cette propriété curative attribuée déjà au puits de l'époque du désert dans un commentaire du *Midr. Teh.* 23,4:

> *Aux eaux du repos il me mène* (Ps 23,2). R. Shemuel dit: Il y a des eaux bonnes à boire, mais qui ne conviennent pas pour s'y baigner; il y a des eaux qui conviennent pour s'y baigner, mais elles ne sont pas bonnes à boire. Or, l'eau du puits était bonne à boire et convenait pour s'y baigner. Elle apaisait (*nwḥ*) le corps et apportait la guérison de l'âme.

L'aggadiste est sans doute Shemuel b. Naḥman (pal. vers 260) [122]. Le pluriel *m^enūḥôt* qui détermine les eaux « du repos » selon le Ps 23,2 lui per-

---

118 L'expression est semblable en *Siphrê* Nb 95.
119 Cf. *supra* p. 214, n. 63.
120 Cf. *supra* n. 96; M. BUTTENWIESER, *Die hebräische Elias-Apokalypse*, 25.
121 Cf. *supra* n. 59. Sur le thème eschatologique d'un afflux des richesses des nations à Jérusalem, cf. BILLERBECK, *Kommentar,* IV/2, 886.
122 BACHER, *Pal. Amoräer,* I, 507.

met d'énoncer les deux qualités des eaux du puits. On savait déjà qu'elles apaisaient la soif; on apprend qu'elles guérissent l'âme, c'est-à-dire qu'en s'y baignant, on retrouve la santé [123].

IV. Résumé et appréciation

Dès une date ancienne, à la signification primitive de la fête des Tentes liée au rythme des saisons s'étaient ajoutées la commémoration du don de l'eau au désert et l'attente des eaux eschatologiques jaillissant du Temple. Ces deux significations nouvelles remontent, selon toute vraisemblance, à une époque où la libation était encore pratiquée.

L'une et l'autre symbolique ont dû se constituer de façon indépendante. D'une part, conformément au processus d'historicisation de la Fête, les cérémonies saisonnières furent rattachées au souvenir de l'Exode. D'autre part, par un développement de la dimension eschatologique déjà insinuée en Za 14,16-19, la libation fut comprise comme un appel de la source du Temple. L'eau déversée préfigurait-elle aussi un retour du puits du désert? Nous ne pouvons pas le prouver.

L'espérance d'un renouvellement du don du puits sur le modèle des eaux jaillissant dans le désert est attestée. Mais certaines traditions établissent une correspondance entre le puits de l'Exode et la source du Temple: celle-ci renouvellera le don du puits; cette conception réunit les deux symboliques de la fête des Tentes. La jonction a pu se faire par l'intermédiaire de la thématique paradisiaque qui avait été attachée aux descriptions de l'Exode. Dans le courant du IIe siècle certainement, mais peut-être déjà avant, on se représentait le puits comme une source vivifiant le désert: il suscitait pour les Israélites une oasis de verdure. Or, la thématique paradisiaque était sous-jacente à la prophétie d'Ez 47,1-12. On comprend alors que la source du Temple ait pu être présentée comme le correspondant eschatologique du puits.

Dans la suite, l'aggadah anticipa, pour les attribuer au puits du désert, certaines qualités des eaux du Temple: leur richesse en poissons, leur propropriété curative.

[123] Certains textes midrashiques rapportent qu'un malade (affligé d'ulcères) ou un aveugle, en se baignant dans le lac de Tibériade, y rencontra le puits et fut guéri: *Lv R.* 22,4 (d'après R. Tanḥuma, pal. vers 380); *Nb R.* 18,22; *Qo R.* 5,8,5 (d'après R. Tanḥuma); cf. BILLERBECK, *Kommentar*, II, 454, et R. LE DÉAUT, « Miryam, soeur de Moïse », 213 et n. 2. Sur la présence « cachée » du « puits de Miryam » dans le lac de Tibériade, cf. *supra* p. 189s., n. 104.

CHAPITRE VIII

Le puits de l'Exode et les puits des patriarches

Unanimement les recensions du TP Nb 21,18*a* attribuaient aux patriarches un premier forage de ce puits qui, plus tard, devait être donné aux Israélites dans le désert; les « princes » qui, selon le texte biblique, avaient creusé le puits, c'était, d'après le TP, « les princes du monde » ou « les princes d'antan »: Abraham, Isaac et Jacob. Il convient que nous examinions dans les targums de la *Genèse* et dans les récits midrashiques les tenants et aboutissants de cette tradition.

SECTION I. LE CYCLE D'ABRAHAM ET D'ISAAC [1]

I. Le don de l'eau aux Israélites et le service d'Abraham

Dans la *Mekh.* Ex 13,21, en illustration du principe bien connu [2]: « D'après la mesure dont un homme se sert, on mesurera pour lui », nous trouvons un exposé des bienfaits que Dieu accorda aux Israélites en récompense des marques de sollicitude qu'Abraham, leur père, lui avait montrées lors de la visite des anges du service. Et maintes fois nous est attestée dans la littérature rabbinique cette exégèse qui soigneusement détaille Gn 18 pour assortir aux paroles ou aux gestes d'Abraham une rétribution divine en faveur d'Israël [3]. Certains commentaires étalent même sur trois époques chacun des bienfaits divins: ils furent accordés dans le désert, ensuite en Terre promise, enfin ils le seront aux temps eschatologiques [4]. D'un commentaire à l'autre, on constate bien des variantes en

---

[1] On pourra consulter les études d'A. JAUBERT, « La symbolique du puits de Jacob », 67s.; EAD., *Approches de l'Évangile de Jean*, 142; N. R. BONNEAU, « The Woman at the Well. Joh 4 and Genesis 24 », *BiTod* nº 67, 1973, 1252-1259.

[2] À propos de ce principe dans la littérature juive et le N.T., cf. M. MCNAMARA, *The New Testament and the Palestinian Targum*, 138-142; H. P. RÜGER, « Mit welchem Mass ihr messt, wird euch gemessen werden », *ZNW* 60 (1969), 174-182.

[3] Citons *B.M.* 86*b* avec deux témoignages, celui de Rab Yehudah au nom de Rab (bab. av. 247) et celui de R. Ḥama b. Ḥanina (pal. vers 260) avec l'École d'Ishmaël; *Tos. Soṭ.* 4,1-6; *Ex R.* 25,5; *PR* 14,57*a*.

[4] Ainsi en *Qo R.* 11,1,1 avec attribution à Éléazar (b. Pedat) (pal. vers 270) au nom de Simay (vers 210) (cf. BACHER, *Tannaiten*, II, 545 et n. 7); *Nb R.* 14,2 avec attribution à Éléazar au nom de Ḥiyya (mais BACHER, *ibid.*, corrige en « au nom de R. Simay »); *Gn R.* 48,10; *Yalq. Shim.* I, 82 à Gn 18,4 avec attribution, sans doute erronée, à Éliézer au nom de R. Simon; *Tanḥ.* B. I, 86s. avec attribution (?) à Simay, mais cette

ce qui concerne la nature et le nombre des dons, ainsi que les textes bibliques qui les fondent.

L'observation suivante peut cependant nous permettre d'atteindre à un stade antérieur de l'aggadah. Dans la plupart des commentaires, parmi les récompenses que reçurent les Israélites sont énumérés les trois dons du temps de l'Exode, souvent associés dans la littérature midrashique: la manne, les nuées et le puits; plusieurs commentaires y ajoutent le don des cailles [5]. Or, l'attribution de ces quatre dons au mérite d'Abraham pouvait facilement se déduire d'une lecture du Ps 105,39-42 où, après l'énumération de ces bienfaits de Dieu, le psalmiste enchaînait: « C'est qu'il se souvenait de sa parole sainte à son serviteur Abraham » (v. 42) [6]. D'une attribution globale au « souvenir » d'Abraham, l'aggadah a pu se développer, en scrutant les détails de Gn 18, jusqu'à assortir chacun des quatre dons à une des marques d'hospitalité du patriarche.

Ainsi le puits qui, dans une perspective aggadique bien connue, était attribué au mérite de Miryam, pouvait aussi bien, dans une autre perspective aggadique, être rattaché au service d'Abraham. Et le rédacteur en *B.M.* 86*b*, sans craindre de se contredire, superpose les deux plans: « En récompense pour: *Qu'on apporte un peu d'eau!* (Gn 18,4), ils (= les Israélites) reçurent le puits de Miryam ».

En réalité, tandis que bon nombre de ces commentaires font consister dans la montée du puits (Nb 21,17) la rétribution de l'eau offerte par Abraham (Gn 18,4) [7], quelques-uns se réfèrent plutôt au jaillissement du rocher (Ex 17,6). *Ex R.* 25, 5 établit ce rapprochement entre le serviteur d'Abraham et Moïse, tous deux intermédiaires:

> (Abraham) dit: *Qu'on apporte un peu d'eau!* (Gn 18,4), par l'intermédiaire d'un représentant. Et le Saint, béni soit-il, donna de l'eau par l'intermédiaire d'un représentant. D'où le savons-nous? Parce qu'il est dit: *Voici*

forme du commentaire nous paraît être des plus tardives: l'opinion de Simay a dû être amplifiée.

[5] Les trois dons sont les seuls qui, d'après *B.M.* 86*b*, sont associés à Gn 18 dans l'École d'Ishmaël. La manne sera omise en *Nb R.* 14, 2 et *Tanḥ.* B. I, 87; et l'eau en *PR* 14, 57*a* mais cette version est écourtée (cf. Bacher, *Tannaiten*, II, 545, n. 7). À ces trois dons s'ajoute celui des cailles dans les versions suivantes: *Mekh.* Ex 13, 21 (sur cette version, cf. aussi R. Le Déaut, *La nuit pascale*, 145); *B.M.* 86*b* selon Rab; *Gn R.* 48, 10; *Yalq. Shim.* I, 82; *Tos. Soṭ.* 4, 4. Le fait qu'Abraham ait permis aux visiteurs de se laver les pieds reçut aussi ses récompenses en *Ex R.* 25, 5; *Qo R.* 11,1,1; *Nb R.* 14, 2; *Gn R.* 48, 10. Dans l'expression de Gn 18,4: « qu'on apporte un peu d'eau », on en vint à considérer à part le verbe, puis la détermination en *Tanḥ.* B. I, 87. La tradition au stade le plus évolué se trouve en *Tos. Soṭ.* 4, 1-6 où presque tous les gestes ou paroles du patriarche sont rétribués à ses descendants.

[6] *Tanḥ.* B. IV, 127 fait remarquer la connexion à propos du puits: « *Puits que des princes ont creusé* (Nb 21,18). Mais y eut-il là un forage? Non, mais il fut donné pour le mérite des patriarches qui sont appelés princes, comme il est dit: *Il ouvrit le rocher et les eaux ruisselèrent ... C'est qu'il se souvenait de sa parole sainte à son serviteur Abraham* (Ps 105, 41-42). »

[7] Font référence au puits: *Mekh.* Ex 13, 21; *Gn R.* 48, 10; *Yalq. Shim.* I, 82; *Qo R.* 11,1,1; *Tanḥ.* B. I, 87.

que moi, je me tiens là devant toi sur le rocher... (tu frapperas, etc.) (Ex 17,6).

À un stade plus élaboré de la tradition, puits ou rocher de l'Exode ne représentent plus qu'une première étape de la rétribution; celle-ci se prolonge lors de l'entrée en Terre promise par le don d'« un pays de torrents d'eaux » (Dt 8,7) et elle s'achèvera au temps messianique, nous assure-t-on en *Gn R.* 48, 10, lorsque « des eaux vives sortiront de Jérusalem » (Za 14,8)[8]. Le mérite du service d'Abraham pouvait s'étendre jusqu'au jaillissement eschatologique[9].

Les commentaires midrashiques, même fortement élaborés, ont fait remonter la tradition jusqu'à R. Simay, un des derniers Tannaïtes (vers 210) ou jusqu'à l'École d'Ishmaël[10]. L'attribution ne nous paraît vraisemblable qu'à la condition de restreindre l'aggadah à un noyau primitif assortissant aux divers services d'Abraham d'après Gn 18 les quatre dons du temps de l'Exode. En outre, si l'on voulait serrer de plus près le problème des datations, il ne nous paraîtrait pas impossible de faire remonter à une date antérieure l'aggadah qui, de façon globale, sur la base du Ps 105,39-42, rattacherait ces dons au « souvenir » ou au « mérite » d'Abraham. Qu'à ces différents stades, le prodige de l'eau soit évoqué d'après Ex 17,6 ou Nb 21,17, peu importe. Nous savons, en effet, que depuis une date ancienne, l'aggadah avait fusionné les traditions du puits et celles du rocher.

II. Des présages du puits des Israélites

1. *Le puits de Beër-Shéba monte pour Abraham*

Le puits qui « montait » pour les Israélites au temps de leurs pérégrinations dans le désert leur avait été accordé en souvenir des mérites d'Abraham. Et d'ailleurs, du temps même d'Abraham, un puits avait déjà fait monter ses eaux à la vue du patriarche. *Gn R.* 54, 5, à propos de l'alliance qu'Abraham concluait avec Abimélek pour s'assurer le puits de Beër-Shéba, rapporte ce commentaire[11]:

> *Il dit: (C'est pour que tu acceptes de ma main) ces sept agnelles (afin que cela me soit un témoignage comme quoi j'ai creusé ce puits)* (Gn 21,30). Les rabbins ont dit: Les bergers d'Abimélek se querellaient avec

---

[8] Plutôt que Za 14,8, c'est Jl 4,18 qui est cité en *Qo R.* 11,1,1. On cite Is 30,25 en *Tanḥ.* B. I, 87 et *Nb R.* 14,2; cf. *supra* p. 211, n. 49.

[9] En *Gn R.* 70, 6, le jaillissement eschatologique des eaux vives, introduit en Za 14,8 par l'expression *whyh*, est rattaché au mérite des paroles de Jacob: « Et que YHWH soit (*whyh*) pour moi Dieu » (Gn 28,21); cf. U. WIEDERKEHR, *Die Tempelquelle*, 34.

[10] Cf. BACHER, *Tannaiten*, II, 341. 545 et n. 7; cf. *supra* n. 3 et 4.

[11] Par. en *Yalq. Shim.* I, 95 à Gn 21,30; cf. aussi GINZBERG, *Legends*, I, 270; V, 247, n. 220.

> les bergers d'Abraham. Les uns disaient: « Le puits est à nous! » Et les autres disaient: « Le puits est à nous! » Les bergers d'Abraham leur dirent: « Celui-là pour qui les eaux, en voyant son troupeau, se mettront à monter (*wᶜwlym*), c'est à lui qu'est le puits! » Dès que les eaux virent le troupeau de notre père Abraham, aussitôt elles montèrent. Le Saint, béni soit-il, lui dit: « C'est un signe (*symn*) pour tes fils que le puits montera pour eux. » C'est ce que dit l'Écriture: *Monte, puits, chantez-le!* (Nb 21,17).

Gn 21,25 mentionnait les reproches qu'Abraham avait adressés à Abimélek à propos d'un puits dont les serviteurs de celui-ci s'étaient emparés. Le midrash a refaçonné l'épisode. De façon plus dramatique, on décrit la scène où les bergers étaient aux prises. Leur contestation annonce les prétentions des bergers de Ghérar qui, en Gn 26,20, disaient aux bergers d'Isaac: « L'eau est à nous! » Mais le recours à une sorte de jugement des eaux est venu régler le différend: le puits lui-même déciderait de son possesseur. Nous comprenons aisément que le thème de la montée du puits est emprunté à la tradition sur le puits des Israélites.

D'ailleurs, la suite du commentaire s'applique à préciser la relation entre le prodige accordé au patriarche et celui dont bénéficieront ses descendants. La montée du puits de Beër-Shéba ne devait pas seulement servir de témoignage auprès d'Abimélek de ce que le puits était à Abraham [12]; elle devenait encore un témoignage ou plutôt un « signe » préfigurant à Abraham ce qui devait advenir aux Israélites: pour eux monterait le puits de l'Exode [13]. Le dessein de Dieu, en effet, se réalisait par étapes ordonnées l'une à l'autre; ce principe d'interprétation de l'histoire a trouvé ici une application évocatrice: les eaux montaient et faisaient signe de ce qui adviendrait.

À ce récit attribué aux rabbins en *Gn R.* 54,5 s'enchaîne une sentence d'un docteur peu connu, Yiṣḥaq bar Ḥaqorah [14] qui renchérit sur le commentaire précédent:

> R. Yiṣḥaq bar Ḥaqorah dit: Même en ce passage, il ne manque rien à l'Écriture (*ᶜwd mn ᵓtrh lyt hyᵓ ḥsrh*) [15]. Il n'est pas écrit: afin que cela

---

[12] Il nous semble que, dans l'interprétation midrashique de Gn 21,30, le verbe *thyh* reçoit pour sujet sous-entendu le fait de la montée des eaux; cf. également H. Freedman, *Midrash Rabbah. Genesis*, I, London, 1939, 480, n. 6 (à propos du commentaire de Yiṣḥaq b. Ḥaqorah dont nous reparlerons). Notons que Rashi à Gn 21,30 ne retient du commentaire que le témoignage auprès d'Abimélek.

[13] Sur le principe d'après lequel ce qui advient aux pères préfigure ce qui arrivera aux fils, cf. Bacher, *Terminologie*, II, 139; I.L. Seeligmann, « Voraussetzungen der Midraschexegese », dans *Congress Volume Copenhagen 1953* (SupplVT 1), Leiden, 1953, 175, n. 1; J. Bowker, *The Targums and Rabbinic Literature*, 92.

[14] Il s'agit de Yiṣḥaq b. Ḥaqula, pal. des environs de l'an 250: cf. Bacher, *Pal. Amoräer*, II, 206 et n. 4; I, 109, n. 1.

[15] Sur l'emploi technique de cette formule exégétique, cf. Bacher, *Terminologie*, II, 67s.; H. Odeberg, *The Aramaic Portions of Bereshit Rabba*, I: *Text with Transcription*, Lund-Leipzig, 1939, 56 et 141.

me soit (*hyth*) un témoignage, mais (*afin que cela*) *me soit* (*plus tard*) (*thyh*) *un témoignage* (Gn 21,30).

R. Yiṣḥaq, lui aussi, peut établir une relation entre la montée du puits d'Abraham et le puits des Israélites. Il trouve même dans l'emploi du futur de Gn 21, 30 une allusion directe au puits des descendants du patriarche; la citation de Nb 21, 17 devient ainsi superflue [16]. Mais de ce fait, nous entrons dans une perspective aggadique nouvelle: le prodige du puits n'est plus seulement un présage accordé à Abraham de ce que connaîtront ses fils. L'attention de l'aggadiste s'attache à l'époque future où le puits de l'Exode montera: le prodige que connaîtront les Israélites *sera* alors un témoignage rendu au patriarche.

La sentence de R. Yiṣḥaq est concise et reste quelque peu obscure. Faut-il comprendre que la montée du puits des Israélites devait rendre témoignage aux mérites d'Abraham pour qui, déjà, *un* puits avait monté? Ou bien peut-on comprendre, en prolongeant la citation de Gn 21, 30, que la montée du puits des Israélites devait témoigner qu'Abraham avait autrefois creusé *ce même* puits? Dans cette seconde hypothèse, nous rejoindrions la tradition attestée par le TP Nb 21, 18*a* selon laquelle le puits de Beër avait été creusé par les patriarches.

2. *Les eaux montent à la vue de Rébecca*

Selon Gn 24,11ss, le serviteur d'Abraham, envoyé choisir une épouse pour Isaac, avait rencontré Rébecca près du puits de la ville, au moment où les jeunes filles venaient puiser de l'eau. *Gn R.* 60, 5 commente ainsi l'épisode [17]:

> *Elle descendit à la source et emplit* (*sa cruche*) (Gn 24,16). Toutes les femmes descendaient et emplissaient (leur cruche) à la source, mais celle-ci, dès que les eaux la virent, aussitôt elles se mirent à monter (*ʿlw*). Le Saint, béni soit-il, lui dit: « Tu as marqué un signe pour tes fils. Comme toi, dès que les eaux te virent, aussitôt elles se mirent à monter, de même tes fils, dès que le puits les verra, aussitôt il montera. » C'est ce que dit l'Écriture: *Alors Israël chanta ce chant: Monte, puits, chantez-le!* (Nb 21,17).

Comme dans le récit attribué aux rabbins en *Gn R.* 54, 5 à Gn 21,30, la montée spontanée de l'eau distingue un ancêtre d'Israël et préfigure le prodige dont seront gratifiés ses descendants [18].

---

[16] H. Freedman, *Midrash Rabbah. Genesis*, I, 480, n. 5, commente ainsi la formule exégétique du midrash: « It is unnecessary to quote a verse from elsewhere. »

[17] Par. en *Yalq. Shim.* I, 108 à Gn 24, 16. Une tradition semblable est rapportée en *Leqaḥ Ṭ.* Gn 24,16 et par Rashi à Gn 24,17; cf. Ginzberg, *Legends*, I, 295; V, 261, n. 291.

[18] H. Freedman, *Midrash Rabbah. Genesis*, II, London, 1939, 529, n. 5, considère que le fondement de cette aggadah n'apparaît pas clairement.

III. Pour Ishmaël le puits fut ouvert

Hagar, avec son fils, avait été chassée et elle errait dans le désert de Beër-Shéba. Le texte biblique de Gn 21,19 nous apprend que « Dieu lui ouvrit les yeux et elle vit un puits d'eau. Elle alla remplir l'outre d'eau et fit boire le garçon. »

1. *Les targums à Gn 21,19*

Synopse des recensions

TM	ויפקח		אלהים	את	עיניה	ותרא		באר	מים
Ps-J	וגלי		ייי	ית	עינהא	ואיתגלי	לה	בירא	דמיא
N	ופקח		ייי	ית	עיינה	וחמת		באר	דמיין
M		ממריה	דייי'						
O	וגלא		ייי	ית	עינהא	וחזת		בירא	דמיא

TM	ותלך	ותמלא	את	החמת	מים	ותשק	את	הנער	:
Ps-J	ואזלת	ומלת	ית	קרווה	מיא	ואשקיית	ית	טליא	:
N	ואזלת	ומלת	ית	זיקא	מיא	ואשקיית	ית	טליא	:
O	ואזלת	ומלת	ית	רוקבא	מיא	ואשקיאת	ית	רביא	:

Variantes mineures

Ps-J *ed. pr.* écrit *w°tgly* et *qyrwwh.* I préfère (*ᶜyy*)*nyh* à la forme *ᶜyynh* de N. M retient encore deux variantes. L'une propose la forme hébraïsante *dmym* après *b°r.* L'autre suggère l'expression *qrbt° mym.*

Traductions

Ps-J *YHWH* lui dessilla les yeux et un puits d'eau *lui apparut.* Elle alla remplir l'outre d'eau et fit boire l'enfant.

N *YHWH* lui ouvrit les yeux et elle vit un puits d'eau. Elle alla remplir l'outre d'eau et fit boire l'enfant.

M *La Parole de YHWH* (lui ouvrit)...

O *YHWH* lui dessilla les yeux et elle vit un puits d'eau. Elle alla remplir l'outre d'eau et fit boire le garçon.

On notera le parti pris aggadique favorable envers Rébecca, défavorable envers Hagar. Des deux, le texte biblique disait qu'elles avaient rempli leur récipient au puits (Gn 21,19 et 24,16). Mais de Hagar seule, on interprète ce geste comme un manque de foi, comme si elle craignait que le puits accordé par Dieu ne disparût (cf. *Gn R.* 53, 14).

Observations

Des recensions conservées, N est en ce verset celle qui serre de plus près le texte biblique. Ps-J et O s'écartent tous deux du TM en employant le verbe *gly/glʾ* plutôt que *pqḥ*. De soi, l'emploi du verbe *gly*, « découvrir », ici « dessiller », n'apporte aucune modification de sens par rapport au texte biblique [19]. Mais il permet au Ps-J d'établir un jeu de mots sur la même racine reprise aussitôt. Ps-J, en effet, change la construction du second membre de la phrase où le complément d'objet devient le sujet. Il peut ainsi introduire le *ithpeel* du verbe *gly* pour signifier que le puits « fut découvert » à Hagar, c'est-à-dire qu'il « lui apparut ». L'état emphatique déterminant ce puits pourrait laisser supposer qu'il attirait l'attention aggadique [20]. De son côté, la LXX explicite φρέαρ ὕδατος ζῶντος, « (elle vit) un puits d'eaux *vives* ». La même expression « puits d'eaux vives » était employée dans le texte biblique de Gn 26,19 à propos du puits creusé par les serviteurs d'Isaac, et on peut supposer que le traducteur de la LXX l'a empruntée à ce contexte.

2. *Les récits midrashiques* [21]

En *PRE* 30, nous avons un commentaire de l'expulsion de Hagar et de son fils. Après avoir interprété comme une prière agréée par Dieu le cri d'Ishmaël (Gn 21,17), le *darshan* explique les vv. 19-21:

> Et là fut ouvert (*npth*) pour eux le puits qui avait été créé au crépuscule. Ils s'avancèrent et ils burent et ils remplirent l'outre d'eau, comme il est dit: *Et Élohim lui ouvrit les yeux* (Gn 21,19) [22].

La découverte du puits est exprimée au passif et on devine également un jeu de mots sur le verbe *pqḥ* employé dans le texte biblique à propos de l'intervention divine dessillant les yeux de Hagar. L'aggadah a transposé ce verbe à l'ouverture du puits, c'est-à-dire à son forage, comme l'indique l'emploi du verbe *ptḥ* qui signifie aussi bien « ouvrir » que « graver, creuser ». Plus exactement, l'activité midrashique a dû s'exercer sur l'expression entière *wypqḥ... ʾt ʿynyh*, dont le mot *ʿyn*, selon les contextes, signifie soit « oeil », soit « source » [23]. La proximité du mot *bʾr*, « puits »,

[19] En Nb 22,31, le TM présente le correspondant hébreu: *wygl... (ʾt ʿyny)*, qui est traduit en Ps-J et O: *wglʾ*; en N: *wgl(y)*; en M: *wptḥ*. En T 2 R 6,17 et 20, à l'hébreu *pqḥ* correspond l'araméen *glʾ*.

[20] Toutefois en araméen targumique, l'état emphatique tend à perdre sa signification déterminée; cf. G. Dalman, *Grammatik*, 188; W. B. Stevenson, *Grammar of Palestinian Jewish Aramaic*, 2e éd., Oxford, 1962, 22s.

[21] Un dossier est rassemblé dans Ginzberg, *Legends*, I, 265; V, 247, n. 215s.

[22] G. Friedlander, *Pirḳê de Rabbi Eliezer*, 218, continue la citation: « ... and she saw a well of water ». Le texte que nous avons traduit trouve son par. en *MHG* Gn 21, 19; *Yalq. Shim.* I, 95 à Gn 21,17.

[23] On peut voir un jeu de mots semblable sur le sens de *ʿyn* en *Gn R.* 42,7 à Gn 14,7; il est attribué à un certain R. Aḥa.

a incité l'aggadiste à choisir le sens de « source ». D'après *PRE* 30, ce puits « ouvert » pour Ishmaël et sa mère, c'est le puits « qui avait été créé au crépuscule » du sixième jour de création, c'est-à-dire le puits même qui, plus tard, serait celui des Israélites dans le désert de l'Exode.

Cette aggadah des *PRE* 30 est déjà très élaborée. D'autres commentaires midrashiques ont simplement transposé à la découverte qui sauva Hagar et Ishmaël la montée caractéristique du puits de Beër (Nb 21,17). Nous citons *Gn R.* 53,14[24]:

> *Dans la situation où il est* (*b'šr hw' šm*) (Gn 21,17)[25]. R. Simon dit: Les anges du service avaient hâte de le condamner. Ils disaient devant le Maître de l'univers: « Un homme qui plus tard fera mourir de soif tes fils, vas-tu faire monter pour lui le puits (*m'lh lw hb'r*)? » Il leur répondit: « Actuellement, qu'en est-il de lui? » Ils lui dirent: « (C'est un) juste. » Il leur dit: « Je ne juge l'homme que d'après le moment où il se trouve: *Lève-toi, emporte le garçon,* etc. » (Gn 21,18).

Ishmaël était considéré comme l'ancêtre des Arabes[26]. Ceux-ci n'avaient pas toujours entretenu de bons rapports avec les Israélites[27]. On comprend alors que Simon b. Pazzi (pal. vers 280) doive intervenir pour concilier avec le sens de la justice divine la tradition déjà existante selon laquelle Ishmaël avait bénéficié de la montée d'un puits comme les ancêtres d'Israël. S'agit-il déjà dans le commentaire cité de la montée du puits qui sera celui des Israélites lors de l'Exode? L'emploi de l'article le laisserait supposer; toutefois, la chose n'est pas certaine[28]. L'article peut désigner simplement le puits dont il était question dans l'histoire d'Ishmaël.

La Torah n'avait jamais retranché à Ishmaël sa dignité de fils d'Abraham (Gn 25,9; 28,9). Le récit même de son expulsion conduisait à une promesse divine qui assurait l'avenir de l'enfant et de son peuple (Gn 21, 18-20). Mais dans l'aggadah postbiblique, les traditions sur ce fils d'Abra-

---

24 Cf. les par. en *Tanḥ. Wayyēṣē'* 5; *Ex R.* 3, 2; *Midr. Teh.* 5, 8; *MHG* Gn 21, 16s.; *Yalq. Shim.* I, 94 à Gn 21,17; cf. aussi les notes de l'éd. de THEODOR-ALBECK, *Bereschit Rabba*, II, 572s.

25 Nous traduisons d'après le sens que le midrash attribue à cette expression.

26 Cf. JOSÈPHE, *Ant.* I, 214; II, 213. Déjà dans la Bible, Gn 25,12-18 situait les tribus ishmaélites dans le nord-ouest de l'Arabie.

27 Sur la base d'une exégèse midrashique d'Is 21,13-14, on racontait que les Israélites, en route vers l'exil, avaient espéré recevoir des Arabes, leurs « cousins » (*bny dwdym*: ainsi interprétait-on le nom des Dedanim au v. 13), de quoi se restaurer. Ils n'avaient reçu que des mets salés et des outres gonflées d'air: *Tanḥ. Yitro* 5; *Midr. Teh.* 5, 8 (cf. W. G. BRAUDE, *The Midrash on Psalms*, I, 88s.); *Ex R.* 27, 1 avec attribution à Yehoshua b. Lévi (pal. vers 250); *Lm R.* 2, 2, 4; RASHI à Gn 21,17; cf. aussi BACHER, *Pal. Amoräer*, II, 455, n. 1 à propos de Simon b. Pazzi.

28 BACHER, *Pal. Amoräer*, II, 454. 455 et n. 2, ne semble pas considérer qu'il s'agirait du puits du désert; *Ex R.* 27, 1 et RASHI à Gn 21,17 ne déterminent pas le mot « puits ».

ham et de Hagar sont assez diversifiées[29]. Certaines d'entre elles montrent que la sollicitude divine s'étendait toujours jusqu'à lui et qu'Abraham gardait le souci de son premier fils[30]; la montée d'un puits ou du puits en faveur d'Ishmaël s'inscrit dans ce courant d'interprétations. D'autres traditions manifestent la tendance à noircir le personnage[31]. Tandis que les recueils midrashiques juxtaposent sans inconvénient les interprétations des deux tendances, il n'en serait pas de même en Ps-J. M. OHANA, qui a confronté les récits aggadiques sur Ishmaël avec les traditions du Ps-J Gn 21, affirme que le targum n'a retenu que les éléments péjoratifs; il en conclut que la compilation du Ps-J Gn 21 se situe à une époque où l'Islam est devenu religion dominante[32].

Cette conclusion d'OHANA ne nous paraît pas admissible à propos du Ps-J Gn 21,19. Nous avons observé, en effet, dans ce targum la reprise *wgly... wᵓytgly* que l'on peut comparer au jeu de mots des *PRE* 30 sur le verbe *pqḥ* et le double sens de *ᶜyn*. L'aggadah des *PRE* 30 que nous avons citée, bien qu'elle soit déjà très élaborée, peut difficilement provenir de l'époque islamique, car elle est nettement favorable à Ishmaël. Or, l'antériorité du targum sur ce commentaire midrashique se manifeste en ceci que le jeu de mots se développe et se complique dans le midrash rabbinique. En Ps-J, le verbe *pqḥ* avait simplement le sens de « découvrir » qui, à l'actif, s'appliquait aux yeux de Hagar que Dieu dessilla et, au passif, s'appliquait à la source qui fut découverte, c'est-à-dire qui apparut. En *PRE* 30, le sens du verbe change lorsqu'il s'applique au puits: il s'agit d'une ouverture qui n'est plus seulement une révélation, mais un forage. Et c'est pourquoi le midrash emploie alors de préférence le verbe *ptḥ* qui signifie « ouvrir » mais aussi « creuser ». Que de très nombreux éléments des traditions sur Ishmaël en Ps-J révèlent une intervention polémique tardive, cela n'empêche pas la coexistence en ce même targum d'un fonds de traditions anciennes[33].

---

[29] Cf. J. HEINEMANN, *Aggadah and its Development*, 189-191; M. OHANA, « La polémique judéo islamique et l'image d'Ismaël dans Targum Pseudo-Jonathan et dans Pirke de Rabbi Eliezer », *Augustinianum* 15 (1975), 367-387.

[30] En *Gn R.* 53, 15 à Gn 21,20: « Et Dieu fut avec (*ᵓt*) l'enfant », Aqiba ne craint pas d'interpréter le *ᵓt* au sens inclusif selon la règle du *ribbuy*, c'est-à-dire que Dieu fut avec « lui (= Ishmaël), ses âniers, ses chameliers et les fils de sa maison » (cf. BACHER, *Tannaiten*, I, 58). Cf. aussi *PRE* 30 où nous apprenons qu'Abraham traversa le désert pour aller faire visite à Ishmaël (G. FRIEDLANDER, *Pirḳê de Rabbi Eliezer*, 218s.; par. en *MHG* Gn 21,21; *Yalq. Shim.* I, 95 à Gn 21,17).

[31] L'exemple ancien le plus célèbre est probablement l'interprétation de Gn 21,9; cf. R. LE DÉAUT, « Traditions targumiques dans le corpus paulinien? », *Bib* 42 (1961), 37-43.

[32] M. OHANA, « La polémique », 369-375 et 384-387.

[33] Sur les inconséquences que créent en Ps-J les divers apports de traditions, cf. E. B. LEVINE, « Internal Contradictions in Targum Jonathan ben Uzziel to Genesis », *Augustinianum* 9 (1969), 118-119; LE DÉAUT, *Targum du Pent.*, I, 35s.

IV. **Les puits d'Isaac**

1. *Les targums à Gn 26,19 et Ps-J Gn 26,19-28*

Le texte biblique en Gn 26,12-14 et 16-17 relate qu'Isaac, par la bénédiction de YHWH, s'était enrichi au point que les Philistins, chez lesquels il était établi, le jalousèrent et le chassèrent plus loin, à Ghérar. Le v. 19 continue: « Puis les serviteurs d'Isaac creusèrent dans l'oued et trouvèrent là un puits d'eaux vives. » L'expression *bʾr mym ḥyym,* « un puits d'eaux vives », fut traduite littéralement dans la LXX. Les targums l'interpréteront:

ביר מוי נבעין	Ps-J
באר מיין דמבוע	N
ביר דמיין נבעין	O

Ps-J, O un puits d'eaux *jaillissantes* [34].
N un puits d'eau *de source.*

Un « puits d'eaux vives », dans ce contexte, c'est un puits nourri par une source qui produit à tout moment une eau qui coule, fraîche, comme vivante [35]. L'interprétation targumique est restée fidèle au sens de l'expression biblique, mais elle en a sacrifié la richesse d'évocation poétique, par souci de clarté et d'adaptation à un public dont le langage usuel est plus prosaïque [36]. L'expression de N « eau de source » reproduit une formule standardisée. Mais Ps-J, O en ce verset ont échappé à une telle uniformisation. En effet, leur formulation « un puits d'eaux jaillissantes » est frappée d'un certain cachet d'originalité par rapport aux autres attestations, qui sont stéréotypées, et elle peut représenter une ancienne interprétation palestinienne [37].

---

[34] Le Déaut, *Targum du Pent.*, I, 253: « un puits d'eaux *courantes* ».

[35] Cf. Ph. Reymond, *L'eau,* 69s. et 133.

[36] Sur l'élimination des tropes, cf. R. Le Déaut, « Un phénomène spontané », 512 et n. 1 et 2, qui cite de nombreux exemples d'adaptation.

[37] L'expression biblique *(h)mym (h)ḥyym* est traduite: *my mbwʿ*, « eau de source », en Ps-J et O Lv 14, 5.6.50-52; 15,13; Nb 19,17 et en T Za 14,8. On trouve *myyn dmbwʿ*, « eau de source », en N Lv 14,5 (et 14,50 avec oubli du *dalet*) et M Lv 14,6; et les expressions équivalentes: *myn dmbwʿ* en N Nb 19,17; *mym dmbwʿ* en M Nb 19,17; *myyʾ dmbwʿ* en N Lv 15,13. On a *myʾ dmbwʿh,* « l'eau de la source », en N Lv 14,51 (*myʾ dmbwʿʾ* en N Lv 14,52) ou encore *myʾ dmbwʿyʾ*, « l'eau des sources », en N Lv 14, 6. *Siphrê* Nb 128 à Nb 19,17 commente pareillement: *my mʿyyn,* « de l'eau de source », mais, parmi les sources, fait une distinction entre celles qui peuvent tarir et celles qui ne tarissent jamais (*ḥyym lʿwlm*); cf. K. G. Kuhn, *Sifre zu Numeri,* 492, n. 9. C'est vraisemblablement en vertu d'une telle distinction qu'en T Jr 2,13, le texte biblique où Dieu est appelé *mqwr mym ḥyym* est paraphrasé *kmbwʿ dmyyn dlʾ psq,* « comme une source d'eaux qui ne tarit pas » (en T Jr 17,13: *kmbwʿ dmyn dlʾ psqyn mwhy,* « comme une source d'eaux dont les eaux ne tarissent pas »).

T Ct 4,15 est, à notre connaissance, le seul à présenter la traduction littérale: *myyn ḥyyn.*

D'après Gn 26,20, les bergers de Ghérar disputèrent à Isaac la possession de ce puits. Seul Ps-J a glosé:

> Et les bergers de Ghérar se querellèrent avec les bergers d'Isaac, en disant: « L'eau est à nous! » *Il plut alors au ciel de faire tarir (le puits); ils le restituèrent alors à Isaac et il jaillit* (*wnbᶜt*). (Isaac) appela donc le puits du nom d'Éséq, parce qu'on s'était disputé avec lui *à son sujet*.

Le targumiste s'est chargé de faire connaître l'issue de la dispute. Elle est au bénéfice d'Isaac par une disposition divine. Le puits est tari devant les prétentions des bergers de Ghérar; rendu à Isaac, il jaillit à nouveau. Nous retrouvons le même verbe *nbᶜ*, « jaillir », que nous avions au v. 19 pour traduire « un puits d'eaux vives ». Ce « puits d'eaux jaillissantes » ne « jaillit » que pour Isaac.

Gn 26,21 rapportait le forage d'un autre puits et la contestation qui, de nouveau, s'ensuivit. Ps-J est encore le seul à ajouter au texte biblique:

> Ils forèrent un autre puits et ils se querellèrent aussi à son sujet. *Alors il tarit et ne jaillit plus* (*wtw lᵓ nbᶜt*). Il l'appela du nom de Siṭnah.

L'ajout du Ps-J procède de la même conception aggadique que nous avons rencontrée au v. 20: le puits ne jaillit que pour Isaac. Les prétentions des habitants du lieu sont évincées comme par la nature même du puits. Le tarissement du puits sanctionne la querelle au détriment des Philistins. Mais, à la différence de l'aggadah du v. 20, le puits ne se remettra pas à jaillir. D'où le *meturgeman* tire-t-il cette différence? Probablement de la notation biblique du v. 22 selon laquelle Isaac « se déplaça de là ». Le puits n'avait alors plus aucune raison de jaillir! D'autre part, il apparaît que le targumiste a considéré, sans que cela soit explicité par le texte biblique, que ce second puits était également un puits d'eaux jaillissantes, c'est-à-dire un puits d'eaux vives.

Gn 26,26-31 rapportait la visite que vint faire à Isaac, afin de conclure avec lui une alliance, Abimélek, celui-là même qui l'avait expulsé. Considérons en ce passage les gloses du Ps-J concernant les puits:

v. 26

> *Et lorsqu'Isaac fut sorti de Ghérar, leurs puits se tarirent, leurs arbres ne donnèrent plus de fruits et ils pressentirent que tout cela leur arrivait parce qu'ils l'avaient chassé.* Abimélek s'en fut donc de Ghérar vers lui, etc.

v. 28

> Ils dirent: « Nous avons bien vu que *la Parole de* YHWH *te venait en aide, que tout bien nous venait par ton mérite. Mais depuis que tu es sorti de notre pays, nos puits ont tari et nos arbres n'ont plus donné de fruits.* Alors nous nous sommes dit: *Faisons-le revenir chez nous et tenons*

donc le serment qui était entre nous; *qu'il soit dorénavant* entre nous et toi et contractons une alliance avec toi. »

L'ajout du Ps-J au v. 26, on peut le voir, précède la traduction du texte biblique et lui sert d'introduction [38]. On pouvait, en effet, se demander la raison de cette visite inattendue d'Abimélek qui avait auparavant chassé Isaac (v. 16). Au v. 27 du texte biblique, d'ailleurs, Isaac lui-même posait la question et Abimélek au v. 28 expliquait sa volte-face. Le targumiste, soit qu'il n'ait pas voulu faire attendre ses auditeurs, soit plutôt qu'il avait hâte de faire connaître l'explication aggadique, a présenté, avant même de signaler la venue du roi, les conséquences néfastes du bannissement d'Isaac: les puits de Ghérar étaient désormais taris et les arbres sans fruits. Reprise au v. 28, cette conception aggadique y est comme en son lieu propre, car elle sert d'illustration au texte biblique: « Nous avons bien vu que YHWH était avec toi ». La présence seule d'Isaac, parce qu'il était « le béni de YHWH » (v. 29), attirait la bénédiction sur le pays où il résidait. Cela, les habitants l'ont constaté dès le moment où, Isaac étant parti, leurs puits étaient secs et leurs arbres stériles. La nécessité s'imposait alors de le faire revenir.

Par rapport aux ajouts des vv. 20-21, il y a ici une progression. Là, les puits qu'Isaac avait creusés ne jaillissaient que pour lui, se tarissant devant les Philistins. Ici, les puits même des Philistins ne donnent de l'eau, et leurs arbres des fruits, que pour le mérite d'Isaac. Par rapport au texte biblique de Gn 26, le point de départ de l'aggadah semble être la mention que la bénédiction du Seigneur s'attache à Isaac (vv. 3. 12-14. 28s.). Ps-J a explicité dans quel domaine se manifestait tout particulièrement la faveur divine envers Isaac [39].

Nous ne voulons pas dire que *tous* les éléments des gloses du Ps-J Gn 26,20-21.26.28 sont nécessairement anciens. Nous avons remarqué toutefois que la paraphrase s'insère bien dans la trame biblique, et nous ne lui connaissons pas de correspondant dans les recueils midrashiques sur les puits d'Isaac. Or, l'aggadah targumique selon laquelle les puits ne « jaillissent » que pour Isaac continue et développe l'interprétation du Ps-J et de O Gn 26,19 où l'expression biblique « un puits d'eaux vives » était traduite « un puits d'eaux jaillissantes ». Et nous émettons l'hypothèse que le *meturgeman* a adapté à ce thème de l'eau vive le motif aggadique de la montée du puits de l'Exode. Notre hypothèse se confirme si nous rapprochons l'aggadah targumique du Ps-J Gn 26,20-21 du récit midrashique de *Gn R.* 54,5 à Gn 21,30 où, devant le troupeau d'Abraham, les

---

[38] A. SHINAN, *The Aggadah in the Aramaic Targums to the Pentateuch* (hébr.), Jérusalem, 1979, 54 et 128, fait remarquer ce procédé d'ajouts qui anticipent.

[39] Déjà dans le texte biblique, de l'avis de H. GUNKEL, *Genesis* (HKAT 1/1), 3e éd., Göttingen, 1910, 303, c'est dans le fait que YHWH a toujours permis à Isaac de découvrir de nouveaux puits que le roi philistin reconnaît le béni de YHWH avec qui il lui sera profitable d'être en bons termes.

eaux du puits « montaient » pour désigner le possesseur. Nous avons noté que ce récit de *Gn R.* 54,5 empruntait manifestement à Gn 26,20 les paroles de contestation des bergers [40]. Mais rien dans le texte biblique de Gn 21,25ss n'invitait à une transposition du thème de la montée du puits; tandis qu'en Gn 26,19, l'expression « eaux vives » pouvait donner prise à l'activité du *derash* adaptant ce motif aggadique, tout en lui gardant une formulation originale qui ne s'écartait pas trop du texte biblique: le puits jaillissait.

Ainsi la transposition midrashique de la montée du puits nous semble greffée d'abord sur le texte biblique de Gn 26,19 dans le cadre du targum. Ensuite, elle a pu être appliquée, de façon explicite, au puits d'Abraham dans le récit midrashique, et aussi au puits qui monte pour Rébecca à la différence des autres femmes (*Gn R.* 60,5). Il s'agissait toujours de distinguer un ancêtre d'Israël.

2. *Les récits midrashiques*

En milieu rabbinique, on considérera, de plus, que le nombre des puits d'Isaac annonçait le don de l'eau au désert [41]. *Gn R.* 64,8 à Gn 26,18 nous en conserve un témoignage attribué à Yehudah b. Simon (b. Pazzi) (pal. vers 320) [42]:

> Combien de puits notre père Isaac a-t-il creusés à Beër-Shéba? R. Yehudah b. R. Simon dit: Quatre, en fonction de quoi ses fils furent répartis (sous) quatre étendards dans le désert.

La répartition des Israélites en quatre groupes évoque le campement dans le désert selon les ordonnances de Nb 2. Mais quelle relation l'aggadiste pouvait-il discerner entre les quatre puits d'Isaac et les quatre troupes de ses descendants campant dans le désert? La correspondance ne peut se comprendre que dans une représentation du camp non pas seulement tel qu'il est ordonné par le texte biblique de Nb 2, mais encore tel qu'il est décrit dans les récits midrashiques sur le puits du désert: le puits s'installait au milieu du camp et ses eaux étaient attirées par les princes vers leurs tribus. Il est vrai que, dans la mise en scène classique, le puits constituait autant de courants d'eau qu'il y avait de tribus. Mais l'aggadah avait, dans la suite, tiré parti de la disposition des tribus groupées par trois: les quatre troupes étaient séparées par les eaux qui débordaient [43]. Yehudah b. Simon considère ces quatre étendues d'eau; il peut

---

[40] Cf. *supra* p. 233.

[41] Cf. GINZBERG, *Legends*, I, 324; V, 279, n. 63.

[42] Cf. BACHER, *Pal. Amoräer*, III, 182; par. en *Yalq. Shim.* I, 111 à Gn 26,19. BILLERBECK, *Kommentar*, II, 433, rattache erronément cette tradition à R. Yehudah des environs de l'an 150.

[43] Cf. *supra* p. 182-184 et spéc. 186s.

ainsi trouver dans le nombre quatre des puits d'Isaac une préfiguration du don de l'eau aux Israélites.

La relation des puits des patriarches au célèbre puits du désert fut poussée plus loin encore. Le *MHG* Gn 26,19 développe ce commentaire à la suite d'une sentence dont l'attribution à Aqiba n'est que pseudépigraphique [44]:

> R. Aqiba dit: En tout endroit où les patriarches s'en allaient, le puits cheminait avec eux [45]. Abraham creusa dans le pays trois fois et il le trouva devant lui, comme il est dit: (*les puits d'eau*) *qu'on avait creusés aux jours d'Abraham, son père* (Gn 26,18) [46]. Et Isaac creusa dans le pays quatre fois [47] et le trouva devant lui, comme il est dit: *Et les serviteurs d'Isaac creusèrent dans l'oued et trouvèrent là un puits d'eaux vives* (Gn 26,19).

Le même commentaire se continue dans les *PRE* 35:

> Et il est écrit de Jérusalem: *Et il arrivera en ce jour-là que des eaux vives sortiront de Jérusalem* (Za 14,8): c'est le puits qui doit monter dans Jérusalem et abreuver tous ses alentours. Et du fait qu'ils le trouvèrent par sept fois, on l'appela Sept (Shib^cah), comme il est dit: *Il l'appela Shib^cah* (Gn 26,33). Du nom du puits la ville fut appelée *Beër-Shéba jusqu'à ce jour* (Gn 26,33).

Le *darshan* s'attache au TM de Gn 26,33 où il est dit que le puits trouvé fut appelé Shib^cah. Ce nom, pour l'aggadiste, signifie « Sept », mais il ne l'applique pas à quelque septième puits foré par les patriarches. Il s'agit, dans cette aggadah, du puits célèbre, le puits unique qui, selon la phra-

---

44 Les *PRE* 35 conservent une tradition par., en partie moins bien conservée (cf. GINZBERG, *Legends*, V, 279, n. 63), mais aussi avec des additions dont nous tiendrons compte. C'est à propos du texte des *PRE* 35 que BACHER, *Tannaiten*, I, 339, juge arbitraire l'attribution à Aqiba; cette oeuvre, en effet, de façon générale, tente de rattacher à des Tannaïtes de marque les traditions qu'elle recueille.

45 En *PRE* 35, on lit: « devant eux », une leçon qui sera reprise dans la suite du passage, même dans le *MHG*: « devant lui ».

46 La transmission de cette phrase en *PRE* 35 semble défectueuse. L'éd. de Varsovie se présente comme suit: « Ils creusaient trois fois et ils le faisaient jaillir devant eux et [Isaac] creusa dans le pays trois fois et il le trouva devant lui, comme il est dit: *Isaac se remit à creuser les puits d'eau* (*qu'on avait creusés aux jours d'Abraham*) (Gn 26,18). » Le contexte subséquent requiert, au lieu du nom d'Isaac que nous avons mis entre crochets, celui d'Abraham. Et ainsi en est-il dans la traduction de G. FRIEDLANDER, *Pirkê de Rabbi Eliezer*, 263, d'après le ms. inédit. Le changement a pu se produire sous l'influence de la citation biblique de Gn 26,18 où Isaac était le sujet. Quant au membre de phrase précédent, il fait également difficulté. Il établit, en effet, comme une règle générale, que les patriarches creusaient trois fois. Or, on verra qu'à propos d'Isaac le nombre quatre est requis pour obtenir, avec les puits d'Abraham, le nombre sept, selon le commentaire que le midrash veut tirer de Gn 26,33: Shib^cah.

47 Les *PRE* 35 selon l'éd. de Varsovie ont la leçon « trois fois », ce qui ne correspond pas au sens général du commentaire. La traduction de G. FRIEDLANDER, *op. cit.*, 263, a la leçon « quatre fois ».

séologie empruntée au midrash sur Nb 21,19, « cheminait » déjà avec ou devant les patriarches [48]. Si ce puits doit s'appeler « Sept », c'est parce qu'il fut sept fois découvert au long des pérégrinations patriarcales, au fur et à mesure des forages aux environs de la ville de Beër-Shéba qui prit le nom du puits. Dans la version des *PRE* 35, à l'intérieur du commentaire sur les forages des patriarches, fut insérée la promesse des eaux vives selon Za 14,8. Le puits des patriarches est celui qui dans Jérusalem « montera », comme autrefois montait le puits de l'Exode. Un tel commentaire nous paraît tardif, mais il est intéressant de constater sa perspective unificatrice: du temps des patriarches à l'Exode et au temps eschatologique, les différents puits sont comme la résurgence d'un puits unique.

V. Appréciation d'ensemble: targum et midrash

Pour faire ressortir l'unité et la continuité de l'histoire sainte, l'activité midrashique a projeté dans l'époque patriarcale la tradition aggadique sur le puits de l'Exode, spécialement la caractéristique de la montée du puits. Nous avons estimé découvrir en Ps-J Gn 26,19-21 l'étape intermédiaire entre le texte biblique « un puits d'eaux vives » et la tradition aggadique: les puits jaillissaient pour le patriarche Isaac.

Le contexte biblique de Gn 26,19-21 était une scène de contestation. Dans le récit midrashique de *Gn R.* 54,5, l'aggadah a explicité, en empruntant à Gn 26,20, la querelle à propos du puits creusé par Abraham et, comme en Ps-J Gn 26,20-21, le puits favorise le patriarche; mais ici le récit midrashique emploie le verbe « monter » qui provient de Nb 21,17 et n'a pas d'accrochage immédiat dans le texte biblique de Gn 21,30. À propos de Rébecca, une semblable discrimination fut inventée: d'après *Gn R.* 60,5, le puits monta pour elle, à la différence des autres jeunes filles.

Une étape ultérieure de l'activité midrashique ne se contenta plus de voir dans les puits des patriarches des préfigurations du puits de l'Exode; on identifia les puits. Il ne nous paraît guère possible de déterminer quand s'est faite cette identification. Peut-être était-elle déjà enseignée par Yiṣḥaq b. Ḥaqorah (vers 250); de son côté, Yehudah b. Simon (vers 320) retenait encore la tradition selon laquelle les puits d'Isaac préfiguraient le don de l'eau aux Israélites.

Un développement plus tardif (*MHG* Gn 26,19; *PRE* 35) attribua au puits unique cette autre caractéristique d'« accompagner » déjà les patriarches.

---

[48] À vrai dire, tandis que l'expression « cheminer avec » est largement attestée dans les traditions sur le puits de Beër, l'expression « cheminer devant » ne s'y rencontre pas et doit être considérée, nous semble-t-il, comme un amalgame tardif réalisé, d'une part, au moyen de la tradition sur les puits des patriarches qui montaient devant eux ou en leur faveur, et, d'autre part, au moyen de la tradition empruntée au puits de Beër qui accompagnait ses bénéficiaires.

Retour au TP Nb 21,18a

La tradition du TP Nb 21,18*a* selon laquelle le puits des Israélites avait été creusé par les princes d'antan est difficilement datable, mais il ne s'agit probablement pas d'une aggadah très ancienne. Elle se situe, en effet, à un niveau déjà assez évolué du développement des traditions.

Section II. LE CYCLE DE JACOB

I. Au puits de Harran: les prodiges de la pierre soulevée et du puits qui déborde

A. *Les traditions targumiques* [49]

1. *La tosephta targumique à Gn 28,10*

La section *Wayyēṣēʾ* est introduite dans le TP Gn 28,10 par un sommaire annonçant les thèmes principaux que l'aggadah avait tirés du texte biblique de nos chapitres 28-29 [50]. Cette tosephta constitue un ensemble structuré énumérant cinq prodiges accomplis en faveur de Jacob. Deux seulement de ces prodiges concernent directement notre sujet, et nous les analyserons en détail. Mais auparavant, il convient de donner une traduction et une brève présentation de l'ensemble. Voici la traduction de N [51]:

> *Cinq prodiges ont été opérés pour notre père* Jacob *au temps où il* sortit de Beër-Shéba *pour* s'en aller à Harran. *Premier prodige: les heures du jour furent abrégées et le soleil se coucha avant le temps, parce que le « Verbe » brûlait de parler avec lui. Second prodige: les pierres que notre père Jacob avait prises et mises comme oreiller pour sa tête, quand il se leva le matin, il les trouva toutes (réunies) en une seule: c'est la pierre qu'il érigea en stèle et sur le sommet de laquelle il versa de l'huile. Troisième prodige: quand notre père Jacob se mit en marche pour aller à Harran, la terre rétrécit devant lui et il se trouva être à Harran. Quatrième prodige: la pierre que tous les bergers réunis pour la faire rouler de dessus la bouche du puits n'étaient pas parvenus (à bouger), lorsqu'ar-*

[49] Concernant le don de l'eau, on trouvera un relevé des sources targumiques et midrashiques dans Ginzberg, *Legends*, I, 353s. 360 et 372; V, 293, n. 149 (où par erreur, l'auteur fait référence aux targums à Gn 28,22 au lieu des targums à Gn 29,22), n. 151. 153; 294, n. 164; 301, n. 219; M. M. Kasher, *Torah Shelemah*, V, Jérusalem, 1938, 1119s. 1154-1162. 1169-1170. 1229; E. B. Levine, « The Aggadah in Targum Jonathan ben ʿUzziel and Neofiti 1 to Genesis: Parallel References », dans A. Díez Macho, *Neophyti 1*, II, 560-562. On pourra consulter les études d'A. Jaubert, « La symbolique du puits de Jacob », 68-71; Ead., *Approches de l'Évangile de Jean*, 142; J. Ramón Díaz, « Palestinian Targum and New Testament », *NT* 6 (1963), 76-77; B. Olsson, *Structure and Meaning*, 169s.; J. H. Neyrey, « Jacob Traditions and the Interpretation of John 4:10-26 », *CBQ* 41 (1979), 421s.

[50] Cf. Le Déaut, *Targum du Pent.*, I, 166s., n. 1.

[51] On trouvera une brève mais suggestive étude de l'ensemble des recensions targumiques dans l'article d'E. G. Clarke, « Jacob's Dream at Bethel as Interpreted in the Targums and the New Testament », *SR* 4 (1974-1975), 367-377; et pour les prodiges que nous n'étudions pas en détail, cf. l'étude de F. Lentzen-Deis, *Die Taufe Jesu nach den Synoptikern* (FrankfTSt 4), Frankfurt a. M., 1970, 214-219.

> *riva notre père Jacob, il la souleva d'une seule main et il abreuva le troupeau de Laban, frère de sa mère. Cinquième prodige: quand notre père Jacob eut soulevé la pierre de dessus la bouche du puits, le puits se mit à déborder et monta en sa présence et continua à déborder pendant vingt ans, tout le temps qu'il demeura à Harran. Ces cinq prodiges furent opérés pour notre père* Jacob, *au temps où il* sortit de Beër-Shéba *pour* s'en aller à Harran.

Le premier prodige est lié à une exégèse de Gn 28,11*a* concernant le séjour de Jacob en un lieu qui deviendra Béthel. Une tradition exégétique souvent attestée, dès les sources anciennes, donnait au verbe *pgᶜ* de ce v. 11*a* le sens de « prier » [52]. Ainsi Ps-J, N et 110 Gn 28,11 traduisent-ils: *wṣly*, « *et il pria* ». Il faut d'ailleurs remarquer qu'une telle interprétation tire son origine d'un procédé proprement targumique; il s'agit d'une traduction interprétative, qui opère un choix parmi les possibilités de signification du verbe *pgᶜ* [53]. *Gn R.* 68,9 à Gn 28,11 a conservé le souvenir de l'origine targumique de cette interprétation, lorsque, parmi divers commentaires, on insère celui-ci, transmis en araméen: *ṣly*, « il pria » [54]. C'est en réponse à une invitation divine que Jacob s'arrêta pour prier. La tombée du soir mentionnée dans le texte biblique recevait dans l'interprétation aggadique le caractère d'un prodige accompli en faveur du patriarche: le jour avait été subitement interrompu, pour que Dieu puisse s'entretenir avec lui dans l'intimité [55]. Comme l'interprète N Gn 28,11*a*, « *il pria* en (cet) endroit et y passa la nuit, car le soleil s'*y* était couché *pour lui* ». Ainsi se comprend la formulation du premier prodige dans la tosephta targumique à Gn 28,10 [56].

Le prodige des pierres réunies concerne également le séjour du patriarche en ce lieu de prière. On lisait un pluriel dans le texte biblique de Gn 28,11*b m'bny*: au moment de se coucher, Jacob avait pris des pierres pour en faire son oreiller. Mais le singulier était manifeste au v. 18: lorsque le matin il s'était levé, il avait pris « la pierre (*'t h'bn*) qu'il avait mise à son chevet ». Pour résoudre l'apparente contradiction des deux passages, on fit intervenir dans la nuit une fusion des pierres. L'intérêt

---

52 *Mekh.* Ex 14,10; *Gn R.* 68,9; *Tanḥ.* B. I, 146; *Sanh.* 95*b*, etc.; cf. GINZBERG, *Legends*, V, 289, n. 130, qui fait remarquer l'origine tannaïtique de cette tradition; F. LENTZEN-DEIS, *op. cit.*, 215. Dans la suite, au milieu du IIIᵉ siècle, par un développement de la tradition, Yehoshua b. Lévi, d'après *Gn R.* 68,9 et *Ber.* 26*b*, verra dans cette prière de Jacob l'institution de la *tephillah* du soir.

53 Ce verbe en Jr 7,16 avait le sens de « prier » et les aggadistes ont explicitement rapproché les deux passages: cf. les sources citées à la note précédente.

54 Le parallèle avec le TP a été signalé par Ch. ALBECK, *Einleitung und Register zum Bereschit Rabba*, I: *Einleitung*, 2ᵉ éd., Jérusalem, 1965, 50.

55 Cf. D. MUÑOZ LEÓN, *Dios-Palabra*, 258.

56 La tradition a parfois, mais sans doute de façon secondaire, identifié au site du futur Temple le lieu où s'était arrêté Jacob: ainsi en Ps-J et M Gn 28,11 et 17 (cf. E. G. CLARKE, *art. cit.*, 371s.; LE DÉAUT, *Targum du Pent.*, I, 271, n. 8). On peut voir aussi en *Gn R.* 69,9 à Gn 28,17 les tentatives géométriques de Yosé b. Zimra (vers 220) et de Yehudah b. Simon (vers 320) pour mettre le sanctuaire en liaison avec quelque point de l'échelle apparue en songe.

que le *derash* portait à la pierre prodigieuse s'explique par le fait que, selon le texte biblique au v. 22, elle devait devenir une « Maison d'Élohim ». Le prodige des pierres réunies est maintes fois attesté dans les récits midrashiques. Comme on peut le voir en *Gn R.* 68,11 à Gn 28,11, Yehudah b. Ilay et Neḥémiah (vers 150) connaissaient la tradition de l'unification des pierres et s'intéressaient déjà à un stade ultérieur de l'aggadah: celui de déterminer, en fonction de quelque symbolisme, combien de pierres Jacob avait prises [57].

Le déplacement même de Jacob s'était effectué d'une façon prodigieuse: « la terre rétrécit devant lui et il se trouva être à Harran » (N, 440, Nur Gn 28,10) [58]. Mais les targums ont éprouvé quelque embarras à situer ce prodige dans l'ensemble des cinq. La succession des autres prodiges serait bien établie dans toutes les recensions, si l'on mettait à part ce rétrécissement de la terre que N et 110 insèrent en troisième position, 440 et Nur en seconde, et que Ps-J rejette en fin de série.

L'hésitation de la tradition s'explique par ce fait que l'exégèse qui a donné lieu à la formulation de ce prodige s'était constituée d'abord à l'état isolé [59]. L'expression de Gn 28,10: « Jacob sortit de Beër-Shéba et s'en alla à Harran » (*wylk ḥrnh*) avait frappé l'attention des aggadistes. De ce verset, considéré à lui seul, semble-t-il, sans tenir compte de la nuit passée à Béthel, certains aggadistes avaient conclu que Jacob était immédiatement parvenu à Harran: la terre avait rétréci devant lui (*Tanḥ.* B. I, 151) ou, en tout cas, il était arrivé le jour même de son départ (*Gn R.* 68,8 à Gn 28,10). Une interprétation de ce genre était ancienne et PHILON semble bien en avoir subi l'influence, quand il écrit en *Somn.* I, 5: « ... pourquoi en sortant du Puits en question (Jacob) arrive-t-il tout de suite à Harran? » L'adverbe εὐθύς, « tout de suite », qui s'ajoute aux données bibliques trahit la connaissance de l'aggadah [60].

Lorsque les targumistes voulurent intégrer le résultat de cette exégèse aggadique dans l'ensemble des prodiges accomplis en faveur de Jacob, la difficulté surgissait de concilier ce voyage éclair avec l'importante tradition biblique et aggadique du séjour à Béthel. Il apparaît, d'après la formulation de N, 110, 440 et Nur, que le TP Gn 28,10

---

57 Par. en *Midr. Teh.* 91,6; cf. BACHER, *Tannaiten*, II, 271. Ps-J Gn 28,10 et 11 et M Gn 28,11 ont été retouchés en fonction d'une préoccupation semblable attestée en *Tanḥ.* B. I, 147.

58 M et 110 ajoutent: « en peu de temps ».

59 On racontera un prodige semblable pour le serviteur d'Abraham lorsqu'il était allé chercher Rébecca; cf. Ps-J Gn 24,61.

60 On remarquera en outre que PHILON en *Somn.* I, 4 cite d'abord Gn 28,10 (LXX): καὶ ἐπορεύθη εἰς Χαρράν, « il fit route vers Harran »; puis dans son commentaire en I, 5, il prend soin de changer le verbe: εἰς Χαρρὰν ἔρχεται εὐθύς, « il arrive tout de suite à Harran ». De même en *Somn.* I, 42: παραγίνεται εὐθύς; en I, 68, il apparaît clairement que Jacob était déjà arrivé à Harran quand « il rencontra un lieu ». Cf. les trad. de P. SAVINEL, *De Somniis* (OPhUL 19), Paris, 1962, 25 et 51.

a voulu limiter au parcours de Béthel à Harran le voyage prodigieux. Ces targums, en effet, dans leur récit du prodige, emploient l'expression: *kywn dnṭl* ... *rglwy* (graphie de N), « quand il se mit en marche »; or cette expression décalque le texte biblique de Gn 29,1: *wyś'* ... *rglyw,* évoquant le moment où, après le séjour à Béthel, Jacob « se mit en marche » [61]. A cette interprétation correspond bien la troisième place que N et 110 explicitement assignent à ce prodige, entre les deux premiers qui concernent le séjour à Béthel et les deux derniers qui concernent le séjour à Harran.

En 440 et Nur, en vertu d'un remaniement, ce prodige occupe la seconde place dans la liste et interrompt ainsi malencontreusement la succession des événements se rapportant à Béthel. Un tel remaniement fut inspiré par le souvenir de la tradition ancienne qui faisait commencer plus tôt, à partir de Beër-Shéba, le voyage prodigieux; c'est pourquoi les targumistes en 440 et Nur, après l'expression tirée de Gn 29,1: « quand il se mit en marche », ajoutent d'après Gn 28,10: « de Beër-Shéba ». Ainsi échoue en 440 et Nur la tentative du TP en vue d'établir une liste cohérente. Ps-J n'a pas mieux réussi. Si on le compare aux autres recensions, on peut constater que Ps-J a de-ci de-là élagué la phraséologie dans la tosephta du TP. Il apparaît même chez lui un certain souci d'insérer la tosephta à l'intérieur du texte biblique de Gn 28,10, entre la mention de Beër-Shéba et celle de Harran. C'cst ainsi que ce targum dans sa phrase d'introduction annonce les prodiges accomplis pour Jacob « au temps où il sortit de Beër-Shéba ». Il énumère ensuite les deux prodiges qui, en fait, se passèrent à Béthel et puis déjà les deux prodiges advenus au puits, c'est-à-dire, en fait, à Harran. Et en cinquième position seulement, pour rejoindre dans le texte biblique la mention de Harran, il situe le prodige du rétrécissement de la terre, en précisant qu'« il fut à Harran le jour même qu'il était sorti ». Le départ dont il s'agit ne peut être dans la rédaction du Ps-J que le départ de Beër-Shéba seul mentionné [62], de sorte que la tradition du voyage éclair s'accorde mal avec celle de la nuit passée à Béthel [63].

---

[61] Le TP (sauf Ps-J) dans la phrase d'introduction et dans celle de conclusion lève l'équivoque de Gn 28,10 *wylk ḥrnh* en interprétant que Jacob sortit de Beër-Shéba *lmyzl lḥrn,* « pour s'en aller à Harran »; cette traduction, tout en indiquant le but du voyage, n'excluait pas des péripéties intermédiaires.

D'après *Gn R.* 68,8, R. Berékiah au nom de R. Yiṣḥaq (Nappaḥa? vers 300, mais cf. Bacher, *Pal. Amoräer,* II, 233 et n. 4) s'efforçait de pallier l'interprétation aggadique de ce texte biblique en expliquant: « En langage populaire (on dit): 'Un tel va à Césarée' quand jusqu'alors il (n') en est (qu') aux préparatifs. » Il ne faut sans doute pas attendre jusqu'à R. Yiṣḥaq pour rencontrer de l'opposition à l'interprétation aggadique. La *Pesh.* Gn 28,10 a traduit que Jacob sortit de Beër-Shéba *dn'zl lḥrn,* « pour aller à Harran ». Et la *Vulg.* paraphrase: *pergebat Haran.* Le *Sam.* a aussi, semble-t-il, voulu écarter la difficulté en recourant à une leçon *llkt* semblable à celle du TP (cf. A. Geiger, *Urschrift,* 459s.).

[62] Ps-J, à la différence des autres recensions du TP, n'introduit pas le prodige du rétrécissement de la terre par la formule inspirée de Gn 29,1.

[63] Cette difficile conciliation des deux traditions continua à exercer la sagacité

Les deux autres prodiges eurent lieu à Harran et ce sont ces deux-là qui intéressent directement notre sujet.

Synopse des recensions

Ps-J	ניסא תליתאה אבנא דהוו כל עדריא מתכנשין
N	וניסא רביעאה אבנא דהוון כל רעיא מתכנשין
110	נסא רביעאה אבנא דהוון כל רעיא מתכנשין
440	ניסא רביעאה דהוון כל רעייא מתכנשין עליה
Nur	ניסא רביעאה דהוון כל רעיא מיתכנשין עלה דאבנא

Ps-J	ומגלגלין לה מעילוי פם בירא
N	למגללה יתה מעלוי פומא דבארה ולא הוון יכלין
M	למעברה
110	למעברא יתה מעילוי פומא דבאירא ולא הוו יכלין לה
440	למגליי׳ יתיה מעילוי פומה דבירא ולא הוו יכלין
Nur	לגללא יתה מעילוי פומא דבירא ולא הוו יכלין

Ps-J	גלגל יתה בחדא מן דרעוי
N	כיון דאתא אבונן יעקב ארים יתה בחדא ידא
M	עבר מן ידוי
110	כיון דאתא אבונן יעקב עבר יתה בחדא מן ידוי
440	כיון דאתא אבונן יעקב ארים יתה בחדא ידיה
Nur	וכיון דאתא אבונן יעקב וארים יתה בחדא ידיה

Ps-J	
N	ואשקי ית ענא דלבן אחוי דאמה
M	וא(שקי) אמה
110	ואשקי ית עניה דלבן אחוי דאימיה
440	ואשקי ית ענא דלבן אחוי אמה
Nur	ואשקי ית ענא דלבן אחוי דאמוי

midrashique. Comme on peut le voir en *Sanh.* 95*ab* ou en *Ḥul.* 91*b*, on tenait pour acquis, sur la base de Gn 28,10, que, de Beër-Shéba, Jacob était allé directement à Harran, mais on voulait aussi tenir compte du séjour au lieu dont fait état le texte biblique de Gn 28,11 (cf. H. Freedman, *Sanhedrin*, II, dans *The Babylonian Talmud* Translated under the Editorship of I. Epstein, London, 1935, 642, n. 10). On imagina alors que Jacob, déjà arrivé à Harran, décida de rebrousser chemin et c'est alors que serait intervenu le prodige: à peine avait-il décidé de faire demi-tour que la terre rétrécit et il fut en ce lieu. Ainsi, dans ces textes talmudiques, l'exégèse aggadique de Gn 28,10 est-elle doublement exploitée: une première fois, sous la forme d'un voyage direct de Beër-Shéba à Harran; la seconde fois, sous la forme d'un rétrécissement de la terre de Harran à Béthel. Plus compliquée encore est la mise en scène de Rashi à Gn 28,17, afin de pouvoir identifier Béthel et le Mont Moriah: arrivé à Harran, Jacob fait effectivement demi-tour jusqu'à Béthel où se situe alors le prodige du rétrécissement de la terre qui consiste en ceci que le Mont Moriah se porte à sa rencontre jusqu'à Béthel.

Ps-J	ניסא רביעאה
N	וניסא חמישאה כיון דארים אבונן יעקב ית אבנא
M	חמישייא דיעבר
110	נסא חמישאה כיון דעבר יעקב ית אבנא
440	ניסא חמשא' כיון דארים אבונן יעקב ית אבנא
Nur	ניסא חמישייא כיון דארים אבונן יעק' ית אבנא

Ps-J	דטפת בירא וסליקו מיא לאנפוי
N	מעלוי פומא דבארה טפת בארה וסליקת באפוי
110	מעילוי פמא דבארא ⟨ט⟩פת בארא וסלקת לאפוי
440	מעילוי פומה דבירא טפת בירא
Nur	מעילוי פומא דבירא טפת בירא

Ps-J	והות טייפא כל יומין דהוה בחרן
N	והוות טייפה עשרין שנין כל יומין דהוה שרי בחרן
M	יתיב
110	והות טיפא עשרין שנין כל יומין דהוה אבונן יעקב יתיב בחרן
440	והוות טייפא עשרין שנין כל יומין דהוה אבונן יעקב י⟨ת⟩יב בחרן
Nur	והות טייפא עסרין שנין כל יומין דהוה אבונן יעק' י⟨ת⟩יב בחרן

Variantes mineures et corrections textuelles

I écrit (*rby*)*ᶜyh*. En 110, nous avons corrigé en *ṭpt* la leçon hébraïsante *ṣpt* du ms.[64]. La leçon de Nur *dʾmwy*, au lieu de *dʾmyh*, apparaît comme un lapsus sous l'influence du mot précédent. Nous avons corrigé la leçon de 440 et Nur *yhyb* en *ytyb*. Cette correction est d'ailleurs inscrite dans la marge du ms. de Nur; elle est conforme à M et 110. La tosephta est attestée aussi en L, de même famille que 440 et Nur, mais avec quelques variantes orthographiques.

Traductions

Ps-J *Troisième prodige: la pierre que l'on roulait de sur la bouche du puits quand tous les troupeaux étaient rassemblés, il la roula avec un seul de ses bras. Quatrième prodige:* (*ce fut*) *que le puits se mit à déborder et l'eau monta vers lui et il continua à déborder tout le temps qu'il fut à Harran.*

N *Quatrième prodige: la pierre que tous les bergers réunis pour la faire rouler de dessus la bouche du puits n'étaient pas parvenus* (*à bouger*), *lorsqu'arriva notre père Jacob, il la souleva d'une seule main et il abreuva le troupeau de Laban, frère de sa mère. Cin-*

[64] Cf. l'éd. de KLEIN, *The Fragment-Targums*, I, 57.

quième prodige: quand notre père Jacob eut soulevé la pierre de dessus la bouche du puits, le puits se mit à déborder et monta en sa présence et continua à déborder pendant vingt ans, tout le temps qu'il demeura à Harran.

M *... pour (la) déplacer ... il (la) déplaça d'une (seule) de ses mains et il abreuva ... Cinquième (prodige): (quand Jacob) eut déplacé ...*

110 *Quatrième prodige: la pierre que tous les bergers réunis pour la déplacer de dessus la bouche du puits n'étaient pas parvenus (à bouger), lorsqu'arriva notre père Jacob, il la déplaça d'une seule de ses mains et il abreuva le troupeau de Laban, frère de sa mère. Cinquième prodige: quand Jacob eut déplacé la pierre de dessus la bouche du puits, le puits se mit à déborder et monta vers lui et continua à déborder pendant vingt ans, tout le temps que notre père Jacob habita à Harran.*

440 *Quatrième prodige: (la pierre) autour de laquelle tous les bergers*
= Nur *étaient réunis pour l'ôter (la rouler* - Nur) *de dessus la bouche du puits et qu'ils n'étaient pas parvenus (à bouger), lorsqu'arriva notre père Jacob, il la souleva d'une seule main et il abreuva le troupeau de Laban, frère de sa mère. Cinquième prodige: lorsque notre père Jacob eut soulevé la pierre de dessus la bouche du puits, le puits se mit à déborder et continua à déborder pendant vingt ans, tout le temps que notre père Jacob habita à Harran.*

Observations

a) *Le prodige de la pierre du puits*

Le récit targumique emprunte au texte biblique de Gn 29,3.8.10. En particulier, le thème du rassemblement auprès de la pierre s'inspire des vv. 3 et 8. Mais dès l'abord, on peut remarquer que le TM en Gn 29,3 et 8 parle du rassemblement de tous les troupeaux, tandis que le TP (sauf Ps-J) Gn 28,10 traite du rassemblement de tous les bergers; seul Ps-J Gn 28,10 s'accorde avec le TM. Qu'en est-il des targums à Gn 29,3 et 8?

Gn 29,3

TM	ונאספו	שמה	כל	העדרים
Ps-J	ומתכנשין	תמן	כל	עדריא
N	ומתכנשין	תמן	כל	עדריא
C	(וית)כנשון	תמן	כל	עדרייה
O	ומתכנשין	תמן	כל	עדריא

Gn 29,8

TM	לא		נוכל	עד		אשר	יאספו	כל	העדרים
Ps-J	לא		ניכול	עד		די	יתכנשון	כל	עדריא
N	לא	אנן	יכלין	עד	זמן		דית[י]כנשון	כל	עדריא
C	לית	אנן	יכלין	עד	זמן	די	יתכנשון	כל	(עדר)ייה
O	לא		ניכול	עד			דיתכנשון	כל	עדריא

Les targums à Gn 29,3 et 8 s'accordent avec le TM: il s'agit du rassemblement de tous les troupeaux. Bien sûr, toutes les recensions attestées à Gn 28,10 ne nous ont pas été conservées à 29,3 et 8, mais N attesté de part et d'autre nous permet une comparaison valable. L'originalité de sa leçon dans la tosephta à Gn 28,10 est d'autant plus accusée qu'il l'abandonne en Gn 29,3 et 8.

En réalité, le TP (hormis Ps-J) à Gn 28,10 n'est pas le seul témoin de cette divergence par rapport au TM. Le *Sam.* Gn 29,3 et 8 présente précisément la leçon *kl hrᶜym*, « tous les bergers », et la LXX Gn 29,8 marque son accord [65]. Nous voici certainement en présence d'une tradition ancienne et peut-être même y a-t-il lieu d'estimer que l'accord du *Sam.* et de la LXX témoigne ici d'une *Vorlage* prémassorétique [66] à laquelle le TP (sauf Ps-J) a emprunté. Conformément au TM, Ps-J a la leçon « tous les troupeaux », et il coordonne les deux formes participiales *dhww... mtknšyn wmglglyn*, « étaient réunis et on faisait rouler », comme dans le TM sont coordonnés les verbes *wnᵓspw... wgllw*, « se réunissaient ... et on faisait rouler » (v. 3; cf. v. 8). Mais précisément à cause de cette conformité au TM, la tournure de phrase en Ps-J laisse à désirer. Après la forme participiale intransitive *dhww... mtknšyn*, on attendrait soit un adverbe *tmn* reproduisant le *šmh* biblique du v. 3, soit une préposition telle que *ᶜlh* avec le suffixe pronominal reprenant le substantif *ᵓbnᵓ* que cette proposition participiale complète; alors seulement les deux participes pourraient être coordonnés. Nous croyons volontiers que Ps-J fut ici révisé sur le TM. Dans le reste du TP, au contraire, la phrase est parfaitement coulante; les bergers sont assemblés dans le but de faire rouler la pierre. On notera seulement que 440 et Nur qui, comme M.L. Klein l'a montré [67], dérivent d'un même « *proto*-MS », ont perdu le mot *ᵓbnᵓ* en tête du récit. Tous deux ont ultérieurement pallié cette négligence. La correction de Nur, qui ajoute après *mytknšyn* la préposition *ᶜl* avec le suffixe pronominal anticipé et le substantif *ᵓbnᵓ*, reste la plus

---

65 En Gn 29,3, plusieurs mss de la LXX ont également « les bergers »; cf. l'apparat critique de l'éd. de J. W. Wevers, *Septuaginta*, I, Göttingen, 1974, 275; la *BHS* Gn 29,3.

66 E. A. Speiser, *Genesis* (AB 1), New York, 1964, 221s., considère que dans le TM le v. 3 a subi l'influence du v. 2 *ᶜdry*; il restitue dans sa traduction des vv. 3 et 8: « all the shepherds »; cf. aussi les suggestions *hrᶜym* de la *BHS* Gn 29,3 et 8.

67 « The Extant Sources », 120-125.

acceptable; il manque toujours à 440 le mot *ʾbnʾ* que le suffixe pronominal est censé représenter.

Selon le TP (sauf Ps-J), l'objectif en vue duquel avait lieu le rassemblement de tous les bergers était tenu en échec: « ils ne pouvaient pas » faire rouler la pierre. Et nous touchons ici à l'élément proprement aggadique du récit qui va bien au-delà du texte biblique. L'aggadah prend son départ du texte biblique de Gn 29,8 où les bergers des trois troupeaux déjà arrivés répondent à Jacob qu'ils ne peuvent (*lʾ nwkl*) rouler la pierre tant que tous ne sont pas présents[68]. Mais l'aggadiste a transposé à l'ensemble des bergers réunis l'incapacité physique de bouger la pierre; ainsi la prouesse de Jacob, déjà suggérée par le texte biblique au v. 10, devait prendre un tour absolument prodigieux[69]. De plus, entre ce que voulaient faire les bergers et ce que réalisa Jacob, les targums N, 440, Nur marquent une différence qui fait ressortir encore l'éclat de la prouesse: les bergers réunis cherchaient à « faire rouler » la pierre ou à l'« ôter »[70], mais Jacob la « leva » ou « souleva » (*ʾrym*). Nous pourrions dire qu'il ne se contenta pas de faire glisser péniblement la lourde pierre; avec aisance, il la prit en main pour la lever du sol. Une seule main lui suffisait, comme l'a retenu tout le TP. À ce propos encore, il est éclairant de comparer le texte de la tosephta targumique à Gn 28,10 et celui des targums à Gn 29,10:

ויגל את האבן	TM
וגלגיל ית אבנא בחדא מן אדרעוי	Ps-J
וגלי ית אבנא	N
וגלגל	M
וגלגל ית אבנה	C
ונדר ית אבנא	O

N attesté de part et d'autre légitime la comparaison. Or, lorsqu'il donne le targum de Gn 29,10, il s'en tient au texte biblique[71], tandis qu'il prend hardiment son essor dans la tosephta à Gn 28,10.

---

[68] Le texte biblique peut signifier que, la pierre étant tellement grande (cf. v. 2), il fallait le concours de tous pour que les bergers soient *capables* de la déplacer, ou que, le puits étant de propriété collective, il n'était pas *permis* de s'en servir avant que tous soient présents. Les deux sens sont d'ailleurs à retenir: le puits étant un bien commun, pour que tous en profitent et puissent en contrôler l'usage, on le fermait d'une pierre si lourde que tous devaient s'y mettre pour la déplacer. Jacob qui la roulera seul fait montre d'une force herculéenne; cf. H. GUNKEL, *Genesis*, 325s.; G. VON RAD, *Das erste Buch Mose. Genesis* (ATD 2-4), 9e éd., Göttingen, 1972, 232.

[69] Nous ne voyons pas la raison d'introduire une distinction de sujet pour l'expression *wlʾ hww yklyn*, comme le fait M.L. KLEIN, *The Fragment-Targums of the Pentateuch According to their Extant Sources* (AnBib 76), II, Rome, 1980, 19, qui traduit ainsi le ms. 110: « The stone, which all of the shepherds would gather together in order to remove it from the mouth of the well, and which they [only a few shepherds] were unable ... ».

[70] N et Nur Gn 28, 10 emploient le *pael* de *gll*; 440 recourt au *pael* de *gly*.

[71] La différence par rapport au texte biblique est l'emploi du verbe *gly*, « découvrir,

Souvent une telle tosephta devait jouir de l'immunité à l'égard d'une révision sur le texte biblique. En ce cas particulier, réviser l'aggadah risquait d'en émousser fortement la pointe, à savoir l'aspect prodigieux de l'intervention du patriarche. Nous avons déjà vu, en effet, que Ps-J Gn 28, 10, qui ne possède pas la leçon ancienne « tous les bergers », avait dû malmener quelque peu la tournure de sa phrase. Dans la suite, la suppression de cette leçon devait, par le fait même, amener ce targum à supprimer aussi l'aggadah sur l'incapacité de tous les bergers réunis à rouler la pierre; or c'était dans le TP cet élément aggadique qui précisément corsait le prodige [72].

Enfin, on notera la parenté de 110 avec M; ils sont seuls à employer le *pael* de *ᶜbr*, « déplacer, retirer », et ils l'emploient aussi bien pour ce que les bergers tentaient vainement de faire que pour ce que fit Jacob.

b) *Le prodige du puits qui déborde pour Jacob*

Sauf en Ps-J qui se passe d'introduction, le récit de ce prodige dans le reste du TP s'enchaîne immédiatement au récit précédent et avec lui connote une certaine opposition à l'égard des bergers: devant Jacob, de façon spontanée, le puits réagit. Il nous est dit dans le TP que le flux se prolongea toute la durée du séjour de Jacob à Harran [73] et nous verrons bientôt dans tout le TP Gn 31,22 que, dès le départ de Jacob, le puits cessa de faire couler ses eaux: le prodige du puits débordant était une faveur liée à la présence de Jacob.

Le prodige est exprimé par le verbe *ṭwp*, « jaillir à la surface, inonder » [74]; c'est la première fois dans les traditions targumiques sur le don de l'eau que nous rencontrons ce verbe [75]. Rien ne pouvait, dans le texte biblique de Gn 29,10, donner prise à une telle aggadah. À n'en pas douter, nous sommes en présence d'une transposition midrashique de la tradition sur le puits de Beër. D'ailleurs Ps-J, N et 110 ont cru bon de gloser l'expression en lui adjoignant le verbe *slq*, « monter », qui dérivait directement de Nb 21,17. L'explicitation est secondaire, car l'aggadah se continuera avec le verbe *ṭwp*; en Ps-J, le remaniement est d'autant plus sensible qu'il provoque une rupture dans le cours de la proposition: le verbe *wslyqw*, ayant reçu pour sujet *myᵓ*, coupe l'expression *whwt ṭyypᵓ* de son

ôter ». On notera la variété dans l'emploi des synonymes: 440 Gn 28,10 employait ce même verbe, tandis que N Gn 28,10 employait *gll*.

[72] Mais à Gn 29,10, Ps-J reprend l'élément aggadique: « *d'un seul de ses bras* ».

[73] Les vingt années coïncident avec le temps de service de Jacob chez Laban d'après Gn 31,38 et 41. Ps-J, qui laisse tomber ici cette précision, la rapporte à Gn 29,10 et Gn 31,22.

[74] Cf. JASTROW, 525: « to come to the surface, float, bubble up », et il cite le TP Gn 28,10; J. LEVY, *Chaldäisches Wörterbuch*, I, 298, à propos du TP Gn 28,10, traduit: « überströmen ».

[75] À propos d'un écoulement de sang issu du rocher, nous avions rencontré l'expression *ᵓṭypt* en Ps-J Nb 20,11. Il s'agissait du verbe *nṭp*, « couler par gouttes ».

sujet *byrʾ*. Notons que l'expression *bʾpwy* (N et cf. Ps-J et 110), « devant lui », se rapporte à Jacob et souligne combien la montée du puits est une faveur liée à la personne du patriarche.

D'un point de vue littéraire, on peut s'étonner de ce que le targum, pour transposer au prodige accompli en faveur de Jacob la tradition sur la montée du puits de l'Exode, ait recouru au verbe *ṭwp*, « déborder », et non pas en premier lieu au verbe *slq*, « monter ». Cette originalité peut s'expliquer par le caractère plus actualisant et aussi plus populaire du targum. Le *meturgeman* a inventé une formule nouvelle; il a « retraduit » en un langage plus courant l'aggadah originaire du puits de Beër. N'est-il pas plus naturel, en effet, de dire d'un puits qu'il déborde [76]? Les ajouts du verbe *slq*, « monter », en Ps-J, N et 110 manifestent le souci de rétablir le lien littéraire avec la tradition exégétique, mais même en ce cas Ps-J précise que ce sont les eaux qui montent, non le puits. Nous verrons que le midrash rabbinique, par contre, tient à garder le verbe *ʿlh*, « monter » [77].

L'aggadah du puits débordant n'a pas trouvé grâce dans le TP Gn 29,10, si ce n'est en Ps-J. Après avoir énoncé l'exploit de Jacob qui « *d'un seul de ses bras* roula la pierre de dessus la bouche du puits », le *meturgeman* continue:

וטפת בירא וסליקו מיא לאנפוי ואשקי ית ענא דלבן
אחוהא דאימיה והוות טייפא עשרין שנין

et le puits se mit à déborder, les eaux montèrent devant lui (= *Jacob*) et il donna à boire au petit bétail de Laban, frère de sa mère. *Il déborda* (*ainsi*) *pendant vingt ans.*

On voit combien l'aggadah est sans attache dans le texte biblique de Gn 29,10. Elle prend la forme d'une parenthèse, ayant un autre sujet logique que celui de la proposition du texte biblique [78].

---

76 Le correspondant hébreu *ṣwp* au sens d'une inondation bénéfique était employé dans les comparaisons de Si 39,22; 47,14. Auparavant le verbe était rare dans la tradition biblique; on le trouve au sens d'une inondation dévastatrice en Dt 11,4 (Ps-J, O: *ʾṭyp*; N: *ʾṣyp*) et Lm 3,54.

77 Dans le midrash rabbinique, on trouve en *Qo R.* 5,8,5 le verbe *ṭwp* à propos de la tradition tardive selon laquelle le puits de l'Exode se trouve dans la mer de Tibériade et s'y déplace en forme de tourbillon. La forme *ṣpyn* est attestée en *ARN* A 20, 72 à propos des eaux du puits de Madian (Ex 2,15ss).

78 Ps-J Gn 29,13 fait mention du puits débordant:

Dès que Laban entendit parler du renom *de force et de piété* de Jacob, fils de sa soeur, ... *comment il avait roulé la pierre* (*whyk ndr yt ʾbnʾ*) *et comment le puits avait débordé et était monté devant lui* (*whyk ṭpt byrʾ wslyqt lʾnpwy*), il courut à sa rencontre ...

Notons que, contrairement à B. Olsson, *Structure and Meaning*, 169, n. 43, « TJ II » Gn 29,10 et « 12 » (lire: 13) ne mentionne pas le prodige du puits qui déborde.

2. *L'aggadah targumique à Gn 31,22*

Attestée dans une tosephta hors texte comme celle qui dans le TP Gn 28,10 introduit la *parashah,* l'aggadah du puits qui déborde pour Jacob pourrait paraître extérieure au targum lui-même, non intégrée dans la trame continue d'une traduction interprétée du texte biblique. Une autre tosephta, qui s'insère parfaitement dans le récit biblique, la tosephta du TP Gn 31,22, va nous montrer que ce prodige faisait partie du fonds traditionnel aux targumistes. Gn 31,20-21 énonçait le départ de Jacob qui, à la dérobée, s'enfuyait de chez Laban; le v. 22 poursuivait: « Au troisième jour, on annonça à Laban que Jacob avait fui. » C'est ce verset que le TP va expliquer. La recension 440 n'est pas attestée; en revanche nous possédons le témoignage du ms. E de la Guénizah du Caire. Pour la facilité de l'analyse, nous avons réparti en trois membres le contenu aggadique.

Synopse des recensions

a

Ps-J	ובתר דאזל יעקב קמו רעייא
N	והוה כיון דאזלו רעוי דלבן
M	רעיא בתר
C	עד כיון די על(ו רעוי) דלבן
110	כיון דאזלו רעוי דלבן
Nur	והוה כד איתכנישו רעייא בעיין

Ps-J	על בירא ולא אשכחו מיא
N	למשקיה ענה מן בארה ולא יכלו
M	יעקב תמן על בארה ולא אשכחו מיא
C	למשקייה ענה מן באירה ולא אש(כחו)
110	למשקייא עאנא מן באירא ולא יכילו
Nur	למישתן ענא ולא הוו יכלין

b

Ps-J	ואמתינו תלתא יומין
N	ואמתינו תרין תלתא יומין סברין
M	ואמתינו תלתא יומין
C	תריין תלתה יומין מסכיין לבאירה
110	אמתינו תרין ותלת⟨א⟩ יומין מסכון
Nur	ואמתינו תרין ותלתא יומין

Ps-J	דילמא	תיהי	טייפא		ולא	טפת
N	דלמה	דהיא	טייפה		ולא	טפת
M	דלמה	יהא	טיפה		ולא	טפת
C		דהיא	ט(פייה		ו)לא	טפת
110	דילמא		תוטיף	באירא	ולא	טפת
Nur	דילמא		תטיף	בירא	ולא	טפת

c

TM			ויגד	ללבן	ביום	השלישי		כי
Ps-J		ובכין	איתני	ללבן	ביומא	תליתאה	וידע	ארום
N		בכדין	אתני	ללבן	ביומא	תליתייא		ארום
M		ובכן	אתני		ביומא	תליתאה		ארום
C	הא	בכן	אתני	ללבן	ביומה	תליתייה		(ארום)
110		ובכדו	אתנו	ללבן	ביומא	תליתאה		ארום
Nur		ובכן	אתנו	ללבן	ביומא	תליתאה		ארום
O			ואתחוה	ללבן	ביומא	תליתאה		ארי

TM	ברח	יעקב			:
Ps-J	ערק	יעקב		דבזכותיה הווה טייפא עשרין שנין	:
N	ערק	יעקב			:
M	אזל	יעקב	חסידא	דבזכוי' הוון מיא טיפין ⟨מן⟩ על בירא עשרין שנין	
C	(ערק)	יעקב			:
110 = Nur	ערק	יעקב			:
O	אזל	יעקב			:

Variantes mineures et corrections textuelles

Au membre *b,* Ps-J *ed. pr.* écrit *dlmᵓ thy.* Pour le texte de 110, nous avons corrigé en *wtltᵓ* la leçon *wtltyn* du ms.[79]. Au membre *c,* Ps-J *ed. pr.* écrit *wbkn* et *hwh.* En M, nous avons corrigé en *mn* la seconde leçon *myᵓ*[80]. Une autre glose marginale M est: *wᵓtny llbn bywmᵓ tlytᵓh ᵓrwm ᶜrq yᶜqb.*

Traductions

Ps-J *Or, après le départ de Jacob, les bergers s'en furent au puits et ne trouvèrent point d'eau. Ils attendirent trois jours* (*pour voir*) *si* (*le*

---

[79] Conformément à l'éd. de KLEIN, *The Fragment-Targums,* I, 58.
[80] Comme le suggère l'éd. de DÍEZ MACHO, *Neophyti 1,* I, 205.

puits) déborderait; mais il ne déborda pas. C'est pourquoi on (l') annonça à Laban, le troisième jour, *et il comprit* que Jacob s'était enfui, *car c'est par son mérite qu'il avait débordé durant vingt ans.*

N *Or il arriva que lorsque les bergers de Laban s'en furent pour faire boire le petit bétail au puits, ils ne (le) purent pas. Ils attendirent deux, trois jours, espérant que peut-être il déborderait; mais il ne déborda pas. Alors* on annonça à Laban, le troisième jour, que Jacob s'était enfui.

M *Les bergers après... Jacob là, près du puits et ils ne trouvèrent pas d'eau. Ils attendirent trois jours (pour voir) si peut-être il déborderait; mais il ne déborda pas.* Et *alors* on annonça, le troisième jour, que Jacob *le pieux s'en était allé, car c'est par son mérite que les eaux avaient débordé du puits durant vingt ans.*

C *Lorsque les bergers de Laban arrivèrent pour faire boire le petit bétail au puits, ils ne trouvèrent pas (d'eau). Pendant deux, trois jours, ils guettaient le puits (pour voir) s'il déborderait; mais il ne déborda pas. Voilà pourquoi* on annonça à Laban, le troisième jour, (que) Jacob (s'était enfui).

110 *Lorsque les bergers de Laban s'en furent pour faire boire le petit bétail au puits, ils ne (le) purent pas. Ils attendirent deux, trois jours, espérant que peut-être le puits déborderait; mais il ne déborda pas.* Et *alors ils annoncèrent* à Laban, le troisième jour, que Jacob s'était enfui.

Nur *Or il arriva que lorsque les bergers se réunirent, cherchant à faire boire le petit bétail, ils ne (le) pouvaient pas. Ils attendirent deux, trois jours, (espérant) que peut-être le puits déborderait; mais il ne déborda pas.* Et *alors ils annoncèrent* à Laban, le troisième jour, que Jacob s'était enfui.

O Et on annonça à Laban, le troisième jour, que Jacob *s'en était allé.*

Observations

Toutes les recensions du TP à ce v. 22 témoignent d'un scénario fort semblable: le puits, au centre de la scène, est le point de ralliement des bergers qui, jusqu'à trois jours, vont se trouver frustrés du jaillissement escompté; alors ils annonceront à Laban le départ de Jacob.

Au membre *a*, les bergers se rendent au puits, mais sont déçus. Malgré un réel accord quant au contenu, l'expression de la tradition n'est pas fixée. Selon Ps-J, M, C, la déception des bergers consiste en ce qu'« ils ne trouvèrent pas d'eau », ou de façon équivalente selon N, 110, Nur, en ce qu'« ils ne purent » (N, 110) ou « ne pouvaient » (Nur) abreuver le bétail. Cette seconde expression, celle de N, 110, Nur, s'inspire de la tosephta à Gn 28,10 où elle était appliquée à l'incapacité qu'éprouvaient les bergers de rouler la pierre du puits; d'ailleurs en Nur Gn 31,22, l'expression *ʾytknyšw rʿyyʾ*, « les bergers se réunirent », est manifestement une réminiscence de cette tosephta. Dans le contexte actuel, il s'agit d'une incapacité non plus de rouler la pierre, mais d'atteindre l'eau du puits. D'un point de vue littéraire, cette formulation de l'aggadah à Gn 31,22 apparaît secondaire par rapport à celle de la tosephta à Gn 28,10 qui, elle, développait un texte biblique, celui de Gn 29,3 et 8. Mais l'emprunt littéraire est destiné à mettre en valeur un aspect présent dans la tosephta à Gn 28,10: le prodige du puits qui déborde est accordé à Jacob à l'exclusion des bergers; et nous rejoignons ici un thème propre au cycle targumique d'Isaac. D'ailleurs, l'expression de Ps-J, M, C, se souvient manifestement du cycle d'Isaac selon Gn 26,19 et 32; au contraire des serviteurs d'Isaac, les bergers de Laban « ne trouvèrent pas (d'eau) ». Comme, nous allons le voir, l'eau qu'ils recherchent est le flux débordant du puits, nous avons ici un nouvel indice de ce que l'aggadah tendait à assimiler jaillissement du puits d'eaux vives (cycle d'Isaac) et débordement du puits (cycle de Jacob).

Au membre *b*, il s'avère que le puits ne déborde plus. L'ensemble du TP témoigne de l'insistance des bergers: ils « attendirent pour voir si ... ». C, d'accord quant au contenu, décrit la scène de façon concrète et picturale: « ils guettaient le puits »; le verbe *sky* qu'il emploie se retrouve en 110, et il est de signification très voisine du verbe de N *sbr*[81]. N et 110 explicitent aussi l'attente des bergers: ils observent et espèrent. La tradition, tout en restant assez libre dans son expression, est bien constituée. L'espérance des bergers a pour unique objet que le puits déborde; il faut sous-entendre: comme il débordait d'habitude. Mais ce fut en vain. Le verbe *ṭwp*, « déborder », est celui de la tosephta à Gn 28,10; en Nur et 110, l'emploi du causatif *ṭṭyp* ou *twṭyp* apparaît secondaire dans ces recensions elles-mêmes qui continuent avec le peal *ṭpt*[82]. La persévérance des bergers dure « deux, trois jours », ou carrément « trois jours » selon Ps-J et M. Nous atteignons ici l'utilisation d'un élément du texte biblique au v. 22: « au troisième jour »; à partir de ce donné biblique, l'aggadiste a prolongé l'insistance des bergers auprès du puits. Il est probable que dans une perspective midrashique, l'expression « le troisième jour » avait acquis la valeur d'un moment décisif: le puits n'ayant pas débordé jusqu'au troisième jour, on sait qu'il ne débordera plus[83].

---

[81] Cf. JASTROW, 989, *s. v. sky*: « to look out; to hope » au *peal, pael* et *aphel*; 951, *s. v. sbr* I: « to look out for, hope; to speculate, plan »; le sens du *pael* est équivalent.

[82] En C, l'expression *ṭpt* vient après une forme mutilée que l'éd. de KAHLE, *Masoreten des Westens*, II, 41, reconstitue en *ṭpyyh*. On peut se demander si, au lieu du verbe *ṭpy* qui peut signifier aussi « inonder, déborder » (cf. JASTROW, 546), le ms. ne permettrait pas, comme dans les autres recensions, le verbe *ṭwp*.

[83] *Gn R.* 56,1 à Gn 22,4 cite une liste de passages bibliques où apparaît l'expression « le troisième jour » ou « trois jours »; Gn 31,22 en est absent. Mais il vaut la

Au membre *c*, on comprend que Jacob n'est plus là. Ce membre *c* nous ramène au texte biblique de Gn 31,22 et il va nous permettre de déceler pourquoi s'est constituée l'aggadah qui précède. Dans le TP, en effet, le donné biblique est introduit par une locution adverbiale de conséquence qui le relie logiquement au développement des membres *a* et *b*: le puits ne débordait plus et en conséquence on annonça à Laban le départ de Jacob. Le targumiste a inséré dans la trame biblique des vv. 20-22 ce scénario aggadique pour prévenir une question que pouvaient éventuellement se poser ses auditeurs [84]. Le texte biblique, en effet, relatait que Jacob s'était furtivement enfui (vv. 20-21), mais aussi que Laban, au troisième jour, avait eu vent de la fuite (v. 22). À ne considérer que ce seul passage biblique, des gens à l'esprit curieux pouvaient encore se demander quels indices avaient conduit à découvrir la fuite et pourquoi au troisième jour [85]. Le *meturgeman* s'est chargé de les satisfaire, à peu de frais d'ailleurs, car il disposait d'une tradition aggadique concernant la relation entre Jacob et le jaillissement du puits. Pour le targumiste, le départ du patriarche ne pouvait se constater qu'à son effet sur le puits, tout comme c'était grâce à sa présence que le puits débordait. Ainsi s'est constituée la mise en scène que nous connaissons: les bergers de Laban arrivent au puits, mais ils demeurent frustrés; au troisième jour d'une espérance qui désormais s'avère inutile, ils saisissent, dans le fait que le puits ne déborde plus, le départ de Jacob, et c'est par ce biais que Laban fut informé de la fuite [86]. Les targums 110 et Nur qui emploient le *aphel* de *tny*, troisième personne du pluriel au parfait, peuvent conserver pour sujet « les bergers »; le membre *c* est ainsi mieux intégré à la construc-

---

peine de citer la note de H. FREEDMAN, *Midrash Rabbah. Genesis*, I, 491, n. 2: « The point of all these quotations is that relief from distress or the climax of events occurred on the third day »; cf. aussi R. LE DÉAUT, *La nuit pascale*, 163 et n. 80; K. LEHMANN, *Auferweckt am dritten Tag nach der Schrift*, Freiburg, 1968, 262-272.

[84] Pour des exemples d'explicitations targumiques tendant à répondre à des questions, cf. R. LE DÉAUT, « Un phénomène spontané », 513 et 514 avec la n. 1.

[85] Mais d'après le récit biblique, en Gn 30,36, le troupeau de Laban était séparé de celui de Jacob par une distance de trois jours et, selon Gn 31,19, Laban s'occupait de la tonte de son troupeau; ainsi s'explique et que Jacob ait pu s'enfuir sans avertir Laban, et que Laban, au troisième jour, ait pu être mis au courant (cf. G. VON RAD, *Das erste Buch Mose*, 249). Le *meturgeman*, de façon atomistique, considère le seul passage de Gn 31,20-22 et ne l'interprète que d'après la tradition aggadique du puits. Par contre, RASHI à Gn 31,22 ne retient que le sens littéral: « *Au troisième jour*: puisqu'il y avait une distance de trois jours entre eux. »

[86] Le mouvement de l'aggadah dans toutes les recensions du TP, y compris Ps-J, tend à montrer que le départ de Jacob ne fut connu qu'à partir de son effet sur le puits. Cependant Ps-J, dès le début de l'aggadah, au membre *a*, fait état du départ de Jacob; il s'agit, en fait, d'un rappel du texte biblique du v. 20 sur la fuite de Jacob encore inconnue de Laban et de ses gens. Le v. 21*b* donnait des précisions sur le parcours du fugitif et Ps-J en avait considérablement accru la notice, ce qui distrayait du sujet traité dans le targum au v. 22; c'est pourquoi Ps-J en commençant l'aggadah résume la mention du départ de Jacob avant d'exposer comment cette fuite vint à être connue.

tion aggadique. Les autres recensions du TP ont le *ithpeel* avec un sujet impersonnel, ce qui reproduit la construction du texte biblique [87].

Au-delà de l'interprétation du texte biblique, ce membre *c* en Ps-J et M se prolonge encore dans une explicitation de la relation de Jacob au puits. En fait, cette relation sous-tendait déjà toute la construction aggadique, comme nous l'avons dit. Mais l'explicitation, tout en empruntant des éléments à la tosephta à Gn 28,10, ajoute, pour définir l'influence de Jacob sur le prodige du puits débordant, l'expression: « pour son mérite ». Une telle formule avait son parallèle dans l'aggadah sur le puits donné « pour le mérite » de Miryam (Ps-J Nb 20,2 et Nb 21,17) [88]. En Gn 31,22, M, en ajoutant au nom de Jacob l'épithète *ḥsydʾ*, « le pieux », précise encore de quel mérite il s'agit [89].

B. *Les récits midrashiques*

1. *La pierre du puits*

Les récits midrashiques exaltent également l'exploit de Jacob qui, en roulant seul la pierre, s'est montré plus fort que tous les bergers réunis. Le *Midr. Teh.* 91, 7 décrit ainsi le voyage de Jacob et son arrivée à Harran [90]:

> Et les pas de Jacob ne furent pas gênés et sa force fut sans défaillance, mais comme un héros, il roula la pierre de dessus la bouche du puits, et le puits montait et déversait l'eau au dehors. Les bergers le virent et furent stupéfaits, car, à eux tous, ils n'étaient pas capables de rouler la pierre, tandis que lui, tout seul, l'avait roulée, comme il est dit: *Et Jacob s'avança et il roula la pierre* (Gn 29,10).

Nous trouvons dans ce récit les mêmes thèmes aggadiques que dans la tosephta targumique à Gn 28,10 [91]. Comme dans le targum, l'expression biblique de Gn 29,8: « nous ne pouvons pas » fut interprétée d'une incapacité physique étendue à l'ensemble des bergers réunis. C'est là une sorte

---

87 On notera l'insistance du Ps-J qui explicite la relation faite à Laban: *wydᶜ*, « et il comprit ».

88 Ou encore, selon une autre modalité de l'aggadah, « pour le mérite » de Miryam le puits « cheminait » (440, Nur Nb 21,1) ou « montait » (N Nb 21,1).

89 La glose M de la synopse s'accorde avec O pour employer le verbe *ʾzl*, « s'en aller », plutôt que *ᶜrq*, « fuir ». Sur cette question, cf. B. Grossfeld, « The Relationship between Biblical Hebrew *brḥ* and *nws* and their Corresponding Aramaic Equivalents in the Targum *ᶜrq, ʾpk, ʾzl*: A Preliminary Study in Aramaic-Hebrew Lexicography », *ZAW* 91 (1979), 123; l'évolution de la fréquence se ferait dans le sens: *ᶜrq - ʾpk - ʾzl*.

90 Le récit semble être attribué à Abbahu (pal. vers 300) au nom de Yoḥanan (b. Nappaḥa) (av. 279); par. sans attribution en *PRE* 36.

91 En outre, dans ce récit, la phrase d'introduction, comme l'indique la version des *PRE* 36, s'inspire de Pr 4,12: « Quand tu marcheras, ton pas ne sera point gêné, et, si tu cours, tu ne trébucheras pas (*lʾ tkšl*). » Ce texte biblique fut appliqué au voyage très rapide de Jacob et à son exploit lorsqu'avec une force sans défaillance (*wlʾ nkšl kḥw*) il roula la pierre.

de postulat qui commande l'interprétation de l'épisode aussi bien dans le TP que dans le récit midrashique [92]. Concernant la description de l'exploit de rouler la pierre, le TP était nettement plus expressif. On se souvient, en effet, que N, 440, Nur Gn 28,10 marquaient une différence entre ce que tous les bergers réunis ne parvenaient pas à faire, à savoir: « rouler » ou « enlever » la pierre, et ce que Jacob réalisa: il la « leva ». Le tour de force était d'autant plus spectaculaire que Jacob, au témoignage de toutes les recensions du TP, l'avait accompli « d'une seule main » ou « avec un seul de ses bras ». Le récit du *Midr. Teh.* 91, 7 est demeuré à cet égard plus réservé; il se contente d'expliciter ce qui était déjà contenu dans le texte biblique: Jacob tout seul roula la pierre comme un héros. L'aggadiste, par contre, a fait dériver l'attention sur un élément absent du targum et n'ayant aucune amorce dans le texte biblique: l'étonnement des bergers devant la prouesse de Jacob.

Un autre témoignage nous assure pourtant que l'aggadah rabbinique n'a pas craint de grossir la description même de l'exploit de Jacob. *Gn R.* 70, 12 rapporte cette curieuse comparaison qu'en propose Yoḥanan bar Nappaḥa (pal. av. 279) [93]:

> *Dès que Jacob vit Rachel ..., il roula la pierre* (Gn 29,10). R. Yoḥanan dit: Comme quelqu'un qui enlève (*mᶜbyr*) le bouchon d'une bouteille.

L'image suggère l'aisance avec laquelle le patriarche accomplit l'action [94]. Elle suppose en outre que Jacob ôta la pierre non pas en la faisant rouler, mais en la soulevant, en l'élevant. Et ceci nous rappelle l'interprétation aggadique de N, 440, Nur Gn 28,10: il « souleva » la pierre. L'aggadah targumique n'est pas un résumé du commentaire de Yoḥanan: le verbe *ʾrym* employé dans ces targums représente l'expression propre qui ne réapparaît pas dans la comparaison de Yoḥanan; celle-ci sert d'illustration à l'idée exprimée dans l'aggadah targumique [95].

---

[92] Saint ÉPHREM le recueillera, tout en l'atténuant: il ne parle plus d'une incapacité de l'ensemble des bergers, mais de leur difficulté; cf. R. M. TONNEAU, *In Genesim et in Exodum Commentarii*, I, 89; II, 74: « Fecit autem (Jacob) rem grandem coram ea (Rachel), qui revolvit, per Filium in se latentem, lapidem vix a multis sublevandum. » Il faut savoir pourtant que certains commentateurs n'oubliaient pas l'interprétation littérale. En *Leqaḥ Ṭ.* Gn 29,8, l'expression est limitée aux bergers des trois troupeaux déjà présents: « Ils dirent: *'Nous ne le pouvons pas tant que ne se sont pas rassemblés tous les troupeaux'* (Gn 29,8). Car outre les trois troupeaux de petit bétail qui étaient accroupis auprès du puits, il y avait encore d'autres troupeaux; c'est pourquoi ils lui répondirent: *tant que ne se sont pas rassemblés tous les troupeaux.* »

[93] Par. en *Yalq. Shim.* I, 124 à Gn 29,10; *Leqaḥ Ṭ.*, *MHG* et RASHI à Gn 29,10; cf. BACHER, *Pal. Amoräer*, I, 281, n. 5.

[94] Ainsi RASHI à Gn 29,10 ajoute-t-il ce commentaire: « pour te faire savoir que sa force était grande »; par. en *Leqaḥ Ṭ.* Gn 29,10.

[95] Le verbe employé dans ce récit: *mᶜbyr* est le même que celui de M et 110 Gn 28,10. Le rapprochement nous paraît toutefois sans conséquence, car ces targums employaient ce verbe pour désigner aussi bien ce que voulaient faire les bergers que ce que fit Jacob.

D'ailleurs, il est frappant de retrouver en *Tanḥ. Wayyishlaḥ* 4[96] la même comparaison, présentée de façon anonyme, pour commenter Gn 31,45:

> (*Et Jacob prit une pierre*) *et il l'érigea* (*wyrymh*) (*en stèle*) (Gn 31,45). Comme quelqu'un qui enlève (*mᶜbyr*) un bouchon de bouteille.

Le commentaire se rattache au verbe *wyrymh*, « et il leva (la pierre) ». À vrai dire, l'image du bouchon s'applique moins bien dans le contexte de Gn 31,45, car cette pierre levée ne sera pas ensuite déposée comme la pierre du puits: elle est levée pour devenir une stèle. Un rédacteur du *Midrash Tanḥuma* a transposé ici la comparaison que R. Yoḥanan avait énoncée à propos de Gn 29,10. Et sans doute la transposition s'est-elle opérée parce qu'ailleurs la même image illustrait le verbe *ʾrym*, celui des targums N, 440, Nur Gn 28,10[97].

2. *Le puits qui déborde*

Les récits midrashiques connaissent aussi la tradition du puits qui déborde après que Jacob en a retiré la pierre. Reprenons le *Midr. Teh.* 91, 7:

> Comme un héros, il (= Jacob) roula la pierre de dessus la bouche du puits, et le puits montait et déversait (*hyth hbʾr ᶜwlh wšwpᶜt*) l'eau au dehors.

Dans le targum, la « montée du puits » était comme « retraduite »; le *meturgeman* employait le verbe *ṭwp*, « déborder ». Il est intéressant de voir que le midrash rabbinique conserve l'expression technique de la montée du puits selon l'aggadah tirée de Nb 21,17. Mais on ajoute que le puits « déversait l'eau au dehors » et nous retrouvons dans cette explicitation un équivalent de l'adaptation targumique[98].

---

96 Cf. les notes de l'éd. de THEODOR-ALBECK, *Bereschit Rabba*, II, 870 et 811.

97 R. Yoḥanan s'était également occupé de commenter Gn 31,45. D'après *Gn R.* 74,13, il estimait que cette pierre que Jacob érigea en stèle « était comme le rocher (*šn*) de Tibériade »; par. en *Tanḥ. Wayyishlaḥ* 4 (cf. aussi BACHER, *Pal. Amoräer*, I, 281, n. 4; GINZBERG, *Legends*, I, 374s.; V, 302, n. 225). On sait encore, d'après *Tanḥ. Wayeḥî* 6, que le même aggadiste, continuant de donner libre cours à son imagination, attribuait à Jacob les bras d'un colosse: « Comme les deux colonnes qui sont au milieu de la piscine publique de Tibériade, ainsi étaient les bras de Jacob. » Cf. aussi *Gn R.* 65, 17 à Gn 27,16 et BACHER, *Pal. Amoräer*, I, 281, n. 6.

98 Le thème d'une montée des puits en faveur des patriarches s'était constitué par transfert de l'aggadah de la montée du puits de l'Exode. Mais on en vint à oublier ce processus et à chercher dans le texte biblique de Gn 29,10 un procédé herméneutique qui permît de justifier l'exégèse inconsciemment orientée. Ainsi en est-il du *Leqaḥ Ṭ.* Gn 29,10 qui commente: « *Et il abreuva le petit bétail de Laban* (Gn 29,10). Cela nous apprend que les eaux montèrent d'elles-mêmes et le petit bétail but, car il n'est pas écrit: ' et il tira (de l'eau) ', ni ' et il puisa ', mais ' et il abreuva '. » Cette argumentation est fort spécieuse, car des bergers non plus le texte biblique en Gn 29,3 et 8 ne dit pas qu'ils doivent puiser.

3. *Le puits de Harran et le puits des Israélites dans le désert*

Gn R. 70,8 nous assure que Ḥama bar Ḥanina (pal. vers 260)[99] donnait de l'épisode du puits en Gn 29,2ss six interprétations différentes. Certaines d'entre elles exploitent le symbolisme bien connu eau - Torah. Nous ne retiendrons que l'interprétation qui relit entièrement l'épisode à la lumière de la tradition aggadique sur le puits qui accompagnait les Israélites dans le désert. Les données de Gn 29 n'intéressent plus l'aggadiste que dans la mesure où elles préfigurent les circonstances du don de l'eau au temps de l'Exode:

> *Il vit qu'il y avait un puits dans la campagne* (Gn 29,2): c'est le puits. *Et qu'auprès de ce puits il y avait trois troupeaux de petit bétail accroupis*: Moïse, Aaron et Miryam. *Car de ce puits on abreuvait les troupeaux*: car de là chacun attirait (l'eau) vers son étendard, sa tribu et sa famille. *Et la pierre sur la bouche du puits était grande*: R. Ḥanina dit: Elle avait comme la dimension de l'orifice d'un petit tamis (*kbrh*). *Là se rassemblaient tous les troupeaux* (Gn 29,3): au moment du campement. *On roulait la pierre de dessus la bouche du puits et on abreuvait le petit bétail*: car de là chacun attirait (l'eau) vers son étendard, sa tribu et sa famille. *Et on remettait la pierre à sa place sur la bouche du puits*: au moment où ils se mettaient en marche.

En *PRE* 35, on dira de Jacob que « le puits cheminait devant lui »; il s'agit, dans le contexte, du puits unique déjà trouvé par Abraham et Isaac.

II. **La présence de Jacob assure aux gens de l'endroit une abondance d'eau**

1. *L'aggadah targumique à Gn 29,22*

Le texte biblique de Gn 29,20-21 relatait que Jacob, pendant sept ans, pour l'amour de Rachel qu'il désirait obtenir en mariage, s'était mis au service de Laban; au terme de cette prestation, il avait réclamé sa promise. Le v. 22 s'énonçait: « Et Laban rassembla tous les hommes de l'endroit et fit un festin. » Il s'agissait du banquet nuptial. Dans le TP, ce festin va devenir le lieu d'une conspiration en vue de tromper Jacob. Dans toutes les recensions du TP, en effet, après la traduction du texte biblique, Laban prend la parole et consulte ses compatriotes. Nous avons réparti en deux membres le contenu aggadique.

[99] Cf. BACHER, *Pal. Amoräer*, I, 466; BILLERBECK, *Kommentar*, II, 434s.

Synopse des recensions

a

Ps-J	הא שב שנין דאתא יעקב
N	הא שבע שנין גברא חסידא הדין שרי
M	גברא הדין שרי
C	הא גוברה הדין שרי
110	הא גוברא הדין שרי
440	הא שבע שנין אית ליה לגברא צדיקא הדין מן דאתא
Nur	הא שבע שנין אית ליה לגבר' צדיקא הדין מן דאתא

Ps-J	לגבן בירן
N	בינינן בארינן
M = 110	בינינן שבע שנין דיומין מבועינן
C	בינינן שובע שנין דיומין מבועינן
440 = Nur	לוותן שקוותן לא חסרו ומבועינן

Ps-J	לא חסרו ובית שקיותן סגו
N	לא חסרו ובית שקוותן סגון
M = C	אתברכו ועדרי ענינן סגון
110	אתברכו ועדרי עאנינן סגיעו
440	סגון
Nur	סגין

b

Ps-J	וכדון אית[ן] נתיעט עליה עיטא דרמיו
N	וכדון מה אתון יהבין עצה
M	וכדו היבו לי עצה מה נעבד בה
C	וכדון הבו לי עצה מה נעבד ביה
110	וכדון הבו לי עצה מא נעביד ליה
440 = Nur	וכדון אתון הבו לי עיצה

Ps-J	די ימתן לגבן
N	ונישרי יתה בינינן הכה עוד שבע שנין
M	וישרי גבן ושב שנין אוחראין
C	וישרי גבן שובע שנין אחרניין
110	וישרי גבן אוף שבע שנין אוחרנין
440	דניכבוש יתיה גבן עוד שבע שנין אחרניין
Nur	דנכבוש יתיה גבן עוד שבע שנין

Ps-J	ועבדו ליה עיטא דרמיו לאסאבא ליה
N	ויהבו לה עצה דרמיו למסבה יתה
M	וקמו עמה דארעא ויהבו
C	וקמו עמה דאתרה ויהבו ליה עצה דרמיו ואסיבו ליה
110	ו[ח]מון עמא דאתרא ויהבו ליה עצה דרמאין ואסיבו
440	ויהבו ליה עיצה דרמיו למסבה ליה
Nur	ויהבו לי עיצה דרמיו למסבה ליה

Ps-J	לאה חולף רחל :
N	ללאה חלף רחל :
C	ללאה חולף רחל :
110	לאה חולף רחל :
440 = Nur	ללאה חלף רחל :

Variantes mineures et corrections textuelles

Au membre *a*, au lieu de la leçon de N *wbyt šqwwtn*, I propose *wšq(wwtn)*. Au membre *b*, Ps-J *ed. pr.* a la leçon *ʾytw* d'après laquelle il faut corriger 27031: *ʾytn.* Au lieu de la leçon *ḥlp* de N, I propose *ḥwlp.* Il est deux autres gloses marginales M: *hbw ʿṣh dtšry bynynn hkʾ ʿwd* et *drmyw wʾsybw lh.* La leçon de 110 *wḥmwn,* comparée à celle de M et C *wqmw,* semble due à une confusion des consonnes *ḥet* et *qoph.*

La recension L, de même famille que 440 et Nur, est conservée également, avec des variantes orthographiques.

Traductions

Ps-J ... « *Voici sept ans que Jacob est arrivé chez nous. Nos puits n'ont pas manqué* (*d'eau*) *et nos abreuvoirs se sont multipliés. Maintenant, venez, combinons contre lui un artifice pour qu'il reste encore chez nous.* » *Et ils lui firent proposition d'un artifice: le marier avec Léa au lieu de Rachel.*

N ... « *Voici sept ans que cet homme pieux demeure parmi nous. Nos puits n'ont pas manqué* (*d'eau*) *et nos abreuvoirs se sont multipliés. Maintenant, quel conseil donnez-vous pour que nous le fassions demeurer ici, parmi nous, encore sept années?* » *Et ils lui conseillèrent un artifice: le marier avec Léa au lieu de Rachel.*

M, C, 110 ... « [*Voici que*] *cet homme est demeuré parmi nous sept années de jours. Nos sources ont été bénies et les troupeaux de notre petit bétail ont augmenté. Et maintenant, donnez-moi un conseil: que faut-il que nous lui fassions pour qu'il demeure chez nous* (*encore*) *sept autres années?» Les gens (du pays) se levèrent et [lui conseillèrent un (artifice) et ils (le) marièrent avec Léa au lieu de Rachel]* [100].

440, Nur ...« *Voici sept ans que cet homme juste est arrivé auprès de nous. Nos abreuvoirs n'ont pas manqué (d'eau) et nos sources ont augmenté* [101]. *Et vous maintenant, donnez-moi un conseil afin que nous le retenions chez nous encore sept (autres)* [102] *années.» Et ils lui conseillèrent un artifice: le marier avec Léa au lieu de Rachel.*

Observations

La tosephta targumique à Gn 29,22 prépare l'audition des vv. 23-30 du texte biblique, à savoir la ruse de Laban qui substitue Léa à Rachel (vv. 23-25) et s'assure ainsi pour sept ans de plus les services de Jacob (vv. 27 et 30). Dans le récit biblique, du v. 22 aux vv. 23ss: du banquet nuptial à la rouerie de Laban qui provoquait la déconvenue de l'amoureux, la succession inattendue créait un effet de surprise qui atténuait d'une légère note d'humour la réprobation d'une telle fourberie [103]. Pour l'auditeur du TP, cette surprise n'existe pas: la ruse est dénoncée avant qu'elle se réalise; l'auditeur du targum est prévenu contre la machination.

Mais le targumiste ne se limite pas à annoncer la suite du texte biblique. L'intérêt de l'aggadah consiste en ceci surtout qu'elle expose soigneusement, et bien au-delà de ce qu'en disait le texte biblique de Gn 29,27-30, le motif pour lequel ces étrangers retiennent Jacob [104]. La ruse ne doit pas, à proprement parler, renouveler le service d'un ouvrier de Laban: il s'agit plutôt dans le TP de prolonger, au profit de tous les gens de l'endroit, le séjour d'un homme dont la seule présence est un gage des bénédictions divines. La figure du patriarche en est grandie. Et c'est ce qui découle des observations suivantes. Les mots de « service » ou de « servir, travailler », présents dans le texte biblique [105], n'apparaissent pas dans la harangue de Laban sur les avantages tirés de Jacob, ni dans le conseil de ses compatriotes. Au membre *a*, N, M, C, 110 parlent du « séjour », de la « présence » (*šry*) qu'au membre *b* on cherche à prolonger. Ps-J, 440, Nur, au membre *a*, parlent de l'« arrivée » de l'homme qu'au membre *b* on cherche à retenir. Que l'intérêt ici aussi porte bien plus sur la présence de Jacob que sur son travail, cela apparaît dans le fait que 440, Nur pré-

100 Les textes entre crochets manquent en M; les parenthèses indiquent des modifications d'une recension à l'autre: « encore » ne se trouve qu'en 110; 110 dit: « ils lui donnèrent un conseil d'imposteurs »; le pronom « le » manque en 110. L'expression « les gens du pays » est celle de M; C et 110 ont « les gens de l'endroit ».

101 En Nur: « augmentaient » ou « augmentent ».

102 Le mot « autres » n'est pas en Nur.

103 H. GUNKEL, *Genesis*, 328, commente au v. 25*a*: « Die Sache ist ja für Jaqob sehr ärgerlich; aber der Erzähler kann doch das Lachen nicht verbeissen. »

104 L'aggadah ne considère pas l'autre mobile qui anime Laban: celui de marier aussi sa fille aînée laissée pour compte.

105 Cf. par ex. Gn 29,18.20.27.30.

cisent qu'il s'agit de l'arrivée de cet « homme juste » [106]. D'ailleurs, la présence de Jacob profite non pas à Laban seul, mais à tout le pays de Harran; les prépositions en sont significatives: *lgbn* ou *gbn*, « chez nous »; *bynynn*, « parmi nous »; *lwwtn*, « auprès de nous ». Il s'agit d'un intérêt collectif [107] manifeste aussi dans le fait que, selon le targum, Laban consulte ses compatriotes et ceux-ci lui suggèrent le stratagème [108].

Il nous importe surtout de remarquer que, dans tout le TP, l'influence bénéfique exercée par la présence de Jacob est décrite en référence à l'abondance des points d'eau et à la prospérité des troupeaux. L'expression aggadique reste variable d'une famille de recensions à l'autre: le fruit de la bénédiction divine consiste dans l'abondance soit des puits et des abreuvoirs (Ps-J, N), soit des abreuvoirs et des sources (440, Nur), soit encore des sources et des troupeaux (M, C, 110). Le point d'appui biblique de cette aggadah peut être trouvé en Gn 30,25-30, un passage qui évoque l'entretien de Laban et de Jacob au moment où celui-ci décide de partir. Au v. 27*b*, Laban voudrait conserver Jacob et lui avoue: « ... YHWH m'a béni à cause de toi. » Jacob, aux vv. 29s., enregistre cet aveu et renchérit: « Tu sais comment je t'ai servi et ce que ton bétail est devenu grâce à moi. C'était peu de chose ce que tu avais avant moi, mais après moi il y a eu un accroissement considérable et YHWH t'a béni ... ». Nous trouvons ici dans le contexte d'une menace de séparation le thème de la bénédiction divine accordée à Laban grâce à Jacob; cette bénédiction concerne le bétail qui s'est accru. Ce thème biblique, en partie avoué par Laban lui-même en Gn 30,27, le targumiste l'a anticipé pour le transposer au terme des sept premières années, et il en a fait l'objet du discours de Laban à ses compatriotes. La preuve en est que les recensions M, C, 110 attestent le verbe *ᵓtbrkw*, et toutes les recensions le verbe *sgy* [109] qui nous renvoient à Gn 30,27-30 [110]. Mais tandis que le passage biblique dont s'inspire l'aggadah limitait à l'accroissement du bétail l'effet de la bénédiction divine,

---

[106] N, de son côté, avait précisé: « cet homme pieux »; cf. M Gn 31,22 et Ps-J Gn 29,13. Remarquons que c'est uniquement dans la tosephta à Gn 29,22 que le targum évite de parler d'un travail de Jacob.

[107] Dans le texte biblique, outre Gn 29,22, il n'est fait allusion aux gens de l'endroit qu'au v. 26: « c'est une chose qui ne se fait pas chez nous » (*bmqwmnw*). Dans le TM au v. 27*b*, la forme *wntnh* apparaît comme un cohortatif pluriel; le *Sam.* (*wᵓtn*), la LXX, la *Vulg.* et la *Pesh.* attestent une 1ère personne du singulier. Parmi les targums, la 1ère personne du singulier est attestée par N, C, 440 et Nur, tandis que Ps-J et O peuvent s'accorder avec le TM.

[108] Ps-J Gn 29,22 comporte deux particularités par rapport au reste du TP. Dès la traduction du texte biblique, il interprète en ajoutant le pronom *lhwn*: « Et Laban réunit tous les hommes de l'endroit et *leur* fit un festin »; ce n'est plus un festin nuptial, mais un banquet de conspiration. Au membre *b* de l'aggadah selon Ps-J, Laban lui-même parle d'un artifice; nous verrons que le récit midrashique accuse également Laban.

[109] Le targum 110 a le verbe apparenté *sgyᶜ*; cf. JASTROW, 955.

[110] N Gn 30,30 traduit: « Car le peu *de bétail* que tu avais avant moi a crû *et s'est multiplié* (*wtqp wsgh*). YHWH t'a béni par *mes mérites* ... ».

le TP introduit au premier plan le thème de l'abondance des points d'eau; les recensions Ps-J, N, 440, Nur n'ont même plus considéré que ce thème. Le texte biblique faisait allusion aux abreuvoirs en Gn 30,38; des puits et des sources au pluriel, il n'était pas question dans le texte biblique à propos de Jacob, mais seulement du puits de Harran en Gn 29,2ss. Le cycle d'Isaac qui connaissait plusieurs puits a dû influencer l'aggadah à Gn 29,22.

2. *Les récits midrashiques*

L'entretien aggadique entre Laban et ses invités se retrouve aussi dans les recueils midrashiques. Citons le *Leqaḥ Ṭ.* Gn 29,22 [111]:

> *Et Laban réunit tous les hommes de l'endroit et fit un festin* (Gn 29,22). Il leur dit: « Vous savez que nous étions pauvres (*mdwḥqym*) en eaux; mais dès qu'arriva ce juste, devant ses pas (*lrglw*), les eaux furent bénies. Si je lui donne Rachel, aussitôt il s'en ira, mais, si cela vous plaît, je lui donnerai Léa et il travaillera encore sept années avec nous. » Ils lui répondirent: « C'est bien. Fais comme tu l'as dit. »

Ce récit concorde avec l'aggadah targumique pour déclarer que les eaux ont été bénies dès l'arrivée de Jacob le juste [112]. De l'accroissement des troupeaux, dont parlaient aussi les targums M, C, 110 conformément au texte biblique de Gn 30,29, il n'est plus question, comme déjà les autres recensions targumiques avaient éliminé ce motif biblique au profit du changement des conditions de l'eau. Mais le récit midrashique va nous permettre d'apprécier une étape nouvelle du développement de la tradition. En effet, pour mieux faire ressortir le contraste, on ajoute qu'avant l'arrivée de Jacob, les habitants de l'endroit étaient « pauvres en eaux ». Comment le midrash pouvait-il fonder cette affirmation? Le *MHG* Gn 29,2 explique:

> *Il vit qu'il y avait un puits dans la campagne* (Gn 29,2). L'Écriture fait savoir qu'ils étaient pauvres (*mqwlqlyn*) en eaux. Considère que voici une grande ville et ils n'abreuvaient leur petit bétail qu'au puits seulement. Mais dès que Jacob, notre père, y fut allé, leurs sources furent bénies et leurs eaux abondèrent, car ainsi dit (l'Écriture): *Et il mit les baguettes* (*... dans les auges, aux abreuvoirs d'eau où viennent boire les brebis*) (Gn 30,38).

Le contraste avec la situation d'avant l'arrivée de Jacob s'établit ici par comparaison entre le singulier du texte biblique en 29,2: « un puits », et

---

111 Par., mais peut-être à un stade ultérieur de développement (cf. *infra* n. 115), en *Gn R.* 70, 19; *MHG* Gn 29,22; *Yalq. Shim.* I, 125 à Gn 29,22.

112 L'influence du texte biblique de Gn 30,30 se fait particulièrement sentir dans l'emploi de l'expression attestée seulement en *Leqaḥ Ṭ.*: *lrglw*, « devant ses pas »; c'est un décalque du texte biblique *lrgly*, une expression rare.

le pluriel du texte biblique en 30,38: « les abreuvoirs ». Aucun compte n'est tenu du texte biblique de Gn 30,29-30 auquel l'aggadah avait pourtant emprunté les thèmes de la bénédiction et de l'abondance. Une telle argumentation fait figure de reconstruction secondaire; de toute évidence, l'aggadah d'une multiplication des points d'eau a pris naissance à partir du texte biblique de Gn 30,29s. interprété d'après une tradition qui déjà associait la présence de Jacob à une abondance d'eau. Elle nous a paru plus ancienne au stade targumique que dans sa représentation midrashique, mais il est vraisemblable que dans les targums Ps-J, N, 440, Nur la mention des abreuvoirs, en plus des puits ou des sources, n'a été introduite que de façon secondaire, en dépendance de l'argumentation midrashique sur Gn 30,38.

Comme dans le TP, l'enjeu du stratagème est de retenir Jacob. Le récit midrashique, comme le texte biblique de Gn 29, 27 ou 30,29, s'intéresse au travail de Jacob: « il travaillera encore sept années avec nous » dit le *Leqaḥ Ṭ.* Gn 29,22 [113], tandis que la tosephta targumique ne considère que la présence bénéfique du patriarche. On pourrait croire que sur ce point le récit midrashique est plus primitif, parce que plus conforme au texte biblique. Une analyse plus serrée nous convainc pourtant que le récit midrashique lui-même suppose la conception attestée dans les targums d'une bénédiction due à la présence de Jacob. C'est, en effet, « dès qu'arriva ce juste » que les eaux furent bénies; nous retrouvons ici la phraséologie de Ps-J, 440, Nur sans considération d'un travail préalable [114].

Il est une autre différence entre la tradition targumique et le commentaire midrashique. Selon le TP (sauf Ps-J), à Laban qui les consulte, les gens de l'endroit eux-mêmes suggèrent l'artifice; mais selon le récit midrashique, c'est Laban qui propose à ses invités la ruse qu'il a lui-même imaginée. Et cette présentation du récit midrashique est plus conforme au texte biblique de Gn 29,23-25 où Laban est le trompeur que Jacob accuse. Remarquons néanmoins que le commentaire midrashique, bien au-delà du texte biblique, fait état d'une participation des invités au traquenard: non seulement l'entreprise doit profiter à tous, mais encore Laban demande leur assentiment et ils lui donnent, si l'on peut dire, carte blanche. Dans la perspective aggadique où le festin organisé par Laban doit servir à une consultation avec ses compatriotes, n'est-il pas plus naturel comme dans le TP de laisser les invités suggérer l'artifice? C'est de façon secondaire, nous semble-t-il, que le récit midrashique, comme il avait réintro-

113 Et par.; l'expression de *Gn R.* 70, 19 *gbkwn* rappelle celle des targums *(l)gbn.*

114 Le texte biblique de Gn 30,27 et 29s. mentionnait une bénédiction accordée à Laban à cause de Jacob, mais comme liée au travail de celui-ci. En *ARN* B 11,27, avec citation de Gn 30,27.29, on fait état d'une bénédiction accordée à la maison de Laban par la seule présence de Jacob; les effets de la bénédiction ne sont pas précisés (cf. A. J. SALDARINI, *The Fathers According to Rabbi Nathan. Version B*, 89).

duit dans l'aggadah la notion d'un travail de Jacob, a réintroduit aussi l'insistance sur la responsabilité de Laban que le texte biblique accusait [115].

III. **Appréciation d'ensemble: targum et midrash**

Nous estimons que notre étude comparative des traditions aggadiques sur la pierre du puits roulée, le puits qui déborde et le bénéfice que procure aux gens de Harran la présence de Jacob a suffisamment montré que le TP se situe à un stade antérieur aux récits midrashiques.

Dans les targums du cycle de Jacob, la popularité du thème de la montée du puits était grande: Jacob était celui pour qui, toute la durée de son séjour à Harran, le puits « débordait ». Sous ce revêtement propre au targum, on perçoit, transposée dans un langage plus usuel, la tradition aggadique de la montée du puits retenue sous sa forme plus académique, avec le verbe *ᶜlh,* dans les récits midrashiques parallèles. Rien dans le texte biblique de Gn 29,10, n'invitait à cette projection dont le processus midrashique a dû passer par l'intermédiaire du targum concernant le cycle d'Isaac. Nous estimons que l'adaptation targumique du texte biblique de Gn 26,19-21, qui nous est conservée en Ps-J où les puits « jaillissent » pour Isaac, a également contribué à l'application au cycle de Jacob de la tradition aggadique propre au puits de l'Exode. En effet, l'aggadah targumique à Gn 31,22 nous a convaincu de ce que déjà la tosephta des targums à Gn 28,10 laissait entrevoir: le puits débordait pour Jacob à l'exclusion des bergers de l'endroit; le TP envisageait le prodige accordé à Jacob dans une perspective assez semblable à celle du cycle d'Isaac. Nous avons par ailleurs apprécié, par rapport au texte biblique où elle est insérée, la fonction rédactionnelle de l'aggadah à Gn 31,22; elle n'a pu se constituer que dans le cadre du targum et elle est, semble-t-il, ignorée des récits midrashiques.

---

115 En outre, dans les versions de *Gn R.* 70, 19; *MHG* Gn 29,22 et *Yalq. Shim.* I, 125 à Gn 29,22, il apparaît nettement que l'aggadiste avait intérêt à faire de Laban le grand responsable de l'entreprise. L'aggadah, en effet, se prolonge et montre que Laban trompe même ses conjurés: ainsi explique-t-on qu'il méritait par excellence l'épithète de *hʾrmy* (cf. Gn 28,5; 31,20, etc.) que l'on interprète *hāramma'y,* « l'imposteur ». Citons *Gn R.* 70,19: « *Et Laban réunit tous les hommes de l'endroit et fit un festin* (Gn 29,22). Il réunit tous les hommes de l'endroit; il leur dit: 'Vous savez que nous étions pauvres en eaux; mais dès qu'arriva ce juste, les eaux furent bénies.' Ils lui répondirent: 'Ce qui te semble bon, fais-le.' Il leur dit: 'Si vous le voulez, je vais le tromper et lui donner Léa; comme il est fortement épris de Rachel, il travaillera parmi vous sept autres années.' Ils lui répondirent: 'Fais ce qui te semble bon.' Il leur dit: 'Donnez-moi des gages qu'aucun de vous ne lui divulguera (la chose).' Ils lui donnèrent des gages et il alla se procurer sur ces gages du vin, de l'huile et de la viande. C'est pour cela qu'il fut appelé Laban *hʾrmy,* parce qu'il avait trompé (*rymh*) même les gens de son pays. »

Annexe. Le puits de Madian

Le texte biblique d'Ex 2,15-17, à propos du séjour de Moïse en Madian, connaissait aussi une scène de contestation autour d'un puits. Une tradition attestée en *ARN* A 20,72 transposa en faveur de Moïse la montée du puits [116]:

> Il en est qui disent: Tout le temps que Moïse se tint au bord du puits, les eaux débordaient (*ṣpyn*) et montaient à sa rencontre; lorsqu'il repartit, les eaux redevinrent comme auparavant.

Il s'agit évidemment d'une influence de la tradition sur les puits des patriarches. On aura remarqué l'emploi du verbe *ṣwp*, correspondant hébreu du verbe *ṭwp* propre aux targums du cycle de Jacob.

[116] Cf. GINZBERG, *Legends*, II, 291; V, 411, n. 85. RASHI à Ex 2,20 reprend la tradition.

CHAPITRE IX

Vue rétrospective de la fusion des traditions et quelques aperçus néotestamentaires

Au long de ce travail, il est arrivé bien souvent que l'observation des synopses targumiques rencontrait des éléments midrashiques dont l'origine n'apparaissait pas au plan d'une simple analyse des targums mis en regard du texte biblique. Après avoir procédé à une étude comparative parfois assez longue, mais nécessaire, des traditions midrashiques où ces éléments étaient attestés, nous avons fait retour aux targums afin de porter une appréciation sur l'origine exégétique et sur une datation relative de la tradition insérée par le targumiste. Et même nous avons voulu, comme il ressort de la table des matières, que le traitement de ces traditions soit présenté sous des rubriques qui se correspondent et dans l'analyse des targums et dans l'étude des récits midrashiques.

Mais il est arrivé aussi que l'observation des synopses targumiques suggérait que l'origine de l'aggadah pouvait se situer au niveau d'un procédé de traduction interprétative du texte biblique. Bien que la facture actuelle du TP Nb 21,16-20 ait subi des remaniements, nous avons montré que plusieurs éléments du TP et de O en ce passage étaient des interprétations créées au plan même de la traduction. Ainsi, plus d'une fois au chapitre VI, notre étude des traditions aggadiques a pu progresser, de façon presque rectiligne, en montrant à partir des éléments proprement targumiques les développements apportés par les récits midrashiques.

I. La fusion des traditions

Nous voudrions maintenant, en concluant notre étude intertestamentaire, relever les principales attestations anciennes du phénomène de fusion des traditions qui s'est souvent manifesté au cours de nos analyses.

Et on se souviendra tout d'abord que le Ps 78 désigne le rocher tantôt par le terme *selaᶜ* (v. 16), tantôt par le terme *ṣûr* (v. 20), qui renvoient respectivement à Nb 20,11 et à Ex 17,6; et le Ps 78,15 résume les deux épisodes du Pentateuque: *ṣūrîm*, « des rochers ». Dans les expressions hyperboliques du psalmiste à propos du jaillissement de l'eau, nous avons soupçonné une influence de la tradition prophétique sur les eaux du nouvel Exode; cette influence était presque certaine dans le cas du Ps 105,41 [1].

---

[1] *Supra* p. 78-80.

Hors de la Bible d'A.T., le plus ancien exemple datable de fusion des traditions se rencontre chez ÉZÉCHIEL LE TRAGIQUE, un poète juif hellénistique du IIe siècle av. J.-C., dont l'*Exagōgē* contient plus d'un trait du fonds aggadique commun [2]. À propos d'Élim, il allie la tradition des douze sources à celle du rocher: les sources jaillissent du rocher.

La permutation aggadique des traditions s'est exercée avec prédilection dans le cycle du puits de l'Exode. Considérant que le don de l'eau (à l'imitation du don de la manne) avait dû être constant tout au long du séjour au désert, le *meturgeman* traduisit les noms de lieu Beër, Mattanah, Naḥaliël et Bamot de Nb 21,16-20, de façon à créer l'aggadah du puits donné en don qui descendait avec les Israélites dans les ouadi et montait avec eux sur les hauteurs. Une fois appliquée au puits, dans le cadre du targum, cette propriété d'être toujours disponible, il s'ensuivait que les autres épisodes du don de l'*eau* tendaient à être assimilés par le don du *puits*. C'est ainsi qu'en *LAB* 11,15 (Ier siècle et sans doute avant l'an 70), le don du puits commence avec les eaux de Marah, pour accompagner Israël durant les quarante ans de pérégrination. On connaît surtout le don du puits pour le mérite de Miryam; c'est une tradition communément attestée (*LAB* 20,8; *Mekh.* Ex 16,35): le manque d'eau en Nb 20,2 équivalait à une disparition *du* puits. Et, comme le rapporte Ps-J Nb 20,13, conformément à l'enseignement de Yehoshua b. Ḥananiah (début du IIe siècle), l'eau jaillie du rocher en Nb 20,11 constitua un retour de ce puits. Finalement, l'épisode de Beër lui-même fut interprété comme un nouveau retour du puits, après la mort d'Aaron [3].

On s'étonnera peut-être que l'ancienne tradition targumique d'un puits *constant* ait pu servir à interpréter un *manque* d'eau, et qu'on ait pu parler de retours de ce puits. L'anomalie se résout quand on sait que l'aggadah des péripéties du puits accompagnant Israël se terminait dans le TP Nb 21,20 par la disparition du puits « caché » au moment où l'on parvenait à l'endroit évoquant l'ensevelissement de Moïse [4]. Sur le modèle de cette aggadah primitive, on a formulé la tradition du puits « caché » à la mort de Miryam; on pouvait ainsi tenir compte du texte biblique d'un manque d'eau [5]. Parce qu'on savait qu'en fin de compte, à la mort de Moïse, le puits avait été caché, il était possible d'anticiper sa disparition en Nb 20,2, et de le faire revenir ensuite, jusqu'à la fin du séjour au désert.

L'antique association entre la disparition du puits et la mort de Moïse est éloquente, plus encore que les commentaires aggadiques sur l'inter-

---

2 *Supra* p. 57, n. 31.
3 *Supra* p. 175-177.
4 *Supra* p. 189-193.
5 *Supra* p. 193s.

cession de Moïse dans le don de l'eau à Marah ou à Rephidim. Sans tenir compte d'une faute du médiateur en relation avec l'eau du rocher, le TP Nb 21,20 suggère que Moïse fut le dispensateur du don du puits; cette tradition est parallèle à celle qui, fondée sur Jos 5,12, fait disparaître la manne en relation avec la mort de l'intercesseur [6].

Dans le cycle du puits toujours, une autre exégèse de Naḥaliël dans le TP (sauf Ps-J) Nb 21,19 interpréta que le puits se transformait en « torrents débordants ». Cette traduction interprétative, qui supposait connu le thème de la « montée du puits » (TP Nb 21,17), appliquait à ce puits prodigieux une expression caractéristique du rocher selon le Ps 78,20, et fusionnait ainsi puits et rocher. Dans la suite de la tradition midrashique, cette exégèse targumique fut reprise et amplifiée sous l'influence notamment de l'épisode d'Élim: lors du campement, douze cours d'eau sortaient du puits. La tradition, à son état midrashique, était fixée certainement au début du IIIe siècle, avant d'être peinte sur la fresque de Doura-Europos [7]. Signalons aussi que les récits midrashiques décrivent volontiers le puits comme se déplaçant à la manière d'un rocher, c'est-à-dire en roulant [8].

Nous avons rappelé la tendance indéniable à projeter sur tous les épisodes du don de l'eau la tradition du puits. Mais l'exégèse midrashique est pluraliste. Et notre étude aura montré aussi qu'on pouvait encore porter beaucoup d'intérêt aux divers épisodes considérés à l'état séparé.

Le double coup frappé par Moïse sur le rocher de Nb 20,11 fut même l'objet d'un traitement midrashique particulièrement subtil qui en déduisit, par l'intermédiaire d'une exégèse du Ps 78,20, un double jaillissement.

Et, à la fin du Ier siècle, chez JOSÈPHE, *Ant.* III, 35-38, nous avons retrouvé autour du rocher de Rephidim toute une constellation de motifs originaires de divers épisodes bibliques et aggadiques du don de l'eau: un fleuve (cf. Ps 105,41) devait s'écouler du rocher d'Ex 17,6; cette eau, appréciée comme un don de Dieu, assimilait la caractéristique targumique (T Nb 21,18) du puits donné en don [9].

Des targums témoignent également de l'intérêt midrashique porté à l'écoulement d'un torrent (T Ps 74,15) ou de fleuves (T Ha 3,9) jaillissant du rocher [10].

Le thème de la « montée » du puits de l'Exode, dont les eaux s'élevaient à la surface, fut transposé aux divers puits du cycle patriarcal. Il nous a semblé que le point d'accrochage de cette transposition était le

---

6 *Supra* p. 112.
7 *Supra* p. 169 et 182-184; p. 206-208.
8 *Supra* p. 179.
9 Cf. notre analyse *supra* p. 85s.
10 *Supra* p. 83-85.

texte biblique de Gn 26,19: « un puits d'eaux vives », que Ps-J et O traduisent: « un puits d'eaux jaillissantes ». Le thème devint très populaire à propos de Jacob pour qui le puits de Harran débordait. Dans des récits midrashiques, par un développement ultérieur de la tradition, on identifia à l'unique puits de l'Exode les puits patriarcaux [11]. Cette unification se retrouve dans la rédaction actuelle du TP Nb 21,18.

C'est également en vertu du phénomène de fusion des traditions que la source eschatologique du Temple fut parfois présentée en continuité avec le don du puits. Nous avons estimé que cette jonction avait été rendue possible non seulement par la double symbolique de la fête des Tentes, qui commémorait le don de l'eau au désert et appelait la source eschatologique, mais encore par la caractéristique d'une eau paradisiaque qui avait été attachée au puits du désert dès le second siècle certainement.

II. Aperçus néotestamentaires

Les traditions juives sur le don de l'eau ne sont pas sans écho dans le N.T. Nous avons voulu réserver jusqu'ici l'étude des applications néotestamentaires, afin d'échapper à toute pétition de principe. Il fallait éviter de faire intervenir des expressions du N.T. dans l'étude et la datation des traditions juives, et d'appliquer ensuite au N.T. les résultats de l'enquête.

Du reste, notre objectif est limité. Nous voulons suggérer quelques points de contact entre les traditions juives sur le don de l'eau et la rédaction du N.T. Nous ne ferons pas une exégèse exhaustive de ces passages néotestamentaires dans leur originalité.

1. *1 Co 10,4*

Dans un avertissement à la communauté de Corinthe (1 Co 10,1-5), saint Paul rappelle l'expérience des Israélites dans le désert: ils avaient bénéficié de la nuée, de la manne, du rocher. « Ils buvaient, en effet, d'un rocher spirituel qui les accompagnait » (1 Co 10,4). On a depuis longtemps déjà fait référence à divers éléments de la tradition juive pour expliquer l'attribution au rocher de cette caractéristique d'« accompagner » Israël [12]. Mais rares sont les auteurs qui discernent l'origine de la tradition et peuvent apprécier à quel stade de développement se situe le témoignage de l'aggadah juive employée par Paul [13].

---

[11] *Supra* p. 244; p. 264 et 271.

[12] A. Robertson, A. Plummer, *A Critical and Exegetical Commentary on the First Epistle of St Paul to the Corinthians* (ICC), 2e éd., Edinburgh, 1914, 201; E.-B. Allo, *Saint Paul. Première épître aux Corinthiens* (EB), 2e éd., Paris, 1934, 231s. (avec bibliographie des auteurs anciens); la bibliographie de P. Nickels, *Targum and New Testament. A Bibliography together with a New Testament Index*, Rome, 1967, 71.

[13] L'origine targumique de l'aggadah (T Nb 21,16-20) fut reconnue par H. St. J.

Nous savons comment le targum a traduit Nb 21,19, de façon à exprimer la constance du don de l'eau: le puits donné aux Israélites descendait avec eux dans les ouadi et montait avec eux sur les hauteurs. Cet itinéraire interprété, trop concret dans le targum, fut synthétisé dans les récits aggadiques: on dit du puits qu'il « accompagnait » les Israélites [14]. Et le puits tendit à s'imposer aux autres épisodes du don de l'eau [15]. C'est ainsi que *LAB* 11,15 pouvait dire de l'eau de Marah qu'elle accompagnait Israël [16]. Mais, quoique l'eau du rocher ait été assimilée au puits (Ps-J Nb 20,13; Yehoshua b. Ḥananiah en *Mekh.* Ex 16,35), nous ne voyons aucun texte midrashique ancien qui applique formellement au rocher la caractéristique d'*accompagner* les Israélites. Paul a pu emprunter l'expression à une tradition orale ou la forger lui-même, en usant de ses talents d'aggadiste [17].

En tout cas, il nous paraît hors de doute que l'expression paulinienne se situe à un stade midrashique plus évolué que les premiers éléments de l'ancienne paraphrase targumique: d'abord, parce qu'elle résume et synthétise l'itinéraire de Nb 21,19 que le targum traduisait; ensuite, parce qu'elle transpose à un autre épisode du don de l'eau, celui du rocher, la caractéristique du puits [18].

THACKERAY, *The Relation of St. Paul*, 205-208; M. R. JAMES, *The Biblical Antiquities*, 105; A. DÍEZ MACHO, « The Recently Discovered Palestinian Targum », 231s.; ID., « Targum y Nuevo Testamento », 156; ID., *El Targum*, 107; P. GRELOT, « Eau du rocher ou source du Temple? », 47; R. LE DÉAUT, « Miryam, soeur de Moïse », 209s.; B. OLSSON, *Structure and Meaning*, 167.

14 Cf. *supra* p. 178.

15 Pour bien des auteurs, l'origine de l'aggadah sur le puits ou rocher qui accompagne s'expliquerait par le fait de la répétition du prodige de l'eau dans les textes bibliques (Ex 17, Nb 20, Nb 21); c'est l'opinion par ex. de J. SCHMITT, « ' Petra autem erat Christus ' (1 Cor., X, 4*b*) », *MaisD* n° 29, 1952, 28; O. CULLMANN, « πέτρα », *TWNT*, VI, Stuttgart, 1959, 96; C.K. BARRETT, *A Commentary on the First Epistle to the Corinthians* (BNTC), 2ᵉ éd., London, 1971, 222; F. MICHAÉLI, *Le livre de l'Exode* (CAT 2), Neuchâtel, 1974, 150; Ch. SENFT, *La première épître de saint Paul aux Corinthiens* (CNT 2ᵉ série 7), Neuchâtel, 1979, 129. Mais précisément le manque d'eau en Nb 20,2 et la répétition des scènes du don de l'eau s'opposaient à la déduction d'un puits ou rocher accompagnant Israël. Nous voulons y insister: la tradition d'un puits constant, originaire du T Nb 21,19, s'est imposée aux autres épisodes en dépit de la mention biblique d'un manque d'eau (Nb 20,2); cf. *supra* p. 177.

D'après E.E. ELLIS, « A Note on First Corinthians 10 4 », 55, le T et Paul dépendraient des textes bibliques des Ps 78,20; 105,41; d'Is 48,21. L'expression de 1 Co 10,4 signifierait un « following stream from the rock ». Nous avons dit (*supra* p. 186s., n. 90) que ces conjectures sont sans fondement dans les textes.

16 Il convient de traduire par « accompagner » et non par « suivre » (cf. p. 178, n. 66); de même en 1 Co 10,4.

17 On aura trouvé (*supra* p. 179) de nombreux témoignages, plus tardifs, concernant le rocher qui « accompagnait » les Israélites. Et nous pouvons appliquer ici les remarques générales de G.W. BUCHANAN, « The Use of Rabbinic Literature », 115: « ... both Christianity and later rabbinic Judaism developed from earlier types of Judaism, of which both preserve some of the same traditions. »

18 En outre, la tradition reçoit son originalité chrétienne: le rocher est dit « spirituel »; de même la manne et la boisson. Et le rocher est identifié au Christ, cf. A. FEUILLET, *Le Christ Sagesse de Dieu d'après les Épîtres pauliniennes* (EB), Paris,

2. *Jn 4,5-15*

Plusieurs études ont fort bien mis en valeur l'arrière-plan targumique et midrashique de la première partie du dialogue de Jésus avec la Samaritaine. Une convergence d'indices suggère, en effet, que ce passage exploite plusieurs éléments de la tradition juive sur le don de l'eau. Nous reprendrons et organiserons les points qui nous paraissent les plus importants; nous atténuerons aussi certaines généralisations.

Nous savons que c'est au puits de Harran qu'était attachée la tradition targumique du puits débordant devant Jacob (TP Gn 28,10; Ps-J Gn 29, 10); dans l'évangile (Jn 4,5-6), le cadre géographique est celui d'une source près de Sychar. On peut supposer qu'une tradition locale appelait déjà du nom de Jacob (v. 6) le puits qui se trouvait là, dans une région se prévalant de l'héritage du patriarche (v. 5)[19]. C'est à cette « source de Jacob » que va être transférée la tradition du puits de Harran[20]; le passage du terme « source » (πηγή) (v. 6) à celui de puits (τὸ φρέαρ) aux vv. 11 et 12 oriente déjà vers cette interprétation. Mais il nous paraît hâtif de généraliser comme le fait Annie JAUBERT:

> « ... au temps du Nouveau Testament, est attestée toute une littérature mythique sur *le* puits. En effet, les divers puits de la tradition biblique (ceux des patriarches et ceux du désert), avec leur environnement légendaire, avaient été comme absorbés dans ce qu'on pourrait appeler ' le cycle du Puits '. Confondu finalement avec l'Abîme et ses torrents, ce puits n'était localisé nulle part, et c'est pourquoi il avait ' suivi ' les patriarches et leurs descendants »[21].

Notre étude aura montré que la tradition targumique n'a projeté sur le puits de Harran que le thème de la montée des eaux, qui était une des caractéristiques du puits du désert; et le puits en relation avec Jacob était bien localisé dans les targums[22]. Des développements midrashiques, qui

---

1966, 96-111; A.T. HANSON, *Studies in Paul's Technique and Theology*, London, 1974, 149s. Notons que B.J. MALINA, *The Palestinian Manna Tradition*, 99, a donné au terme « spirituel » le sens de « from above, pre-existent », en relation avec la tradition de la création au crépuscule du premier sabbat (mais cf. *supra* p. 74s., n. 61, et p. 224s.).

19 Cf. B. OLSSON, *Structure and Meaning*, 172.

20 Cf. E.G. CLARKE, « Jacob's Dream at Bethel », 373: « The location of the well at Sychar instead of in Haran is really no obstacle because the idea which the gospel writer utilizes is the miracle attributed to Jacob rather than the location. »

21 A. JAUBERT, *Approches de l'Évangile de Jean*, 58. Cf. aussi EAD., « La symbolique du puits de Jacob », 71; J.H. NEYREY, « Jacob Traditions and the Interpretation of John 4:10-26 », *CBQ* 41 (1979), 421s., qui cite *PRE* 35 (sur ce texte rabbinique tardif, cf. *supra* p. 243s. et 264).

22 Le puits de Harran n'était pas appelé puits de Jacob, mais il débordait devant le patriarche (Ps-J, N, 110 Gn 28,10), à l'exclusion des bergers de l'endroit (TP Gn 31,22). Il est abusif de dire, comme le fait J. LUZARRAGA, « Fondo targúmico del cuarto evan-

nous paraissent postérieurs à l'époque du N.T., ont vu dans ce puits une préfiguration du puits de l'Exode, et, finalement, les puits furent identifiés; de ce fait seulement, la caractéristique du puits « accompagnant » les Israélites est passée dans le cycle patriarcal[23].

Relisons maintenant, en tenant compte de la tradition juive ancienne, le récit évangélique. Jésus, en demandant à la Samaritaine de lui donner à boire (v. 7), éveille l'attention de cette femme à l'existence d'une eau qu'il peut lui donner, si elle la lui demande, et qui est une « eau vive » (ὕδωρ ζῶν) (v. 10). La révélation, mystérieuse, provoque l'étonnement (v. 11): l'eau vive, pour la Samaritaine, c'est l'eau d'une source[24], en l'occurrence: celle qui jaillit au fond du puits de Sychar; or, le voyageur n'a rien pour la puiser et le puits est profond. Mais aussitôt faite cette remarque réaliste, la femme pense à Jacob (v. 12) et (il faut le sous-entendre) au prodige du puits qui débordait devant le patriarche. Le prodige allait-il se répéter en faveur de cet inconnu[25]? Était-ce en ce sens qu'il pouvait donner de l'« eau vive », à savoir: non pas une eau jaillissant au fond du puits, mais une eau jaillissant et s'élevant du puits jusqu'à déborder à la surface? L'expression « notre père Jacob » (v. 12) reproduit exactement la formule ritournelle introduisant l'énoncé des prodiges que rassemble la tosephta targumique à Gn 28,10.

Mais une nouvelle révélation de Jésus (vv. 13-14) vient lever l'équivoque. L'eau qu'il propose n'est pas seulement une eau vive au sens prodigieux qui vient à l'esprit de la Samaritaine; c'est, en outre et surtout, une eau qui donne la vie[26]. L'évangéliste, en effet, va expliciter en référence et par contraste avec le puits prodigieux jaillissant devant Jacob. En celui qui la boira, l'eau que Jésus donnera deviendra une source d'eau qui jaillit, continue, débordante; mais cette eau jaillira en vie éternelle: elle produira dans le croyant la vie éternelle[27]. Le verbe ἅλλεσθαι traduit ici par « jaillir », fut très vraisemblablement choisi pour faire allitération

---

gelio », *EstE* 49 (1974), 261, que, d'après le T Gn 28,10 et 29,10, le puits de Harran fut « cavado por Jacob ».

23 Cf. *supra* p. 244.

24 Sur ce sens de l'expression dans les targums, cf. *supra* p. 239, n. 37; dans la littérature rabbinique, cf. aussi p. 27.

25 Comme l'a bien exprimé A. JAUBERT, « La symbolique du puits de Jacob », 72; EAD., *Approches de l'Évangile de Jean*, 58. Cf. aussi J. RAMÓN DÍAZ, « Palestinian Targum and New Testament », 77; J.H. NEYREY, « Jacob Traditions », 422s.

26 Nous pouvons maintenant citer l'appréciation de R.E. BROWN, *The Gospel According to John (I-XII)* (AB 29), New York, 1966, 170: « a perfect example of Johannine misunderstanding ».

27 Cf. F.J. MCCOOL, « Living Water in John », dans *The Bible in Current Catholic Thought (To the Memory of M.J. Gruenthaner)*, *ed.* J.L. MCKENZIE, New York, 1962, 229; R. SCHNACKENBURG, *Das Johannesevangelium* (HerdTKom 4), I: *Einleitung und Kommentar zu Kap. 1-4*, 3e éd., Freiburg, 1972, 466; I. DE LA POTTERIE, *Exegesis Quarti Evangelii. Capitula III-IV. Dialogus Jesu cum Nicodemo et cum Samaritana*, Romae, 1968-1969, 86: « aqua illa, si interior facta est, producit vitam aeternam »; B. OLSSON, *Structure and Meaning*, 182.

avec l'hébreu *ᶜālāh* (cf. Nb 21,17) qui signifiait dans la tradition midrashique la montée des eaux du puits [28]. Ces vv. 13-14 justifient, à un niveau que la femme ne soupçonnait pas, l'étonnement exprimé au v. 12: Jésus est autrement plus grand que « notre père Jacob », et le don qu'il promet sera bien supérieur au don du puits.

Le récit johannique emprunte également au cycle du don de l'eau au désert. En effet, le v. 12 contient une énumération sans correspondant dans la tradition juive du cycle de Jacob: la Samaritaine fait référence aux « fils » et au « bétail » du patriarche. La formule doit provenir de l'épisode d'Ex 17,3 où le peuple des Israélites se plaint de la soif qu'il subit à en mourir lui, ses fils et ses troupeaux [29]. On ne s'étonnera pas de ce mélange de traditions; nous savons que la méthode midrashique recueille volontiers des éléments de passages apparentés, pour constituer un récit nouveau.

Mais ce n'est pas tout. La tradition targumique sur le puits de l'Exode a fortement marqué le dialogue [30]. Le terme « don » et le verbe « donner » sont, avec l'« eau vive », parmi les leitmotive du passage. Il apparaît même clairement au v. 10 que « le don de Dieu » est le don de l'eau vive [31]. Or, nous savons que le TP Nb 21,18 avait appliqué au puits du désert le terme *mattānāh*, « don », tandis que le thème du « don » ne se rencontrait pas à propos de Jacob dans l'aggadah targumique; il faut reconnaître que le récit johannique assemble des éléments des deux cycles de traditions [32]. Mais Jésus ne dispense pas seulement un don renouvelé du puits, à la

---

[28] Comme le suggère I. DE LA POTTERIE, *Exegesis*, 85s.; ID., *La vérité dans saint Jean, II: Le croyant et la vérité* (AnBib 74), Rome, 1977, 694, n. 142; cet auteur établit la comparaison avec une semblable recherche d'allitération en Jn 1,14 (cf. l'hébreu *šākan*). De même J. LUZARRAGA, « Fondo targúmico », 261, n. 42.

Le rapprochement avec le verbe *ᶜālāh* est signalé aussi par T.F. GLASSON, *Moses in the Fourth Gospel*, 55s.; B. OLSSON, *Structure and Meaning*, 172 et 182; S. PANCARO, *The Law in the Fourth Gospel*, 476.

[29] T.F. GLASSON, *op. cit.*, 56, avait remarqué cette ressemblance; cf. aussi M.-É. BOISMARD, A. LAMOUILLE (avec la collaboration de G. ROCHAIS), *L'évangile de Jean* (Synopse des Quatre Évangiles en français, t. III), Paris, 1977, 139.

C.K. BARRETT, *The Gospel According to St John*, 2ᵉ éd., London, 1978, 234, voit dans la mention du bétail un contraste avec la nature de l'eau vive, qui n'est pas destinée à désaltérer la vie animale.

[30] Cf. A. JAUBERT, « Symboles et figures christologiques dans le judaïsme », *RScRel* 47 (1973), 378; EAD., *Approches de l'Évangile de Jean*, 59; M. J. PEREIRA CORREIA, *La tradizione giudaica del pozzo (Targum a Num 21,16-20). Un contributo all'ermeneutica neotestamentaria* (Esercitazione per la Licenza. Pontificia Università Gregoriana), Roma, 1978, 124-126.

[31] Cf. I. DE LA POTTERIE, « Jésus et les Samaritains. Jn 4,5-42 », *AssSeign* nº 16, Paris, 1971, 37; ID., *La vérité dans saint Jean*, II, 684-686.

[32] M.-É. BOISMARD, A. LAMOUILLE, *L'évangile de Jean*, 132 et 141; IID., *La vie des évangiles. Initiation à la critique des textes*, Paris, 1980, 102, considèrent qu'au v. 10 l'expression « le don de Dieu » fut glosée sous l'influence d'Ac 8,20, « en référence à l'Esprit Saint ». Il nous apparaît que la convergence d'allusions à la tradition juive ne conseille pas ce découpage.

manière dont Moïse avait été l'intermédiaire du don de l'eau. Jésus est luimême le don de Dieu, comme le laisse entendre la coordination des membres de phrase au v. 10*a*[33].

C'est par la référence au puits du désert qu'on peut saisir le symbolisme du dialogue. Toute prodigieuse que fût, d'après la tradition targumique, l'eau jaillissant spontanément devant Jacob, elle restait une eau matérielle. Mais à l'eau et au puits de l'Exode, l'interprétation ancienne avait attaché le symbolisme de la Torah donnée dans le désert[34]. La révélation de Jésus invite la Samaritaine à s'élever du plan matériel au niveau spirituel symbolisé par l'eau du puits. L'eau que Jésus propose est à comprendre dans le prolongement de cette symbolique; elle désigne la parole et la personne (cf. v. 10*a*) du révélateur[35]. Cette « Loi » messianique est qualifiée d'« eau vive », c'est-à-dire vivifiante. Et cette propriété veut marquer un contraste à l'intérieur de la continuité symbolique: c'est dans la révélation nouvelle et définitive que le croyant peut trouver la vie[36].

3. *Jn 7,37-39*

La proclamation de Jésus en Jn 7,37-38 est un des passages les plus séduisants de l'évangile johannique. Mais son interprétation reste un sujet

---

33 Cf. J.H. Neyrey, « Jacob Traditions », 424. Sur l'identification entre le don et la personne de Jésus révélateur, cf. I. de la Potterie, « Jésus et les Samaritains », 38; Id., *La vérité dans saint Jean*, II, 688; J. Becker, *Das Evangelium nach Johannes. Kapitel 1-10* (ÖkTBKom 4/1), Gütersloh-Würzburg, 1979, 171.

34 Cf. *supra* p. 160-164 et 194-199, à propos du puits; p. 16-21, à propos de l'eau en général, dans la tradition sapientielle et juive.

35 Il est vrai que Jn 7,39 apportera cette interprétation de la métaphore de l'eau vive: Jésus « parlait de l'Esprit que devaient recevoir ceux qui avaient cru en lui ». Mais, comme l'explique I. de la Potterie, « Jésus et les Samaritains », 39: « Au début de l'entretien avec la Samaritaine, Jésus parle *au présent*: dans l'optique johannique, il ne peut s'agir ici de l'Esprit Saint. Jean distingue nettement deux temps successifs dans le développement de la révélation. Dans le contexte immédiat de l'entretien au puits de Jacob, l'eau vive dont parle Jésus est le dévoilement progressif de son propre mystère. Mais aussitôt après, il élargit considérablement la perspective; à partir du v. 13, il n'est plus question de la femme, mais de ' quiconque ' désire boire; et au v. 14 tous les verbes sont mis au futur. ... Ici, et ici seulement, la perspective rejoint celle de la déclaration de Jésus à la fête des Tabernacles (7,38-39): il s'agit désormais du temps qui commence avec l' ' Heure ' de Jésus, du temps où sa révélation est rendue présente dans l'Église par l'action de l'Esprit »; cf. aussi Id., « Parole et Esprit dans S. Jean », dans *L'Évangile de Jean. Sources, rédaction, théologie* (Bibl ETL 44), *ed.* M. De Jonge, Gembloux-Leuven, 1977, 188-191; Id., *La vérité dans saint Jean*, II, 692-695.

36 Cf. M. Maher, « Some Aspects of Torah in Judaism », 324; S. Pancaro, *The Law in the Fourth Gospel*, 484.

Le contraste est d'autant plus frappant que la tradition juive ancienne conférait à la Loi les attributions de l'arbre de vie (cf. *supra* p. 37-43, spéc. p. 42). L'antithèse johannique peut être comparée aux expressions qumrâniennes selon lesquelles la doctrine que les convertis tirent de la Loi est appelée une eau vive (cf. *supra* p. 195 et n. 124).

de débat [37]. Les exégètes continuent de discuter la ponctuation à adopter [38]. Faut-il — c'est ce que nous appellerons la coupure A — rattacher à l'invitation de Jésus (v. 37) le v. 38*a*: « celui qui croit en moi »? Ou bien (coupure B), ce v. 38*a* est-il un *nominativus pendens* en tête d'une phrase nouvelle qui se continue par la citation d'Écriture: « De son sein couleront des fleuves d'eau vive » [39]? Et dans ce cas, les fleuves d'eau vive doivent-ils couler du sein du croyant [40]? Quant à la citation d'Écriture, quelle que soit la ponctuation adoptée, elle fait figure d'énigme [41].

Nous nous rallions à l'interprétation (coupure A) qui unit à l'invitation de Jésus le v. 38*a*:

> « Si quelqu'un a soif, qu'il vienne à moi, et qu'il boive, celui qui croit en moi ! »

Ces paroles rappellent Jn 6,35: « qui croit en moi n'aura jamais soif » [42]. La coupure que nous adoptons fait apparaître clairement que les fleuves d'eau vive couleront du sein de Jésus; ce sens est d'ailleurs recommandé

---

[37] L'abondante littérature du sujet se partage en opinions parfois fort divergentes. Sauf l'une ou l'autre exception, nous ne citerons que les études qui ont contribué à l'élaboration de notre essai d'explication.

[38] Nous renvoyons aux exposés détaillés de J. Heer, *Der Durchbohrte. Johanneische Parallele zur Herz-Jesu-Verehrung*, Romae, 1969, 57-63; F. Porsch, *Pneuma und Wort. Ein exegetischer Beitrag zur Pneumatologie des Johannesevangeliums* (FrankfTSt 16), Frankfurt a. M., 1974, 57s.; et aux commentaires de R.E. Brown, *The Gospel According to John*, I, 320s.; R. Schnackenburg, *Das Johannesevangelium*, II: *Kommentar zu Kap. 5-12*, Freiburg, 1971, 212-214; J. Becker, *Das Evangelium nach Johannes. Kapitel 1-10*, 270-274. On trouvera aussi dans Brown et Schnackenburg le relevé des témoignages patristiques en faveur de l'une ou l'autre ponctuation.

[39] G. Reim, *Studien zum alttestamentlichen Hintergrund des Johannesevangeliums* (Society for New Testament Studies, Monograph Series 22), Cambridge, 1974, 56-88, tient une position originale: la citation consisterait dans l'expression « celui qui croit en moi », et il renvoie à Is 28,16; la mention de fleuves aurait cependant été inspirée par le rocher de l'Exode, qui serait identifié à la pierre mentionnée par le prophète.

[40] Généralement, les partisans de la ponctuation B comprennent que celui qui a soif boit l'eau que Jésus lui offre et que, en conséquence, le croyant devient pour les autres une source d'où s'écouleront des fleuves d'eau vive. Mais J. B. Cortés, « Yet Another Look at Jn 7,37-38 », *CBQ* 29 (1967), 79-82, n'admet pas cette conséquence; à son avis, le croyant possède, à l'intérieur de lui-même et pour lui, une source intarissable reçue de Jésus.

Il est des auteurs pour qui, dans la coupure B, les fleuves d'eau vive s'écouleront du sein de Jésus; mais certains n'hésitent pas à surcharger le texte en suppléant entre le nominatif et la citation une expression telle que « pour lui ». Citons W. Bauer, *Das Johannesevangelium* (HNT 6), 2e éd., Tübingen, 1925, 108: « Wer an mich glaubt (, der wird erleben, dass es so zugeht,) wie die Schrift gesagt hat: ' Ströme ..., etc. ' »; cf. aussi S. de Ausejo, « Ríos de agua viva correrán de su seno », *EstFranc* 59 (1958), 171 et n. 17; K. Beyer, *Semitische Syntax im Neuen Testament*, I, Göttingen, 1962, 251s.; R. Schnackenburg, *Das Johannesevangelium*, II, 214.

[41] E.D. Freed, *Old Testament Quotations in the Gospel of John* (SupplNT 11), Leiden, 1965, 21-23, recensait 41 textes qui auraient pu influencer la citation.

[42] Cf. F. Porsch, *op. cit.*, 58 et n. 25; M.-É. Boismard, A. Lamouille, *L'évangile de Jean*, 199.

par le commentaire de l'évangéliste au v. 39. Et nous estimons que les recherches targumiques et midrashiques sur le rocher ou le puits du désert ont déjà contribué pour une bonne part à éclaircir le mystère de la citation. C'est la voie que nous voudrions continuer à frayer en apportant notre quote-part à l'identification du texte d'Écriture et à la compréhension de son mode de citation.

Dans cette recherche, un jalon important fut posé, lorsque M.-É. BOISMARD, reconnut dans l'expression « de son sein, de son ventre » un décalque servile de l'araméen *min gawwēh* se rapportant au rocher de l'Exode [43]. Comme l'écrivait l'exégète de Jérusalem, le substantif araméen *gw*ᵓ « désigne avant tout l'*intérieur* d'une chose ou d'un être vivant »; il « a donc souvent le sens de ' ventre ' et correspond alors au κοιλία grec » [44]. Mais, poursuit l'auteur, « il arrive fréquemment, surtout dans l'araméen de Palestine, que ce mot soit ajouté, de façon explétive, à une préposition indiquant l'entrée dans un lieu, la présence dans un lieu ou la sortie d'un lieu. » Disons que l'adjonction du substantif aux prépositions marque tout au plus un léger renforcement: *lgw* et *bgw* pourront se traduire « au milieu de », respectivement avec et sans mouvement; *mn gw* signifiera « du milieu de » [45].

Cette heureuse trouvaille fut saluée par les spécialistes de l'araméen targumique [46]. P. GRELOT prolongea les recherches sur l'origine de la citation en exploitant *Tos. Suk.* 3, 3-11 où la libation de la fête des Tentes rappelle le puits du désert et annonce la source du Temple [47]. Il découvrait cette double référence dans la citation johannique: d'une part, un texte fondamental tiré de la tradition du rocher ou du puits: « des fleuves de son sein couleront »; d'autre part, une notation tirée de Za 14,8, venant

---

43 « De son ventre ... », *RB* 65 (1958), 542-544 (*art. cit. supra* p. 83, n. 92).

44 *Art. cit.*, 542. On peut voir ce sens par ex. en C Gn 41,21 (« ventre ») et Ps-J Ex 29,13.22 (*bny gww*ᵓ, « intestins »); on a κοιλία dans les par. de la LXX.

45 Nous avions dans notre synopse targumique à Ex 15,25 (p. 11) *lgw* en Ps-J, N, 110, et *bgw* en M_1, 440, Nur; M_2 a la préposition *b* simplement et O la préposition *l*. M.-É. BOISMARD, *art. cit.*, 543, apporte un ex. d'adjonction supplétive *mn gw* dans le TF Gn 44,18; c'est, en effet, ce que nous lisons dans une tosephta de Nur Gn 44,18: « si je tire mon épée du (*mn gw*) fourreau » (le par. de 440 a *mn gy*ᵓ). En N Gn 44,18, la même tosephta a des redites: une première fois, on trouve l'expression: *mn tyyq*ᵓ, « (si je tire mon épée) du fourreau », tandis que, la seconde fois, la forme explétive est employée: *mn gwwh tyq*ᵓ.

Signalons que l'araméen biblique connaissait l'usage explétif de *gw*ᵓ; cf. par ex. Esd 5,7; Dn 3,21 où *lᵉgô*ᵓ*-*ᵓ*attûn*, « (ils furent jetés) au milieu de la fournaise », peut être comparé à Dn 3,20: *lᵉ*ᵓ*attûn*, « dans la fournaise ». Dn 3,26 a *min-gô*ᵓ *nûrā*ᵓ, « du milieu du feu ».

46 Cf. P. GRELOT, « Fleuves d'eau », *RB* 66 (1959), 369 (*art. cit. supra* p. 46, n. 130); ID., « Eau du rocher ou source du Temple? », *RB* 70 (1963), 43; ID., « La promesse de l'eau vive. Jn 7,37-39 », *AssSeign* nº 30, Paris, 1970, 25; R. LE DÉAUT, « Targumic Literature and New Testament Interpretation », 275; J. LUZARRAGA, « Fondo targúmico », 261.

47 « Eau du rocher ou source du Temple? », 43-51.

préciser qu'il s'agit de fleuves « d'eau vive »[48]. Étant donné l'aramaïsme (*min gawwēh*), l'exégète conjecturait que l'évangéliste empruntait à un targum que nous ne possédons pas. Il n'excluait pas que le targum en question ait déjà contenu la combinaison de la tradition sur l'eau du désert et de la tradition sur la source eschatologique du Temple[49]. Dans un article plus récent[50], il émit l'hypothèse que la tradition du puits aurait été introduite dans une ancienne paraphrase araméenne, aujourd'hui inconnue, du Ps 78 ou du Ps 105; il propose alors cet essai de reconstitution: « Voici qu'il a frappé le Rocher, et des fleuves couleront du milieu de lui »[51]. Nous supposons que, dans ce cas, l'exégète de Paris considère que la mention de l'« eau vive » fut ajoutée par l'évangéliste lui-même qui réunit les deux significations attachées à la libation cultuelle[52].

Après ce relevé historique des éléments que nous trouvons les plus positifs dans l'examen de la citation scripturaire, nous voudrions apporter quelques précisions ou correctifs qui s'inspirent de notre étude des traditions juives sur le don de l'eau. La citation étant manifestement constituée de deux éléments dont le raccord reste perceptible, nous traiterons à part chacun d'eux.

Et d'abord, le premier élément: « des fleuves de son sein couleront ». Jusqu'ici on n'a présenté aucun texte scripturaire où l'expression *min gawwēh* se rapportant au rocher soit vraiment en bonne place[53]. Dans les propositions d'un ancien targum du Ps 78,16.20 ou du Ps 105,41, il faudrait suppléer cette locution dont le suffixe pronominal reprendrait la mention du rocher déjà exprimée dans le texte biblique. La chose n'est pas impossible: nous savons que N Nb 20,11 a ajouté l'expression *mnyh* lors du jaillissement de l'eau du rocher, mais nous avons dit alors que ce targum subissait l'influence du passage parallèle d'Ex 17,6[54]. Or, dans

---

48 *Art. cit.*, 47s.

49 *Art. cit.*, 49s.

50 « La promesse de l'eau vive », 26.

51 On remarquera que P. GRELOT introduit dans le Ps 78,20 la paraphrase supposée, mais le terme *ûnᵉḥālîm* peut difficilement se traduire par « et des fleuves »; littéralement, il s'agit de torrents. Dans son article « Eau du rocher ou source du Temple? », 48, n. 26, il justifiait une traduction semblable par comparaison avec la LXX Ez 47 où « *naḥal* est rendu tantôt par χείμαρρος (v. 5), tantôt par ποταμός (vv. 6, 7, 9, 12) »; cette référence ne nous apparaît pas adéquate, car il est très probable que la LXX Ez 47,6ss change de terme en raison du grossissement du cours d'eau (cf. U. WIEDERKEHR, *Die Tempelquelle,* 2). Reconnaissons toutefois qu'en Si 40,13.16, ποταμός traduit ou interprète *naḥal.*

52 La combinaison des deux traditions proposée par P. GRELOT a trouvé bon accueil dans plusieurs études johanniques: F.-M. BRAUN, « Avoir soif et boire (Jn 4,10-14; 7,37-39) », dans *Mélanges bibliques en hommage au R.P. Béda Rigaux*, Gembloux, 1970, 253s.; ID., *Jean le Théologien* (EB), III/2: *Sa théologie. Le Christ, notre Seigneur,* Paris, 1972, 51; F. PORSCH, *Pneuma und Wort,* 59s.; M.-É. BOISMARD, A. LAMOUILLE, *L'évangile de Jean,* 199s.

53 B. LINDARS, *The Gospel of John* (NCB), London, 1972, 300, le fait remarquer.

54 *Supra* p. 121s.

le texte biblique d'Ex 17,6 précisément, Dieu, après avoir ordonné à Moïse de frapper le rocher, fait cette promesse: « et il en (*mimmennû*) sortira de l'eau ». La préposition *min* est ici munie du suffixe pronominal désignant le rocher. Et c'est une première raison pour laquelle nous proposons Ex 17,6 comme le support de la paraphrase citée en Jn 7,38. Une seconde raison est qu'Ex 17,6 est dans le TM le seul passage relatif à l'eau du rocher où le verbe soit au futur[55].

On objectera que notre synopse targumique à Ex 17,6 ne contient pas la locution *mn gwh*: Ps-J et N attestent respectivement *mynyh* et *mynh*; et, surtout, ces targums traduisent très littéralement l'expression du jaillissement de l'eau. Mais on notera tout d'abord que, le TP n'étant pas figé, on passait aisément de la préposition *mn* à la locution prépositive *mn gw*[56]; il est donc entièrement plausible qu'un targum d'Ex 17,6 ait contenu *mn gwh*. Quant à la mention d'un écoulement de fleuves, elle peut également se rattacher à une paraphrase d'Ex 17,6. La conjecture serait gratuite, si nous ne possédions pas de témoignages aggadiques pour l'étayer. Mais nous savons que JOSÈPHE, *Ant.* III, 36, à propos justement du rocher de Rephidim (Ex 17,6) combinait divers éléments provenant de passages bibliques apparentés: du rocher devait couler un fleuve[57]. Nous ne voulons pas dire pour autant que l'historien et aggadiste citait un targum, mais qu'il employait une méthode de télescopage des épisodes à laquelle recouraient volontiers les targumistes. C'est ainsi qu'en T Ha 3,9*c* la mention biblique de « fleuves » attirait une paraphrase s'inspirant du prodige du rocher selon la formulation du Ps 78,15-16.20[58].

Sous l'éclairage de notre étude intertestamentaire, il nous apparaît avec évidence que la première partie de la citation d'Écriture en Jn 7,38 fait référence à Ex 17,6, mais, conformément à un procédé herméneutique juif, elle recueille des motifs provenant de passages parallèles, afin d'en enrichir le texte cité. Une aimantation textuelle de nature aggadique s'est exercée autour d'Ex 17,6. La préposition avec le pronom (*mn gwh*, « de son sein »), et le temps futur du verbe viennent d'Ex 17,6. L'emploi du verbe « couler, s'écouler » fait écho au verbe *zûb* (Ps 78,20; 105,41; Is 48,21). Quant au sujet: « des fleuves », placé en tête pour insister sur l'abondance du jaillissement, il rappelle soit le Ps 78,16, soit Is 41,18 ou

---

55 La LXX Is 48,21 a changé le temps du verbe: elle emploie le futur ῥυήσεται. C'est ce texte grec que M.-J. LAGRANGE, *Évangile selon saint Jean* (EB), Paris, 1925, 216, recommandait comme origine de la citation.

56 Cf. *supra* n. 45 où N Gn 44,18 a les deux formes à propos d'une même paraphrase. Dans le poème des Quatre Nuits, N, 440, Nur Ex 12,42 ont *mn gw* (I *mgw*) *mdbr*ʾ, « du milieu du désert », tandis que 110 Ex 15,18 a *mmdbr*ʾ (cf. R. LE DÉAUT, *La nuit pascale*, 264).

57 Cf. notre analyse p. 86. A. SCHLATTER, *Der Evangelist Johannes*, Stuttgart, 1930, 200, et G. REIM, *Studien zum... Hintergrund*, 85, mentionnaient *Ant.* III, 36, mais n'en tiraient pas parti.

58 Cf. notre étude p. 84s.

43,20. Une telle composition aggadique pouvait exister sous la forme d'un targum oral d'Ex 17,6 [59].

Jésus, dans le cadre de la fête des Tentes (Jn 7,37), se désigne comme le rocher de l'Exode dont parle l'Écriture [60]. Nous savions déjà que la libation cultuelle faisait mémoire du don de l'eau au désert [61]; sur la base du texte johannique, il faut supposer que la cérémonie, dès l'époque intertestamentaire, évoquait le retour du don du puits ou rocher. La figure de Moïse est à l'arrière-plan de la scène [62]. Mais Jésus ne renouvelle pas seulement le prodige de l'Exode: il est lui-même le rocher, comme il est le puits eschatologique (Jn 4,10) [63]. Et les hommes sont invités à venir à lui, pour boire l'eau de la révélation nouvelle [64].

Et nous arrivons au second élément de la citation: la révélation nouvelle est une « eau vive ». La détermination souligne l'originalité chrétienne [65]. Il ne nous paraît pas indispensable de raccrocher cette détermination à l'un ou l'autre texte d'A.T. bien précis. Elle fait partie du thème johannique de la vie éternelle. Et dans ce passage, elle est destinée à faire contraste avec la Loi: c'est en Jésus qu'on peut trouver la vie [66].

Comme la révélation de Jésus devait pénétrer dans le croyant pour porter ses fruits de vie, on comprend le commentaire de Jn 7,39 qui con-

---

[59] Notons qu'A. Loisy, *Le quatrième Évangile*, 2e éd., Paris, 1921, 271, écrivait: « La citation étant certainement libre, on pourrait songer à Ex. XVI (lire: XVII), 6: 'Et l'eau en sortira', avec influence d'Isaïe, peut-être aussi de Ps. CV, 41 ... ». Plutôt que d'une citation libre, il s'agit d'un procédé herméneutique.

[60] C'est pourquoi les pronoms changent du v. 37 au v. 38*c* (de la 1ère personne à la 3e). L'emploi de la 3e personne au v. 38 a induit en erreur certains auteurs qui pensent devoir rapporter au croyant le pronom αὐτοῦ; ainsi Z.C. Hodges, « Problem Passages in the Gospel of John. Part 7: Rivers of Living Water — John 7:37-39 », *BS* 136 (1979), 243.

[61] *Supra* p. 205-210.

[62] Comme le fait remarquer R.E. Brown, *The Gospel According to John*, I, 329, la réaction de la foule en Jn 7,40 se comprend bien dans cette optique.

[63] Le contraste avec Moïse est souligné par M. Kohler, « Des fleuves d'eau vive. Exégèse de Jean 7:37-39 », *RTPhil* 10 (1960), 200s.; J.N. Sanders, B.A. Mastin, *A Commentary on the Gospel According to St John* (BNTC), London, 1968, 214; S.A. Panimolle, *Il dono della Legge*, 255.

[64] Sur l'emploi du verbe « boire » dans la littérature rabbinique pour signifier la relation de disciple, cf. *supra* p. 20. L'invitation du v. 37 peut rappeler Is 55,1 qui avait reçu un sens symbolique (*supra* p. 19).

[65] Et en ce sens, nous pourrions admettre la formule de E.C. Hoskyns, F.N. Davey, *The Fourth Gospel*, London, 1947, 323, pour qui la référence à l'Écriture serait « a Christian Midrash, which summarizes the prophetic significance of the mosaic miracle. »

[66] Si la Loi était considérée comme un substitut de l'arbre de vie, cette économie est maintenant dépassée. M.-É. Boismard, A. Lamouille, *L'évangile de Jean*, 198, découvrent dans le discours sur le pain de vie, en Jn 6,37*b*: « celui qui vient à moi, je ne le jetterai pas dehors », une allusion très intéressante à Gn 3,22-24. Par le pain de vie et l'eau vive, l'homme peut accéder à la vie éternelle.

A. Feuillet, « Les thèmes bibliques majeurs du discours sur le pain de vie (Jn 6) », dans *Études johanniques* (Museum Lessianum section bibl. 4), Paris, 1962, 63, commentait: les promesses de Jésus (Jn 6,51.58) « sont comme la contre-partie de la condamnation portée par Dieu contre l'homme quand il le chasse de l'Éden ».

sidère le temps à partir de la glorification de Jésus: sous l'action de l'Esprit, la révélation serait intériorisée et actualisée dans les croyants, pour qu'ils accèdent à la connaissance intime et plénière du Christ [67].

Faut-il récuser au texte de Jn 7,38 toute référence à la source du Temple? La libation de la fête des Tentes, dès la fin du Ier siècle, était comme un appel de l'eau eschatologique qui devait couler du sanctuaire [68]. Et le quatrième évangile voit dans le corps de Jésus le Temple nouveau (Jn 2,21). D'un point de vue thématique, on perçoit le rapprochement possible entre Jn 7,38 et les prophéties d'Ez 47 et Za 14,8 [69].

La forme de la *citation,* nous estimons l'avoir montré, se rattache à Ex 17,6. Mais il se peut que la rédaction johannique ait voulu, de façon secondaire et par surcroît, faire *allusion* à la source vivifiante du Temple [70]. La superposition est même probable quand on considère que l'eau de l'Exode, comme la source du sanctuaire, recréait des conditions de vie paradisiaque [71]. Mais, si on admet cette double symbolique, il faut remarquer que la source du Temple ne prend pas, dans le texte johannique, le relais du puits ou rocher comme c'est souvent le cas dans la tradition juive [72]; les deux figures trouvent leur accomplissement christologique: l'eau du désert revient et la source jaillissant de la présence divine est ouverte.

4. *Jn 19,34*

Après la mort de Jésus, « l'un des soldats, de sa lance, lui perça le côté et il sortit aussitôt du sang et de l'eau » (Jn 19,34). Or, plusieurs auteurs ont posé la question du rapprochement entre ce texte johannique et la tradition juive attestée en Ps-J Nb 20,11 (et dans les parallèles rabbiniques): le rocher, frappé par Moïse, avait laissé couler du sang, lors du premier coup; lors du second coup, des eaux abondantes avaient jailli [73].

---

67 Cf. F. PORSCH, *Pneuma und Wort,* 69-72; I. DE LA POTTERIE, *La vérité dans saint Jean,* II, 695s.; D. MOLLAT, *La Parole et l'Esprit. Exégèse spirituelle I, ed.* E. MALATESTA, B. MOLLAT, *Paris,* 1980, 93s.

68 *Supra* p. 201-204.

69 Cf. Ch. H. DODD, *L'interprétation du Quatrième Évangile* (LD 82), Paris, 1975, 443, n. 5. Parmi les exégètes qui allèguent Ez 47 (combiné avec Za 14,8) comme origine de la citation, mentionnons A. FEUILLET, « Les fleuves d'eau vive de Jo., 7,38. Contribution à l'étude des rapports entre Quatrième Évangile et Apocalypse », dans *Parole de Dieu et Sacerdoce. Études présentées à S. Exc. Mgr Weber,* Paris-Tournai, 1962, 107-120; J. DANIÉLOU, « Joh. 7,38 et Ezéch. 47,1-11 », dans *Studia Evangelica,* II (TU 87), Berlin, 1964, 158-163; ID., *Études d'exégèse judéo-chrétienne,* 126-128.

70 A.T. HANSON, *The New Testament Interpretation of Scripture,* London, 1980, 161, se prononce pour la double référence.

71 Cf. *supra* p. 221s.

72 Cf. *supra* p. 210-212.

73 M.-É. BOISMARD, « De son ventre ... », *RB* 65 (1958), 540, était tenté de supposer que le targum dépend de Jn 19,34 et « serait l'écho d'une polémique anti-chrétienne ». R. LE DÉAUT, *La nuit pascale,* 332, n. 237, a réagi contre cette suggestion: l'aggadah tar-

Après avoir étudié l'aggadah en question, nous ne voyons pas qu'elle puisse être rapprochée du texte évangélique. Elle est, en effet, essentiellement liée à la mention d'un *double* coup frappé sur le rocher [74].

5. *Ap 7,16-17*

On sait que l'Apocalypse johannique reprend volontiers les thèmes de l'Exode pour décrire le salut du nouveau peuple de Dieu [75]. L'Agneau victorieux, chef de la foule des élus, apparaît même comme un nouveau Moïse (Ap 15,2s.).

La scène d'Ap 7,9-17 s'inspire de la liturgie de la fête des Tentes [76]. Des élus, il est dit: « Jamais plus ils ne souffriront de la faim ni de la soif; jamais plus ils ne seront accablés ni par le soleil, ni par aucun vent brûlant (v. 16). Car l'Agneau qui se tient au milieu du trône sera leur pasteur et les conduira aux sources des eaux de la vie » (v. 17*a*). Depuis longtemps, les commentateurs ont reconnu dans ce passage l'emploi d'Is 49,10, un texte du nouvel Exode, mais aussi des réminiscences du Ps 23 [77]. Or, nous avons rencontré dans un recueil midrashique tardif, le *Yalquṭ Shimoni*, l'utilisation d'Is 49,10 pour annoncer le retour, au temps eschatologique, des trois dons de l'époque du désert: la manne, le puits, les nuées [78]. Nous ne voulons pas nous servir d'Ap 7,16 pour dater la tradi-

---

gumique est ici « un produit typique » de l'exégèse juive (cf. notre étude *supra* p. 138-141; p. 139, n. 60); s'il existait une relation, difficile à déterminer, elle irait en sens inverse, c'est-à-dire de la tradition juive à l'évangile. D'après T.F. GLASSON, *Moses in the Fourth Gospel*, 54s., la tradition juive doit être prise en considération; cf. aussi S.A. PANIMOLLE, *Il dono della Legge*, 255s.; J. LUZARRAGA, « Fondo targúmico », 260: « puede tener cierto paralelo ». Notons que M.-É. BOISMARD, A. LAMOUILLE, *L'évangile de Jean*, ne reprennent pas ce parallèle.

[74] *Supra* p. 141s. Il nous paraît hors de propos de créer un contraste entre l'adverbe « aussitôt » en Jn 19,34 et la mention d'un double coup en Nb 20,11, comme le fait H. VAN DEN BUSSCHE, *Jean. Commentaire de l'évangile spirituel* (Bible et Vie chrétienne), Bruges, 1967, 298.

[75] Cf. R. LE DÉAUT, *La nuit pascale*, 333-336; D. MOLLAT, « Apocalisse ed Esodo », dans *Atti della XVII Settimana Biblica. Associazione Biblica Italiana. San Giovanni*, Brescia, 1964, 345-361, spéc. 349s.

[76] Comme l'a montré J. COMBLIN, « La liturgie de la nouvelle Jérusalem (Apoc., XXI,1-XXII,5) », *ETL* 29 (1953), 38s.: on reconnaît le *lûlāb* en Ap 7,9; l'acclamation du Ps 118,25 en Ap 7,10 (sur ces rites, cf. *supra* p. 34-37). Et le v. 15 fait allusion à la *sūkkāh* promise au temps eschatologique, comme, dans le désert, Dieu avait enveloppé Israël des « nuées de gloire » (cf. *supra* p. 210, n. 44).

[77] Cf. H.B. SWETE, *The Apocalypse of St John. The Greek Text with Introduction, Notes and Indices*, 3ᵉ éd., London, 1909, 105; R.H. CHARLES, *A Critical and Exegetical Commentary on the Revelation of St John* (ICC), I, Edinburgh, 1920, 216s. (avec analyse du vocabulaire); E. LOHSE, *Die Offenbarung des Johannes* (NTD 11), 3ᵉ éd., Göttingen, 1971, 54; H. KRAFT, *Die Offenbarung des Johannes* (HNT 16a), Tübingen, 1974, 131; J. MASSYNGBERDE FORD, *Revelation. Introduction, Translation and Commentary* (AB 38), New York, 1975, 128; et l'étude d'A. GANGEMI, « L'utilizzazione del Deutero-Isaia nell'Apocalisse di Giovanni », *EuntDoc* 27 (1974), 114s. Les verbes ποιμανεῖ et ὁδηγήσει rappellent le Ps 23,1.3.

[78] *Supra* p. 211 et n. 46 et 47.

tion midrashique recueillie par le *Yalquṭ*; nous suggérons seulement la continuité d'un même thème.

Quant au Ps 23,2, on ne s'étonnera pas de son emploi pour évoquer le don de l'eau. Nous savons qu'il était un des lieux communs de l'aggadah sur le puits de l'Exode, et, dès le second siècle certainement, il avait servi de point d'accrochage à la tradition d'une végétation paradisiaque dans le camp d'Israël[79]. D'après Ap 7,17, c'est « aux sources des eaux *de la vie* » que l'Agneau conduira les élus: pour eux s'accomplit définitivement la geste de l'Exode avec le renouveau du paradis.

---

[79] *Supra* p. 215-220.

Bibliographie

I. Éditions de textes et traductions

1. *Targums*

a) *Textes*

BAARS, W., « A Targum on Exod. XV 7-21 from the Cairo Geniza », *VT* 11 (1961), 340-342.

BERLINER, A., *Targum Onkelos herausgegeben und erläutert*, 2 vol., Berlin, 1884; réimpr. du texte Jérusalem, 1969.

DÍEZ MACHO, A., « Un nuevo Targum a los Profetas », *EstBíb* 15 (1956), 287-295.

GINSBURGER, M., *Das Fragmententhargum (Thargum jeruschalmi zum Pentateuch)*, Berlin, 1899; réimpr. Jérusalem, 1969.

———, *Pseudo-Jonathan (Thargum Jonathan ben Usiël zum Pentateuch) nach der Londoner Handschrift*, Berlin, 1903; réimpr. Jérusalem, 1969.

HURWITZ, S., *Machsor Vitry nach der Handschrift im British Museum*, Nürnberg, 1923.

KAHLE, P., *Masoreten des Westens*, II, Stuttgart, 1930; réimpr. Hildesheim, 1967.

LAGARDE, P. DE, *Prophetae Chaldaice e fide codicis reuchliniani*, Leipzig, 1872; réimpr. Osnabrück, 1967.

———, *Hagiographa Chaldaice*, Leipzig, 1873; réimpr. Osnabrück, 1967.

MELAMED, R. H., *The Targum to Canticles According to Six Yemen Mss Compared with the « Textus Receptus » as Contained in de Lagarde's « Hagiographa Chaldaice »*, Philadelphia, 1921.

(Ps-J *ed. pr.* dans) *Ḥmšh ḥwmšy twrh*, Venise, 1591.

RIEDER, D., *Pseudo-Jonathan. Targum Jonathan ben Uziel on the Pentateuch Copied from the London MS.*, Jérusalem, 1974.

SPERBER, A., *The Bible in Aramaic*, I: *The Pentateuch According to Targum Onkelos*, Leiden, 1959; II: *The Former Prophets According to Targum Jonathan*, Leiden, 1959; III: *The Latter Prophets According to Targum Jonathan*, Leiden, 1962; IV A: *The Hagiographa*, Leiden, 1968.

b) *Textes et traductions*

DÍEZ MACHO, A., *Neophyti 1. Targum palestinense Ms de la Biblioteca Vaticana. Edición príncipe, introducción y versión castellana. Traducciones cotejadas* de la versión castellana, francesa: R. LE DÉAUT, inglesa: M. MCNAMARA y M. MAHER, I: *Génesis* (TextEst 7), Madrid-Barcelona, 1968; II: *Éxodo* (TextEst 8), Madrid-Barcelona, 1970; III: *Levítico* (TextEst 9), Madrid-Barcelona, 1971; IV: *Números* (TextEst 10), Madrid, 1974; V: *Deuteronomio* (TextEst 11), Madrid, 1978; VI: *Apéndices* (TextEst 20), Madrid, 1979.

DÍEZ MACHO, A. - DÍEZ MERINO, L. - MARTÍNEZ BOROBIO, E. - MARTÍNEZ SÁIZ, T., *Biblia Polyglotta Matritensia*, Series IV: *Targum palaestinense in Pentateuchum. Additur Targum Pseudojonatan ejusque hispanica versio*, II: *Exodus*, Madrid, 1980; III: *Leviticus*, Madrid, 1980; IV: *Numeri*, Madrid, 1977; V: *Deuteronomium*, Madrid, 1980; seul Ps-J est traduit.

KLEIN, M. L., *The Fragment-Targums of the Pentateuch According to their Extant Sources* (AnBib 76), I: *Texts, Indices and Introductory Essays*; II: *Translation*, Rome, 1980.

LE DÉAUT, R. - ROBERT, J., *Targum des Chroniques* (*Cod. Vat. Urb. Ebr. 1*) (An Bib 51), I: *Introduction et traduction*; II: *Texte et glossaire*, Rome, 1971.

STENNING, J. F., *The Targum of Isaiah Edited with a Translation*, Oxford, 1949; réimpr. 1953.

WALTONUS, B. (*ed.*), *Biblia Sacra Polyglotta*, I (avec O), Londini, 1653; II-III (avec T Jonathan et T Hagiographes), Londini, 1655 et 1656; IV (avec Ps-J et TF), Londini, 1657.

c) *Traductions*

ETHERIDGE, J. W., *The Targums of Onkelos and Jonathan ben Uzziel on the Pentateuch with the Fragments of the Jerusalem Targum from the Chaldee*, 2 t., London, 1862 et 1865; réimpr. en un vol. New York, 1968.

LE DÉAUT, R. (avec la collaboration de ROBERT, J.), *Targum du Pentateuque. Traduction des deux recensions palestiniennes complètes avec introduction, parallèles, notes et index*, I: *Genèse* (SC 245), Paris, 1978; II: *Exode et Lévitique* (SC 256), Paris, 1979; III: *Nombres* (SC 261), Paris, 1979; IV: *Deutéronome. Bibliographie générale, glossaire et index des quatre tomes* (SC 271), Paris, 1980; V: *Index analytique* (SC 282), Paris, 1981.

MULDER, M. J., *De Targum op het Hooglied. Inleiding, vertaling en korte verklaring*, Amsterdam, 1975.

NERI, U., *Il Cantico dei Cantici. Antica interpretazione ebraica*, Roma, 1976.

2. *Commentaires et récits midrashiques*

a) *Textes*

BUBER, S., *Leqaḥ Ṭob*, 2 t., Wilna, 1880 (Gn, Ex) et 1884 (Lv, Nb, Dt par A. M. PADUA).

BUBER, S., *Midrash Tanḥuma*, 2 vol., Wilna, 1885; réimpr. Jérusalem, 1964.

———, *Midrasch Tehillim*, Wilna, 1891.

EPSTEIN, J. N. - MELAMED, E. Z., *Mekhilta d'Rabbi Šimᶜon b. Jochai. Fragmenta in Geniza Cairensi reperta*, Jérusalem, 1955.

FINKELSTEIN, L., *Siphre ad Deuteronomium*, Berolini, 1939; réimpr. New York, 1969.

FRIEDMANN, M. (= ISH SHALOM, M.), *Pesikta Rabbati. Midrasch für den Fest-Cyclus und die ausgezeichneten Sabbathe*, Wien, 1880; réimpr. Tel-Aviv, 1963.

HOFFMANN, D., *Mechilta de-Rabbi Simon b. Jochai*, Frankfurt a. M., 1905.

———, *Midrasch Tannaïm zum Deuteronomium*, 2 vol., Berlin, 1908-1909.

HOROVITZ, H. S., *Siphre ad Numeros adjecto Siphre zutta cum variis lectionibus et adnotationibus*, Lipsiae, 1917; réimpr. Jérusalem, 1966.

HOROVITZ, H. S. - RABIN, I. A., *Mechilta d'Rabbi Ismael cum variis lectionibus et adnotationibus*, 2ᵉ éd., Jérusalem, 1970.

JELLINEK, A., *Midrash Wayyôshaᶜ*, dans ID., *Bet ha-Midrasch. Sammlung kleiner Midraschim und vermischter Abhandlungen aus der ältern jüdischen Literatur*, I, 3ᵉ éd., Jérusalem, 1967, 35-57.

———, *Midrash Peṭirat Aaron*, dans ID., *Bet ha-Midrasch*, I, 3ᵉ éd., Jérusalem, 1967, 91-95.

MANDELBAUM, B., *Pesikta de Rav Kahana According to an Oxford Manuscript with the Variants from all Known Manuscripts*, 2 vol., New York, 1962.

MARGULIES, M., *Midrash Haggadol on the Pentateuch. Genesis*, Jérusalem, 1947; réimpr. 1967.

——, *Midrash Haggadol on the Pentateuch. Exodus,* 2e éd., Jérusalem, 1967.
Midrash Rabbah, 2 vol., réimpr. de l'éd. de Wilna: Jérusalem, 1970.
Midrash Tanḥuma, Jérusalem, 1970.
Pirqê de-Rabbi Éliézer, Varsovie, 1879.
RABINOWITZ, Z. M., *Midrash Haggadol on the Pentateuch. Numbers,* Jérusalem, 1967.
RATNER, B., *Seder Olam Rabba. Die grosse Weltchronik,* Wilna, 1897; réimpr. New York, 1966.
SCHECHTER, S., *Aboth de Rabbi Nathan. Newly Corrected Edition,* New York, 1967.
THEODOR, J. - ALBECK, Ch., *Bereschit Rabba mit kritischem Apparat und Kommentar, Einleitung und Register,* 3 vol., 2e impr., Jérusalem, 1965.
Yalquṭ Makiri (Pr), dans L. GRÜNHUT, *Sēpher Halliqqûṭîm,* VI, réimpr. Jérusalem, 1967.
Yalquṭ Rubeni, Varsovie, s.d.
Yalquṭ Shimᶜoni, 2 vol., Jérusalem, 1967.

b) *Textes et traductions*

BLOCH, J. - MUNK, É. - SALZER, I. - GUGENHEIM, E., *Le Pentateuque... accompagné du commentaire de Rachi traduit en français,* 5 vol., 2e éd., Paris, 1971-1975.
LAUTERBACH, J. Z., *Mekilta de-Rabbi Ishmael. A Critical Edition on the Basis of the Manuscripts and Early Editions with an English Translation, Introduction and Notes,* 3 vol., Philadelphia, 1933 (vol. I et II), 1935 (vol. III); réimpr. 1976.

c) *Traductions*

BRAUDE, W. G., *The Midrash on Psalms* (YJS 13), 2 vol., New Haven, 1959.
——, *Pesikta Rabbati. Discourses for Feasts, Fasts and Special Sabbaths* (YJS 18), 2 vol., New Haven-London, 1968.
BRAUDE, W. G. - KAPSTEIN, I. J., *Pesiḳta de-Rab Kahana. R. Kahana's Compilation of Discourses for Sabbaths and Festal Days,* Philadelphia, 1975.
BREITHAUPT, J. F., *R. Salomonis Jarchi... Commentarius hebraicus in quinque Libros Mosis... latine versus,* Gothae, 1713.
——, *R. Salomonis Jarchi... Commentarius hebraicus in Prophetas maiores et minores, ut et in Hiobum et Psalmos, latine versus,* Gothae, 1713.
FREEDMAN, H. - SIMON, M. et coll., *Midrash Rabbah Translated into English with Notes, Glossary and Indices,* 10 vol., London, 1939; réimpr. 1961.
FRIEDLANDER, G., *Pirḳê de Rabbi Eliezer According to the Text of the Manuscript Belonging to Abraham Epstein of Vienna Translated and Annotated,* London, 1916; réimpr. New York, 1970.
GOLDIN, J., *The Fathers According to Rabbi Nathan. Translated from the Hebrew* (YJS 10), 2e impr., New Haven, 1956.
KUHN, K. G., *Sifre zu Numeri übersetzt und erklärt* (Rabbinische Texte. Zweite Reihe 3), Stuttgart, 1959.
LJUNGMAN, H., *Sifre zu Deuteronomium übersetzt und erklärt* (Rabbinische Texte. Zweite Reihe 4/1 Dt 1,1 - 6,4), Stuttgart, 1964.
NERI, U., *Il canto del mare. Omelia pasquale sull'Esodo,* Roma, 1976.
SALDARINI, A. J., *The Fathers According to Rabbi Nathan. Version B. A Translation and Commentary* (StJudLatAnt 11), Leiden, 1975.
VORSTIUS, G. H., *Capitula R. Elieser,* Lugduni Batavorum, 1644.
WINTER, J. - WÜNSCHE, A., *Mechiltha. Ein tannaitischer Midrasch zu Exodus erstmalig ins Deutsche übersetzt und erläutert,* Leipzig, 1909.
WÜNSCHE, A., *Pesikta des Rab Kahana... zum ersten Male ins Deutsche übertragen,* Leipzig, 1885.

——, *Midrasch Tehillim oder haggadische Erklärung der Psalmen*, 2 vol., Trier, 1892 et 1893; réimpr. en un vol. Hildesheim, 1967.
——, *Midrasch Wajoscha. Israels Befreiung durch Mose aus Aegypten*, dans ID., *Aus Israels Lehrhallen. Kleine Midraschim zur späteren legendarischen Literatur des Alten Testaments*, I, Leipzig, 1907, 81-121; réimpr. Hildesheim, 1967.
——, *Aharons Tod*, dans ID., *Aus Israels Lehrhallen*, I, Leipzig, 1907, 177-186.

3. *Mishnah, Tosephta, Talmud*

a) *Textes*

ALBECK, H. - YALON, H., *Shishshah Sidrê Mishnah*, 6 vol., Jérusalem, 1958-1959.
LIEBERMAN, S., *The Tosefta According to Codex Vienna with Variants from Codex Erfurt, Genizah MSS and Editio Princeps. The Order of Mo^ced*, New York, 1962; *The Order of Nashim*, II, New York, 1973.
Talmud Babli, 20 vol., Wilna, 1880-1886.
Talmud Yerushalmi, Krotoschin, 1866; réimpr. Jérusalem, 1969.
ZUCKERMANDEL, M. S., *Tosephta Based on the Erfurt and Vienna Codices with Parallels and Variants. With « Supplement to the Tosephta »* by S. LIEBERMAN, Jérusalem, 1970.

b) *Textes et traductions*

BORNHÄUSER, H., *Die Mischna. Sukka (Laubhüttenfest). Text, Übersetzung und Erklärung*, Berlin, 1935.
GOLDSCHMIDT, L., *Der babylonische Talmud*, 9 vol., Leipzig, 1897-1935.
MALTER, H., *The Treatise Ta^canit of the Babylonian Talmud Critically Edited and Provided with a Translation and Notes*, Philadelphia, 1967.
TAYLOR, C., *Sayings of the Jewish Fathers*, 2e éd., Cambridge, 1897-1900; réimpr. Amsterdam, 1970.

c) *Traductions*

DANBY, H., *The Mishnah Translated from the Hebrew with Introduction and Brief Explanatory Notes*, Oxford, 1933; réimpr. 1954.
EPSTEIN, I. et coll., *The Babylonian Talmud Translated into English with Notes, Glossary and Indices*, 35 vol., London, 1935-1952; réimpr. en 18 vol. 1961.
SCHWAB, M., *Le Talmud de Jérusalem traduit pour la première fois en français*, 11 vol., Paris, 1871-1889; réimpr. en 6 vol. 1960.

4. *Pseudo-Philon, Josèphe*

DIETZFELBINGER, Ch., *Pseudo-Philo: Antiquitates Biblicae* (JüdSchrHelRömZt II/2), Gütersloh, 1975, 91-271 (trad. et notes).
FELDMAN, L. H., *Prolegomenon*, cf. JAMES, M. R.
HARRINGTON, D. J. et coll., *Pseudo-Philon. Les Antiquités Bibliques* (SC 229-230), I: *Introduction et texte critiques* par D. J. HARRINGTON. *Traduction* par J. CAZEAUX; II: *Introduction littéraire, commentaire et index* par Ch. PERROT et P.-M. BOGAERT, Paris, 1976.
JAMES, M. R., *The Biblical Antiquities of Philo Now First Translated from the Old Latin Version*, London, 1917 (trad. et notes); réimpr. avec un *Prolegomenon* de L. H. FELDMAN, New York, 1971.
KISCH, G., *Pseudo-Philo's Liber Antiquitatum Biblicarum*, Notre Dame, Ind., 1949 (texte).

NIESE, B., *Flavii Josephi Opera,* 7 vol., Berlin, 1887-1895 (texte).

REINACH, Th. et coll., *Oeuvres complètes de Flavius Josèphe traduites en français* sous la direction de Th. REINACH, 7 vol., Paris, 1900-1932. Nous citons spéc. le t. I traduit par J. WEILL : *Antiquités judaïques. Livres I-V,* Paris, 1900 (trad. et notes).

SICHARDUS, J., *Philonis Iudaei Alexandrini Libri Antiquitatum ...,* Basileae, 1527 (*ed. pr.* du *LAB*).

THACKERAY, H. St. J. - MARCUS, R. - WIKGREN, A. - FELDMAN, L. H., *Josephus,* vol. IV-IX: *Jewish Antiquities* (The Loeb Classical Library), London-Cambridge, Mass., 1930-1965 (texte et trad.).

5. *Pseudépigraphes et Siracide*

BOGAERT, P.-M., *Apocalypse de Baruch. Introduction, traduction du syriaque et commentaire* (SC 144-145), 2 vol., Paris, 1969.

BUTTENWIESER, M., *Die hebräische Elias-Apokalypse und ihre Stellung in der apokalyptischen Literatur des rabbinischen Schrifttums und der Kirche,* 2e éd., Leipzig, 1897 (texte et trad.).

CHARLES, R. H. et coll., *The Apocrypha and Pseudepigrapha of the Old Testament,* II: *Pseudepigrapha,* Oxford, 1913 (trad.); réimpr. 1963.

KNIBB, M. A. (in Consultation with ULLENDORFF, E.), *The Ethiopic Book of Enoch. A New Edition in the Light of the Aramaic Dead Sea Fragments,* 2 vol., Oxford, 1978 (vol. I: texte; vol. II: introduction, trad. et commentaire).

LAPERROUSAZ, E.-M., *Le Testament de Moïse (généralement appelé « Assomption de Moïse »). Traduction avec introduction et notes* (Semitica 19), Paris, 1970 (texte et trad.).

MARTIN, F., *Le Livre d'Hénoch traduit sur le texte éthiopien,* Paris, 1906 (trad.); réimpr. 1975.

MILIK, J. T., « Hénoch au pays des aromates (ch. XXVII à XXXII). Fragments araméens de la Grotte 4 de Qumrân », *RB* 65 (1958), 70-77.

MILIK, J. T. (with the Collaboration of BLACK, M.), *The Books of Enoch. Aramaic Fragments of Qumrân Cave 4,* Oxford, 1976 (texte, trad. et commentaire).

VATTIONI, F., *Ecclesiastico. Testo ebraico con apparato critico e versioni greca, latina e siriaca,* Napoli, 1968.

VITEAU, J., *Les Psaumes de Salomon. Introduction, texte grec et traduction,* Paris, 1911.

6. *Littérature essénienne*

CAQUOT, A., « Le Rouleau du Temple de Qoumrân », *ETRel* 53 (1978), 443-500 (introduction, trad., notes).

CARMIGNAC, J. - GUILBERT, P. - COTHENET, É. - LIGNÉE, H., *Les textes de Qumrân traduits et annotés,* 2 vol., Paris, 1961 et 1963.

DELCOR, M., *Les Hymnes de Qumrân (Hodayot). Texte hébreu, introduction, traduction, commentaire,* Paris, 1962.

DUPONT-SOMMER, A., *Les écrits esséniens découverts près de la mer Morte,* 3e éd., Paris, 1964 (trad.).

LOHSE, E., *Die Texte aus Qumran Hebräisch und Deutsch,* 2e éd., München, 1971.

RABIN, Ch., *The Zadokite Documents Edited with a Translation and Notes,* 2e éd., Oxford, 1958.

YADIN, Y., *Megillat Hammiqdash,* 3 vol., Jérusalem, 1977 (I: introduction; II: texte).

7. *Écrits du judaïsme grec*

ARNALDEZ, R. - MONDÉSERT, C. - POUILLOUX, J. - SAVINEL, P., *De Vita Mosis* (OPhUL 22), Paris, 1967 (texte et trad.).

COHN, L. - WENDLAND, P. - REITER, S., *Philonis Alexandrini Opera quae supersunt*, 7 vol., Berolini, 1896-1930 (vol. VII/1-2 = *Indices* par J. LEISEGANG); réimpr. 1962-1963.

KUIPER, K., « Le poète juif Ézéchiel », *REJ* 46 (1903), 48-73 et 161-177 (texte, trad. et études).

NIKIPROWETZKY, V., *La Troisième Sibylle* (Études juives 9), Paris, 1970 (texte et trad.).

PELLETIER, A., *Lettre d'Aristée à Philocrate* (SC 89), Paris, 1962 (texte et trad.).

SAVINEL, P., *De Somniis* (OPhUL 19), Paris, 1962 (texte et trad.).

STAROBINSKI-SAFRAN, E., *De Fuga et Inventione* (OPhUL 17), Paris, 1970 (texte et trad.).

8. *Tradition samaritaine*

BEN-ḤAYYIM, Z., « The Book of Asāṭir (with Translation and Commentary) », *Ṭarb* 14 (1943), 104-125. 174-190; 15 (1944), 71-87 (texte et trad. en hébr.).

BRÜLL, A., *Das samaritanische Targum zum Pentateuch*, Frankfurt a. M., 1873-1876; réimpr. Hildesheim, 1971.

GALL, A. VON, *Der hebräische Pentateuch der Samaritaner*, Giessen, 1914-1918; réimpr. 1966.

GIRÓN BLANC, L. F., *Pentateuco hebreo-samaritano. Génesis*, Madrid, 1976.

MACDONALD, J., *Memar Marqah. The Teaching of Marqah Edited and Translated* (BZAW 84), 2 vol., Berlin, 1963.

TAL, A., *The Samaritan Targum of the Pentateuch. A Critical Edition*, I: *Genesis, Exodus*, Tel-Aviv, 1980.

9. *Littérature chrétienne d'époque patristique*

ARCHAMBAULT, G., *Justin. Dialogue avec Tryphon. Texte grec, traduction française, introduction, notes et index*, 2 vol., Paris, 1909.

BAEHRENS, W. A., *Origenes Werke*, VI: *Homilien zum Hexateuch in Rufins Übersetzung*, I: *Die Homilien zu Genesis, Exodus und Leviticus* (GCS), Leipzig, 1920 (texte).

BENEDICTUS, P., *Sancti Ephraem Syri Opera omnia*, I, Romae, 1737 (texte syriaque et trad. latine).

FIELD, F., *Origenis Hexaplorum quae supersunt*, 2 vol., Oxford, 1875.

FORTIER, P., *Origène. Homélies sur l'Exode* (SC 16), Paris, 1947 (trad.).

MRAS, K., *Eusebius Werke*, VIII/1: *Die Praeparatio Evangelica I-X* (GCS), Berlin, 1954 (texte).

TONNEAU, R. M., *Sancti Ephraem Syri in Genesim et in Exodum Commentarii* (CSCO 152-153), 2 vol., Louvain, 1955 (texte syriaque et trad. latine).

10. *Coran*

MASSON, D., *Le Coran* (Bibliothèque de la Pléiade), Paris, 1967 (trad.).

II. Études. Ouvrages et articles de référence

N.B. Les introductions et études accompagnant les éditions de textes ne seront pas reprises.

ABEL, F.-M., *Géographie de la Palestine* (EB), 2 vol., Paris, 1933 et 1938.

ABERBACH, M. - GROSSFELD, B., *Targum Onqelos on Genesis 49* (SBL, AramSt 1), Missoula, Mont., 1976.

ABRAHAM, M., *Légendes juives apocryphes sur la Vie de Moïse: La Chronique de Moïse. L'Ascension de Moïse. La Mort de Moïse,* Paris, 1925.

AHLSTRÖM, G. W., *Joel and the Temple Cult of Jerusalem* (SupplVT 21), Leiden, 1971.

ALONSO, J., « Descripción de los tiempos mesiánicos en la literatura profética como una vuelta al Paraíso », *EstE* 24 (1950), 459-477.

ALONSO SCHÖKEL, L., *Estudios de poética hebrea,* Barcelona, 1963.

———, *Proverbios y Eclesiástico* (Los Libros Sagrados), Madrid, 1968.

———, *Ezequiel* (Los Libros Sagrados), Madrid, 1971.

ANDERSON, B. W., « Exodus Typology in Second Isaiah », dans *Israel's Prophetic Heritage. Essays in Honor of James Muilenburg, ed.* B. W. ANDERSON, W. HARRELSON, New York, 1962, 177-195.

ATTRIDGE, H. W., *The Interpretation of Biblical History in the* Antiquitates Judaicae *of Flavius Josephus* (Harvard Dissertations in Religion 7), Missoula, Mont., 1976.

BACHER, W., *Die Agada der Tannaiten,* 2 vol., Strassburg, 1903 (vol. I, 2e éd.) et 1890 (vol. II); réimpr. Berlin, 1965 et 1966 (cité *Tannaiten*).

———, *Die Agada der palästinensischen Amoräer,* 3 vol., Strassburg, 1892, 1896 et 1899; réimpr. Hildesheim, 1965 (cité *Pal. Amoräer*).

———, *Die exegetische Terminologie der jüdischen Traditionsliteratur,* 2 t., Leipzig, 1899 et 1905; réimpr. en un vol. Hildesheim, 1965 (cité *Terminologie*).

———, *Die Proömien der alten jüdischen Homilie* (Beitrag zur Geschichte der jüdischen Schriftauslegung und Homiletik), Leipzig, 1913; réimpr. Farnborough, 1970.

BAENTSCH, B., *Exodus. Leviticus. Numeri* (HKAT 1/2), Göttingen, 1903.

BAMBERGER, B. J., « The Dating of Aggadic Materials », *JBL* 68 (1949), 115-123.

BARRETT, C. K., *The Gospel According to St John. An Introduction with Commentary,* 2e éd., London, 1978.

BARTHÉLEMY, D. - RICKENBACHER, O., *Konkordanz zum hebräischen Sirach,* Göttingen, 1973.

BARTINA, S., « Aportaciones recientes de los targumim a la interpretación neotestamentaria », *EstE* 39 (1964), 361-376.

BATTAGLIA, O., *Il dono di Dio. Ricerca di teologia biblica nel Vangelo e nella I Lettera di S. Giovanni,* Assisi, 1971.

BEAUCAMP, É., *Le Psautier* (SB), 2 vol., Paris, 1976 et 1979.

BECKER, J., *Das Evangelium nach Johannes. Kapitel 1-10* (ÖkTBKom 4/1), Gütersloh-Würzburg, 1979.

BETZ, O., « Das Problem des Wunders bei Flavius Josephus im Vergleich zum Wunderproblem bei den Rabbinen und im Johannesevangelium », dans *Josephus-Studien. Untersuchungen zu Josephus, dem antiken Judentum und dem Neuen Testament, Otto Michel zum 70. Geburtstag gewidmet, ed.* O. BETZ, K. HAACKER, M. HENGEL, Göttingen, 1974, 23-43.

BICKERMAN, E. J., « Symbolism in the Dura Synagogue. A Review Article », *HTR* 58 (1965), 127-151.

BILLERBECK, P., cf. STRACK, H. L. - BILLERBECK, P.

BLOCH, H., *Die Quellen des Flavius Josephus in seiner Archäologie*, Leipzig, 1879; réimpr. Wiesbaden, 1968.

BLOCH, R., « Écriture et Tradition dans le Judaïsme. Aperçus sur l'origine du Midrash », *Cahiers Sioniens* 8 (1954), 9-34.

———, « Note méthodologique pour l'étude de la littérature rabbinique », *Rech SR* 43 (1955), 194-227.

———, « Quelques aspects de la figure de Moïse dans la tradition rabbinique », dans *Moïse, l'homme de l'Alliance*, Paris-Tournai, 1955, 93-167.

———, « Midrash », *SDB*, V, Paris, 1957, 1263-1281.

BLUM, A., « Rashi », *SDB*, IX fasc. 52, Paris, 1979, 1121-1124.

BÖHL, F., « Das Wunder als Bedingung und die Schöpfung in der Abenddämmerung (Zum Verhältnis von Schöpfung und Wunder in rabbinischer Sicht) », *WeltOr* 8 (1975), 77-90.

BOISMARD, M.-É., « De son ventre couleront des fleuves d'eau (Jo., VII, 38) », *RB* 65 (1958), 523-546.

———, « Les citations targumiques dans le quatrième évangile », *RB* 66 (1959), 374-378.

BOISMARD, M.-É. - LAMOUILLE, A. (avec la collaboration de ROCHAIS, G.), *L'évangile de Jean* (Synopse des Quatre Évangiles en français, t. III), Paris, 1977.

BOISMARD, M.-É. - LAMOUILLE, A., *La vie des évangiles. Initiation à la critique des textes*, Paris, 1980.

BONNEAU, N. R., « The Woman at the Well. Joh 4 and Genesis 24 », *BiTod* n° 67, 1973, 1252-1259.

BONSIRVEN, J., « Exégèse allégorique chez les rabbins tannaïtes », *RechSR* 23 (1933), 515-541; 24 (1934), 35-46.

———, *Exégèse rabbinique et exégèse paulinienne* (Bibliothèque de théologie historique), Paris, 1939.

BOWKER, J., *The Targums and Rabbinic Literature. An Introduction to Jewish Interpretations of Scripture*, Cambridge, 1969.

BRAUN, F.-M., *Jean le Théologien* (EB), III/1: *Sa théologie. Le mystère de Jésus-Christ*, Paris, 1966; III/2: *Sa théologie. Le Christ, notre Seigneur hier, aujourd'hui, toujours*, Paris, 1972.

———, « Avoir soif et boire (Jn 4,10-14; 7,37-39) », dans *Mélanges bibliques en hommage au R. P. Béda Rigaux*, Gembloux, 1970, 247-258.

BREDEREK, E., *Konkordanz zum Targum Onkelos* (BZAW 9), Giessen, 1906.

BROWN, R. E., *The Gospel According to John* (AB 29-29A), 2 vol., New York, 1966 et 1970.

BROWNLEE, W. H., « Biblical Interpretation among the Sectaries of the Dead Sea Scrolls », *BibArch* 14 (1951), 54-76.

———, « The Background of Biblical Interpretation at Qumran », dans *Qumrân. Sa piété, sa théologie et son milieu* (BiblETL 46), *ed.* M. DELCOR, Gembloux-Leuven, 1978, 183-193.

BUCHANAN, G. W., « The Use of Rabbinic Literature for New Testament Research », *BibTB* 7 (1977), 110-122.

BUDDE, K., « Noch etwas vom Volksliede des alten Israels », dans *Preussische Jahrbücher* 82 (1895), 491-500.

BUIS, P., « Les conflits entre Moïse et Israël dans Exode et Nombres », *VT* 28 (1978), 257-270.

BUXTORF, J., « Dissertatio de manna », dans *Thesaurus Antiquitatum sacrarum*, VIII, *ed.* B. UGOLINO, Venetiis, 1747, 587-640.

CAVALLETTI, S., « Alcuni aspetti del Sal. 23 nella tradizione midrashica e liturgica », dans *Studia Hierosolymitana in onore di P. Bellarmino Bagatti*, II: *Studi esegetici*, Jérusalem, 1975, 27-38.

CAZELLES, H., « Moïse », *SDB*, V, Paris, 1957, 1307-1337.
———, « La fête des Tentes en Israël », *BiViChr* n° 65, 1965, 32-44.
———, *À la recherche de Moïse*, Paris, 1979.
CHARLES, R. H., *A Critical and Exegetical Commentary on the Revelation of St John* (ICC), 2 vol., Edinburgh, 1920; réimpr. 1963 et 1966.
CHARLESWORTH, J. H. (Assisted by DYKERS, P.), *The Pseudepigrapha and Modern Research* (SBL, SeptCogSt 7), Missoula, Mont., 1976.
CHARY, Th., *Aggée - Zacharie, Malachie* (SB), Paris, 1969.
CHILDS, B. S., *Exodus. A Commentary* (OTL), London, 1974.
CLARKE, E. G., « Jacob's Dream at Bethel as Interpreted in the Targums and the New Testament », *SR* 4 (1974-1975), 367-377.
COATS, G. W., *Rebellion in the Wilderness. The Murmuring Motif in the Wilderness Traditions of the Old Testament*, Nashville-New York, 1968.
COGGINS, R. J., *Samaritans and Jews. The Origins of Samaritanism Reconsidered*, Oxford, 1975.
COHN, L., « An Apocryphal Work Ascribed to Philo of Alexandria », *JQR* (O.S.) 10 (1898), 277-332.
COMBLIN, J., « La liturgie de la nouvelle Jérusalem (Apoc., XXI, 1 - XXII, 5) » *ETL* 29 (1953), 5-40.
COOKE, G. A., *A Critical and Exegetical Commentary on the Book of Ezekiel* (ICC), Edinburgh, 1936; réimpr. 1967.
CORNELY, R., *Prior Epistola ad Corinthios*, Paris, 1890.
CORREIA PEREIRA, M. J., *La tradizione giudaica del pozzo* (*Targum a Num 21,16-20*). *Un contributo all'ermeneutica neotestamentaria* (Esercitazione per la Licenza. Pontificia Università Gregoriana), Roma, 1978.
COTHENET, É., « Paradis », *SDB*, VI, Paris, 1960, 1177-1220.
CULLMANN, O., « πέτρα », *TWNT*, VI, Stuttgart, 1959, 94-99.
DALBERT, P., *Die Theologie der hellenistisch-jüdischen Missionsliteratur unter Ausschluss von Philo und Josephus*, Hamburg, 1954.
DALMAN, G., *Grammatik des jüdisch-palästinischen Aramäisch*, 2e éd., Leipzig, 1905; réimpr. Darmstadt, 1960.
———, *Aramäisch-neuhebräisches Handwörterbuch zu Targum, Talmud und Midrasch*, Göttingen, 1938; réimpr. Hildesheim, 1967 (cité *Handwörterbuch*).
DANIÉLOU, J., *Bible et liturgie* (Lex Orandi 11), Paris, 1951.
———, « Le symbolisme de l'eau vive », *RScRel* 32 (1958), 335-346.
———, « Joh. 7,38 et Ezéch. 47,1-11 », dans *Studia Evangelica*, II (TU 87), Berlin, 1964, 158-163.
———, *Études d'exégèse judéo-chrétienne* (*Les Testimonia*) (Théologie historique 5), Paris, 1966.
DARMESTETER, A., *Les gloses françaises de Raschi dans la Bible*, Paris, 1909.
DE LANGE, N. R. M., *Origen and the Jews. Studies in Jewish-Christian Relations in Third-Century Palestine*, Cambridge, 1976.
DELCOR, M., « Contribution à l'étude de la législation des sectaires de Damas et de Qumrân », *RB* 61 (1954), 533-553.
———, « Le Docteur de Justice, nouveau Moïse, dans les Hymnes de Qumrân », dans *Le Psautier. Ses origines. Ses problèmes littéraires. Son influence. Études présentées aux XIIes Journées Bibliques* (OrBiLov 4), *ed.* R. DE LANGHE, Louvain, 1962, 407-423.
———, « Philon (Pseudo-) », *SDB*, VII, Paris, 1966, 1354-1375.
———, « La portée chronologique de quelques interprétations du Targoum Néophyti contenues dans le cycle d'Abraham », *JSJ* 1 (1970), 105-119.
———, « Littérature essénienne », dans « Qumrân », *SDB*, IX fasc. 51, Paris, 1978, 828-960.

DELLING, G., « Von Morija zum Sinai (Pseudo-Philo Liber Antiquitatum Biblicarum 32,1-10) », *JSJ* 2 (1971), 1-18.

DENIS, A.-M., *Introduction aux Pseudépigraphes grecs d'Ancien Testament* (St VTPseud 1), Leiden, 1970.

DÍEZ MACHO, A., « The Recently Discovered Palestinian Targum: its Antiquity and Relationship with the Other Targums », dans *Congress Volume Oxford 1959* (SupplVT 7), Leiden, 1960, 222-245.

———, « Targum y Nuevo Testamento », dans *Mélanges Eugène Tisserant*, I (Studi e Testi 231), Città del Vaticano, 1964, 153-185.

———, *El Targum. Introducción a las traducciones aramaicas de la Biblia*, Barcelona, 1972; réimpr. Madrid, 1979.

———, « Le Targum palestinien », *RScRel* 47 (1973) = *Exégèse biblique et Judaïsme*, Strasbourg, 1973, 169-231.

———, « Deraš y exégesis del Nuevo Testamento », *Sef* 35 (1975), 37-89.

DODD, Ch. H., *L'interprétation du Quatrième Évangile* (LD 82). Traduit de l'anglais par M. MONTABRUT, Paris, 1975.

DOEVE, J. W., *Jewish Hermeneutics in the Synoptic Gospels and Acts*, Assen, 1954.

DRIVER, S. R., « Notes on Three Passages in St. Paul's Epistles », *The Expositor* (Third Series) 9 (1889), 15-23.

DUHM, B., *Die Psalmen*, 2e éd., Tübingen, 1922.

EICHRODT, W., *Der Prophet Hesekiel* (ATD 22), 2 vol., Göttingen, 1959 et 1966.

EISSFELDT, O., *Einleitung in das Alte Testament*, 3e éd., Tübingen, 1964.

ELBOGEN, I., *Der jüdische Gottesdienst in seiner geschichtlichen Entwicklung*, 3e éd., Frankfurt a. M., 1931; réimpr. Hildesheim, 1967.

ELLIGER, K., *Deuterojesaja 40,1 - 45,7* (BK 11/1), Neukirchen-Vluyn, 1978.

ELLIS, E. E., « A Note on First Corinthians 10 4 », *JBL* 76 (1957), 53-56; art. repris dans ID., *Paul's Use of the Old Testament*, Edinburgh, 1957, 66-70.

EMERTON, J. A., « 'Spring and Torrent' in Psalm LXXIV 15 », dans *Volume du Congrès Genève 1965* (SupplVT 15), Leiden, 1966, 122-133.

FEUCHTWANG, D., « Das Wasseropfer und die damit verbundenen Zeremonien », *MGWJ* 54 (1910), 535-552. 713-729; 55 (1911), 43-63.

FEUILLET, A., « Les thèmes bibliques majeurs du discours sur le pain de vie (Jn 6) », dans ID., *Études johanniques* (Museum Lessianum section bibl. 4), Paris, 1962, 47-129; art. repris de *NRT* 82 (1960), 803-822. 918-939. 1040-1062.

———, « Les fleuves d'eau vive de Jo., 7,38. Contribution à l'étude des rapports entre Quatrième Évangile et Apocalypse », dans *Parole de Dieu et Sacerdoce. Études présentées à S. Exc. Mgr Weber*, Paris-Tournai, 1962, 107-120.

———, *Le Christ Sagesse de Dieu d'après les Épîtres pauliniennes* (EB), Paris, 1966.

FINKELSTEIN, L., « The Transmission of the Early Rabbinic Traditions », *HUCA* 16 (1941), 115-135.

FOHRER, G. - GALLING, K., *Ezechiel* (HAT 13), 2e éd., Tübingen, 1955.

FORESTELL, J. T., *Targumic Traditions and the New Testament. An Annotated Bibliography with a New Testament Index* (SBL, AramSt 4), Chico, Calif., 1979.

FRANKEL, Z., *Vorstudien zu der Septuaginta*, Leipzig, 1841; réimpr. Farnborough, 1972.

———, *Über den Einfluss der palästinischen Exegese auf die alexandrinische Hermeneutik*, Leipzig, 1851; réimpr. Farnborough, 1972.

FRANXMAN, Th. W., *Genesis and the « Jewish Antiquities » of Flavius Josephus* (Biblica et Orientalia 35), Rome, 1979.

FREED, E. D., *Old Testament Quotations in the Gospel of John* (SupplNT 11), Leiden, 1965.

FRITZ, V., *Israel in der Wüste. Traditionsgeschichtliche Untersuchung der Wüstenüberlieferung des Jahwisten* (MarbTSt 7), Marburg, 1970.
GANGEMI, A., « L'utilizzazione del Deutero-Isaia nell'Apocalisse di Giovanni », *EuntDoc* 27 (1974), 109-144. 311-339.
GEIGER, A., *Urschrift und Übersetzungen der Bibel in ihrer Abhängigkeit von der innern Entwicklung des Judentums*, 2e éd., Frankfurt a. M., 1928.
GILBERT, M., « L'éloge de la Sagesse (*Siracide* 24) », *RTLouv* 5 (1974), 326-348.
GINZBERG, L., *The Legends of the Jews*, 7 vol., Philadelphia, 1909-1938 (vol. VII = *Index* par B. COHEN); réimpr. 1967-1969.
GLASSON, T. F., *Moses in the Fourth Gospel* (Studies in Biblical Theology 40), London, 1963.
GOLDBERG, A. M., *Untersuchungen über die Vorstellung von der Schekhinah in der frühen rabbinischen Literatur* (Studia Judaica 5), Berlin, 1969.
GOODENOUGH, E. R., *Jewish Symbols in the Greco-Roman Period*, IX-XI: *Symbolism in the Dura Synagogue*, New York, 1964.
GOODING, D. W., « On the Use of the LXX for Dating Midrashic Elements in the Targums », *JTS* 25 (1974), 1-11.
GRAY, G. B., *A Critical and Exegetical Commentary on Numbers* (ICC), Edinburgh, 1903; réimpr. 1965.
GRELOT, P., « La géographie mythique d'Hénoch et ses sources orientales », *RB* 65 (1958), 33-69.
——, « 'De son ventre couleront des fleuves d'eau'. La citation scripturaire de Jean, VII, 38 », *RB* 66 (1959), 369-374 (cité « Fleuves d'eau »).
——, « À propos de Jean VII, 38 », *RB* 67 (1960), 224-225.
——, « Jean, VII, 38: eau du rocher ou source du Temple? », *RB* 70 (1963), 43-51 (cité « Eau du rocher ou source du Temple? »).
——, « La promesse de l'eau vive. Jn 7,37-39 », *AssSeign* n° 30, Paris, 1970, 23-28.
——, *L'espérance juive à l'heure de Jésus* (« Jésus et Jésus-Christ » 6), Paris, 1978.
GROSSFELD, B., *A Bibliography of Targum Literature* (Bibliographia Judaica 3 et 8), 2 vol., Cincinnati-New York, 1972 et 1977.
——, « The Relationship between Biblical Hebrew *brḥ* and *nws* and their Corresponding Aramaic Equivalents in the Targum *ʿrq, ʾpk, ʾzl*: A Preliminary Study in Aramaic-Hebrew Lexicography », *ZAW* 91 (1979), 107-123.
GUILDING, A., *The Fourth Gospel and Jewish Worship*, Oxford, 1960.
GUNKEL, H., *Genesis* (HKAT 1/1), 3e éd., Göttingen, 1910.
GUTMANN, J. (*ed.*), *The Dura-Europos Synagogue: A Re-evaluation (1932-1972)*, Missoula, Mont., 1973.
HAACKER, K. - SCHÄFER, P., « Nachbiblische Traditionen vom Tod des Mose », dans *Josephus-Studien, ed.* O. BETZ et coll., Göttingen, 1974, 147-174.
HAHN, F., « Die Worte vom lebendigen Wasser im Johannesevangelium », dans *God's Christ and His People. Studies in Honor of N. A. Dahl, ed.* J. JERVELL, Oslo, 1977, 51-70.
HAMP, V., *Sirach* (Echter-Bibel), Würzburg, 1951.
HANSON, A. T., *Studies in Paul's Technique and Theology*, London, 1974.
——, *The New Testament Interpretation of Scripture*, London, 1980.
HEER, J., *Der Durchbohrte. Johanneische Parallele zur Herz-Jesu-Verehrung*, Romae, 1969.
HEINEMANN, I., *Altjüdische Allegoristik* (Bericht des jüdisch-theologischen Seminars, Fraenckelsche Stiftung, für das Jahr 1935), Breslau, 1936.
——, *Drky hʾgdh*, 3e éd., Jérusalem, 1970.
HEINEMANN, J., *Aggadah and its Development* (hébr.), Jérusalem, 1974.

HOCHMAN, J., *Jerusalem Temple Festivities,* London, 1908.

HODGES, Z. C., « Problem Passages in the Gospel of John. Part 7: Rivers of Living Water — John 7:37-39 », *BS* 136 (1979), 239-248.

HOSKYNS, E. C. - DAVEY, F. N., *The Fourth Gospel,* 2e éd., London, 1947.

HRUBY, K., « La Fête des Tabernacles au Temple, à la synagogue et dans le Nouveau Testament », *OrSyr* 7 (1962), 163-174.

ISENBERG, Sh. R., « On the Jewish-Palestinian Origins of the Peshitta to the Pentateuch », *JBL* 90 (1971), 69-81.

JACOBS-HORNIG, B., « *Gan* », *TWAT,* II, Stuttgart, 1977, 35-41.

JASTROW, M., *A Dictionary of the Targumim, the Talmud Babli and Yerushalmi, and the Midrashic Literature,* réimpr. New York, 1950.

JAUBERT, A., « La symbolique du puits de Jacob. Jean 4,12 », dans *L'Homme devant Dieu. Mélanges offerts au Père Henri de Lubac,* I, Paris, 1963, 63-73.

———, « La symbolique des Douze », dans *Hommages à André Dupont-Sommer,* Paris, 1971, 453-460.

———, « Symboles et figures christologiques dans le judaïsme », *RScRel* 47 (1973) = *Exégèse biblique et Judaïsme,* Strasbourg, 1973, 373-390.

———, *Approches de l'Évangile de Jean* (Parole de Dieu), Paris, 1976.

JEREMIAS, J., « Golgotha und der heilige Felsen », *Angelos,* II, Leipzig, 1926, 74-128.

———, « Μωυσῆς», *TWNT,* IV, Stuttgart, 1942, 852-878.

JOHANSSON, N., *Parakletoi. Vorstellungen von Fürsprechern für die Menschen vor Gott in der alttestamentlichen Religion, im Spätjudentum und Urchristentum,* Lund, 1940.

KADUSHIN, M., *The Rabbinic Mind,* 2e éd., New York, 1965.

KAHLE, P., *The Cairo Geniza,* 2e éd., Oxford, 1959.

KASHER, M. M., *Torah Shelemah (Complete Torah). Talmudic-Midrashic Encyclopedia of the Pentateuch* (hébr.), 32 vol., Jérusalem/New York, 1934-1980.

KIESOW, K., *Exodustexte im Jesajabuch. Literarkritische und motivgeschichtliche Analysen* (Orbis biblicus et orientalis 24), Fribourg-Göttingen, 1979.

KLEIN, M. L., « The Extant Sources of the Fragmentary Targum to the Pentateuch », *HUCA* 46 (1975), 115-137.

———, « Converse Translation: A Targumic Technique », *Bib* 57 (1976), 515-537.

KOENIG, J., « Sourciers, thaumaturges et scribes », *RHR* 164 (1963), 17-38 et 165-180.

KOHLER, M., « Des fleuves d'eau vive. Exégèse de Jean 7:37-39 », *RTPhil* 10 (1960), 188-201.

KOHUT, A., *Aruch completum ... Nathan ben Jechiel,* 8 vol., Wien, 1926.

KOMLOSH, Y., *The Bible in the Light of the Aramaic Translations* (hébr.), Tel-Aviv, 1973.

KRAELING, C. H., *The Excavations at Dura-Europos. Final Report VIII,* Part I: *The Synagogue,* New Haven, 1956.

KRAFT, H., *Die Offenbarung des Johannes* (HNT 16a), Tübingen, 1974.

KRAUS, H.-J., *Psalmen* (BK 15), 2 vol., 5e éd., Neukirchen-Vluyn, 1978.

KRAUSS, S., « The Jews in the Works of the Church Fathers », *JQR* (O.S.) 6 (1894), 82-99. 225-261.

———, *Griechische und lateinische Lehnwörter im Talmud, Midrasch und Targum,* 2 vol., Berlin, 1898-1899; réimpr. Hildesheim, 1964.

KUHN, G., « Beiträge zur Erklärung des Buches der Weisheit », *ZNW* 28 (1929), 334-341.

KUIPER, G. J., *The Pseudo-Jonathan Targum and its Relationship to Targum Onkelos* (Studia Ephemeridis « Augustinianum » 9), Roma, 1972.

LAGRANGE, M.-J., *Évangile selon saint Jean* (EB), Paris, 1925; 7e éd. 1948.

LA POTTERIE, I. DE, *Exegesis Quarti Evangelii. Capitula III-IV. Dialogus Jesu cum Nicodemo et cum Samaritana,* Romae, 1968-1969.

———, « Jésus et les Samaritains. Jn 4,5-42 », *AssSeign* n° 16, Paris, 1971, 34-49.

———, « Parole et Esprit dans S. Jean », dans *L'Évangile de Jean. Sources, rédaction, théologie* (BiblETL 44), *ed.* M. DE JONGE, Gembloux-Leuven, 1977, 177-201.

———, *La vérité dans saint Jean* (AnBib 73 et 74), 2 vol., I: *Le Christ et la vérité. L'Esprit et la vérité;* II: *Le croyant et la vérité,* Rome, 1977.

LAUHA, A., *Die Geschichtsmotive in den alttestamentlichen Psalmen* (Annales Academiae Scientiarum Fennicae 56/1), Helsinki, 1945.

LAUTERBACH, J. Z., « The Ancient Jewish Allegorists in Talmud and Midrash », *JQR* (N.S.) 1 (1910-1911), 291-333. 503-531.

LÉCUYER, J., « L'oasis d'Élim et les ministères dans l'Église », dans *Lex orandi lex credendi. Miscellanea in onore di P. Cipriano Vagaggini* (Studia Anselmiana 79), *ed.* G. J. BÉKÉS, G. FARNEDI, Roma, 1980, 295-329.

LE DÉAUT, R., « Le Targum de *Gen.* 22,8 et *1 Pt.* 1,20 », *RechSR* 49 (1961), 103-106.

———, *La nuit pascale. Essai sur la signification de la Pâque juive à partir du Targum d'Exode XII 42* (AnBib 22), Rome, 1963; réimpr. 1975 et 1980.

———, « Miryam, soeur de Moïse, et Marie, mère du Messie », *Bib* 45 (1964), 198-219.

———, « *Actes* 7,48 et *Matthieu* 17,4 (par.) à la lumière du Targum palestinien », *RechSR* 52 (1964), 85-90.

———, *Liturgie juive et Nouveau Testament,* Rome, 1965.

———, *Introduction à la littérature targumique,* Rome, 1966 (cité *Introduction*).

———, « Lévitique XXII 26 - XXIII 44 dans le Targum palestinien. De l'importance des gloses du *codex Neofiti 1* », *VT* 18 (1968), 458-471.

———, « À propos d'une définition du midrash », *Bib* 50 (1969), 395-413 (recension de A. G. WRIGHT, *The Literary Genre Midrash,* New York, 1967); art. repris et traduit en anglais dans *Interpretation* 25 (1971), 259-282.

———, « Tradition juive et exégèse chrétienne », dans *Jalones de la Historia de la Salvación en el Antiguo y Nuevo Testamento* (XXVI Semana Bíblica Española), II, Madrid, 1969, 7-33.

———, « Les études targumiques. État de la recherche et perspectives pour l'exégèse de l'Ancien Testament », dans *De Mari à Qumrân. Hommage à Mgr J. Coppens,* I (BiblETL 24), Gembloux-Paris, 1969, 302-331.

———, « Aspects de l'intercession dans le judaïsme ancien », *JSJ* 1 (1970), 35-57.

———, « Un phénomène spontané de l'herméneutique juive ancienne: le 'targumisme' », *Bib* 52 (1971), 505-525.

———, « La tradition juive ancienne et l'exégèse chrétienne primitive », *RHPhil Rel* 51 (1971), 31-50.

———, « The Current State of Targumic Studies », *BibTB* 4 (1974), 3-32.

———, « Targumic Literature and New Testament Interpretation », *BibTB* 4 (1974), 243-289.

LE DÉAUT, R. - JAUBERT, A. - HRUBY, K., « Judaïsme », *DSpir,* VIII, Paris, 1974, 1488-1564; repris en un vol. séparé *Le judaïsme,* Paris, 1975.

LE DÉAUT, R. - LÉCUYER, J., « Exode », *DSpir,* IV/2, Paris, 1961, 1957-1995.

LE MOYNE, J., *Les Sadducéens* (EB), Paris, 1972.

LENTZEN-DEIS, F., *Die Taufe Jesu nach den Synoptikern* (FrankfTSt 4), Frankfurt a. M., 1970.

LESÊTRE, H., « Rocher », dans *Dictionnaire de la Bible,* V, *ed.* F. VIGOUROUX, Paris, 1912, 1105-1107.

LEVINE, E. B., « Internal Contradictions in Targum Jonathan ben Uzziel to Genesis », *Augustinianum* 9 (1969), 118-119.

———, « A Study of Targum Pseudo-Jonathan to Exodus », *Sef* 31 (1971), 27-48.

———, « Some Characteristics of Pseudo-Jonathan Targum to Genesis », *Augustinianum* 11 (1971), 89-103.

——, « *Neofiti* 1: A Study of Exodus 15 », *Bib* 54 (1973), 301-330.

——, « The Aggadah in Targum Jonathan ben ʿUzziel and Neofiti 1 to Genesis: Parallel References », dans A. Díez Macho, *Neophyti 1,* II: *Éxodo* (Text Est 8), Madrid-Barcelona, 1970, 537-578.

——, « Parallels to Exodus of Pseudo-Jonathan and Neophyti 1 », dans A. Díez Macho, *Neophyti 1,* III: *Levítico* (TextEst 9), Madrid-Barcelona, 1971, 418-476.

——, « Parallels to Numbers of Pseudo-Jonathan and Neophyti 1 », dans A. Díez Macho, *Neophyti 1,* IV: *Números* (TextEst 10), Madrid, 1974, 645-707.

——, « Parallels to Deuteronomy of Pseudo-Jonathan and Neophyti 1 », dans A. Díez Macho, *Neophyti 1,* V: *Deuteronomio* (TextEst 11), Madrid, 1978, 575-629.

Levy, J., *Chaldäisches Wörterbuch über die Targumim und einen grossen Theil des rabbinischen Schriftthums,* 2 t., 3e éd., Leipzig, 1881; réimpr. Köln, 1959.

Lieberman, S., *Hellenism in Jewish Palestine,* 2e éd., New York, 1962.

Lindars, B., *The Gospel of John* (NCB), London, 1972.

Lods, A., *Histoire de la littérature hébraïque et juive* (Bibliothèque historique), Paris, 1950.

Löw, I., *Die Flora der Juden,* I/1 (Veröffentlichungen der Alexander Kohut Memorial Foundation 4), Wien-Leipzig, 1926; réimpr. 1967.

Loewenstamm, S. E., *The Tradition of the Exodus in its Development* (hébr.), Jérusalem, 1965.

——, « The Death of Moses », dans *Studies on the Testament of Abraham* (SBL, SeptCogSt 6), *ed.* G. W. E. Nickelsburg, Missoula, Mont., 1976, 185-217; cet art. reprend S. E. Loewenstamm, « The Death of Moses » (hébr.), *Tarb* 27 (1957-1958), 142-157.

Lohmeyer, E., *Vom göttlichen Wohlgeruch* (Sitzungsberichte der Heidelberger Akademie der Wissenschaften 1919 - Abhandlung 9), Heidelberg, 1919.

Lohse, E., *Die Offenbarung des Johannes* (NTD 11), 3e éd., Göttingen, 1971.

Loisy, A., *Le quatrième Évangile,* 2e éd., Paris, 1921.

Lowy, S., *The Principles of Samaritan Bible Exegesis* (StPost-Bibl 28), Leiden, 1977.

Lund, Sh. - Foster, J. A., *Variant Versions of Targumic Traditions within Codex Neofiti 1* (SBL, AramSt 2), Missoula, Mont., 1977.

Luzarraga, J., « Principios hermenéuticos de exégesis bíblica en el rabinismo primitivo », *EstBíb* 30 (1971), 177-193.

——, *Las tradiciones de la nube en la Biblia y en el judaismo primitivo* (An Bib 54), Roma, 1973.

——, « Fondo targúmico del cuarto evangelio », *EstE* 49 (1974), 251-263.

Mach, R., *Der Zaddik in Talmud und Midrasch,* Leiden, 1957.

MacRae, G. W., « The Meaning and Evolution of the Feast of Tabernacles », *CBQ* 22 (1960), 251-276.

——, « Miracles in *The Antiquities* of Josephus », dans *Miracles. Cambridge Studies in their Philosophy and History, ed.* Ch. F. D. Moule, London, 1965, 127-147.

Maher, M., « Some Aspects of Torah in Judaism », *IrTQ* 38 (1971), 310-325.

Malina, B. J., *The Palestinian Manna Tradition. The Manna Tradition in the Palestinian Targums and its Relationship to the New Testament Writings* (ArbGSpJudUrchr 7), Leiden, 1968.

Maneschg, H., *Die Erzählung von der ehernen Schlange (Num 21,4-9) in der Auslegung der frühen jüdischen Literatur. Eine traditionsgeschichtliche Studie* (Europäische Hochschulschriften 23/157), Frankfurt a. M. - Bern, 1981.

Mann, J., *The Bible as Read and Preached in the Old Synagogue,* 2 vol., Cincinnati, 1940 et 1966; réimpr. du vol. II avec *Prolegomenon* de B. Z. WACHOLDER, New York, 1971.

MARMORSTEIN, A., *The Doctrine of Merits in Old Rabbinical Literature*, London, 1920.

MARTIN-ACHARD, R., *Essai biblique sur les fêtes d'Israël*, Genève, 1974.

MASSYNGBERDE FORD, J., *Revelation. Introduction, Translation and Commentary* (AB 38), New York, 1975.

McCOOL, F. J., « Living Water in John », dans *The Bible in Current Catholic Thought (To the Memory of M. J. Gruenthaner), ed.* J. L. McKENZIE, New York, 1962, 226-233.

McNAMARA, M., *Targum and Testament. Aramaic Paraphrases of the Hebrew Bible: A Light on the New Testament*, Shannon, 1972.

——, *The New Testament and the Palestinian Targum to the Pentateuch* (An Bib 27A), 2e impr. corrigée, Rome, 1978.

MEEKS, W. A., *The Prophet-King. Moses Traditions and the Johannine Christology* (SupplNT 14), Leiden, 1967.

MESNIL DU BUISSON, R. DU, « Le miracle de l'eau dans le désert d'après les peintures de la synagogue de Doura-Europos », *RHR* 111 (1935), 110-117.

——, *Les peintures de la synagogue de Doura-Europos, 245-256 après J.-C.*, Rome, 1939.

MICHAUD, R., *Moïse. Histoire et théologie* (Lire la Bible 49), Paris, 1979.

MILLER, M. P., « Targum, Midrash and the Use of the Old Testament in the New Testament », *JSJ* 2 (1971), 29-82.

MOLLAT, D., « Apocalisse ed Esodo », dans *Atti della XVII Settimana Biblica. Associazione Biblica Italiana. San Giovanni*, Brescia, 1964, 345-361.

——, *Saint Jean. L'Évangile* (La Sainte Bible ... de Jérusalem), 3e éd., Paris, 1973.

——, *La Parole et l'Esprit. Exégèse spirituelle I, ed.* E. MALATESTA et B. MOLLAT, Paris, 1980.

MOORE, G. F., *Judaism in the First Centuries of the Christian Era*, 3 vol., Cambridge, Mass., 1927-1930; réimpr. New York, 1971.

MUÑOZ LEÓN, D., *Dios-Palabra. Memra en los Targumim del Pentateuco*, Granada, 1974.

NEUBAUER, A., *La géographie du Talmud*, Paris, 1868; réimpr. Amsterdam, 1965.

NEUSNER, J., *A Life of Joḥanan ben Zakkai ca. 1-80 C. E.* (StPost-Bibl 6), 2e éd., Leiden, 1970.

NEYREY, J. H., « Jacob Traditions and the Interpretation of John 4:10-26 », *CBQ* 41 (1979), 419-437.

NICKELS, P., *Targum and New Testament. A Bibliography together with a New Testament Index*, Rome, 1967.

NICKELSBURG, G. W. E. (*ed.*), *Studies on The Testament of Moses. Seminar Papers* (SBL, SeptCogSt 4), Cambridge, Mass., 1973.

NIKIPROWETZKY, V., *Le commentaire de l'Écriture chez Philon d'Alexandrie* (Arb LitGHelJud 11), Leiden, 1977.

NORDSTRÖM, C.-O., « The Water Miracles of Moses in Jewish Legend and Byzantine Art », *Analecta Suecana* 7 (1958), 78-109.

NOTH, M., *Das vierte Buch Mose. Numeri* (ATD 7), Göttingen, 1966 (cité *Numeri*).

——, *Das zweite Buch Mose. Exodus* (ATD 5), 4e éd., Göttingen, 1968 (cité *Exodus*).

ODEBERG, H., *The Fourth Gospel Interpreted in its Relation to Contemporaneous Religious Currents in Palestine and the Hellenistic-Oriental World*, Uppsala, 1929; réimpr. Amsterdam, 1968.

OHANA, M., « La polémique judéo islamique et l'image d'Ismaël dans Targum

Pseudo-Jonathan et dans Pirke de Rabbi Eliezer », *Augustinianum* 15 (1975), 367-387.
OLSSON, B., *Structure and Meaning in the Fourth Gospel. A Text-Linguistic Analysis of John 2:1-11 and 4:1-42* (ConBib NT 6), Lund, 1974.
ORTIZ DE URBINA, I., « Le Paradis eschatologique d'après Saint Ephrem », *OrChr Per* 21 (1955), 467-472.
PANCARO, S., *The Law in the Fourth Gospel* (SupplNT 42), Leiden, 1975.
PANIMOLLE, S. A., *Il dono della Legge e la grazia della Verità* (*Gv 1,17*), Roma, 1973.
PATAI, R., « The 'Control of Rain' in Ancient Palestine. A Study in Comparative Religion », *HUCA* 14 (1939), 251-286.
PAUL, A., *Intertestament* (Cahiers Évangile 14), Paris, 1975.
PERROT, Ch., *La lecture de la Bible dans la synagogue. Les anciennes lectures palestiniennes du Shabbat et des fêtes*, Hildesheim, 1973.
PETERS, N., *Das Buch Jesus Sirach oder Ecclesiasticus*, Münster, 1913.
PORSCH, F., *Pneuma und Wort. Ein exegetischer Beitrag zur Pneumatologie des Johannesevangeliums* (FrankfTSt 16), Frankfurt a. M., 1974.
POTIN, J., *La fête juive de la Pentecôte. Étude des textes liturgiques* (LD 65), 2 vol., Paris, 1971.
PRIJS, L., *Jüdische Tradition in der Septuaginta*, Leiden, 1948.
PUMMER, R., « The Present State of Samaritan Studies », *JSS* 21 (1976), 39-61; 22 (1977), 27-47.
Rachi (ouvrage collectif), Paris, 1974.
RAD, G. VON, *Das erste Buch Mose. Genesis* (ATD 2-4), 9e éd., Göttingen, 1972.
RAMÓN DÍAZ, J., « Palestinian Targum and New Testament », *NT* 6 (1963), 75-80.
RAPPAPORT, S., *Agada und Exegese bei Flavius Josephus*, Frankfurt a. M., 1930.
REIDER, J., *The Book of Wisdom* (Jewish Apocryphal Literature), New York, 1957.
REIDER, J. - TURNER, N., *An Index to Aquila* (SupplVT 12), Leiden, 1966.
REIM, G., *Studien zum alttestamentlichen Hintergrund des Johannesevangeliums* (Society for New Testament Studies, Monograph Series 22), Cambridge, 1974.
REISS, W., « Wortsubstitution als Mittel der Deutung. Bemerkungen zur Formel *ʾyn ... ʾlʾ* », dans *Frankfurter Judaistische Beiträge*, VI, Frankfurt a. M., 1978, 27-69.
REYMOND, Ph., *L'eau, sa vie, et sa signification dans l'Ancien Testament* (SupplVT 6), Leiden, 1958.
RIESENFELD, H., *Jésus transfiguré. L'arrière-plan du récit évangélique de la Transfiguration*, København, 1947.
ROBERT, Ph. DE, *Le berger d'Israël* (Cahiers théologiques 57), Neuchâtel, 1968.
ROBERTSON, A. - PLUMMER, A., *A Critical and Exegetical Commentary on the First Epistle of St Paul to the Corinthians* (ICC), 2e éd., Edinburgh, 1914; réimpr. 1967.
ROSMARIN, A., *Moses im Lichte der Agada*, New York, 1932.
RÜGER, H. P., « Mit welchem Mass ihr messt, wird euch gemessen werden », *ZNW* 60 (1969), 174-182.
SAFRAI, S. - STERN, M. (*ed.*), *The Jewish People in the First Century* (Compendia Rerum Iudaicarum ad Novum Testamentum. Section One), 2 vol., Assen, 1974 et 1976.
SANDERS, J. N. - MASTIN, B. A., *A Commentary on the Gospel According to St John* (BNTC), London, 1968; réimpr. 1975.
SCHMITT, J., « 'Petra autem erat Christus' (1 Cor., X, 4*b*) », *MaisD* no 29, 1952, 18-31.

SCHNACKENBURG, R., *Das Johannesevangelium* (HerdTKom 4), I: *Einleitung und Kommentar zu Kap. 1-4*, 3e éd., Freiburg, 1972; II: *Kommentar zu Kap. 5-12*, Freiburg, 1971; III: *Kommentar zu Kap. 13-21*, 2e éd., Freiburg, 1976.

SCHOORS, A., *I am God your Saviour. A Form-Critical Study of the Main Genres in Is. XL-LV* (SupplVT 24), Leiden, 1973.

SCHÜRER, E., *Geschichte des jüdischen Volkes im Zeitalter Jesu Christi*, 3 vol., 4e éd., Leipzig, 1901-1911; réimpr. Hildesheim, 1964.

SCHÜRER, E., *The History of the Jewish People in the Age of Jesus Christ. A New English Version Revised* and Edited by G. VERMES, F. MILLAR, M. BLACK, 2 vol., Edinburgh, 1973 et 1979.

SEELIGMANN, I. L., « Voraussetzungen der Midraschexegese », dans *Congress Volume Copenhagen 1953* (SupplVT 1), Leiden, 1953, 150-181.

SERRA, A., *Contributi dell'antica letteratura giudaica per l'esegesi di Giovanni 2,1-12 e 19,25-27* (Scripta Pontificiae Facultatis theologicae « Marianum » 31), Roma, 1977.

SHINAN, A., *The Aggadah in the Aramaic Targums to the Pentateuch* (hébr.), Jérusalem, 1979.

SIEBENECK, R. T., « The Midrash on Wisdom 10-19 », *CBQ* 22 (1960), 176-182.

SILVERSTONE, A. E., *Aquila and Onkelos*, Manchester, 1931.

SKEHAN, P. W., « Borrowings from the Psalms in the Book of Wisdom », *CBQ* 10 (1948), 384-397.

SMEND, R., *Die Weisheit des Jesus Sirach erklärt*, Berlin, 1906.

SPEISER, E. A., *Genesis* (AB 1), New York, 1964.

STAROBINSKI-SAFRAN, E., « La mort et la survie de Moïse d'après la tradition rabbinique », dans *La figure de Moïse. Écriture et relectures* (Publications de la Faculté de théologie de l'Université de Genève 1), Genève, 1978, 31-45.

STEMBERGER, G., « La recherche rabbinique depuis Strack », *RHPhilRel* 55 (1975), 543-574.

———, « Die Datierung der Mekhilta », *Kair* 21 (1979), 81-118.

STEVENSON, W. B., *Grammar of Palestinian Jewish Aramaic*, 2e éd., Oxford, 1962; réimpr. 1966.

STRACK, H. L., *Introduction to the Talmud and Midrash*, réimpr. New York, 1969.

STRACK, H. L. - BILLERBECK, P., *Kommentar zum Neuen Testament aus Talmud und Midrasch*, 6 vol., München, 1922-1961 (vol. V et VI = *Index* par J. JEREMIAS et K. ADOLPH).

STUHLMUELLER, C., *Creative Redemption in Deutero-Isaiah* (AnBib 43), Rome, 1970.

SWETE, H. B., *The Apocalypse of St John. The Greek Text with Introduction, Notes and Indices*, 3e éd., London, 1909.

TEEPLE, H. W., *The Mosaic Eschatological Prophet* (*JBL*, Monograph Series 10), Philadelphia, 1957.

TESTA, E., « Il targum di Is 55,1. 13, scoperto a Nazaret, e la teologia sui pozzi dell'acqua viva », dans *Studii Biblici Franciscani Liber Annuus* 17 (1967), 259-289.

THACKERAY, H. St. J., *The Relation of St. Paul to Contemporary Jewish Thought*, London, 1900.

———, *Josephus. The Man and the Historian*, New York, 1929; réimpr. 1967.

TIEDE, D. L., *The Charismatic Figure as Miracle Worker* (SBL, DissSer 1), Missoula, Mont., 1972.

———, « The Figure of Moses in *The Testament of Moses* », dans *Studies on The Testament of Moses. Seminar Papers* (SBL, SeptCogSt 4), *ed.* G. W. E. NICKELSBURG, Cambridge, Mass., 1973, 86-92.

TORCZYNER, H., « *Al Tikre* », dans *Encyclopaedia Judaica*, II, Berlin, 1928, 74-87.

TOUATI, Ch., « Rabbinique (Littérature) », *SDB,* IX fasc. 51-52, Paris, 1978-1979, 1019-1045.

TOURNAY, R., « Quelques relectures bibliques antisamaritaines », *RB* 71 (1964), 504-536.

TOWNER, W. S., *The Rabbinic « Enumeration of Scriptural Examples ». A Study of a Rabbinic Pattern of Discourse with Special Reference to* Mekhilta d'R. Ishmael (StPost-Bibl 22), Leiden, 1973.

URBACH, E. E., *The Sages. Their Concepts and Beliefs.* Translated from the Hebrew by I. ABRAHAMS, Jérusalem, 1975.

VAN DEN BUSSCHE, H., *Jean. Commentaire de l'évangile spirituel* (Bible et Vie chrétienne), Bruges, 1967.

VAN DER PLOEG, J. P. M., *Psalmen uit de grondtekst vertaald en uitgelegd* (BOT 7b), 2 vol., Roermond, 1971 et 1974.

VANHOYE, A., « L'utilisation du livre d'Ézéchiel dans l'Apocalypse », *Bib* 43 (1962), 436-476.

VATTIONI, F., « L'albero della vita », *Augustinianum* 7 (1967), 133-144.

VAULX, J. DE, *Les Nombres* (SB), Paris, 1972.

VAUX, R. DE, « Un détail de la synagogue de Doura », *RB* 47 (1938), 383-387.

———, Recension de R. DU MESNIL DU BUISSON (*Les peintures* ..., Rome, 1939), *RB* 49 (1940), 137-143.

———, *Les institutions de l'Ancien Testament,* 2 vol., 2e éd., Paris, 1961 et 1967.

———, *Histoire ancienne d'Israël* (EB), I: *Des origines à l'installation en Canaan,* Paris, 1971.

VERMES, G., « La figure de Moïse au tournant des deux Testaments », dans *Moïse, l'homme de l'Alliance,* Paris-Tournai, 1955, 63-92.

———, « Haggadah in the Onkelos Targum », *JSS* 8 (1963), 159-169; art. repris dans ID., *Post-Biblical Jewish Studies,* 127-138.

———, « 'He is the Bread'. Targum Neofiti Exodus 16:15 », dans *Neotestamentica et Semitica. Studies in Honour of Matthew Black, ed.* E. E. ELLIS, M. WILCOX, Edinburgh, 1969, 256-263; art. repris dans G. VERMES, *Post-Biblical Jewish Studies,* 139-146.

———, « Bible and Midrash: Early Old Testament Exegesis », dans *The Cambridge History of the Bible,* I: *From the Beginnings to Jerome, ed.* P. R. ACKROYD, C. F. EVANS, Cambridge, 1970, 119-231; art. repris dans G. VERMES, *Post-Biblical Jewish Studies,* 59-91.

———, *Scripture and Tradition in Judaism. Haggadic Studies* (StPost-Bibl 4), réimpr. avec corrections de l'éd. 1961, Leiden, 1973.

———, *Post-Biblical Jewish Studies* (StJudLatAnt 8), Leiden, 1975.

VIVIANO, B. Th., *Study as Worship. Aboth and the New Testament* (StJudLat Ant 26), Leiden, 1978.

VOLZ, P., *Die Eschatologie der jüdischen Gemeinde im neutestamentlichen Zeitalter nach den Quellen der rabbinischen, apokalyptischen und apokryphen Literatur,* Tübingen, 1934; réimpr. Hildesheim, 1966.

WACHOLDER, B. Z., cf. MANN, J.

WACHOLDER, B. Z., *Eupolemus. A Study of Judaeo-Greek Literature,* Cincinnati, 1974.

WADSWORTH, M., « The Death of Moses and the Riddle of the End of Time in Pseudo-Philo », *JJS* 28 (1977), 12-19.

WESTERMANN, C., *Das Buch Jesaja. Kapitel 40-66* (ATD 19), Göttingen, 1966.

———, *Genesis 1-11* (BK 1/1), 2e éd., Neukirchen-Vluyn, 1976.

WIEDER, N., « The 'Law-Interpreter' of the Sect of the Dead Sea Scrolls: The Second Moses », *JJS* 4 (1953), 158-175.

WIEDERKEHR, U., *Die Tempelquelle in der jüdischen Überlieferung* (Excerptum ex dissertatione. Pontificium Athenaeum Anselmianum), Romae, 1973.

——, « Themen die mit der Tempelquelle verwandt sind », deuxième partie non publiée de la Dissertatio ad Lauream in Facultate theologica Pontificii Athenaei S. Anselmi: *Die Tempelquelle in der jüdischen Überlieferung*, Romae, 1972.

WOLFF, H. W., *Dodekapropheton 2. Joel und Amos* (BK 14/2), Neukirchen-Vluyn, 1969.

WOLFSON, H. A., *Philo. Foundations of Religious Philosophy in Judaism, Christianity and Islam*, 2 vol., Cambridge, Mass., 1948.

YORK, A. D., « The Dating of Targumic Literature », *JSJ* 5 (1974), 49-62.

——, « The Targum in the Synagogue and in the School », *JSJ* 10 (1979), 74-86.

ZERON, A., « Erwägungen zu Pseudo-Philos Quellen und Zeit », *JSJ* 11 (1980), 38-52.

ZIEGLER, J., *Untersuchungen zur Septuaginta des Buches Isaias*, Münster, 1934.

ZIMMERLI, W., *Ezechiel* (BK 13), 2 vol., 2e éd., Neukirchen-Vluyn, 1979.

ZUNZ, L., *Die gottesdienstlichen Vorträge der Juden historisch entwickelt*, 2e éd., Frankfurt a. M., 1892; réimpr. Hildesheim, 1966.

Index

I. Index des citations

1. Textes bibliques

a) Ancien Testament

(Nous ne répertorions ici que les passages examinés au niveau de leur rédaction biblique ou de leur influence dans la tradition biblique ultérieure.)

Genèse

1,11s. 215
1,21 215[68]
2,8-10 215
2,9s. 222[96]
26,19 239
26,28s. 241[39]
29,3.8 251s.
29,8 253[68]
29,27 268[107]

Exode

15,22-26 8, 8[2]
15,25 13-15
15,27 47
16,35 107[61]
17,1-7 8[2], 58, 114
17,1 177
17,2 60, 152[9]
17,3 81, 280
17,6 76s., 79, 273, 285s.
17,8 64[15]

Lévitique

23,40 35[90]
23,43 34, 209[38]

Nombres

20,1-13 8[2], 58, 114s.
20,2 177
20,8 152[9], 114
20,10 115
20,11 77, 79, 115, 273
20,12 114s.
20,24 114[4]
21,16-20 151s.
27,14 114[4]
33,9 47
33,14 58

Deutéronome

1,37 114[4]
3,26 114[4]
4,21 114[4]
8,3 199
8,15 77, 80s., 81[86], 177
32,51 114[4]
33,21 190

Josué

5,10-12 107[59]

Isaïe

12,3 204
35,1s.6s. 78[72], 221[95]
35,6 77
41,18 77, 80, 80[80], 285
41,19 78[72], 221[95]
43,16-21 79[78]
43,20 77, 286
48,21 77, 79, 80[80], 285
49,10 77, 288
51,11 80[79]
55,1-3 20[33]
55,1 286[64]
55,13 221[95]
65,22 40

Ézéchiel

47,1-12 201s., 205, 221s., 222[96], 287
47,2 202[14], 203[18]
47,9 213[59]
47,10 215[68]

Joël

4,18 204[22]

Amos

8,11 20[34]

Habaquq

3,9 84

Zacharie

14,8 204, 213[59], 222[96], 283, 287

Psaumes

23,1s. 188, 188[96], 288s.
23,1.3 288[77]
33,7 28[61]
74,15 80[83], 83
78,9 78[74]
78,15s.20 78-80, 273, 285
78,18-20 79[76]
78,24s. 79[75], 224
78,28.60 78[74]
105,27.36 80[79]
105,40 177, 224

105,41 79s., 177, 273, 285
105,43 80[79]
106,32s. 115
107,35 80[83]
114,8 80

Proverbes

3,18 39[109]
6,13 15[15]

Daniel

3,20s.26 283[45]

Esdras

5,7 283[45]

Néhémie

8,1ss 203[17]
8,14s. 35[90]
9,15 177

2 Maccabées

10,7 35[90]

Sagesse

11,1-14 72, 81
11,4 61[9], 81
11,7 81, 81[84]
11,14 71[43], 81
16,20 224[105]
16,20s. 223
16,26 199

19,7 216[74]

Siracide

10,5 162[36]
15,1-3 20[34]
24,21 20[34]
24,23 38[105]
24,23-31 20
38,4-6 8s.
40,13.16 284[51]
43,25 215[68]
51,24 20[34]

Baruch

3,12 20[34]
4,1 38[105]

b) Nouveau Testament

Matthieu

5,22 128[39]

Jean

1,14 280[28]
2,21 287
4,5-15 278-281
4,5s. 278
4,10 279-281, 286
4,11s. 278s.
4,12 279s.
4,13s. 279s., 281[35]
6,35 282
6,37 286[66]
6,51.58 286[66]
7,37 282, 286[60.64]
7,38 281-287
7,39 281[35], 283, 286s.
7,40 286[62]
19,34 287s.

1 Corinthiens

3,19 129[43]
10,4 45[129], 76[68], 276s.

Apocalypse

7,9s. 288[76]
7,15 288[76]
7,16s. 288s.
15,2s. 288
16,3 144[70]
22,1s. 222[96]

2. Versions bibliques non araméennes

Septante

Genèse

21,19 236
29,3 252[65]
29,8 252
29,27 268[107]
41,21 283[44]
49,10 162[36]

Exode

15,8 28[63]
15,25 13,15
17,2 60
17,6 56[30]
24,10s. 76[67]
29,13.22 283[44]

Nombres

20,10 120[17]
20,11 56[30], 86[100]
21,16 154
21,17 155[20], 157
21,18 152, 162, 162[36]
21,20 173[59]
33,9 51

Deutéronome

4,46 192[116]
8,5 81
33,21 162[36]

Juges

5,14 162[35]
13,8 15[14]

1 Samuel

12,23 15[16]

2 (4) Rois

12,3 15[14]
17,27s. 15[14]

Isaïe

33,22 162[36]
48,21 86[101], 285[55]
65,22 40s., 41[114]

Ézéchiel

47,2 202[14]
47,5-12 284[51]
47,8 213[59]
47,12 213[57]

Michée

4,2 15[16]

Psaumes

5,1 196[127]
33(32),7 28[61]
60(59),9 162[36]
78(77),13 27
78(77),20 86[101]
78(77),25 224[105]
105(104),41 86[101]
108(107),9 162[36]

Job

34,32 15[16]

AQUILA

Exode

4,12 15[14]
15,25 15,15[14]
24,12 15[14]

Lévitique

23,40 35[93]

Nombres

21,1 91[5]
21,19 169[51], 170[53]

Deutéronome

33,10 15[14]

Isaïe

48,21 86[101]

Psaumes

5,1 196[127]
25,8.12 15[14]
119,33 15[14]

Proverbes

4,4 15[14]

SYMMAQUE

Genèse

22,1 44[127]

Nombres

21,1 91[5]
21,19 170[53]

PESHITTA

Genèse

28,10 248[61]
29,27 268[107]

Exode

15,25 13,15
17,2 60

Nombres

21,1 91[5]
21,18 163[41]
21,20 173[59]

Psaumes

33,7 28[61]
78,13 28[61]

VULGATE

Genèse

28,10 248[61]
29,27 268[107]

Exode

15,25 13,15
17,2 60

Nombres

21,1 91[5]
21,16 154
21,17 156[22]
21,18 152[7], 160[30]

Deutéronome

33,21 6[107]

3. TARGUMS

a) TARGUMS DU PENTATEUQUE

PSEUDO-JONATHAN

Genèse

3,6 222[96]
3,22 40s.
3,24 42[118]
14,7 90[2]
16,7 10[7]
20,1 10[7]
21,19 235s., 238
24,61 247[59]
25,18 10[7]
26,15s. 159[24]
26,19-21 239-242, 244, 259, 271, 276
26,26.28 240s.
28,10 245-255, 278
28,11 246, 246[56], 247[57]
28,17 246[56]
29,3.8 251s.
29,10 254[72 s.], 255, 278
29,13 255[78], 268[106]
29,22 54[24], 264-270, 268[108]
29,27 268[107]
31,22 256-261
49,10 162[38]

Exode

2,5 57[31]
2,21 31[81], 72[51], 74, 74[58]
4,20 32[81], 74, 74[58]
6,13 127[36]
12,36 57[31]
12,37 67[26]
14,9 40[110]
14,21 24, 32[81], 72[49], 74[58]
15,1 156[21]
15,8 28s.
15,19 26[58], 216[74]
15,22 9s., 21s., 60[6], 67[25], 67
15,25 11-16, 30-32, 43s., 67
15,27 47-52
16,4 224
16,15 224s.
16,35 108[63.65]

17,1 58-60, 67, 173
17,2 60
17,4 61-63, 67
17,5 61-63, 71
17,6 61-63, 75s., 285
17,11s. 65[17]
18,9 223
29,13.22 283[44]
35,27s. 40[110]
35,28 220[88]

Lévitique

14,5s.50-52 239[37]
15,13 239[37]
23,40 34s.[89]

Nombres

9,17.21s. 93[8]
12,16 90[4], 94[13]
14,14 211[47]
19,17 239[37]
20,1 88-90
20,2 46[131], 88-90, 112s., 189[101], 193s., 261
20,7 116
20,8 111[70], 116s., 120, 146
20,8s. 74[55]
20,9 118s.
20,10 118-120, 124s., 136
20,11 120-122, 136, 149s., 254[75], 287
20,13 94s., 111, 113, 176s., 189[101], 274, 277
20,29 94[12], 105[53], 193[117]
21,1 91[5], 93[7], 94[12], 105[54]
21,14s. 182[78]
21,16 152-154
21,17 154-157, 173, 176, 180s., 189[101], 261
21,18 157-164, 186, 209[40], 230, 245, 280
21,19 164-168, 170-173, 175, 177, 182[80], 185s., 188, 193, 208[37]
21,20 165-167, 173, 189, 193, 193[118], 274s.
22,28 74[61], 225[109]
22,31 236[19]
32,3.38 193[118]
33,9 48-53, 182
33,14 58-60, 64, 67
33,46s. 173, 189[101], 193[118]

Deutéronome

1,1 24[52]
3,29 171[56], 198[133]
4,46 171[56]
11,4 255[76]
31,16 192[116]
32,13 224[108]
33,2 4[22]
33,21 189s., 190[108], 192
34,1 15[17]
34,6 171[56], 191[114]
34,12 74

Codex Neofiti 1

Genèse

2,9 217[77]
3,22 40
3,24 42[118]
16,7 10[7]
20,1 10[7]
21,19 235s.
22,1 44[124]
25,18 10[7]
26,19 239
28,10 245-255, 262s., 278s.
28,11 246
29,3.8 251s.
29,10 253s.
29,22 54[24], 264-270
29,27 268[107]
30,30 268[110]
31,22 256-261
44,18 283[45], 285[56]
48,22 180[74]
49,10 162[38]

Exode

4,17 72[50]
4,20 74
7,4s. 73[52]
12,36 57[31]
12,42 285[56]
15,1 156[21]
15,8 28s.
15,22 9s.
15,25 11-16, 42s., 67
15,27 47-52
16,15 112[72]
17,2 60
17,4 61-63, 67
17,5 61s.
17,6 61-63, 285
17,11s. 65[17]
33,23 76[67]

Lévitique

14,5s.50-52 239[37]
15,13 239[37]
23,40 34s.[89]

Nombres

9,17.21s. 93[8]
11,26 160[31]
12,16 90[4], 94[13]
19,17 239[37]
20,1s. 88-90
20,7s. 116s.
20,9 118s.
20,10 118-120, 124s., 134s.
20,11 120-122, 136, 150, 284
21,1 46[131], 90[4], 91, 91[5], 92-94, 94[12], 105[54], 112s., 181, 193[117]
21,6 181, 225[109]

21,15 182[78]
21,16 152-154
21,17 154-156, 180s.
21,18 157-164, 186, 186[89], 230, 245, 280
21,19 164-172, 175, 177, 182[78], 184, 193, 275
21,20 165-167, 173, 189, 193, 274s.
22,31 236[19]
33,9 48-52

Deutéronome

1,1 24[52]
2,6 180
3,29 171[56], 198[133]
4,46 171[56], 198[133]
11,4 255[76]
33,21 190, 190s.[108], 192
34,1 15[17]
34,6 171[56]

Gloses interlinéaires du Codex Neofiti 1

Genèse

21,19 235
28,10 250
29,22 266

Exode

12,42 285[56]
15,22 9
15,27 49

Nombres

20,9 118
20,10 118-120, 134s.
20,11 120-122
21,16 153
21,17 155
21,18 158-164
21,19 165-167, 170
21,20 166s., 173, 193[118]
33,9 49

Gloses marginales du Codex Neofiti 1

M_1 et M_2 11[8]

Genèse

16,7 10[7]
21,19 235
27,22 65[18]
28,10 249-251, 254, 262[95]
28,11 246[56], 247[57]
28,17 246[56]
29,10 253
29,22 54[24], 264-270
31,22 256-261, 268[106]

Exode

15,1 156[21]
15,8 28s.
15,22 9s.
15,25 11-15, 31s., 44
15,27 47-52
17,4-6 61-63
17,11s. 65[17]

Lévitique

14,6 239[37]

Nombres

9,17.22 93[8]
11,26 160[31]
19,17 239[37]
20,6 115[9]
20,7s. 116s.
20,10 118-120
20,11 121
20,29 105[53], 193[117]
21,1 90[4], 91s., 91[5], 93s., 93[7], 105[54], 112, 189[101], 193s.
21,16 152-154
21,17 154-156, 181
21,18 158-164, 280
21,19 164-172, 175, 177, 184, 193, 275
21,20 165-167, 173, 189, 193, 274s.
22,31 236[19]
33,9 48-53, 182

Fragments du Caire

Genèse

29,3.8 251s.
29,10 253
29,22 54[24], 264-270
29,27 268[107]
31,22 256-261
41,21 283[44]

Exode

15,8 28s.

Targum fragmentaire du ms. 110 (Paris)

Genèse

16,7 10[7]
28,10 245-255, 262[95], 278s.
28,11 246
29,22 54[24], 264-270
31,22 256-261
49,10 162[38]

Exode

15,1 156[21]
15,8 28s.
15,18 285[56]
15,22 9s.
15,25 11-16, 42-44, 67
17,11s. 65[17]

Nombres

11,26 160[31]
12,16 94[13]
20,2 89s., 112,

189[101], 193s.
20,10 118-120, 124s., 134-136
20,29 105[53], 193[117]
21,15 182[78]
21,17 154-156, 180s.
21,18 157-164, 230, 245, 280
21,19 164-172, 175, 177, 184, 193, 275
21,20 165-168, 173, 189, 193, 274s.

Deutéronome

1,1 24[52]
3,29 171[56]
33,21 190-192

TARGUM FRAGMENTAIRE DU MS. 440 (BIBL. VATIC.) ET DU MS. DE NUREMBERG

(Les passages n'existant que dans un seul des 2 mss sont signalés par le sigle de celui-ci placé entre parenthèses.)

Genèse

16,7 10[7]
28,10 245-255, 262s., 278s.
29,22 54[24], 264-270
29,27 268[107]
31,22(Nur) 256-261
44,18 283[45]
49,10 162[38]

Exode

3,2s.(440) 57[31]
12,42 285[56]
15,1 156[21]
15,22 9s.
15,25 11-16, 31, 44, 67
15,27 47-52
17,11s. 65[17]

Nombres

12,16 90[4], 94[13]
20,11 121
20,29 105[53], 193[117]
21,1 46[131], 90[4], 91, 91[5], 92s., 93[7], 105[54], 112s., 178, 189[101], 193s.
21,15 182[78]
21,17 154-156, 180s.
21,18 157-164, 186, 209[40], 230, 245, 280
21,19 164-166, 168-172, 175, 177, 184, 193, 275
21,20 165s., 168, 173, 189, 193, 274s.
33,9 48-52

Deutéronome

1,1 24[52]
3,29 171[56]
33,21 190-192
34,1 15[17]
34,6 171[56]

ONQELOS

Genèse

3,6 222[96]
16,7 10[7]
20,1 10[7]
21,19 235s.
25,18 10[7]
26,19 239, 241s., 276
29,3.8 251s.
29,10 253
29,27 268[107]
49,10 162[38]

Exode

2,5 57[31]
10,12 106[58]
15,1 156[21]
15,8 28[63]
15,22 9s.
15,25 11-15, 43, 67
15,27 47s., 50s.
17,2 60
17,4 61-63, 67
17,5 61
17,6 61s.
17,12 65[17]
33,23 76[67]

Lévitique

14,5s.50-52 239[37]
15,13 239[37]
23,40 34s.[89]

Nombres

9,17.21s. 93[8]
19,17 239[37]
20,1s. 88-90
20,7s. 116
20,9 118
20,10 118-120, 124s.
20,11 121
20,29 104[45]
21,1 91[5]
21,16 44s., 152-154
21,17 154-156
21,18 157-164
21,19 44s., 164s., 168, 170-172, 175, 177
21,20 165s., 168, 173
22,31 236[19]
33,9 48-51

Deutéronome

3,29 171[56]
4,46 171[56]
8,7 50[9]
11,4 255[76]
33,21 190-192
34,6 171[56]

CITATION TARGUMIQUE DU MAḤZOR VITRY

Exode

15,8 28s., 28[62]

b) Targum des Prophètes

Josué
5,12 110[68 s.]

Juges
5,14 162[35]

1 *Samuel*
17,3 171[56]

2 *Rois*
6,17.20 236[19]

Isaïe
1,9 204[20]
8,8 169[50]
12,3 20[35]
28,15.18 169[50]
30,28 169[50]
33,22 162[37]
40,4 171[56]
55,1 20[35]
65,22 40s.
66,12 169[50]

Jérémie
2,13 239[37]
2,23 171[56], 198[133]
17,13 239[37]
47,2 169[50]

Ézéchiel
47,3-5 186[89]
47,8 213[59]

Osée
13,12 190[107]

Habaquq
3,9 84s., 86[102], 275, 285
3,14 24[49]

Zacharie
11,8 99
13,1 20[35]
14,8 239[37]

c) Targum des autres Écrits

Psaumes
23,1 188[96]
23,2 217
33,7 28[61]
36,7 168[49]
60,9 162[38]
74,14 83
74,15 83s., 275
78,13 27s., 28[64]
78,15 82s.
78,16 82-84
78,20 82s.
80,11 168[49]
108,9 162[38]

Cantique
4,15 20[35], 204[20], 239[37]
7,14 190[107]

4. Commentaires et récits midrashiques

Abôt de-Rabbi Nathan A
14,58 21[37]
20,72 255[77], 272
33,97 29[67]
33,98 27[60]
34,98 44[123]
Addition à la Version A 157 32[82], 74[60], 192[116]

Abôt de-Rabbi Nathan B
11,27 270[114]
25,51 104[45], 191[110]
29,58s. 21[37]
37,95 74[61], 225[109]
38,98 44[123]
38,100 25[54], 29[67], 216[74]

Mekhilta de-Rabbi Ishmaël

à *Exode*
12,37 210[44]
13,17 199, 199[137]
13,18 23[43]
13,20 210[44]
13,21 230, 231[5], 231[7]
14,10 246[52]
14,15 24[53]
14,16 23s., 24[49], 25, 25[55], 26, 29[67]
14,19 27[59]
14,24 31[78]
15,8 26s., 27[59], 28[64]
15,17 196
15,22 16s., 19, 19[32], 22s., 22[43], 25, 43[121], 67[25]
15,25 29s., 30[71 s. 74], 31, 34, 37s., 37[100], 38[102 s.], 39, 39[106], 43, 43[121], 44[122], 68
15,27 51-53, 54[22]
16,4 181[77]
16,25.30 223[100]
16,32 74[61]
16,35 53[21], 97-100, 103, 107-111, 175s., 274, 277

17,1 63s., 67[25]
17,4 68-70
17,5 57[31], 69-73, 74[55], 74[59]
17,6 74[59], 75s., 76[68]
17,8 1[42], 64[15], 65[19], 66, 66[23]
17,11s. 65[17]
18,9 222s., 223[100], 224s.

MEKHILTA DE-RABBI SHIMON

Éd. de EPSTEIN-MELAMED

99 196[126]
102 22s.[43], 23[44]
103 16[19], 29[68], 34[87], 37[100], 68[28]
104 30[72], 30[75], 38[104], 39[106]
105 51[12], 53s., 53[18], 53[20], 54[22]
115 74[61], 225[109]
116 109[66]
117 68[30], 69[36], 98[25], 99[26], 103
118s. 66[21], 69[37], 69[39], 71[45], 72[46], 73[52], 75s., 75[62]
119s. 65[19], 66[22], 67[25]
120 19[32], 63s.
130 222[97]

Éd. de HOFFMANN

à *Exode*

15,27 54[22]
22,27 18[26]

MIDRASH HAGGADOL

à *Genèse*

21,16s. 237[24]
21,19 236[22]
21,21 238[30]
25,22 19[30]
26,19 243s.
27,28 227[116]
29,2 54[24], 269s.
29,10 262[93]
29,22 269[111], 271[115]

à *Exode*

7,17 81[84]
15,25 29[68], 30[72.75], 34[87]
15,27 54[22]

à *Nombres*

20,1 143[69]
20,2 103[40]
20,8 130[46], 131, 132[48]
20,11 145-148, 148s.[77], 211
20,12 127[35], 129[44]
20,13 143[69]
21,18 185

MIDRASH LEQAḤ ṬOB

à *Genèse*

24,16 234[17]
29,8 262[92]
29,10 262[93]s., 263[98]
29,22 269s., 269[112]

à *Exode*

4,9 143[69], 144[71]s.
15,25 30[71]

à *Nombres*

20,2 103[40]
20,10 125[29], 126, 134
20,12 130, 144s.
20,13 143[69]
21,18 185, 190[104], 208

MIDRASH PEṬIRAT AARON

91 103[40], 132s., 132[49], 134
92 146[74.76], 148[77]

MIDRASH RABBAH

Genèse Rabbah

12,6 19[32], 40[111], 41[113]
31,8 37[100]
42,7 236[23]
48,10 211[49], 230[4], 231[5.7], 232
53,14 235[18], 237
53,15 238[30]
54,5 232-234, 241s., 244
55,6 44[127]
56,1 259[83]
60,5 234, 242, 244
62,4 111[71]
64,8 242
65,17 263[97]
66,3 227
68,8 247, 248[61]
68,9 246, 246[52]
68,11 247
69,9 246[56]
70,5 22[42]
70,6 232[9]
70,8 205[23], 264
70,12 262
70,19 269[111], 270[113], 271[115]
74,13 263[97]

Exode Rabbah

1,24 143[69]
3,2 237[24]
3,12s. 144[71]
3,13 141-143, 143[69], 144, 146, 146[75], 147s., 148s.[77]
5,6 72[49]
8,3 72[49], 73
15,21 228
19,5 220[88]
19,7 57[31]
21,10 26[57], 216[74]
23,3 29[68], 30[71], 34[87]
24,1 24[52]
25,2 181[76]
25,3 223
25,5 230[3], 231, 231[5]
25,6 181, 227
25,7 199[138]

26,1 46[132]
26,2 57[31], 67[25], 69, 69[34], 69[36 s.], 70[39], 73s., 73[52], 86
27,1 237[27 s.]
38,4 181[77]
43,3 42[117]
50,3 29[68], 30[71 s.], 31[78]

Lévitique Rabbah

22,4 103[42], 179[70], 190[104], 229[123]
30,8 35[93]
31,4 143[69]

Nombres Rabbah

1,2 102s., 103[39], 106, 178[68], 179, 179[70], 183[82]
7,4 227[114]
14,2 230[4], 231[5], 232[8]
18,22 103[42], 229[123]
19,9 124s., 124[28], 125[32 s.], 126[34], 128-130, 130[45], 136s., 138[57], 139s., 140[64], 146[73], 149, 149[77.79], 150, 150[80]
19,10 123
19,13 191[108]
19,14 143[69]
19,20 104[49], 105[51]
19,25 181[78]
19,26 138[57], 179[70], 182[79], 185[88], 187s., 189[104], 215[67], 217
19,28 178[68]
19,33 189[100], 196[126.129], 197[130]

Deutéronome Rabbah

1,1 222[96]
2,2.8 128[40]
2,9 191[108]
3,8 31
7,11 218[79.82.84], 219[87]
11,10 24[52]

Cantique Rabbah

1,7,3 210[44]
1,12,3 220[88]
2,5,2 199[137]
2,11,1 46[132]
4,5,2 99[27], 101[34], 102[37], 103, 104[48]
4,11,2 218[79.82], 219[86 s.]
4,12,3 103, 216s., 219[86], 222
4,12,4 222
4,14,1 219[86]
8,14,1 220

Qohélet Rabbah

1,4,4 19[32], 41[113]
1,9,1 211
5,8,5 103[42], 179[70], 190[104], 229[123], 255[77]
11,1,1 211[49], 230[4], 231[5.7], 232[8]

Lamentations Rabbah

2,2,4 237[27]

MIDRASH TANḤUMA

Lek-Leka

8 143[69]

Wayyēṣē'

5 237[24]

Wayyishlaḥ

4 263, 263[97]

Wayeḥî

6 263[97]

Shemot

23 143[69], 144[71 s.]

Beshallaḥ

10 24[52]
19 16[19], 23[44]
21 71[45], 74[59]
22 69[34 s.], 70, 74[59], 75[62]
24 29[68], 30[71 s.74], 31[78], 34[87], 37[100]
25 64[15]

Yitro

5 237[27]

Wayyiqrā'

4 191[108]

Qedoshim

7 102[37], 221[94]

Bemidbar

2 102[38], 103[39], 106[56], 178[68], 179[69-71], 183[82], 218[81]

Ḥuqqat

9 124[28], 125s., 125[30], 128[41], 136[52], 138[57]
10 123[24], 191[108]
11 143[69]
21 178[68], 179[70], 182[79], 185[88], 187[92], 188[95], 189[100.102.104], 196s., 196[126], 215-217, 221[94]

Wā'etḥannan

6 24[52]

MIDRASH TANḤUMA BUBER

I (*Genèse*)

86s. 230[4]
87 211[49], 231[5.7], 232[8]
146 246[52]
147 247[57]
151 247

II (*Exode*)

12 143[69], 144[72]
25 74[59]

64 25
64s. 38, 39[106]
65 30, 30[72.75], 31[78], 34[87], 39[106], 42
70 67[25]

III (*Lévitique*)

5 191[108]
75 221[94]

IV (*Nombres*)

3 102[38], 103[39], 106[56], 178[68], 179[69-71], 183[82], 218[81]
120s. 125[32], 128[41]
121 123[24], 126[34], 136[52]
122 191[108]
127 181s.[78], 182[79], 185[88], 187[92], 231[6]
128 178[68], 179[70], 188[95], 189[102.104], 215[67]

MIDRASH TANNAÏM

à *Deutéronome*

33,21 191[110]

MIDRASH TEHILLIM

5,1 187[93], 189[100], 196-199
5,8 237[24.27]
13,4 210
23,4 217s., 218[79], 219, 219[87], 228
24,6 103[42], 179[70], 190[104]
78,2 138s., 139[61.63], 140, 140[64], 141[65], 149[77], 150[80]
78,10 140[64]
91,6 247[57]
91,7 261-263
95,3 44[123]
105,12 139s., 140[64], 149[77], 149[77.79]
114,7 24[52], 25[54]

MIDRASH WAYYÔSHA'

42 32[81], 74[60]
51 24[52]

PESIQTA DE-RAB KAHANA

3,1 67[25]
11,21 218, 218[79], 219[86 s.]
12,19 221[94]
14,5 127-129, 129[43]
19,2 105[51]
19,6 31[81]

PESIQTA RABBATI

1,1*b* 205[23]
13,55*ab* 67[25]
14,57*a* 230[3], 231[5]
33,156*b* 213[59]

PIRQÊ DE-RABBI ÉLIÉZER

19 225[109]
30 236-238, 238[30]
31 44[124]
35 243s., 243[44-47], 244, 264, 278[21]
36 261[90 s.]
40 74[60]
42 24[52], 32[81]
44 67[25]
51 211s., 212[52], 213s., 214[63], 228s.

RASHI. COMMENTAIRE

à *Genèse*

21,17 237[27 s.]
24,17 234[17]
28,17 249[63]
29,10 262[93 s.]
31,22 260[85]

à *Exode*

2,20 272[116]

à *Nombres*

11,8 224[103]
14,33s. 197s.[132]
20,2 103[39]
20,10 124[28], 125[30], 134
20,11 138[57], 146[74], 147, 149[77]
20,29 104[45]
21,20 183s., 189

à *Deutéronome*

33,21 192[116]

à *Ézéchiel*

47,2 203[16]
47,8 213[59]

à *Psaumes*

78,15 26[55]
78,16 26[55], 183s., 184[86]
105,41 187[94]

à *Ta'anit*

9*a* 111, 111[70], 178[68], 179

SEDER 'OLAM RABBAH

3 46[132]
9 102[37], 103[40], 104[49], 111
10 99[26], 101[34], 103[40], 109s., 110[69]

SIPHRÊ NOMBRES

82 (Nb 10,33) 104s.
89 (Nb 11,8) 223[103]
95 (Nb 11,22) 178[68], 186[90], 225-227, 227[114 s.], 228
106 (Nb 12,15) 191[110]
128 (Nb 19,17) 239[37]
137 (Nb 27,14) 124[27]
150 (Nb 29,12) 201[8]

SIPHRÊ DEUTÉRONOME

26 (Dt 3,23) 143[69]
29 (Dt 3,26) 128[40]
31 (Dt 6,4) 226s.
47 (Dt 11,21) 19[32], 41
48 (Dt 11,22) 20[35]
305 (Dt 31,14) 99[27], 103[41], 192[116]
355 (Dt 33,21) 191[110], 225[109]

YALQUṬ MAKIRI

à *Proverbes*

3 39[109]

YALQUṬ RUBENI

à *Nombres*

21,17 183[82]

YALQUṬ SHIMONI

I (*Pentateuque*)

82 (Gn 18,4) 230[4], 231[5.7]
94 (Gn 21,17) 237[24]
95 (Gn 21,17) 236[22], 238[30]
95 (Gn 21,30) 232[11]
108 (Gn 24,16) 234[17]
111 (Gn 26,19) 242[42]
124 (Gn 29,10) 262[93]
125 (Gn 29,22) 269[111], 271[115]
181 (Ex 7,9) 32[81]
256 (Ex 15,25) 29[68], 30[71 s.74], 34[87], 37[100], 38[103]
257 (Ex 15,27) 54[22]
262 (Ex 17,8) 66[23]
651 (Lv 23,40) 35[93]
763 (Nb 20,8) 74[60], 103[40]
763 (Nb 20,10) 124[28], 125[32], 128[41], 130[46], 131, 132[48]
763 (Nb 20,11) 136[52], 138[57]
763 (Nb 20,12) 123[24 s.], 124[27]
764 (Nb 20,12) 26, 26[56 s.], 29[67], 131
764 (Nb 20,13) 127[35]
764 (Nb 21,18) 182[79], 185[88], 188, 215[67]
850 (Dt 8,4) 218[79 s.], 219[86]

II (*Prophètes, Psaumes*)

15 (Jos 5,12) 101[34], 102[37], 103[41], 104[48], 106[56], 109[66], 211[46]
265 (Jr 2,4) 127[35]
383 (Ez 47,3) 212[51.53], 213[58], 228
578 (Za 11,8) 101[34], 102[37], 103[41], 211, 288
691 (Ps 23,2) 218[79.82.84], 219[87]
819 (Ps 78,20) 125[32], 136s., 137[53], 138, 138[58], 139[61]
863 (Ps 105,41) 139[62]

5. MISHNAH, TOSEPHTA, TALMUD

MISHNAH

Abôt

1,4 20[36]
1,11 20
2,8 20
5,6 74[61], 225[109]
6,2 198s.

Middot

2,6 202s.

Rosh Hashshanah

1,2 201[8]
3,8 65[17]

Sheqalim

6,3 202[12 s.]

Sukkah

3,4.8 35[89]
4,1 200[3]
4,3 36[96]
4,5-7 36[94]
4,6 36[95]
4,9 200[2 s.]
4,10 200[3]

TOSEPHTA

Rosh Hashshanah

1,12 201[8]

Soṭah

4,1-6 230[3], 231[5]
4,4 231[5]
4,8s. 191s.
6,7 124, 226[112], 227[114]
11,1 102[37], 104[49], 105[51]
11,2 106[56], 108[65]
11,10 46[131], 95[19], 99[27], 103[40]

Sukkah

3,1 36[95 s.]
3,3-11 210, 283
3,3 202s., 202[13], 204[22], 206
3,8 204[22]
3,9 204[22], 213[59]
3,10 205, 214
3,11 37, 57, 178s., 179[70], 181-184, 185[88], 202[15], 205s., 208
3,12 187, 187[93], 189
3,13 228
3,14 200[2]
3,16 200[3]
3,18 201

TALMUD DE JÉRUSALEM

Ketubot

12,35*b* 190[104]

Kilaim

9,32*c* 179[70], 190[104]
9,32*d* 190[104]

Rosh Hashshanah

1,57*b* 201[8]

Sheqalim

6,50*a* 203s.[19], 206[28], 213[59], 214[63]

Soṭah

1,17*c* 191[110]

Sukkah

3,53*b* 35[93]
5,55*a* 204s.[23]

Yoma

1,38*b* 104[49], 105[51]
5,42*c* 201[8]

TALMUD DE BABYLONE

ʿArakin

15*a* 44[123]

Baba Meṣiʿa

86*b* 230[3], 231, 231[5]

Baba Qamma

82*a* 17, 19[32]

Bekorot

5*b* 65[19]

Berakot

12*b* 211[45]
26*b* 246[52]

ʿErubin

54*a* 198s.

Ḥullin

91*b* 249[63]

Nedarim

55*a* 198[134]

Pesaḥim

54*a* 225[109]
118*ab* 30[73]

Qiddushin

32*b* 51[10]

Rosh Hashshanah

16*a* 201[8]
31*a* 86[104]

Sanhedrin

91*a* 57[31]
95*ab* 249[63]
95*b* 246[52]
106*a* 65s.

Shabbat

35*a* 103[42], 179[70], 190[104]
55*b* 124[27]

Shebuʿot

37*b* 18[24]

Soṭah

13*b* 191[110]
14*a* 198[133]

Sukkah

35*a* 35[93]
37*a* 35[89]
43*b* 36[95]
48*a* 200[2]
49*a* 201[8]

Taʿanit

2*b* 35
3*a* 200[3]
7*a* 20[35]
9*a* 46[131], 95s., 96[22], 97-103, 103[40], 104s.
25*b* 201[8]

Yebamot

4*a* 18[24]

Yoma

75*a* 224[103], 227[115]
75*b* 224[105]
77*b*–78*a* 202[12], 204[19], 206[28]

6. PSEUDO-PHILON

Liber Antiquitatum Biblicarum

10,7 45, 45s.[129], 86[102], 176-178, 178[66]
11,15 32[82], 39s., 39[109], 42s., 44s., 45s.[129], 46[130], 176-178, 178[66], 274, 277
13,7 35, 37[100]
15,6 40[110]
19,5 224[105]
19,10 40[110]
19,11 74s.
19,12 191[114]
19,16 191[114], 193[118]
20,8 46, 95-101, 106, 110[69], 175-177, 274
32,8 40[110]

7. JOSÈPHE

Antiquités juives

I, 37 215[69]
I, 214 237[26]
II, 213 237[26]
II, 338 74[56]
III, 2s. 23
III, 5-7 70s.
III, 6-8 32s.
III, 7 71
III, 9-11 54s.
III, 11 55[26]
III, 21 69[33]

III, 25-32 55
III, 26 112[72]
III, 31 71, 112[72]
III, 33-35 70
III, 35s. 86[102]
III, 35-38 85s., 275
III, 36 85s., 285
III, 38 71, 86
III, 86s. 70[41]
III, 245 35
IV, 161 90[1]
IV, 318 195[125]
IV, 326 192[116]
VIII, 251-253 64[14]

8. Pseudépigraphes

2 Baruch (syriaque)
29,5 225[110]
29,7 221[93]

1 Hénoch (éthiopien)
24,3 – 25,7 220
29-32 220
48,1 21

2 Hénoch (slave)
8,5 225[110]

Jubilés
16,30s. 35[90]

Psaumes de Salomon
14,1s. 42[118]

Sēpher Élia
222[96], 228

Testament de Moïse
11,9-14 71

9. Littérature essénienne

Document de Damas
III, 12-17 195[124]
VI, 2-11 162[35], 194s.
XIX, 34 195

1 QH
II, 17s. 21

VIII, 7.16 21[38]
VIII, 21 21

1 QpHa
84[94]
VI,2-5 106[58]

4 QPatr. Bless.
162s.[38]

11 QTemple Scroll
XLII, 12-17 209[38]

10. Écrits du judaïsme grec

Aristée
32.39.46 51[10]

Artapan
74[56]

Ézéchiel le Tragique

Exagōgē
55s.[28]
vv. 21 57[31]
93 57[31]
132-134 57[31]
162-166 57[31]
167-171 57[31]
248-253 55s., 130[46], 274

Oracles Sibyllins
III, 804 143[70]

Philon

De fuga
186 52[16]
187 53[19]

De migratione Abr.
36s. 41[116]

De posteritate C.
156 41[116]

De sobrietate
16.18s. 51[10]

De somniis
I, 4 247[60]
I, 5 247, 247[60]
I, 42.68 247[60]
II, 221 21[40]

II, 270s. 194

De vita Mosis
I, 181 23[47]
I, 183 60[9]
I, 185 33
I, 188s. 52
I, 189 52[16]
I, 202 34[86]
I, 210 74[55]
I, 211 86[103]
I, 216 65[17]
I, 255 210[42]
II, 267 34[86]

Legum Allegoriae
II, 86 21

Quod deterius
115 21[40]

11. Tradition samaritaine

Pentateuque samaritain

Genèse

28,10 248[61]
29,3.8 252
29,27 268[107]

Exode

15,25 13, 15
15,27 50
17,2 60

Nombres

21,18 152[7]
21,20 173[59]

Targum samaritain

Exode

15,25 14

Nombres

21,19 169[51], 170[53]

Asaṭir

9 32[82], 73

Memar Marqah

4,8 55[27]

12. Auteurs chrétiens anciens

Éphrem. Commentaire

à *Genèse*

29,10 262[92]

à *Exode*

15,8 29[65]
17,4 69[34]

à *Nombres*

20,12 149[78]
21,17 184s., 208[36]

à *Deutéronome*

32,13 224[108]

Jérôme

In Zachariam

11,8 100[30]

Justin

Tryphon

CXXXI, 6 218[81]

Origène

In Ex. hom.

V, 5 24s.[53]
VII, 1 41s.[116]

13. Coran

II, 60 87[105]
VII, 160 87[105]

II. Index des noms de rabbins

Abbahu, 96[20], 104[46], 224[103], 261[90].
Abṭalion, 20.
Aḥa, 236[23].
Aḥa b. Ḥanina, 139, 139[63].
Aqiba, 35[89], 67[26], 201, 210[44], 218[85], 224[105], 225s., 227[115], 238[30], 243.
Ben Zoma, 211[45].
Berékiah, 102s., 211, 248[61].
Dôrshê reshûmôt, 16s., 17[20-23], 18s., 18[24], 20, 22, 25, 38-43, 53, 63-67.
Éléazar b. ʿArak, 20.
Éléazar b. Pedat, 230[4].
Éléazar b. Shimon, 218.
Éléazar b. Yehudah de Bartota, 24[53].
Éléazar de Modiʿim, 22[43], 29, 31, 43s., 51-53, 65[19], 107[60], 223[100].
Éléazar Ḥisma, 66.
Éliézer b. Hyrqanos, 17, 20, 22, 22s.[43], 35, 65, 65[19], 107[60], 222s., 223[100], 224s.
Éliézer b. Yaʿaqob, 202s., 202[11], 203s.[19], 206[28].
Gamliel II (Rabban), 26[56].
Ḥama b. Ḥanina, 138s., 139[61.63], 198[133], 230[3], 264.
Ḥanina, 264.
Ḥiyya, 201[8].
Ḥiyya b. Abba, 190[104].
Huna de Sepphoris, 204[19].
Ishmaël b. Élisha, 35[89].
Ishmaël b. Yoḥanan b. Beroqah, 30.
Lévi, 102, 191[108].
Méïr, 69.
Nathan, 30[71], 37[100], 39[109].
Neḥémiah, 31[81], 34[87], 69[37], 70[39], 74[58], 247.
Nehoray, 26, 29[67], 31, 74[58], 216[74].
Pinḥas, 204[19], 211[50].
Rab, 230[3].
Raba b. Yoseph b. Ḥama, 198.
Resh Laqish, 96[20].
Ruben, 128.
Shemuel b. Neḥémiah (= b. Naḥman), 144[72], 228.
Shimon b. Éléazar, 124.
Shimon b. Gamliel II, 30, 181[77].
Shimon b. Yoḥay, 19[32], 37-43, 104s., 199[137], 225-227, 227[114s.].
Shimon b. Yosé b. Laqonia, 218s., 218[81], 220.
Simay, 211[49], 230[4], 232.
Simon b. Pazzi, 111[71], 237.
Tanḥuma, 35[93], 229[123].
Yannay, 199.
Yehoshua b. Ḥananiah, 17, 22, 22[43], 25, 30[71], 31[79], 34, 34[87], 37, 43s., 53, 65s., 66[21], 98-100, 107s., 110-113, 175s., 182, 200[3], 209, 222-224, 274, 277.
Yehoshua b. Lévi, 198, 204[23], 237[27], 246[52].
Yehoshua b. Qorḥah, 30.
Yehudah b. Ilay, 44[123], 69[37], 70[40], 72[49], 191s., 192[114], 200[3], 247.
Yehudah b. Simon b. Pazzi, 189[100], 197s., 242.
Yiṣḥaq II, 211.
Yiṣḥaq b. Ḥaqorah, 233s., 233[14], 244.
Yiṣḥaq Nappaḥa, 248[61].
Yoḥanan b. Beroqa, 36[95].
Yoḥanan b. Nappaḥa, 216, 219[86], 261[90], 262s., 263[97].
Yoḥanan b. Zakkay, 20.
Yonah, 205[23].
Yosé b. Ḥalaphta, 107s., 109[66], 201[8].
Yosé b. Ḥanina, 139[61].
Yosé b. Yehudah, 95-101, 105, 109[67].
Yosé b. Yoʿézer, 20[36].
Yosé b. Zimra, 75, 246[56].
Yosé le Galiléen, 44[127].
Yosiah, 66[21].

III. Index des noms d'auteurs

Abel, F.-M., 90[2].
Aberbach, M., 162[38].
Adriaen, M., 100[30].
Ahlström, G. W., 204[22].
Albeck, Ch. (H.), XVII, XVIII, 41[113], 237[24], 246[54], 263[96].
Allegro, J. M., 163[38].
Allo, E.-B., 276[12].
Alonso, J., 221[92].
Alonso Schökel, L., 9[4], 151[2], 202[10].
Anderson, B. W., 77[70].
Archambault, G., 218[81].
Arias Montanus, B., 82[90].
Arnaldez, R., 23[47], 33[86], 52[15 s.].
Attridge, H. W., 6[29], 64[14].
Avi-Yonah, M., 207[31].

Baars, W., 28[62].
Bacher, W., 17[21], 18[24.26], 19[31 s.], 22[41 s.], 26[57], 29[68], 30[71.74.76 s.], 31[79-81], 34[87], 37[100], 38[101.106], 41[113], 44[123.126 s.], 51[12], 53[19], 60[4], 65[19], 66[21.23], 68[31], 69[37 s.], 95[19], 98[24], 99[28], 104[44], 107[60], 108[62], 109[66], 111[71], 124[27], 128[38], 139[61], 143[68], 189[100], 190[104], 191[109], 197[131], 199[135.137], 202[11], 211[48.50], 214[64], 216[71.74], 218[79.85], 219[86], 223[100], 226[112], 228[122], 230[4], 231[5], 232[10], 233[13-15], 237[27 s.], 238[30], 242[42], 243[44], 247[57], 248[61], 262[93], 263[97], 264[99].
Baentsch, B., 115[7], 151[2].
Bamberger, B. J., 6[27].
Banitt, M., 203[16].
Barrett, C. K., 277[15], 280[29].
Battaglia, O., 195[125].
Bauer, W., 282[40].
Baumgartner, W., 188[97].
Beaucamp, É., 80[79].
Becker, J., 281[33], 282[38].
Benedictus, P., 149[78], 184[87], 224[108].
Ben-Ḥayyim, Z., 32[82].
Betz, O., 33[85].
Beyer, K., 282[40].
Bickerman, E. J., 207[31].
Billerbeck, P., XV, 20[35], 34[88], 35[93], 36[94 s.], 37[98], 39s.[109], 76[68], 128[39], 175[60], 179[70], 200[3], 201[8], 213[57], 221[93 s.], 228[121], 229[123], 242[42], 264[99].
Bloch, H., 55[27].
Bloch, R., 1[1.3], 4[20], 5[23], 40[110], 44[125], 68[27], 79[75], 191[108], 198[133], 210[45], 211[48].
Böhl, F., 75[61].
Bogaert, P.-M., 6[28], 15[14], 40[110], 46[130], 192[114], 221[93].
Boismard, M.-É., 83[92], 280[29.32], 282[42], 283, 284[52], 286[66], 287s.[73].
Bonneau, N. R., 230[1].
Bonsirven, J., 17[21], 18[24.26], 19[31], 60[4], 104[44], 155[20], 218[85].
Bornhäuser, H., 34s.[88 s.], 36[94], 36s.[97 s.], 201[6], 203[17], 205[23].
Bowker, J., 5[24], 42[119], 44[124], 96[22], 233[13].
Braude, W. G., 218[82], 237[27].
Braun, F.-M., 284[52].
Brown, R.E., 279[26], 282[38], 286[62].
Brownlee, W. H., 60[4], 84[94], 106[58], 194[120 s.], 221[94].
Buber, S., XVIII, XIX, 139[63], 218[82].
Buchanan, G. W., 5[23], 277[17].
Budde, K., 152[7].
Buis, P., 8[2].
Buttenwieser, M., 222[96], 228[120].
Buxtorf, J., 106[55].

Caquot, A., 209[38].
Cavalletti, S., 215[66].
Cazeaux, J., 6[28], 35[92], 40[110].
Cazelles, H., 34[88], 114[5], 157[23], 201[7].
Charles, R. H., 21[39], 288[77].
Charlesworth, J. H., 21[39], 56[28].
Chary, Th., 204[22].
Childs, B. S., 8[2], 9[4], 15[15], 58[2].
Clarke, E. G., 245[51], 246[56], 278[20].
Clifford, R. J., 80[79].
Coats, G. W., 8[2], 58[1], 114[1.4].
Coggins, R. J., 73[54].
Cohn, L., 95[17].
Comblin, J., 288[76].
Cooke, G. A., 202[10], 213[59].
Cornely, R., 180[72].
Correia Pereira, M. J., 280[30].

Cortés, J. B., 282[40].
Cothenet, É., 41[112], 195[123 s.], 215[70], 217[77], 221[92].
Cullmann, O., 277[15].

Dahood, M., 28[61].
Dalbert, P., 56[28], 57[31].
Dalman, G., 9[6], 60[7], 120[16], 122[18 s.], 179[70], 216[73], 236[20].
Daniélou, J., 208[35], 209[38], 287[69].
Darmesteter, A., 203[16].
Davey, F. N., 286[65].
de Ausejo, S., 282[40].
de Lange, N. R. M., 17[21], 25[53], 42[116].
Delcor, M., 21[38], 84[96], 90[1], 194[120], 195[122].
Delling, G., 40[110].
Denis, A.-M., 56[28], 143s.[70], 222[96], 225[110].
Dhorme, É., XX, 127[36], 190[105].
Dietzfelbinger, Ch., 45s.[129].
Díez Macho, A., XX, 1[2], 2[4], 3[9.11], 12[9], 19[30], 49[4.7], 62[10 s.], 98[24], 110[68], 122[20], 152[10], 153[14], 154[15], 166[44 s.47], 257[80], 277[13].
Díez Merino, L., 166[47].
Dodd, Ch. H., 287[69].
Driver, S. R., 152[10].
Duhm, B., 79[75].

Eichrodt, W., 202[10].
Eissfeldt, O., 151[2].
Elliger, K., 78[72].
Ellis, E. E., 186s.[90], 277[15].
Emerton, J. A., 80[83].
Epstein, J. N., XVIII, 54[22].
Esh, Sh., 19[30].
Etheridge, J. W., 117[12], 161[32].

Feldman, L. H., 6[28], 40[110], 95[16], 192[114].
Feuchtwang, D., 34[88], 36[97], 201[6.8].
Feuillet, A., 277[18], 286[66], 287[69].
Finkelstein, L., XIX.
Fohrer, G., 202[10].
Fortier, P., 24[53].
Foster, J. A., 11[8].
Frankel, Z., 44[127], 57[31], 157[23].
Franxman, Th. W., 6[29].
Freed, E. D., 282[41].
Freedman, H., 233[12], 234[16.18], 249[63], 260[83].
Friedlander, G., 211[50], 212[51.53 s.], 213[55.57 s.], 214[60], 236[22], 238[30], 243[46 s.]
Friedmann, M., XVIII.
Fritz, V., 8[2 s.], 47[1], 123[26], 151[1], 152[7].

Galling, K., 202[10].
Gangemi, A., 288[77].
Geiger, A., 50[8], 248[61].
Gilbert, M., 20[34].
Ginzberg, L., XV, 16[18], 24[52], 32[81-83], 39[107.109], 45[129], 51[11], 54[22], 63[12], 72[49], 74[57.61], 81[84], 95[16 s.], 103, 122[23], 125[31], 132[47], 138[56], 175[60], 191s.[114], 223[102], 224[107], 232[11], 234[17], 236[21], 242[41], 243[44], 245[49], 246[52], 263[97], 272[116].
Glasson, T. F., 205[25], 280[28 s.], 288[73].
Goldberg, A. M., 191[110], 192[114 s.].
Goldin, J., 21[37], 29[67].
Goodenough, E. R., 207[31], 227[115].
Gooding, D. W., 41[114].
Gray, G. B., 152[7].
Greenfield, J. C., 21[39].
Grelot, P., 2[5], 21[39], 46[130.132], 81[84], 83[92], 152[10], 153[11], 169[51 s.], 176[63], 201[9], 205[24 s.], 217[78], 220[90], 221[94], 277[13], 283, 283s.[46-52].
Grossfeld, B., 162[38], 261[89].
Grünhut, L., XIX, 39[109], 130[46], 182[79].
Guilding, A., 204[21].
Gunkel, H., 241[39], 253[68], 267[103].
Gutmann, J., 207[31].

Haacker, K., 191[110.112], 192[114 s.].
Hamp, V., 9[4].
Hanson, A. T., 278[18], 287[70].
Harrington, D. J., 6[28].
Heer, J., 282[38].
Heinemann, I., 17[21], 18, 19[28.31], 104[44], 194[120].
Heinemann, J., 4[22], 180[74], 191[108], 201[8], 238[29].
Hochman, J., 34[88].
Hodges, Z. C., 286[60].
Hoffmann, D., XVIII, 18[26], 54[22].
Horovitz, H. S., XVIII, XIX, 23[45], 24[51], 54[22], 69[39], 186[90], 226[111].
Hoskyns, E. C., 286[65].
Hruby, K., 34[88].
Hurwitz, S., 28[62].

Isenberg, Sh. R., 163[41].

Jacobs-Hornig, B., 215[70].
James, M. R., 6[28], 39[109], 277[13].
Jastrow, M., XVI, 30[70 s.], 37[100], 70[39], 93[10], 128[42], 139[59], 146[75], 150[80], 163[40], 179[70], 184[84], 187[91], 193[118], 204[20], 213[57], 216[72], 217[76], 219[87], 254[74], 259[81 s.], 268[109].
Jaubert, A., 2[5], 24[53], 52[13], 57[31], 90, 152[10], 160[30], 230[1], 245[49], 278, 279[25], 280[30].
Jellinek, A., XVIII.

Jeremias, J., 191[108], 192[114], 201[8], 211[48].
Johansson, N., 68[27].
Joüon, P., 115[8], 155[19].

Kadushin, M., 1[2].
Kahle, P., XX, 3[12], 259[82].
Kasher, M. M., 16[18], 32[82], 51[11], 63[12], 245[49].
Kiesow, K., 77[70], 78[72].
Kisch, G., 45[129].
Klein, M. L., 3[13 s.], 28s.[65], 49[6], 166[46 s.], 180[74], 250[64], 252, 253[69], 257[79].
Knibb, M. A., 21[39].
Koenig, J., 64[15], 115[6], 151[4], 152[8].
Kohata, F., 114[3].
Kohler, M., 286[63].
Kohut, A., 49[5].
Komlosh, Y., 153[10].
Kraeling, C. H., 24[53], 32[82], 57[31], 86[101], 207[30-34], 208[35], 209[39], 227[115].
Kraft, H., 288[77].
Kraus, H.-J., 28[61], 78[73], 79[78], 80[79.82 s.], 224[104].
Krauss, S., 100[30].
Kuhn, G., 221[94].
Kuhn, K. G., 105[50 s.], 223s.[103], 226[111.113], 227[115], 239[37].
Kuiper, K., 55s.[28 s.].
Kutscher, E. Y., 35[89].

Lagarde, P. de, 4[18], 82[88].
Lagrange, M.-J., 285[55].
Lamouille, A., 280[29.32], 282[42], 284[52], 286[66], 288[73].
Laperrousaz, E.-M., 71[44].
la Potterie, I. de, 279[27], 280[28.31], 281[33.35], 287[67].
Lauha, A., 79[76], 80[81].
Lauterbach, J. Z., XVIII, 17s., 17[21.23], 18[24.26 s.], 19[30 s.], 24[51], 26[55], 29[67], 36[96], 41, 41[116], 64[16], 66[22 s.], 68[29], 69[39], 108[62.64], 223[99].
Lécuyer, J., 51[11], 81[84].
Le Déaut, R., XX, 1[1.3], 2[4-8], 3[9], 4[16], 5[23], 10[6 s.], 14[12], 15[14], 24[52 s.], 28[63], 29[66], 31[80], 34[88], 37[99], 40[110], 41[112], 46[130.132], 49[3], 57[31], 60[4], 64[14], 65[17], 68[27], 74[61], 76, 76[66 s.], 77[70], 81[84], 82[88], 90[1.4], 91[5], 92[6], 94[12], 99[29], 105[53], 106s.[58s.], 112[72], 117[10], 119[13], 120[14], 122[21], 139[60], 153[10 s.13], 154[17], 159[24.27], 169[52], 180[74], 191[108], 199[137], 204[20], 207[31], 211[48], 220[88], 222[96], 229[123], 231[5], 238[31.33], 239[34.36], 245[50], 246[56], 260[83 s.], 277[13], 283[46], 285[56], 287s.[73.75].

Lehmann, K., 260[83].
Lehrman, S. M., 73[52], 141[66], 144[71].
Le Moyne, J., 36[94.96], 200[5].
Lentzen-Deis, F., 245[51], 246[52].
Lesêtre, H., 180[72].
Levine, E. B., 9[5], 10[7], 16[18], 17[22], 51[11], 63[12], 117[12], 122[23], 161[32], 175[60], 245[49].
Levy, J., 31[80], 189[102], 254[74].
Lieberman, S., XIX, 19[32], 46[130], 60[4].
Lindars, B., 284[53].
Lipiński, É., 78[73].
Ljungman, H., 226[113].
Lods, A., 151[3].
Löw, I., 30[69.71].
Loewenstamm, S. E., 31[81], 192[114].
Lohmeyer, E., 220[88].
Lohse, E., 288[77].
Loisy, A., 286[59].
Lowy, S., 73[54].
Lund, Sh., 11[8].
Luzarraga, J., 1[2], 37[99], 60[4], 80[81], 81[84], 98[24], 100[32], 102[36], 104[45.47], 105[52], 192[114.116], 210[44], 211[47], 218[80], 278[22], 280[28], 283[46], 288[73].

MacDonald, J., 55[27].
Mach, R., 220[88].
MacRae, G. W., 33[85], 34[88], 35[91], 201[6], 204[22].
Maher, M., 42[119], 281[36].
Malina, B. J., 74[61], 79[75], 107[59-61], 110[69], 181[77], 224[104-106], 278[18].
Malter, H., 104[45].
Mandelbaum, B., XIX, 219[87].
Maneschg, H., 65[17].
Marcus, R., 39[109].
Margulies, M., XVIII.
Marmorstein, A., 96[22].
Martin, F., 21[39].
Martin-Achard, R., 34[88].
Martínez Borobio, E., 166s.[47].
Martínez Sáiz, T., 167[47], 172[57].
Masson, D., 87[105].
Massyngberde Ford, J., 288[77].
Mastin, B. A., 286[63].
McCool, F. J., 279[27].
McNamara, M., 3[9], 10[7], 90[1], 93, 160[29], 173[59], 230[2].
Meeks, W. A., 68[27], 73[54], 191[108], 192[114].
Melamed, E. Z., XVIII, 54[22].
Melamed, R. H., 4[19].
Mesnil du Buisson, R. du, 32[82], 208[35], 209[39].

Metzger, B. M., 52[14].
Michaéli, F., 277[15].
Michaud, R., 8[2].
Milik, J. T., 21[39], 220[89s.].
Miller, M. P., 3[9].
Mollat, D., 287[67], 288[75].
Mondésert, C., 23[47].
Moore, G. F., 34[88], 96[22], 205[23].
Mulder, M. J., 218[85].
Muñoz León, D., 14[12], 246[55].

Neri, U., 32[81].
Neubauer, A., 10[7].
Neusner, J., 21[37].
Neyrey, J. H., 245[49], 278[21], 279[25], 281[33].
Nickels, P., 276[12].
Nikiprowetzky, V., 52[17], 143[70].
Nordström, C.-O., 25[53], 57[31], 179s.[72].
Noth, M., 8[1], 47[1s.], 58[1.3], 114[1], 151[1].

Odeberg, H., 20[35], 195[125], 233[15].
Ohana, M., 238.
Olsson, B., 46[130], 152s.[9s.], 161[32], 176[63], 245[49], 255[78], 277[13], 278[19], 279[27], 280[28].
Ortiz de Urbina, I., 220[88].

Pancaro, S., 21[38], 195[124], 280[28], 281[36].
Panimolle, S. A., 195[125], 286[63], 288[73].
Patai, R., 37[97], 200[4].
Paul, A., 3[9].
Perrot, Ch., 6[28], 15[14], 40[110], 46[130], 101[35], 192[114], 204[21].
Peters, N., 8[4].
Plummer, A., 276[12].
Porsch, F., 282[38.42], 284[52], 287[67].
Potin, J., 40[110], 44[125], 84[94s.].
Pouilloux, J., 23[47].
Prijs, L., 40[111], 106[58], 108[63].
Pummer, R., 32[82], 73[54].

Rabin, Ch., 194[120].
Rabin, I. A., XVIII, 23[45], 24[51], 54[22], 69[39].
Rabinowitz, Z. M., XVIII.
Rad, G. von, 114[4], 253[68], 260[85].
Ramón Díaz, J., 245[49], 279[25].
Rappaport, S., 23[47], 54[22].
Ratner, B., XVIII.
Reider, J., 81[84s.], 223[101].
Reim, G., 282[39], 285[57].
Reiss, W., 20[32], 41[115].
Reymond, Ph., 20[34], 77[69], 202[10], 203[18], 204[22], 239[35].
Riesenfeld, H., 209[38].

Robert, J., 2[6].
Robert, Ph. de, 188[96].
Robertson, A., 276[12].
Rochais, G., 280[29].
Rosmarin, A., 24[52], 32[81], 57[31], 74[57], 138[56], 192[114].
Rüger, H. P., 230[2].

Safrai, S., 34[88], 36[94].
Saldarini, A. J., 21[37], 74[61], 104[45], 225[109], 270[114].
Sanders, J. N., 286[63].
Savinel, P., 23[47], 247[60].
Schäfer, P., 191[110.112], 192[114s.].
Schechter, S., XVII.
Schlatter, A., 285[57].
Schmitt, J., 277[15].
Schnackenburg, R., 279[27], 282[38.40].
Schoors, A., 79[78].
Schürer, E., 3[9], 5[24], 56[28], 162[38].
Seeligmann, I. L., 233[13].
Senft, Ch., 277[15].
Serra, A., 225[110].
Shinan, A., 241[38].
Sichardus, J., 96[21].
Siebeneck, R. T., 81[84.87].
Silverstone, A. E., 35[93], 37[99], 91[5], 169[51].
Simon, M., 216[72s.].
Skehan, P. W., 81[84].
Slotki, J. J., 103[39], 106, 128[42], 129[44], 179[70].
Smend, R., 8[4].
Speiser, E. A., 252[66].
Sperber, A., 4[15.17], 60[8], 84[94], 104[45], 159[26], 173[58].
Starcky, J., 90[2].
Starobinski-Safran, E., 53[19], 122[23].
Stemberger, G., 5[24].
Stevenson, W. B., 236[20].
Stone, M. E., 21[39].
Strack, H. L., XV, 1[2], 5[24], 60[4].
Strzygowski, J., 179[72].
Stuhlmueller, C., 77[70].
Swete, H. B., 288[77].

Taylor, Ch., 20[36], 21[37].
Teeple, H. W., 192[114], 194[120].
Testa, E., 153[10].
Thackeray, H. St. J., 55[26], 86, 152[10], 163[42], 168[48], 276s.[13].
Theodor, J., XVII, 41[113], 237[24], 263[96].
Tiede, D. L., 33[85], 69[33], 70, 71[44], 74[56].
Tonneau, R. M., 29[65], 69[34], 262[92].

TORCZYNER, H., 104[44s.].
TOUATI, Ch., 5[24].
TOURNAY, R., 78, 78[74].
TOWNER, W. S., 23[48], 24[49.51], 72[47], 74[61], 101[35].

URBACH, E. E., 19[30], 30[73], 31[81], 42[119], 68[32].

VAN DEN BUSSCHE, H., 288[74].
VAN DER PLOEG, J. P. M., 78[73], 79[76.79], 80[82].
VANHOYE, A., 222[96].
VATTIONI, F., 9[4], 39[109].
VAULX, J. DE, 114[1.3], 115[7], 152[8].
VAUX, R. DE, 24s.[53], 32[82], 34[88], 47[1], 57[31], 58[2s.], 152[7], 208[35], 209[38].
VERMES, G., 15[14], 44s.[128], 57[31], 98[24], 112[72], 161s.[33], 162s.[36.38], 192[114], 194[120], 204[20].
VERMEYLEN, J., 78[72].
VIVIANO, B. Th., 20[36], 21[37].
VOLZ, P., 221[93].
VORSTIUS, G. H., 212[50s.54], 213[55.57], 214[60].

WACHOLDER, B. Z., 56[28].
WADSWORTH, M., 192[114].
WALTONUS, B., 82[89].
WEILL, J., 23[46s.], 33[84], 54[25], 55[26], 69[33], 71[43], 85[98], 215[69].
WESTERMANN, C., 20[33], 215[68.70].
WEVERS, J. W., 252[65].
WIEDER, N., 194[120].
WIEDERKEHR, U., 31[78], 76[65], 201[9], 203[17], 205[25], 212[54], 213[57.59], 214[62-64], 222[96], 232[9], 284[51].
WOLFF, H. W., 204[22].
WOLFSON, H. A., 21[40], 33[86], 52[16].

YADIN, Y., 209[38].
YORK, A. D., 2[7], 5[23].

ZERON, A., 95[18].
ZIEGLER, J., 40[111], 41[114].
ZIMMERLI, W., 202[10], 214[61].
ZORELL, F., 217[75].
ZUCKERMANDEL, M. S., XIX, 202[15].
ZUNZ, L., 5[24], 6[27].